Lexikon der verrückten Dichter und Denker

Michael Korth

LEXIKON
der verrückten
Dichter und Denker

Berühmte Dichterfürsten
und Geistesriesen,
wie sie keiner kennt

Eichborn.

Gewidmet meiner Mutter,
die in mir die Liebe zur Poesie weckte,
Nancy Arrowsmith, die mir die Augen für dichterische Bilder
und den anglo-amerikanischen Humor öffnete
und unserer Tochter Nina Arrowsmith, deren klares Urteil
das Problem immer auf den Punkt bringt.

1 2 3 4   05 04 03

© Eichborn AG, Frankfurt am Main, April 2003
Lektorat: Oliver Thomas Domzalski
Redaktion: Susanne Rudloff
Umschlaggestaltung: Christiane Hahn
Umschlagfoto: © Volker Ernst, Fotoagentur
Satz: Fuldaer Verlagsagentur, Fulda
Druck und Bindung: WS Bookwell, Finnland
ISBN 3-8218-3957-0

Verlagsverzeichnis schickt gern:
Eichborn Verlag AG, Kaiserstr. 66, D – 60329 Frankfurt am Main
www.eichborn.de

Vorwort

»Dichter sind die geborenen Verbrecher, nur ohne die nötige Courage.«

(Arthur Schnitzler)

»Chronisch Verrückte können jahrzehntelang ihrer Umgebung als geistesgesund erscheinen oder höchstens als Sonderlinge, weil der Wahn häufig lange Zeit geheimgehalten wird und Verwirrtheit, leidenschaftliche Ausbrüche nicht notwendig mit demselben einhergehen. Die Kranken sind oft im Stande, mit scheinbar durchaus normaler Logik ihre verrückten Ideen zu verteidigen und ... vernünftig zu handeln.«

(Brockhaus-Lexikon, 1887 aus dem Artikel »Verrücktheit«)

Niemand sagt zu einem jungen Menschen, der angesichts schier unüberschaubarer Möglichkeiten der Berufswahl ratlos in die Zukunft blickt: Werde doch Dichter.

Der Vater schlägt der Tochter ein solides Wirtschaftsstudium vor, die Mutter sieht im Sohnemann den kommenden Chefarzt, ein alter Onkel beschwört den Neffen, Beamter zu werden, die Oma ihre Enkelin, den krisenfesten Beruf der Lehrerin zu ergreifen usw.

Im Gegensatz zu anderen künstlerischen Berufen wie Tänzer, Opernsänger, Maler, Bildhauer, Komponist usw. kann man »Dichter« an keiner Kunsthochschule lernen. Es gibt weder einen Meistertitel noch den Diplom-Dichter oder den Doktor der Dichtkunst, und offene Stellen für Jungdichter schon gar nicht.

Jeder, der diesen seltsamen Unberuf ergreift, ist in den Augen seiner Zeitgenossen von vornherein eine gescheiterte Existenz. Ein Traumtänzer, der nur dank Papas Bankkonto oder Vater Staats Sozialfürsorge eine Chance zum Überleben hat.

Jemand, der Dichter oder Denker wird, ist also nach den rein am materiellen Erfolg orientierten Wertmaßstäben der modernen bürgerlichen Gesellschaft (zumindest leicht) verrückt.

Aber während bewunderte Zahnärzte, umschmeichelte Spitzenbeamte oder mächtige Manager nach dem Begräbnisamtam von Würmern und Mäusen entsorgt werden und kein Hahn mehr nach ihnen kräht, verwandeln sich Poeten und Philosophen nach ihrem Ableben oft in Kultfiguren. Tote Dichter & Denker erleben eine Apotheose.

Sie, die oft dem Hungertode nahe waren, die von Verlegern, Theaterintendanten, Redakteuren gedemütigt und von Kritikern verhöhnt wurden, werden nach ihrem Tod zu einer Art Heiligen. Ihre Geburts- und Todestage werden gefeiert, ihre Häuser, Kneipen und Wohnungen zu Pilgerstätten. Für manche der lieben Verrückten werden eigene Gesellschaften gegründet, es werden Straßen, Plätze oder manchmal sogar ganze Städte nach ihnen benannt, und der große chinesische Dichter Li Tai-po bekommt sogar seinen eigenen Tempel errichtet. Man darf sie plötzlich als Denkmäler bewundern, die mehr gekostet haben, als sie in ihrem ganzen Leben verdienten. Prachtausgaben erscheinen, Filme und Biographien idealisieren ihr Erdendasein. Ihre Werke, die zu Lebzeiten oft kaum jemand drucken wollte, werden zur Pflichtlektüre in den Schulen. Generationen von Deutschlehrern quälen Schüler mit Gedichten, die von Spitzenbeamten der Kultusministerien in den heiligen Kanon der deutschen Literatur aufgenommen wurden.

Oft setzt ein einziger toter Dichter nach seinem Tod eine ganze Industrie in Gang. Millionen von Professoren, Computerspezialisten, Studienräten, Gabelstaplerfahrern, Volksschullehrern, Illustratoren, Redakteuren, Dokumentarfilmern, Lektoren, Theaternachtwächtern, Druckern, Buchbindern, Buchhändlern, Journalisten, Auslieferern, Schauspielern, Sängern, Medienmanagern, Kulturpolitikern, sogar ganze Städte leben von den Verrückten, die zu Lebzeiten oft als Nullen galten. Ich kenne Uniprofessoren, die ihre Existenzberechtigung ausschließlich zwei Minnesängern oder einem klassischen griechischen Philosophen oder einem verrückten Sprachkünstler wie James Joyce verdanken.

Industrie und Handel benutzen ihre Namen für die Werbung: Puschkin wirbt weltweit für Wodka, Bordel-le und Nachtbars locken mit Casanovas Namen Erlebnishungrige an, und Shakespeare & Co. dürfen immerhin für Buchhandlungen Reklame machen.

Warum geht von den zu Lebzeiten nicht für voll genommenen Sonderlingen nach dem Tode eine Magie aus, die Jahrzehnte, Jahrhunderte oder gar Jahrtausende später wirkt?

»Wahrheit läßt sich nur durch das Erfassen der Gegensätze begreifen«, lautet eine alte chinesische Weisheit. Diese Wahrheit sucht und formuliert der Dichter. Er berichtet von Dingen, die der normale Mensch zwar fühlt, aber nicht zu formulieren versteht. Oft in einer solch revolutionär modernen Sprache und in derart unerhört neuen dichterischen Bildern, daß der Wert seiner poetischen Werke von den Zeitgenossen nicht erkannt wird. Hölderlin, der größte Hymnendichter deutscher Sprache, verbrachte 36 Jahre seines Lebens als belächelter Hungerkünstler in einer Art Narrenturm.

Noch schwieriger ist es, den tiefen Gedanken des Denkers zu folgen. Nietzsche sagt einmal »Ich bin kein Mensch, ich bin Dynamit«, und das stimmt ebenso für Karl Marx, dessen epochales Werk »Das Kapital« nach Erscheinen genauso wenig Beachtung fand wie Thoreaus »Über die Pflicht zum Ungehorsam gegen den Staat«, um schließlich Jahrzehnte später das Bewußtsein und das politische Gefüge ganzer Nationen zu verändern. Ein einziger großer Gedanke löst Revolutionen aus – doch erst, wenn Normalsterbliche reif für die bis dato unbekannte Qualität sind.

»Denken ist sprechen«, sagt Novalis. Erst durch die Sprache wird der Mensch zum Menschen. Ohne Sprache keine Information, kein Ausdruck erlesener Gefühle, keine Weitergabe von Wissen, kein Austausch neuer Erfahrungen. Die Dichter mit ihrer unerschöpflichen Phantasie geben jedem Ding die unverwechselbare Klangform, ohne die die Menschen nicht miteinander sprechen könnten. Ihrem kreativen Geist verdanken wir Jahrtausendschöpfungen wie Sisyphosarbeit, Musenkuß, Panikmache oder Ödipuskomplex, die märchenhaften Wunderworte Allerleirauh, Fundevogel, Hans im Glück oder Dornröschen, bildhafte Buch- und Filmtitel wie »Der mit dem Wolf tanzt« oder »Vom Winde verweht«, unsterbliche Songzeilen wie »Freude schöner Götterfunken« oder »I can't get no satisfaction«. Prägnante Sprichworte, verrückte Reime, anrührende Liebesverse usw. Kurzum, ohne die genialen Erfindungen der Dichter und Denker würden wir wesentlich ärmer miteinander kommunizieren.

»Gott ist Geist. Und seine Geister sind die Dichter«, hat einmal Klabund gesagt, und trifft damit den Kern. Ein Geist folgt anderen Gesetzen als der Normalsterbliche. Vielleicht werden deshalb lebende Dichter nicht in ihrer wahren Größe erkannt und als schräge Figuren angesehen, weil sie nicht ganz von dieser Welt sind.

Ihre Vorstellungskraft führt sie in andere Sphären. Für die antiken Griechen, Inder oder Kelten war der Dichter und Sänger heilig. Er brachte Kunde von übersinnlichen Dingen und das in einer Sprache, deren Schönheit die Menschen ergriff. Er war das Medium der Götter.

Nun ist es logisch, daß Menschen, die tief in Phantasiewelten eindringen und dort ihre Tage und Nächte durchbringen, sich eher selten in der sogenannten Realität aufhalten. Diesen Entrückten fehlt oft der Sinn für die Alltäglichkeiten des Lebens. Sie gestalten ihren Tagesablauf nach anderen Normen: Proust liegt fast nur im Bett; Diogenes ist Besitz so lästig, daß er in einer Tonne wohnt; Buddha, Erbe eines Fürstentums, wird Bettler, um frei sein zu können; Georges Simenon braucht zur Inspiration den Sexrausch und treibt es mit 10.000 Frauen; die heilige Katharina beschwört in ihrer Phantasie Jesus in ihre Zelle herab, feiert mit ihm die Hochzeitsnacht und bekommt als Ehering seine Vorhaut; Pascal fühlt sich erst dann richtig glücklich, wenn er physisch krank ist.

Sie haben alle ihre liebenswürdigen Schrullen, nervtötenden Macken und selbstquälerischen Marotten, von der milderen Form des Alltagschaoten Clemens Brentano bis zur Irrenhausreife eines Maupassant oder zum Delirium tremens eines Dylan Thomas. Joseph Ferdinand Gould steigert sich nach der Veröffentlichung einiger Gedichte durch Vermittlung Ezra Pounds derart in den Wahn, der größte Dichter zu sein, daß er zum größten Dichterdarsteller der USA wird.

Und skurril wie ihr Alltagsleben sind auch die Arbeitsmethoden: Balzac, der täglich 16 Stunden schreibt, beginnt um Mitternacht, indem er sich in eine Mönchskutte hüllt, Kerzen auf seinem Schreibtisch entzündet und bis zu 60 Tassen Kaffee pro Arbeitsmarathon trinkt. Leopold von Sacher-Masoch, der Namensspender des Masochismus, muß von seiner Frau buchstäblich mit der Peitsche an den Schreibtisch geprügelt werden. Flaubert, der Autor der berühmten »Madame Bovary«, wälzt sich einmal auf der Suche nach dem richtigen Wort drei Tage lang auf dem Fußboden. Egon Friedell schreibt grundsätzlich nur auf dem Diwan liegend auf seinem Schreibbrett, das er zwischen Bauch und Knie klemmt. Kleist rennt stundenlang »mit den Armen fechtend« auf und ab und spielt lauthals die Szenen seiner Stücke, bevor er sie niederschreibt.

Überraschend ist auch die investierte Arbeitszeit: 64 lange Jahre arbeitet Goethe an seinem »Faust«, 20 Jahre schreibt Robert Burton an seiner »Anatomie der Melancholie«, während George Simenon einen Maigret-Krimi oft in sieben Tagen aufs

Papier knallt. George Sand verfaßt ihren Roman »Teufelssumpf«, unablässig an ihrer Zigarre saugend, in vier Nächten. 18 Jahre braucht Tolkien für seinen Megaerfolg »Der Herr der Ringe«, Rilke dichtet seine gefeierte »Weise von Liebe und Tod« in einer Nacht, Bellman sein berühmtes »Abendlied« in 11 Jahren.

Oft wird der Charakter eines Menschen durch ein ungewöhnliches Stirnrunzeln oder eine Handbewegung besser gezeigt, eine Revolution durch eine einzige einprägsame Szene schärfer erfaßt als durch eine lange Schilderung. »Aus drei Anekdoten ist es möglich, das Bild eines Menschen zu geben«, lehrt Nietzsche, und Macaulay sagt: »Die besten Porträts sind vielleicht die, in denen sich eine leichte Beimischung von der Karikatur findet, und es läßt sich fragen, ob nicht die besten Geschichtswerke die sind, in denen ein wenig von der Übertreibung der dichterischen Erzählung einsichtsvoll angewendet ist. Das bedeutet einen kleinen Verlust an Genauigkeit, aber einen großen Gewinn an Wirkung. Die schwächeren Linien sind vernachlässigt, aber die großen und charakteristischen Züge werden dem Geist für immer eingeprägt.«

Für die folgenden Porträts habe ich tief in die anekdotische Schatzkiste gegriffen, um die Prachtexemplare des Dichter- & Denkerzoos in leuchtenden Farben erscheinen zu lassen. Und was ich fand, erfüllte mein Herz mit Freude. Noch nie habe ich mit solcher Begeisterung ein Buch geschrieben. Durch die Anekdote bekommen selbst deprimierende Lebensumstände einen Hauch Heiterkeit: Als Diogenes einmal die Statuen anbettelt, fragen ihn die Athener, warum er das tue, die Statuen könnten ihm doch gar nichts geben. Da sagt der Weise: »Ich übe mich im Nichtsbekommen.« Sogar der Tod verliert durch ein poetisches letztes Wort seinen Schrecken, wenn Brendan Behan im Krankenhaus zur Nonne, die ihn pflegt, sagt: »Danke, Schwester, mögen Sie die Mutter eines Bischofs werden.«

Die Porträts sind im Laufe von zwanzig Jahren entstanden. Bei der Recherche las ich mich durch Berge von Biographien, Tagebüchern, Briefen, Zeitungsartikeln und Kulturgeschichten, lauschte verzückt den komischen Erzählungen der Literaturwissenschaftler William Arrowsmith (†), Jörg Drews, Roger Shattuk, Christiane Singer, staunte über H.C. Artmanns (†) und Ferry Radax' altösterreichische Schwejkiaden, erfuhr von Vito von Eichborn köstliche Schnurren aus dem Leben von Fred Denger, Brentano und Lichtenberg, lachte mit Peter Rühmkorf über die empfindsamen Brüder Walther von der Vogelweide und Rilke und mit Bernhard Bultmann (†) über die skurrilen Seiten der Heiligen. Seit meiner Schülerzeit fand ich immer wieder aufs Neue Unglaubliches beim bewunderten Tratschke (Gerhard Prause) in der *Zeit*

und in der unerschöpflichen Kulturgeschichte von Egon Friedell.

Nun weiß man bei Anekdoten nie, ob sie wahr sind oder nur wunderbar erfunden. Ich habe selbst erlebt, wie lustige kleine Begebenheiten, die ich mit William Arrowsmith oder H.C. Artmann erlebte, später von Leuten, die die Dönekens nur vom Hörensagen kannten, zu rasanten Abenteuern ausgeformt wurden. Die Geschichten bekommen Eigendynamik und werden durch das Weitererzählen immer phantastischer. Nach und nach entwickeln sich Legenden, die nichts mehr mit dem realen Leben des Dichters zu tun haben (siehe Bellman). Wer weiß dann noch, wo Dichtung und Wahrheit ineinander übergehen?

Nicht einmal der Dichter selbst ist sich sicher, wenn er rückblickend seine Autobiographie fabuliert. Aber gerade das ist der Stoff, der mich gereizt hat: Inspirierte, die die herrlichsten Geschichten, Denkgebäude, Theaterstücke oder Gedichte der Welt erfunden haben, werden selber zu Legenden, und ihre Lebensgeschichten sind oft genauso spannend wie ihre Werke selbst.

Die Auswahl ist streng subjektiv. Ich lasse nur Dichter & Denker auftreten, die irgendeinen meiner poetischen Nerven streifen. Bei manchen, die ich gerne in die Sammlung aufgenommen hätte, fand ich nicht genügend unterhaltsames Material. Andere wie-

10 Vorwort

der, wie Schiller, Gregor von Rezzori oder John Gay, wollten mir im Porträt nicht gelingen. So mußte ich schweren Herzens auf sie verzichten.

Auch der vom Verlag vorgegebene Umfang setzte meinem Schaffensdrang Grenzen. So wurde eine ganze Schar großer Geister aus diesem Museum wieder verbannt und spukt weiter in meinem Computer herum.

Für das Schreiben der Porträts entwickelte ich die Fernglas-Technik. Das heißt, ich beobachtete meine poetischen Vorfahren und Verwandten manchmal durchs umgedrehte Glas und sah sie klein inmitten der sie umgebenden gewaltigen Landschaft, manchmal holte ich vergrößernd Details hervor, indem ich mich auf ein Picknick, ihre Arbeit am Schreibtisch, in der Runde von Freunden in der Kneipe, beim Duell etc. konzentrierte, und manchmal schaute ich mit dem Nachtglas voyeuristisch durchs Schlüsselloch. Aus diesen Nah-, Fern- und Nachtaufnahmen entstanden die Lebensbilder. Ich will in diesem Lexikon zeigen, unter welch traurigen, komischen oder verrückten Lebensumständen die berühmten Werke der Weltliteratur geboren werden.

Meine Tochter Nina meint, es sei schade, daß der Leser so wenig über die Werke der Meister erführe. Das ist ein durchaus berechtigter Einwand, aber ich wollte nicht das wiederholen, was man in vorzüglichen Literaturgeschichten finden kann. Die Werke vieler in diesem Lexikon versammelten Dichter & Denker werden ausführlich in Christiane Zschirnts »Bücher – Alles was man lesen muß« beschrieben. Ihr Kompendium ist sozusagen der Zwillingsbruder meines Lexikons und sei allen Bildungshungrigen warm empfohlen.

Für das Entstehen der Porträts habe ich Hunderten von Helfern zu danken: Da sind zunächst die Dichter & Denker selbst, die allesamt Magier sind, da sie bis heute durch ihre skurrilen Gedanken, witzigen Aussprüche und bizarren Lebensläufe weiter bei uns herumspuken und so für unerschöpflichen poetischen Stoff sorgen. Ihre Freunde, Feinde, Frauen, Kollegen, die aus dem Nähkästchen plauderten und uns zum Glück Geheimstes verrieten. Legionen bienenfleißiger Philologen und Biographen, die mit unendlicher Akribie Wissenswertes zutage förderten und der Allgemeinheit zugänglich machten.

Und da sind meine Freunde Gerald Blaich, Gregor Bultmann, Cilgia Caratsch, Mou'min Ehrenfels, Magdalena Felixa, Michael Görden, Fritz Lechner, Peter Lengauer und Sissi Mandl, Eva Matschiner, Friederun Pleterski, Ferry Radax, Winfried Schmelz, Giorgio und Christiane Thurn-Valsassina, die mich durch ihr herzhaftes Lachen bei meinen Lesungen ermutigten. Was wäre die Welt ohne Freunde?

Und einer lachte mit weitreichenden Folgen. Das ist Oliver Domzalski, mein Lektor vom Eichborn Verlag, dem ich im Juli 2001 drei Tage lang meine Porträts vorlas. Ich wußte nicht, wie ich aus dem herrlichen Material ein Buch machen sollte. Jahrelang hatte ich darüber nachgedacht, bis Oliver in der Morgensonne unter den Birken in meinem Hof der herrlich-treffende Titel und damit zugleich das Konzept einfiel: das »Lexikon der verrückten Dichter & Denker«. Damit gelang ihm etwas wirklich Neues, denn bisher gibt es weltweit kein Buch dieser Art. (Sollte es doch eins geben, bitte ich um Nachricht.)

Oliver gewann kurz darauf die anderen Lektoren für das Projekt – und los ging's. Ich überarbeitete, grub tiefer, fand immer mehr Neues und Aufregendes und mailte die fertigen Porträts an die Außenlektorin Susanne Rudloff, die mit Argusaugen den Text durchsah, logische Fehler aufspürte, allzu bizarre Formulierungen glättete und sich die Mühe machte, die kundigen Vorspänne zu schreiben. Es war eine fruchtbare und herzliche Zusammenarbeit.

Mein Dank gilt ebenso Susanne Reeh, die das Buch liebevoll gestaltete, sowie den fleißigen Eichbörnchen hinter den Kulissen.

»Ein Buch ist der fliegende Teppich ins Reich der Phantasie«, sagt James Daniel. Ich wünsche Ihnen eine schöne Reise.

Michael Korth,
Jaidhof, im März 2003

»... daß dies alles eben darum in einer Art wahr ist,
weil es in einer Art falsch ist.«

(Augustinus)

Büste Hans-Christian Andersens.
Satirische Zeichnung von Hans Tegner (1875)

Petrus Abaelard –
Ein Opfer der Liebe

*auch Peter Abaelard, Peter Abälard
oder Pierre Abélard
* 1079 in Palet bei Nantes,
† 21.4.1142 im Kloster St.-Marcel-sur-
Saône bei Chalon-sur-Saône
Frankreichs berühmtester Philoso-
phielehrer eröffnete 1113 in Paris
eine eigene Schule; er war einer der
Begründer der scholastischen
Methode. Abaelards dem Rationa-
lismus nahestehende Lehren wurden
von der Kirche verurteilt.
Werke: Ja und Nein, um 1130; Ethik,
1139; Dialog zwischen einem Philosophen, einem Juden und einem
Christen, 1141*

Der berühmte Abaelard, seines Zei-
chens Philosoph, Theologe und Poet,
ist erstgeborener Sohn einer Adelsfamilie – und total verklemmt. Bis zum
Alter von bald vierzig kennt er das Leben nur als Kampf:»Für die Waffen
der Logik gab ich die Ritterwaffen dahin, um nur noch im Geistesturnier
Ringe zu stechen.« Der Star der Pariser Sorbonne hat jedoch noch nie die
Freuden der Liebe gekostet:»Vor dem
schmutzigen Verkehr mit Prostituierten hatte ich immer den natürlichen
Abscheu; zum gesellschaftlichen Verkehr mit Damen der Adelsschicht
kam es nicht, weil mich meine Vorlesungen dauernd völlig in Anspruch
nahmen; und den Umgangston mit
Bürgermädchen wußte ich einfach
nicht zu treffen.«

Da hört Abaelard von Heloïses sagenhafter Schönheit und Begabung.
Heimlich beobachtet er sie:»Sie war,
ohne damit aufzufallen, eine anmuti-
ge Erscheinung. An den ersten Platz
rückte sie ihre ausgedehnte Bildung.
Wissenschaftliche Bildung ist bei
Frauen eine Seltenheit. Darum war
Heloïses Anziehungskraft besonders
stark, und man sprach im ganzen
Land von ihr mit größter Wärme. Was
einen Mann zur Liebe lockt, sah ich
bei ihr vereint. Darum plante ich, sie
in Liebesbande zu verstricken. Am
Gelingen zweifelte ich keinen Augenblick: war ich doch hoch berühmt und
jugendlich charmant vor anderen und
brauchte von keiner Frau Abweisung
fürchten, wenn ich sie meiner Liebe
würdigte.« Anscheinend war das
nicht übertrieben, denn Heloïse
schwärmt noch Jahrzehnte später:
»Alle Frauen, verheiratet oder nicht,
verzehrten sich in leidenschaftlicher
Gier, wenn Du fern warst, und ihr Blut
ging schneller, warst du anwesend.«

Als Wissenschaftler plant Abaelard
die Verführung des Mädchens mit
Akribie. Vorsichtig spannt er Freunde
aus der Hautevolee ein. Sie bewegen
den Kanonikus Fulcher, den Onkel
und Vormund der jungen Schönen, in
dessen Hause sie lebt, den brillanten
Gelehrten als Lehrer für seine Nichte
zu engagieren. Der Onkel findet die
Idee großartig. Damit Abaelard
schneller zum Ziel kommt, schlägt er
dem Onkel vor, ihn als Mieter in sein
Haus aufzunehmen. Den Preis für die

Miete überläßt er großzügig dem Onkel: »Er kam ans Ziel seiner Wünsche: mein Geld für sich und meine Gelehrsamkeit für seine Nichte.«

Und nun macht sich Abaelard mit Feuereifer an die Lehrtätigkeit: »Die Bücher lagen offen da, Frage und Antwort drängten sich, wenn die Liebe das bevorzugte Thema war, und der Küsse waren mehr als der Sprüche. Meine Hand hatte oft mehr an ihrem Busen zu suchen als im Buch, und statt in den wissenschaftlichen Texten zu lesen, lasen wir sehnsuchtsvoll eins in des anderen Auge.«

Die 17jährige ist überwältigt vom Zauber der ersten Liebe, und Abaelard, der Späterweckte, verliert vor Verlangen den Kopf: »In unserer Gier genossen wir jede Abstufung des Liebens, wir bereiteten unser Liebesspiel mit allen Reizen, welche die Erfinderlust ersonnen. Wir hatten diese Freuden bis dahin nicht gekostet und genossen sie nun unersättlich in glühender Hingabe...« Es wird ein zermürbendes Leben, nachts für die Liebe und tagsüber für den Beruf zu wachen. »Meine Vorträge fanden mich so lau und so nachlässig! ... Glückte es je, noch etwas Neues zu finden, so waren es Liebeslieder. Von diesen Liedern lebt bekanntlich noch ein Menge im Mund des Volkes, und die Liebenden singen sie allenthalben.« Welche Lieder es sind, wissen wir nicht, sicher aber sind einige davon in der Carmina Burana-Handschrift überliefert und werden vielleicht in der Vertonung von Carl Orff sogar heute noch gesungen.

Bald pfeifen die Spatzen von Paris das Techtelmechtel von den Dächern. »Fast der einzige Ahnungslose war wohl der Onkel. Der und jener versuchte, ihm die Augen zu öffnen, aber er wollte es nicht glauben.« Doch irgendwann wird selbst Fulcher klar, daß er den Bock zum Gärtner gemacht hat, und kurzerhand schmeißt er den Verführer hinaus. Jetzt beginnen die Liebenden einen heimlichen Briefwechsel. Als Heloïse merkt, daß sie schwanger ist, bittet sie Abaelard um Hilfe. Pragmatisch wie er ist, entführt er sie. Bei Abaelards Schwester in der Bretagne bringt Heloïse das Kind zur Welt.

Der Onkel wird fast wahnsinnig vor Sorge. Er weiß nicht, wo sie ist, weiß nicht, ob sie überhaupt noch lebt. Der Entführer, weltberühmter Fachmann für Moralfragen, bekommt Gewissensbisse. Abaelard nimmt Kontakt mit Fulcher auf und schlägt vor, durch die Heirat mit der Verführten alles wieder gutzumachen. Fulcher ist einverstanden. Doch Heloïse, die um Abaelards Kirchenkarriere fürchtet, will nichts davon hören und schlägt vor, in wilder Ehe zu leben. Das gefällt dem Moralisten nicht. Sie lassen das Kind bei Abaelards Schwester, fahren nach Paris und lassen sich im Beisein von Onkel Fulcher und Angehörigen beider Familien in einer unterkühlten Zeremonie trauen. Danach trennt sich das Paar, um die Ehe geheimzuhalten. Doch nun kommt die Stunde der Rache. Der Onkel macht, trotz Geheimhaltungsvertrag, die Eheschließung überall bekannt. Als Heloïse die Ehe als bösartiges Gerücht ableugnet, wird der Onkel handgreiflich. Abaelard rettet Heloïse vor den Schlägen, indem er sie in ihrer alten Klosterschule als Laienschwester unterbringt. Darin sieht der Onkel nichts als hinterhältigen Betrug, um Heloïse einfach abzuschieben. Wütend beschließt er sich zu rächen.

Es folgt eine Tat, die aus einem Horrorfilm stammen könnte: »Die Erbitterung dieser Leute wurde so stark, daß sie mein Verderben beschlossen. Mein Diener ließ sich bestechen und führte sie eines nachts, als ich ganz ruhig schlief, in mein Zimmer. Und nun nahmen sie an mir Rache, so grausam und so beschämend, daß die Welt erstarrte: Sie schnitten mir von meinem Leib die Organe ab, mit denen ich sie gekränkt hatte.« Schlimmer als der Schmerz der Kastration ist die psychische Wunde. Um Schande, Spott und Mitleid zu entfliehen, verbirgt sich Abaelard fortan hinter dicken Klostermauern. Hier büßt er für seine Fleischeslust und quält sich mit Selbstvorwürfen.

Nun, da Abaelard nicht mehr die Freuden des Fleisches genießen kann, möchte er auch seine Partnerin vor Unkeuschheit bewahren. Er zwingt Heloïse, als Nonne ins Kloster einzutreten und bricht jede Beziehung mit ihr ab – nicht einmal einen Brief bekommt sie von ihm. Sie kann es nicht fassen. Erst sechzehn Jahre später wagt Heloïse erstmals, ihm diesen Egoismus vorzuwerfen: »Es war doch nicht fromme Ergebung in Gottes Willen, die mich junges Dings ins finstere Kloster führte; nein, Dein Wille allein stieß mich ins Kloster... Du, nimm es Dir zu Herzen, wie ungerecht Du bist: meine Leistung ist groß, Deine Gegenleistung ist nicht entsprechend, besser gesagt, sie ist ein Nichts, ein Garnichts. Und dabei ist es so wenig, was ich von Dir erwarte, und für Dich eine Kleinigkeit... Schreib mir doch ein paar Trostworte...«

Heloïse starb lange nach Abaelard im Alter von 64 Jahren und wurde an seiner Seite begraben. Seit 1817 sind ihre Gebeine auf dem Friedhof Père-Lachaise in Paris in einem Grab vereint. Ihr Briefwechsel ist eines der schönsten Werke der Weltliteratur.

Peter Altenberg – Der Kaffeehaus-Diogenes
eig. Richard Engländer
* 9.3.1859 in Wien,
† 8.1.1919 in Wien
Altenberg gilt als Meister der impressionistischen Kleinkunst.
Werke: Wie ich es sehe, 1896, Was der Tag mir zuträgt, 1900

Peter Altenberg hat geschafft, was keinem seiner berühmten Wiener Kollegen gelang – nicht dem Bambi-Dichter Felix Salten, nicht dem Dauerbrenner-Autor →Nestroy, nicht dem zweimaligen Nobelpreis-Kandidaten Karl Kraus, nicht dem Theaterweltstar Arthur Schnitzler oder dem Urwiener →Artmann. Zwar haben sie (zum Teil) ihr Ehrengrab auf dem Wiener Zentralfriedhof – Altenberg aber sitzt immer noch in seinem geliebten Café Central gleich rechts am Eingang. Erst beim zweiten Blick erkennt man, daß es sich um einen Dummy aus Pappmaché handelt. Welch wunderbare Hommage!

Der Vater des Kaffeehaus-Diogenes ist ein wohlhabender Kaufmann, der seinen Söhnen den Besuch des Akademischen Gymnasiums ermöglicht, einer Oberklassenschmiede der k.u.k.-Monarchie, wo der junge Altenberg ersten Schliff erhalten soll. Aber schon das gestaltet sich schwierig. Mit Ach und Krach schafft der junge Peter im zweiten Anlauf das Abitur. Das Thema des Deutsch-Aufsatzes lautet: »Einfluß der Entdeckung Amerikas auf die Kultur Europas.« Er grübelt und grübelt. Es fällt ihm nichts ein. Die Zeit verfliegt. Endlich hat er einen Geistesblitz und schreibt ein einziges Wort: »Erdäpfel«.

Da Altenberg die Dinge so schön auf den Punkt bringen kann, erträumt der Vater sich für den Sprößling eine Laufbahn als Jurist. Altenberg spaziert mal in eine Vorlesung, aber entflieht ganz schnell wieder dahin, wo er sich so richtig wohl fühlt, ins

Kaffeehaus. Der Vater schlägt jetzt Medizin vor. Altenberg, der Pflanzen liebt, geht zur ersten Prüfung für »Botanik«. Er fällt durch. Denn sein eigentliches Interesse hat er bereits im zarten Alter von 14 mit Hilfe eines Stubenmädchens entdeckt: »Mein Leben war der unerhörten Begeisterung für Gottes Kunstwerk ‚Frauenleib‘ gewidmet! Mein armseliges Zimmerchen ist fast austapeziert mit Aktstudien von vollendeter Form. Alle befinden sich in eichenen Rahmen, mit Unterschriften. Über einer 15jährigen steht geschrieben: ›Schönheit ist Tugend‹.«

Frauen sind Altenbergs Leidenschaft. Auf der Suche nach süßen Wiener Madln treibt er sich in Wien herum. Der besorgte Vater arrangiert für den alternden Pubeszenten eine Buchhandelslehre in Stuttgart, weit weg vom Wiener Schlendrian. Dort geht's wie eh und je: »Mit 23 liebte ich ein wunderbares 13jähriges Mädchen...« Nach anfänglicher Begeisterung bricht Altenberg die Lehre ab. Lieber liegt er vormittags mit einer Vorstadtnymphe im Bett und debatiert abends mit Freunden im Kaffeehaus. Der Vater läßt den Versager von einem berühmten Arzt untersuchen. Der Medizinmann diagnostiziert eine Überempfindlichkeit des Nervensystems und befindet zur Freude Altenbergs, daß er für das Berufsleben ungeeignet sei. Er dürfe zu nichts gezwungen werden. Die Diagnose ist Altenbergs Müssiggängerdiplom. Ab ins

Kaffeehaus! Dies ist ihm schon längst zur eigentlichen Heimat geworden. In einer Hymne hat er es besungen: »Du hast Sorgen, sei es diese, sei es jene – ins Kaffeehaus! Sie kann, aus irgendeinem, wenn auch noch so plausiblen Grund, nicht zu dir kommen – ins Kaffeehaus! Du hast 400 Kronen Gehalt und gibst 500 aus – Kaffeehaus! Du bist korrekt sparsam und gönnst dir nichts – Kaffeehaus! Du bist Beamter und wärest gern Arzt geworden – Kaffeehaus! Du findest Keine, die dir paßt – Kaffeehaus! Du stehst innerlich vor dem Selbstmord – Kaffeehaus!«

Um jeder Kontrolle entzogen zu sein, mietet sich der Frührentner Altenberg eine kleine Kammer im »Graben-Hotel« und macht sich in der Szene mit »Flugversuchen« einen Namen. Der Zahlkellner des Café Griensteidl verbreitet die Mär, jede Nacht erscheine einer am Kohlmarkt, der aufzusteigen versuche. Altenberg habe sogar eine »Fluggenehmigung« für die verkehrsarmen Stunden.

Doch ein richtiger Nachtflug gelingt Altenberg nur auf den Flügeln des Geistes: »Ich saß im 34. Jahre meines gottlosen Lebens … im Café Central. Ich schrieb … meine Skizze ›Lokale Chronik‹. Da traten Arthur Schnitzler, Hugo von Hofmannsthal, Felix Salten, Richard Beer-Hofmann, Hermann Bahr ein.« Schnitzler nimmt die Skizze an sich. Drei Tage später schreibt Hermann Bahr an den überraschten Altenberg und bittet um Beiträge für die neugegründete Wochenzeitung »Die Zeit«, und Karl Kraus will von ihm Beiträge für die »Fackel«.

Altenbergs poetische Skizzen kommen zwar an, bringen aber nicht genug ein, und sein Bruder, der ihn unterstützt hat, ist bankrott. Deshalb will Altenberg als Designer von Modeschmuck reich werden. Er nennt seine Ketten und Broschen pompös »P.A. Colliers«, meldet bei der Handelskammer Musterschutz an, löst einen Hausiererschein und zieht mit seinen Klunkern durch Cafés und Bars. Es ist rührend, er, der nichts hat, will 20 Prozent des Reingewinns der Kriegsblindenfürsorge spenden. Das Geschäft geht stockend. Wer kauft schon einer stadtstreicherhaften Figur mit Alkoholfahne Schmuck ab? Zumal Altenberg inzwischen im Winter in Sommerkleidung und ohne Unterwäsche herumrennt. »Ich trage seit 14 Tagen das Ideal der Fußbekleidung, Sandalen aus Lindenholz, gesund und billig. Der Fuß glaubt jetzt, er wäre 50 Jahre lang ›eingesargt‹ gewesen, abgesperrt von Luft, eingekerkert! Viele glauben, ich tue es, um aufzufallen.« Auffallen braucht er nicht mehr.

Das Original Altenberg gehört inzwischen zu Wien wie der Stefansdom. Seine Bücher entzücken nicht nur etablierte Freunde wie Alban Berg, → Egon Friedell oder Alfred Loos. Der berühmte Fischer-Verlag in Berlin bringt dreizehn seiner Bücher heraus. Alles könnte so schön sein, aber leider hat der Kultautor mit der

Schnapsflasche Blutsbrüderschaft getrunken. Weil ihm durch den ständigen Alkoholmißbrauch die Nerven flattern, nimmt er immer häufiger Schlaftabletten. Völlig depressiv, wird er von Freunden mehrmals zur Entziehungskur gebracht. Kaum entlassen, beginnt er wieder zu trinken. Er sieht nicht nur weiße Mäuse, sondern bekommt auch hypochondrische Paranoia. Mehrmals wird er in die Nervenheilanstalt eingeliefert. Karl Kraus und Adolf Loos verfassen für den genialen Versager öffentliche Spendenaufrufe. Das Geld ermöglicht dem Alkoholkranken eine Sommerreise nach Venedig.

Nichts hilft. Kaum sieht Altenberg die verführerische Flasche, muß er trinken. Am 8. Januar 1919 hat König Alkohol ihn endlich besiegt. Als man den Nachlaß des selbststilisierten Schnorrers ordnet, stößt man auf ein Testament, das über 100.000 Kronen, mehr als 100.000 Euro, der »Kinderschutz- und Rettungsgesellschaft« vermacht.

Hans Christian Andersen – Der marode Märchenonkel

* 2.4.1805 in Odense,
† 4.8.1875 in Kopenhagen
Berühmt wurde der bekannteste Dichter Dänemarks durch seine mit feinem Spott durchsetzten Märchen.
Weitere Werke: Nur ein Geiger, 1837,
Bilderbuch ohne Bilder, 1840; Das
Märchen meines Lebens, 1845/46

Seine Lebenserinnerungen klingen wie ein Märchen: »In einem kleinen ärmlichen Zimmer lebte ein junges Ehepaar, welches sich unendlich liebte: er, ein Schuhmacher, war kaum zweiundzwanzig Jahre alt, ein sehr begabter Mensch, eine echt poetische Natur. Die Frau einige Jahre älter... mit einem Herzen voll Liebe. Der junge Mann hatte seine Werkstatt und sein Ehebett selbst zusammengezimmert und zu diesem letzteren das Holzgestell verwendet, welches kurz zuvor den Sarg eines verstorbenen Grafen, als dieser auf dem Paradebett lag, getragen hatte. Die schwarzen Tuchreste an den Brettern erinnerten noch daran. Anstatt der gräflichen Leiche, umgeben von Flor und Kandelabern, lag hier am 2. April 1805 ein lebendiges weinendes Kind; das war ich.«

Hans Christian Andersen stammt aus wahrhaft desolaten Verhältnissen: Der Großvater ist geistesgestört, die Großmutter eine zwanghafte Lügnerin, der Vater kehrt todkrank und seelisch gebrochen aus dem Krieg zurück und stirbt, die Mutter ist Alkoholikerin, seine Tante Bordellwirtin. Der sensible Junge flüchtet sich in Tagträume und spielt mit anderen Kindern Puppentheater. Als Lehrling wird er von den Kameraden mit rüden Scherzen gequält. Völlig verzweifelt bedrängt das Mobbingopfer die Mutter, ihn in die weite Welt ziehen zu lassen, um dort sein Glück zu versuchen. Die Mutter weigert sich. Doch der Vierzehnjährige ist hartnäckig:

20 HANS CHRISTIAN ANDERSEN

»Ich will berühmt werden... Man macht zunächst schrecklich viel Böses durch – und dann wird man berühmt!«

Eines Tages ist die Mutter mürbe. Allerdings möchte sie noch den Rat einer Wahrsagerin einholen, deren Orakel legendär sind. Die Visionärin schaut tief in den Kaffeesatz, dann verkündet sie: »Ihr Sohn wird ein großer Mann werden, und ihm zu Ehren wird man später unsere Stadt illuminieren.« So getröstet läßt die Mutter den Sohn nach tränenreichem Abschied ziehen. Mit nichts als dem, was er auf dem Leibe trägt, kommt Andersen in Kopenhagen an und wird tatsächlich, wie erträumt, Schüler an der Tanz- und Singschule des Theaters. Da er eine hübsche Stimme hat und ein aufgewecktes Bürschchen ist, werden einige erfolgreiche Musiker und Dichter auf ihn aufmerksam. Sie verschaffen ihm Mittel zum Überleben und später ein königliches Stipendium zum Universitätsstudium.

Zaghaft beginnt Andersen zu schreiben – und findet sofort einen Verleger. Sein zweites Werk »Das sterbende Kind«, das er mit 22 veröffentlicht, wird sofort ein Achtungserfolg. Und nun schreibt er, daß die Feder glüht. Er versucht sich auf allen Gebieten, vom Bericht einer skurrilen Fußreise durch Kopenhagen bis zu Tragödien, Gedichten, Libretti, Romanen und Märchen. Die Märchen werden von der Kritik nicht verstanden und böse verrissen. Das kränkt Ander-

sen tief. Jeder Verriß macht ihn fix und fertig: »Zwei Tage lag ich im Fieber, ein Monat meines Lebens ist mit Herzleid vergeudet.« Trotzdem macht Andersen weiter, denn er spürt: Hier hat seine lebendige Phantasie den freiesten Spielraum gefunden. Ungeachtet der bösartigen Kritiken finden seine Märchen ein begeistertes Publikum, und so folgt Auflage auf Auflage.

Der arme Schustersohn wird zum wohlhabenden Mann, zur gefeierten Berühmtheit. Der Erfolgsautor wird gerngesehener Gast bei Fürsten, Herzögen und sogar beim König. Trotzdem kann er sein unterwürfiges Wesen so wenig kaschieren, daß → Heinrich Heine ätzt: »Er verrät in seinem äußerem Anstande ein ängstliches devotes Benehmen, so wie die Fürsten es gern haben. Daher hat Anderson auch bei allen Fürsten so glänzende Aufnahme gefunden.«

Dank seiner üppigen Honorare erfüllt sich Andersen den Wunsch, die Welt zu sehen. Siebzehn Jahre lang ist er ständig auf Reisen. Er bewundert Italien als das Land seiner Träume, besucht Spanien, Portugal, Afrika, Griechenland und Kleinasien. Überall entdeckt er bestaunenswerte Dinge. Es gibt für ihn nichts Seelenloses und nichts Lebloses. Die ganze Welt ist voll Empfindungen und Gedanken: Er weiß sie zu lesen und seinen Lesern zu deuten.

Äußerlich ist Andersen ein gemachter Mann, seine Tagebücher hingegen enthüllen sein paranoides Wesen. Als er mit zunehmendem Alter seinem Großvater immer ähnlicher wird, fürchtet Andersen, ebenfalls verrückt zu werden. Ängstlich vermerkt er jedes körperliche Gebrechen, vom leichten Schwindelgefühl bis zum dünnen Stuhlgang ist alles vermerkt, was einen Hypochonder in Panik versetzt. Darüber hinaus fürchtet er, lebendig begraben zu werden. Jeden Abend, ehe er schlafen geht, hängt er einen Zettel an eine Stuhllehne: »Ich bin nur scheintot.« Aber wie es sich für einen waschechten Hypochonder gehört, stirbt Andersen erst nach längerem Kränkeln im Alter von 70 Jahren.

Lou Andreas-Salomé – Vom Frigidchen zur Nymphomanin

** 12. Februar 1861 in St. Petersburg;
† 5. Februar 1937 in Göttingen
Die mit Nietzsche und Rilke befreundete Schriftstellerin schrieb Romane und Erzählungen, aber auch theoretische Schriften zu Psychoanalyse und Anthropologie.
Werke: Henrik Ibsens Frauengestalten, 1892; Friedrich Nietzsche in seinen Werken, 1894; Ruth, 1895; Mein Dank an Freud, 1931; Lebensrückbild, 1951*

Ihr Name erinnert an die bekannte männermordende Schönheit aus der Bibel und tatsächlich wickelt Lou Salomé jeden Mann um den Finger. Ihr Vater, ein russischer General, erzieht die Brüder mit autoritärer Strenge, Lou dagegen darf völlig frei aufwachsen. Wenn sie in die Hände klatscht, springen die Dienstboten. Und so empfindet Lou es auch als Erwachsene völlig normal, wenn ihre Verehrer ihr sofort zu Willen sind. Als die 17jährige den Theologen Gillot kennenlernt, ist der 42jährige sofort bereit, sein ganzes bürgerliches Leben für sie aufzugeben. Lou genießt ihre erotische Macht und seine Verehrung, aber den Mann selber hält sie sich vom Leibe.

Nach dem Tod ihres Vaters geht sie von St. Petersburg nach Zürich, um das Studium der Vergleichenden Religionswissenschaften aufzunehmen, und lernt hier eine Schar vitaler Philosophen kennen. Einer davon, Paul Rée, verliebt sich Hals über Kopf in die kaltherzige Russin und macht sie auf einer Romreise im Petersdom mit seinem Freund →Friedrich Nietzsche bekannt. Der sagt: »Von welchen Sternen sind wir uns hier einander zugefallen?« und bekommt Sternchen in den Augen. Nun buhlen beide Philosophen um Lous Gunst. Gemeinsam lassen sie sich mit ihrer Herrin auf einem kuriosen Foto festhalten: Sie sitzt peitscheschwingend in einem zweirädrigen Karren und läßt sich von ihren Verehrern ziehen. Doch in ihr Bett läßt sie keinen, Heiratsanträge der Verliebten schmettert sie kühl ab. Während sich Rée für fünf Jahre

lammfromm in die Rolle des unter-
würfigen, auf alle Freuden des Fleisches verzichtenden Lebensgefährten
fügt, regt sich der verschmähte Nietzsche auf: »Dieses dürre schmutzige
übelriechende Äffchen, mit ihren
falschen Brüsten – ein Verhängnis!«
Ähnlich frustriert sind alle ihre Verehrer, vor allem als sie 1887 erfahren,
daß Lou den Orientalisten Friedrich
Carl Andreas geheiratet hat. Lou wird
später behaupten, daß ihr Gatte sie
durch einen Selbstmordversuch zur
Ehe gezwungen habe. Diese Ehe wird
für beide zur Hölle. Selbst nach der
Hochzeit läßt Frau Andreas-Salomé
ihren Mann nicht in ihr Bett. Eines
Nachts, als er versucht, sein eheliches
Recht zu erzwingen, legt sie ihm die
Hände um die Kehle und drückt zu.
Er überlebt wie durch ein Wunder. In
die von ihr gewünschte Scheidung
willigt er aber auch dann nicht ein, als
sie immer häufiger mit anderen Männern auf Reisen geht. Endlich lernt
die inzwischen 34jährige den Mär-
chenprinzen kennen, der sie mit einem glühenden Kuß aus ihrer Ge-
fühlskälte weckt. Der sieben Jahre
jüngere Arzt Pineles vollbringt das
Wunder, sie von ihrer sexuellen Ver-
klemmung zu befreien. Und nun holt
sie mit nymphomanischer Besessenheit nach, was sie an fleischlichen
Freuden versäumt hat. Dabei fasziniert sie vor allem der junge Dichter
→Rainer Maria Rilke, der in seinen
gefühlstiefen Gedichten das ausspricht, was sie in sich fühlt. Das Lie-

bespaar lebt gemeinsam mit Lous
Ehemann in Berlin in einer seltsamen
Dreierbeziehung. Später unternimmt
Lou mit dem 14 Jahre jüngeren Dich-
ter zwei ausgedehnte Rußlandreisen.
Dort erscheinen sie als seltsames Paar,
wie sich Boris Pasternak erinnert:
»Unmittelbar vor der Abfahrt trat ein
Mann im schwarzen Tiroler Umhang
an das Fenster unseres Abteils. Bei
ihm war eine hochgewachsene Frau.
Sie mochte wohl seine Mutter oder ältere Schwester sein.«
    Am Ende der zweiten Reise hat
Lou plötzlich genug von ihrem jungen Liebhaber und verläßt ihn, um
ihre Familie in Südfinnland zu besuchen. Rilke fleht um ihre Rückkehr.
Doch sie wärmt statt dessen ihre alte
Beziehung zu Pineles so heftig wieder
auf, daß sie schwanger wird. Als sie
»beim Apfelpflücken von der Leiter
fällt«, verliert sie das Kind.
    Lou Andreas-Salomé bleibt die alte
Schwerenöterin: Irgendwann erträgt
Pineles ihre Eskapaden nicht mehr
und bricht entnervt die Beziehung
ab. In einem ihrer Bücher heißt es:
»Alle Liebe ist auf Tragik angelegt.
Nur stirbt die glückliche an Übersättigung, die unglückliche an Hunger. Es
stirbt sich aber langsamer und
schmerzlicher am Hunger.« Für Friedrich Carl Andreas ist dieser Hunger
1930 zuende. Die alternde Domina
wird in ihren letzten Jahren, die von
ihrer Diabetes- und Krebserkrankung
geprägt sind, von Mariechen, der
Frucht aus einem Seitensprungs ih-

res Mannes mit einem Dienstmädchen, gepflegt.

Apuleius – Der Spezialist für Schwarze Magie

* um 125 n. Chr. Madaura/Numidien, † um 180 n. Chr.
Seinen Ruhm erschrieb sich der römische Schriftsteller mit dem ersten erhaltenen Roman der Antike »Der goldene Esel«, der auch unter dem Titel »Metamorphosen« bekannt ist. Werke: Platon und seine Lehre, Das Weltall, Verwandlungen, Der goldene Esel, alle ca. 170 n. Chr.

An solche High-Potentials erinnert sich die Menschheit gern: Der im nordafrikanischen Madaura geborene Apuleius besucht zunächst in Karthago die Schule, nimmt in Athen – etwa dem Harvard der damaligen Zeit – ein Philosophiestudium auf und wird Platon-Fachmann. Vom Drang nach Höherem beseelt, voller Tatkraft und ein Meister der Rhetorik, arbeitet Apuleius an seiner Karriere. Zunächst verfaßt er einen Haufen populärwissenschaftlicher Schriften, die seinen Namen im ganzen Römerreich verbreiten sollen. Alles, was den lesekundigen Römer interessiert, verarbeitet Apuleius flugs zu einem Büchlein für die gebildeten Stände: Arithmetik, Musik, Astronomie, Medizin, Landwirtschaft, Geschichte, Tierleben. Außerdem schreibt er Erzählungen, Ge-

dichte, Komödien, Tragödien, Satiren und Rätsel und versucht sich als Vortragskünstler. In einer Zeit weit vor Radio und Fernsehen sind Rhetoriker neben Musikern die großen Stars des Entertainments. Apuleius' Prunkreden entzücken die Kulturszene, er trifft den Nerv der Zeit, bekommt üppige Honorare und zudem wohldotierte Ehrenjobs angeboten.

Binnen kurzem ist Apuleius Provinzialpriester in Karthago und Sachwalter in Rom. Als sein Vater stirbt, nutzt er das ererbte Vermögen, um einen weiteren Wissenszweig zu erforschen: die griechischen Geheimkulte. Nun hält er keine schönen Reden mehr, sondern sucht jetzt unheimliche Orte auf und läßt sich in die düsteren Rituale des Okkultismus einführen. Mit Hexensalben versucht er, das Fliegen zu erlernen, durch Geisterbeschwörungen will er Kontakt mit berühmten Toten aufnehmen. Das bringt ihm nicht nur den Ruf eines Schwarzmagiers ein, sondern auch mit dem Gesetz in Konflikt, als er die sehr wohlhabende verwitwete Mutter eines Studienfreundes in Tripolis heiratet. Auf das Geld seiner Braut hatten es nämlich die Verwandten abgesehen. Als sein Freund (und Stiefsohn) überraschend stirbt, erheben jene Klage wegen Mordes gegen den jungen Ehemann. Sie behaupten, er hätte die Frau durch Zauberei und Liebestränke nach ihm verrückt gemacht. Zu jener Zeit sind dies lebensgefährliche Anschuldigungen. Als Be-

24 ARISTOTELES

leg für Apuleius' Verworfenheit führt der Ankläger zudem groteske Beweismittel wie seine auffallende Haartracht oder Liebesgedichte an Knaben an. Jetzt rächt sich Apuleius' Liebe zum Übersinnlichen. Aber der Redekünstler ist mit allen Wassern gewaschen. In einer feurigen Verteidigungsrede (diese »Apologia« ist erhalten) verteidigt sich Apuleius öffentlich gegen die Verleumder und wird freigesprochen. Welch ein Triumph!

Seine Erfahrungen mit reichen Witwen, Hexen, Geheimkulten, Göttern, Räubern, Giftmorden, schrulligen Philosophen, Huren und lüsternen Damen der High-Society verarbeitet Apuleius in seinem Roman »Der goldene Esel«, der zum einzigartigen Sittenspiegel seiner Zeit wird. Zu Beginn sagt er: »Leser, paß auf: du wirst dein Vergnügen haben!« Und das ist nicht übertrieben. Über die tolle Story, in der ein junger Mann in einen Esel verwandelt wird, lachen nicht nur ernste Kirchenväter wie Augustinus, sondern auch verwandte Geister wie Boccaccio, der über tausend Jahre später eine Handschrift des Romans im Kloster Monte Cassino entdeckt, stiehlt und damit der Moderne zugänglich macht. → Rabelais schätzt Apuleius als Vorbild, → Voltaire ist völlig begeistert, und der Nobelpreisträger Dario Fo erzählt die urkomische Geschichte für die Bühne neu. Hier eine Probe: Lucius fragt eine feine Dame: »Wollen wir miteinander schlafen?« Sie antwortet: »Nein!« – »Warum?« – »Weil es mich nicht interessiert!« – »Wie das? Zuerst, wie ich ein Esel war, liebtest du mich, und nun, da ich ein Mensch bin, liebst du mich nicht mehr?« – »Ich liebte dich, so wie du warst ... weil du eine Ausnahme warst ... Ich liebte in dir, was ihr Männer mich immer lehrtet, den starken Priapus ... Die gewaltige Macht. Männer dagegen, die so lieben und so darüber reden wie du, gibt es viele ... Einen Esel wie du, der nicht redete, aber liebte wie du, den gab es nur einmal! So einen hatte ich noch nie!« Mitten im Text steht eine Episode, die Herder den »zartesten und vielseitigsten Roman« nennt, der je erdacht wurde: das Märchen von Amor und Psyche.

Aristoteles –
Der erste verrückte Professor

* 384 v. Chr. Stageira/Chalkidike,
† 322 v. Chr. Chalkis/Euböa
Der Schüler Platons und Erzieher Alexander des Großen gründete 334 in Athen die Philosophenschule Peripatet. Aristoteles' Philosophie, die sich auf die greifbare Alltagswelt konzentriert, war schon zu seinen Lebzeiten sehr einflußreich.
Werke: Die Staatsverfassung der Athener, zwischen 329/328 und 327/326 v. Chr.; Eudemische Ethik, philosophische Lehrschrift; Große Ethik, philosophische Lehrschrift; Die

Metaphysik; Meteorologie; Über das Werden und Vergehen; Von der Dichtkunst; Über die Seele; Über den Himmel; Politik; Rhetorik; Topik; alle 4. Jhdt. v. Chr.

Sein Lehrer, der berühmte Philosoph und Dichter Platon nennt ihn die »Intelligenz der Schule« und seine Wohnung das »Haus des Lesers«. Andere dagegen halten Aristoteles für einen Dampfplauderer, so z.B. →Arthur Schopenhauer: »Daher denkt sein Leser so oft: jetzt wird's kommen; aber es kommt nichts.« Und → Luther tönt arrogant: »Er ist ein müßiger Esel.« Hegel hingegen erklärt: »Er ist eines der reichsten und tiefsten wissenschaftlichen Genies gewesen, die erschienen sind, ein Mann, dem keine Zeit ein gleiches an die Seite zu stellen hat.« Lob, Tadel und Klatsch welcher Art auch immer nimmt das Genie gelassen: »Wenn ich nicht da bin, können sie mich meinetwegen auch verhauen.« Der Mann hat auch Humor.

Natürlich ist der geräumigste und gefüllteste Kopf, der alle Wissensgebiete beherrscht und auf eine Weise verwaltet und weiterentwickelt, daß sie für viele Jahrhunderte maßgeblich bleiben werden, im Privatleben ein leicht schrulliges Original. Eigentlich ist er der Urtyp des Professors, sogar in seiner äußerlichen Erscheinung: dünnschenkelig, mit spitzem Bäuchlein und Glatze flitzt er mit seinen Studenten im Schattengang seiner Philosophenschule unablässig redend

auf und ab. Das treibt er so exzessiv, dass der Spottname für seine mobile Lehrmethode sogar als Ehrenname auf seine Schule übergeht: Peripatetiker. Seine Studenten sind von ihm so hingerissen, daß sie sogar ehrfürchtig seinen Sprachfehler nachahmen und sich in ähnlich schrille Gewänder hüllen.

Der berühmte Gelehrte liebt durchaus die angenehmen Seiten des Lebens. Er umgibt sich mit Luxusartikeln, schwelgt in Tafelfreuden und badet sich gern in warmem Öl, das er – wie böse Zungen behaupten – dann wieder als Speiseöl weiterverkauft. Wann er bei solchem Tagespensum seine tiefgründigen Ideen zu Papier bringt, ist ein Rätsel. Vormittags hält er seine mobilen Vorträge für die Schar seiner Schüler, abends unterhält er interessierte Laien in Form von Volkshochschulkursen. Nach alter Überlieferung soll Aristoteles tausend Schriften verfaßt haben (von denen die meisten allerdings verloren gegangen sind). Doch was übrig geblieben ist, reicht aus, um ihn zum »Vater« der Naturgeschichte und Begründer der politischen Wissenschaft zu machen. Eine seiner bedeutendsten Leistungen ist seine Logik. Mit einem Geniestreich stellt er die Tafel der zehn Kategorien auf, jene allgemeinsten Begriffe, unter die alle Gegenstände unseres Denkens fallen müssen. Das sind: Wesen, Quantität, Qualität, Beziehung, Ort, Zeit, Lage, Zustand, Tun, Leiden. Kein Wunder, daß

König Philipp von Makedonien, einer der mächtigsten Männer seiner Zeit, auf Aristoteles aufmerksam wird. Er holt sich das Genie als Erzieher für seinen Sohn Alexander an den Hof. Eine glückliche Wahl, wie sich herausstellen wird, denn der Schüler macht später seinem Lehrer alle Ehre. Zum Dank für all die tiefen Erkenntnisse und aktive Freizeitgestaltung läßt der Schüler die zerstörte Heimatstadt seines Meisters Aristoteles wieder aufbauen und stellt ihm großzügige Forschungsgelder zur Verfügung. Nach dem Tod Alexanders des Großen wird Aristoteles wie Sokrates der Gottlosigkeit angeklagt und muß ins Exil flüchten.

H. C. Artmann –
Hans Dampf in allen Gassen
eig. Hans Carl Artmann
* 12.6.1921 Wien, † 4.12.2000 Wien
Der österreichische Schriftsteller war
Mitglied der »Wiener Gruppe«. Seine
Texte verfaßte Artmann in der Tradi-
tion barocker österreichischer
Sprachartistik. 1997 erhielt er den
Georg-Büchner-Preis.
Werke: med ana schwoazzn dintn,
gedichta r aus bradnsee 1958; Die
Fahrt zur Insel Nantucket, 1969; Ein
lilienweißer Brief aus Lincolnshire.
Gedichte aus 21 jahren, 1969; Gram-
matik der Rosen, 1979

Sonnenaufgänge kennt er eigentlich nur aus dem Kino oder nach durch-zechten Nächten. Wenn H. C. Artmann gegen 13, 14 Uhr verkatert aus dem Bett kriecht, kann ihn nicht einmal ein prächtiger Maitag aufheitern. Mit sich und der Welt unzufrieden greift er mit zitternden Fingern zur Zigarette und röhrt nach einer Tasse Kaffee. Ist seine Bettgenossin nicht sofort damit zur Stelle, ist der Tag bis zum Abend die Hölle. Nach der Rasur setzt Artmann sich im Morgenrock grantelnd an den Frühstückstisch. Die dritte Zigarette und die zweite Tasse Kaffee glätten die Falten in seinem Satyrgesicht. Dann geht er einkaufen und kehrt bepackt mit Schweinsbraten, Bier und Schnaps zurück, schiebt den Braten ins Rohr und legt irische Musik auf. Die Dubliners zaubern ein Lächeln in Artmanns Gesicht. Je tiefer die Sonne sinkt, desto ausgeglichener wird sein Gemüt. Nach dem Abendessen schon ist er eine Seele von Mensch, die sich gegen Mitternacht in einen Poeten verwandelt. Dann entstehen, unterstützt von ein paar Gläsern Wein, seltsam eindringliche Gedichte wie: »Vom morgenstern laß uns träume keltern und trinken. Sieh! um die stirnen der scheunen treibt der blaue oktober...«

Sprache fasziniert Artmann, seitdem er denken kann. Im Arbeiterviertel Breitensee, wo er aufwächst, ist »Tschechisch die normale Sprache auf der Straße... Das waren damals die Zuwanderer, die armen Proleten.« Für die repariert sein Vater die Schuhe. Die Großmutter aber wohnt noch als

Kleinbäuerin im Waldviertel an der tschechischen Grenze. »Da gibt es die Zaubersprüche, ich kann alle Zaubersprüche meiner Großmutter... Das ist sehr wichtig. Zaubersprüche muß man können, die ganze Lyrik geht darin auf.« Wenn der Junge auf exotischen Briefmarken unbekannte Schriftzeichen entdeckt, besorgt er sich Bücher, um sie zu deuten. So dringt er langsam in die Wunderwelt der Sprache ein. Scheu besucht der Schustersohn die Bibliotheken auf der Suche nach dem Geheimnis der Worte. Bevor er sich halbwegs zurechtfindet, ist der Ausflug in die Welt der schönen Künste zuende und er marschiert in den Krieg. Ein Jahr später ist er wegen Fahnenflucht Mitglied einer Strafkompanie – bis zum bitteren Ende. Danach schlägt er sich als Dolmetscher bei den Amerikanern durch. Später wird er Postbote und übernimmt hier und da Gelegenheitsarbeiten. Um mehr Zeit zum Schreiben zu haben, gibt er das Erwerbsleben auf. Er meint: »Wer arbeitet ist selber schuld«, und lebt »11 Jahre von der Arbeitslosenunterstützung, davon hab ich 3/4 der Mama gegeben, die hat mich verköstigt und hat eh noch draufgezahlt.« Er hockt mit Szenekünstlern in der Kneipe. Man liest sich Gedichte vor und träumt vom großen Durchbruch. Da fällt ein Manuskript des 37jährigen Jungdichters in die Hände von Hans Sedlmayr, dem Autor des damals berühmten »Verlust der Mitte«, einem mächtigen

Mann der Kulturszene. Der ist begeistert vom proletarischen Charme und dem schwarzen Humor von »med ana schwoazzn dindn« und überredet seinen Verlag zur Veröffentlichung. Artmann wird über Nacht berühmt. Als er überall als »Wiener Heimatdichter« gefeiert wird, flüchtet er nach Schweden – sagt er. In Wirklichkeit hat er eine Vaterschaftsklage am Hals. In Malmö zeugt er einen weiteren Sohn, flüchtet dann nach Berlin, von dort nach Graz, immer auf der Suche nach dem gestrigen Tag und neuen Frauen: »ich bin ein weiberjäger, durchweibere die welt, ob jungfrau, gattin, witwe, ich lieb, was mir verfällt!« Und ihm verfallen viele, wie seine gescheiterten Ehen und seine Kinderschar bezeugen. Immer wenn es brenzlig wird, begibt Artmann sich auf die Flucht: vor sich selbst, vor wütenden Verlegern oder sitzengelassenen Geliebten. Und da er sein Geld mit Lesungen verdient, läßt sich jede Flucht wunderbar als Geschäftsreise tarnen. Denn Artmann ist ein Meister des Verdrängens. In einem Selbstporträt hat er sich erstaunlich präzise charakterisiert: »... meine anliegen (sind) sprunghaft, meine sehnsüchte wie die windrose, im handumdrehen zufrieden, im handumrehen verdrossen... unbehaglich schwiegereltern, ein judas der mütter, treu wie Pilatus...«

Am Ende seines Lebens wird er Dr. h.c., bekommt den Nestroy-Ring, den Büchnerpreis und den Österrei-

schen Staatspreis verliehen. Aber zufrieden ist er nicht: »Ich hab mein Talent verschleudert«, jammert er. Als
»die gute Fee«, auf die er sich immer
verlassen hat – »das einzige, an das
ich glaub» – nicht mehr auftaucht,
weiß der Sprachkünstler, daß sein
Stundenglas ausrinnt.

Charles Baudelaire, wie er sich selbst sah, um 1857/58

Honoré de Balzac –
Besessen vom Unerreichbaren

* 20.5.1799 in Tours,
† 18.8.1850 in Paris
Der französische Schriftsteller gilt als
der Begründer des soziologischen
Realismus. Balzacs Hauptwerk trägt
den Namen »Die menschliche Komö-
die« und umfaßt mehr als 90 Roma-
ne und Novellen.
Werke: Die menschliche Komödie,
Titel des gesamten Romanwerks von
Balzac, dazu gehören u.a. Die Frau
von dreißig Jahren, 1831; Das
Chagrinleder, 1832; Oberst Chabert,
1832; Eugenie Grandet, 1833; Größe
und Verfall von Cäsar Birotteau,
1838; Verlorene Illusionen, 1837-39

Balzac ist ein Ochsenkopf an Ideen.
Nicht nur im übertragenen Sinn, wie
seine Plastik von Rodin zeigt. Sein
breiter Kopf, die wulstigen Brauen,
die starke Nase und der fleischige
Mund lassen auf gewaltige Lebenskraft und unersättliche Lebensfreude
schließen. Der junge Mann will
zunächst Jurist werden und arbeitet
drei Jahre bei einem Notar. Doch nach
dem ersten Abschluß beschließt der
21jährige Balzac zum Entsetzen seiner Eltern, Schriftsteller zu werden.
Also schläft er ab jetzt in einer schäbigen Dachkammer und verbringt die
Tage in einer Bibliothek. Dort stürzt
er sich mit besonderem Genuß auf
Wörterbücher. Viel anderes, außer seiner 22 Jahre älteren adligen Geliebten, kann er auch kaum genießen,

denn er ist mäusearm. Mit gewaltiger
Tatkraft, unbändiger Phantasie und
Hunger nach Anerkennung kämpft er
um Erfolg, indem er eine ganze Reihe
von Romanen verfaßt. Doch der Erfolg läßt auf sich warten. Da kommt
Balzac die Idee, wie er mit einem
Schlag reich werden kann: Er leiht
sich Kapital, wird Verleger und richtet
eine Druckerei ein. Die Idee ist gut,
doch leider versteht er nichts von
Geld. Der Konkurs und die Liquidati-
on des gewagten Unternehmens ruinieren Balzacs Familie. Um aus dem
Schlamassel herauszukommen, leiht
er sich erneut Geld und richtet eine
Letterngießerei ein. Bereits nach fünf
Monaten kreist erneut der Pleitegeier
über ihm. Seinen Schulden wird er
sein Leben lang nicht entkommen.
Egal, was er anfasst, sobald es mit
Geld zu tun hat, wird's eine Katastrophe. Ob er sich an Silberminen beteiligt oder Eisenbahnaktien kauft – das
Geld ist futsch. Als er einmal ein
Schnäppchen mit einem Porzellan-
service »aus dem alten China« macht,
triumphiert er: »Ich habe es für 300
bekommen. Wert ist es mindestens
6000.« Kurz darauf findet ein Experte
heraus, dass es aus dem modernen
Holland stammt. Es ist nicht einmal
den Preis wert, den er dafür bezahlt
hat.

Aber Balzac gibt nicht auf. Er verleiht sich den Adelstitel, findet Zugang zur Hautevolee und wird Salonlöwe. Hier, in der Welt der Macht, des
Geldes, der feinen Intrigen und ele-

ganten Bettgeschichten entfaltet sich seine erzählerische Begabung. Jedes seiner Bücher über Glanz und Elend des Lebens wird ein Erfolg. Binnen weniger Jahre wird er zum gefeierten Autor Frankreichs und zum Frauenliebling. Zeitungsherausgeber und Verleger umwerben ihn und zahlen üppige Vorschüsse, doch er verkehrt in zu guter Gesellschaft, um jemals reich werden zu können. Je mehr er verdient, desto größer werden seine Schulden, gegen die er wie ein Besessener anschreibt. Kein Wunder, daß Bankrotteure, skrupellose Betrüger und gnadenlose Geldraffer hervorstechende Helden seiner Romane sind. Begierig lauscht er den Klatschgeschichten seiner feinen Freundinnen, um sie nachts in seinen Büchern lebendig werden zu lassen.

Eines Tages kommt Balzac auf die Idee, seine Romane in einer Art Epos zusammenzufassen, die er »Menschliche Komödie« betitelt. Dazu schafft er eine knallbunte Reihe typischer Charakterfiguren – Spekulanten, eiskalte Bankiers, mörderische Polizeiagenten, nervenstarke Verbrecher, Spieler, durchtriebene Damen der Hautevolee, abgefeimte Politiker, Huren mit Herz, kleine Gauner, Rufmörder, romantische Geliebte, selbstlose Ärzte, lautere Poeten, karrieregeile Journalisten. Alles in allem sind es etwa 3.000 bis 4.000 Personen, die diese Komödie bevölkern.

Die Arbeit ist für Balzac ein strenges Ritual. Um Mitternacht steht er auf, entzündet die Kerzen auf dem Schreibtisch, hüllt sich in seine Mönchskutte und beginnt zu schreiben. Mit bis zu 50 Tassen Kaffee arbeitet er manchmal 16 Stunden am Stück. Dann geht er schlafen, und um Mitternacht beginnt das gleiche Spiel, das nur manchmal vom Gerichtsvollzieher unterbrochen wird. Dann verläßt Balzac seine Wohnung unbemerkt durch einen Hinterausgang. Wenn sich die Arbeit an einem Roman dem Ende nähert, taucht er unvermutet bei Freunden auf und erzählt abenteuerliche Geschichten, von denen niemand weiß, ob sie wahr oder erfunden sind.

Einmal kommt Balzac dem Reichtum, nach dem er sich so sehnt, tatsächlich nahe. In einem alten Buch findet er den Hinweis, auf einem Inselchen in der Seine sei Gold aus der Römerzeit vergraben. Er überredet die Schriftsteller Théophile Gautier und Jules Sandeau, sich an der Schatzsuche zu beteiligen. Mit Spitzhacken, Spaten und großen Taschen, die sie extra zum Abtransport des Goldes gekauft haben, machen sie sich an die Arbeit. Schweißüberströmt buddeln sie den ganzen Tag. Dann geben die Freunde auf und machen sich über ihn lustig. Das Gelächter hält Balzac davon ab, allein weiterzugraben. Doch was geschieht? Kurz darauf erwirbt ein Kaufmann die Insel, um darauf ein Häuschen zu errichten, und beim Bau finden seine Arbeiter ungeheure Mengen von Gold und Silber aus der Römerzeit.

Balzac zieht jetzt neue Hoffnung aus einem Briefwechsel mit einer seiner Verehrerinnen, der immer intensiver wird. Gräfin Eva von Hanska, die schwerreiche Witwe eines ukrainischen Gutsbesitzers, und er schreiben sich glühende Liebesbriefe und lernen sich ein Jahr später persönlich kennen: Balzac möchte sie heiraten, aber Gräfin Eva hält ihn hin. Über zehn Jahre umwirbt er sie, dann stimmt sie zu, allerdings erst, nachdem sie von Balzacs Ärzten erfahren hat, daß dieser wegen seiner Herzkrankheit nicht mehr lange leben wird. Auf ihr Jawort schreibt der 51jährige Balzac: »Ich habe keine glückliche Kindheit gehabt, und mein Frühling war nicht mit Blumen geschmückt; jetzt werde ich einen strahlenden Sommer haben und den allersüßesten Herbst.« Er schwingt sich in den Zug, um die Braut nach Paris zu holen. Als der Kutscher ihn von der Bahnstation durch die riesigen Besitzungen Frau von Hanskas fährt, ist Balzac begeistert von den gewaltigen Eichenwäldern. Sofort überkommt ihn die alte Geldgier. In Frankreich werden gerade überall Eisenbahnstrecken gebaut. Dazu benötigt man »ungeheure Mengen von Eichenholz für Eisenbahnschwellen«. Kaum angekommen, redet er auf seine Braut ein: »Ich weiß, daß Eichenholz sich im Preis verdoppelt hat.« Er, der vom Geld soviel versteht wie der Papst von Gameboys, will das Geschäft in die Hand nehmen, die Bäume fällen, sä-

gen und transportieren lassen und sich um die Finanzierung kümmern. Nach seinen Berechnungen wird der Reingewinn eine halbe Million betragen. Zum Glück hat Frau von Hanska einen gesunden Hausverstand und lehnt dankend ab.

Nach wenigen gemeinsamen Wochen des Ehepaars in Paris macht Balzacs Herz nicht mehr mit. Die Ärzte haben den Übergewichtigen (»Ich bin nicht tiefsinnig, ich bin dick«) aufgegeben, da ruft Balzac verzweifelt nach einer seiner Romanfiguren: »Holt Doktor Bianchon, er wird mich retten.«

Charles Baudelaire –
Der Luxus-Junkie

* 9.4.1821 in Paris,
† 31.8.1867 in Paris
Großen Einfluß auf die moderne Lyrik nahm der französische Dichter, Kunstkritiker und Essayist vor allem mit der Gedichtsammlung »Die Blumen des Bösen«.
Werke: Intime Tagebücher, 1855-1866; Die Blumen des Bösen, 1857; Ästhetische Merkwürdigkeiten, 1868; Pariser Spleen, 1869

Etwas Opium in der Pfeife, zur Not tut's auch schnöder Alkohol, und schon ist Baudelaire in angenehmer poetischer Stimmung: »Man muß immer trunken sein. Um die gräßliche Last der Zeit nicht zu spüren, die euch

CHARLES BAUDELAIRE 33

die Schultern zerbricht und zur Erde euch zieht.« Sein Leben besteht aus Ekstasen, Orgien, Depressionen und erotischen Martyrien, die ihn schwanken lassen zwischen seiner »schwarzen Venus« – einer Mulattin mit »Augen wie Suppentellern« und einem Geruch »wie Teer, Muskat und Kokosöl« – und seiner »Madonna«: Das ist Apollonie-Aglaé Sabatier, die mondäne Geliebte des Bankiers Mosselman. »Madonna« ist eine echte Bacchantin von lässiger Anmut und fesselnder Sinnlichkeit, »aber ihr Fett quillt allmählich über« bemerken spitzzüngig die Brüder →Goncourt.

Der junge Baudelaire ist verzweifelt auf der Suche nach öffentlicher Anerkennung, die man ihm jedoch verweigert, trotz aller literarischen Bemühungen bekommt er weder Orden noch Auszeichnungen. Dergestalt von der Öffentlichkeit verschmäht, giftet er: »Preisverteilungen sind von Übel. Akademische Preise, Tugendpreise, Ordensverleihungen, alle diese Erfindungen des Teufels ermutigen die Scheinheiligkeit und vereisen den unmittelbaren Aufschwung eines freien Herzens.« Schließlich hat Baudelaire die Idee, als Dichterdarsteller auf sich aufmerksam zu machen. Das amüsiert die klatschsüchtige Künstlerszene: »Man hat uns erzählt, daß dieser Gaukler ein kleines Hotel in der Nähe einer Eisenbahnlinie zum Wohnsitz genommen habe, und ein Zimmer wählte, das auf einen Korridor führt, der ständig von Reisenden wimmelt,

der reinste Bahnhof. Bei weit geöffneter Tür gibt er allen das Schauspiel seiner selbst bei der Arbeit, der Anspannung des Genies, während seine Hände durch die langen weißen Haare in seinen Gedanken wühlen.« Charles Baudelaire ist gerade 42 Jahre alt und schon ein Greis mit schlohweißem Haar. Das kommt von den Drogen und den Sorgen, die an seinen Nerven zehren. Das Geld zerrinnt ihm zwischen den Fingern, denn der Dandy lebt auf großem Fuße. Er hüllt seinen mageren Körper nur in teure Anzüge, die nach seinem eigenen Design geschneidert werden. Bücher, die ihm gefallen, läßt er in Saffianleder binden. Freunde bewirtet er auf das Erlesenste, und Frauen betört er mit kostbaren Geschenken. Ein Großteil seines väterlichen Erbes ist deshalb bald verplempert. Hochmütig verlangt Baudelaire von Mutter und Stiefvater mehr Geld. Doch der Stiefvater, ein General, sieht in dem Alkoholiker »nichts als einen Strolch, der immer davon spricht, seine Mutter zu besuchen, aber nie kommt und ihr nur schreibt, wenn er Geld braucht.« Aber immerhin schreibt er oft, denn Geld braucht der Rauschgiftsüchtige jede Menge.

Eine seiner Erstveröffentlichungen ist ein Artikel über →Balzac: »Wie man seine Schulden bezahlt, wenn man ein Genie ist«. Tja, wenn man das wüßte... Auf der Flucht vor seinen Gläubigern wechselt Baudelaire ständig die Wohnung. Einmal zieht er innerhalb eines Monats in sechs verschiedene Hotels. 1860 veröffentlicht er ein Buch über seine künstlichen Paradiese. Darin beschreibt er seine Erfahrungen und Visionen während des Genusses von Haschisch, die Erweiterung von Raum und Zeit, die visuellen Halluzinationen von Wasserfällen, Kaskaden und Wellen. Regelmäßig trifft er sich mit anderen Junkies zum Haschisch- und Opiumkonsum. Opium schätzt er mehr, weil es seine von der Syphilis ausgelösten Magenkoliken betäubt. Als der 46jährige schließlich seine Gedichte unter dem Titel »Die Blumen des Bösen« veröffentlicht, gibt es einen Skandal. Das Buch wird beschlagnahmt und ein berüchtigter Prozeß folgt, bei dem sechs der hundert Gedichte wegen Blasphemie und Unsittlichkeit verboten werden. Erst gegen Ende seines Lebens findet Baudelaire Anerkennung. Doch für ihn kommt sie zu spät: »Diese jungen Leute machen mir eine Heidenangst, ich möchte nichts so sehr als allein sein.« Danach verstummt er und verliert, halbgelähmt, die Sprache, bis er ein Jahr später in den ewigen Opiumhimmel abberufen wird.

Pierre Augustin Caron de Beaumarchais – Der Dichter mit dem goldenen Händchen

* 24.1.1732 in Paris;
† 15.5.1799 in Paris
Die Komödien des französischen Bühnenschriftstellers sind in der Vertonung von Rossini (»Der Barbier von Sevilla«) und Mozart (»Die Hochzeit des Figaro«) auf den Bühnen der Welt bis heute lebendig.
Werke: Eugenie, Uraufführung 1767; Der Barbier von Sevilla, Uraufführung 1775; Figaros Hochzeit, Aufführung ab 1783; Die schuldige Mutter oder Der neue Tartuffe, Uraufführung 1792

Beaumarchais ist ein Tausendsassa mit vielen Talenten, lebhafter Phantasie, Organisationstalent, großem psychologischen Einfühlungsvermögen und ungeheurer Energie. Zäh arbeitet er auf sein Ziel hin, bis er es erreicht. Als geschicktem Uhrmacher gelingt ihm mit 19 eine bahnbrechende Erfindung, indem er den Hemmungsmechanismus für das Uhrwerk entwickelt, der noch bis in die 70er Jahre des 20. Jahrhunderts für Uhren verwendet wird. Als ein anderer Uhrmacher die Idee stiehlt und als seine verkauft, gewinnt Beaumarchais in einem spektakulären Prozeß den Rechtsstreit und ist mit einem Schlag so berühmt, dass man »bei Hofe« auf ihn aufmerksam wird.

Sein virtuoses Harfenspiel und seine witzsprühende Unterhaltung ma-

PIERRE AUGUSTIN CARON DE BEAUMARCHAIS 35

chen ihn sofort lieb Kind bei König Ludwig XV., und so wird Beaumarchais als Harfenlehrer für die königlichen Töchter engagiert. Beaumarchais heiratet die junge Madame Franquet, Witwe eines adeligen Hofbeamten und übernimmt nicht nur das Amt des Verblichenen, sondern auch den Adelstitel seiner Frau »de Beaumarchais«. Mit 23 Jahren ist er ein gemachter Mann, doch Beaumarchais will mehr. Er lernt Joseph Pâris-Duverney, den mächtigsten Bankier des Landes kennen, der den jungen Musiker an seinen Geschäften beteiligt und nach Madrid schickt. Dort leben zwei seiner Schwestern. Eine hat eine zarte Liaison mit dem Archivar Clavigo. Als sich Clavigo weigert, das verführte Mädchen zu heiraten, fordert Beaumarchais Clavigo zum Duell und zwingt ihn öffentlich zum Bekenntnis seiner Schuld. →Goethe, dem die Dokumentation darüber in die Hände fällt, ist entzückt und macht schnell ein Bühnenstück aus diesem Stoff.

Nach dem Tod seiner Frau heiratet Beaumarchais wiederum eine gutsituierte Witwe, Madame Levêque. Da sie bald ihrer Vorgängerin ins Grab folgt, ist er nun reich. Daß Reichtum nicht nur Freude bedeutet, wird ihm klar, als es zu einem Prozeß mit den Erben seines verstorbenen Geschäftspartners Pâris-Duverney kommt. Um sich Goezmann, den Referenten beim Gerichtshof, gewogen zu machen, läßt Beaumarchais Frau Goezmann ansehnliche Bestechungsgeschenke zu-

kommen. Allerdings mit der Auflage: Sollte er den Prozeß verlieren, fordert er die Geschenke zurück. Beaumarchais verliert den Prozeß und erhält die Geschenke bis auf 15 Louisdor zurück. Doch der Bestechungsversuch wird ruchbar. Um sich gegen den Korruptionsverdacht zu schützen, tritt Gerichtsreferent Goezmann die Flucht nach vorn an und verklagt Beaumarchais wegen Verleumdung. Dieser zeigt jetzt, was in ihm steckt: Mit spritzigem Witz und scharfer Intelligenz verteidigt er als »einfacher, von sittlicher Entrüstung glühender Bürger die Nation gegen die Korruption der französischen Justiz«. Mit den Worten »Ich bin ein Bürger...« macht er sich zum Sprachrohr des kleinen Mannes. Das Gericht schlägt zurück und erklärt ihn für »bürgerlich ehrlos«. Nur mit Mühe entgeht er der Brandmarkung. Doch jetzt ist Beaumarchais der Märtyrer der kleinen Leute. Sein Pamphlet über die Prozeßgeschichte mit dem Titel »Mémoires« wird sofort ein Bestseller. Schonungslos enthüllt er darin die Mißstände der damaligen Rechtspflege und ruft damit allgemeine Empörung hervor. Beflügelt von diesem Erfolg verfaßt Beaumarchais zwei sozialkritische Theaterstücke vom Kampf der Kleinen und Schlauen gegen die Mächtigen: »Der Barbier von Sevilla« (1775) und »Die Hochzeit des Figaro« (1784). Die Zensur versucht, die Stücke zu verhindern. Der König läßt sie sich vorlesen und ist empört: »Das ist abscheulich! Das wird niemals gespielt werden.« Doch der Zeitgeist will es anders. Der Erfolg der »Hochzeit des Figaro« läßt sich nur mit heutigen Musicalproduktionen wie »Cats« vergleichen. Und in der Vertonung Mozarts (1786) wird es darüber hinaus zum Welthit, der heute jeden Tag auf dem Globus irgendwo stürmisch gefeiert wird. Um nicht, wie damals üblich, mit einem einmaligen Honorar abgespeist zu werden, setzt Beaumarchais durch, daß Autoren am Erfolg ihrer Stücke beteiligt werden. Auf diese Weise erwirbt er ein weiteres Riesenvermögen durch die Tantiemen an seinen Bühnenwerken. Aber so üppig wie er Geld macht, so üppig unterstützt er den Kampf für die Demokratie. So läßt er auf seine Kosten die gesammelten Werke →Voltaires in einer Prachtausgabe herausbringen und finanziert den Freiheitskampf der Amerikaner gegen die Engländer, indem er 60 000 Gewehre an das republikanische Heer liefert.

Simone de Beauvoir – Die Mutter Teresa des Feminismus

* 9.1.1908 in Paris;
† 14.4.1986 in Paris
Die französische Schriftstellerin war zu Lebzeiten über ihr Werk hinaus politisch aktiv und wurde zu einer der wichtigsten Theoretikerinnen der Frauenbewegung.
Werke: Sie kam und blieb, 1943; Die Mandarine von Paris, 1954; Memoiren einer Tochter aus gutem Hause, 1958; Das Alter, 1970; Alles in allem, 1972

Simones Vater ist ein kleiner Beamter, dessen Familie einmal bessere Zeiten gesehen hat. Da er im 1. Weltkrieg den Großteil seines Vermögens verloren hat, und die Mitgift seiner Frau, einer Bankierstochter aus der Provinz, bereits von Opa verspekuliert wurde, gehört die Familie zu den »neuen Armen«. Man lebt in sehr bescheidenen Verhältnissen, das heißt, es gibt kein Dienstpersonal, Mutter muß selber kochen. Um so mehr sind die Eltern bemüht, sich nach außen hin den Anstrich besserer Leute zu geben, wozu das Wörtchen »de« und der kleine Gutshof des Großvaters nicht unwesentlich beitragen.

Weil man nicht mit Geld protzen kann, legen Monsieur und Madame de Beauvoir Wert auf Bildung und Gottes Segen. »Sobald ich gehen konnte, hatte Mama mich in die Kirche mitgenommen; sie hatte mir, in Wachs, aus Gips geformt, an die Wände gemalt,

SIMONE DE BEAUVOIR 37

die Bilder des Jesuskindes, des Herrgotts, der Jungfrau Maria, der Engel gezeigt.« Klar, daß »ein Mädchen aus gutem Hause« nur in einem katholischen Mädcheninstitut standesgemäß erzogen werden kann. Simone wird zur Musterschülerin und soll nach dem Willen des Vaters Lehrerin werden. »Heiraten«, sagt er zu den Töchtern, »werdet ihr nicht. Ihr habt keine Mitgift, da heißt es arbeiten«.

So ist es kein Wunder, dass Simone die Welt der Bourgeoisie haßt. Der Zwang in allem und jedem ekelt sie an. Als Gymnasiastin wird ihre Lektüre streng überwacht. Wegen der wilden Studenten darf Simone nicht an der Sorbonne studieren, sondern muß statt dessen an eine gesittete katholische Uni. Sex kennt sie nur vom Hörensagen. Bis ins vorletzte Studienjahr darf sie abends nicht in Begleitung eines Mannes ausgehen. Heimlich treibt sie sich in Nachtlokalen herum und genießt fasziniert die Welt des Verbotenen. Gierig saugt sie den Tabakqualm in sich auf, nippt an berauschenden Getränken, tanzt zum Jazz und bewundert die leichtbekleideten scharfen Bräute mit den knallroten Lippen. Aber das sind nur Feldstudien im Land der Sünde. Sie verliert weder ihre Unschuld noch ihre Prüderie.

Im letzten Studienjahr darf die Musterstudentin an der Eliteuni »École Normale Supérieure« studieren und gehört damit zu den »Besseren«. Hier trifft die 21jährige den Mann ih-

res Lebens. Der kleine Kettenraucher mit großem Kopf ist berüchtigt für seine radikalen Ansichten, seine scharfe Intelligenz und seine Freude an berauschenden Getränken. Warum ausgerechnet →Jean-Paul Sartre wie ein Magnet auf Frauen wirkt, ist ihr nicht klar, bis sie in seine Nähe kommt. Ehe Simone sich versieht, ist sie total verknallt, und auf einen Schlag ist ihre moralinsaure katholische Sittsamkeit dahin. »Er war der erste Mann, mit dem ich schlief.« Glücklich wird sie dabei nicht, denn im Bett ist Sartre eine Null. Nach acht oder zehn Jahren, die »nicht vom Erfolg gekrönt« sind, kapitulieren sie als Liebespaar und geben das Minnespiel auf: »Er ist ein hitziger, quicklebendiger Mann – überall, außer im Bett.« Trotzdem können die beiden nicht voneinander lassen. Sie schließen zunächst einen »Pakt« auf zwei Jahre, wobei klar ist, daß Sartre Simone niemals heiraten wird, keine Kinder mit ihr will und »Nebenfrauen« haben darf. Außerdem vereinbaren sie vollkommene Aufrichtigkeit. Sie arbeiten nun als Lehrer in verschiedenen Städten in der Provinz. »Ich entdeckte, daß die Sehnsucht nicht nur ein seelisches Leid, sondern ein körperlicher Schmerz sein kann... Ein schmachtendes Übel... mein einsames Schmachten verlangte wahllos nach irgendeinem Partner.« Sie leidet doppelt: Gemäß ihres Offenheitsabkommens erzählt Sartre ihr brühwarm seine Bettgeschichten mit jungen Studentinnen. Simone wiederum verliebt sich in ihre Schülerinnen vom Gymnasium. Bianca Bienenfeld verliert durch Simone ihre »Vorurteile gegenüber den Homosexuellen«. Es ist nur das Vorspiel, denn Bianca stellt fest, »daß Simone de Beauvoir ihre Mädchenklassen nach frischem Fleisch abgraste, das sie kostete, ehe sie es weiterreichte, oder sollte ich es noch härter sagen – bei Sartre ablud.«

Eines Tages schließt Simone de Beauvoir Freundschaft mit ihrer Schülerin Olga Kosakievicz. Kaum sieht Satre die junge Russin, schlägt er eine Ménage à trois vor. Simone, hin- und hergerissen zwischen fundamentalkatholischer Moral und Faszination an Erweiterung ihrer Liebeserfahrung, willigt ein. Es wird eine »Miniaturhöllenmaschine«, doch die hat auch etwas Gutes. Die Seelenpein liefert Simone de Beauvoir das Thema für ihren ersten Roman »Sie kam und blieb«. Die aus wundem Herzen geschriebene Eifersuchtsarie verschafft ihr den Durchbruch als Schriftstellerin. Ermutigt durch gute Kritiken schreibt sie weiter.

1947 lernt de Beauvoir den amerikanischen Autor Nelson Algren kennen – einen Macho, vor dessen knallharten Texten sogar →Hemingway in die Knie geht: »Er boxt mit beiden Fäusten und verfügt über gute Beinarbeit.« Bei Algrens Anblick rutscht der kühlen Intellektuellen das Hirn zwei Ellen tiefer: »Kommen Sie, Geliebter, kommen Sie und nehmen Sie mich in ihre starken, sanften und gierigen Hände.« An seiner haarigen Brust bekommt die 39jährige den ersten Orgasmus ihres Lebens. Ein bis dato unbekanntes Gefühl durchflutet sie. Sie himmelt ihn an wie eine verliebte Schülerin und wünscht sich als »betrunkener Frosch« von ihrem »geliebten Krokodil« gefressen zu werden. Völlig gaga verherrlicht sie ihn als »lieben Gott« und schreibt ihm verzückte Teeniebriefe. Sie will treu sein wie eine spießige Ehefrau, die Betten machen, den Boden wischen, kochen und danach: »zehnmal in der Nacht und ebenso oft am Tage mit Ihnen Liebe machen«. Während sie herumturteln, schreiben beide an Büchern, die sie zwei Jahre später berühmt machen werden. Algren mit der Spieler- und Junkie-Orgie »Der Mann mit dem goldenen Arm«, für den er den Pulitzer-Preis bekommt, sie mit dem, wie Spötter sagen, »Alten Testament des Feminismus«, ihrem berühmten Buch »Das andere Geschlecht«. Das Buch macht de Beauvoir zur Bestsellermillionärin und zum Rammbock des Feminismus.

Während Sarte im fernen Paris sich im Existenzialismus einspinnt, reist Simone mit dem Erwecker ihrer Orgasmen durch den Süden der USA, nach Mexiko, Afrika und Südamerika. Drei Jahre klebt sie an ihm wie ein Blutegel. Als er den zur Nymphomanin gewandelten Blaustrumpf nicht mehr aushält, heiratet Algren seine erste Frau zum zweiten Mal und hält Simone de Beauvoir auf Abstand. Besonders kränkt ihn die schamlose Darstellung ihrer Beziehung in ihren Romanen: »Ich habe Bordells in aller Welt frequentiert, und überall haben die Frauen die Zimmertür geschlossen. Nur diese da hat die Tür sperrangelweit geöffnet.«

Brendan Behan – Auf der Suche nach dem verlorenen Durst

eig. Breandan O'Beachain,
* 9.2.1923 in Dublin,
† 20.3.1964 in Dublin
» Wasser ist nicht zum Trinken da, sonst hätte Gott nicht so viel davon gesalzen«, erklärte der irische Dramatiker, bevor er 41jährig dem Alkohol und einer Diabeteserkrankung erlag. Werke: Der Mann von morgen früh, 1955; Borstal Boy, 1958; Die Geisel, 1958; Richards Korkbein, Uraufführung in Dublin, 1972

Brendan Behan wächst in den Slums von Dublin auf. Trotzdem hat er Glück: Statt in einem, haust seine achtköpfige Familie in zwei Zimmern. Tagsüber lebt man in der Küche, dort schlafen Vater, Mutter und das jeweilige Baby, Brendan schläft mit seinen Geschwistern im Hinterzimmer. Im Vorderzimmer wird ein kleines Bordell geführt. Dort geht's ab dem Nachmittag rund. »Ich hatte Spaß an der Unterhaltung, die wir leicht mithören konnten, und ebenso am Singen, wenn sie blau waren. Alles war sehr gemütlich und anheimelnd in dunkler Winternacht.«

Die wichtigste Person im Leben des kleinen Brendan ist die Großmutter. »Sie saß stundenlang in Hogans Hinterstübchen. Wenn sie einen getrunken hatte, und es kam selten vor, daß sie keinen getrunken hatte, erzählte sie uns Knirpsen zu ihren Füßen die phantastischsten Geschichten.« Bald kann Brendan die meisten auswendig. Omas Begeisterung für Whiskey liegt ihm im Blut wie das Fabulieren – und ihr aufmüpfiges Wesen. Mit 16 tritt er in die IRA ein, um als Freiheitsheld berühmt zu werden und wird in Liverpool sofort mit einem Koffer voll Sprengstoff erwischt. Drei Jahre im Jugendgefängnis sind die Quittung für die Heldentat. Danach ist dem übergewichtigen Burschen klar: »Ich bin kein Krieger. Ich war eine absolute Null. Die IRA hatte genügend Sachverstand, mich zu nichts anderem als zu Botengängen einzusetzen.« Trotzdem kann er vom Kriegspielen nicht lassen. Kurz nach seiner Freilassung 1942 wird Behan wegen Mordversuchs an zwei Polizisten auf einem Friedhof zu 14 Jahren verurteilt. Als ein milder Richter den jugendlichen Straftäter frühzeitig entläßt, wird er kurz darauf wegen Randalierens in Manchester erneut eingesperrt. Mit 24 hat er ein Drittel seines Lebens hinter Gittern verbracht. Nach seiner Entlassung wird Behan nach Paris abgeschoben. Nun hat er vom Terrorismus endgültig die Nase voll und will lieber Dichter werden. Jetzt verdient er sich tagsüber seine Brötchen als Anstreicher, nachts hockt er in den Künstlerkneipen, schwingt das große Wort auf »Pidgin-Französisch« und bewundert erfolgreiche Literaten, deren Texte gedruckt werden. Und weil man bei Pernot und Calvados immer eine Menge Freunde findet, ist er bald mit Berühmtheiten wie Camus und Beckett bekannt. Ermutigt beginnt Behan ganz unten in den Niederungen der Literatur, indem er für pornographische Verleger Schweinigeleien verfaßt. Da das finanziell noch nicht reicht, wird er im Nebenberuf Zuhälter.

Als Behan eines Tages das Heimweh nicht mehr aushält, kauft er sich eine Fahrkarte und reist zurück ins geliebte Dublin. Hier liest er in den Pubs seine Gedichte vor, singt, prügelt sich und bringt beim Rundfunk seine Hörspiele unter. Denn plötzlich ist auch den Redakteuren klar, daß der Jungdichter mit den Schmalzlocken Poesie im Blut hat. Vom Erfolg beflügelt schreibt er das Theaterstück »Der Spaßvogel«. Es ist so komisch, daß die Dubliner Tränen lachen. Zwei Jahre später ist es ein Welthit, und in der Übersetzung von Heinrich Böll auch in Deutschland ein Renner. Aus dem Probeterroristen und Ex-Zuhälter ist ein Weltstar geworden. Behan schreibt weiter. Eigentlich entsteht sein schmales Werk in den vier Jahren von 1954 bis 1958. Trunksucht und Diabetes bringen Behan immer

wieder ins Krankenhaus. Kaum wieder auf den Beinen, schwingt er die Flasche und läßt sich in Talkshows feiern: Genau so stellen sich die Zuschauer einen versoffenen irischen Dichter vor.

Je mehr Tantiemen Behan einnimmt, desto mehr trinkt er. Wenn er richtig in Stimmung kommt, schmeißt er Lokalrunden. So löst sich Behans ganzes Vermögen in Guiness und Whiskey auf. Und je mehr er trinkt, desto melancholischer wird er. »Ganz sicher fürchtete er nichts, nicht einmal den Tod, nach dessen Stachel er immer wieder griff, bis der Tod ihn endlich erwischte. Er war gelangweilt, gelangweilt von den Leuten und vom Leben«, erinnert sich sein Bruder. Trotzdem schreibt er noch, vom Tod und vom Alkohol gezeichnet, das Stück »Richards Korkbein«, das jedoch erst postum uraufgeführt wird. Es ist so lustig, daß dem Publikum die Lachtränen über die Wangen laufen. Seinen Humor bewahrt Behan sich bis zum bitteren Ende. Auf dem Sterbebett sagt er zur Nonne, die ihn pflegte: »Danke, Schwester. Mögen Sie die Mutter eines Bischofs werden.«

Aphra Behn – Die Erfinderin des edlen Wilden

* 10.7.1640 (?) Wye (?)/Kent,
† 16.4.1689 London
Die Frau, deren Abstammung im

Dunkeln liegt, ist die erste Engländerin, die sich ihren Lebensunterhalt allein durch ihre Tätigkeit als Schriftstellerin finanziert.
Werk: Oroonoko oder Der königliche Sklave. Eine wahre Geschichte, 1688

Bereits Aphra Behns Abstammung gibt Rätsel auf. Ist ihr Vater ein biederer Barbier oder ist sie das Kind der adligen Familie Johnson aus Canterbury? Oder, wie andere vermuten, die illegitime Tochter zweier Adliger? Denn Aphras große Belesenheit und ihr exzellentes Französisch weisen auf gute Ausbildung hin. Mädchen der Unterschicht waren damals stets Analphabetinnen. Gesichert ist, daß das junge Mädchen mit ihren (Pflege?-)Eltern und (Stief?-)Geschwistern nach Südamerika reist. Dort soll ihr Vater einen wichtigen Posten in der Kolonialverwaltung von Surinam übernehmen. Leider kommt es nicht dazu, denn er stirbt unterwegs und bekommt statt dessen ein Seemannsgrab erster Klasse.

In Surinam ist das junge Mädchen überwältigt vom exotischen Leben am Äquator. Während die weißen Siedler ihr stolzes Herrenleben führen, schuften sich die aus Afrika importierten Sklaven zu Tode. Die Eindrücke sind so stark, daß Aphra Behn rund 25 Jahre später eine herzzerreißende Liebesgeschichte über einen schwarzen Prinzen und seine Geliebte verfaßt. Mit dem Roman »Oroonoko oder Der königliche Sklave« wird Aphra Behn

zur Erfinderin des romantischen »edlen Wilden«, der später durch →Rousseau zur philosophischen Mode und durch →Karl Mays »Winnetou« zum Romanhelden wird.

Kurz nach ihrer Rückkehr heiratet Aphra Behn einen holländischen Kaufmann, dem ihr exotischer Charme ins Auge sticht – und ist froh, als der behäbige Pedant 1666 bei der großen Pest von London in den Himmel kommt. Sie hat ihn aus finanzieller Not und nicht aus Liebe geheiratet. Später bringt sie kleinkrämerische Typen wie ihn als Witzfigur auf die Bühne und rächt sich so dafür, daß er ihr nicht genug zum Leben hinterlassen hat. Trotzdem hat sie Glück, denn die exotische Schönheit der jungen Witwe bleibt im London des lebenslustigen Königs Charles II. nicht verborgen. So wird sie dank ihres eleganten Auftretens, ihres umwerfenden Charmes und ihres Esprits bald persona grata »bei Hofe«. Der König entdeckt jedoch mehr in ihr als einen erotischen Zeitvertreib: Die elegante Frau wäre die ideale Geheimagentin. Der Geheimdienst sucht gerade eine unauffällige Kontaktperson, um den abgesprungenen Geheimagenten William Scot, der nun für die feindliche niederländische Regierung arbeitet, wieder umzudrehen, da der Krieg unmittelbar bevorsteht. Als Aphra Behn den Namen Scot hört, leuchten ihre Augen. Scot war in Surinam ihr Geliebter, daher scheint der Auftrag nicht allzu schwierig. Als der Geheimdienst ihr ein verlockendes finanzielles Angebot macht, übernimmt Behn die heikle Mission. Durch Bestechungsgelder und ein paar Schäferstündchen überzeugt, gibt Scot sein Wissen über niederländische Rüstungen und Angriffspläne preis. Aphra Behn reist, beflügelt von ihrem Erfolg, zur Geheimdienstzentrale nach London, um das Erfolgshonorar zu kassieren. Aber hier vertröstet man sie – Schulden und Pfändungen sind die Folge. Als bei ihr nichts mehr zu holen ist, kommt Aphra Behn ins Schuldgefängnis. Ihre Gesuche an die Krone sind erfolglos. Schließlich erbarmt sich irgend jemand, bürgt für sie und holt sie aus der Haft. Diese grauenhafte Erfahrung macht Aphra Behn klar, daß sie finanziell unabhängig werden muß. Nach damaliger Gepflogenheit hätte sie nun die Mätresse eines reichen Opas werden oder erneut heiraten können. Diesen Fehler will sie jedoch nicht noch einmal begehen. Sie beschließt, Schriftstellerin zu werden.

London ist schon damals eine Weltstadt mit fast einer Million Einwohnern. Das Unterhaltungsbedürfnis wächst von Jahr zu Jahr. Die Theater boomen. Mit Erfolgsstücken kann man gut verdienen. Warum soll sie nicht versuchen, ihren berühmten Wortwitz zu Geld zu machen? 1670 hat ihr erstes Stück »The Forc'd Marriage« Premiere. Ermuntert vom Erfolg lässt sie sofort ein zweites folgen. Sie schreibt frech und pointiert und läßt ihre Frauenfiguren sexuelle Freizügigkeit genießen. Das ist neu und sofort ein Skandal – und der Skandal ist die beste Werbung. Ab 1682 schreibt Aphra Behn Gedichte und Romane. Damit wird sie zur ersten Engländerin, die von ihren literarischen Arbeiten leben kann.

Auf Aphra Behns Grabstein im Kreuzgang der Westminster Abbey steht mit trockenem britischen Humor: »Hier liegt der Beweis, daß Witz und Verstand kein ausreichender Schutz sind gegen Sterblichkeit.«

Carl Michael Bellman – Der Präsident des Bacchus-Ordens

* 4.2.1740 in Stockholm,
† 11.2.1795 in Stockholm
Die Lieder des schwedischen Dichters begeistern durch ihre Mischung aus Sprachwitz, Humor, Lebensfreude und Verzweiflung. Bellman ist neben Robert Burns der größte Dichtersänger des 18. Jahrhunderts.
Werk: Fredmans Episteln, 1790; Fredmans Gesänge, 1791

Die Schule ist für Carl Michael ein Trauma, vor allem der Rechenlehrer. Um dem Kind Mathematik einzubleuen, schlägt der Prügelpädagoge ihm mit dem Lineal auf die Fingerspitzen. Den Dichter gruselt es noch als Erwachsener: »Heut noch zuckt mein Hirn, mein müdes, denkt's – o Schrecken – an Euklides, an die Geometrica ABC und CDA. Denk ich jenes alten Liedes, leide ich ein Golgatha!«

Vor lauter Schulangst bekommt Bellman heftige Fieberanfälle. Im Delirium spricht er plötzlich in Versen und singt so wunderbar, daß seine Eltern schlagartig das Genie ihres Sohnes erkennen. Trotzdem behauptet dieser später in seiner autobiographischen Skizze: »Da ich von der moralischen und physischen Seite allgemein bekannt bin, wird man mir zugestehen, daß ich ein Herr von sehr wenig Tiefsinnigkeit bin, dem es egal ist, ob die Sonne geht oder die Erde stille steht.« Bellmans Eltern gehören zum gehobenen Mittelstand Stockholms. Der Vater ist Richter. In seinem Haus verkehren die Stützen der Gesellschaft. Als Student führt der begabte, aber wenig formbare Sohn ein Lotterleben in Uppsala, denn lernen zu müssen, was andere ihm vorkauen, ist ihm ein Greuel. Statt dessen spielt er Zither und singt Gassenhauer im Kreise seiner Zechkumpanen. Der verzweifelte Vater besorgt ihm einen Job bei der Bank: Das langweilt ihn. Der Vater bringt ihn beim Zoll unter: Der Sohn hält sich abends so lange an der Weinflasche und morgens am Bett fest, bis man ihn hinauswirft. »Ständiges Gelage, unaufhörliches Tanzen, anhaltende Musik, permanentes Trommeln vor den Schenken, Wirbel um Wirbel«, beschreibt Bellman später die lustige Studentenzeit. Statt auf Jobsuche zu gehen, gründet Bellman den Bacchus-Orden, des-

sen Präsident er wird. Die Voraussetzung für die Aufnahme in den Orden ist: Jeder Aspirant muß zweimal vor den Augen aller Welt betrunken in der Gosse gelegen sein. Beim Ordenskapitel schlägt Bellman als Präsident die Würdigsten zu Rittern. Eines Tages wird Graf Oxenstierna zu einer Bacchusfeier eingeladen und ist fasziniert von den Künsten des Dichtersängers. Bellman nimmt die Zither, schließt die Augen und beginnt zu singen – aus dem Stegreif. Die Zuhörer sind hingerissen. »Selbst mit dem Mund allein ahmt er alle Arten von Stimmen nach, sowie die charakteristischen Klänge von Waldhorn, Flöte, Oboe, Cello – ja, jedes Instrument ahmt er vollendet nach.«

Bellmans wunderbare Lieder kursieren in Handschriften. Der Ruhm des Poeten, der unablässig Verse und Schulden macht, verbreitet sich in der Hauptstadt und dringt bis zu den Ohren des kunstbegeisterten Königs. Gustav III. verschafft dem Dichter kurzerhand den Titel Hofsekretär und läßt ihn bei der Staatslotterie mit 3.000 Talern Gehalt anstellen. Bellman, ohnehin kein Freund der Bürokratie, überläßt einem anderen die Geschäfte, begnügt sich mit der Hälfte des Einkommens und dem hübschen Titel. Trotzdem muß er eines Tages ins Schuldgefängnis. Dort dichtet sich den Kummer vom Herzen: »Wenn's zum Begräbnis kommen wird, so sollen Gläubiger nur mich tragen, ein Gläubiger ist mein Freund

und Wirt, nur Gläubiger dürfen um mich klagen. So kommt ihr Gläubiger – tripp und trapp – und brummt mich in mein Grab hinab.«

Bellman wird durch seine veröffentlichten Liedsammlungen »Fredmans Lieder« und »Fredmans Episteln« in ganz Schweden populär – und ist es bis heute. Sogar im schwedischen Märchen wird er zur volkstümlichen Figur, die mit seinen cleveren Streichen, ähnlich unserem Till Eulenspiegel, Hochnäsigen und Reichen ein Schnippchen schlägt. Weil die Geschichten so schön sind, eine als Beispiel: »Ein anderes Mal war Bellman unflätig gegenüber einigen Damen am Hofe gewesen, und es erging darauf vom König das Urteil, daß sie Bellman mit Steinen zu Tode werfen durften. Als aber Bellman dort stand, und die Frauen schon die Steine hatten und anfangen wollten, da fragte ihn der König, ob Bellman etwas hätte, was er sich besonders wünschte. Und da antwortete er, er wünschte sich, daß die größte Hure den ersten Stein werfen sollte. Und da lachte der König und sagte, das solle ihm gewährt sein. Aber es versteht sich, daß nun keine Frau da war, die zugeben wollte, daß sie die größte Hure war, und auf diese Weise kam Bellman diesmal mit dem Leben davon.«

Georges Brassens – Pariser Barden-Poesie

* *22.10.1921 in Sète,*
† *29.10.1981 in Sète*
Einer der großen französischen Chansonniers.
Werke: Im Windflug, 1942; Der Wunderturm, 1953

Mit 15 Jahren besucht Georges Brassens erstmals Paris und ist wie verzaubert. Das ist die Welt, von der er immer geträumt hat: ungezwungene Lebensart, elegante Cafés, gemütliche Bistros, Parks, Theater, Kinos und überall hübsche, lachende Mädchen. Zurück in der Kleinstadt beschäftigt ihn nur noch ein Gedanke: Paris. Zwei Jahre später kommt dem jungen Georges das Schicksal zu Hilfe: Wegen eines Bagatelldelikts fliegt er von der Schule und ist nun frei. Sofort setzt er sich in den Zug und reist ans Ziel seiner Träume. Zum Glück wohnt dort seine Tante, die ein großes Herz und ein winziges Zimmer für ihn hat. Nachdem er ein paar Tage und Nächte das große Leben gekostet und seine Francs zusammengeschmolzen sind, sucht er sich einen Job als Fließbandarbeiter bei Renault. Nachts sitzt er in seinem Zimmerchen und schreibt Gedichte. Mit klopfendem Herzen spricht Brassens bei ein paar Verlagen vor, und eines Tages hat er Glück: Seine lyrischen Erstlinge werden gedruckt. Doch dann verläßt ihn Fortuna wieder, das Buch landet im Ramsch. Denn für Gedichte hat niemand mehr Muße: Der Zweite Weltkrieg ist ausgebrochen, die französische Armee wird geschlagen und Paris von den Deutschen besetzt. Der Jungdichter wird als Zwangsarbeiter nach Deutschland verschleppt, schlecht behandelt, bekommt wenig zu essen und muß harte Arbeit verrichten. Aber hier lernt er seine besten Freunde kennen. Nach drei Jahren ist der Spuk vorbei und Brassens kehrt nach Paris zurück, wo er bei Jeanne Unterschlupf findet. Sie könnte seine Mutter sein und wird seine Freundin und Vertraute. Sie bekocht ihn, kauft ihm Bücher, ermutigt den Unsicheren. Er schreibt Lieder für sie, für ihren Mann und sogar für ihre Ente. Jahr für Jahr sitzt Brassens nun in Jeannes Wohnzimmer, spielt Gitarre und ringt sich zu seinen Melodien Reime ab. Wenn er die Texte herumzeigt, verziehen die Leute gequält das Gesicht. Niemand findet sie komisch, niemand will sie haben. So nähert Brassens sich langsam dem 30. Lebensjahr. Seine Freunde haben solide Berufe, gründen Familien, er aber sitzt nach wie vor bei Mutter Jeanne auf dem Bett und dichtet. Sein Freund André ist sich sicher: »Der endet noch wie ein Clochard.« Eines Tages, er ist nahe daran aufzugeben, wird er Madame Patachou vorgestellt. Die Wirtin und Sängerin eines »Cabarets« am Montmartre drückt dem alternden Jungdichter eine Gitarre in die Hand und sagt:»Singen Sie mal eins ihrer Chansons.« Brassens bricht der

Schweiß aus. Madame Patachou ist eine Szenegröße. Es ist die Chance seines Lebens. Er reißt sich zusammen und singt mit zugeschnürter Kehle:»Tief in meinem Herzen ruht eine alte Liebe, ein verblichenes Gedicht bleibt als Souvenir. Mag der große Fluß der Zeit auch mein Gedächtnis trüben, dieses wunderschöne Bild trag ich stets in mir...« Madame Patachou ist hingerissen und weiß sofort: Diese Mischung aus Zärtlichkeit, Resignation und Aufmüpfigkeit gegen Kirche, Staat und solide Spießbürger ist etwas ganz Neues. In diesen Liedern atmet Paris – es ist große Poesie. Also schlägt sie Brassens ein Geschäft vor. Am 9. März 1952 gegen ein Uhr früh teilt sie ihrem Publikum mit:»Das Abendprogramm ist beendet, jetzt aber werde ich einem Freund zuhören, der vor Talent platzt... bleiben Sie und hören Sie zu. Sie werden es nicht bereuen.« Vor Lampenfieber glühend, wankt der schüchterne Poet mit gesenktem Kopf auf die Bühne, stellt das zitternde Bein auf einen Stuhl, macht schrummschrumm auf der Gitarre und singt:»Als Margot, das Bauernmädchen im Gebüsch ein Kätzchen fand, das die Mutter hat verloren, nahm sie's an, schmiegte es an ihren Busen, knöpfte sich die Bluse auf, und so nahm die ganze Sache ihren Lauf. Weil es glaubte, daß das Mädchen ihre Katzenmutter war, fing das Kätzchen frisch drauflos zu saugen an...« Das Publikum ist zunächst sprachlos, dann bricht ein Sturm der Begeisterung los. Ab diesem Abend geht es Schlag auf Schlag. Die Säle, in denen Brassens auftritt, sind umgehend ausverkauft; es folgen Tourneen durch Frankreich und im Ausland; seine Schallplatten gehen weg wie warme Croissants, und endlich die Dichterkrönung: Die Verleihung des »Prix de la Poésie« durch die Académie Française. Aus dem Hungerkünstler ist ein Star geworden. Als Brassens stirbt, sind weltweit über 20 Millionen Schallplatten mit seinen Chansons verkauft.

Bertolt Brecht –
Das asoziale Monster

eig. Eugen Berthold Friedrich Brecht
* 10.2.1898 in Augsburg,
† 14.8.1956 in Berlin/DDR
Der Schriftsteller und Regisseur, der
1949 in Ostberlin das Berliner En-
semble gründete, gelangte mit seinen
Inszenierungen zu Weltruhm.
Brechts Stil und seine Sprache hatten
großen Einfluß auf die moderne
Dichtung.
Werke: Baal, 1918/19; Die Dreigro-
schenoper, 1928; Die heilige Johanna
der Schlachthöfe, 1929/30; Das Leben
des Galilei, 1938/39; Mutter Courage
und ihre Kinder. Eine Chronik aus
dem Dreißigjährigen Krieg, 1939;
Herr Puntila und sein Knecht Matti,
1940; Der aufhaltsame Aufstieg des
Arturo Uí, 1941; Der kaukasische

Kreidekreis, 1944/45; Der gute
Mensch von Sezuan, 1953

Der Hochmut schaut ihm aus jedem Knopfloch, es gibt nichts, was der dünne Kleine mit Monteurjacke und Buchhalterbrille nicht besser wüßte. Schon als Kind ist Brecht ein unerträglicher Klugschwätzer. Selbstherrlich berichtet er in seiner Kurzbiographie: »Während meines 9jährigen Eingewecktseins an einem Realgymnasium gelang es mir nicht, meine Lehrer wesentlich zu fördern. Auf der Universität hörte ich Medizin und lernte das Gitarrespielen...« Spiel kann man das Gitarrequälen eigentlich nicht nennen. Aber seinen Fans, die ihren Guru Tag und Nacht umsorgen, gefallen die Eingebungen des dürren Theaterneuerers.

An seiner Zigarre nuckelnd flaniert Brecht durchs Zimmer und diktiert seine Einfälle einem seiner dienstbaren Geister, wobei er sich schamlos die Ideen seiner Bewunderer zu eigen macht. Der Sohn wohlhabender Eltern bekennt sich mit großen Reden zum radikalen Kommunismus. Aber nicht nur die Reichen sollen geschröpft, auch die Frauen sexuell befreit werden. Für letzteres sorgt er höchstpersönlich mit aufopfernder Nächstenliebe. Allerdings: Die revolutionäre Égalité gleicht eher einem orientalischen Harem. Nach der Trauung mit Helene Weigel eilt er mit Blumenstrauß zu Carola Neher und versichert Gespielin Nr. zwei, die Ehe stünde ihrer tiefen Beziehung nicht im Wege. Auch die anderen Nebenfrauen dürfen ihn weiterhin beglücken. Margarete Steffin ist so unvorsichtig, gleich mehrere Male schwanger zu werden. Gottlob gibt es professionelle Engelmacher. Die Abtreibungsabenteuer inspirieren Brecht zu einem Songtext über »verführte Mädchen«: »Zu den seichten, braun versumpften Teichen wenn ich alt bin, führt mich der Teufel hinab. Und er zeigt mir die Reste der Wasserleichen, die ich auf meinem Gewissen hab...«

Gspusi Elisabeth Hauptmann ist nicht nur im Bett, sondern auch auf literarischem Gebiet eine Begabung. Sie macht Brecht auf ein sozialkritisches englisches Theaterstück von John Gay, die »Beggar's Opera«, aufmerksam, dessen Uraufführung sich gerade zum 200sten Mal jährt. Ein Evergreen? Der Meister wird neugierig. Elisabeth fertigt auf seinen Wunsch hin eine Übersetzung an, denn Brecht kann kein Wort Englisch. Entzückt ermuntert er sie, die Handlung in die nahe Londoner Vergangenheit zu legen und zu vereinfachen. Die Mischung aus Exotik und Aktualität fasziniert ihn. Die ersten sechs Szenen zeigt Brecht einem jungen Berliner Theaterunternehmer. Ernst Josef Aufricht will am 28. August 1928 mit der Räuberpistole sein eben gegründetes Theater am Schiffbauerdamm eröffnen. Der aufstrebende Jungdichter fällt aus allen Wolken, denn es ist bereits Ende Mai, die Songs

sind nicht singbar übersetzt, Text und Melodie passen nicht zusammen und in ein paar Wochen beginnen die Proben. Was tun? Brecht engagiert Kurt Weill als Musikausstatter. Elisabeth hat das Stück kaum fertig, da fährt Brecht am 1. Juni mit dem Komponisten an die Riviera. Hier motzt Brecht die Story mit ein paar Derbheiten auf, klaut dem Villon-Übersetzter K.L. Ammer die gelungensten Reime und Rudyard Kipling eine fetzige Ballade. Dann wird an den Songs gebastelt, wobei die Hauptarbeit beim Komponisten liegt – und der vollbringt ein Wunder. Dank der neuartigen Musik wird die zusammengestoppelte deutsche Fassung des alten Meisters Gay ein Welterfolg. Wobei nicht einmal der zündende Titel »Dreigroschenoper« von Brecht stammt. Diesen hat Lion Feuchtwanger ganz umsonst erfunden. Aber jetzt rollt der Rubel. Als guter Kommunist beteiligt Brecht seine »Mitarbeiter« am schwerverdienten Gewinn: Kurt Weill bekommt ein Viertel der Tantiemen, Elisabeth Hauptmann, die eigentliche Autorin des deutschen Textes, von der 80 Prozent des Stückes stammen, wie der amerikanische Literaturwissenschaftler John Fuegi nachweist, wird großzügig mit einem Achtel abgespeist. Kipling sieht keine müde Mark und auch K.L. Ammer kriegt nichts. Leider empört sich der geistig bestohlene Villon-Übersetzer und droht mit einem Plagiatsprozeß, woraufhin Brecht schleunigst einen Teil der Beute überweist. Nun verzichtet der Villon-Übersetzer auf die Klage und kauft sich ein Weingut in Grinzing bei Wien. Seinen Wein nennt K.L. Ammer schmunzelnd »Dreigroschen-Tropfen«.

Brecht ist als Erfolgsautor nun zwar ein vermögender Mann, spielt aber weiterhin den armen Dichter. Und obwohl er jetzt geistigen Diebstahl gar nicht mehr nötig hätte, klaut er weiter. Seine erfolgreichsten Stücke wie »Der kaukasische Kreidekreis«, »Mutter Courage und ihre Kinder« und »Der gute Mensch von Sezuan« stammen großteils aus der Feder seiner Gespielinnen Ruth Berlau, Grete Steffin und der bewährten Elisabeth Hauptmann. Erst den Sterbenskranken beschleicht Jahrzehnte später ein Anflug von Reue. In seinem Testament vermacht er Ruth Berlau die gesamten Rechte am »Kaukasischen Kreidekreis«. Elisabeth soll ein Drittel der Tantiemen des großen Welterfolgs »Dreigroschenoper« erhalten. Grete bekommt nichts, sie ist schon tot. (Als sie Brecht um Geld für medizinische Behandlung anflehte, hatte er behauptet, nichts zu besitzen.) Seine Witwe, die stramme Kommunistin Helene Weigel, läßt den letzten Willen ihres Seligen für ungültig erklären. So bekommen ihre Nebenbuhlerinnen dann doch keinen Groschen.

Clemens Brentano – Die Schönheit der Verwilderung

* 9.9.1778 in Ehrenbreitstein/Koblenz, † 28.7.1842 in Aschaffenburg
Der Dichter ist neben Achim von Arnim ein Hauptvertreter der jüngeren deutschen Romantik.
Werke: Ponce de Leon, 1804; Die drei Nüsse, 1817; Das bittere Leiden unseres Herrn Jesu Christi. Nach den Betrachtungen der Gottseligen Anna Katharina Emmerich, Augustinerin des Klosters Agnetenberg zu Dülmen, nebst dem Lebensumriß dieser Begnadigten, 1833; Gockel, Hinkel, Gakeleja. Mährchen wieder erzählt, 1838; Die Rheinmärchen, 1846

Er ist genau der Typ, vor dem Eltern ihre Kinder und besonders Mütter ihre Töchter warnen: ein verwilderter Dichter mit funkelnden Augen und verführerischem Geist. Wo er mit seiner Gitarre auftaucht, verwandeln sich Bürgerhäuser in verzauberte Schlösser, höhere Töchter in Feen, und ihre besorgten Väter schrumpfen zu Giftzwergen. Das muß am wilden Blut der raubritternden Vorfahren aus Norditalien liegen. Brentanos Vater, ein schwerreicher, bis zum Geiz sparsamer Frankfurter Kaufmann, kann es sich jedenfalls nicht anders erklären, daß dieser Sohn so aus der Art schlägt. Was er auch unternimmt, um den Jungen zu zügeln, alles mißlingt. Statt einen ordentlichen Beruf zu ergreifen, durchwandert der Jungdichter lieber mit Freunden das Rheinland, um schönen Winzerinnen den Kopf zu verdrehen. Auf diesen Wanderungen entstehen Brentanos schönste Gedichte. Unterwegs sammelt er Volkslieder, denn die uralte Poesie ist seine Lehrmeisterin. Gemeinsam mit seinem Busenfreund Achim von Arnim stellt Brentano die Volksliedsammlung »Des Knaben Wunderhorn« zusammen, die seinen Namen unsterblich machen wird.

Doch von Poesie allein kann man kaum leben, und alle Versuche, einen Brotberuf zu ergreifen, scheitern an Brentanos unstetem Wesen. Zum Glück ist sein Erbteil am väterlichen Vermögen so groß, daß die Zinsen ihm ein gemütliches Leben sichern. Doch gerade deshalb kommt er sich oft wie eine gescheiterte Existenz vor. Dann stürzt er in tiefe Melancholie, aus der ihn nur ein rascher Ortswechsel rettet. Mit 40, nach zwei gescheiterten Ehen und zahllosen Liebschaften, beginnt Brentano ein neues Leben. Er wird vom Weintrinker zum Biertrinker, entsagt der Liebe, wird asketisch fromm und stellt sich in den Dienst der stigmatisierten Nonne Katharina Emmerich im Münsterland, deren Visionen er aufzeichnet. Das heißt aber nicht, dass seine Sonderlingsgewohnheiten abnehmen. Eines Abends klingelt er an der Wohnungstür eines flüchtigen Bekannten. Er trägt einen langen grauen Rock und hat seinen breitkrempigen Filzhut tief in die Stirn gedrückt. Als er erfährt, daß der Herr Professor nicht

zu Hause ist, sagt er: »Ich bin Clemens Brentano und möchte bei Ihnen wohnen. Wollen Sie mich aufnehmen?« Die erschrockene Hausfrau wehrt ab: Die Wohnung sei zu klein, und sie hätten schon einen Mieter. Der Fremde meint, sie solle keine Sperenzchen machen, er werde mit ihrem Gemahl reden. Tatsächlich sucht er den Professor in der Akademie auf. Dieser gibt ihm ebenfalls einen Korb. Doch am nächsten Abend fährt Brentano mit einer Droschke vor und läßt sein Gepäck vor der Tür abladen. Die Hausfrau zählt sämtliche Gründe auf, warum er nicht bei ihnen wohnen könne. Er bittet sie, ihn nicht so lange auf der Straße stehen zu lassen – er fühle sich nicht wohl. Seine Impertinenz siegt – er darf für ein paar Wochen in ihrer guten Stube wohnen. Doch als am nächsten Morgen ein Kutscher Tische, Bänke und Büchergestelle bringt, bereut die Frau ihre Gutmütigkeit. Statt der angekündigten Wochen bleibt Brentano sieben Jahre. »Ich bin hier«, schreibt er am 20. November 1833 seinem Bruder, »durch Gottes Erbarmen mit mir, Mitglied einer lieben, frommen, bürgerlichen Familie geworden, und es geht mir, so wie ich es gern habe, über alles Verdienst recht sehr gut.« Im Laufe der Zeit annektiert er noch den angrenzenden Raum, den er nun als Schlafzimmer benutzt. Hier besucht ihn der Maler Ludwig Grimm und schreibt seinen berühmten Brüdern: »Möbel waren gar keine da, nur eine Kommode, woraus die Schubladen genommen waren, die auf der Erde lagen. Sein Arbeitstisch waren eine paar abgehobelte Dielen mit ein paar Füßen. Alles lag voller Bücher, Papierrollen, Kupferstiche; ein alter Koffer in der Ecke mit schmutziger Wäsche, die halb heraushing. Die nächste Umgebung des Platzes, wo er saß, war mit verstreutem Tabak oder Tabakasche bedeckt. Die Stube sah aus, als wenn sie ihr Lebtag nicht ausgefegt worden wäre, aber er saß recht behaglich da, und um die Unordnung, den Dreck und Staub bekümmerte er sich sehr wenig.«

Giordano Bruno –
Der Märtyrer der Wahrheit
eig. Filippo Bruno
* 1548 in Nola bei Neapel,
† 17.2.1600 in Rom
Seine Lehre von der Unendlichkeit
der Welt und der Vielheit und
Gleichwertigkeit der Weltsysteme
brachte den italienischen Naturphi-
losophen auf den Scheiterhaufen.
Werke: Der Kerzenmacher, 1582;
Von der Ursache, dem Urgrund und
dem Einen, 1584; Vom Unendlichen,
dem All und den Welten, 1584; Von
den heroischen Leidenschaften,
1585

Gutmütige halten Bruno für einen intelligenten Spinner, weniger Gutmütige für ein subversives Element, das gefährliche Gedanken produziert, um die gottgegebene Ordnung zu zerstören. Je mehr Bruno nachdenkt, desto klarer erscheint ihm die Welt. Indem er den Dingen konsequent auf den Grund geht, entdeckt er das Wesen allen Seins: Es gibt ein mathematisches Minimum, das ist der Punkt. Das physikalische Minimum ist das Atom, und das metaphysische Minimum ist die Monade. Jede dieser Monaden ist ein Spiegel des Weltalls. Wie sich die Erde gleichzeitig um die eigene Achse und um die Sonne bewegt, so folgt jedes Ding sowohl seinem besonderen Lebensgesetz wie dem allgemeinen Weltgesetz. Bis hierhin können ihm seine Gegner noch folgen. Als er aber behauptet, daß die Erde nur eine annähernde Kugelgestalt besitze und daß auch die Sonne um ihre eigene Achse rotiere und daß alle Fixsterne ebenfalls Sonnen seien, hält man ihn für übergeschnappt. Und es kommt noch schlimmer, als sein genialer Geist bereits eine Ahnung der Relativitätstheorie ausbrütet, indem er lehrt, daß es ebensoviele Zeiten wie Sterne gebe. Solche ketzerischen Gedanken alarmieren die Kirchenbehörden. Hier wagt ein entsprungener Dominikanermönch, die unantastbaren Grundlagen des Glaubens anzuzweifeln: die Erde als Mittelpunkt des Universums. Kritikern hält Bruno entgegen: »Wer meint, es gebe nicht mehr Planeten, als wir kennen, ist ungefähr ebenso vernünftig wie einer, der glaubt, es flögen nicht mehr Vögel durch die Luft, als er soeben aus seinem kleinen Fenster beobachtet hat.«

Brunos Widersacher hetzen ihm die Schergen der Inquisition auf den Hals. Als er sich der Verhaftung durch Flucht entzieht, wird er aus der katholischen Kirche ausgeschlossen. Fünfzehn Jahre lang wandert er von Ort zu Ort, von Land zu Land, immer in Angst vor der Verhaftung. Fortschrittliche Geister entflammt er mit seinen kühnen Gedanken, bis die Ewiggesstrigen seine Verbannung durchsetzen und er wieder weiterziehen muß. Auf diese Weise gastiert Bruno bei den Calvinisten in Genf, promoviert in Toulouse zum Doktor der Theologie und lebt in Oxford, London, Wittenberg, Prag, Frankfurt und Zürich. Der Haß seiner Gegner wird so gewaltig, daß sie Bruno eine Falle stellen: Ein reicher Venezianer lädt ihn als Lehrer ein. Bruno ergreift die Gelegenheit beim Schopf und zieht aus dem düsteren Norden an die himmelblaue Adria. Kaum hat er sich häuslich eingerichtet, übergibt ihn der vermeintliche Wohltäter der Inquisition. In Ketten wird der Ketzer in die Verließe den Vatikans gebracht, wo er sieben Jahre lang in einem feuchten finsteren Loch sitzt und durch Kreuzverhöre zu »Geständnissen« gepreßt wird. Schließlich verfügt das Gericht über acht Anklagepunkte und hält die Ketzerei des Angeklagten für erwiesen. Mit sanfter Gewalt versucht man, ihn zum Widerruf zu bewegen, doch der Philosoph lacht seine Richter als unwissende Wichte aus. Das ist sein Todesurteil:»Mit größter

Milde und ohne Blutvergießen«, die Formel für den Tod auf dem Scheiterhaufen.

Am 17. Februar versammeln sich Scharen von Schaulustigen auf dem Campo dei Fiori in Rom, wo der Scheiterhaufen errichtet ist. Die Schergen bringen den Verurteilten zum Pfahl, der aus dem Holzstoß aufragt. Als er ruft:»Ich sterbe als Märtyrer. Meine Seele wird mit dem Rauch zum Paradies emporsteigen!«, wird er Augenzeugen zufolge festgebunden und geknebelt. Die Kirchenbehörden wollen damit verhindern, daß er noch vom Scheiterhaufen aus seine ketzerischen Lehren verkündet. In der Hoffnung, ihn im Angesicht des Todes zu Kreuze kriechen zu lassen, steigen zwei Priester auf den Scheiterhaufen und halten ihm das Kruzifix zum Kuß hin. Doch der Verurteilte wendet sich ab. Da wirft der Henker die Fackel auf den Holzstoß.

Gautama Buddha – Das reiche Leben eines Habenichts

eig. Siddharta Gautama oder
Siddhatta Gotama
* um 560 v. Chr. in Lumbini (bei Paderia, Nepal, nahe der Grenze zu Indien), † um 480 v. Chr. bei Kushinagara (heute Kasia, bei Gorakhpur)
Der Religionsgründer schuf mit seiner Lehre von den »vier edlen Wahrheiten« die theoretische Grundlage für den Buddhismus.

52 GAUTAMA BUDDHA

Gautama wird mit dem goldenen Löffel im Mund geboren. Sein Vater Suddhodana herrscht über ein kleines Fürstentum an den Hängen des Himalaya. Da die politischen Verhältnisse stabil sind, wächst der kleine Gautama auf wie ein Märchenprinz: Er spaziert philosophierend durch die sonnige Welt von Gärten und Hainen, ergötzt sich an Hetzjagden, spielt Schach, dichtet und singt. Mit 19 wird er mit einer schönen Verwandten verheiratet. Doch statt sein Leben zu genießen, kommt er sich plötzlich wie ein saturierter Spießbürger vor. Kann es der Sinn des Lebens sein, jeden Tag zum Feiertag zu machen?

Während der Schwangerschaft seiner Frau trifft er eines Tages bei der Jagd auf einen wandernden Asketen, einen Mann, der nach strengen Regeln lebt und auf Behaglichkeit verzichtet, weil jedes Glück von Unsicherheit bedroht und alles vergänglich sei. Plötzlich hat der junge Gautama eine Erleuchtung: Auch er möchte arm sein und schlicht leben wie der Asket. In diesem Moment wird ihm die Nachricht überbracht, daß seine Frau einen Sohn geboren hat. Er stöhnt auf:»Eine neue Fessel, die es zu zerbrechen gilt.« Die Geburt des kleinen Prinzen wird groß gefeiert, in der Nacht jedoch erwacht der junge Vater in wilder Verzweiflung, küßt seine schlafende Frau und sein Kind, steigt aufs Pferd und reitet im Mondschein gen Süden. An einem Fluß schneidet sich Gautama mit dem

Schwert seine wehenden Locken ab, entledigt sich seines Schmuckes, schickt alles samt Pferd durch seinen Diener nach Hause und geht zu Fuß weiter. Unterwegs tauscht er mit einem zerlumpten Bettler die Kleider. Nun fühlt er sich frei, um nach der Weisheit zu suchen.

Bei Einsiedlern, die in Höhlen der Vindhya-Berge wohnen, lernt Gautama die Kunst der Metaphysik. Doch sein scharfer Verstand ist mit den gebotenen Lösungen nicht zufrieden. Seine Lehrer glauben, daß Erkenntnis und Wissen nur durch Fasten, Schlafentzug und Selbstkasteiung erlangt werden können. Gautama versucht, den Nutzen der strengen Askese zu ergründen und gibt sich den schrecklichsten Selbstquälereien hin. Er taumelt und wird ohnmächtig – und erkennt im Erwachen, daß jede wirkliche Erkenntnis am besten mit Hilfe eines richtig ernährten Gehirns und eines gesunden, ausgeruhten Körpers erreicht wird. Wenn der Geist nach der Lösung eines Problems sucht, schreitet er Stufe um Stufe empor bis zur plötzlichen Erleuchtung.

Im Wildpark des Königs von Benares errichtet Gautama mit seinen Jüngern Hütten. Es wird eine Art Schule für Menschen, die nach Weisheit streben. Gautamas Lehre ist klar und einfach: Solange der Mensch nicht seine persönlichen Begierden überwindet, ist sein Leben Mühsal, Qual und am Ende Trauer. Wer sich selbst besiegt, ist frei und erreicht die Heiterkeit der

Seele, das höchste aller Güter. Darum empfiehlt er seinen Anhängern die Nächstenliebe, auch gegenüber Tieren. Er fordert sie auf, nicht zu töten, zu stehlen, zu lügen, unkeusch zu leben, keine berauschenden Getränke zu sich zu nehmen, unbegrenzt freigiebig zu sein, Besitz zu verachten und der Jagd nach Erfolg zu entsagen. Die Reaktion ist phänomenal. Als er mit 80 Jahren stirbt, breitet sich seine Lehre rasch über das ganze Land aus. Um den Menschen Gautama webt sich ein Teppich phantastischer Legenden, die ihn innerhalb weniger Jahre zu jenem Halbgott machen, der bis heute von vielen Millionen Gläubigen verehrt wird. Gautamas Ehrenname Buddha bedeutet »Der Erleuchtete«.

Georg Büchner – Der Revoluzzer

* 17.10.1813 in Goddelau bei Darmstadt, † 19.2.1837 in Zürich
»Die größte Konzentration von allen Dichtern, die ich kenne, hat Büchner. Jeder Satz von ihm ist mir neu. Ich kenne jeden, aber er ist mir neu.«
(Elias Canetti, 1982)
Werke: Der Hessische Landbote. Erste Botschaft, 1834; Dantons Tod, 1835, Uraufführung in Berlin 1902; Leonce und Lena, 1838, Uraufführung in München 1895; Lenz, 1839; Woyzeck, 1878, Uraufführung in München 1913

Daß der Junge kein pflegeleichter Untertan ist, erkennen Eltern und Lehrer bereits an seiner ersten öffentlichen Rede auf dem Gymnasium in Darmstadt, wo Büchner den Freitod des Cäsarfeindes Cato als Vorbild an Freiheitsliebe feiert. Ein knapp 17jähriger Milchbart stellt durch die Blume die Ordnung im Polizeistaat seiner Durchlaucht des Großherzogs von Hessen in Frage!

Ein Jahr später ist Büchner Medizinstudent in Straßburg. Von Frankreich aus betrachtet kommt ihm sein Land wie ein mittelalterlicher Feudalstaat vor: »Die politischen Verhältnisse könnten mich rasend machen. Das arme Volk schleppt geduldig den Karren, worauf die Fürsten und Liberalen die Affenkomödie spielen. Ich bete jeden Abend zum Hanf und zu den Laternen.« Hanf und Laternen: damit spielt er auf den populären Schlager der französischen Revolution an: »Ah, das geht ran, die Aristokraten an die Laterne, ah das geht ran, die Aristokraten hängt sie dran.« Man sieht, der junge Feuerkopf ist richtig radikal. Aber der Jungrevoluzzer erkennt auch, daß es bei den Erben der französischen Revolution mit der Demokratie auch nicht so weit her ist. Er kehrt dem Ausland den Rücken und inscribiert an der Landesuniversität Gießen. Büchner stößt zu dem Verschwörerkreis »Gesellschaft der Menschenrechte«, der zur Verbreitung revolutionären Gedankenguts ein modernes Medium besitzt: eine

54 GOTTFRIED AUGUST BÜRGER

versteckte Druckerpresse. Einem Sprachgewaltigen wie Büchner eröffnet dieses Instrument einen noch größeren Wirkungskreis. Um seine Eltern aufs Schlimmste vorzubereiten, schreibt er ihnen: »Ihr könnt voraussehen, daß ich mich in die Gießener Winkelpolitik nicht einlassen werde.« Während er sich tagsüber mit ungeheurem Fleiß in die medizinischen Fachbücher vergräbt und aufregende anatomische Entdeckungen macht, verfaßt er nachts die erste sozialistische Flugschrift in deutscher Sprache. Im »Hessischen Landboten« (Motto: »Friede den Hütten, Krieg den Palästen«) heißt es: »Im Jahre 1834 sieht es aus, als würde die Bibel Lügen gestraft... als hätte Gott die Bauern und Handwerker am fünften Tage und die Fürsten und Vornehmen am sechsten gemacht ... Das Leben der Vornehmen ist ein langer Sonntag, sie wohnen in schönen Häusern, sie tragen zierliche Kleider, sie haben feiste Gesichter und reden eine eigene Sprache; das Volk aber liegt vor ihnen wie Dünger auf dem Acker...« Dann folgen heftige Attacken auf deutsche Fürsten. Da heißt es z.B. über den Bayernkönig: »...das von Gott gezeichnete Scheusal, den König Ludwig von Bayern, den Gotteslästerer... das Schwein, das sich in allen Lasterpfützen von Italien wälzt...«. Der Geheimbund verteilt das Flugblatt an die Bauern, doch die Wirkung ist gleich null: Wahrscheinlich ist der Text zu intellektuell. Kurz darauf setzt die Polizei Agenten

auf den Geheimbund an. Als Rektor Weidig, der andere führende Kopf, verhaftet wird, flüchtet Büchner. Weil er nicht zur Vernehmung erscheint, schickt der Untersuchungsrichter am 13. Juni 1835 seinen Steckbrief an die Polizeibehörden im In- und Ausland. Darin heißt es: »Alter: 21 Jahre, Haare: blond, Stirne: sehr gewölbt, Augenbrauen: blond, Augen: grau, Nase: stark, Mund: klein, Angesicht: oval, Statur: kräftig, schlank, Besondere Kennzeichen: Kurzsichtigkeit.«

Ein paar Tage zuvor hat Büchner noch sein erstes Drama »Dantons Tod« an den liberalen Herausgeber des »Telegraph« geschickt. Er hat nur fünf Wochen daran geschrieben. Das Meisterwerk wird erst 67 Jahre später, 65 Jahre nach Büchners Tod, uraufgeführt. Büchner flieht nach Straßburg, setzt seine naturwissenschaftlichen Studien fort und verfaßt in Windeseile ein weiteres Meisterwerk, seine Doktorarbeit »Über das Nervensystem der Fische«. Die Fachwelt ist wie elektrisiert von den revolutionären Erkenntnissen des Jungmediziners. Die Züricher Universität verleiht ihm dafür den Doktortitel und beruft ihn als Privatdozenten. Büchner ist auf dem besten Weg, eine Berühmtheit zu werden, da stirbt er, 24jährig, drei Monate nach seiner Antrittsvorlesung, an einer Typhusinfektion. Seine beiden anderen nachgelassenen Dramen »Woyzeck« und »Leonce und Lena« werden ebenfalls erst Jahrzehnte nach seinem Tod aufgeführt.

Gottfried August Bürger –
Von den Freuden der Bigamie

** 31.12.1747 in Molmersweide/Harz,
† 8.6.1794 in Göttingen
Das 1776 veröffentlichte Gedicht
»Der Bauer. An seinen Durchlauchtig-
ten Tyrannen« machte Bürger in
ganz Deutschland bekannt. Seine
1778 erschienene Gedichtsammlung
fand über 2000 Subskribenten, darunter die Königin von England.
Werke: Leonore, 1773; Aus Daniel
Wunderlichs Buch, 1776; Wunderbare Reisen zu Wasser und Lande. Feldzüge und lustige Abentheuer des
Freyherrn von Münchhausen, wie er
dieselben bey der Flasche im Cirkel
seiner Freunde selbst zu erzählen
pflegt, 1786*

»Ordnung führt zu allen Tugenden!
aber was führt zur Ordnung?« Diesen
Satz hätte Bürger sein Professoren-
Kollege und Zechkumpan →Lichten-
berg ins Stammbuch schreiben sollen,
denn gerade an Ordnung mangelt es
ihm. Bürger ist ein Chaot, der weder
beruflich noch privat sein Leben auf
die Reihe kriegt. Er besitzt kein Organisationstalent, bekommt aber trotzdem mit 25 die Stelle eines Justizamt-
mannes. Stolz schreibt er einem
Freund: »Ich bin unumschränkter als
ein königlicher Beamter.« Das ist er
tatsächlich, doch weil er seinen Job
nicht sonderlich ernst nimmt, wächst
ihm bald die unerledigte Arbeit über
den Kopf. Statt die Akten zu bearbei-
ten, liest Bürger lieber Romane und

dichtet am Amtsschreibtisch glühende Liebeslieder an die süße Dorette,
die 18jährige Tochter eines Kollegen.
Da ihr der Poet gefällt, kommt es bald
zur Hochzeit. Doch o weh, seine Braut
hat eine zwei Jahre jüngere Schwester
– Auguste. »Schon als ich mit der ersten Schwester vor den Altar trat, trug
ich den Zunder zu der glühendsten
Leidenschaft für die zweite in meinem Herzen«, schreibt Bürger 17 Jahre später an eine weitere Umworbene.
Da auch Molly, wie er die Jüngere mit
Kosenamen nennt, in ihn bis über beide Ohren verliebt ist, beschließen die
Schwestern, wenn auch nach einigen
Szenen der rechtmäßigen Gattin, sich
ihren Prinzen zu teilen. Gebettet auf
den Rosen der Liebe, sorgt Pascha Bürger dafür, daß keine seiner Damen zu
kurz kommt. Bald zerreißt sich die Gesellschaft das Maul über die Doppele-
he, denn Bürger ist inzwischen über
Nacht mit der ersten deutschen Kunst-
Ballade »Leonore« berühmt geworden.
Doch Ruhm allein reicht nicht für zwei
Frauen und mehrere Kinder, und der
karge Amtmannlohn reicht hinten
und vorne nicht. In höchster Not
macht Bürger eine Erbschaft und pach-
tet in landromantischer Begeisterung
ein Landgut. Einem Freund schwärmt
er vor, wie großartig es ist, »um sich
herum seine Rosse wiehern, seine Stiere und Kühe brüllen, Schafe blöken,
Schweine grunzen, Hühner gackern
und Tauben murken zu hören... Ich
wühle in der Erde wie ein Maulwurf.
Der Schreibtisch stinkt mich an.«

Aber auch die Idylle allein macht nicht satt, und leider versteht Bürger von Landwirtschaft so viel wie die Kuh vom Stabreim. Nach zwei Jahren hat Bürger einen Schuldenberg erwirtschaftet, gibt das Gut auf, bekommt zudem Ärger mit seiner vorgesetzten Behörde und schmeißt den Amtmannjob hin. In all diesem Elend stirbt seine Frau an Tuberkulose. Nach dem Verstreichen des Trauerjahres heiratet Bürger seine Zweitfrau, doch auch Molly stirbt wenig später am Kindbettfieber. Freunde verhelfen dem völlig Verzweifelten zu einem Job als Privadozent an der Universität Göttingen. Endlich kann Bürger das tun, was er liebt: Schreiben und Lehren. Seine Vorlesungen über →Kants Philosophie sind der Hit, und auch einige seiner Texte haben weltweiten Erfolg. Die Kollegen machen Bürger zum Doktor, und 1789 erfolgt die Ernennung zum außerordentlichen Professor – wenn auch ohne Gehalt. Aber immerhin, es geht aufwärts. Auch in der Liebe. Am 8. September erscheint im »Stuttgarter Beobachter« ein anonymes Gedicht: »An den Dichter B.« Darin begeistert sich ein »Schwabenmädchen« für ihn und bietet sich ihm mit Haut und Haaren an. Bürger kann's nicht fassen. Wer ist die Geheimnisvolle? Er zieht Erkundigungen ein. Es ist die 20jährige Christine Elise Hahn aus Stuttgart, Tochter einer Beamtenwitwe. Der alte Knabe ist verzückt. Ein Jahr später sind die Liebenden glücklich verheiratet – und 15

Monate später bereits wieder geschieden: Kurz nach der Hochzeit hat Bürger seine flotte Gattin mit einem Liebhaber in flagranti erwischt. Tief getroffen, in seinem männlichen Stolz verletzt, von Gläubigern verfolgt, von Existenzangst zermürbt, für seine Übersetzungen lausig bezahlt, wird Bürger zudem von seinem berühmten Kollegen Schiller in der »Allgemeinen Literaturzeitung« bösartig verrissen, ein Schlag, von dem er sich nie wieder ganz erholt. Die letzten Lebensjahre ständig von Husten gequält, stirbt Bürger todtraurig am 8. Juni 1794. Lichtenberg, der den Leichenzug vom Fenster aus verfolgt, weint ihm bittere Tränen nach. Bürger war nicht nur ein ausgezeichneter Balladendichter, sondern hat auch den Lügenbaron Münchhausen in ganz Deutschland unsterblich gemacht.

Robert Burns –
Voll wie ein Dudelsack
* 25.1.1759 in Alloway bei Ayr,
† 21.7.1796 in Dumfries
Neben Walter Scott ist Burns der größte schottische Dichter. Seine Lyrik bereitete der englischen Romantik den Weg.
Werke: Gedichte, 1786; Tam o'Shanter, 1793; Lieder und Balladen, 1840

In der Nacht seiner Geburt reißt ein Eissturm einen Teil der strohgedeckten Hütte weg, die sein Vater mit eigenen Händen gebaut hat. Robert Burns ist das Kind armer schottischer Pächter, denen es nur mit harter Arbeit und unendlicher Mühsal gelingt, dem kargen Boden die elementarsten Nahrungsmittel zu entreißen. Jeder Tag ist ein verzweifelter Kampf ums tägliche Brot. Trotz unsäglicher Plackerei gerät der Vater immer tiefer in Schulden, sorgt aber trotzdem für die gute Bildung seines Sohnes. Mit einigen Nachbarn engagiert er einen jungen Lehrer, der Robert eine Welt der Wunder eröffnet, als er ihn in die klassische und die schottische Literatur einführt und ihm sogar Französisch und Latein beibringt. Eine einzigartige Bildung für ein Kleinhäuslerkind! Doch das ist nur die akademische Seite. Roberts feines Ohr für Musik und Sprache hat Betty geschult, die alte Tante seiner Mutter: Sie kennt alle alten Balladen und Geschichten von Geistern, Riesen und Hexen, die in den langen Winternächten seit Generationen am Torffeuer erzählt werden. Er wächst damit auf wie heutige Kinder mit Computer und Fernsehen. Mit 15 wird er Hauptarbeiter des Hofes und ackert als Pflüger den steinigen Boden um. »Diese Art von Leben – das freudlose Dahindämmern eines Einsiedlers, verbunden mit der endlosen Schinderei eines Galeerensklaven, brachte mich bis an die Schwelle meines 16. Lebensjahres; nicht lange davor hatte ich zum erstenmal die Sünde des Reimens begangen.« Diese Sünde des Reimens ist ein Liebeslied im kernigen Dialekt Schottlands an die schöne Nelli, seine erste Geliebte. Robert, der ab nun weder vom Dichten noch von den Frauen lassen kann, avanciert zum Schwarm der Bauernmädchen. Das hatte ihm bei seiner Geburt die Hebamme aus der Hand prophezeit: »Bei Gott, ich sehe schon, manch Mädchenschoß wird ihm zum Lohn!« Die hübsche Elizabeth bringt bald sein erstes Kind, ein kleines Töchterchen, auf die Welt. Ein Jahr darauf ist Jean schwanger. Ohne vom Priester getraut zu sein, schließt das Pärchen einen Ehevertrag, um das Kind zu legitimieren. Das ist juristisch möglich, wird aber von Jeans Vater nicht anerkannt. Der wütet gegen den »Vagabunden«, zwingt Jean, das Dokument zu vernichten, und fordert den Hungerkünstler auf, Alimente zu zahlen, andernfalls würde er ihn ins Gefängnis bringen. Der junge Dichter ist verzweifelt. Er überläßt seinen Anteil am Hof seinem Bruder, um nach Jamaika auszuwandern. Dort kann man es als Sklavenaufseher in den Zuckerrohrplantagen zu Ansehen und Wohlstand bringen. Das Geld für die Schiffsreise will Burns sich durch den Druck seiner Gedichte verdienen. Kaum ist das Buch auf dem Markt, ist Robert Burns der neue Stern am Dichterhimmel. Die noblen Kreise der Hauptstadt Edinburgh schmelzen vom ursprünglichen Charme seiner Lieder dahin. Man reicht den »reimenden Bauerntölpel« von Salon zu Salon. Bald ist ihm klar, daß er für die besseren Leute nur eine Art Hofnarr ist, der ihnen die Langeweile vertreiben soll. Mit Hilfe eines Gönners bringt er die zweite Auflage seiner Gedichte heraus und verabschiedet sich aus der feinen Welt der Arroganz und Heuchelei.

Zuhause heiratet der nun Berühmte seine liebe Jean, die inzwischen Zwillinge geboren hat. Sein Geld verdient Burns als Eichmeister, eine Stellung, die ihm ein Fan vermittelt hat. Seine Aufgabe besteht darin, den Alkoholgehalt von Whiskey und Bier zu prüfen und Geheimbrennereien aufzuspüren. Ein Traumberuf für den Freund edler Getränke. Mit leichter Schlagseite reitet er bei Wind und Wetter von Bauernhof zu Bauernhof, kostet den Whiskey und küßt die Töchter der Schwarzbrenner. Seine außerehelichen Kinder nimmt die großherzige Jean in die Familie mit auf. Auf seinen Ritten durch die wilde Bergwelt sammelt Burns nebenher unentwegt Volkslieder und Geschichten. Die einzigartige Sammlung bringt er mit dem Verleger Thomson heraus. Auf die Bezahlung für die Arbeit angesprochen, sagt er: »In der ehrlichen Begeisterung, mit der ich mich an Ihren Unternehmen beteilige, von Geld, Lohn, Vergütung, Honorar usw. zu reden wäre glatte Sodomie der Seele! – Einen Probeabzug von jedem Lied, das ich auswähle oder bearbeite, werde ich gerne annehmen.« Vier Jahre später stirbt Burns 37jährig, vom Alkohol zerstört, völlig verarmt und seelisch am Ende. Sein »Should auld aquaintance be forgot« wurde zur inoffiziellen Nationalhymne der anglo-amerikanischen Völker.

Robert Burton –
Das Lachen eines Depressiven

Pseudonym: Democritus Junior
* 8.2.1577 in Lindley Hall,
† 25.1.1640 in Oxford
Der Geistliche faßte seine eigene
Gemütsverfassung in dem philoso-
phischen Buch »Die Anatomie der
Melancholie« zusammen und schuf
damit ein Werk der Weltliteratur.
Werk: Die Anatomie der Melancholie,
1621

Der Trübsinn ist wahrlich sein nächster Verwandter. Lebensüberdruß und Niedergeschlagenheit quälen ihn schon als Schüler. Während seine Kameraden Späße treiben, sitzt der junge Burton mit zerfurchter Stirn über dickleibigen Büchern und grübelt über den Sinn des Lebens und seine unglückliche Veranlagung nach. Er ist sich sicher: »Wir sind allesamt verrückt, nicht sporadisch, sondern immer.« Burton weiß nichts von der allerneuesten Erkenntnis finnischer Mediziner, daß Depressionen durch wöchentlichen Genuß von Meeresfisch erfolgreich bekämpft werden können, also findet er seine eigene Therapie. Wenn ihm das Oxforder Wetter so aufs Gemüt schlägt, daß er aus dem Fenster springen möchte, rafft er sich mit letzter Kraft zusammen und entkommt dem Selbstmord, indem er hinab zur Themse eilt. Hier hört er so lange dem Fluchen der Schiffer zu, bis er »mit eingestemmten Händen von Herzen lacht«. Doch das hilft nur kurz. Es gibt kaum einen Tag, an dem die Melancholie nicht aus den Wänden seiner Gelehrtenstube kriecht. Eines Nachts kommt die Erleuchtung: Die Schwermut muß die Mitgift »seines Sterns« sein. Er ist unter dem Merkur geboren und »Merkurialisten sind«, da ist Burton sich ganz sicher, »einsam, zu Kontemplation und subtilen Gedanken geneigt, Poeten, Philosophen und die meiste Zeit in solcherlei Betrachtungen versunken.«

Mit grüblerischem Tiefsinn durchfurcht Burton gründlich alle Wissensgebiete. So wird er zu einem der umfassendst gebildeten Menschen seiner Zeit. Das merkt allerdings kaum jemand. Denn der introvertierte Gelehrte ist allem eitlen Gepränge abhold. Auch fühlt Burton sich im Kreise seiner Kollegen an der Universität Oxford fehl am Platz. Ihre Karriereeilheit geht ihm ebenso auf die Nerven wie die in Mode stehenden Haarspaltereien um theologische Bagatellen. Er hat das Gefühl, zur falschen Zeit am falschen Ort zu sein und sehnt sich nach einer abgelegenen, behaglichen Pfarre, wo er sich und den lieben Gott einen guten Mann sein lassen kann. Um dorthin zu kommen, müßte

er jedoch mit Speichelleckern konkurrieren und adeligen Patronatsherren um den Bart gehen. Das schmeckt ihm gar nicht, denn seine Freiheit geht im über alles. Da Burton von seinem kargen Unigehalt auch keine Familie ernähren kann, bleiben ihm zudem die Freuden der Ehe versagt. So sitzt er Nacht um Nacht bei seiner Kerze und zerbricht sich über Gott und die Welt den Kopf, um den Urgrund seines Trübsinns auf die Spur zu kommen. Seine großartigen Gedanken dazu schreibt er auf, und so entsteht im Laufe der Jahre ein wunderbares Buch über den Trübsinn, das schönste Werk, das jemals darüber verfaßt wurde, denn Burtons Stil gehört zur besten Prosa seiner Zeit und übertrifft sogar Edelfedern wie den berühmten Bacon. Das Schreiben ist natürlich Selbsttherapie: »Ich schreibe über Schwermut, um ihr aus dem Weg zu gehen.« Aber so witzig hat wohl nie jemand vor und nach ihm über dieses Thema geschrieben. Hören Sie: »Denn es ist kein Liebender, der die Geliebte nicht vergöttert, sie sei so schief, wie sie will, so krumm, wie sie kann; runzlig, ranzig, blaß, sommersprossig, oder dumm, dürr und dürftig, schief und schäbig wie eine Vogelscheuche, kahl, glotzäugig, triefäugig, hohläugig, hühneräugig, blinzelt wie eine Katze vorm Ofen, hat Ränder und Ringe um die Augen wie eine Eule, einen Spatzenmund, oder eine spitze Fuchsnase, eine rote Rübe, eine plattgedrückte

Nase wie ein Chinese ... Hexenbart und Warzen ... die Nase tropft im Sommer und Winter ... Fledermausohren oder Hängeohren ... Titten wie Quitten oder gar keine, ein Plättbrett als Busen ... lange schwarze Nägel ... ein wahrer Wechselbalg, ein Alpdruck, ein halbgebackenes Gespenst, eine wüste Schlampe, eine schleichende Pest ... um es kurz zu machen: ein Kuhfladen aus dem Backofen ... ein Heilmittel gegen die Liebe – aber er liebt sie, er bewundert sie, sieht an ihr kein Fehl und kein Falsch, und will nur sie und sonst keine.« Freunde, wenn euch die Schwermut plagt, lest das herrliche Buch des sonderbaren Kauzes, worin es heißt: »Es ist das Beste, nie geboren zu sein, und am zweitbesten, schnell wieder zu sterben.«

Die Sterne bestimmten – wie er es geahnt hatte – auch Burtons Sterbedatum. Auf seinen Grabstein in der Oxforder Christ Church ließ er vorab die Berechnung seiner Geburtsstunde meißeln. Und dann starb er genau am Tag, den er selbst durch sein Horoskop ermittelt hatte.

Lord George Noel Gordon Byron – Der Erfinder des Weltschmerzes

eig. George Gordon Noel,
6th Baron Byron
* 22.1.1788 in London; † 19.4.1824
in Missolunghi/Griechenland

Byron ist einer der großen englischen Romantiker.
Werke: Junker Harold's Pilgerfahrt, 1812–1818; Der Korsar, 1814; Hebräische Melodien, 1815; Beppo. Eine venezianische Geschichte, 1818; Don Juan, 1819-1824; Kain. Ein Mysterium, 1821; Marino Faliero, Doge von Venedig, Uraufführung in London 1821; Die Vision vom Gericht, 1822; Himmel und Erde. Ein Mysterium, 1823

Nach dem Tod seines Großonkels wird der 10jährige George überraschend Erbe eines Schlosses und eines Adelstitels. Nun kann sich der kleine Dicke »Lord« nennen. Doch die Erbschaft erweist sich als Belastung: Das spielerische Leben des Hochadels will erlernt sein. Durch eisernes Fasten und Dampfbäder wird aus dem zwei Zentner schweren Halbstarken mit der Zeit das wohlproportionierte Abbild eines Fauns – allerdings eines mit Klumpfuß.

Mit seinem sprühenden Witz und seinem Einfallsreichtum macht Byron sich viele Freunde: Hunde sind auf dem Universitätsgelände von Cambridge nicht zugelassen, also erscheint er mit einem zahmen Bären zur Vorlesung. Solche Scherze können ihm nicht schaden, als Lord hat er den Magistertitel sowieso von vornherein in der Tasche. Ganz ungenutzt läßt Byron die Studienzeit dennoch nicht verstreichen. In Stunden der Muße schreibt er Gedichte. Mit seinem fast en passant hingeworfenen Werk »Childe Harold's Pilgrimage« erntet Byron überwältigende Anerkennung. Eine ganze Generation fühlt sich in der von ihm geschaffenen Figur verstanden und jubelt dem Autor zu. Innerhalb von drei Wochen werden 5.000 Exemplare verkauft. Lakonisch stellt Byron fest: »Eines Morgens wachte ich auf und war berühmt.« Sein Bestseller macht ihn zum Erfinder des Weltschmerzes, ein Image, das er nun eifrig kultiviert. Als der berühmte Bildhauer Thorwaldsen in Rom Byrons Büste vollendet, ruft der Dichter entsetzt: »Nein, das ist gar nicht ähnlich, ich sehe viel unglücklicher aus!«

Eine Zeitlang genießt Byron es, von Salon zu Salon, von Ball zu Ball, von Bett zu Bett weitergereicht zu werden, aber schon bald schmeckt der Ruhm ranzig. Der alte Weltschmerz stellt sich wieder ein: »Mit 25, wenn der bessere Teil des Lebens vorbei ist, sollte man etwas sein – und was bin ich? Nichts als 25 und ein paar Monate. Ich bin zu faul, mich zu erschießen.« Bevor er seelisch völlig verfettet, rafft er sich auf und macht sein Leben zu einem rasanten Drama. Seine Sucht, sich selbst zu spüren, treibt ihn in immer morbidere Abenteuer. Seine dämonische Anziehungskraft läßt manche verheiratete Frau schwach werden. Die italienische Gräfin Teresa Guiccioli, die von ihm behext ist, vertraut ihrem Tagebuch an: »Es ist gefährlich, seine Bekanntschaft zu ma-

chen. Jenes schöne, bleiche Gesicht ist mein Schicksal.« Weil er den Mund nicht halten kann, wird auch die intime Beziehung zu seiner Halbschwester bekannt. Einer älteren Dame gesteht Byron: »Diese perverse Leidenschaft war meine tiefste.« Eine andere exaltierte Lady verliebt sich in ihn zehn Jahre nach seinem Tod und begeht aus Liebeskummer schließlich Selbstmord. Seine Opiumsucht, seine inzestuöse Beziehung zu seiner Schwester, seine homosexuellen Abenteuer, seine Schulden sind bald Stadtgespräch. Die gute Gesellschaft schneidet ihn. Seltsamerweise vernachlässigt Byron trotz seines Lotterlebens nicht seine künstlerische Arbeit. Die geht ihm wie zuvor leicht von der Hand.

Anstrengender sind die seine Gesundheit untergrabenden zügellosen Genüsse. Der 30jährige sieht aus wie 40 und fühlt sich wie 60. »Meine Haare sind zur Hälfte grau, und die Krähenfüße sind recht verschwenderisch mit ihren untilgbaren Spuren. Mein Haar, wenn auch noch nicht verschwunden, scheint es doch bald zu sein, und meine Zähne bleiben nur aus Höflichkeit.« Immer öfter plagen ihn Anfälle von Melancholie und Depressionen. Er sehnt sich danach, noch etwas Großes zu vollbringen, wie sein Opa, der berühmte Admiral. Als im Süden Europas der Krieg ausbricht, bietet sich endlich die Chance, seinem Leben einen Sinn zu geben. Mit heroischen Gefühlen und einem eigens vergoldeten Helm zieht er in den Befreiungskrieg der Griechen gegen die Türken. Aber die Realität am Kriegsschauplatz ist entmutigend, die Soldaten seiner Privatarmee rebellieren, Byrons Hauptquartier ist ein stinkendes Nest inmitten von Sümpfen. Doch als Mann von Welt verzichtet er auch hier trotz katastrophalen Wetters nicht auf seinen täglichen Ausritt. Naß bis auf die Haut und völlig unterkühlt muß er eines Tages heimgerudert werden. Byrons überstrapazierter, von Malariafieber geschüttelter Körper verliert durch einen von den Ärzten verordneten Aderlaß die letzte Kraft. Tapfer sagt er: »Glauben Sie, ich hätte Angst um mein Leben? Ich habe es von Herzen satt und heiße die Stunde willkommen, in der ich scheide. Warum soll ich es beklagen? Habe ich es nicht im Übermaß genossen? Wenige Menschen können schneller leben, als ich es getan habe.«

Am 19. April 1824 versammeln sich Byrons Freunde am Bett des Sterbenden. Als alle schluchzen, schlägt er zum letzten Mal die Augen auf und sagt lächelnd auf Italienisch: »Welch schöne Szene.« Wenig später ist er tot. Das unterdrückte Volk der Griechen, für das er gekämpft hat, trauert um Byron, und wenig später ist er in ganz Westeuropa der Star des Zeitalters. Goethe verehrte ihn so sehr, daß er ihm im »Faust 2« mit der Gestalt des Euphorion ein Denkmal setzte.

*Karikatur aus dem 18. Jahrhundert,
die angeblich Giacomo Casanova darstellt*

Johann Calvin – Ein Missionar von alttestamentarischer Härte

eig. Jean Cauvin
* 10.7.1509 in Noyon,
† 27.5.1564 in Genf
Der von dem Schweizer Reformator beeinflußte Protestantismus (Calvinismus) prägte die wirtschaftliche und soziale Entwicklung in Westeuropa und Nordamerika. Danach ist die Nähe Gottes zum Einzelnen auch an seinem wirtschaftlichen Erfolg ablesbar.
Werke: Unterweisung in der christlichen Religion, umfassend nahezu die ganze Summe der Frömmigkeit und dessen, was in der Heilslehre zu wissen notwendig ist, 1536; Sehr nützlicher Bericht über den großen Vorteil, der der Christenheit aus einer Bestandsaufnahme aller Heiligen Leichname und Reliquien in Italien wie in Frankreich, Deutschland, Spanien und anderen Ländern erwachsen würde, 1543

Kein Wunder, daß er anderen nichts gönnt. Johann Calvin ist von Geburt an von schwacher Konstitution und oft leidend, tagelang werfen ihn Migräneanfälle aufs Bett. Kein Wunder, daß er von düsterer Gemütsstimmung ist und vieles schwarz sieht. Er grübelt unentwegt über Mißstände nach und entwirft Konzepte zur Hebung der allgemeinen Moral. Wie die meisten Melancholiker ist er von scharfer Intelligenz, und um gegen seine körperliche Schwäche anzukämpfen, stählt er seinen Willen bis zur Unbeugsamkeit. Einem klar blickenden Geist wie ihm ist bald die weitherzige Vieldeutigkeit der katholischen Lehre ein Dorn im Auge. Der junge Jurist stürzt sich mit Feuereifer an die Arbeit, um Ordnung in die Religion zu bringen. An der Pariser Universität spricht er so offen über seine Glaubensansichten, daß er fluchtartig die Stadt verlassen muß. Vom liberalen Basel aus setzt Calvin den Kampf fort. Um den französischen König Franz I. gegen seine protestantischen Glaubensbrüder milde zu stimmen, widmet Calvin dem König sein theologisches Hauptwerk »Unterweisung in der christlichen Religion«. Von Basel reist er weiter an den Hof der Herzogin von Ferrara. Unterwegs erkannt, entkommt er nur knapp der Gefangennahme durch die Schergen der Inquisition und flüchtet wieder nach Paris. Doch auch hier lauern bereits die Häscher. Darum will Calvin zurück ins sichere Basel, doch die Kriegswirren zwingen ihn zum Umweg über Genf, wo er in den Predigern Farel und Caraud zwei glühende Mitstreiter trifft. Als die drei Moralapostel jedoch mit frommem Eifer von den Kanzeln über die Bürger herfallen, sind die Stadtväter so geschockt, daß sie die Glaubensfanatiker aus der Stadt verbannen. Die wahre Lehre predigend zieht Calvin nun durchs Rheinland und knüpft Kontakte zu anderen protestantischen Führern.

Calvins große Stunde kommt, als Kardinal Sadolet die Genfer auffordert, zur katholischen Kirche zurückzukehren. In höchster Not erinnert man sich des unbeugsamen Kämpfers für den wahren Glauben und ruft ihn zurück. In einer Art Staatsstreich übernimmt Calvin mit anderen Frömmlern die Macht in der Stadtrepublik. Um das gesamte Leben zu kontrollieren, teilt er die Stadt in geistlich kontrollierte Bezirke ein und errichtet eine Kirchenherrschaft, die alles in den Schatten stellt, was jemals an katholischer Bevormundung und Gewissensinquisition versucht worden war. Jede Äußerung natürlicher Lebensfreude und unbefangenen Frohsinns wird beargwöhnt, untersagt und bestraft. Spiel, Tanz, Gesang, Theater, sogar das Lesen von Romanen wird verboten. Die Messe wird Gottesdienst genannt und geht in kahlen Wänden vor sich. Wer flucht, kegelt, lautstark scherzt, leichtsinnige Reden führt, muß saftige Bußgelder zahlen, Ehebruch kostet den Kopf. Als ein paar lebensfrohe Freigeister zum Widerstand gegen die Fundamentalisten aufrufen, kommt es zum Aufruhr. Doch der klerikalen Polizei gelingt es, die Rebellion niederzuschlagen. Die vier Rädelsführer werden als vom Teufel Besessene hingerichtet. Seit dieser Zeit sieht man in Genf kein lachendes Gesicht mehr.

Auch Durchreisende sind vor dem frommen Terror nicht sicher. Als der Geograph, Mathematiker und Medizi-

ner Servet (der Entdecker des Blutkreislaufs) auf seiner Fahrt nach Italien durch die Stadt kommt, wird er verhaftet, auf Drängen des Oberfanatikers Calvin verurteilt und auf dem Scheiterhaufen verbrannt. Servet hatte 18 Jahre zuvor gewagt, die Lehre der heiligen Dreifaltigkeit als unbiblisch abzulehnen.

Luís Vaz de Camões – Der Mantel- und Degen-Held

* 23.1.1524/25 in Lissabon oder Coimbra, † 10.6.1580 in Lissabon
Der portugiesische Dichter schrieb mit den »Lusiaden« das bedeutendste portugiesische Epos, das in zehn Gesängen die Geschichte Portugals und seiner Entdecker schildert.
Werke: Die Lusiaden, 1572; Die Amphitryone, 1587; Meine liebe Seele, 1595

Die seltsame Mischung aus Sensibilität und Draufgängertum ist Erbe seiner ritterlichen Vorfahren. In Camões´ Ahnenreihe gibt es einerseits empfindsame Troubadoure, andererseits kühne Abenteurer wie den Seehelden Antao Vaz, der mit Vasco da Gama die erste Entdeckungsfahrt nach Indien unternommen hat. Da die von seinem Großvater erworbenen Reichtümer in den Händen des ebenfalls abenteuerlustigen Vaters zerflossen sind, kommt der Junge auf eine Schule für arme Adelige in Coimbra. Zum Glück

66 Luís Vaz de Camões

ist sein Onkel hier Prior und sorgt dafür, daß Luís eine gediegene Bildung erhält.

Nach Abschluß des Universitätsstudiums flaniert de Camões als Salonlöwe durch Palais und Schlösser seiner reichen Standesgenossen, macht den jungen Damen schöne Augen und verführt sie mit lockenden Liedern. Darüber hinaus ist er bald wegen seiner Duelle berüchtigt, die er aus dem geringsten Anlaß vom Zaun bricht. Da die Sitten bei Hofe streng sind, schwärzen ihn Nebenbuhler und Neider bei der Königin an. Und als er in seiner frechen Komödie »Seleukus« auf den sexuellen Appetit des Königs Emanuel anspielt, der seinem Sohn, dem nun regierenden Johannes III, die Braut weggeschnappte und ins eigene Bett holte, da ist das Maß voll. In der Verbannung trauert de Camões dem eleganten Leben Lissabons und vor allem der feurigen Katharina de Athaide nach. Wehmütig läßt er seine Tränen in den Fluß kullern: »Mein schöner Tejo du, o wie verschieden sah'n wir uns einst, müssen wir heut uns sehen. Ich seh dich trüb, du siehst betrübt mich weinen, klar sah ich einstmals dich, du mich zufrieden.«

Um nicht völlig zum Jammerlappen zu verkommen, meldet sich de Camões zur Armee. Es steht gerade ein neuer Krieg gegen die maurischen Nachbarn bevor. Gerade als er den Ungläubigen von Ceuta zeigen will, was für ein toller Bursche ist, pfeift eine Kanonenkugel an seinem Ohr vorbei

und detoniert, ihre Splitter durchbohren sein rechtes Auge. Wieder genesen trägt de Camões eine attraktive Augenklappe und flaniert als Held umher. Kurz darauf gerät er in einen Raufhandel, bei dem er den Gegner verwundet. Das Gericht verurteilt ihn zu 10 Monaten Haft. Hinter Gittern liest de Camões das großartige Geschichtswerk von João de Barros über Portugal. Das inspiriert ihn, seine Heimat in einem Epos zu verherrlichen.

Kaum wieder in Freiheit, meldet er sich erneut zum Militärdienst. Nach monatelanger Reise erreicht er Indien, aber von der gesamten stolzen Flotte ist nur sein Schiff übriggeblieben. In Asien führt er das schaurigschöne Leben der Konquistadoren: Guerillakrieg, Krankheit, Gefangenschaft, Flucht. Doch egal was passiert, er dichtet tagtäglich an seinem Epos. Bei einem Schiffbruch im Mekongdelta rettet er außer dem nackten Leben nichts als sein Manuskript. Zurück in Goa holt ihn das Pech wieder ein: Man macht ihm den Prozeß wegen schlampiger Oberverwaltung der Güter verstorbener oder abwesender Kolonialherren und verurteilt ihn zu einem Jahr Gefängnis. Kaum ist de Camões wieder frei, schlägt das Gericht erneut zu und wirft ihn in den Schuldturm.

Als er nach 17jähriger Abwesenheit mit seinem fertigen Nationalepos »Lusiaden« in der Tasche Lissabon betritt, hat die Pest den Großteil seiner Freunde hinweggerafft – um die anderen kümmert sich die Inquisition. Doch de Camões hat jetzt endlich Glück. Der König gestattet, das ihm gewidmete Epos drucken zu lassen und gewährt dem Dichter zum Lohn eine bescheidene Leibrente. Davon lebt de Camões so erbärmlich, daß sein Diener Antonio auf der Straße für ihn betteln geht. Arm wie eine Kirchenmaus stirbt er an der Pest und wird in ein Massengrab geworfen. Kaum ist er unter der Erde, wird sein Werk ein Riesenerfolg und bringt es in den folgenden 300 Jahren auf 97 Ausgaben und 44 Übersetzungen. Bis heute werden es erheblich mehr sein. Sechzehn Jahre nach seinem Tod läßt sein Freund Dom Goncalo Coutinho dem armen Poeten ein Grabmal errichten. »Hier ruht der Fürst der Dichter«, lautet die Inschrift.

Lewis Carroll – Der scheue Liebhaber kleiner Mädchen

eig. Charles Lutwidge Dodgson
* 27.1.1832 in Daresbury,
† 14.1.1898 in Guildford
Der englische Schriftsteller lehrte 26 Jahre lang Mathematik an der Universität von Oxford. Bis heute berühmt ist er für seinen abgründigen Roman »Alice im Wunderland«.
Werke: Alice im Wunderland, 1865; Alice hinter den Spiegeln, 1872; Sylvia und Bruno, 1889

Der Gartens des Pfarrhauses in Daresbury ist das Märchenreich, wo Char-

les Lutwidge Dodgson eine glückliche Kindheit verlebt. Dort ersinnt er für seine neun jüngeren Geschwister Spiele und erfindet Gedichte und skurrile Geschichten, denn schon als Kind ist er ein komischer Vogel. Doch eines Tages ist das Kindheitsparadies zu Ende: Charles wird in ein Internat gesteckt, das berühmt ist für seine sportiven Leistungen. Doch für Sport kann sich der sensible Individualist nicht erwärmen, der zudem darunter leidet, daß man ihn vom Linkshänder zum Rechtshänder drillt und der ganze Tag militärisch geregelt ist. Um nicht aufzufallen, paßt sich der schüchterne Junge an und wird noch pedantischer als seine Lehrer.

Das Verbergen seiner wahren Natur geht ihm so in Fleisch und Blut über, daß er später in der mönchischen Strenge des altehrwürdigen Christ Church Colleges in Oxford geradezu zum Statthalter der Regeln wird. 48 Jahre lang bis zu seinem Tod ist sein Collegeleben minutiös geregelt. So besitzt er zum Beispiel drei Talare, in die er für seine jeweils verschiedenen Tätigkeiten schlüpfen muß. Linkisch und gelangweilt unterrichtet er Mathematik und Logik. Die Studenten halten ihn für einen öden Eigenbrötler, und den Kollegen erscheint er als höflicher, aber menschenscheuer Gelehrter. Wenn er bei Gesellschaften angesprochen wird, stottert er verlegen, bekommt schwitzende Hände und versteckt sich hinter seiner Teetasse. Nur unter Kindern wird der wortkarge Herr plötzlich zu einem Ausbund an Witz und Lebensfreude. Pardon, nicht unter Kindern, sondern unter kleinen Mädchen – kleine Jungen haßt er.

Eines Tages entdeckt Carroll vom Fenster seines kleinen Zimmers aus, wo er nebenher als Unterbibliothekar Bücher abstaubt und katalogisiert, im Garten drei kleine Mädchen. Er ist wie elektrisiert, seine eigene Kindheit steigt ihm vor dem inneren Auge wieder auf. Tag für Tag beobachtet er das Spiel der Mädchen. Da es sich um die Töchter seines Vorgesetzten, des Dekans Liddell handelt, ist es für ihn ein Leichtes, mit ihnen Kontakt aufzunehmen. Besonders Alice Pleasance hat er ins Herz geschlossen. Er ist achtundzwanzig, sie siebeneinhalb und wird die große Liebe seines Lebens. Gerade erobert die Photographie die Welt. Dodgson richtet eine Dunkelkammer ein und kauft einen ganzen Schürboden mit Kulissen und Kostümen zusammen. Dann drapiert er die Mädchen in phantastischen Stellungen und Kostümen. Die Photos der kleinen Schönheiten werden fein säuberlich geordnet und katalogisiert. Abzüge schickt er mit entzückenden Briefen an die Mütter seiner kindlichen Freundinnen. Für Alice Pleasance aber, seinen »einzigen Liebling«, verfaßt er ein Abenteuerbuch, das er ihr in seiner gestochenen Handschrift 1864 auf den Weihnachtstisch legt. Das Buch ist so wunderbar, daß die Eltern der Kleinen

ihm gut zureden, »Alice im Wunderland« zu veröffentlichen. Es wird, wie auch die Fortsetzung »Alice hinter den Spiegeln«, noch zu Lebzeiten des scheuen Dichters, der sich hinter dem Pseudonym Lewis Carroll versteckt, ein ungeheurer Erfolg. Königin Victoria ist davon ebenso entzückt wie →Oscar Wilde, und bis heute beschäftigt es die Phantasie von Jung und Alt.

Die große Liebe zwischen der kleinen Schönheit und dem großen schüchternen Gelehrten zerbricht nach vier Jahren durch ein Zerwürfnis zwischen den Eltern Liddell und dem zärtlichen Freund ihrer Tochter. Die Mutter verbrennt alle seine Briefe. Der verliebte Mathematiker tröstet sich mit dem Fotografieren anderer kleiner Mädchen und schreibt ihnen Briefe, die eigentlich allesamt Liebesbriefe sind.

Als Lewis Carroll 1898 vereinsamt auf dem Sterbebett liegt, sagt er zu seiner Krankenschwester: »Nehmen Sie diese Kissen weg, ich brauche sie nicht mehr« – und macht die Augen für immer zu.

Giacomo Casanova – Das Fabelwesen der Erotik

eig. Girolamo Casanova alias Chevalier de Seingalt
* 2.4.1725 in Venedig,
† 4.6.1798 in Dux/Böhmen
Der italienische Schriftsteller und Abenteurer wurde berühmt durch

seine Lebenserinnerungen, die posthum erschienen.

Werk: Erinnerungen, 1822-1828

Casanova, der erst nach seinem Tod einer der erfolgreichsten Autoren der Literaturgeschichte wurde, war kein Wunderkind: »Bis zum Alter von achteinhalb Jahren war ich stumpfsinnig. Nachdem ich drei Monate lang anhaltendes Nasenbluten überwunden hatte, schickte man mich nach Padua, wo ich mich, von der Blödheit geheilt, dem Studium widmete. Man machte mich zum Doktor und steckte mich dann ins Priestergewand.« Damit hat man den Bock zum Gärtner gemacht: In Casanova pulst das Abenteurer- und Schauspielerblut seiner Eltern, oder genauer: seiner Mutter, denn die gefeierte Schauspielerin nimmt es mit der ehelichen Treue nicht so genau. Wahrscheinlich ist Giacomo Sohn des Grafen Grimaldi.

Casanova vergnügt sich öffentlich mit Prostituierten und heimlich mit Nonnen, betrügt beim Kartenspiel und verbringt aufregende Nächte im Lusthaus eines Kardinals. Doch den Inquisitoren Venedigs bleibt nichts verborgen. Er wird verhaftet und wegen schwerer Vergehen gegen die heilige Religion ohne Gerichtsverfahren eingekerkert. Das Gefängnis – es sind die berüchtigten Bleikammern – gilt als eines der sichersten der Welt. Dennoch gelingt es Casanova als erstem Häftling nach 15 Monaten Haft, auf tollkühne Weise zu entkommen. Er flieht nach Paris, wo er als Held gefeiert wird. Und hier gelingt ihm seine zweite Meisterleistung: Mit viel Phantasie und flinker Zunge überzeugt er einen Vertreter der Hochfinanz, ein profitables Geschäft zu wagen. So wird Casanova zum Mitbegründer der ersten französischen Staatslotterie und schwimmt zum ersten Mal in seinem Leben so richtig in Geld.

Noch reicher wird Casanova durch die Leichtgläubigkeit der reichen Gräfin Madame d'Urfé, die er als Zauberer in seinen Bann schlägt. Die alte Dame glaubt allen Ernstes, er könne durch magische Künste ihre Seele in den Körper eines Knaben wandern lassen. Zur Erfüllung ihres Herzenswunsches finanziert sie ihm jahrelang seinen protzigen Lebensstil. Als ihr endlich schwant, daß ihr guter Geist ein ganz gewöhnlicher Hochstapler ist, beginnt sein Glücksstern zu sinken. Vergeblich versucht Casanova, in Berlin und London eine Lotterie nach Pariser Vorbild aufzubauen. Das größte Unglück aber ereilt ihn in Gestalt einer neuen Freundin. Diesmal wird der charmante Betrüger zum Betrogenen. Skrupellos nutzt Marianne Charpillon seine Verliebtheit aus und knöpft ihm seine letzten Reichtümer ab, ohne ihn ein einziges Mal in ihr Bett zu lassen. Als ihm zudem wegen Wechselbetrugs in England der Galgen droht, flüchtet er ruiniert und sterbenskrank mit geborgtem Geld über den Ärmelkanal.

Rastlos jagt Casanova dem verlore-

70 GIACOMO CASANOVA

nen Glück seiner Jugend nach. Immer wieder wird er verhaftet und ausgewiesen. Immer wieder ist er auf der Flucht, weil ihn die Behörden halb Europas suchen: in Stuttgart wegen Spielschulden, in Spanien wegen unerlaubten Waffenbesitzes, in Polen wegen Totschlags bei einem Duell. Cleverneß, Mut und gute Beziehungen helfen dem windigen Juristen immer wieder aus der Klemme. Denn sogar bei den ganz Großen ist der charmante Plauderer gern gesehener Gast. In Paris empfängt ihn die allmächtige Mätresse König Ludwigs XV., Madame de Pompadour, in Berlin erörtert er mit Friedrich dem Großen Fragen der Ästhetik, →Voltaire amüsiert sich über ihn »als eine Art Spaßmacher«. So kommt Casanova durch ganz Europa. Als er nach 20 Jahren erstmals wieder nach Venedig zurückkehren darf, weint er vor Glück. Aber alle seine Versuche, eine solide Existenz zu gründen, scheitern. Der glanzvolle Salonlöwe und legendäre Verführer fristet an der Seite einer Wäscherin als Spitzel der Venezianischen Regierung sein unglückliches Leben. Seine Aufgabe ist fast ein Witz: Der Erotomane muß pornographischen Schriften nachspüren.

Auf sein glanzvolles Leben zurückschauend, findet Casanova das gar nicht komisch: »Ich bin 58 Jahre alt, ich kann nicht zu Fuß gehen. Der Winter ist im Anzug, und wenn ich daran denke, wieder Abenteurer zu werden, muß ich bei einem Blick in den Spie-

gel lachen.« Müde nimmt er beim Grafen Waldstein in dessen böhmischem Schloß Dux eine Stellung als Bibliothekar an. Nebenher versuchen er und sein Dienstgeber auf alchemistischem Wege Gold zu machen.

Die letzten Lebensjahre des einstigen Draufgängers vergehen in quälender Langeweile. Alles ist ihm zuwider. Ein Freund, der Fürst von Ligne, erinnert sich: »Die Suppe war ihm absichtlich zu heiß serviert worden. Als er Deutsch sprach, hatte kein Mensch ihn verstanden. Er war ärgerlich geworden, und jemand hatte gelacht. Er hatte seine französischen Verse vorgetragen, und jemand hatte gelacht. Er hatte beim Menuett einen komplizierten Schritt ausgeführt, und jemand hatte gelacht.« In dieser Verfassung versetzt sich der mürrische Greis in die Tage seiner unglaublichen Abenteuer und erotischen Triumphe zurück, als der Lebemann als Stimmungskanone in den Sälen der großen Welt glänzte und edle Damen bei seinem Anblick zu Nymphomaninnen wurden. Während er seine Memoiren niederschreibt, erlebt Casanova noch einmal die Süße des Vergangenen. Für seine erotischen Abenteuer ist er ja bis heute selbst durchschnittlich Gebildeten bekannt.

Casanova-Forscher haben seine Amouren genau unter die Lupe genommen und ermittelten rund 130 Gespielinnen. Seine glänzend geschriebenen Erinnerungen sind die wichtigste und unerschöpfliche Quel-

le für die Erforschung der Kulturgeschichte des 18. Jahrhunderts. Es gibt
kein Thema, das er nicht berührt, von
der Empfängnisverhütung bis zur
Kunst der Bestechung, vom Duellie-
ren bis zum Totenkult, von der Buch-
druckerkunst bis zum Taschenspieler-
trick. Sogar sein Wundermittel bei ge-
legentlicher Potenzschwäche verrät
er: Gulaschsuppe mit viel Paprika. Die
Memoiren sind so offenherzig, daß
Casanova bis kurz vor seinem Tode
schwankte, ob er diese Erinnerungen
nicht lieber verbrennen sollte. Zum
Glück hat er es nicht getan.

Paul Celan –
Ein Bündel Mensch

eig. Paul Antschel
* 23.11.1920 in Czernowitz,
† 26.(?) 4.1970 in Paris
Der bedeutendste Avantgardelyriker
deutscher Sprache überlebte, anders
als seine Eltern, die nationalsozialisti-
sche Terrorherrschaft. Nach dem
Krieg lebte er in Paris, aber er fand
sein seelisches Gleichgewicht nicht
mehr. Im April 1970 wählte Celan
den Freitod.
Werke: Der Sand aus den Urnen,
1948; Mohn und Gedächtnis, 1952;
Von Schwelle zu Schwelle, 1955;
Atemwende, 1967; Lichtzwang, 1970;
Gedichte, 1975

Paul Celan wächst in der rumänischen
Bukowina auf, »einer Gegend, wo

Menschen und Bücher leben«. Seine
Eltern sind deutschsprechende Juden.
Doch das ist nur eine der Sprachen
dort. Die Amtssprache ist Deutsch, die
Umgangssprache der Juden Jiddisch,
die Armenier treiben ihre Geschäfte in
Armenisch, die Bauern der Umgebung
sprechen Rumänisch, griechische
Händler Griechisch, Pferdehändler
aus dem Norden Ukrainisch. Auf dem
Gymnasium lernt Celan Französisch
und Russisch – damit kann man
durch die halbe Welt kommen.

Nach dem Abitur geht Celan nach
Frankreich, um Arzt zu werden, doch
bereits nach einem halben Jahr ist der
Traum vorbei: Krieg. Leichen zu sezie-
ren liegt ihm nicht. Er kehrt nach
Czernowitz zurück und studiert an
der Provinzuni Romanistik. Ein Jahr
später wird die Stadt von sowjeti-
schen Truppen besetzt. Das stört ihn
nicht. Als jedoch im Jahr darauf die
deutsche Wehrmacht einmarschiert,
wird es gefährlich. Die SS errichtet
ein Ghetto, seine Eltern werden in einem KZ ermordet. Celan selbst glückt
die Flucht, aber kurze Zeit später
steckt man ihn in ein rumänisches Arbeitslager. Hier beginnt er, erschüttert
von dem Schrecken des Krieges, seine
düsteren Gefühle in Worte zu fassen.

Nach dem Krieg lebt Celan als
Übersetzer in Bukarest, wo ihm bald
im Würgegriff der Kommunisten die
Welt zu eng wird. Am 13. Juli 1948
steht er mit zerbeultem Anzug und
ein paar Manuskripten im Koffer am
Pariser Nordbahnhof und hofft, mit

seinen Gedichten die Welt zu erobern. Im Herbst 1951 lernt er Gisèle de Lestrange kennen, die Tochter einer französischen Adelsfamilie. Die 24jährige Kunststudentin ist von dem melancholischen Charme des Dichters hingerissen, ihre Eltern weniger: Der jüdische Schwiegersohn in spe kann nichts, hat nichts, stellt nichts dar. Was will sie mit dem Hungerleider? Sie weiß: »Es muß sehr schwierig sein, einen Dichter zu lieben, einen schönen Dichter. Ich fühle mich Deines Lebens, Deiner Dichtung, Deiner Liebe so unwürdig...«

Gisèle wird schwanger, die Eltern resignieren und sorgen für das Notwendigste. Nun versorgt Gisèle das Kind, kocht und bügelt für Celan, spielt seine Sekretärin und treibt Geld auf, damit ihr Poet unbeschwert dichten kann. Abends, wenn sie das Kind in den Schlaf wiegt, trifft Celan sich mit hübschen jungen Damen, die seine Schwermut vertreiben. In ihren Armen wird der arme Poet zum Helden. Nachdem Celan durch ein paar Gedichtbände bekannt ist, lädt man ihn zu Lesungen ein. Plötzlich ist er wer. Selbstsicher reist er durch deutsche Vortragssäle. Wenn er pathetisch wie ein Provinztragöde seine Gedichte vorträgt, grinsen zwar die Kollegen – »Der liest ja wie Goebbels« –, doch das Publikum ist ergriffen vom düsteren Glanz seiner Poesie: »Der Tod ist ein Meister aus Deutschland.«

Auch Ingeborg Bachmann ist verzaubert und reist mit dem Kollegen verliebt durch deutsche Lande. Mit schlechtem Gewissen beichtet Celan Gisèle die Seitensprünge. Die weint den Liebeskummer in ihr Kissen und versucht ihn zu verstehen: »Gestern habe ich bis spät in die Nacht Ingeborgs Gedichte gelesen. Sie haben mich erschüttert... Jetzt bin ich ihr näher, ich akzeptiere, daß Du sie wiedersiehst...« Aber nur kurz. Bevor es zum handfesten Krach kommt, schickt Gisèle das Kind zu Nachbarn, dann fliegen die Fetzen.

Je erfolgreicher Celan wird, desto düsterer wird seine Psyche. Rasend vor Wut fällt er 1962 auf offener Straße einen Passanten an. Man bringt den Tobenden in eine psychiatrische Klinik. Vier weitere Aufenthalte folgen. Am 24. November 1965 versucht er, seine Frau mit einem Messer zu töten. Nur die Flucht rettet sie. Zwei Jahre später stößt sich Celan selbst ein Küchenmesser in die Brust. Aus Angst um ihr Kind erzwingt Gisèle seinen Auszug aus der Wohnung. Aber sie liebt ihn noch immer und kämpft mit dem Mut einer Löwin um seine Entlassung aus der Psychiatrie. Das Paar lebt getrennt, ist aber immer noch verbunden. Verzweifelt wehrt sich Celan gegen den fortschreitenden Wahnsinn, indem er täglich ein Gedicht schreibt. Am 19. April 1970 notiert er in seinen Kalender: »Pauls Abreise« und springt von einer Brücke in die Seine.

Miguel de Cervantes Saavedra – Ein genial verpfuschtes Leben

* 29.9.1547 in Alcalá de Henares,
† 23.4.1616 in Madrid
Cervantes' unsterblicher »Don Quichote« ist Spaniens wichtigster Beitrag zur Weltliteratur.
Werke: Der sinnreiche Junker Don Quijote de la Mancha, 1605 und 1615; Die betrügerische Heirat, 1613; Der Eifersüchtige von Estremadura, 1613; Die Kerker von Algier, 1615; Die Höhle von Salamanca, 1615; Peter Tunichtgut, 1615

Ein Leben wie ein Abenteuerroman: Die Eltern des kleinen Miguel sind zwar adelig und stolze Spanier, aber so arm, daß der Sohn einen Brotberuf erlernen muß. Nach dem Unterricht beim Dorfpfarrer schickt man Miguel an die Universität nach Madrid. Nach dem erfolgreichen Abbruch des Studiums begeistert ihn der berühmte Humanist Hoyos für die Welt der Literatur, und von der Muse geküßt, schreibt der 22jährige Gedichte und einen Schäferroman. Da das Dichten nicht mal fürs Nötigste reicht, schickt ihn das Schicksal auf die Reise.

In einem Duell verwundet Cervantes seinen Gegner und soll dafür, laut Gesetz, durch das Abschlagen der rechten Hand bestraft werden. Um der Verhaftung zu entgehen, flüchtet er nach Italien, arbeitet hier als Kämmerer eines Kardinals und tritt später als gemeiner Soldat in die Marine ein. Mit seiner Truppe zum Kampf gegen Türken und nordafrikanische Piraten ausgeschickt, wird er bei der berühmten Seeschlacht von Lepanto gegen die Türken von drei Schüssen getroffen. Ein Armbrustbolzen verstümmelt Cervantes die linke Hand und lähmt den ganzen Arm, doch er kämpft weiter. Jetzt folgt unter dem Admiral Don Juan d'Austria ein Sieg nach dem anderen.

Sieben Jahre später will Cervantes mit gespicktem Beutel in die Heimat zurückkehren, da wird seine Galeere von algerischen Piraten geentert. Er hat Glück im Unglück: Bei seiner Gefangennahme entdeckt man ein Empfehlungsschreiben seines Befehlshabers an die höchsten Vorgesetzten. In den Augen der Piraten ist er dadurch ein bedeutender Mann – jemand, mit dem viel Lösegeld zu erpressen ist. Daher wird er gut behandelt. In Algier wird Cervantes an Hassan Pascha verkauft. Wochen, Monate, Jahre vergehen, doch das Lösegeld trifft nicht ein. Vergebens bittet der Vater Freunde und schließlich sogar den König selbst um Unterstützung. Unterdessen unternimmt Cervantes verzweifelt mehrere Fluchtversuche. Doch stets hat er Pech, immer wieder wird er eingefangen und muß sich noch glücklich schätzen, daß man ihm zur Strafe nicht Nase und Ohren abschneidet. Endlich, nach fast sechs Jahren, kaufen ihn Verwandte und Freunde frei.

Bei der Rückkehr ist Cervantes so arm wie vor 13 Jahren, als er loszog, um das große Geld zu machen. Es bleibt ihm nichts weiter übrig, als erneut Söldner zu werden. Diesmal geht es gegen die aufmüpfigen Eingeborenen der Azorischen Inseln. Drei Jahre später kehrt er zurück. Und nun endlich macht er seinen Traum wahr und führt das Leben eines zurückgezogenen Poeten. Er schreibt einen Schäferroman, den er seiner Geliebten und späteren Ehefrau widmet. Doch wovon sollen sie leben?

Cervantes versucht erfolglos, mit Theaterstücken zu Geld zu kommen. Die Armut zwingt ihn, Steuereinnehmer in Granada zu werden, aber reicher wird er dadurch nicht. Als Cervantes schließlich seine Schulden nicht mehr bezahlen kann, wirft man ihn von 1597 bis 1602 ins Schuldgefängnis von Sevilla. Und hier erfindet er den literarischen Helden, der ihn unsterblich machen wird: Don Quijote von la Mancha. Dieser Held ist edel und tölpisch, grotesk und heroisch, kindisch, verliebt, phantastisch gläubig. Er lebt sein Leben nicht in dieser Welt, glaubt auf Wolken zu reiten, während er im Sumpf steckt. Don Quijote kämpft, wie sein Autor und wir alle, verzweifelt mit Windmühlen und Hammelherden und trägt eine Zukunft mit sich herum, die schon längst Vergangenheit ist. Kurzum: Mit der Erfindung dieses Idealisten gelingt dem armen Poeten ein Buch, das nach der Bibel zum meistgelesenen Werk der Weltliteratur wird. Reich macht ihn auch das nicht, obwohl es bald darauf überall in Europa gelesen und gefeiert wird, da das Copyright noch nicht erfunden wurde. Jeder kann den »Don Quijote« ungestraft nachdrucken. Zum Glück findet der Dichter kurz vor seinem Tod zwei Gönner, die ihn mit einer kleinen Pension über Wasser halten. In Spanien wird sein Todestag, der 23. April jedes Jahr in allen großen Städten gefeiert.

Jean-François Champollion – Der Wunderknabe
* 23.12.1791 in Figeac,
† 4.3.1832 in Paris
Der Forscher entzifferte die ägyptischen Hieroglyphen und ist der Begründer der Ägyptologie.

Mit zehn Jahren kommt Jean-François in die Obhut seines 13 Jahre älteren Bruders, dem gelehrten Stadtbibliothekar Jean Jacques Champollion-Figeac von Grenoble. Hier entpuppt sich der Junge als wahre Leseratte und arbeitet sich meterweise durch die Buchregale. Vor allem Sprachen faszinieren ihn. Bereits mit elf Jahren zeigt Jean-François reges Interesse für Griechisch, Latein und Hebräisch. Da fallen ihm eines Tages Abbildungen der eben im Westen bekannt gewordenen ägyptischen Hieroglyphen in die Hände. Gelehrte zerbrechen sich über ihre Bedeutung den Kopf, doch niemand kann die Bilderschrift entziffern. Der 13jährige ist wie elektrisiert – es muß doch einen Weg geben, um die geheimnisvolle Kultur der alten Ägypter zu entschlüsseln! Tag und Nacht brütet Champollion über den Papyrusrollen und ihm wird klar, daß er dem Rätsel nur auf die Spur kommen kann, wenn er auch Aramäisch, Chaldäisch und Koptisch beherrscht. Später lernt er zudem Sanskrit, Arabisch und Persisch, und »zur Zerstreuung« Chinesisch. Mit 16 überreicht Champollion der Akademie von Grenoble eine Arbeit über die ägyptischen Städtenamen, die er aus der koptischen Sprache zu erklären versucht. Dann geht er nach Paris, um seine orientalischen Studien fortzusetzen, aber bald kann ihm keiner der Professoren mehr etwas beibringen. Also kehrt der 19jährige nach Grenoble zurück und übernimmt an der Fakultät eine Professur.

Champollion beherrscht Koptisch so gründlich, daß er sogar ein Wörterbuch verfaßt. Doch mit wem soll er reden? Er schreibt seinem Bruder: »Ich spreche Koptisch zu mir selber.« Warum diese beinahe fanatische Liebe ausgerechnet zu Koptisch? Diese Sprache war im 3. Jahrhundert entstanden, als das Christentum in Ägypten Fuß faßte und man daranging, die Bibel in die volkstümliche Sprache zu übersetzen. Um die Bibeltexte aufzuschreiben, mußte die koptische Schrift entwickelt werden, die auf der griechischen Schrift basierte. (Koptisch besitzt viele altägyptische Wörter und ist bis heute bei den Kopten,

den Christen Ägyptens, als Kirchensprache in Gebrauch). Bald ist der junge Champollion im Besitz eines Großteils von Kopien der bekannten ägyptischen Papyrusrollen und steinernen Inschriften, darunter auch zweisprachige Texte: sowohl in griechischer Buchstabenschrift als auch in ägyptischen Hieroglyphen. Die griechische Textfassung kann der Fachmann problemlos lesen. In einer der Inschriften kommen die Herrschernamen Ptolemäus und Kleopatra vor. Damit kennt der junge Altertumsforscher bereits zwölf verschiedene Schriftzeichen. Dann wird eine Namensliste der Pharaonen gefunden. Dadurch erkennt Champollion, daß die Sonnenscheibe den Namen des Sonnengottes Ra bezeichnet. »Je tiefer der geniale Franzose in das Dickicht der Hieroglyphen-Entzifferung eindrang, desto deutlicher wurde ihm, daß die Ägypter abwechselnd Wortzeichen, Zeichen für ganze Konsonantengruppen oder nur Lautzeichen verwendeten« (Brockhaus,1883). Damit hat er das Prinzip der Entschlüsselung entdeckt. Atemlos und zitternd vor Aufregung stürzt er am 14. September 1822 ins Büro seines Bruder und ruft: »Ich hab's raus« – und bricht ohnmächtig zusammen. Als er sich von der Erschöpfung erholt hat, schreibt Champollion einen Brief an die Pariser Akademie und teilt seine Entdeckung mit. Nicht alle, die davon hören, jubeln, der junge Gelehrte spürt auch giftigen Kollegenneid.

Drei Jahre später reist Champollion mit einer Expedition persönlich an den Nil. Dort jubelt die High Society Ägyptens ihm zu, dem Mann, der ihre uralte Sprache aus dem Dornröschenschlaf geweckt hat. Statt von Empfang zu Empfang zu eilen, wandert Champollion mit einer Schar von Zeichnern und Architekten rastlos von Steinbruch zu Steinbruch, Tempel zu Tempel, wo er eine Unmenge alter Inschriften abschreibt und übersetzt. Zurück in Frankreich richtet man für den Star der neuen Altertumswissenschaft einen Lehrstuhl für Ägyptologie ein, den er nur noch für kurze Zeit besetzen kann. Am 4. März 1832 rafft den 41jährigen Begründer der Ägyptologie und Hieroglyphenkunde ein Schlaganfall hin.

Émilie du Châtelet –
Mit den Waffen einer Frau
eig. Gabrielle-Émilie Le Tonnelier de Breteuil Marquise du Châtelet-Lomont
* 17.12.1706 in Paris, † 10.9.1749 in Lunéville
Eine große Mathematikerin und Philosophin Europas.

Als ihre Jüngste nicht mehr aufhört zu wachsen, sind die Eltern entsetzt: »Sie ist so groß wie Mädchen, die doppelt so alt sind, hat Kräfte wie ein Holzfäller und ist unglaublich ungelenk. Ihre Füße sind sehr groß, doch man vergißt sie, sobald man die enormen Hände sieht. Die Haut ist rauh wie ein Reibeisen – kurz: Sie ist häßlich wie ein Bauernrekrut aus der Gascogne ...«, schreibt der Vater. Wie soll er dieses Riesenbaby jemals unter die Haube bringen?

Um Émilie für die Nachteile, mit der Mutter Natur sie bedacht hat, zu entschädigen, sorgen die Eltern für eine exzellente Erziehung des Mädchens. Wenn ihr aufgrund ihres Aussehens schon die Freuden der Ehe und des Gesellschaftslebens verwehrt sind, soll sie wenigstens als Äbtissin eine gute Figur machen können. Der Vater engagiert eine Schar ausgezeichneter Lehrer. Kaum hat der Unterricht begonnen, stellt sich das Mondkalb als kleines Genie heraus. Mit zehn spricht Émilie perfekt Lateinisch und kann seitenweise Vergil, Lukrez und Horaz auswendig. Sie spielt konzertreif Cembalo und singt wie eine Operndiva. Sie kann geradezu unheimlich klar denken und entschlüsselt mit Leichtigkeit größte Probleme der Mathematik und Physik. Mit zwölf liest, spricht und schreibt Émilie fließend Englisch, Italienisch, Spanisch und Deutsch. Griechisch kann sie so gut, daß sie bereits als Kind →Aristoteles' »Politik« ins Französische übersetzt und mit der Übersetzung von Vergils »Äneis« beginnt, die sie später berühmt machen wird. Das häßliche Entlein hat sich zum Wunderkind gemausert. Die Eltern können es kaum fassen.

Um Émilie von ihren ungelenken Bewegungen zu befreien, verordnet ihr der Vater Sportunterricht. Dank dieses Trainings und ihrer Körperkräfte »reitet und schwingt sie den Degen wie ein Husar«, wie ein paar Jahre später der Herzog von Richelieu, einer ihrer zahlreichen Liebhaber, feststellt. Doch das ist nicht alles: »Niemand kann ihrer natürlichen Schönheit widerstehen«, schreibt derselbe, als sie bei der königlichen Hofgesellschaft eingeführt wird. Die junge Émilie ist zwar einen Kopf größer als der Durchschnittsmann, aber sonst entspricht sie dem Schönheitsideal ihrer Zeit: voller Busen mit knallrot gefärbten Brustwarzen, die sie auch offenherzig zeigt, schmale Taille, breite Hüften.

Obwohl die Mutter meint, daß die junge Intellektuelle mit ihrer scharfen Zunge alle Bewerber abschreckt, ist der Marschall und Generalleutnant des Königs von der Amazone so hingerissen, daß er die 19jährige heiratet. Drei Jahre erfüllt sie treu ihre ehelichen Pflichten und schenkt ihm drei Kinder. Danach nimmt Émilie sich entsprechend dem Stil der gehobenen Gesellschaft einen Geliebten, denn ihr Gatte ist sowieso nie zu Hause und vergnügt sich mit seinen Mätressen. Eine Dame, die keine Geliebten hat, gilt als unattraktiv, ein Mann ohne Mätresse als impotent. Auf den Geschmack gekommen, läßt Émilie sich von einer Schar Liebhabern das Bett wärmen, bis sie eines Tages das Genie

ihrer Epoche erobert. Sie ist zwar 12 Jahre jünger und einen Kopf größer als der witzsprühende Philosoph und Schriftsteller, und zudem ist ihre Gier nach Sex so unersättlich, daß der 39jährige →Voltaire sich bald völlig ausgelaugt fühlt, aber abgesehen davon sind die beiden ein Herz und eine Seele. Fünfzehn Jahre verbringen sie in trauter Eintracht auf Émilies Schloß, wo sie ein Laboratorium für physikalische Experimente einrichten und tiefsinnige Werke verfassen. Sie schreibt ein Buch über Leibniz, verfaßt die erste französische Übersetzung der »Principia Mathematica« von Isaac Newton, übersetzt Stücke von Sophokles aus dem Griechischen und Lyrik aus dem Lateinischen.

Als Voltaire ihre Liebeslust immer lästiger wird – der 45jährige bezeichnet sich in Briefen bereits als Greis –, macht sie einem Freund ihres Liebhabers schöne Augen und erlebt mit dem zehn Jahre jüngeren St. Lambert eine Reihe aufregender Nächte. Nun lebt man zu dritt in leidlicher Harmonie. Doch das Abenteuer hat Folgen: Madame wird schwanger. Sie lädt sofort ihren Gatten ein, ist äußerst liebenswürdig zu ihm, und als er nach ein paar Wochen wieder abgereist ist, teilt er den Hausfreunden seiner Frau mit, daß er sein viertes Kind erwarte. Lächelnd vermerkt Voltaire: »Wir werden das Kind in Madames gemischte Werke einreihen.« Kurz darauf stirbt Émilie du Châtelet am Kindbettfieber.

Alvise Cornaro –
Der Lebenskünstler

auch Lodovico Cornaro,
Alvise Corner
* 1484 (?) in Venedig, † 1566 in Padua
Der Humanist, Literat, Agronom und
Gesellschaftskritiker entstammte ei-
ner der großen Adelsfamilien Vene-
digs. Er lebte auf dem venezianischen
Festland (in der Nähe Paduas) und
begründete für die Renaissance die
Philosophie eines vernünftigen,
maßhaltenden, ausgeglichenen und
dadurch gesunden Lebensstils. Aus-
serdem wirkte er als einer der großen
Mäzene Paduas im 16. Jahrhundert.
Hauptwerk: Vom maßvollen Leben
(La vita sobria), 1558.

Wie sein späterer Geistesverwandter, der fröhliche Denker Karl Popper, fühlt Alvise Cornaro sich in seinen späten Jahren »als der glücklichste Philosoph, der mir je begegnet ist«. Bevor es aber dazu kommt, führt Alvise Cornaro als Mitglied einer der mächtigsten venezianischen Adelsfamilien ein so ausschweifendes Leben, daß er bereits als 40jähriger zitternd mit einem Bein im Grab steht. Nur mit Mühe gelingt es den Ärzten, den durch ständige Orgien nahezu ruinierten Lebemann zu retten. Nachdem er um Haaresbreite dem Sensenmann entwischt ist, beschließt Cornaro, sein Leben völlig umzukrempeln. Mit eiserner Disziplin sorgt er für regelmäßigen Lebenswandel und unterwirft sich einer so strengen Diät, daß er seinen Gebrechen erfolgreich zu Leibe rückt. Nach zwei Jahren Askese erkennen seine Freunde den einstmals versoffenen Lüstling kaum wieder. Je älter und griesgrämiger sie werden, desto jünger sieht Cornaro aus. Das verdankt er seinem makrobiotischen Geheimnis. Er geht regelmäßig mit den Hühnern zu Bett und steht mit den Vögeln auf, macht täglich lange Spaziergänge, enthält sich loser Weiber, nippt höchstens an Feiertagen am Wein, hält mehrmals am Tag Zwiesprache mit seinem Herrgott, ißt viel frisches Gemüse und keine fetten Speisen, verbannt düstere Gedanken und genießt die Schönheit der Natur. Er singt und lacht gerne, erfreut sich an schöner Literatur und Kunst und versucht seine Empfindungen in erlesene Worte zu fassen. Als 80jähriger macht Cornaro sich über 60jährige Tattergreise lustig, denn er selbst flitzt beschwingt die Treppen und Hügel seines Anwesens auf und ab und reitet schneidig wie ein junger Kavallerist zur Hasenjagd. Stets gutgelaunt, freut er sich über die Gestaltung seines schönen Anwesens, »welches in der besten Gegend Paduas« liegt. Im Frühling und im Herbst besucht er seine Freunde in den umliegenden Städten und lernt durch sie neue außergewöhnliche Leute kennen: Architekten, Maler, Bildhauer, Musiker und Landökonomen. Mit kindlicher Freude lauscht Cornaro ihren Worten, ihrer Musik und betrachtet ihre neusten Werke, und auf der Rundreise entzückt ihn die Schönheit der Landschaft, der Landhäuser, Gärten und Stadtanlagen. »Und diese Genüsse werden mir nicht geschmälert durch Abnahme des Auges oder des Ohres: alle meine Sinne sind Gott sei Dank in vollkommen gutem Zustand, auch der Geschmack, indem mir jetzt das Wenige und Einfache, was ich zu mir nehme, besser schmeckt als einst die Leckerbissen, zur Zeit, da ich unordentlich lebte.« Zu dieser Glücksbereitschaft kommt ein gesunder Humor. Im hohen Alter verfaßt der muntere alte Herr eine spitzbübische Komödie, die er mit seinen Freunden zum Vergnügen der Nachbarn aufführt.

Mit den älteren seiner 18 Enkel verbindet Cornaro eine herzliche Freundschaft. Ihnen erklärt er den Lauf der Gestirne, und gemeinsam musizieren sie. »Ja, ich selbst singe auch und habe jetzt eine bessere, hellere, tönendere Stimme als je. Das sind die Freuden meines Alters. Mein Leben ist also ein lebendiges und kein totes, und ich möchte mein Alter nicht tauschen gegen die Jugend eines solchen, der den Leidenschaften verfallen ist.«

In seiner »Ermahnung«, die er seinem Lehrbuch beifügt, freut er sich, daß sein »Traktat« so vielen Menschen den Weg zur Lebenskunst gewiesen hat. Der fröhliche Philosoph schließt 1566 mit 83 Jahren seine glücklichen Augen für immer. In seinem berühmten Traktat vom »maßvollen Leben« (»La vita sobria«, 1558), der nach und nach in alle europäischen Sprache übersetzt wird, schildert der jugendliche 74jährige, wie er den Stein der Weisen, sprich: den Weg zum Glücklichsein entdeckt hat.

Hedwig Courths-Mahler – Die Tränendrüsen-Spezialistin

* 18.2.1867 in Nebra/Unstrut,
† 26.11.1950 in Rottach-Egern/
Tegernsee
Bis zum Tod der Schriftstellerin erreichten ihre Romane eine Gesamtauflage von 80 Millionen Exemplaren.
Sie wurde damit zur erfolgreichsten deutschen Autorin der Geschichte.
Werke: Die Bettelprinzeß, 1914; Unschuldig-schuldig, 1931

Über die Familie Mahler gäbe es heute sicher einen umfangreichen Ordner im Sozialamt: Die fünf Kinder von Frau Mahler haben fünf verschiedene Väter, die Familie ist ständig pleite und Schmalhans Küchenmeister. Weil die kleine Hedwig einem der Stiefväter nicht gefällt, kommt sie zu Pflegeeltern, wo sie ebenfalls wenig zu essen, dafür aber desto mehr Prügel bekommt. Hedwigs Rettung ist die staatlich verordnete Gemeindeschule, wo sie zwar nur zwei Jahre Unterricht erhält, aber diese Zeit eröffnet ihr eine Wunderwelt. Kaum kann sie halbwegs lesen, träumt sie davon, eine Dichterin zu werden und beginnt zu schreiben. Das jedoch wird von den Respektspersonen gar nicht gerne gesehen:»Meine ferneren Ausflüge in das gelobte Land der Dichtkunst trugen mir manchen Tadel ein.« Doch das Mädchen läßt sich nicht einschüchtern und ringt sich heimlich Geschichten ab.

Mit zwölf zieht Hedwig zu ihrer inzwischen nach Leipzig übersiedelten Mutter und wird Dienstmädchen bei einer gutbürgerlichen Familie: ein harter Aschenputtel-Job. Und auch zu Hause ist das Leben kein Honigschlecken. Die inzwischen alleinstehende Mutter bringt sich und ihre Kinder als Prostituierte durch. Das ganze Elend einer solch verfemten Existenz bekommen die Kinder zwangsläufig mit: betrunkene Freier, Abtreibungen auf dem Küchentisch, Polizeikontrollen, Krankheiten.

Weil Hedwig als Dienstmädchen gehorsam, klug und fleißig ist, steigt sie in der Hierarchie der Dienstboten auf. Sie wird Vorleserin bei ihrer Dienstherrschaft, eine wichtige Funktion in Zeiten ohne Radio und Fernsehen. Die Hausfrau gibt ihr neben →Goethe, →Jean Paul und Eichendorff auch moderne Werke wie die von Felix Dahn oder Gustav Freytag zum Vorlesen. Inspiriert von der Lektüre schreibt Hedwig in ihrer Freizeit an ihrem ersten eigenen Roman. Der Titel ist Programm:»Mut zum Glück.« Das Elend ihrer Kindheit vor Augen, phantasiert sie sich eine heile

Gegenwelt zusammen. Sie findet: »Ein Roman soll doch erquicken und stark und frisch machen, aber nicht krank und nervös.« Subtil nimmt sie Rache an ihrer Mutter, indem sie ihre negativen Frauenfiguren als sexgeile Wesen schildert. Und der Fleiß macht sich bezahlt: Ein Redakteur des »Chemnitzer Tageblattes«, dem sie ihr Manuskript zeigt, erkennt das Talent der Tränendrüsenspezialistin und setzt sich für die Veröffentlichung ein. Hedwig Mahlers Konzept aus Kitsch und Happy End geht auf. Während sie dank des Erfolges ihrer Bücher schnell auf der sozialen Leiter emporsteigt, bleibt Mahlers Bruder Max dem Umfeld seiner Kindheit treu und wird Zuhälter. Die Jungdichterin heiratet den Dekorateur Fritz Courths und zieht mit ihrem Mann und den beiden Töchtern nach Berlin. Hier lebt Hedwig Courths-Mahler, dank der ständig fließenden Honorare aus ihren Bestsellern, auf großem Fuße. In ihrem Salon verkehren Berühmtheiten der Kulturszene wie Emil Jannings und Curt Götz. Als der scharfzüngige Literaturpapst Alfred Kerr sie mit dem Kompliment»Sie sehen gar nicht so kitschig aus wie Ihre Bücher« begrüßt, antwortet sie schlagfertig:»Und Sie nicht wie ein Henker.«

Aus dem Aschenputtel ist dank unermüdlicher Arbeit eine selbstbewußte Dame geworden. Und Courths-Mahlers Fleiß ist tatsächlich beachtlich. Aufgrund der enormen

Nachfrage wirft sie ein Buch nach dem anderen auf den Markt. Ihr Dienstmädcheninstinkt, dem sie noch als Millionärin vertraut, sagt ihr, daß Held und Heldin ihrer Romane immer edle Charaktere sein müssen. Das signalisieren bereits ihre Titel wie »Was Gott zusammenfügt« oder »Ich lasse dich nicht«. Liebeskranke Küchenmädchen, frustrierte Ehefrauen und verlassene Geliebte weinen nachts über ihre Herz-Schmerz-Geschichten in die Kissen und dürsten nach weiteren Gefühlsduseleien der Autorin.

Mit über 80 Millionen verkauften Exemplaren wird Hedwig Courths-Mahler zur erfolgreichsten deutschen Autorin aller Zeiten. »Balzac hat seine Romane ausgesessen«, verrät die Schnelldichterin ihre Arbeitsweise, »genau so habe ich meine Bücher mit dem Hintern geschrieben.« Mit dieser erstaunlichen Technik hat die Auflagenkönigin über 200 Romane zur Welt gebracht, den Stoff für weitere 200 Romane fand man in ihrem Nachlaß.

Bösartige Darstellung Charles Darwins als Affe im Witzblatt »Hornet«, ca. 1860

D

Gabriele D'Annunzio – Der Troubadour des Faschismus

* 12.3.1863 in Pescara,
† 1.3.1938 in Gardone
Der exaltierte Schriftsteller huldigte einem heidnischen Sinnen- und Schönheitskult und gewann mit seiner Dichtung in Italien großen Einfluß.
Werke: Lust, 1889; Die tote Stadt, 1898; Die Novellen der Pescara, 1902; Die Tochter des Iorio. Ländliche Tragödie, 1904; Vielleicht – Vielleicht auch nicht, 1910

Schon als Kind ist er eitel: Gabriele Rapagnetta schämt sich für seinen Nachnamen:»Rübchen«! Um sich von dem häßlichen Anhängsel zu trennen, bittet der Junge seinen Onkel, ihn zu adoptieren. Durch Onkels Namen zu D'Annunzio geadelt, stolziert der Jüngling mit geschwellter Brust durch die feinen Salons. Eifrig bemüht, sich als Frauenheld ins Gerede zu bringen, erzählt er überall, daß sein Nachthemd mit einem kreisrunden, goldgestickten Ausschnitt unter dem Bauchnabel versehen sei, und daß selbst Edelkurtisanen von ihm kein Geld nähmen.

Das Schlimmste ist für ihn die Langeweile. Deshalb muß er ständig in der Menge baden und auf sich aufmerksam machen. Um seinen ersten Gedichtband zur Sensation zu machen, lanciert der sechzehnjährige Poet die Falschmeldung seines Todes in die Printmedien. Allerdings: Hebt D'Annunzio die Stimme, um seine pathetischen Verse hören zu lassen, sind die Zuhörer wie gebannt. Er kräht und lockt und balzt wie ein verliebter Gockel:»Aus den Gärten stiegen nun die Düfte und schwammen wie Öl auf dem Wasser, das hier und da in seinen Furchen einen Glanz wie alte Bronze zeigte.« Der Edelkitsch trifft die morbide Stimmungslage. Es ist, als ob ein Minnesänger mit Schwert und Harfe sich ins späte 19. Jahrhundert verirrt hätte. Die Frauen himmeln ihn an. Reihenweise wärmen sie D'Annunzio Bett und Gemüt. Aber wer sich mit dem Virtuosen auf der Liebesleier zu tief einläßt, wird seelisch und finanziell bis aufs Blut ausgesaugt. Diverse seiner Geliebten enden im Bankrott, im Morphiumwahn, in der Trinkerheilanstalt, im Kloster oder im Irrenhaus. Das bereitet ihm keine Gewissensbisse. Frauen sind für ihn Jagdobjekte, die nur den Lebenszweck haben, vom Herrenreiter zur Strecke gebracht zu werden. Wer ihm in die Hände fällt, sieht nach der seelischen Vivisektion ziemlich alt aus. Aus dem Blickwinkel der chinesischen Astrologie betrachtet, ist er ein Paradebeispiel des Sternzeichens Hahn. Es ist, als ob die uralten chinesischen Quellen das Porträt D'Annunzios vorausgeahnt hätten: »Er liebt es, sich auffällig zu kleiden und progressiv zu reden. Aber in Wirklichkeit ist er stockkonservativ. Er tritt tollkühn und verwegen auf, aber er ist voll absurder Pläne und

84 GABRIELE D'ANNUNZIO

Schrullen. Allerdings ist er mutig bis zur Tollkühnheit. In Gesellschaft ist er ein glänzender Unterhalter, aber er prahlt und redet mehr, als er zu sagen hat. Doch weil er bereit ist, mit einem Lächeln sein Leben aufs Spiel zu setzen, ist der Abenteurer ein guter Krieger.«

D'Annunzio ist bereits über 50, als er endlich die Möglichkeit bekommt, den Kriegshelden zu spielen. Bis dahin hat er als Kriegspoet die jungen Männer in flammenden Reden und Liedern zu Heldentaten angestachelt. Jetzt kämpft er eigenhändig in Schützengräben, dringt auf einem U-Boot-Jäger durch eine Minenkette in den feindlichen Hafen ein und fliegt 1000 km im Doppeldecker nach Wien in die Hauptstadt des Gegners, wo er statt Bomben Flugblätter abwirft. Nach dem Krieg gelingt ihm 1919 sein legendärstes Husarenstück. Mit einer Privatstreitmacht von 2500 Mann besetzt er die damals zu Ungarn gehörende Hafenstadt Fiume und errichtet ein 470-Tage-Regime. Es wäre ein wunderbarer Stoff für einen Monty-Python-Film. »Jedermann scheint hier eine selbstentworfene Uniform zu tragen«, notiert amüsiert ein Engländer. Der »Regent« läßt Altäre für Götter und Göttinnen errichten, imaginäre Begräbnisse seiner Gegner veranstalten und eine gespielte Schlacht von Toscanini mitsamt Orchester musicalartig untermalen. Aber es ist mehr als ein Polit-Musical. Denn hier wird zum ersten Mal die Ästhetik des Faschismus konzipiert und erprobt.

Nachdem das italienische Schlachtschiff »Andrea Doria« dem Heldentheater mit einigen gezielten Schüssen auf seinen Regierungspalast ein Ende bereitet hat, gilt D'Annunzio als Volksheld und ist damit die ideale Galionsfigur für die äußerste Rechte. Deren Chef Mussolini »kauft« den eitlen Stenz, indem er ihm eine während des Krieges beschlagnahmte Villa aus Feindbesitz schenkt, seine gesammelten Werke in einer Prachtausgabe in 48 Bänden drucken läßt und ihm den Titel »Fürst von Montenevoso« verschafft. D'Annunzio wird mit Auszeichnungen und Geschenken überhäuft. Fans verehren ihm Fahnen, Uniformen, Granatsplitter, ein Maschinengewehr, ein Torpedoboot und schließlich sogar einen kompletten Kreuzer. Das Ding stellt er in seinen Garten am Gardasee.

1938 stürzt D'Annunzio aus dem Fenster in die ewigen Jagdgründe – ob es ein Unfall oder Mord ist, wird nie geklärt. Seither ruht D'Annunzio hoch über seinem ehemaligen Besitz in der Spitze einer Säule, ihm zu Füßen stehen die Sarkophage seiner Kriegskameraden. Der martialische Popstar hat einmal behauptet: »Das Beste des Faschismus stammt von mir«.

Charles Darwin – Vom Käferjäger zum Revolutionär

* 12.2.1809 in The Mount bei Shrewsbury, † 19.4.1882 in Down House (heute London)
Die Lehre des Naturforschers hatte umwälzenden Einfluß auf Biologie und Geisteswissenschaft. Darwin ist der Begründer der modernen Evolutionstheorie.
Werke: Reise eines Naturforschers um die Welt, 1845; Über die Entstehung der Arten durch natürliche Auslese oder Das Erhaltenbleiben der begünstigten Rassen im Ringen um die Existenz, 1859

Sein energischer Vater hat bald heraus, daß sein Sohn vor hat, im Hauptberuf Erbe zu werden. Also schlägt er Charles vor, er solle lieber Geistlicher werden. Auch das ist dem Nichtsnutz recht, denn er malt sich das gemütliche Leben eines Landpfarrers aus. Aber als es ernst werden soll, stellt Darwin fest, daß seine ganze humanistische Schulbildung zwischen den grauen Zellen versickert ist. Nach mühsamem Nachhilfeunterricht kann er endlich ein Jahr später mit dem Studium beginnen.

Theologie gefällt ihm, mehr jedoch das Lotterleben mit seinen Kommilitonen: »Wir tafelten oft am Abend zusammen, tranken zuviel, sangen lustige Lieder und spielten Karten.« Wenn er wieder klaren Kopf hat, folgt Darwin seinem Hobby: der Käferjagd. Dazu stellt er Arbeiter an, die im Win-

ter das Moos von alten Bäumen kratzen.« Auf diese Weise erhielt ich mehrere sehr seltene Arten.«

Darwins große Beobachtungsgabe und sein naturkundliches Interesse fallen seinen Professoren auf. Und nachdem er sein Theologiestudium überraschend gut abgeschlossen hat, bietet sich dem 22jährigen die phantastische Chance, mit einem Forschungsauftrag der Regierung auf der »Beagle« um die halbe Welt zu segeln. Überraschenderweise freundet sich der junge Snob rasch mit dem rauhen Leben an Bord an. Die Seebären bewundern die Arbeitsdisziplin der Landratte, belächeln seine Marotten und geben ihm den Spitznamen »Fliegenfänger«. Die lange Reise verändert Darwins Leben von Grund auf. Er gewöhnt sich an methodisches wissenschaftliches Arbeiten, sammelt, ordnet, vergleicht Fundstücke, sucht nach Zusammenhängen, entwickelt Ideen und Theorien. Er kartografiert, botanisiert und katalogisiert und nimmt begeistert die neuen exotischen Eindrücke auf. »Ich habe nichts gesehen, was mich mehr in Erstaunen versetzt hätte, als der erste Anblick eines Wilden. Es war ein nackter Feuerländer, sein langes Haar wehte umher, sein Gesicht war mit Farbe beschmiert. Auf einem Felsen stehend stieß er Töne aus, gegen welche die Laute unserer Haustiere weit verständlicher sind.«

Nach fast fünf Jahren kehrt der 27jährige Darwin völlig verwandelt

86 CHARLES DARWIN

zurück. Der Vater behauptet, sogar seine Kopfform habe sich verändert. Kaum angekommen, beginnt Darwin mit der Niederschrift seiner Erlebnisse und Erkenntnisse. Die spannende Schilderung seiner Reise und neue Theorien über die Entstehung von Korallenriffen bringen ihm beträchtliche Anerkennung, doch er arbeitet bereits an Wichtigerem. Beobachtungen auf den Galapagos-Inseln inspirieren ihn zu haarsträubenden Schlußfolgerungen: »Es ist wie das Eingeständnis eines Mordes«, schreibt er einem Vertrauten über die Tragweite seiner Entdeckung, doch bis zur Drucklegung seines darauf basierenden Hauptwerkes sollen 21 Jahren vergehen.

In der Zwischenzeit hat Darwin andere Sorgen: Er weiß nicht, ob er heiraten soll oder nicht. »Welche Mühen und Kosten, ein Haus zu erwerben und zu möblieren. Ich könnte die französische Sprache nicht erlernen, den Kontinent nicht sehen, Amerika nicht besuchen und nie in einem Ballon aufsteigen ... Schrecklicher Zeitverlust und, falls viele Kinder kommen, ist man gezwungen, sein Brot zu verdienen.« Darwin wägt schriftlich das Für und Wider ab. Als er trotzdem heiratet, treffen prompt all seine Befürchtungen ein. Die Abendgesellschaften, die seine Frau gibt, machen ihn fix und fertig. Am nächsten Tag ist er nicht in der Lage zu arbeiten. Also gibt es kein Gesellschaftsleben mehr für ihn. Um Ruhe zu haben, kauft Darwin den Landsitz Down bei Beckenham, dort lebt er als Einsiedler mit wachsender Family.

Aus dem schneidigen Weltumsegler wird ein hypochondrischer Stubenhocker, schon die kleinste Aufregung macht ihn krank: Dann peinigt ihn Kopfweh, seine Hand zittert beim Schreiben und sein Magen grimmt. Wenn es ganz arg ist, muß er sich übergeben. Darwin leidet offenbar unter Migräne, zeugt aber trotz aller Pein zehn Kinder. Und die können die Uhr danach stellen, wann Darwin nach seinem täglichen Pensum vom Schreibtisch aufsteht. Abends entspannt sich der geistige Schwerarbeiter bei einer Zigarette und lauscht den Klavieretüden seiner Frau, einer Chopinschülerin.

Als Darwin eines Tages den Brief eines jungen Naturforschers aus dem Kasten zieht, ist es auf einen Schlag mit dem ländlichen Frieden vorbei: Es ist ein Manuskript zu dem Thema, an dem er selbst seit 20 Jahren arbeitet. Darwin vertieft sich in die fesselnde Lektüre und gerät in Panik. Der Konkurrent ist völlig unabhängig zu den gleichen Schlüssen gekommen. »So ist alle meine Originalität zunichte gemacht«, jammert er. Doch Alfred Russel Wallace, der junge Konkurrent, erweist sich als Gentleman. Er anerkennt die älteren Rechte des großen Privatgelehrten. Dieser wiederum bedankt sich für das Fairplay durch ausführliche Erwähnung des kongenialen Kollegen in seinem Buch, das er nun in Windeseile fertigstellt.

Als »Die Entstehung der Arten durch natürliche Auslese« endlich erscheint, bricht ein Sturm los: Ein Sturm der Begeisterung und ein Orkan der Empörung. An einem Tag wird die erste Auflage des Werkes verkauft. Auch die zweite Auflage ist im Nu vergriffen. Dabei handelt es sich um ein sprödes, schwer verständliches Werk. →Karl Marx und →Friedrich Engels jubeln: »Obgleich grob englisch entwickelt, ist dies das Buch, das die naturhistorische Grundlage für unsere Arbeit enthält.« Bedroht fühlen sich vor allem konservative Kreise der Kirche. Es kommt zu hitzigen Diskussionen, pro und kontra, Angriffen und Verteidigungen. Der revolutionäre Wissenschaftler grinst über den Wirbel: »Wenn ich daran denke, wie heftig ich von den Orthodoxen angegriffen worden bin, so erscheint es mir spaßig, daß ich einmal Geistlicher werden wollte.« Darwin zieht sich immer mehr zurück und veröffentlicht schließlich sein zweites Hauptwerk: »Die Abstammung des Menschen und die geschlechtliche Zuchtwahl«. Der Siegeszug seiner Lehre ist nicht mehr aufzuhalten. Allerdings hat Darwin Glück gehabt: Weltveränderer wie er wurden 300 Jahre früher mitsamt ihren Büchern ohne lange zu fackeln verbrannt.

Der präzise Denker Darwin hat erstaunlicherweise ein miserables Gedächtnis. Schon zu Lebzeiten läßt Darwin sich einen sehr edlen Sarg bauen. Der Tischler bringt das gute Stück zu ihm nach Hause. Doch die Aufbewahrung daheim erscheint Darwin zu makaber, also wird der Sarg ins Lager der Tischlerei verbannt – und dort vergessen. Gefunden wird er erst 50 Jahre nach Darwins Tod, in der Rumpelkammer des Gasthauses »The Glory Hole« in Farnborough. Wie er dort hinkommt, ist ungeklärt.

Daniel Defoe – Geschäfte mit dem Teufel

eig. Daniel Foe
* 1660 (?) in Cripplegate,
† 26.4.1731 in Moorgate
Der spätberufene Schriftsteller war ein umtriebiger und einflußreicher Geist, der sich auch als Händler und Industrieller versuchte, bevor er mit 60 Jahren seinen Beitrag zur Weltliteratur veröffentlichte.
Werke: Der waschechte Engländer, 1701; Das Leben und die seltsamen Abenteuer des Robinson Crusoe, 1719; Glück und Unglück der berühmten Moll Flanders, 1722; Die glückhafte Mätresse, 1724

Eigentlich soll der Metzgerssohn Geistlicher werden. Doch das gefällt dem jungen Daniel nicht. Lieber will er Geschäfte »mit dem Teufel« als mit dem lieben Gott machen, und darum gründet er eine Export-Import-Firma. Während einer Reise nach Holland wird Defoe von algerischen Piraten gekidnappt, doch zum Glück bald wie-

88 DANIEL DEFOE

der freigelassen. Nachdem er sich von dem Schock erholt hat, heiratet er die Tochter eines reichen Weinhändlers. Mit der Riesensumme, die sie als Mitgift in die Ehe bringt, spekuliert der clevere Businessman so glücklich, daß er bald Ehrenmitglied der Metzgerinnung wird. Jetzt aber schürt der Hochmutsteufel Defoes Ehrgeiz. Statt es sich auf den goldenen Ruhekissen seiner Spekulationen bequem zu machen, will Defoe in der Politik ganz groß rauskommen – und stürzt tief. Der 32jährige macht mit 17.000 Pfund Schulden bankrott. Doch ein Puritaner wie Defoe gibt nicht so leicht auf.

Da er eine flinke Feder führt, wird Defoe eine Art Pressechef bei Wilhelm von Oranien, dem neuen englischen König. Mit suggestiven Artikeln und Flugschriften wirbt er für das Programm der Regierung: Wilhelm hat bei Regierungsantritt die Bill of Rights, die verfassungsmäßigen Freiheitsrechte jedes Engländers, unterschrieben. Mit diesem Bekenntnis zur Toleranz wird die Pressezensur aufgehoben. Dadurch entwickelt sich in England früher als anderswo auf der Welt eine freie Presse, die um eine neue Macht kämpft: die öffentliche Meinung. Defoes Zeitschrift »The Review« erweist sich als Kampfschrift für die Freiheit.

Zehn Jahre lang geht alles gut – da stirbt Wilhelm, und Defoe, Streiter für die Presse- und sonstige Freiheit, fällt bei den neuen Machthabern so-

fort in Ungnade. »The shortest Way with the Dissenters«, eine spitzzüngige, Satire auf die klerikalen Verhältnisse, wird ihm zum Verhängnis. Hals über Kopf muß er fliehen und seine Hoffnung, daß Gras über die Sache wächst, erweist sich als fataler Irrtum. Nach seiner Rückkehr wird Defoe verhaftet, sein Vermögen eingezogen, er selbst an den Pranger gestellt und später eingekerkert. Doch der Mann ist populär, statt ihn anzuspucken, jubeln ihm die Londoner zu, und junge Mädchen überschütten ihn mit Blumen und Küssen. Was sie nicht ahnen: Am Pranger überkommt Defoe die teuflische Erkenntnis, daß es besser ist, sein Mäntelchen nach dem Winde zu drehen und mit den Wölfen zu heulen, als mit seiner Familie im Elend zu darben. Nun verfaßt Defoe auf die zuvor so verhaßte neue Regierung Lobeshymnen und übt sich im Speichellecken. Das Schreiben geht ihm so leicht von der Hand, daß er 1704 nebenbei die erste Unterhaltungszeitschrift der Welt gründet, die er fast ganz allein produziert, und an 25 weiteren Zeitschriften mitarbeitet. Und der Erfolg läßt nicht auf sich warten.

Mit fast sechzig, eigentlich im besten Rentenalter, hat Defoe eine neue Idee. Er verfaßt das Inselabenteuer »Robinson Crusoe«. Das Buch wird auf Anhieb ein Erfolg. Auflage folgt auf Auflage, und innerhalb weniger Jahre wird es in alle europäischen Sprachen übersetzt. Die Leser sind begeistert von der neuartigen Mischung aus Abenteuerroman und praktischer Anleitung zum Überleben. Robinson ist das Muster des echten Puritaners, ein tüchtiger Mann, der sich in allen Situationen zu helfen weiß. Gezwungen durch die Umstände, lernt er methodische Lebensführung durch Zeiteinteilung, »verleiht seinem Dasein Stabilität durch Regelmäßigkeit« und behält in der Einsamkeit durch Selbstkontrolle, Fleiß und unerschütterliches Gottvertrauen die Nerven. So wird Robinson Archetyp des anglo-amerikanischen Erfolgsmenschen.

Ermutigt durch seinen Weltbestseller, läßt Defoe eine ganze Reihe von echten, halbauthentischen und erfundenen Lebensgeschichten von Abenteurern und skurrilen Käuzen folgen. Seine mehr als 200 Bücher machen Defoe reich, er könnte als feiner Herr ein vornehmes Nichtstuerleben führen. Doch der Wurm der Inspiration läßt sein Hirn nicht ruhen. Noch im hohen Alter schreibt Defoe die »Politische Geschichte des Teufels«. Da ist er also wieder, der Höllengeist, den er als junger Mann gerufen hat.

Im Dezember 1730 muß Defoe wegen einer angeblichen hohen Schuld wieder einmal London aus Angst vor Gefängnisstrafen verlassen. Vier Monate später stirbt er nach seinem letzten Satz: »Ich weiß nicht, ob es für einen Christen schwieriger ist, richtig zu leben oder richtig zu sterben.« Aber der geschäftstüchtige Defoe war nicht nur der Autor, der als erster das Aussteigerleben auf einer Insel beschrieb. Nebenher gründete er die ersten Hagel- und Feuerversicherungsgesellschaften und Sparkassen. Die Essenz seiner dann doch nicht allzu satanischen Lebensphilosophie legt Defoe dem Vater Robinson Crusoes in den Mund, als sein Sohn sich auf die Abenteuerreise begibt: »Der Mittelstand ist die Quelle aller Tugenden und Freuden, Friede und Überfluß sind in seinem Gefolge, jedes anständige und wünschenswerte Vergnügen sehen wir an seine Lebensweise geknüpft; auf diesem Wege fließt unser Dasein angenehm dahin, ohne Ermattung durch körperliche oder geistige Anstrengung.«

Fred Denger – Heiratssüchtig

* 12.6.1920 in Darmstadt,
† 30.10.1983 in Hohegeiß/Harz
Zirkusartist, Fernfahrer, Kabarettist,
Schauspieler, Moderator, Drehbuch-
autor, Lyriker.
Werke: Wir heißen Euch hoffen,
1946; Tuch in fremden Betten, 1950;
Langusten, 1953; Der Große Boss,
1983

Am 31.10.1983 lautet die Schlagzeile der Bildzeitung: »Tot! Der deutsche Dichter mit zwölf Ehefrauen«. Zwölf Ehefrauen, das bringt ihn ins Guiness-Buch der Rekorde. Denger, im Zeichen der Zwillinge geboren, erklärt seine bizarre Lebensgestaltung so: »Das ist der Zwil in mir. Der Zwil ist der Edle, Anständige, Kämpferische. Aber dann gibt's auch noch den Ling: uih, das ist vielleicht ein Schweinehund! Der beschimpft die ganze morsche Welt. Der ist am liebsten mit Pennern und Freudenmädchen zusammen. So geht es uns Zwillinggeborenen eben.« Seine vielen Ehen, versichert Denger treuherzig, hätte er seines geraden Charakters wegen geschlossen. »Ich wollte immer klare Verhältnisse mit Frauen – und nicht nur ein Verhältnis.« Gut gebrüllt, Löwe. Die vielen zurückgelassenen Scheidungsopfer bereiten ihm hin und wieder schlaflose Nächte: »Die verständigen sich untereinander, wenn bei mir was zu holen ist.« Abgesehen davon findet er sie alle »eigentlich ganz nett«.

Denger erinnert sich nicht mehr so sehr an ihre Gesichter, sondern an ihre Duftnoten: »Elfriede roch nach Maiglöckchen.« Im Frühjahr 1939 geben sich »BDM-Mädel« Elfriede und Fred im Darmstädter Standesamt das Jawort – zwei Monate später beendet der Scheidungsrichter das Abenteuer. Im Herbst will Adolf Hitler Denger zum Besuch des zweiten Weltkriegs zwingen. Doch »er will nicht töten und nicht getötet werden«. So taucht er unter und agiert – unter falschem Namen – als Kabarettist dicht hinter der Front. Auf der Flucht vor dem Zugriff der »Kettenhunde« landet er kurz vor Kriegsende im »antifaschisti-

schen Widerstand« (Gisela Crèmer).

Danach lernt Denger im Zirkus die »Tänzerin« Christel kennen. Obwohl er an ihr den würzigen »Pferdeduft« schätzt, läßt er sich am 10. Mai 1946 von der Mutter seines Sohnes Atz-Maria scheiden, weil sie ihn über Nacht in den Käfig einer alten Löwin gesperrt hat. Es folgt Hildegard, die »nach Äpfeln duftet«. Die coole Pastorentochter erinnert sich: »Er war der kitschigste Mensch, der mir je begegnet ist. Damals gab er sich gerade religiös und bekehrt und klopfte fromme Sprüche.« Ein Jahr später ist auch diese Ehe im Eimer, denn die 19jährige Monika »mit dem Pagenschnitt« läßt inzwischen seinen Testosteronspiegel steigen. »Sie roch stets frisch gewaschen.«

Inzwischen ist Denger mit seinem ersten Theaterstück »Wir heißen euch hoffen« ganz groß herausgekommen. »Ein neuer Schiller«, preist die »Zürcher Weltwoche«. »Ein neuer Büchner?« fragt ein Provinzblatt. Bis zur Währungsreform 1948 wird das Stück in den meisten deutschen Städten und in Paris, London, Kopenhagen und Zürich gespielt. Das Ego des Dichters schwillt, in einer Art »Männlichkeitswahn« tobt er von Bett zu Bett. Eine Freundin, die er nicht heiratet, erinnert sich: »Nachts sprang er manchmal auf und malte Verse an die Wand.«

Denger tingelt als Bänkelsänger umher, arbeitet als Reporter, Zirkusreiter, Raubtierpfleger. Bei einem Un-

FRED DENGER 91

fall als Steilwandfahrer bricht er sich
etliche Knochen und zieht seither
humpelnd durch die Welt. 1950 ver-
bucht Denger den Absatz von 5000
Exemplaren seines sozialkritischen
Zeitromans: »Tuch in fremden Betten«; das Schicksal einer Frau in den
Nachkriegswirren wird in neun Sprachen übersetzt. Plötzlich schwimmt
Denger in Geld und lebt drauflos. Einmal brennt er mit einer ungarischen
Gräfin durch und verspielt nicht nur
sein, sondern auch ihr Geld in Monte
Carlo. Völlig abgebrannt kehrt er nach
Hamburg zurück, wo Monika, Ehefrau Nr. 4, nahezu mittellos mit Kind
auf ihn wartet. In Hamburg läuft ihm
die blonde Silvia über den Weg, die
sich später als »Ehefrau Nummer
Vierkommafünf« bezeichnet. Denn
weil dem Standesamtbeamten nur
drei Scheidungsurteile vorliegen und
Ehefrau Nr. 4 der Scheidung widerspricht, können sie nicht getraut werden. Sie verzichten auf den Segen des
Staates und feiern trotzdem ein rauschendes Hochzeitsfest. Als endlich
das Scheidungsurteil von Nr. 4 eintrifft, hat Fred Ursula mit dem »unbe-
schreiblichen Duft« entdeckt. Nr. 4,5
ist verzweifelt, weil sie Freds geradezu bezaubernde Manneskraft nicht
missen möchte. Noch drei Jahre lang
träumt sie von den heißen Nächten:
»Er war mein Dracula, der hinter mir
herhinkte und dessen Arme mich von
hinten umklammerten.« Zwei Monate nach der Hochzeit mit Nr. 5 folgt
Waltraud mit dem »Duft nach Erbs-

wurst«. Ehefrau Nr. 6 hält den »Verrückten« nicht lange aus und verduf-
tet in die DDR. Leonore (»feiner alter
Calvados«) nimmt als Ehefrau Nr. 7
ihren Platz im verwaisten Ehebett ein:
»Die Ehe mit Fred war die gespickte
Hölle. Wegen seiner Trinkerei war er
unberechenbar und unzuverlässig bis
dorthinaus. Doch seine Potenz war
unheimlich.«

Trotz seiner Besäufnisse strebt Denger auch außerhalb der Betten immer
neuen Höhepunkten zu. Äußerst diszipliniert schreibt er weiter Bücher und
Theaterstücke. Leider will kein Verleger sein Ein-Personen-Stück »Langusten« ins Programm nehmen. Schließlich bringt es der Intendant der Bre-
mer Kammerspiele auf die Bühne, mit
Tilla Durieux wird es ein Welthit. Aber
die Tantiemen zerrinnen dem Autor
unter den Fingern. Susanne, die nach
Ölfarbe duftende Malerin, erscheint
als Ehefrau Nr. 8. Sie verläßt ihn und
will nie wieder etwas von ihm hören.
Liliane, Nr. 9 mit dem animalischen
Duft, liebt Hunde, wird Besitzerin einer bekannten Hundezucht in Schwaben und Mutter zweier Dengerkinder.
Nach handfesten Krächen lassen sie
sich scheiden – und heiraten wieder.
So wird aus Nr. 9 auch Nr. 10. Bis 1969
Renate auftaucht: Gemeinsam mit Nr.
11 betreibt der Dichter ein paar Jahre
später eine Buchhandlung am Münchner Stadtrand (»Ich hab' nichts, alles
gehört meiner Frau«).

Wenn er nicht mit den Kunden
quatscht – Renate dazu: »Im Reden,

in Ausreden und vor allem im Über-
sichreden ist er der Größte« – und
Wein und Zwetschgenschnaps in sich
hineinschüttet, schreibt Denger an
seiner Nacherzählung des alten Testaments »Der große Boss«. Zu diesem
Zweck verzieht er sich, gehüllt in
Mönchskutte und Rauschebart, in den
Keller. Die Geschichten liest er seinen
Kindern Frederik und Felicitas vor.
Als das Werk herauskommt, über-
schlagen sich die Kritiker vor Begeisterung: »Dieser unheilige Knüller«
(Münchner Merkur), »fasziniert wie
ein Gute-Nacht-Krimi« (Die Zeit).
Hunderttausende Exemplare gehen
über den Ladentisch.

Größtes Kuriosum unter den Ehen
wird Ehe Nr. 12 mit Barbara, der
Exfrau seines Sohnes Atz-Maria aus
Ehe Nr. 2, also seiner Schwiegertoch-
ter. Mit der Hochzeit wird aus Barba-
ras und Atz-Marias Sohn Jao, Dengers
Enkelsohn, also zugleich sein Stiefsohn. Denger zieht sich in den Harz
zurück, um den »Junior-Chef«, die
Neuerzählung des Neuen Testaments,
vorzubereiten. Nach einer feuchtfröh-
lichen Nacht stürzt er die Treppe hinab und stirbt. Seinen Grabspruch hatte der bindungsfreudige Dichter bereits verfaßt: »Prosit auf den
Rinnsteinsänger. Er soff und starb
und hieß Fred Denger«.

Charles Dickens – Die Doppel-
moral eines Moralapostels

* 7.2.1812 in Landport bei Ports-
mouth, † 9.6.1870 in Gadshill
Der englische Schriftsteller gehört zu
den Begründern des sozialen Ro-
mans; sein Stil prägte die spätere
englische Unterhaltungsliteratur.
Werke: Oliver Twist, 1838/39; Nicho-
las Nickleby, 1838/39; Weihnachtser-
zählungen, 1843-47; David Copper-
field, 1849/50; Harte Zeiten, 1854;
Große Erwartungen, 1861

Als er zehn ist, kommen seine Eltern
ins Gefängnis und er selbst als Packer
in eine Schuhcreme-Fabrik. Das wird
er nie vergessen. Die Schuld dafür
gibt Dickens seinem Vater, der sich
durch seine chaotische Lebensführung in den Bankrott und die Familie ins Unglück gestürzt hat. Seine
Lehre daraus hat Dickens auch dann
nie vergessen, als jede seiner Zeilen
bereits mit Gold aufgewogen wird,
denn er wird zu einem der beliebte-
sten Schriftsteller seiner Zeit. Als
Dickens kurz vor Weihnachten 1843
seine rührselige Weihnachtsgeschich-
te »A Christmas carol« herausbringt,
werden an einem einzigen Tag über
6.000 Exemplare verkauft. Zweiundzwanzig Jahre später versucht er, mit
»Dr. Marigold's prescriptions« einen
ähnlichen Hit zu landen – innerhalb
einer Woche gehen 250.000 Exemplare über den Ladentisch.

»Nie im 19. Jahrhundert hat es irgendwo ein ähnlich unwandelbar

herzliches Verhältnis zwischen einem Dichter und seiner Nation gegeben«, erklärt Stefan Zweig den ungeheuren Erfolg des Mannes. Auf Dickens' Vortragsreisen sammeln Frauen und Mädchen, was sie von ihm erwischen können: Blumen aus seinem Knopfloch, seine Locken, signierte Bücher. Das Bad in der Menge wird Dickens zur Sucht, er will um jeden Preis bewundert werden. Also spielt er auf Gesellschaften den Clown, singt komische Lieder, reißt Witze und führt Zaubertricks vor. Er muß immer im Mittelpunkt stehen, dabei findet er sich selbst »unvergleichlich«. Durch die übersteigerte Sucht nach Anerkennung kompensiert er die Demütigungen seiner Kindheit. So ein Egomane kann für seine Umwelt zur Belastung werden. Pedantisch reglementiert Dickens den Haushalt seiner großen Familie. Täglich inspiziert er die Zimmer seiner Kinder. In aller Herrgottsfrühe kontrolliert er persönlich, ob Ställe und Küche in Ordnung sind und ob alles an seinem Platz steht. Dann erst geht er an den Schreibtisch, um sein riesiges Arbeitspensum zu absolvieren. »Oliver Twist« nimmt ihn so gefangen, daß er schreibt, bis ihm die Hand weh tut und die Augen tränen. Manchmal passiert es, daß er am Morgen so erschöpft ist, daß er völlig geschafft herumsitzt und wartet, »bis die Maschine von neuem in Bewegung kommt«. Frustriert sagt er: »Oliver Twist ist noch nicht gekommen.«

Mit seinen Büchern löst Dickens unbeabsichtigt Reformen aus. Denn immer wieder verdichtet er das Elend seiner Kindheit, die Brutalität der Arbeitsmethoden, die Gnadenlosigkeit der Behörden und die Gleichgültigkeit der Mitmenschen. Daheim jedoch ist er ein Tyrann, der mit seinem Ordnungswahn die Familie terrorisiert. Seine Frau ist bald so eingeschüchtert, daß ihr vor Unsicherheit tausend Mißgeschicke passieren. Ausgerechnet bei einem Festbankett fällt ihr das Armband in die Suppe. Wenn das Ehepaar verreist, vergißt sie die Handtasche oder bricht sich den Fuß. Immer wieder empört Dickens sich über ihre Disziplinlosigkeit. Nach 22 Ehejahren verläßt Dickens die Frau, die ihm zehn Kinder geboren hat, wegen der 19jährigen Schauspielerin Ellen Ternan. Doch auch jetzt gibt der Patriarch das Heft nicht aus der Hand und ordnet an, daß seine Frau zu seinem bereits erwachsenen ältesten Sohn zieht. Die jüngeren Kinder bleiben, versorgt von der Schwester seiner Frau, bei ihm. Sein neues Liebesleben hält der Moralapostel vor der Öffentlichkeit geheim. Der Geliebten und ihrem gemeinsamen Kind richtet Dickens eine eigene Wohnung ein, in der er nachts diskret absteigt. Jetzt muß er für drei Haushalte sorgen. Das ist teuer, zumal die Geliebte sich als Aushilfsgattin behandelt fühlt und immer bissiger und anspruchsvoller wird.

Dickens schreibt und schreibt. Ist ein Buch fertig, geht er damit auf Lesereise. Das fördert den Verkauf und bringt zudem ein hübsches Honorar ein. Allerdings erschöpfen ihn die Abende völlig. Hin und wieder bricht er bei seinen Vorträgen zusammen. Kaum wieder bei Kräften, treibt ihn die Neugier nachts in die seltsamsten Gegenden. In den Slums sucht er nach Anregungen für seine Romane. Dabei entwickelt er eine verblüffende Ortskenntnis und Sinn für die Nuancen des Slangs in den verschiedenen Stadtvierteln Londons.

Nach seinem Tod wird Dickens in der Poetenecke der Westminster-Abtei beigesetzt. Seine Werke sind bis heute Bestseller, und Namen seiner Romanfiguren leben in der Popgruppe Uriah Heep und dem Zauberkünstler David Copperfield weiter.

Denis Diderot – Das wandelnde Lexikon

* 5.10.1713 in Langres,
† 31.7.1784 in Paris
Der Schriftsteller und Philosoph war einer der letzten europäischen Universalgebildeten und als solcher maßgeblich an der Entstehung der französischen Enzyklopädie beteiligt.
Werke: Der natürliche Sohn, 1757; Der Hausvater, 1758; Rameaus Neffe, 1760-72; Jakob, der Fatalist, und sein Herr, 1773; Paradox über den Schauspieler, 1778

Die Jesuiten erkennen sofort den wachen Verstand des jungen Diderot, solche Schüler rekrutieren sie für ihren Orden. Sie malen ihm die Freuden des geistlichen Standes in so positiven Farben, daß Diderot sich die Tonsur scheren läßt. Doch bereits kurz darauf kommt ihm das Pfaffenleben nicht mehr ganz geheuer vor. Er wechselt von der Theologie zum Recht, entdeckt die Belletristik und studiert zugleich Mathematik, Physik und Philosophie. Für ein gut trainiertes Arbeitstier wie ihn ist das kein Problem. Schon bald ist der charismatische Intellektuelle gerngesehener Gast in den feinen Pariser Salons. Wenn Diderot die Stimme hebt, hängt das Publikum atemlos an seinen Lippen, denn immer hat er etwas Wunderbares zu erzählen. Außerhalb der Salons arbeitet er ununterbrochen an der Niederschrift seiner Erkenntnisse – und die haben es in sich.

Als unübertrefflicher Meister im philosophischen Dialog ist Diderot bald eine Berühmtheit, doch seine kühnen Gedankenflüge werden gefährlich. Klerikale Kreise erregen sich über sein »obszönes Werk«, in dem ein junges Mädchen gegen ihren Willen zur Nonne gemacht wird, und einen noch größeren Skandal ruft sein frecher Roman »Die geschwätzigen Kleinode« hervor. Darin bringt der Zauberer eines Sultans in einer Art »Vagina-Monolog« intime Körperteile von Hofdamen über ihre Liebesabenteuer zum Sprechen. Die Geschichten sind voll pikanter Anspielungen auf das Lotterleben am Hof König Ludwigs XV. Nachdem Diderots Werk auf Beschluß des Parlaments vom Scharfrichter verbrannt wird, ist es nur noch eine Frage der Zeit, wann er selber mundtot gemacht wird. Zwei Jahre später wird er wegen seines »Briefes über die Blinden« verhaftet und zu einem Jahr Gefängnis verurteilt. Aus der Haft schreibt Diderot an den Polizeichef von Paris: »Mein Körper ist erschöpft, der Geist deprimiert und die Seele von Schmerzen durchdrungen, aber trotzdem bekenne ich Ihnen, daß mir noch tausendmal mehr Kraft bleiben würde, als nötig ist, um hier zu sterben, wenn ich freikommen sollte als ein Ehrloser in Ihren und meinen Augen...«

Wieder in Freiheit entwickelt Diderot gemeinsam mit sechs Partnern ein Konzept für ein Monumentalwerk über alle Fragen der Philosophie, Religion, Literatur, Ästhetik, Politik, Ökonomie, Naturwissenschaft und Technik in alphabetischer Anordnung. Aber es wird kein langatmiger Professorenschinken: Die französischen Enzyklopädisten wollen nichts Geringeres als ein Arsenal aller subversiven Ideen schaffen, die im Laufe der letzten Generationen ans Licht kamen. Diderot ist die Seele des Ganzen. Nachdem sein Miterausgeber, der Mathematiker Jean-Baptiste Le Rond d'Alembert, ihn 1758 wegen eines Honorarstreits verläßt, schreibt Diderot gemeinsam mit Louis de Jaucourt Tausende Texte selbst und versammelt in Zusammenarbeit mit mehr als 100 Autoren über 72.000 Artikel. Als das Riesenwerk nach 20jähriger Anstrengung erscheint, ist der Erfolg gewaltig. 4225 Abonnenten erhalten ab 1751 die 17 Text- und elf Bildbände der »Encyclopédie«. Damals sind Startauflagen von 500 bis 1000 Stück üblich. Mit Nach- und Raubdrucken erreicht die »Bibel der Aufklärung« eine Auflage von ca. 25.000 Stück. Trotzdem ist der finanzielle Erfolg gemessen an der Riesenarbeit so gering, daß Diderot seine kostbare Bibliothek, die die gesamte fünfte Etage seines Wohnhauses einnimmt, verkaufen muß, um zu überleben. Diderot ist völlig verzweifelt. Da geschieht ein Wunder: Zarin Katharina die Große kauft die wertvolle Sammlung für eine märchenhafte Summe – und überläßt ihm nobel die Bücher leihweise auf Lebenszeit. Und der Tod wartet dankbarerweise noch ein Dutzend Jährchen.

Nach einem Blutsturz, der Diderot ganz unerwartet überrascht, erklärt er seinen Angehörigen: »Es ist aus mit mir! Wir müssen uns trennen, in ein paar Tagen vielleicht, in einem Monat, oder in einem Jahr...!« Acht Tage später legt er sich mit dem Gesicht zur Wand. Er nimmt abermals Abschied und will in Ruhe sterben. Diderot beginnt, wirres Zeug zu reden, aber am Tag darauf ist er völlig fit, lacht mit Bekannten wie früher, ißt mit gesundem Appetit, geht spazieren. Monate vergehen. Eines Tages schwellen seine

Füße an. Diderot kann nicht mehr gehen und liegt meist im Bett, wo er Bekannte zu Gesprächen empfängt. Mittags sitzt er mit seiner Frau beim Essen und löffelt Suppe. Sie reicht ihm eine Aprikose. Er sagt: »Was zum Teufel denkst du, soll sie mir nutzen?« Trotzdem ißt er sie ganz langsam, beide Ellbogen auf den Tisch gestützt, starrt vor sich hin, hustet einmal, und hüllt sich in Schweigen. Als die Pause lang und länger wird, fragt seine Frau: »Und weiter?« Als sie keine Antwort erhält, entdeckt sie: Ihr Mann ist tot. Der Leichnam wird seziert und man stellt fest: Die eine Lunge ist voll Wasser, das Herz zwei Drittel größer als gewöhnlich und die Gallenblase völlig ausgetrocknet, jedoch mit 21 Gallensteinen bestückt, von denen der kleinste so groß ist wie eine Haselnuß.

Diogenes –
Der glückliche Arbeitslose
* 414 v. Chr. in Sinope,
† 323 v. Chr. in Korinth
Der Philosoph in der Tonne ist der bekannteste Vertreter des Kynismus, der Lehre der Bedürfnislosigkeit. Werke: Die ihm zugeschriebenen Fragmente und Aussprüche finden sich in Mullachs »Fragmenta philosophorum Graecorum« (Bd. 2, Paris, 1867)

Das wahre Glück des Lebens besteht für Diogenes in der Tugend. Und weil er sonst nichts zu tun hat, unterhält er an jeder Straßenecke Athens die Vorübergehenden mit witzigen Predigten gegen alle Laster und Mißbräuche. Die Leute grinsen über die originellen Späße des Kauzes, und die Straßenjungen äffen den Moralapostel nach, doch das ist für Diogenes ein Erfolgserlebnis. Er verkörpert die fleischgewordene Bedürfnislosigkeit und lebt vom Betteln, wobei er behauptet »Ich fordere zurück«.

Manchmal bettelt er zum Erstaunen seiner Mitbürger nicht sie, sondern die Statuen der Stadt an. Als man ihn fragt, warum er das tue, die Steinfiguren könnten ihm doch gar nichts geben, sagt er lächelnd: »Ich übe mich im Nichtsbekommen.«

Einmal rennt Diogenes am hellichten Tag mit einer Laterne über den Marktplatz von Athen. Als man fragt, was er in der prallen Sonne mit einer Laterne suche, sagt er: »Ich suche einen ehrlichen Menschen.«

Als einem der ersten Menschen dieser Welt dämmert Diogenes, daß Besitz belastet. Er wohnt in einer Tonne, die im Vorhof eines Tempels liegt, geht barfuß, trägt – als Symbol der Heimatlosigkeit – einen Wanderstab, hat einen Rauschebart, einen Sack auf der Schulter, worin sein ganzes Hab und Gut ist, und hüllt seine magere Gestalt in einen zerrissenen Mantel. Die betont unbürgerliche Aufmachung läßt Sokrates spotten: »Aus diesen Löchern guckt deine Eitelkeit heraus.« Doch der Frühhippi nimmt's leicht, denn der wahrhaft freie Mensch ist von allem unabhängig: von der Meinung anderer ebenso wie von der Angst vor dem Tode.

Auf die Frage, was das Schönste auf der Welt sei, antwortet Diogenes: »Die freimütige Rede.« Und als er von Seeräubern gekidnappt und an den Korinther Xeniades verkauft wird, nimmt er das Unglück völlig gelassen. Von seinem neuen Herrn danach befragt, auf welche Arbeit er sich verstehe, antwortet Diogenes: »Menschen beherrschen«. Daraufhin macht ihn Xeniades zum Erzieher seiner Kinder. Dieser Job gefällt dem Weltverbesserer so sehr, daß er es verschmäht, sich von seinen Athener Bewunderern freikaufen zu lassen.

Wegen seiner bissigen Bemerkungen, seiner Lebensform nach Art eines Straßenköters gibt ihm Aristoteles den freundschaftlichen Spitznamen »Kyon«, zu deutsch: Hund. Dieser Name geht auf alle Philosophen seines Schlages über, bis heute nennt man sie Zyniker. Diogenes selbst erfindet die stolze Bezeichnung »Kosmopolit«, Weltbürger, für sich. Ein Wort, das ebenfalls noch heute gern für unabhängige Geister verwendet wird.

Als Alexander der Große den berühmten Bettler zu einem Gespräch aufsucht und fragt, was er für ihn tun könne, antwortet Diogenes: »Geh mir ein bißchen aus der Sonne, mein Sohn.« Der König soll geantwortet haben: »Wäre ich nicht Alexander, so würde ich gerne du sein.«

Kurz vor seinem Tod bittet der fröhliche Philosoph schließlich darum, ihn im Grab auf den Bauch zu legen, da bald alles umgestürzt werde.

Fjodor M. Dostojewski – Vom Spielteufel besessen

* 11.11.1821 in Moskau,
† 9.2.1881 in St. Petersburg
Bewunderung erfährt der russische Schriftsteller bis heute für seine brillanten psychologischen Analysen und seine bahnbrechende Romantechnik.

Werke: Arme Leute, 1846; Die Erniedrigten und Beleidigten, 1861; Aufzeichnungen aus einem Totenhause, 1861/62; Verbrechen und Strafe, 1867; Der Idiot, 1868; Die Brüder Karamasow, 1879/80

Nach einer tristen Kindheit steckt Dostojewskis Vater, ein Armenarzt, den Heranwachsenden in ein Internat. Für den Sproß der Landadelsfamilie soll dies das Sprungbrett zum Wiederaufstieg sein. Doch hier wird Fjodor von den reichen Klassenkameraden wie ein Putzlappen behandelt und flüchtet aus Verzweiflung in die Welt der Literatur. Das Schicksal meint es tatsächlich nicht gut mit ihm. Als er 16 ist, stirbt die Mutter an Schwindsucht, zwei Jahre später wird der Vater von den Leibeigenen seines Landgutes ermordet. Dank dem Geiz des Verblichenen reicht das Geld bis zum Abschluß der Ingenieurschule, und Dostojewski kann technischer Zeichner im Kriegsministerium werden. Als die pingeligen Vorgesetzten ihm immer mehr auf die Nerven gehen, beschließt er, als Poet Karriere zu machen und schreibt seinen ersten Roman »Arme Leute«. Das Manuskript gibt er einem Freund zur Beurteilung, der es gemeinsam mit dem berühmten Dichter Nekrasov liest. Um vier Uhr morgens reißen sie Dostojewski aus dem Schlaf, um ihn zu feiern. Nekrasov reicht das Manuskript an den Literaturpapst Belinskij weiter, und dank dessen Protektion liegt das Buch wenig später auf allen Teetischen St. Petersburgs. Der junge Nobody hält sich für einen gemachten Mann und benimmt sich so arrogant, daß einige berühmte Dichter eine Spottschrift auf ihn drechseln. Darin prangt er als »ein neuer glänzender Pickel auf der Nase der Literatur«.

Durch den unablässigen Fluß seiner Tinte strömt auch Geld in Dostojewskis Tasche, aber er ist das Gegenteil seines knauserigen Vaters. Am Tag, an dem er sein Honorar ausbezahlt bekommt, sind auf einen Schlag 90 Prozent der Summe verjubelt, den Rest verliert er in der folgenden Nacht beim Billardspiel. Völlig pleite fleht er seinen Verleger um einen Vorschuß an. Dostojewski bekommt Geld, aber es nützt ihm nichts mehr, denn kurz darauf wird er als Mitglied einer Geheimorganisation, dem sozialistischen Petraschewski-Kreis, verhaftet. Nach einem schier endlosen Untersuchungsverfahren werden er und die übrigen Geheimbündler für schuldig befunden. Am 22. Dezember 1849 wird die Vorbereitung zur Vollstreckung des Todesurteils getroffen: »Ich erwartete, in fünf Minuten erschossen zu werden... Man hatte uns die Kleider ausgezogen, so daß wir mehr als 20 Minuten bei einer Kälte von 22 Grad minus zubrachten...« Endlich kommt die Erlösung, das Todesurteil wird in eine schwere Haftstrafe verwandelt. Für vier Jahre wandert der zum Leben begnadigte mit fünf Kilo schweren Ketten ins Straflager nach Sibirien.

Als Dostojewski entlassen wird, ist der 30jährige ein gebeugter, nach Liebe lechzender Mann. Doch erst muß er seinen vierjährigen Militärdienst nachholen. Zum Glück ist der junge Bezirks-Staatsanwalt des gottverlassenen sibirischen Garnisonsstädtchens ein Fan des Dichters. Der neue Freund führt ihn ins Gesellschaftsleben ein, und prompt entbrennt Dostojewski für Marja Dmitrijevna Isajeva, die erste Frau, die ihm begegnet. Liebebedürftig wirft er sich der Gattin eines kleinen Beamten in die Arme und wird fast verrückt, als ihr Mann in eine 900 Kilometer entfernte Stadt versetzt wird. Als der Ehemann stirbt, macht Dostojewski Marja einen Heiratsantrag. Sie aber hat inzwischen einen Ersatzgeliebten, einen mäusearmen, aber stattlichen Lehrer. Doch jetzt greift das Schicksal helfend ein, Dostojewski wird zum Offizier befördert und die Dame verspürt plötzlich Heiratslust. Als emanzipierte Frau weigert sie sich jedoch, ihren Geliebten aufzugeben. Der Bräutigam fügt sich dem Wunsch seiner Herrin, die letzte Nacht vor der Hochzeit verbringt Marja mit ihrem starken Lehrer. Als der Militärdienst vorüber ist, übersiedelt das Paar nach St. Petersburg, und Dostojewski versucht ein Comeback als Schriftsteller. Eines Tages hat er alles satt und flüchtet mit seiner Geliebten Polina Suslova nach Wiesbaden, um mit geborgtem Geld beim Roulette auf einen Schlag reich zu werden. Polina reist inzwischen weiter nach Frankreich. Dostojewski hat Glück, gewinnt 3.000 Francs und eilt nach Paris. Gelangweilt, hat sich Polina die Wartezeit mit einem Medizinstudenten vertrieben, ist aber nach ein paar aufregenden Nächten von ihm verlassen worden. So ist sie krank vor Liebeskummer, als Dostojewski bei ihr eintrifft. Aufopfernd wie er ist, bedrängt Dostojewski den treulosen Lover, die gemeinsame Geliebte wieder zu umarmen. Doch der Medizinstudent hat keine Lust mehr. Daraufhin reisen Dostojewski und Polina kreuz und quer durch Europa. Er leiht überall Geld zum Spiel, die Gewinne aber sind so dürftig, daß sie heimlich die Hotels verlassen müssen. Schließlich verläßt ihn seine Schicksalsgenossin. Völlig verwahrlost kehrt

Dostojewski zu seiner Frau zurück. Diese stirbt wenig später, und zwei Monate danach sinkt sein Bruder ins Grab. Jetzt hat er nicht nur seinen Stiefsohn, seine verwitwete Schwägerin und ihre vier Kinder, sondern auch noch die Geliebte des Bruders und deren Kind zu versorgen. Dostojewskis finanzielle Lage wird hoffnungslos: Schulden, nichts als Schulden. Zur ständigen Geldnot kommt das Gefühl völliger Verlassenheit. Trostsuchend macht er Polina einen Heiratsantrag und bekommt einen Korb. Dostojewski wachsen die Sorgen über den Kopf, und die Sehnsucht nach der unnahbaren Polina macht ihn depressiv. Hoffnungslos verkauft er alle Rechte an seinen bisherigen Werken für einen Spottpreis, befriedigt Gläubiger und Verwandte und reist mit dünner Brieftasche nach Deutschland. Jetzt, da er wieder Geld hat, erwartet ihn Polina in Wiesbaden. Vertrauend auf sein sicheres Gewinnsystem, verliert Dostojewski beim Roulette seine gesamte Barschaft. Turgenjew schickt dem Verzweifelten eine stattliche Summe, aber Polina unterschlägt das Geld. Heimlich reist sie ab, ohne einen Heller zu hinterlassen. Dostojewski schickt ihr einen Brief hinterher und bettelt, ihm wenigstens 150 Gulden zu überweisen. Inzwischen hat er nichts mehr zu essen und kann das Hotelzimmer nicht mehr bezahlen. Polina schickt keinen Pfennig. Ein mitleidiger Priester leiht Dostojewski das Geld für die Rückreise.

Kaum ist Dostojewski zu Hause, da fallen die Gläubiger über ihn her. In fieberhafter Eile wirft er »Schuld und Sühne« hin. Erstaunlich: Je mehr er im Chaos des Lebens versinkt, desto klarer werden Dostojewskis Bücher. Um schneller arbeiten zu können, engagiert er die Stenotypistin Anna Grigorjevna Snitkina. In nur 26 Tagen diktiert er ihr den Roman »Der Spieler« und verliebt sich in die 25 Jahre jüngere Frau. Ein halbes Jahr nach der Hochzeit holen ihn die Schulden wieder ein. Hals über Kopf setzt er sich mit seiner Frau ins Ausland ab: »Als ich abreiste, waren schon gerichtliche Verfahren angelaufen.« Vom Spielteufel besessen, versetzt er alles, was sie besitzen, sogar die Eheringe. In dieses Elend wird ihre Tochter geboren. Dostojewski versucht trotz Hungers zu schreiben, Anna muß ihr letztes Wollkleid versetzen. Kurz vor seinem 50. Geburtstag gibt Dostojewski endlich das Spielen auf und schreibt mit Annas Hilfe seine großen Werke »Der Idiot«, »Die Dämonen«, »Die Brüder Karamasov«.

Aber das Glück findet seinen Weg zu dem Gebeutelten nicht mehr. Einem Freund erscheint der 60jährige wie die Inkarnation des Elends: »Klein, mager, äußerst nervös, verbraucht, niedergedrückt. Mit seinem langen Bart und seinen hellen Augen hatte er das Aussehen eines Invaliden von unbestimmtem Alter... Niemals habe ich auf einem menschlichen Antlitz einen solchen Ausdruck angehäuften Leidens gesehen.«

Alexandre Dumas –
Richtig reich und immer pleite

eig. Alexandre Davy de la Pailleterie
* 24.7.1802 in Villers-Cotterêts,
† 5.12.1870 in Puys bei Dieppe
Die Abenteuerromane des Schriftstellers stecken zwar voller Unwahrscheinlichkeiten, sind aber so lebendig geschrieben, daß Dumas der meistgelesene französische Autor des 20. Jahrhunderts wurde.
Werke: Heinrich der III. und sein Hof, 1829; Die drei Musketiere, 1844; Der Graf von Monte Christo, 1845/46; Das Halsband der Königin, 1849/50

Ein Bekannter beschreibt ihn so: »Er ist eine Art Riese mit grauen Negerhaaren, kleinen Nilpferdaugen, die hell und verschmitzt sind und selbst bei verschleiertem Blick noch wachsam bleiben. Er hat irgend etwas von einem Schausteller und von einem Handlungsreisenden aus Tausendundeiner Nacht.« Die Kraushaare sind Erbteil seiner Großmutter väterlicherseits, einer haitischen schwarzen Sklavin. Den wachsamen hellen Blick hat Dumas von seinem Vater, einem Haudegen, der bereits mit 31 General der französischen Revolutionsarmee ist. Doch diesen verliert der Junge im Alter von vier Jahren. Bei seiner Rabenmutter wächst Dumas verwahrlost auf und besucht kaum die Schule.

Mit 20 hat Dumas das Leben in der Provinz satt. Es zieht ihn nach Paris, dem Nabel der Welt, dort will er sein Glück machen. Die Reise dorthin finanziert er sich mit Wilddiebstahl: Was immer Dumas vor die Flinte kommt, wird erlegt und sofort verkauft. Man sieht, der junge Mann ist tatkräftig und hat Geschäftssinn. General Foy, ein Freund seines Vaters, verschafft dem Mittellosen eine Stelle als Schreiber beim Herzog von Orléans. Der Provinzler ist völlig fasziniert vom Großstadtleben, Nacht für Nacht besucht er die Opernhäuser, Etablissements und Theater der Stadt. Dank seiner Stellung bekommt Dumas problemlos Freikarten. Nebenher liest er, was ihm in die Hände kommt – Shakespeare, Schiller und →Scott werden seine Idole.

Eines Tages überwindet Dumas seine Angst vor dem weißen Papier und schreibt selbst ein Drama. Es geht ihm wie den meisten Anfängern: Niemand will es aufführen. Aber sein zweites Stück über König Heinrich III. und seinen Hof wird sofort ein Riesenerfolg. Der Herzog von Orléans ist begeistert von seinem jungen Bürogehilfen und ernennt Dumas auf der Stelle zum Bibliothekar. Und jetzt verfaßt der Jungdichter Drama auf Drama. Ein Geldstrom fließt in seine Taschen, aber so schnell es hineinfließt, so schnell ist es wieder fort: für leichte Mädchen, schwere Zigarren und Luxusgüter. Er führt das typische

Leben eines Aufsteigers. Wegen seiner Verschwendungssucht ständig pleite, muß Dumas schreiben wie der Teufel. Täglich zwölf Stunden sitzt er am Schreibtisch und läßt seine Feder über lavendelblaues Papier eilen. Gleichzeitig schreibt er Sachbücher, Komödien und Fortsetzungsromane für Zeitschriften. Das Publikum lechzt nach seinen Abenteuern und er lechzt nach Geld, denn er hat sich inzwischen ein Schloß bauen lassen, besitzt eine eigene Zeitung und ein eigenes Theater.

Obwohl Dumas Honorare bekommt wie heutige amerikanische Erfolgsautoren, bleibt er stets Millionär auf der falschen Seite des Kontos. Um mehr zu verdienen, beschäftigt er Ghostwriter, begabte Schreibsklaven, die seine begonnenen Fortsetzungsromane in seinem Stil weiterführen. Erfolgreiche Bestseller arbeitet er zu Theaterstücken um, so kommt durch die Zweitverwertung weiteres Geld herein. Auf diese Weise entstehen im Laufe seines hektischen Lebens 35 Theaterstücke und 400 Romanbände.

*Friedrich Engels beim Müßiggang.
Selbstbildnis, um 1850, mit dem Text:
»Hängematte, enthaltend mich selbst«*

Johann Peter Eckermann – Die fleißige Ameise

* 21.9.1792 in Winsen an der Luhe,
† 3.12.1854 in Weimar
Goethe machte den Schriftsteller zum
Herausgeber seiner Alterswerke.
Nach dem Tod des Dichterfürsten be-
sorgte Eckermann die Redaktion des
Nachlasses und der Sämtlichen
Schriften.
Werke: Beiträge zur Poesie mit beson-
derer Hinweisung auf Goethe, 1822;
Gespräche mit Goethe in den letzten
Jahren seines Lebens, 1836

Niemals sollte Johann Peter Eckermann den Arme-Leute-Geruch seiner
Herkunft loswerden. Sein Vater, ein
Hausierer, trieb im Winter »einen
Handel mit rohen Schreibfedern und
ungebleichter Leinewand... In allen
Fällen jedoch mußte sein Gewinn
sehr gering gewesen sein, denn wir
lebten immer in einiger Armut.« So
muß schon das Kind zum Unterhalt
der Familie beitragen, was ihn daran
hindert, regelmäßig die Schule zu besuchen. Erst mit 14 lernt er richtig lesen und schreiben. Trotzdem kommt
Eckermann wegen seiner gestochen
scharfen Handschrift als Schreiber in
einer Kriegskanzlei unter. Nach dem
Krieg will er Maler werden. Er geht
nach Hannover zu einem bekannten
Maler in die Lehre, doch der warnt
ihn eindringlich, daß man von den
schönen Künsten kaum leben kann.
Eckermann gibt den Blütentraum auf
und findet einen Job in der Militärver-
waltung. Nebenbei besucht er, obwohl
er schon 25 ist, das Gymnasium, um
seine mangelhafte Bildung zu vervoll-
kommnen. Hier studiert er die Klassiker und lernt Latein, hält aber den 16-
Stunden-Arbeitstag nicht lange durch
und bricht erschöpft das Gymnasium
ab.

Jetzt will Eckermann als Dichter zu
Ruhm und Reichtum gelangen und
quält sich in jeder freien Minute Reime ab: »So auch hätte ich ein groß
Gelüsten / Frey mir meinem Meister
mich zu brüsten / Und ich sinne, wie
ich dieses könne / Ohne daß ich euch
den Hohen nenne.« Oha, Pegasus
scheint ihm nicht gerade zu lächeln.
Die »Gedichte« erscheinen 1821 im
Selbstverlag, Subskribenten helfen bei
der Verbreitung der 350 Exemplare. Eines davon schickt der Jungdichter an
den bewunderten →Goethe, den Gott-
vater der deutschen Literatur. Und das
Wunder geschieht: Der Meister bedankt sich und stellt sogar eine Rezen-
sion in Aussicht. Nun steht für Eckermann fest, daß er Schriftsteller werden
will. Ermutigt schreibt er »Beyträge
zur Poesie mit besonderer Hinweisung
auf Goethe« und schickt das Manuskript an sein Idol. Ein weiteres Wunder geschieht: Goethe lädt ihn ein und
klopft ihm auf die Schulter: »Ich habe
den ganzen Morgen in Ihrer Schrift gelesen; sie bedarf keiner Empfehlung,
sie empfiehlt sich selbst.« Geschickt
hat Goethe, der alte Fuchs, eine Schlin-
ge gelegt, in der sich der Naivling ver-
fängt. Denn der 75jährige sucht drin-

gend einen Sekretär, der die neue Gesamtausgabe seiner Werke in 40 Bänden redaktionell betreut. Der fleißige Eckermann mit der schönen Schrift scheint Goethe das ideale Faktotum zu sein, und der Jungpoet geht tatsächlich in die Falle.

Goethe besorgt Eckermann einen schmeichelhaften Doktortitel, das kostet nichts, und Nachhilfeschüler, damit sein Sekretär nebenher Geld verdient. Denn einer wie Goethe gewährt zwar großzügig eine Stellung, aber ohne Bezahlung, versteht sich. Der neue Sekretär opfert sich auf, tagsüber als Faktotum, abends als Gesellschafter seines Idols. Goethe nennt das immer kränkelnde Männchen hinter vorgehaltener Hand eine »Gedichte-zusammenschleppende Ameise«, Heinrich Heine spottet über den »Goethepapagei«, und die gebildete High-Snobiety Weimars übersieht ihn hochnäsig wie einen Domestiken. Eckermanns Braut, die er wegen seiner Mittellosigkeit nicht heiraten kann, verzweifelt schier. Nach rund tausend Gesprächsabenden verabschiedet sich Goethe ins Jenseits. Und nun kommt die Stunde des Sekretärs. Tag für Tag hat er sich Notizen über den Dichterfürsten gemacht, und das ist sein Kapital, aus dem er für seinen Verleger eine Goldgrube macht: Ein Porträt seines Quälgeistes in Filzpantoffeln im Gespräch mit dem treuen Gehilfen. Kein Wunder, daß Brockhaus, Eckermanns Verleger, nach dessen Tod nur mit Hochachtung über

ihn spricht, hat er doch an »Gespräche mit Goethe in den letzten Jahren seines Lebens, 1823-1832« ein Vermögen verdient. Eckermann jedoch erreicht dieser Reichtum nicht mehr, denn ein Bestseller wurde der dreiteilige Schinken erst lange nach dem Tod des Autors.

Meister Eckhart – Die Verhinderung einer neuen Religion

* ca. 1260 in Hochheim/Thüringen,
† 1328 in Avignon (?)
Seine philosophischen Ausführungen über die Inkarnation Gottes in der menschlichen Seele brachten den Philosophen und Theologen in Konflikt mit der katholischen Kirche; für andere wurde er dadurch zu dem deutschen Mystiker schlechthin.
Werke: Paradisus anime intelligentis; Das Buch der göttlichen Tröstung; Vom edlen Menschen; Von Abgeschiedenheit

Wie so oft in der Geschichte, können die kleinen Geister der Kurie der Genialität eines Genies nicht folgen. Die Inquisition schickt Agenten aus, um nach Meister Eckharts Schriften zu fahnden. Was ihnen in die Hände fällt, wird verbrannt. Darum sind von seinen zahlreichen Schriften nur wenige erhalten. Nur ist der Mann jedoch ein so gewaltiger Denker, ein so origineller Kopf, dessen Ideen durch ihre Tiefe und intellektuelle Kühnheit die Hörer geradezu verzaubern, daß die Erinnerung daran nicht einfach durch Vernichtung seiner Schriften ausgelöscht werden kann. Seine vielen Schüler und Verehrer hüten seine Texte wie Goldschätze und verweigern der Inquisition einfach den Gehorsam. Denn ihr Meister ist eine eigenartige Mischung aus kristallklarem Denker von »unvergleichlicher Wucht, Plastik und Originalität der Bildersprache und einem religiösen Genie« (Egon Friedell).

Ununterbrochen auf der Suche nach Gott, wird dem Denker eines Tages klar, daß der kleine Mensch mit seinem schwachen Hirn die Größe Gottes höchstens im Traum erahnen kann. »Du sollst ihn erkennen ohne Hilfe eines Bildes, einer Vermittlung oder Ähnlichkeit. – ‚Soll ich Gott so ohne Vermittlung erkennen, so muß ich ja geradezu er und er muß ich werden!' – Aber das meine ich ja gerade! Gott muß geradezu ich werden und ich geradezu Gott!« Klar, daß die Kühnheit solcher Gedanken den Richtern der Inquisition nicht gefällt. Wenn man, um Gott zu erkennen, die Vermittlung der Kirche nicht mehr braucht, ist die Kirche überflüssig, und Kirchenfürsten wie einfache Landpfarrer können sich einen neuen Job suchen. Denn nicht auf Beichten, Messgang und dergleichen kommt es Meister Eckharts Meinung nach an, sondern auf die Geburt Christi in uns. »Das geringste kreatürliche Bild, das sich in dir bildet, ist so groß wie Gott.

Warum? Es benimmt dir einen ganzen Gott! Denn in dem Augenblick, wo dieses Bild in dich eingeht, muß Gott weichen mit aller seiner Göttlichkeit. Aber wo dieses Bild ausgeht, da geht Gott ein. Ei, lieber Mensch, was schadet es dir denn, wenn du Gott gönnest, in dir Gott zu sein?«

Je mehr sich die Richter in die verdächtigen Schriften vertiefen, desto mehr läuten die Alarmglocken. Der Dominikanermönch aus Thüringen hat zwar eine ganze Reihe von kirchlichen Würden, so war er Vikar des Ordensgenerals, Prior in Erfurt und Professor in Paris und später Leiter der neu errichteten Ordensprovinz Sachsen, die von den Niederlanden bis Livland im Baltikum reicht und 51 Männer- und neun Frauenklöster umfaßt. Also ist er über seine Tätigkeit als Dichter und Denker hinaus ein geschickter Kirchenpolitiker und Organisator und außerdem ein gefeierter Prediger. Aber das macht ihn umso verdächtiger. 1317 eröffnet der Bischof von Straßburg, wo der Verdächtige die Leitung der theologischen Hochschule innehatte, das Inquisitionsverfahren gegen die fahrenden Begarden und die sektiererischen Brüder vom freien Geiste. Scharenweise werden Menschen, die sich zu den Sätzen bekennen, die der berühmte Verdächtige tagtäglich auf der Kanzel vorträgt, auf dem Scheiterhaufen verbrannt oder im Wasser ertränkt. Den Inquisitoren ist klar, daß die schönen

klaren Sätze, die das Herz so vieler bewegen, das reinste Dynamit sind. Meister Eckhart und seine Schüler wollen
nichts Geringeres als die Erschaffung
einer neuen Religion und damit eine
völlige Umgestaltung des christlichen
Glaubens. »Hätte diese Bewegung
sich durchgesetzt«, resümiert →Egon
Friedell, »so wäre für Europa ein neues Weltalter angebrochen. Sie ist aber
von der Kirche unterdrückt worden,
und daß dies so vollständig gelang,
spricht weniger gegen die Kirche, die
nur in ganz logischer Wahrung ihrer
Interessen handelte, als gegen die europäische Menschheit, die offenbar
für eine solche grundstürzende Er-
neuerung noch nicht reif war.«

Alle Versuche und Anstrengungen
des Mystikers, sich vom Verdacht der
Ketzerei reinzuwaschen, schlagen
fehl. Am 27. März 1329 erscheint die
päpstliche Verurteilungsbulle »In
agro dominico«. Aber der liebe Gott
meint es gut mit seinem Meister Eckhart. Bevor dieser mitsamt seinen
Büchern auf dem Scheiterhaufen verbrannt werden kann, holt ihn der Allmächtige auf seine Art ins Paradies.

Albert Einstein –
Der Popstar der Wissenschaft
* 14.3.1879 in Ulm,
† 18.4.1955 in Princeton, N.J.
Der geniale Wissenschaftler ent-
wickelte die Relativitätstheorie und
damit eine neue Grundlage für die

moderne Physik. 1921 erhielt er den
Nobelpreis.
Werke: Über die spezielle und allge-
meine Relativitätstheorie, 1917;
Theorie der Brownschen Bewegun-
gen, 1922; Die Evolution in der Phy-
sik, 1950; Lebenserinnerungen, 1952

Daß aus dem träumerischen Jungen
einmal eine Art Popstar der Wissenschaft werden würde, hätten weder
seine Gouvernante, die ihn »Pater
Langweil« nennt, noch seine Lehrer
gedacht. Einer sagt ihm ganz offen:
»Es wäre nett, wenn du uns eines Tages verlassen könntest.« Klar, daß
Schule dem jungen Einstein ein Graus
ist: »Die Lehrer in der Elementarschu-
le kamen mir wie Feldwebel vor und
die Lehrer im Gymnasium wie Leut-
nants.« Die Unterrichtsmethode besteht aus Gewalt und Einschüchte-
rung und nimmt ihm jede Freude. Der
sklavische Ordnungstick und das
hirnlose Hineinlernen von Fakten gehen Einstein auf den Geist, weil »die
heilige Neugier des Forschens erdros-
selt wird«. Dementsprechend schlecht
sehen seine Zeugnisse aus.

Ohne Abitur verläßt Einstein das
Münchener Luitpoldgymnasium. Allerdings mit dem Zeugnis des Mathe-
matiklehrers in der Tasche, das seine
außergewöhnlichen Kenntnisse in
Mathematik bescheinigt. Was nun?
Da kommt Einstein zu Ohren, daß
man am Eidgenössischen Polytechnikum in Zürich, einer der damals
berühmtesten höheren technischen

ALBERT EINSTEIN 107

Schulen Mitteleuropas, ohne Abitur studieren kann. Allerdings muß man dort eine Aufnahmeprüfung machen. Einstein tritt an – und fällt durch. Trotzdem haben seine Leistungen in Mathematik Eindruck gemacht. Der Schuldirektor empfiehlt ihm, an der Kantonschule in Aarau das nachzuholen, was er in München nicht gelernt hat. Mit Zittern und Zagen folgt er dem Rat und erlebt eine positive Überraschung. Die Schule hat sich der modernen Pädagogik verschrieben, und in dieser freien Atmosphäre schafft Einstein den Schulabschluß und steigt nun unaufhaltsam zum Weltstar auf.

Einstein kultiviert eine unkonventionelle Lebensart, die jedoch nur seinem Hang zur Einfachheit entspringt. »Zwei Seifen sind mir zu kompliziert«, meint er zum Beispiel, wenn sich jemand darüber wundert, daß er dieselbe Seife zum Waschen und Rasieren benutzt. Auch der Friseurbesuch ist für ihn zu kompliziert, deshalb flattert seine Künstlermähne freundlich im Wind. Konventionen sind Einstein ein Greuel, sie engen ihn ein, ebenso wie Anzüge. Deshalb trägt er mit Vorliebe bequeme, ein bißchen zu große Pullover und weite Hosen, mit denen er sich gemütlich aufs Sofa flegeln kann, um zu denken. Denn Denken ist seine Leidenschaft, sein geniales Hirn arbeitet unentwegt. Oft gelingen ihm allerdings erst nach jahrelangen Grübeleien hieb- und stichfeste Schlüsse. »Jetzt weiß

ich«, stöhnt er eines Tages, als das Ergebnis auf sich warten läßt, »warum es so viele Leute gibt, die gern Holz spalten. Bei dieser Tätigkeit sieht man nämlich immer sofort den Erfolg.«

Über mangelnden Erfolg kann Einstein eigentlich nicht klagen, wenngleich dieser ihm nicht ganz geheuer ist: »Ich weiß wirklich nicht, wie es zugeht, daß ich durch die Abfassung von einigen Aufsätzen, die nur ein paar Menschen in der Welt wirklich verstehen können, berühmt geworden bin.« Die paar Aufsätze haben es allerdings in sich, sie sind ebenso unkonventionell wie ihr Autor. In seinem berühmtesten Aufsatz, der »Relativitätstheorie«, stellt er auf knappen 64 Seiten das traditionelle Weltbild auf den Kopf. »Gegenwärtig debattiert jeder Kutscher und jeder Kellner, ob meine Theorie richtig sei«, staunt er vier Jahre nach der Veröffentlichung. Mit 42 Jahren erhält er für die Entdeckung der Lichtquanten den Nobelpreis für Physik. Was er fortan von sich gibt, ist ein Fressen für die Presse. »Wie bei dem Mann im Märchen, dem alles zu Gold wurde, was er berührte«, klagt er, »so wird bei mir alles zum Zeitungsgeschrei.«

Man reißt sich um den Berühmten, Einladungen aus aller Welt flattern nach Berlin. Und die kommen gerade zur rechten Zeit, denn nicht alle fallen in den Jubel über Einsteins Entdeckung ein. Neidische Finsterlinge aus dem Kollegenkreis machen gegen ihn und seine Ideen mobil. Es häufen sich Attentate auf prominente Juden und Demokraten. Ein Mann wie Einstein ist doppelt gefährdet, denn im aufkeimenden Hurrapatriotismus wird der radikale Pazifist zur Zielscheibe der Nazipresse. Freche Äußerungen wie: »Wenn einer mit Vergnügen in Reih und Glied zu einer Musik marschieren kann, dann verachte ich ihn schon; er hat sein großes Gehirn nur aus Irrtum bekommen, da für ihn das Rückenmark schon völlig genügen würde«, provozieren die braunen Fanatiker.

Um sich vor Mordanschlägen zu schützen, flüchtet Einstein ins Ausland. Auch in seiner neuen Heimat Amerika wird er für seine Schrullen berühmt. Statt einer Rede bringt er dem überraschten Publikum einmal ein Ständchen auf der Geige dar. Und dafür lieben ihn die Amerikaner.

Unkompliziert wie seine Einstellung zum Leben ist auch Einsteins Gelassenheit dem Tod gegenüber. Als man ihm mit einer Unterleibsoperation das Leben retten will, sagt der 76jährige: »Es ist geschmacklos, das Leben künstlich zu verlängern. Ich habe mein Teil getan, nun ist es Zeit zu gehen. Ich möchte dies elegant tun.«

Friedrich Engels – Ein trinkfester guter Engel

* 28.11.1820 in Barmen (heute Wuppertal), † 5.8.1895 in London
Der Philosoph und Politiker war Mitbegründer des Sozialismus.

Werke: Die Lage der arbeitenden Klassen in England, 1845; Manifest der Kommunistischen Partei Deutschlands, 1847 zus. mit Karl Marx; Der Ursprung der Familie, des Privateigentums und des Staats, 1884; Ludwig Feuerbach und der Ausgang der deutschen Philosophie, 1888

Bereits als junger Mann wirft Friedrich Engels kritische Blicke über den Gartenzaun der väterlichen Villa in Barmen. Die verlogene Moral seiner Standesgenossen regt ihn zu sonderbaren Betrachtungen an: »Ich möchte einmal eine solche Ehe sehen, wo der Mann nicht seine Frau, sondern Christus in seiner Frau liebt, und liegt da die Frage nicht auf der Hand, ob er auch Christus in seiner Frau beschläft?« Um ihn auf nützlichere Gedanken zu bringen, nimmt der Vater ihn kurz vor dem Abitur von der Schule. Statt um die Ehehygiene anderer Leute soll sich der Sohn lieber um den Geschäftsverkehr der väterlichen Baumwollspinnerei kümmern. Gehorsam schlüpft Engels in die Rolle des Lehrlings.

Nach vier Jahren Fron bietet sich ihm die Chance, dem hirntötenden Zahlengeschäft zu entkommen, denn das Vaterland ruft. Zwar will der Vater den Sohn durch Bestechung vom Militärdienst freikaufen, doch der Jüngling beruft sich auf seine staatsbürgerlichen Pflichten und reist ab. Die Kaserne in Berlin liegt in der Nähe der Universität. Der abiturlose

Engels begnügt sich mit der Rolle des seltenen Gasthörers. Während sich die ordentlichen Studenten im Hörsaal räkeln, robbt er über den Exerzierplatz. Trotzdem verschafft sich Engels Zutritt zu einem elitären Akademikerclub. Und das wird sich als schicksalhaft erweisen, denn die Gedanken, auf die der junge Mann hier kommt, werden seinen Eltern noch Alpträume bereiten. Ein Mitglied des »Doktorclubs« ist nämlich Karl Marx, mit dem zusammen Engels eine Zeitung gründet. An tollen Ideen mangelt es nicht – nur das Geld ist knapp. Das hält Marx für kein unlösbares Problem und schlägt vor, es dem alten Engels abzupressen. Daran wagt der Sohn nicht im Traum zu denken: »Aus meinem Alten ist vollends nichts herauszubeißen... statt 1000 Taler schickt er uns lieber 1000 Kartätschenkugeln auf den Hals.« Marx ist sauer: »Dein Alter ist ein Schweinehund, dem wir einen hundsgroben Brief schreiben werden.« Klugerweise sehen die beiden von diesem Plan ab und legen psychologische Daumenschrauben an. Marx entwickelt einen Plan, »um Deinem Alten das Geld herauszupressen, da wir keins haben. Schreib einen Geldbrief möglichst kraß an mich, worin Du Deine bisherigen [fatalen Geldschwierigkeiten] erzählst, aber so, daß ich ihn Deiner Mutter mitteilen kann. Der Alte fängt [sicher] an, Furcht bekommen.«

Zur Ausführung des Schurkenstücks kommt es nicht, denn kurz darauf wird Engels wegen revolutionärer Umtriebe steckbrieflich gesucht, weil er an der Spitze aufständischer Arbeiter mit gezogener Pistole im Gräfrather Zeughaus Monturen requirieren will. Doch Engels bleibt cool: »... im Untersuchungsarrest kann man nicht rauchen, und da geh ich nicht hinein« – und flüchtet über Genua nach England. Hier taucht das gestrandete schwarze, oder besser rote Schaf der Familie eines Tages im Büro der väterlichen Fabrik in Manchester auf und beansprucht einen Job im Management. Als er sich etabliert hat, versucht der Jungmanager, seinen Freund Marx, der inzwischen mit Familie nach London emigriert ist, vom väterlichen Geschäft mitzuernähren.

Marx ist chronisch pleite und überschüttet ihn mit Jammerarien. Da kommt der gutherzige Millionenerbe in spe auf die simple, wenn auch leicht kriminelle Idee, wie man den Freund an Papas Geld partizipieren lassen kann. Er schlägt Marx vor, eine Rechnung zu fälschen: »Wie Du die Sache einleiten willst, überlaß ich dir gänzlich..., da es niemand etwas angeht, was wir zwei für Geschäfte machen. Du kannst meinetwegen schreiben, ich hätte mich durch Frauenzimmer in Schulden gebracht...« Es folgt ein wunderbarer Geldsegen, und der gute Engels greift immer tiefer in die Tasche seines alten Herrn: »Im vorigen Jahr habe ich Gott sei Dank meinem Alten die Hälfte seines Profits des hiesigen Geschäfts aufgefressen.«

Nach zehn Jahren Bürosesselreiten kann der 40jährige vollends aus dem Vollen schöpfen. Sein Vater hat sich aus dem irdischen Jammertal verabschiedet und Engels ein stolzes Erbe hinterlassen. Jetzt führt er das Leben als vornehmer Privatier, der gerne ganz tief ins Glas schaut. Für Engels hat das Trinken philosophische Dimensionen: »Trink recht tapfer von allen diesen Sorten und bedenke, wenn Dich das Herumvagieren auf die Dauer langweilt, daß es noch die einzige Manier ist, Dir die alte Schneid wiederzugeben.« Als großherziger Mensch läßt er auch Freunde an den Schätzen seines Weinkellers teilhaben. Liebevoll packt er Carepakete an den in London darbenden Karl Marx: »Du bekommst sehr guten alten 63er Claret und 57er Rheinwein; Moselwein habe ich nur noch ein paar Flaschen...«

Aber Engels schätzt nicht nur Wein und Zigarren, auch mollige Mädchen, besonders Proletarierkinder, die nicht lesen und schreiben können, sind nach seinem Geschmack. Er bringt sie in seinem Haushalt als Mädchen für alles unter. Einmal beschäftigt er nacheinander zwei Schwestern und deren Nichte zur Betreuung von Tisch und Bett. Die kleine Nichte ist so hübsch, daß alle Besucher sich in sie verlieben. Als sie ein Kind erwartet, verheiratet sie der fürsorgliche Engels mit einem jungen Kaufmann. Als diesem kurz darauf das Geschäft zusammenbricht, schlüpft das mittellose Paar samt Baby bei Engels unter.

Friedrich Engels ist nicht nur großzügig im Geldausteilen, auch mit seinem guten Namen hilft er Freunden aus der Klemme. Als sich die Haushälterin der Familie Marx plötzlich schwanger fühlt und Marx aus Bammel vor seiner mißtrauischen Gattin in den Boden versinken möchte, springt der rettende Engels ein. Demütig »beichtet« Engels Jenny Marx die nicht stattgefundene Schwängerung ihrer Perle und übernimmt selbstlos die Vaterschaft.

Während Marx ein Leben lang über sein Dasein jammert, zecht sich sein Ernährer fröhlich jeden Kummer aus der Seele. Seine epikuräische Lebensfreude verliert er auch nicht, als bereits der Sensenmann winkt: Engels hat Kehlkopfkrebs. Langsam verliert er die Stimme, nicht aber seine gute Laune. Ein Freund staunt: »Er kann sich nur durch die Schreibtafel verständlich machen. Trotzdem ist er guter Stimmung... Auf der Schreibtafel macht er die heitersten Witze.« Eine Woche später schläft der 75jährige für immer ein. Die Asche seiner sterblichen Hülle wird ins Meer gestreut, dabei trinkt die Trauergemeinde wie testamentarisch verfügt »eine Flasche Wein zu meinem Gedächtnis«. So wehten die sterblichen Reste des fröhlichen Trinkers, dessen Ideen Jahre später die Welt verändern sollten, in die Ewigkeit.

Epiktet –
Der Nervtöter des Kaisers
** um 50 n. Chr. in
Hierapolis/Phrygien,
† 138 n. Chr. in Nikopolis/Epirus
Die berühmten Aussprüche des stoi-
schen Philosophen Epiktet wurden
von seinem Schüler Arianus gesam-
melt und sind auch heute noch le-
senswert.
Werke: Handbüchlein der Moral, um
100 n. Chr.; Unterredungen, 2. Jahrhundert*

Epiktets Leben ist weiß Gott keine
Party. Als Kind wird er von seinen Eltern an einen Offizier der kaiserlichen
Garde von Kaiser Nero verkauft. So
kommt er aus dem fernen Kleinasien
nach Rom. Obwohl seiner Kindheit,
seiner Familie und seiner Freiheit beraubt, erträgt Epiktet sein Los mit Gelassenheit. Eines Tages hat ihn jemand mit der Lehre des berühmten
griechischen Philosophen Zenon be-
kanntgemacht. Danach ist der
menschliche Leib ein Teil des Weltalls, die menschliche Seele ein Teil der
göttlichen Weltseele. Dem jungen
Sklaven Epiktet leuchtet die Grundi-
dee der »Stoiker«, wie Zenon und Geistesverwandte nach einem Säulen-
gang in Athen, der Stoa, genannt werden, ein. Die meisten anderen
Philosophen, von denen er bisher
gehört hat, gehen davon aus, daß der
Mensch frei ist, daß ihm alle Möglichkeiten offenstehen und daß er sein
Leben selbst gestalten kann. Darüber

kann ein Sklave wie Epiktet nur lachen. Die Stoiker gehen vom Gegenteil aus, sie sagen, daß man in Wirklichkeit nur sehr wenige Entschei-
dungsmöglichkeiten hat. Denn fast
jeder steht unter dem Kommando
von irgendwem, ist Sklave seiner Trie-
be, Leibeigener seiner Krankheiten
oder Gefangener seiner Psychosen.
Kurzum: die Stoiker meinen, der
Mensch ist wahrscheinlich nicht frei.
Das spricht dem jungen Sklaven aus
der Seele. Wenn jeder irgendwie un-
frei und Gott trotzdem Teil jeder Men-
schenseele ist, dann gibt es keinen
Grund, über sein Schicksal zu jammern. Im Gegenteil, man muß nur
»seiner Natur gemäß leben«.

Kaum ist Epiktet das klar, beginnt
er seine neuen Erkenntnisse in die Tat
umzusetzen. Als ihm sein Herr eines
Tages heftig auf den Schenkel schlägt,
unterdrückt er den Schmerzensschrei
und sagt ruhig: »Du wirst mir das
Bein zerschmettern«. Der Sklavenhal-
ter, wütend über die Widerworte, gibt
ihm einen stärkeren Schlag und
bricht ihm den Oberschenkelkno-
chen. Statt zu jammern sagt der Ver-
letzte völlig ruhig: »Hab ich es dir
nicht vorausgesagt?«. Später wird er
wegen seiner unbeugsamen Haltung
ins Gefängnis geworfen und gefoltert.
Als er es wieder verläßt, ist Epiktet
ein Krüppel und für seinen Herrn
wertlos.

In die Freiheit entlassen unterhält
Epiktet auf den Straßen Roms die
Müßiggänger mit seinen moralischen

Weisheiten, die er so lebendig vorzutragen versteht, daß er bald zur At-
traktion wird. Gebannt lauschen
Arme und Reiche seinen Vorträgen:
»Was sagt euch Zeus? Zeus sagt: ›...
euer Leib gehört nicht euch, er ist nur
eine raffinierte Mischung aus Toner-
de. Ich habe euch einen Teil unserer
Göttlichkeit verliehen, einen Funken
unseren eigenen Feuers, die Macht zu
handeln und nicht zu handeln, den
Willen, etwas zu erwerben, und den
Willen, etwas zu vermeiden. Wenn
ihr dies nicht in den Wind schlagt,
werdet ihr nicht leiden, ihr werdet
niemanden tadeln, ihr werdet niemandem schmeicheln.‹«

Als ein Schüler Epiktets fragt:
»Wie sollen wir denn, jeder von uns,
herausbekommen, was seinem Charakter entspricht?«, antwortet der Philosoph: »Wie bekommt der Stier,
wenn der Löwe ihn angreift, heraus,
mit welchen Kräften er begabt ist?
...Wie der Stier wird der Mensch von
edlem Wesen nicht ursprünglich edel.
Er muß den Winter hindurch üben
und sich bereitmachen und darf sich
nicht leichtfertig an Dinge heranwa-
gen, die ihn nicht betreffen.«

Ein anderer Schüler fragt: »Wie ist
es möglich, daß ein Mensch, der
nichts hat, der nackt ist, weder Heim
noch Herd besitzt, der im Schmutz,
ohne eine Stadt... lebt, ein heiter be-
schauliches Leben führt?« Darauf sagt
der Philosoph: »Seht mich an. Ich
habe kein Haus oder Eigentum. Ich
schlafe auf dem nackten Boden, ich

habe nur die Erde und den Himmel
und nur einen einzigen erbärmlichen
Mantel. Aber was fehlt mir? Hat mich
je einer von euch mit traurigem Gesicht gesehen? Wie trete ich denen gegenüber, die ihr fürchtet und bewundert? Machen sie nicht vor mir Platz,
als wäre ich ein König und Herr?«

Tatsächlich beugt sich Epiktet vor
niemandem. Nicht einmal, als ihm
der Kaiser dafür mit dem Tod droht.
Entnervt vor so viel Gleichmut, verbannt ihn Kaiser Domitian 94 n. Chr.
aus Rom.

»Flaubert seziert Madame Bovary«;
Karikatur von A. Lernot (1869)

Der arme Poet

persisch für »der Paradiesische«, eig.
Abu'l Kasim Mansu ben Hasan
* 939 n. Chr. in Tos in Chorassan,
† 1020 in Tos
Der größte epische Dichter der Perser
verfaßte »Schahnameh – Das Buch
der Könige«, das nur mit dem Alten
Testament oder dem indischen Ma-
habharata vergleichbar ist. Erst 800
Jahre nach seiner Entstehung ent-
deckten die Europäer das berühmte
»Königsbuch«.
Werke: Schahnameh – Das Buch der
Könige

Die Kritik schwärmt! »Er ist der größte Dichter nicht nur Persiens, sondern
des ganzen Morgenlandes... Poesie
und Historie sind die unerschütterli-
chen Pfeiler seines ewigen Ruhmes«,
meint der Orientalist Hammer-Burg-
stall. →Goethe nennt das Buch ein
»Weltereignis«, →Platen, Görres und
→ Rückert versuchen, sich in ihren
Übersetzungen zu überflügeln, →
Heinrich Heine verschlingt es und
dichtet entzückt: »Riesenteppich, wo
der Dichter wunderbar hineingewebt
seiner Heimat Fabelchronik, Farsis-
tans uralte Kön'ge, Lieblingshelden
seines Volkes, Rittertaten, Aventüren,
Zauberwesen und Dämonen...«
    Das Buch, das Firdausis Ruhm be-
gründete, war eine Auftragsarbeit des
Sultans Mahmud von Ghasna.
Mahmud, ein grausamer Krieger, liebt
Dichter, Gelehrte und Künstler so
sehr, daß er sie, wenn er eine Stadt er-

obert hat, wie exotische Tiere einfan-
gen und in seinem Musenhof unter-
bringen läßt – ob sie wollen oder
nicht. So läßt er beispielsweise den
berühmten Avicenna, der es abgelehnt hat, sein Hofphilosoph zu werden, kurzerhand von einer Häscher-
truppe jagen.
    Jetzt sucht Mahmud einen Poeten,
der das von Dakiki begonnene Jahr-
hundertwerk der Versbaukunst vollendet. Auf Vorschlag eines seiner Kul-
turmanager beauftragt Sultan
Mahmud den berühmten Poeten Firdausi mit dem Verfassen des Monu-
mentalwerks zum Ruhme der Nation
und stellt ein königliches Honorar in
Aussicht. Geschmeichelt macht sich
der Dichter an die Arbeit und reist
nach ein paar Wochen mit Proben seiner Arbeit an. Kaum trägt er die ersten Verse vor, sind der Sultan und
die Mitglieder seines Hofstaats hingerissen. In ehrlicher Begeisterung erklärt der Herrscher, jeder Doppelvers
der Dichtung sei ein Goldstück wert.
Die Augen des Gelobten blitzen vor
Freude, und beschwingt macht Firdausi sich an die Arbeit, ohne an Dop-
pelversen zu sparen. Jahrzehntelang
dichtet er tagtäglich an seinem Werk,
bis die Arbeit schließlich 60.000 Dop-
pelverse umfaßt. Stolz liest Firdausi
die Dichtung vor und freut sich aufs
Honorar für die Mühen: »Ein alter
Mann bin ich, meine Jahre sind vor-
beigegangen wie Frühlingswinde
über der Wüste. Ein Stock muß mich
stützen, meiner Hand entsinken die

Flügel, bleich wie der Mond sind meine Wangen, und mein Bart verlor seine schwarze Farbe. Meine aufrechte Gestalt mußte sich vor dem Alter verbeugen... Wer Wein und Geld hat, Brot und Süßigkeiten, wer ein Schaf schlachten kann, damit er Fleisch zu essen hat, dem geht es gut. Ich habe dies alles nicht. Oh, es ist bitter, in Armut zu leben und bitterer noch, alt zu sein... Ich hoffe aber, noch so lange am Leben zu bleiben, bis ich das versprochene Gold von ihm erhalten habe, so daß auch ich, wenn der Tod mich heimsucht, ein würdiges Denkmal hinterlassen kann, das aus den Schätzen des Königs der Könige stammt.« Sultan Mahmud, inzwischen auch nicht mehr der Jüngste, hört wohlgefällig das Lebenswerk des Poeten an. Dann gibt er seinen Finanzchef den Auszahlungsauftrag. Ein paar Tage später erscheint ein Bote mit prallen Geldbeuteln bei Firdausi. Kaum ist der Glücksbringer aus dem Haus, stürzt der Dichter auf die Geldbeutel, öffnet sie mit zitternden Händen – und stößt einen Wutschrei aus. Statt der 60.000 Goldstücke sind es 60.000 Silbertaler. Gekränkt schenkt er das »Trinkgeld« seinem Koch und entfernt sich fluchend vom Hof. In sicherer Entfernung verfaßt er eine scharfzüngige Satire auf den Sultan, worin dieser als Geizhals, Säufer und Sohn eines Sklaven verspottet wird. Die Verse sind so zündend, daß sie bald im ganzen Land von Mund zu Mund gehen und die Menschen zum Lachen bringen. Nun aber beweist der Sultan Größe, indem er, durch einen Nachbarfürsten von seinem Unrecht überzeugt, dem verfolgten Dichter doch noch die versprochenen Goldstücke zukommen läßt. Doch die Kamelkarawane mit dem Goldsegen begegnet dem Leichenzug des Poeten.

Gustave Flaubert – Der dicke Meister der schlanken Feder

* 12.12.1821 in Rouen,
† 8.5.1880 in Croisset bei Rouen
Flauberts Stil der unparteiisch-nüchternen Darstellung hatte erheblichen Einfluß auf die Literatur des 20. Jahrhunderts.
Werke: Madame Bovary, 1856; Salammbô, 1863; Die Erziehung des Herzens, 1869; Die Versuchung des heiligen Antonius, 1874; Bouvard et Pécuchet, 1881

Der junge Flaubert ist von erlesener Schönheit. Mit seiner schlanken Figur, dem weichen, bis auf die Schulter wallenden Blondhaar, seinen lebhaften Gesichtszügen, übt er auf Frauen betörenden Zauber aus: »Seine Augen sind von auffallender Zartheit, weite Kinderaugen, blau, klar und gut, beschattet von sehr langen goldenen Wimpern.« Diese natürliche Schönheit versteht der wohlproportionierte, 1,81 m große junge Mann durch sorgsam komponierte Kleidung zu unterstreichen. Für die Leute seiner Heimatstadt Rouen ist er nur »der Herr in Rot.«

Bald zieht der junge Beau lüsterne Blicke auf sich. Ein Freund berichtet: »Vor dem Kaminfeuer erzählt er uns seine erste Liebe. Er fuhr nach Korsika, hatte lediglich die Unschuld mit dem Zimmermädchen seiner Mutter verloren.« In einem Hotel in Marseille trifft der junge Flaubert eine prachtvolle 35jährige in einem wunderbaren Morgenrock. Eines Morgens, als er eben vom Bad im Meer zurückkehrt, zieht es ihn ins Zimmer der Frau. »Er verpaßt ihr einen jener Küsse, in die man seine ganze Seele legt. Am Abend kam die Frau in sein Zimmer und begann ihn zu lutschen. Es wurde eine himmlische Vögelei daraus, dann gab es Tränen, dann Briefe und dann nichts mehr.« Die flüchtige Begegnung wird zur wichtigsten Liebe in Flauberts Leben, immer wieder erinnert er sich mit Wehmut: »Ich habe sie überall gesucht; im Bett der anderen habe ich von ihren Liebkosungen geträumt. Die Frau, nach der ein Mann nie aufhört zu suchen, ist vielleicht nur die Erinnerung an eine Geliebte, die aus dem Himmel stammt...«

Solch poetisch-zarte Betrachtungen sind für das Lesepublikum seiner Romane bestimmt. Flauberts erotischer Alltag findet im Rotlicht-Revier der niederen Minne statt: »Als ich jung war, bin ich dermaßen eitel gewesen, daß ich in dem Bordell, das ich mit meinen Freunden besuchte, immer die Häßlichste wählte und darauf bestand, sie vor aller Augen zu vögeln, ohne von meiner Zigarre zu lassen.« Die sexuelle Kraftprotzerei steht in seltsamem Kontrast zum feinsinnigen Stil seiner Briefe. Entspringt Flauberts Art, sich obszön auszudrücken, seiner großen Schüchternheit?

In Paris, wohin ihn der Vater zum Jurastudium schickt, verkriecht er sich in sein Zimmer. Flaubert haßt die Stadt, das hektische Leben macht ihn nervös. Das bleibt seinen Freunden, den Brüdern →Goncourt, nicht verborgen: »Im Grund ist er provinziell, ein Effekthascher... Erlesene Dinge scheinen ihn kalt zu lassen. Empfänglich ist er vor allem für Phrasendrescherei. Im Gespräch ist er ziemlich einfallslos, und seine Gedanken trägt er laut und feierlich vor.«

So oft es geht, flüchtet Flaubert aufs Land. Dort besitzt sein Vater ein schloßartiges Landhaus mit Seineblick. Es wird sein Refugium, nachdem er wegen unerklärlicher Ohnmachtsanfälle das Studium abbricht. Ganze Monate verbirgt Flaubert sich in den blühenden Gärten, ohne auch nur einmal seinen Park zu verlassen. Er versteckt sich vor den Augen der Nachbarn, die ihn umso neugieriger beobachten: »Seine Mahlzeiten waren unmäßig; er schlang sie mit dem Heißhunger nervöser Leute hastig herunter. Er rauchte Tag und Nacht, pflegte schwer zu trinken, untertags zu schlafen, übermäßig heiße und lange Bäder zu nehmen.«

So wird aus dem eleganten jungen

GUSTAVE FLAUBERT 117

Mann ein Zyniker mit Hängebauch und tiefen Falten auf der Stirn. Eine »Kirsche in Spiritus«, macht sich sein Freund →Guy de Maupassant lustig. Durch den Tod seines Vaters wird Flaubert 25jährig Besitzer eines soliden Vermögens. Jetzt führt er das behäbige Leben saturierter Nichtstuer. Äußerlich – denn als Schriftsteller ist er bienenfleißig. Zur Behaglichkeit fehlt ihm nur noch eine unkomplizierte Geliebte, und die findet er in einer berühmten Salondame: Louise Colet ist 13 Jahre älter als er, blond, groß, mollig und für Flaubert wunderbar bequem. Es ist eine Beziehung ohne Schwärmerei, ohne Hingabe, ohne Hörigkeit, und doch entsteht aus dieser unkomplizierten sexuellen Beziehung mit der Zeit eine Intimität des Geistes. Der größte Teil seiner Briefe ist an Louise gerichtet. Sobald Flaubert am Schreibtisch sitzt, verwandelt sie sich in die Traumfrau seiner Jugend: »Ich habe auf dem Papier eine Fähigkeit zur Leidenschaft...«

Im Alltag hält Flaubert die empfindsame Seite seiner Seele versteckt, in Gesellschaft gibt er weiterhin den Hanswurst und Zotenreißer: »Mit brennendem Gesicht, blökender Stimme, die aufgedunsenen Augen rollend, legt Flaubert los und behauptet, daß die Schönheit nicht erotisch sei, die schönen Frauen seien nicht dazu da, gevögelt zu werden, sie seien eher geeignet, Statuen zu inspirieren... Man macht sich über ihn lustig. Da sagt er, daß er noch nie mit einer Frau

wirklich gevögelt habe, daß er jungfräulich sei, daß er aus allen Frauen, die er besaß, nur die Matratze einer anderen erträumten Frau gemacht habe.«

Flauberts Lust und Qual ist das Papier. »Zehn Stunden arbeitet er pro Tag, wobei er aber viel Zeit vergeudet, sich in Lektüre verliert und immer bereit ist, um die Arbeit an seinem Werk herumzuscharwenzeln. Wenn er sich erst mittags an die Arbeit macht, ist er erst gegen fünf Uhr abends richtig drin.« Nach jahrelanger Quälerei ist das erste Werk fertig, das in Flauberts Augen Gnade findet. Erlöst lädt er seine engsten Freunde Maxime Du Camp und Louis Bouihet zur Lesung aus der »Versuchung des heiligen Antonius« ein. Flaubert macht zur Bedingung, daß sie ihn an keiner Stelle unterbrechen. Er liest vier Tage lang, acht Stunden am Tag. Am Ende des vierten Tages sind die Freunde groggy. Sie erklären die Frucht jahrelanger Mühen für abscheulich und empfehlen, die enervierende Story in den Ofen zu stecken. Sie raten ihm, es mit einem simplerem Stoff zu versuchen, zum Beispiel mit einer Geschichte über einen betrogenen Ehemann, dessen Frau sich umbringt. Eine Ehebruchsgeschichte mit schaurig-schönen Abenteuern kann Flaubert sich, seine Mätresse vor Augen, lebhaft vorstellen. So beginnt Flaubert mit »Madame Bovary«, einem Roman, der einem Wunder an sprachlicher Sensibilität und Schönheit gleichkommt:

»Und ihre Gedanken umarmten sich wie liebende Herzen.«

Sechs Jahre lang schuftet Flaubert an seiner Ehebruchsstory. Kaum ist das Buch auf dem Markt, fallen die Wächter der Moral darüber her: Kritiker vergleichen es mit einem Misthaufen, der Staatsanwalt schaltet sich ein. Der Skandal kurbelt den Verkauf an. Doch in den Chor der Geiferer und Moralprediger mischen sich unüberhörbar die Stimmen seiner Bewunderer, wie →Zola: »Das Erscheinen von ‚Madame Bovary' war eine Umwälzung für die gesamte Literatur... Die neue Kunst hatte ihre Grammatik gefunden.«

Nach dem Prozeß, der mit Freispruch endet, zieht sich Flaubert noch mehr zurück. Der ehemalige Salonlöwe gleicht inzwischen einer hübschen Spießbürgerkarikatur von Spitzweg: »Zu Hause machte er sich's bequem, zog seinen Schlafrock, seine Mütze und die Pantoffeln an.... Nach dem Essen pflegte er lange bei Kaffee und Likör zu sitzen. In der ganzen Einrichtung kam nur der Eßtisch an die Größe des Schreibtischs heran. Nur einmal am Tag machte er sich Bewegung: wenn er zum Mittagessen ging.« Der edle Märchenprinz von einst verwandelt sich langsam in einen fetten Frosch. Er wird immer aufgedunsener und immer trübsinniger. Seine geliebte Nichte und ihr Nichtsnutz von Mann prellen ihn um sein Vermögen, Freunde sinken ins Grab, die Armut nistet in den Zimmern. Die Hoffnung auf den Erfolg seiner Theaterstücke muß Flaubert begraben. Er bricht sich ein Bein. So schleppt er sich durch die letzten Jahre seines Lebens bis zum 8. Mai 1880. »Der Morgen dieses Tages hatte für Flaubert angefangen wie immer. Da er während der Nachtstunden schwer gearbeitet hatte, stand er erst um halb elf Uhr auf. Wie gewöhnlich nahm er ein sehr heißes Bad, in dem er pfeiferauchend die Post zu lesen pflegte und oft nochmals einschlief.« Plötzlich wird ihm schwindlig. Er ruft das Dienstmädchen und klagt über ein beklemmendes Angstgefühl. Die Köchin läuft zum Arzt. Als dieser eintrifft, ist Flaubert bewußtlos. Sein Gesicht ist rot und aufgedunsen, der Puls kaum noch zu spüren. Da erlischt seine Pfeife, die beim Eintritt des Doktors noch geglüht hat. Kurz darauf verlischt auch das Lebenslicht des großen Dichters.

Sigmund Freud – Der Drogenguru von Wien

* 6.5.1856 in Freiberg/Mähren,
† 23.9.1939 in London
Der österreichische Nervenarzt ist der Begründer der Psychoanalyse.
Werke: Die Traumdeutung, 1900; Zur Psychopathologie des Alltagslebens, 1901; Der Witz und seine Beziehung zum Unbewußten, 1905; Drei Abhandlungen zur Sexualtheorie, 1905; Totem und Tabu, 1913; Das Ich und

das Es, 1923; Das Unbehagen in der Kultur, 1930

Als Sigmund sieben oder acht Jahre alt ist, bemerkt sein Vater im Beisein des Knaben zu einem Bekannten: »Aus dem Buben wird nichts werden.« Diese Bemerkung trifft ihn tief in der Seele. Noch als Erwachsenen beschäftigt Freud die en passant hingeworfene Bemerkung: »Es muß eine furchtbare Kränkung für meinen Ehrgeiz gewesen sein, denn Anspielungen an diese Szene kehren immer in meinen Träumen wieder und sind regelmäßig mit Aufzählungen meiner Leistungen und Erfolge verknüpft, als wollte ich sagen: Siehst du, ich bin doch etwas geworden.« Tatsächlich macht er mit 17 ein ausgezeichnetes Abitur. Die beste Note bekommt er in Griechisch für seine Übersetzung aus dem »Ödipus« von Sophokles, ein Werk, das auch für seine berufliche Entwicklung nicht ganz unbedeutend sein wird.

Freud studiert Medizin und spezialisiert sich auf Neurologie. In Paris rundet er später sein Wissen ab, bei dem berühmten Neurologen Jean Charcot, der ihm den Begriff »Trauma« nahebringt. Von seinen eigenen Seelenzuständen ausgehend, beginnt Freud, sich und seine Umwelt zu analysieren, seine Träume zu deuten und in seinen Erinnerungen zu wühlen. Ein Erlebnis aus seiner Pubertät wird dabei zum Schlüssel für seine Forschungen: Er überraschte seine Mut-

ter im Evakostüm, wurde auf sie scharf und eifersüchtig auf seinen eigenen Vater. Von diesem Kernerlebnis seiner Jugend ausgehend, gestaltet er seine Studien am lebenden Objekt und zimmert sich aus den kuriosen Schicksalen seiner Patienten ein esoterisches Gelehrtengebäude. Da es auf sehr wackligen Füßen steht, wird Freud von vielen Fachkollegen als Scharlatan verspottet. Ihn ficht das nicht an. Kritiker schmettert er mit der Bemerkung ab: »Die Leute mögen tagsüber meine Theorie schmähen, aber ich bin sicher, daß sie des nachts davon träumen.«

Allerdings wird Freud auf dem mühsamen Weg durch traumatische Labyrinthe selbst immer labiler. Er ist regelmäßig depressiv und leidet unter Müdigkeit und Apathie. Um sich fit zu halten, schnupft er Kokain und preist die anregende Wirkung: »Diese göttliche Pflanze, welche den Hungrigen sättigt, den Schwachen stärkt und sie ihr Mißgeschick vergessen macht.« Dergestalt ständig high, schickt Freud seiner Verlobten den beglückenden Stoff, überredet seine Schwester zur ersten Prise und empfiehlt das »Zaubermittel« Patienten, Freunden und Kollegen. Baldschnupft alles in seiner Umgebung, und er selbst wird dadurch zu einer Art Drogenguru von Wien. Erst als ein süchtiger Freund auf gräßliche Weise stirbt – er sieht weiße Schlangen über seine Brust kriechen –, dämmert Freud die verheerende Wirkung dieses Rauschgiftes.

Freud gelingt es, sich trotz ständigen Drogenmißbrauchs in seinem Beruf einen weltberühmten Namen zu machen. Dabei geht er äußerst raffiniert vor: Er hypnotisiert seine oft hysterischen Patienten und traktiert sie so lange, bis sie ihre intimsten Geheimnisse preisgeben. Das nennt er Psychotherapie. Die Therapiestunden läßt er sich üppig bezahlen, und zwar immer bar (wegen des Finanzamts) und in harten Dollars. Die geheimen Details aus den inneren Abgründen seiner Zeitgenossen wertet Freud aus und veröffentlicht sie in populär geschriebenen Büchern, die wegen der perversen Geschichten seiner Patienten zu internationalen Bestellern werden. Sein bestes Werk hält Freud für die 1900 erschienene »Traumdeutung«, ein spekulatives Buch, das immer noch seine Freunde findet. Es ist aufgrund kurioser Traumerlebnisse erotomanischer Damen der gehobenen Wiener Gesellschaft und Freuds obsessiver Deutungsversuche tatsächlich ein wunderbares Buch für den Nachttisch. Den Großteil seiner eigenen persönlichen Unterlagen vernichtet der Großmeister der Psychoanalyse.

Trotzdem stoßen fleißige Biographen auf dunkle Punkte im Leben des Therapeuten: So schläft er lieber mit seiner Schwägerin als mit seiner Angetrauten Martha, und »abtrünnige« Freunde und Kollegen wie Adler, Tausk und Jung versucht er unbarmherzig mit rufmörderischen Attacken zu vernichten. 78 Jahre seines Lebens verbringt Freud in Wien, einer Stadt, die er haßt, die ihn aber trotzdem nach seinem Tod als einen ihrer größten Söhne feiert, weil seine Lehre, die Psychoanalyse, inzwischen die Welt erobert hat.

Egon Friedell –
Der bekennende Müßiggänger
eig. Friedmann
* 21.1.1878 in Wien,
† 16.3.1938 in Wien
Die »Kulturgeschichte Griechenlands« wurde 1938 von den Nazis beschlagnahmt und erschien 1940 in Norwegen. Bis heute gerühmt wird der Autor für sein ausgeprägtes historisches Einfühlungsvermögen und seine enorme sprachliche Könnerschaft.
Werke: Kulturgeschichte der Neuzeit, 1927-32; Kulturgeschichte des Altertums, 1936; Wozu das Theater, 1965

Der Tagesablauf des bekennenden Müßiggängers Friedell entspricht in etwa dem, was strebsame Arbeitnehmer von einem Künstler vermuten. Er ist in den Wiener Caféhäusern zu Hause, wo er das große Wort führt, literweise Kaffee trinkt, sich an der Cognacflasche festhaltend die Welt auf den Kopf stellt und die entferntesten Gegenstände feinsinnig miteinander verbindet. Abends sitzt er gern im Theater, und hin und wieder steht er sogar bei Max Reinhardt auf der Bühne, denn Friedells massige Gestalt und seine Stimme, die wie aus einem Faß klingt, machen ihn zum geschätzten Charakterdarsteller. Darüber hinaus übersetzt er Operetten wie Offenbachs »Schöne Helena« in klingende deutsche Verse und schreibt selbst komische Stücke wie den »Petroliumkönig«. Doch jemand wie Friedell, der überall glänzen möchte, bringt natürlich auch richtig düstere Dramen wie »Die Judastragödie« auf die Bühne. Nebenher heckt der bunte Vogel mit einem Freund Kuriositäten wie die »1. Böse-Buben-Zeitung« aus.

Da Friedell von seinem Vater – einem reichen Seidenfabrikanten – ein prächtiges Erbe bekommen hat, lebt der Hedonist so, wie es ihm gefällt. Geldsorgen kennt Friedell nur vom Hörensagen. Daß sein Freund →Peter Altenberg von milden Gaben von Freunden, Kellnern und Damen des flotten Gewerbes lebt, interpretiert er als liebenswürdige Schrulle eines Sonderlings. Der Bonvivant verachtet Spezialisten, und besonders geistig verfettete Akademiker kann er nicht leiden. Und das, obwohl er selbst Germanistik und Philosophie studiert und sich mit der Dissertation über »Novalis als Philosoph« die höheren akademischen Weihen erarbeitet hat. Das Burgtheater hält Friedell für »eines der leuchtendsten Denkmäler des spezifisch österreichischen Schwachsinns«, und alle berufsmäßigen Besserwisser sind ihm ein Greuel. »Nur beim Dilettanten decken sich Mensch und Beruf«, verkündet er.

Nachdem Friedell mit seinem Heiratsantrag bei der Exfrau eines Freundes abgeblitzt ist, wird er zum eingefleischten Junggesellen, der seine Schrullen pflegt. So spricht er seine Hunde Schnick und Schnack stets mit »Sie« an und empfängt seine Gäste grundsätzlich nur im Liegen, denn »das Sitzen«, belehrt er irritierte Besucher, »ist ein ungesunder und unnatürlicher Unfug«. Dieser Maxime folgend schreibt Friedell auch liegend auf dem Diwan. Dazu hat er sich ein Schreibbrett bauen lassen, das er zwischen Bauchgewölbe und stützendes Knie klemmt. In der Linken hält er während des Schreibens eine meterlange Pfeife. An diesem Brett entstehen zum Erstaunen des gebildeten Wiens scheinbar nebenbei wunderbar lebendige Monumentalwerke von tausenden Seiten Umfang wie die »Kulturgeschichte der Neuzeit«, »Kulturgeschichte Griechenlands« und »Kulturgeschichte Ägyptens und des Alten Orients«, Werke, die noch heute ihre Liebhaber finden.

Kompromißlos wie im Leben war Friedell auch in seiner letzten Stunde. Als im März 1938 SA-Männer an seiner Tür klingeln, stürzt sich Friedell aus dem dritten Stock ins Jenseits – nicht ohne zuvor die Passanten mit dem Ruf »Achtung« vor seinem herabstürzenden Körper zu warnen.

G

Scherzhaftes Selbstbildnis Franz Grillparzers, in dem er sich den Stoßseufzer »Katty O!« (bezogen auf seine ewige Braut Katharina Fröhlich) in den Mund gelegt hat. (ca. 1835)

Johann Wolfgang von Goethe – Eine krisenfeste Kultfigur

* 28.8.1749 in Frankfurt am Main;
† 22.3.1832 in Weimar
Der größte deutschsprachige Dichter.
Werke: Götz von Berlichingen, 1773;
Die Leiden des jungen Werthers,
1774; Urfaust, 1775; Iphigenie auf
Tauris, 1787; Wilhelm Meisters Lehr-
jahre, 1795/96; Faust, 1808 u. 1832

Goethes Vater hat die Erziehung seines Sohnes zum Beruf gemacht. Pedantisch, streng und trocken wird das Wunderkind Johann Wolfgang abgerichtet. Der Achtjährige übersetzt die lateinischen Übungstexte der Primaner und büffelt neben den alten Sprachen Französisch, Englisch, Italienisch. Mit zehn liest er fließend Äsop, Homer, Vergil, Ovid und buchstabiert die Bibel im hebräischen Original. Der stolze Vater schickt den 16jährigen Musterschüler zum Jurastudium nach Leipzig und Straßburg. Der junge Goethe genießt die Freiheit in vollen Zügen, säuft fürchterlich, verführt junge Mädchen, veräppelt Professoren, bekommt mit Ach und Krach seinen Uniabschluß, fällt später als faulster Rechtsanwalt Frankfurts auf und verärgert das Gericht mit seiner »unanständigen, nur zur Verbitterung der Gemüter ausschlagenden Schreibart«. Goethe lungert herum, macht alchimistische Versuche und verliebt sich hier und da. Seinen Bräuten verspricht der junge Mann den siebten Himmel und löst, wenn's ernst wird,

das Problem durch Flucht. Die Verführten bleiben als Opfer der Liebe zurück.

Als Dichter gelingt Goethe ein Volltreffer: Die »Leiden des jungen Werthers« treffen den Nerv der Zeit. Die sentimentale Story drückt auf die Tränendrüsen junger Mädchen und läßt junge Männer in selbstmörderischer Absicht zur Waffe greifen. Das bringt kritische Intellektuelle wie →Lichtenberg auf die Palme: »Wer seine Talente nicht zur Belehrung und Besserung anderer anwendet, ist entweder ein schlechter Mann oder ein äußerst eingeschränkter Kopf. Eines von beiden muß der Verfasser des Werther sein.« Schmunzelnd ergänzt er: »Die schönste Stelle im Werther ist, wo er den Hasenfuß erschießt.«

Der Rummel um das Buch ist gewaltig. Es kommt zu Nachdrucken, Raubdrucken, Verboten, Gegenschriften, Nachahmungen, Verteidigungen, Übersetzungen, graphischen Umsetzungen, Parodien. Man reißt sich um den Shootingstar. Da lernt Goethe den jungen Herzog Karl August von Sachsen-Weimar kennen, der ihm eine verlockende Stellung in Weimar anbietet. Goethe macht einen rasanten Aufstieg, wird Legationsrat, Kriegskommissar und schließlich Leiter der Finanzbehörde. Aus dem nervösen Dichter wird ein gewiefter Politiker.

Goethe knüpft zarte Bande zur prüden Hofdame Charlotte von Stein, aber es wird ein quälendes Verhältnis. Seine poetischen Annäherungsversu-

124 JOHANN WOLFGANG VON GOETHE

che machen die Frau nicht liebeslusti-ger. Die Arbeit wächst Goethe über den Kopf, weil er nur noch sein Frig-idchen im Hirn hat. Goethe löst das Problem auf bewährte Weise: Verklei-det und unter dem schlichten Namen Möller verabschiedet er sich auf fran-zösisch. Als er nach eineinhalb Jahren mit Sonne im Herzen und liebessatt von schönen Italienerinnen wieder auftaucht, ist seine frigide Angebetete kühl bis in die Zehenspitzen.

Doch dem 38jährigen Goethe hängt sein Singleleben zum Hals raus. Als die 22jährige Christiane Vulpius mit einem Bittgesuch ihres Bruders Chri-stian August, dem späteren Autor des berühmten »Rinaldo Rinaldini«, in seinem Zimmer steht, werden dem autoritären, unnahbaren, über alles erhabenen Machtmenschen die Knie weich. Goethe, dem Etikette sonst über alles geht, wirft plötzlich alle Konventionen über den Haufen und zieht sich mit seiner Eroberung glück-selig in sein Gartenhaus zurück. In-nerhalb von ein paar Tagen hat die Buschtrommel die pikante Neuigkeit im ganzen Ländchen verbreitet. Als Charlotte von Stein von der neuen Leidenschaft ihres Ex-Freundes er-fährt, giftet sie: »Diese kleine, fette Tanzkugel«. Das Verhältnis ist tatsächlich skandalös. Bei einem Herrn von Goethes Stand drückt man beide Augen zu, wenn er im Heu ein Bauernmädchen schwängert. Das gilt als Kavaliersdelikt. Es wird jedoch er-wartet, daß er standesgemäß heiratet

und legitime Kinder zeugt. Zum Glück sorgt auch Goethes Chef hin und wie-der als liebender Landesvater höchst-persönlich für die Vermehrung seiner Untertanen. Und so bewahrt die schützende Hand des Herzogs die klei-ne Geliebte seines großen Ministers vor der Hexenjagd der höfischen Wei-berschaft Weimars. Ohne höchste Pro-tektion hätte ein Mädchen wie Christi-ane Vulpius für ihre fünf außer-ehelichen Schwangerschaften mit 14 Tagen Gefängnis, Geldstrafen und Demütigungen seitens der Kirchen-behörden büßen müssen. Trotzdem lassen die feinen Damen nicht locker. Im zähen Kampf gegen die Aufsteige-rin gelingt es ihnen, die mächtige Mutter des Herzogs aufzuhetzen. Sie verbietet, daß der »Bankert« des Lie-bespaares an ihrem Haus vorüberge-tragen wird. Da ist es soweit: Goethe und Christiane verlassen die Stadt und wohnen drei Jahre lang in einem Jägerhaus vor den Toren Weimars. Die Hyänen am Hofe triumphieren.

Nach der Rückkehr in ihr Stadt-haus lebt das Paar in seltsamer Ge-meinschaft. Bei offiziellen Einladun-gen verbirgt Goethe seine Hausfrau vor den Augen der Öffentlichkeit. Sie stört das nicht weiter, so wie es ihn nicht stört, daß sie einen Brief weder orthographisch noch grammatika-lisch richtig schreiben kann. Allein mit seiner Liebsten fühlt Goethe sich pudelwohl. Gemeinsam leeren sie Fla-sche um Flasche fröhlichen Rhein-weins. Der Herzog bemerkt voll Bewunderung, daß sein Minister »fürchterlich trinken« kann. Manchmal schluckt Goethe bis zu drei Liter Wein am Tag. Auch Sohnemann August wird von der fürsorglichen Mutter bereits als Kind ins »Gesundtrinken« eingeführt. Nach 18 Jahren wilder Ehe fühlt sich Goethe seiner »kleinen Hausfreundin« so nah, daß er die 40jährige 1806 mutig zum Traualtar führt. Wieder steht das Provinzstädtchen Kopf. Als einige der wenigen zeigt Schopenhauers Mutter Format, indem sie sagt: »Warum soll ich ihr keine Tasse Tee reichen, wenn Goethe ihr seinen Namen gibt?« Nun, da Goethe ein standesgemäßer Politiker mit einem Haufen von Ämtern geworden ist, nervt er Familie und Untergebene mit seiner Pingeligkeit. Von seinen Bibliotheksangestellten verlangt er, daß sie Tagebücher führen, worin sie das Wetter ebenso eintragen müssen wie anderen Kleinkram des Lebens. Für den Kalender in seinem Arbeitszimmer wird extra ein Futteral in Auftrag gegeben, weil dieser schmutzig werden könnte. Auf Goethes Schreibtisch liegen alle Bleistifte in preußischer Ordnung der Größe nach nebeneinander. Ein schiefer Strich unter einer Rechnung reizt ihn zu Wutanfällen. Bücher werden mit Umschlägen versehen, Zeitungen, die er liest, müssen wie Akten geheftet werden. Selbst das Begrüßen von vertrauten Freunden ist ein zeremonieller Akt. Sind die Besucher im Empfangszimmer angekommen, wird dieses seiner Exzellenz mitgeteilt. Dann erhebt Goethe sich würdevoll, geht aber nicht einfach über die Haupttreppe zu ihnen hinab, sondern »wandelt« durch den »Kommunikationsgang« in das »Urbino-Zimmer«. Hier sammelt er sich ein paar Minuten und wirft einen prüfenden Blick in den Spiegel. Dann erst tritt er mit Feiertagsmiene seinen Besuchern entgegen. Und nie vergißt er, zuvor den Stern des Falkenordens an seine Brust zu heften. Alles an ihm ist gewichtig, manches sogar übergewichtig, wie der Sohn seiner platonischen Busenfreundin Charlotte von Stein mitteilt: »Sein Gang ist überaus langsam und sein Bauch nach unten vorstehend wie der einer hochschwangeren Frau.« Schiller, mit dem er Hand in Hand auf dem berühmten Weimarer Denkmal zu bewundern ist, charakterisiert ihn so: »Er macht seine Existenz wohltätig kund, aber nur wie ein Gott, ohne sich selbst zu geben. Ich betrachte ihn wie eine stolze Prüde, der man ein Kind machen muß, um sie vor der Welt zu demütigen.«

Am 27. August 1831, einen Tag vor seinem 82sten Geburtstag, ächzt der dicke Dichter mit dem Berginspektor Mahr den Kickelhahn hinauf zum zweistöckigen Jagdhaus. Im oberen Zimmer hat Goethe vor 51 Jahren acht Tage gewohnt und »einen kleinen Vers an die Wand geschrieben«. Er bittet Mahr, diesen zu notieren. Links neben dem südlichen Fenster finden sie die Bleistiftinschrift: »Über allen Gipfeln ist Ruh, in allen Wipfeln spürest du kaum einen Hauch; die Vögelein schweigen im Walde. Warte nur, balde ruhest du auch. – D.7. September 1780.« Goethe liest, und Tränen rinnen über seine Wangen. Er trocknet sie mit dem Taschentuch und sagt wehmütig: »Ja, warte nur, bald ruhest du auch!« Sieben Monate später ist er tot.

Nikolai Wassiljewitsch Gogol – Der geheimnisvolle Zwerg

* 1.4.1809 in Sorotschinzy,
† 4.3.1852 in Moskau
Im letzten Drittel seines Lebens zweifelte der russische Dichter so stark an der Sinnhaftigkeit seiner Arbeit, daß er sich auf das Predigen christlicher Ideale verlegte.
Werke: Der Newski-Prospekt, 1835; Aufzeichnungen eines Wahnsinnigen, 1835; Der Revisor, 1836; Der Mantel, 1842; Die toten Seelen, unvollendet, 1. Teil 1842

Für einen Abkömmling einer adeligen Kosakenfamilie sieht Gogol ziemlich mickrig aus. Seine Mitschüler nennen ihn »den geheimnisvollen Zwerg«. Aber Gogols ätzender Witz und seine Faxen bringen die Klasse zum Lachen; einmal fällt er gar, um einen Verrückten darzustellen, zähnefletschend über den Schulleiter her. Gogol keift, fuchtelt mit den Armen, versucht zu beißen, so daß er tatsäch-

lich für irre gehalten wird. So wird er der Held der Schule.

Als Gogol 20 ist, erscheint sein erstes Buch »Hans Küchelgarten«. Das romantische Epos wird von der Kritik gnadenlos verrissen. Nachdem Gogol die Rezensionen gelesen hat, verzieht er sich mit der gesamten Auflage in ein Hotelzimmer, steckt ein Buch nach dem anderen in den Ofen und beschließt, nach Amerika auszuwandern. Doch bereits in Lübeck kommt Gogol auf neue Gedanken und kehrt nach St. Petersburg zurück. Seine Wirkung als Witzfigur vor Augen, ersinnt er nach seinem Ebenbild groteske Gestalten und bevölkert damit seine Erzählungen. Als er in der Druckerei auftaucht, wo die »Abende auf dem Vorwerk bei Dikanka« gedruckt werden, beginnen die Setzer »hinter vorgehaltener Hand zu kichern«. Liegt es an Gogols komischem Aussehen? Der Chef klärt ihn auf: Die Männer lachen über die witzigen Geschichten. Und so wird das urkomische Buch in ganz Rußland gefeiert. →Puschkin, Rußlands berühmtester Dichter, ist begeistert: »Das ist echte Fröhlichkeit, aufrichtig, ungezwungen, ohne Affektiertheit, ohne Ziererei... Welche Poesie! Welches Gefühl!«

Zwischen Puschkin und Gogol entsteht eine Freundschaft. Puschkin gibt dem Debütanten Tips für den dramatischen Aufbau und dichterische Feinheiten. Fünf Monate später landet Gogol mit »Taras Bulba« seinen zweiten Hit. Alle sind begeistert vom Kosakenepos, nur die Stimmung des Autors verdüstert sich. Der überraschende Ruhm stresst ihn. Die berufliche Meßlatte, die er sich selbst gelegt hat, ist hoch. Wie soll er je wieder diese Qualität erreichen? Die Angst vor dem weißen Papier macht Gogol fertig. Der 24jährige leidet an Hämorrhoiden, Durchfall und Verstopfung, Schweißausbrüchen und Konzentrationsschwäche. Mit magischen Ritualen versucht er, den Genius der Inspiration heraufzubeschwören: »Ich knie zu deinen Füßen! O verlaß mich nicht! Lebe auf Erden wenigstens zwei Stunden am Tag mit mir.«

Gepeinigt sehnt sich Gogol nach einem ruhigen bürgerlichen Beruf mit gesichertem Einkommen. Dank guter Beziehungen bekommt er eine Professur für Geschichte an der St. Petersburger Uni und bleibt seinen Studenten in unvergesslicher Erinnerung. Denn der Professor verfügt zwar über eine Anekdotensammlung, aber über keinerlei Fachwissen. Der Professorendarsteller verblüfft die Studenten: »Erstens ließ Gogol von drei Vorlesungen garantiert zwei ausfallen; zweitens pflegte er nicht zu sprechen, sondern höchst Unzusammenhängendes zu murmeln und kleine Stahlstiche aus orientalischen Ländern zu zeigen.« Nach einem Jahr ist seine Gastvorstellung vorbei und Gogol versucht sich als Bühnenautor. Durch Beziehungen und Bakschisch schleust er den »Revisor« an der Zensur vorbei auf die Bühne. Alle Vorstellungen der

herrlichen Satire auf die russische Bürokratie sind ausverkauft. Das Publikum feiert Gogol mit Standing ovations – doch der Dichter ist frustriert: »Mein eigenes Werk kam mir so widerlich, wildfremd vor, als wenn es überhaupt nicht von mir wäre.« Mißmutig greint er: »Die Beamten sind gegen mich; die Kaufleute sind gegen mich, die Literaten sind gegen mich«.

Gogol flüchtet ins Ausland und beginnt in Paris mit seinem Meisterwerk »Die toten Seelen«. In Rom erreicht ihn die Nachricht, daß Puschkin beim Duell ums Leben gekommen ist: »Die ganze Lust meines Lebens ist dahin. Nichts habe ich ohne seinen Rat unternommen. Keine Zeile wurde geschrieben, ohne daß ich ihn vor Augen gehabt hätte... Auch mein jetziges Werk ist seine Schöpfung. Er ließ mich schwören, daß ich es schreiben würde... Was ist mein Werk nun? Was ist nun mein Leben?« Jetzt, wo sein Mentor tot ist, ist es auch mit Gogols Selbstsicherheit vorbei. In alter Manier verbrennt er verworfene Manuskripte. Völlig frustriert wird er zum Sorgenfresser und verschlingt in Gourmet-Restaurants Menüs für vier Personen.

Das üppige Leben kostet auf die Dauer mehr, als Gogol verdient, denn sechs Jahre lang hat er kein Buch mehr veröffentlicht. Seine Einnahmen versiegen: »Ich beginne zu glauben, was ich früher für ein Märchen hielt, daß nämlich Schriftsteller heutzutage verhungern können.« Um dem Hungertod zu entgehen, wirft Gogol die Gesamtausgabe seiner Werke in vier Bänden auf den Markt. Kritik und Publikum jubeln. Die Ausgabe verkauft sich von selbst. Gogols Verleger zieht in eine neue Villa und er selbst kann wieder unbeschwert tafeln. Doch nun fällt Gogol nichts mehr ein. Von Selbstzweifeln gequält schreibt er eine Tragödie. Der Freund, dem er sie vorliest, schläft gelangweilt ein. Gogol steckt den Text in den Ofen.

Der Humorist hat keinen Spaß mehr am Leben, die dichterische Inspiration ist weg. In seiner Not bittet Gogol den Mönch Matthäus Konstantinosky um geistlichen Beistand. Aber statt ihn aufzubauen, beginnt der Guru mit einer Art Exorzismus: »Sag dich los von Puschkin. Er war ein Sünder und Heide!« Der Priester jagt den Geist des lieben Toten zum Teufel und verordnet Gogol einen Fastenmarathon. Nach zwei Wochen schlottert Gogol der Anzug, und in Wahnvorstellungen begegnet er sich selbst als Totem. Geister rufen seinen Namen. Vor Angst stockt ihm der Atem. Wissen sie, daß er den vollendeten zweiten Teil der »Toten Seelen« vor seinem Beichtvater versteckt hat? In Panik verbrennt Gogol das Ergebnis seiner zehnjährigen Arbeit im Ofen. Weinend und betend kriecht er ins Bett. Als er sich wieder halbwegs erholt hat, dämmert ihm etwas Entsetzliches: Der Teufel hat ihn überlistet.

Er schläft nicht mehr, ißt nichts mehr; die Ärzte wollen ihn künstlich ernähren. Gogol lehnt ab und dämmert in den Tod hinüber. Oder vielleicht nicht ganz. Als 15 Jahre später sein Grab geöffnet wird, erkennt man an der Lage des Skeletts, daß er wahrscheinlich lebendig begraben wurde.

Edmond Hout und Jules Hout de Goncourt – Eine Seele in zwei Körpern

* 26.5.1822 in Nancy,
† 16.7.1896 in Champrosay
* 17.12.1830 in Paris, † 20.6.1870 in Auteuil
Einer der wichtigsten französischen Literaturpreise, der Prix Goncourt, ist nach den berühmtesten Tagebuchschreibern Frankreichs benannt und zeichnet alljährlich ein in »Inhalt und Form originelles« französisches Prosawerk aus.
Werke: Renée Mauperin, 1864; Germinie Lacerteux, 1864; Manette Salomon, 1867; Die Frau im 18. Jahrhundert, 1874; Tagebuch der Brüder Goncourt, 1887-1896

Sähe man sie heute auf der Straße, müßte man sofort an ein Komikerpaar wie Pat und Patachon denken. Jules, der Jüngere, ist gerade 19, als er zusammen mit seinem acht Jahre älteren Bruder Edmond eine elegante Wohnung einrichtet. Das extravagante Paar im Partnerlook ist schon bald in den einschlägigen Kreisen von Paris bekannt. »Dunkelblond der eine, brünett der andere, gleiche Frisur, gleiches Bärtchen, gleiche Kleidung, Hose aus hellgrauem Tuch, dunkle Weste, dunkler Gehrock, darüber baumelt das eckige Monokel am schwarzen Band.«

Die Brüder de Goncourt werden in den Salons kritisch beäugt, aber auch die Lebensgefährten ihrerseits sind von unstillbarer Neugier erfüllt. Alles an ihren Mitmenschen interessiert sie: nichtigste Kleinigkeiten und intimste Geheimnisse. Niemand ist vor den Bespitzelungen der feinen Schnüffler sicher. Freunde bemerken fröstelnd: »Sobald man sie nicht anschaut, müssen sie wohl auf ihre Manschetten schreiben.« Durch ihre Forschungen im Dickicht der Stadt kommen die Junggesellen zu sonderbaren Schlüssen: »Die Familie, die Frau, die Kinder sind in geldlicher Hinsicht für den Mann ein großer Demoralisierungs- und Verblödungsapparat.« Das Grübeln über das Urübel Frau setzt eine andere sonderbare Idee frei: »Den Frauen fehlt nichts als ein Schalthebel im Nabel – wie an der Ofenklappe, den man umdrehen könnte und der sie verhinderte, Kinder zu bekommen, wenn man keine haben möchte.«

Als Herren von Welt haben die Goncourts keine Ehefrauen, sondern sind im Bordell zu Hause, das kostet weniger und garantiert absolute Freiheit. Da tritt eines Tages Venus in anderer Gestalt in ihr Liebesleben: »Dieser Tage eine ehemalige Geliebte wiedergesehen, die fülliger und schöner geworden ist: Maria, die Hebamme.« Das galante Abenteuer des Jüngeren wird zu einer harmonischen Dreierbeziehung, in der Maria das große Ehebett mit den Brüdern teilt. »Maria macht es wie das Publikum: sie akzeptiert unsere Zusammenarbeit... Eine Geliebte zu zweit, die in unserem Bett mehr Platz einnimmt als in unserem Leben.«

Tatsächlich kleiden sich die Brüder nicht nur gleich: Sie essen im selben Rhythmus, schreiben ihre Romane und ihr Tagebuch gemeinsam und plaudern in Gesellschaft auf eine unverwechselbare Art: Jules, der jüngere, beginnt seine Ansichten zu äußern, läßt den letzten Satz offen, den Edmond, der ältere Bruder, daraufhin tiefsinnig erläutert, worauf Jules die Schlußfolgerung für beide zieht. Auch ihre Leiden überfallen sie zur selben Zeit: Ob Depression, Durchfall, Unlust oder Impotenz. Darum fühlen sie sich wie ein Wesen in zwei Körpern: »Wir sind zusammen nur ein Einsamer, ein Gelangweilter, ein Kränklicher.«

Nach zehn Jahren aufreibendem Dienst bei den feinen Herren hat Maria von ihrer Rolle als Lustobjekt genug und verläßt das seltsame Paar. Hochmütig rümpfen die verlassenen Bettgenossen die Nase, denn als Intellektuelle sind sie über Gefühle erhaben. Doch nach dem Bruch mit der

Mätresse wird der Jüngere krank. Er hat die Empfindung eines schmerzenden dritten Ohres in der Magengegend. Er wird derart geräuschempfindlich, daß die Brüder Paris verlassen und eine Villa außerhalb der Stadt beziehen. Doch die Idylle erweist sich bald als Hölle: Das Dröhnen der Eisenbahn, Hufgetrappel, Kinderlärm im Haus zur Linken machen den Jüngeren schier verrückt. Auf der Flucht vor Zügen, Glocken, Kutschen und Vögeln ziehen sie von einer Behausung in die andere. Ihr Leben wird immer trostloser. Während der Kranke zerfällt, ist der ältere Bruder am Rand des Selbstmords.

Trotzdem führt Edmond gewissenhaft das gemeinsame Tagebuch weiter, in dem er den Leidensweg des Bruders minutiös notiert, bis zum bitteren Ende: »Er ist nach zwei oder drei schwachen Seufzern, mit dem Atemhauch wie ein einschlummerndes Kind, verstorben.« Auf dem langen Weg zum Friedhof kann die Trauergemeinde zusehen, wie sich Edmonds dunkles Haar weiß färbt. Von nun an sind die Tagebücher das Medium der Zwiesprache mit dem Verstorbenen: Insgesamt über 5000 Seiten in 22 Bänden – eine unerschöpfliche Fundgrube für die französische Kulturgeschichte des 19. Jahrhunderts, worin die Brüder unvergängliche Porträts ihrer Zeitgenossen überliefern.

Iwan Alexandrowitsch Gontscharow – Das unterhaltsamste Buch über die Langeweile

* 18.6.1812 in Simbirsk, * 27.9.1891 in St. Petersburg

Der Schriftsteller ist einer der Hauptvertreter des russischen realistischen Romans.

Werke: Eine gewöhnliche Geschichte, 1847; Fregatte »Pallas«, 1858; Oblomow, 1859; Die Schlucht, 1869

So wie Hektik und Streß Probleme unserer Zeit sind, ist das Problem seiner Generation die Langeweile. Während uns die Geschwindigkeit des Alltags von Termin zu Termin hetzt, wissen Gontscharow und seine Zeitgenossen kaum, wie sie die Zeit totschlagen sollen. Als der junge Gontscharow nach dem Studium eine Stellung als Sekretär auf mittlerer Verwaltungsebene im Finanzministerium antritt, ist er fassungslos über den Leerlauf, die Korruption und das Chaos, die dort herrschen. Da er glaubt, daß es in einer kleinen Stadt besser ist, läßt er sich aus Moskau versetzen. Doch auch in der Provinzverwaltung kriecht die Langeweile von den Wänden, herrschen Schlampigkeit und Schmiergeldwirtschaft.

Nach einem Jahr ist aus dem Idealisten ein angeödeter Beamter geworden, der sehnsüchtig den Uhrzeiger bis zum Dienstschluß verfolgt. Kaum ist Gontscharow aber zu Hause, beginnt seine wahre Arbeit als Autor: Zehn Jahre lang schreibt er tagtäglich

IWAN ALEXANDROWITSCH GONTSCHAROW 131

an einem Roman. Als das Manuskript fertig ist, gibt er es einem Freund mit guten Kontakten zur literarischen Szene. Der Freund liest die ersten Seiten, blättert, gähnt, liest den Schluß und legt den Erstling gelangweilt auf den Schreibtisch. Da Gontscharow sich nicht traut nachzufragen, verstauben die Seiten hier ein ganzes Jahr, bis es dem Freund lästig wird und er es an einen befreundeten Redakteur der Zeitschrift »Sowremennik« weitergibt. Der ist fasziniert und veröffentlicht das wunderbar lebensnahe Werk kapitelweise in seiner Zeitschrift. Die Leser sind begeistert von der Schönheit der Sprache, der Schärfe der Charaktere und der präzisen Schilderung des Alltagslebens. Binnen kurzem ist der schriftstellernde Beamte bekannt.

Ermutigt macht sich Gontscharow an einen zweiten Roman, und noch während des Schreibens an einen dritten. Wieder geht das Schreiben im Schneckentempo voran, da bekommt Gontscharow überraschend das Angebot, als Regierungssekretär mit einer See-Expedition um die Welt zu segeln. Soll er ein solches Abenteuer wagen? Unschlüssig igelt er sich am Schreibtisch ein und ringt sich schließlich zum Erstaunen seiner Freunde dazu durch mitzufahren. Das ist die Gelegenheit, der Langeweile zu entfliehen und den Rest seines Lebens »etwas vergnügter zu verbringen«. Aber die Hoffnung trügt, auch auf dem Schiff ödet sich Gontscharow

entsetzlich. »In der Nordsee kam man zu mir und rief mich auf Deck, ich solle mir das Meeresleuchten betrachten. Aber ich war zu faul, ich ging nicht.« Mit der Zeit gewöhnt er sich an die »unsympathischen Seeleute«, das Geschrei, die Enge, das Einerlei des Essens. Fast unmerklich verändert sich Gontscharow, denn das Leben an Bord ist kernig und fordert den ganzen Mann. Er fragt sich, ob er nicht selbst schuld ist an seinem säuerlichen Wesen, und ihm wird klar, daß diese Reise ihm die Gelegenheit bietet, sein Leben von Grund auf zu ändern.

Gemäß der Lehre des Yogis Vâsistha, nach der »die Welt ist, wie du sie siehst«, beginnt Gontscharow plötzlich die positiven Seiten zu sehen. »Auf diese kunstvolle Weise erarbeitete ich in mir die wertvolle Fähigkeit, mich nicht zu langweilen.« Als er nach zwei Jahren zurückkehrt, ist Gontscharow ein anderer Mensch. Ironisch betrachtet er seine langweiligen Zeitgenossen und erkennt plötzlich die Langeweile als Hauptleiden seiner Epoche. Er macht sie zum Thema seines zweiten Romans »Oblomow«. Der Protagonist, Gutsbesitzer Oblomow, verbringt sein Leben auf dem Sofa, schmiedet ununterbrochen große Pläne, hat aber nicht die Energie, auch nur zu beginnen, sinkt zurück in die Kissen, schläft ein bißchen, trinkt Tee, raucht, döst und vertut sein Leben. Es wird das unterhaltsamste Buch, das je über die Langeweile geschrieben wurde.

Joseph Ferdinand Gould –
Der Dichterdarsteller

* 1889 in Norwood, Massachusetts,
† 18.8.1957 in Brentwood, N. Y.
Das Werk des kauzigen Amerikaners
ist nicht schriftlich fixiert. Joseph
Mitchell hat über ihn ein kleines
Buch mit dem Titel »Joe Gould's
Secret« (1997) verfaßt, das von Stan-
ley Tucci unter gleichem Titel ver-
filmt wurde.

Wer Joseph Ferdinand Gould zu einer
Party einlädt, braucht sich um die Unterhaltung seiner Gäste keine Sorgen
zu machen. Allein seine »Möwen-
nummer« sorgt für Lachsalven, wenn
er mit flatternden Armen und Vogel-
gekreisch durchs Zimmer hüpft und
nach Partyhäppchen pickt. Gould behauptet, nicht nur die Sprache der
Möwen zu verstehen, sondern sie sogar in amerikanische Gedichte übersetzen zu können. Das klingt dann
etwa so: »Chratap'at wongs wing
kong who howls cling king loans who
howls hoods chratap'at ho«. Diese Per-
formance rettet die ödeste Party. Irritierte Gäste, die den lustigen Vogel
aufgrund seines Narrentheaters und
Kostüms für einen verirrten Stadt-
streicher halten, klärt der Gastgeber
auf, es handle sich um den berühmten
Poeten Gould, Absolvent der Harvard-
Universität aus uraltem New-Eng-
land-Adel, dessen Vorfahren mit der
Mayflower ins Land kamen. Die Skep-
sis wandelt sich dann in bewundern-
de Blicke.

Fragt eine literaturbegeisterte Lady
Gould nach seinem neusten Werk, erzählt er mit Enthusiasmus von seinem
in Entstehung begriffenen Monumentalwerk »The Oral History Of Our
Time« und zitiert daraus auswendig
ganze Passagen. Um das Buch schreiben zu können, habe er seit 1917 auf
jeden bürgerlichen Luxus verzichtet,
er schlafe in Nachtasylen und lebe von
milden Gaben. »Für mich ist meine
Dichtung Strick und Schafott, Bett
und Speise, Frau und Flittchen, Wunde und das Salz darin, Whisky und
Aspirin, Fels und Erlösung. Sie ist das
Einzige. Nichts anderes zählt.«

Zweifellos hat dieser Mann Sprachkraft und unkonventionelle Ideen.
Ezra Pound, der Entdecker und Förde-
rer junger Talente, ist von ihm ebenso
beeindruckt wie der Experimental-
poet e.e. cummings. Sie sorgen für die
Veröffentlichung einiger Gouldtexte
in avantgardistischen Blättern. Mit
den Zeitschriften unter dem Arm
streift Gould nun durch die Kneipen
des Künstlerviertels Greenwich Villa-
ge und schnorrt sich den Lebensunterhalt zusammen. Einem am Dichterhimmel aufgehenden Stern wie ihm
gibt man gerne einen aus, zumal die
Wertschätzung von Pound und e.e.
cummings fast seinen Erfolg garantiert. Außerdem weiß jeder, der etwas
von Poesie versteht, daß es ein langer,
dorniger Weg zum Ruhm ist.

1933 porträtiert ihn die ebenfalls
in Mode kommende Malerin Alice
Neel in ihrem Atelier. Das Bild zeigt

JOSEPH FERDINAND GOULD 133

Gould nackt als Lustmolch mit Halbglatze und wirrem Haarkranz zwischen zwei stehenden nackten Männerleibern mit leuchtenden Genitalien. Der Poet sitzt breitbeinig grinsend, die Arme auf den Knien aufgestützt. Statt eines Phallus schmückt ihn Alice mit dreien übereinander. Gould ist entzückt und prophezeit, daß dieses herrliche Bild einmal eine Wand im berühmten Whitney Museum zieren wird – und behält damit Recht, das Bild hängt heute tatsächlich dort.

Jahrelang schreibt Gould in der Minetta Tavern an »seinem« Tisch wie ein Wiener Caféhausdichter an seinem Riesenwerk. Mit der Zeit erhält er vom Wirt freie Kost. Der Wirt ist happy, seinen Gästen aus der Provinz einen echten Großstadtpoeten bieten zu können. Die biederen Rancher und Tankstellenbetreiber sind begeistert, sich mit dem Berühmten unterhalten und ihn zu einem Drink einladen zu dürfen. Gould wird zu einer Art Touristenattraktion; die Gäste strömen in Scharen, lauschen gespannt seinen Schnurren und blicken ehrfürchtig auf die Schulhefte, in die er tagtäglich seine Texte schreibt. Der Dichter erzählt, er habe inzwischen Hunderte davon vollgeschrieben. Sein Buch sei bereits neun- bis zwölfmal umfangreicher als die Bibel. Für Leute, die mit Mühe einen Brief zustande bringen, ist das unfaßbar.

Seit Jahren bewundert Joseph Mitchell die Ausdauer des Dichters. Vom villonesken Charme des Poeten fasziniert, läßt der Redakteur der Stadtzeitung »The New Yorker« 1942 ein großes Gould-Porträt veröffentlichen, das Goulds Popularität enorm steigert. Selbst Leute, die an der Seriosität Goulds gezweifelt haben, sind sich nun sicher: Er ist ein verkanntes Genie. In der Redaktion gehen bergeweise Anfragen nach dem sensationellen Buch ein. Mitchell drängt den großen Dichter, wenigstens den ersten Teil seines Werkes zu veröffentlichen und stellt die Verbindung zu einem renommierten Verlag her. Der Lektor trifft sich mit Gould und Mitchell zu üppigen Arbeitsessen in teuren Restaurants. Gould zitiert seitenweise auswendig, Lektor und Redakteur entwickeln Werbestrategien, man vereinbart den Abgabetermin für das Manuskript. Doch dann ist der Dichter plötzlich unauffindbar. Als ihn Mitchell nach Tagen auftreibt, vereinbaren sie einen neuen Termin. Und so geht das weiter. Als der in die Enge getriebene Gould pathetisch verkündet, sein Werk dürfe erst postum erscheinen, weil seine Zeitgenossen die Genialität der »Oral History Of Our Time« nicht zu würdigen wüßten, dämmert Mitchell, daß irgend etwas faul ist. Der geniale Dichterdarsteller hat jahrzehntelang mit manischer Besessenheit immer wieder dieselben wenigen Gedichte in seine Schulhefte geschrieben. Das ist ihm anscheinend peinlich, ganz sicher aber für Mitchell und den New Yorker Kulturbetrieb.

Doch Mitchell macht gute Miene zum irren Spiel und behält das Geheimnis zwanzig Jahre für sich. Erst sieben Jahre nach Goulds Tod veröffentlicht er »Joe Goulds Geheimnis«, in dem er den großen Bluff enthüllt, und im Jahr 2000 wurde das Buch über den Dichterdarsteller verfilmt.

Christian Dietrich Grabbe – Steter Tropfen höhlt die Leber

* 11.12.1801 in Detmold,
† 12.9.1836 in Detmold
» Wie Plato den Diogenes sehr treffend einen wahnsinnigen Sokrates nannte, so könnte man unsern Grabbe leider mit doppeltem Recht einen betrunkenen Shakespeare nennen.«
(Heinrich Heine)
Werke: Marius und Sulla, 1827; Scherz, Satire, Ironie und tiefere Bedeutung, 1827; Don Juan und Faust, 1829; Napoleon oder die 100 Tage, 1829/30; Hannibal, 1835; Die Hermannsschlacht, 1838

Als Grabbe wieder einmal die Existenzangst packt, schreit er gequält auf: »Was soll aus einem Menschen werden, dessen erstes Gedächtnis das ist, einen alten Mörder in freier Luft spazieren geführt zu haben!« Tatsächlich empfängt Christian Dietrich seine ersten Eindrücke im Zuchthaus von Detmold, wo sein Vater Gefängniswärter ist. Täglich sieht das Kind die Gefangenen zwischen grauen Mauern in grauer Anstaltskleidung schweigend im Hof kreisen. Der ungebildete Vater und die leicht überdrehte Mutter sind baß erstaunt, als sich ihr einziges Kind in der Schule als überdurchschnittlich begabt herausstellt. So kommt der Junge aus der Unterschicht aufs Gymnasium.

Weil Grabbe ungewöhnlich fleißig ist, schließt ihn sein Deutschlehrer ins Herz. Eines Tages legt der Schüler seinem verehrten Lehrer ein selbstverfaßtes Märchen vor. Der Lehrer liest und staunt: »Wo haben Sie denn das her? Das ist ja, als wenn man was von Shakespeare oder Calderon läse!«

Grabbe schwebt wie auf Wolken und hält sich für ein Genie, jetzt will er Dichter werden. Er macht sich sofort an die Arbeit und schreibt noch als Schüler zwei Tragödien, von denen jedoch nur die Titel erhalten sind. Ein übersteigertes Selbstbewußtsein ist von nun an Grabbes ständiger Begleiter. Bei den Gelagen mit seinen Freuden leert Grabbe mannhaft Flasche um Flasche und führt das große Wort. Seine Arroganz ist geradezu körperlich spürbar. Das begonnene Jurastudium bricht Grabbe ab, weil er glaubt, vom Schreiben leben zu können. Das stellt sich als Blütentraum heraus. Statt vom Dichten lebt er von sechs Silberlöffeln und einer Schöpfkelle, die ihm die Eltern als Studienunterstützung mitgegeben haben. Nachdem der letzte Löffel verhökert ist, kehrt Grabbe völlig abgebrannt nach Hause zurück.

Seinen Kummer über das muffige Provinzleben ertränkt Grabbe im Alkohol. Doch dann reißt er sich zusammen, macht sein Anwaltsexamen, wird Militärrichter und heiratet die zehn Jahre ältere Tochter seines früheren Gönners Clostermeier. Doch sofort nach den Flitterwochen kommt es zum Ehekrieg: Seine Frau ist entsetzt über seine Alkoholexzesse und Eskapaden im Amt, die bald Stadtgespräch sind. So empfängt er zum Beispiel vom Vorabend noch betrunken um elf Uhr früh zwei Offiziere zur Vereidigung barfuß in Unterhosen und gestreifter Pyjamajacke und fordert sie auf, mit ihm eine Flasche Rum zu teilen. Als sie geschockt ablehnen, begibt er sich nach kurzem Nachdenken ins Nebenzimmer. Als er zurückkommt, trägt er über den Unterhosen schwarze Seidenstrümpfe, über der Pyjamajacke einen schwarzen Frack, um den bloßen Hals eine schwarze Krawatte und an den Füßen Pantoffeln. Als die Offiziere über die Kostümierung lachen, donnert er sie mit schwejkschem Pathos an: »Lacht nicht! Das ist eine feierliche Handlung. Denkt an Gott! Ihr müßt nicht nach meinen Unterhosen sehen.« Nachdem die Vereidigung stattgefunden hat, sagt er: »Nun müßt ihr aber trinken, eher kommt ihr nicht weg!«

Aller Eskapaden zum Trotz ist Grabbe bienenfleißig und schreibt nachts mit rastloser Energie ein Drama nach dem anderen, von denen die meisten jedoch erst Jahrzehnte nach seinem Tod aufgeführt werden. Denn selbst seine berühmten Freunde →Heine und Tieck, die Grabbe für genial halten, schaffen es nicht, seine Werke unterzubringen.

Ein Jahr nach seiner Hochzeit verläßt Grabbe seine Frau und verliert kurz darauf wegen seiner Alkoholkrankheit seinen Job als Richter. Zum Glück verschafft ihm der Theaterdirektor Immermann, selbst Dichter und Jurist, eine Stelle am Düsseldorfer Theater. Doch wieder kommt der Alkohol dazwischen. Mit dem Posten verliert Grabbe den letzten Halt. Von Schuldnern verfolgt, völlig deprimiert und gesundheitlich zerrüttet, kehrt er nach Detmold zurück. Seine Frau weigert sich, ihn ins Haus zu lassen. Erst mit Hilfe der Polizei kann er den Eintritt erzwingen. Todkrank wirft Grabbe sich aufs Bett. Die Mutter will ihren sterbenden Sohn sehen, Grabbes Frau verweigert ihr den Zutritt. Erst nach einer bühnenreifen Szene gelingt es der Mutter, ans Sterbebett zu kommen, wo sie sitzen bleibt, bis der 35jährige für immer die Augen schließt.

Franz Grillparzer – Ein schäbiger Schöngeist

* 15.1.1791 in Wien,
† 21.1.1872 in Wien
Der größte österreichische Dichter. Werke: König Ottokars Glück und Ende, 1825; Des Meeres und der Liebe Wellen, 1831; Weh dem, der lügt,

1838; Der arme Spielmann, 1848;
Ein Bruderzwist im Hause Habsburg,
1872; Die Jüdin von Toldeo, 1872

Man könnte sagen, Grillparzer ist der typische Österreicher, oder besser: Wiener. Es gibt nichts, worüber er nicht nörgelt. Mit 60 schreibt er in sein Tagebuch: »Es macht mich traurig, daß mir alles im Leben mißlingt.« Selbst seinen Namen kann er nicht leiden. Gedruckt kommt er ihm sogar widerwärtig vor. Alles, was er besitzt, erscheint ihm gering. Sein Hausjöppchen ist ein »schmutziges«, er besitzt nur »alte« Bücher, bekommt er Besuch, muß er selbst auf einem »armseligen« Stuhl Platz nehmen. Briefe schreiben ist für ihn Sklavenarbeit, die wichtigsten Sachen schiebt er tagelang vor sich her. Morgens braucht er eine Ewigkeit, um in Schwung zu kommen. Um sich zu sammeln, trinkt er einen Kaffee, raucht eine Zigarre, liest in der Zeitung, grübelt über sein verpfuschtes Leben nach und sucht darauf bei seinem Lieblingsdichter Lope de Vega Trost. Dann phantasiert Grillparzer ein bißchen auf dem Klavier, »bis die Sammlung kommt für den Schreibtisch«. Als österreichischer Beamter im Finanzministerium kann Grillparzer sich ein solch poetisches Arbeitsleben leisten, jeder andere Dichter wäre dabei längst verhungert. Obwohl ihm seine Vorgesetzen ungeheuer viel Urlaub geben, damit er Zeit zum Dichten hat, jammert er ständig über die Beschwernisse seines

Amtes. Bequemlichkeit geht ihm über alles.

Als junger Mann verliebt Grillparzer sich in das Mädchen Kathi Fröhlich, ist aber zu bequem, sich ihr zu nähern, obwohl sie ihm schöne Augen macht. Eines Tages erreicht Grillparzer die Nachricht, daß ein Nebenbuhler »seiner« Schönen »die Cour« gemacht hat. Jetzt erfaßt ihn das heulende Elend. Psychisch angeschlagen, legt er sich ins Bett und bleibt ein paar Wochen liebeskrank mit hohem Fieber liegen. Das Erlebnis macht ihn zum eingefleischten Junggesellen, über 30 Jahre lang kann er sich nicht entschließen, seine Angebete zum Traualtar zu führen. Erst viele Jahre später kommen die beiden Liebenden zueinander – eingebettet in weicher Erde auf dem Hietzinger Friedhof.

Den Grund für sein »verpfuschtes« Leben sucht Grillparzer natürlich nicht bei sich selbst, sondern bei anderen. Zunächst einmal sind die Lehrer, in seinen Augen allesamt Karikaturen, schuld, die ihn in jungen Jahren nicht an regelmäßiges, systematisches Arbeiten gewöhnt hätten. Und auf der Universität hätte sich der Schulschwachsinn auf höherer Ebene fortgesetzt. Professoren stellt er mit Narren und Psychopathen auf eine Stufe. Aber sein eigenes Leben nimmt Grillparzer auch nicht in die Hand. Kürnberger analysiert seinen Charakter treffend: »Seine starken Leidenschaften, seine großen Fähigkeiten rufen ihm zu: schicke Plagen über Ägypten; tritt hin vor Pharao, sprich für dein Volk, führe es ins gelobte Land!... Aber in einem Winkel seines Herzens fängt nun der Österreicher selbst zu seufzen und zu lamentieren an: Herr, schicke einen andern! Ich fürchte mich... Laß mich lieber Pharaos Hofrat werden! ... Ein Phänomen ohnegleichen und nur in Österreich möglich!«

Als Dichter erleidet Grillparzer ebenfalls ein österreichisches Schicksal: Als Jüngling wird er von der zeitgenössischen Kritik überschwenglich gefeiert, obwohl aufgebrachte katholische Kreise an seiner Lyrik Anstoß nehmen und die Polizei alle noch unverkauften Exemplare beschlagnahmt. Im Mannesalter wird er durch gehässige Kritiker und gnadenlose Zensur bekämpft, und als er tot ist, wird er in den siebten Himmel gehoben.

Giovanni Guareschi –
Das Buffopaar des lieben Gottes
* 1.5.1908 in Fontanelle di Rocca-bianca; † 22.7.1968 in Cervia Guareschi lebte in Mailand und arbeitete als Chefredakteur von Wochenzeitungen.
Werke: Don Camillo und Peppone, 1948; Don Camillo und seine Herde, 1952

Das Haus, in dem Giovanni Guareschi geboren wird, beherbergt auch die Parteizentrale der italienischen Sozialisten. Und sein Geburtsort Fontanelle di Roccabianca ist zu jener Zeit, nach Guareschis Erinnerung, »eine Insel des Sozialismus im Meer des Kommunismus«. Doch Guareschis Herkunft sorgt für ein komplexeres Weltbild als das der roten Fahnen. Sein Vater, ein einflußreicher lokaler Grundbesitzer und erfolgreicher Landmaschinenhändler, erzieht seine Kinder aus Familientradition gut katholisch. Seine Mutter bringt als Lehrerin einen Anflug von Bildung ins Haus. Die Liebe der Eltern reicht für zwölf Söhne, von denen Giovanni der Älteste ist.

Als der jüngste Bruder, der zweijährige Chico, erkrankt, zeigt sich der exzentrische Charakter des Vaters, den Giovanni erben wird. Nachdem das fieberglühende Kind von allen Ärzten der Umgebung untersucht worden ist, breitet der letzte die Arme aus und sagt: »Nur noch der liebe Gott kann Ihr Kind retten.« Der Vater läuft in den Hof, versammelt mit einem Pfiff die Knechte, Mägde und Söhne und sagt: »Nur der liebe Gott kann Chico retten. Auf die Knie: wir müssen den lieben Gott bitten, Chico zu retten.« Während der Padrone mit verschränkten Armen bis sieben Uhr abends unbeweglich wie ein Standbild dasteht, beten alle hingekauert. Chicos Zustand verschlechtert sich, die Ärzte meinen, er wird die Nacht nicht überleben. Da winkt der Vater Giovanni zu sich, reicht ihm ein großes Bündel und hängt sich das Gewehr um. Gemeinsam gehen sie zum Pfarrer. »Hochwürden«, sagt der Vater, »heute haben sechzig Personen zwölf Stunden lang um Chicos Gesundung gebetet. Trotzdem geht es ihm schlechter... Gib Gott zu verstehen, daß ich, wenn Chico nicht wieder gesund wird, alles in die Luft sprenge. In diesem Bündel hier sind fünf Kilo Dynamit. Von der ganzen Kirche wird kein Stein auf dem anderen bleiben.« Dem Priester sinkt das Herz unter der Soutane, er eilt in die Kirche, kniet vor dem Altar und betet inbrünstig um Hilfe, während der Vater mit dem Gewehr unter dem Arm daneben steht. Um Mitternacht schickt der Vater Giovanni nach Hause. Der kehrt kurz darauf zurück: »Vater! Chico geht es besser. Der Arzt sagt, ein Wunder!« Während der Priester sich glücklich erhebt, nimmt der Vater einen Tausender und wirft ihn in den Opferstock: »Die mir erwiesenen Dienste bezahle ich. Gute Nacht.«

Der wohlproportionierte, breitschultrige achtzehnjährige Giovanni sieht sich bereits in der Rolle des Juniorchefs des väterlichen Betriebes, da stürzt die Wirtschaftskrise der Jahre 1926/27 das Unternehmen in den Konkurs. Der Vater verliert nicht nur sein Geschäft, seine Ländereien, seine Häuser und sein Geld, sogar die Möbel müssen verkauft werden, damit die Familie überlebt. Weil es keine Betten mehr gibt, schlafen Eltern und Kinder auf Strohsäcken auf dem Boden. Giovanni, ein guter Schüler, muß

die Schule verlassen, es reicht nicht mehr für das Schulgeld. So wird Guareschi Portier in einer Zuckerfabrik, wo die Stunden im Schneckentempo verstreichen. Um sich die Zeit zu verkürzen, schreibt er Artikel für die Lokalzeitung. »Ich trieb mich den ganzen Tag auf dem Fahrrad herum, um etwas Berichtenswertes zu finden... Am Abend füllte ich meine Seiten, indem ich Ereignisse erfand, und diese Ereignisse gefielen den Leuten ganz gut, weil sie viel wahrscheinlicher waren als die wirklichen.« Vor allem Guareschis humorige Storys kommen an und der Erfolg macht ihm Mut. Also geht er nach Mailand und kommt als Humorist bei einer Zeitung unter.

Eines Nachts im Jahre 1942 zieht Guareschi sternhagelvoll durch die Straßen von Mailand und stößt Beschimpfungen gegen die faschistische Regierung unter Mussolini aus. Dafür sitzt er eine Woche im Knast. Um sich dem Prozeß zu entziehen, tritt er als Leutnant in die Armee ein. Als ein Jahr darauf die Italiener zu den Alliierten überlaufen, wird Guareschi von den Deutschen in ein Konzentrationslager nach Polen verschleppt. Zu Kriegsende kommt er frei: »Ich war nur noch ein Sack voll Knochen mit dem Gesamtgewicht von 50 Kilo inklusive Läusen, Wanzen, Flöhen, Hunger und Melancholie.«

1945 zurück in Italien, gründet Guareschi, weil es nicht viel zu lachen gibt, die satirische Zeitschrift »Candido« und wird damit landesweit berühmt. Guareschis darin erscheinende Fortsetzungsgeschichten des katholisch-kommunistischen Buffopaares »Don Camillo und Peppone« werden 1950 als Buch veröffentlicht – der Verkauf ist durchschnittlich. Erst in den USA wird das Buch ein Bestseller, und durch die Verfilmung mit Fernandel wird es auch in Europa ein Hit. »Das Schlimmste daran ist«, schmunzelt der Autor, »sogar den Kommunisten gefällt's.«

*Lithographie nach einem Selbstbildnis
E.T.A. Hoffmanns mit dem Zusatz
»sehr ähnlich« (1809)*

H

Jaroslav Hašek – Der Erfinder der Wirtshausgeschichte

* 30.4.1883 in Prag,
† 3.1.1923 in Lipnice
Hašeks größter Erfolg, »Die Abenteuer des braven Soldaten Schwejk«, wurde von Piscator dramatisiert, von →Brecht für sein Stück »Schwejk im Zweiten Weltkrieg« als Vorlage benutzt und von Peter Blaikner und Michael Korth mit der Musik von Konstantin Wecker als Musical auf die Bühne gebracht.
Werke: Die Abenteuer des braven Soldaten Schwejk, 1921-1923; Als Kommandant der Stadt Bugulma, 1925; Die Partei des maßvollen Fortschritts in den Grenzen der Gesetze, 1912 (erschienen 1963)

Der Vater, ein Mathematiklehrer, ist über die Eskapaden seines Sprößlings verzweifelt. Nach dem Abschlußexamen und einem kurzen Intermezzo als Versicherungsangestellter, beschließt der junge Hašek, als freier Schriftsteller reich und berühmt zu werden. Weil er deshalb immer knapp bei Kasse ist, arbeitet er nebenher als Hundehändler.

Die autoritäre Obrigkeit verachtet Hašek so stark, daß er sich den Anarchisten anschließt, die er wegen ihrer Humorlosigkeit bald wieder verläßt. Aber seinen Ruf als Revoluzzer hat Hašek weg. Das Subversive gehört zu seinem Charakter. Seine Eulenspiegeleien sind mehr als bloßer Schabernack und stellen auf sublime Weise die Ordnung auf den Kopf. Kein Wunder, daß Hašek immer wieder mit Vertretern der Obrigkeit in Konflikt gerät. Eines Tages wird er wegen Teilnahme an einer verbotenen Demonstration verhaftet. Polizisten beschuldigen ihn, einen Ochsenziemer gegen sie geschwungen und gerufen zu haben: »Haut ihn, haut ihn!« Er verteidigt sich: »Ich habe gerufen: ‚Schaut hin!‘, weil ich meine Nachbarn darauf aufmerksam machen wollte, daß der Kellner vom gegenüberliegenden Café zu mir herüberschaute.« Der gutmütige Polizeikommissar, der ihn verhört, meint: »Das ist sehr wahrscheinlich.« Doch der Untersuchungsrichter bellt: »Gestehen Sie, daß Ihre These ins Reich der Märchen gehört. Zeugen der Polizei sagen übereinstimmend aus, daß Sie sich in Ihrer Aufregung in einen Kampf mit der Amtsmacht eingelassen haben. Und zwar mit Begeisterung...« Das Gericht verurteilt Hašek zu einem Monat Gefängnis. Der nimmt es mit Humor, denn Humor ist der Grundzug seines Wesens.

Hašeks Ruf als Revoluzzer erweist sich jedoch als hinderlich, als er Jarmilka Mayer, die hübsche Tochter eines vermögenden Stukkateurs, heiraten will. Ihre Eltern sind entsetzt. Nach heimlichem Briefverkehr der Liebenden, willigt Jarmilkas weichherzige Tante ein, den Charakter des Bohemiens zu testen. Jarmilka fleht Hašek an, sich nicht zu betrinken, um bei der Tante einen guten Eindruck zu machen. Man tafelt in einem Gartenrestaurant, und statt Bier bestellt Hašek eine Flasche Mineralwasser nach der anderen. Selbst als Jarmilkas Brüder mit ihm anstoßen wollen, erweist er sich als standhafter Abstinenzler. Die Tante ist entzückt über den braven Verehrer ihrer Nichte. Als es Zeit für den Heimweg ist, kippt Hašek jedoch wie tot zu Boden. Ist ihm das »Sodawasser« in der Hitze zu Kopf gestiegen? Nein, Hašek hatte dem Keller fünf Gulden gegeben, damit dieser ihm jedesmal, wenn er zur Toilette ging, ein Glas Slivowitz auf dem Gang serviert. Trotzdem kommt es zur Hochzeit.

Doch der junge Ehemann kann sich einfach nicht an das bürgerliche Leben gewöhnen. Nacht für Nacht sitzt er mit anderen Künstlern in den Bierlokalen der Stadt und studiert das Volksleben, das er später in seinen unsterblichen Geschichten schildern wird. Hier trinkt, singt und diskutiert er bis zum Morgengrauen. Die Wirte freuen sich bei seinem Erscheinen. Später legt Hašek seinem Romanhelden Schwejk in den Mund: »Ich kenn mich drin aus, ich war mal in einer Nacht in 28 Lokalen. Aber alle Achtung, nirgends hab ich mehr gehabt als höchstens drei Biere.« Diese bacchantische Lebensart ist Hašeks Ruin. Ständig ist er pleite, die Ehe geht in die Brüche, die Leber hängt ihm bis in den Blinddarm.

Auf der Suche nach einem Ausweg aus dem Schlamassel treibt Hašek sich in der ganzen Donaumonarchie

herum und wird schließlich zur Teilnahme am ersten Weltkrieg gezwungen. Als Offiziersbursche der k.u.k.-Armee lernt er die »Freuden des Soldatenlebens« so gut kennen, daß er schließlich an der Front zu den Russen überläuft. Nach seiner Rückkehr in die Heimat schreibt Hašek sich den Haß auf den Militarismus in der Fortsetzungsgeschichte »Schwejk« von der Seele. Sein Held ist ihm verblüffend ähnlich: ein Untertan, der mit pfiffiger Hilflosigkeit und schlauer Dümmlichkeit seinen Privatkrieg gegen die Militärmaschinerie führt und dabei jegliche Autorität ad absurdum führt.

Als Hašek an den Folgen seiner Bierbegeisterung stirbt, ist sein Anti-Held Schwejk bereits unsterblich und erobert mit seinem Mutterwitz die Welt.

Gerhart Hauptmann – Schäferstündchen mit minderjährigen Mädchen

* 15.11.1862 in Ober-Salzbrunn/Schlesien, † 6.6.1946 in Agnetendorf/Schlesien
Das Hauptthema im Werk dieses Schriftstellers, den Thomas Mann im »Zauberberg« als Mynheer Peeperkorn karikierte, ist der unterdrückte, scheiternde Mensch.
Werke: Die Weber, 1893; Hanneles Himmelfahrt, 1893; Der Biberpelz, 1893; Der arme Heinrich, 1902; Und

Pippa tanzt!, 1906; Till Eulenspiegel, 1928; Der große Traum, 1942/43

Der Vater, Besitzer des Hotels »Zur preußischen Krone«, schwankt zwischen Wut- und Verzweiflungsfällen: Sein Sohn ist eine richtige Flasche. Die Realschule in Breslau schafft er nicht, die Landwirtschaftsschule schafft er nicht, das Einjährigen-Examen schafft er nicht. Auch Hauptmanns Versuch, sich nach zwei Jahren Kunstschule in Rom als Bildhauer zu etablieren, endet kläglich. Der Loser kehrt in die kalte Heimat zurück, hört an der Berliner Universität Vorlesungen über dies und das und schreibt ein Germanendrama mit dem grauenhaften Titel »Promethidenlos«. Die Familie ist ratlos.

Als Gerhard aber die Kaufmannstochter Marie Thienemann heiraten will, fällt den Eltern ein Stein vom Herzen, sie stimmen begeistert zu, denn das Mädchen ist im Hause wohlgelitten. Sie ist die Schwester der beiden Schwiegertöchter, und das sind ordentliche deutsche Hausfrauen. Zudem bringt Marie Geld mit und wird ihren Kunstromantiker schon auf Zack bringen. Das junge Paar zieht in die märkische Heide nach Erkner am Müggelsee. Hier setzt sich Hauptmann diszipliniert an den Schreibtisch, füllt dicke Notizbücher mit Dialektstudien und bastelt an eigenen Werken. Eine neu gegründete Privatbühne bringt sein erstes Katastrophenstück »Vor Sonnenaufgang« her-

aus – und der 27jährige wird zur Szenegröße. Zwar ist das Bildungsbürgertum geschockt, aber jeder muß das Skandalstück sehen. Und weil es so gut läuft, läßt Hauptmann jedes Jahr ein neues Drama erscheinen. Nach dem vierten Stück ist Hauptmann weltberühmt, doch seine Eltern wissen nicht, ob sie sich über den berühmt-berüchtigten Sohn freuen oder für ihn schämen sollen. Immerhin verdient er mittlerweile eine Menge Geld, und nach dem sechsten Stück wird er für den Schillerpreis vorgeschlagen. Doch das empörte Staatsoberhaupt Kaiser Wilhelm II. lehnt den Skandalautor rundum ab, daher bekommt Hauptmann den Preis nicht.

Auch privat macht der Dichter der Familie wieder Sorgen. Um sich von seiner resoluten Gattin zu erholen, hat er sich mit der hübschen Margarete eingelassen. Nach zehnjähriger Ehekrise befreit ihn die Scheidung von der dominanten Marie und er heiratet seine unkomplizierte Margarete. Doch die erweist sich als Dichtergattin ebenso kratzbürstig wie ihre Vorgängerin. Nach einem Jahr sehnt sich Hauptmann bereits wieder nach einer zärtlichen, ihn anhimmelnden Lolita. Als er bei den Proben zu seiner Tragödie »Hanneles Himmelfahrt« über ein vom Stiefvater mißhandeltes Mädchen in Berlin die 16jährige Hauptdarstellerin Ida Orloff sieht, ist es um den 27 Jahre Älteren geschehen. Er notiert in sein Tagebuch: »Sofort erkannte ich, ein von Gott mit Gewalt über Leben und Tod ausgestatteter Engel hatte neben mir Platz genommen... Die Kleine ahnt nicht, bis zu welchem Grade ich ihr verfallen bin.« Um ihr nicht enthemmt an den Hals zu fallen, verhält Hauptmann sich ihr gegenüber zunächst kühl wie ein Keuschheitsapostel. Doch schließlich kann er nicht mehr widerstehen. Um Ida rumzukriegen, mach er ein verlockendes Angebot: Er will seine Frau zu verlassen und gemeinsam mit dem Mädchen nach Afrika auswandern.

Ein Jahr scharwenzelt er um die zurückhaltende Jungfrau. Sie lustwandeln Arm in Arm durch Parks, plaudern über Stücke, die er ihr auf den Leib schreiben will. Eines Tages besucht Hauptmann sie in ihrer kleinen Mietwohnung im Armeleutebezirk Moabit. Und was hier passiert, kann sich jeder mit ein wenig Phantasie lebhaft vorstellen. Die Mutter der Minderjährigen ist eingeweiht, und bald bekommt auch die Gattin Wind von der Nebenbuhlerin. Doch sie ist so klug, keinen Skandal zu machen, weil sie hofft, daß die Muse ihren Mann zu neuen Lolita-Stücken animiert, die in der prüden wilhelminischen Ära für Umsatz sorgen.

Nach zwei Jahren beendet die junge Schauspielerin die Affäre und heiratet frustriert einen Jugendfreund. Ihr ist klar geworden, daß die Flucht nach Afrika ein Lockmittel zur Verführung war. Hauptmann aber beutet die Beziehung geschäftlich aus, indem er seine Verflossene als Modell für all seine mannstollen Mädchen-Figuren in zehn Stücken nutzt. Sie sind um die 16, zart gebaut, haben langes, wallendes Haar und verwirren durch ihre hemmungslose Lust und gespielte keusche Zurückhaltung. Hauptmann wurde durch seine Stücke nicht nur reich und berühmt, sondern erhielt auch ein paar Ehrendoktorhüte und 1912 den Nobelpreis.

Heinrich Heine – Ein Kerl wie ein Gott, boshaft wie der Teufel

eig. Harry
* 13.12.1797 in Düsseldorf,
† 17.2.1856 in Paris
» Wenn man so viele Herrlichkeiten
bei Fremden sieht, gehört wirklich
eine ungeheure Dosis Patriotismus
dazu, sich immer noch einzubilden:
das Vortrefflichste und Köstlichste,
was die Erde trägt, sei ein – Deut-
scher!« (H. Heine, Briefe aus Berlin,
Brief vom 26. Januar 1822)
Werke: Die Harzreise, 1826; Reisebil-
der, 1826-31; Buch der Lieder, 1827;
Zur Geschichte der neuen schönen
Literatur in Deutschland, 1833; Atta
Troll, 1843; Deutschland, ein Winter-
märchen, 1844; Neue Gedichte, 1844

Um sich an seiner Lehrerin zu rächen, füllt der Sechsjährige ihre Schnupftabakdose mit Sand. Als sie ihn dafür grün und blau schlägt und kreischt: »Warum hast du dies getan?«, antwortet Heinrich höhnisch: »Weil ich dich hasse...« Dieser Satz könnte Motto vieler Texte des später Berühmt-Berüchtigten sein.

Heinrich tut nur das, was er will. Seine Mutter engagiert für ihn einen Geigenlehrer. Als sie nach einem Jahr im Garten spazierengeht, hört sie wunderbar-schmelzende Töne. Begeistert stürmt sie ins Zimmer, um Schüler und Lehrer zu loben. Sohn Heinrich räkelt sich auf dem Sofa, und der Lehrer spielt zu seiner Unterhaltung. Nach diesem Flop soll Heinrich tanzen lernen, damit er in Gesellschaft eine bessere Figur macht. Der Tanzlehrer quält ihn mit fein abgezirkelten Schrittübungen, bis der Halbstarke den »leichten Tanzmeister aus dem Fenster warf. Die Eltern des rabiaten Zöglings hatten das Schmerzensgeld zu zahlen.«

Der Brutalo wird zur Besserung als Volontär in eine Frankfurter Bank gesteckt. Nach drei Monaten fährt Heine wieder nach Hause, sein erster Ausflug in den Ernst des Lebens ist eine Pleite. Später, als armer Poet, grämt er sich: »Gott weiß, ich wäre gern Bankier geworden, es war zuweilen mein Lieblingswunsch, ich konnte es aber nicht dazu bringen. Ich habe früh eingesehen, daß den Bankiers einmal die Weltherrschaft anheimfalle.«

Was nun? Sein reicher Onkel, der Bankier Salomon Heine, gibt ihm großzügig Geld zum Aufbau eines eigenen Importgeschäfts. Bereits nach 24 Monaten kreist der Pleitegeier über dem Jungunternehmer. Jetzt will der Onkel dem glücklosen Neffen ein Jurastudium finanzieren. Weil Heine kein Abgangszeugnis vom Gymnasium besitzt, muß er an der Bonner Universität eine Art Begabten-Sonderprüfung machen. Er schafft es mit Ach und Krach, obwohl die Kommission nicht gerade entzückt ist: »Griechisch hat er nicht gelernt. Im Lateinischen ist er von unsicherer Kenntnis und zu geringer Übung, weshalb er auch keinen Aufsatz geliefert hat. Zu einer Prüfung in Mathematik hat er sich nicht verstanden. In der Geschichte ist er nicht ohne alle Kenntnisse. Seine deutsche Arbeit, wiewohl auf wunderliche Weise verfasst, beweist ein gutes Bestreben.« Das Thema des Deutschaufsatzes lautet: »Die Gründe, worauf es für die Entscheidungen für einen bestimmten Beruf wesentlich ankommt.« Beim Lesen seiner Begründung fällt den Prüfern der Kitt aus der Brille: »Die Wissenschaften, welche in diesen Hörsälen gelehrt werden, bedürfen vor allem der Schreibbänke; denn diese sind die Stützen, die Träger und Grundlagen der Weisheit, welche vom Munde der Lehrer ausgeht, und von den andächtigen Schülern in die Hefte übertragen wird. Dann sind aber auch die Schreibbänke gleichsam Gedenktafeln für unsere Namen, wenn wir diese mit dem Federmesser hineinschneiden, um künftigen Generationen die Spur unseres Daseins zu hinterlassen.«

Heines Onkel haben die diversen Experimente der Selbstfindung des Neffen viel abverlangt. Später stöhnt er über den Nichtsnutz: »Wenn der dumme Junge was gelernt hätte, brauchte er nicht zu schreiben Bücher.« Worauf Heine hochmütig räsoniert: »Das Beste, was an Ihnen ist, besteht darin, daß Sie meinen Namen tragen.« Soviel zu Demut vor dem Alter.

Heine wird Student und Mitglied einer schlagenden Verbindug und entdeckt Shakespeare, Calderón und die soeben aus dem Dornröschenschlaf erweckte Minnepoesie des Mittelalters. Er wechselt nach Berlin und wird im Salon der Rahel Varnhagen von Ense von literaturbegeisterten Damen zum deutschen Byron ausgerufen. Jetzt saust Heine durch Weinstuben, Theater, Vorlesungen, säuft mit → E.T.A. Hoffmann, →Grabbe und → Pückler und versteht es, sich beliebt zu machen. Sowohl bei Damen als auch bei weltberühmten Gelehrten wie →Alexander von Humboldt. Aber hinter der sympathischen Maske lauert ein anderer, einer, der sich zu kurz gekommen fühlt. Denn er ist neidisch auf die Sicherheit der Etablierten. Und etabliert sind in Preußen nur die Protestanten. Kurzentschlossen gibt er den jüdischen Glauben auf und läßt sich evangelisch taufen.

Heine promoviert mit 28 Jahren, schreibt nebenher Dramen und reimt Herz-Schmerz-Gedichte, die er sich mit 30 unter dem Titel »Buch der Lieder« selbst auf den Geburtstagstisch legt. Darin stehen Jahrhunderthits wie »Ich weiß nicht was soll es bedeuten«, die Heine sofort in ganz Deutschland berühmt machen. Seine lyrischen Liebesleiden fallen bei romantischen jungen Mädchen auf fruchtbaren Boden, in Bohèmezirkeln bilden sie Stoff für gepfefferte Parodien: »Den Gärtner nährt sein Spaten, den Bettler sein lahmes Bein, den Wechsler seine Dukaten, mich meine Liebespein. Drum bin ich dir sehr verbunden, mein Kind, für dein treulos Herz, viel Gold hab ich gefunden, und Ruhm im Liebesschmerz. Nun sing ich bei nächtger Lampe den Jammer, der mich traf. Er kommt bei Hoffmann und Campe heraus in Klein-Oktav.«

Heine versucht, sich an der Uni zu habilitieren. Daraus wird nichts. Er will Anwalt werden. Er schafft's nicht. Er spekuliert auf eine Syndikusstelle beim Hamburger Senat. Man will ihn nicht. Er wird Redakteur. Das hält er nicht lange aus. Ein Bekannter weiß auch warum: »In seinem Wesen lag etwas Zugvogelartiges. Er war ein Vagant, der seßhaft werden wollte, weil er auch ein Bürger war.« Heine steht buchstäblich vor dem Nichts. Da bietet sich dem Verzweifelten eine einmalige Chance. König Ludwig I. richtet in München einen Lehrstuhl für

Poesie ein. Ein junger Dichter soll ihn bekommen. Ein junger Dichter bekommt ihn auch – aber nicht Heine. Er spuckt Gift und Galle. Er haßt sie, die Etablierten, Reichen, Erfolgreichen. Und besonders den Konkurrenten →August Graf von Platen, der ihm die Professur vor der Nase weggeschnappt hat. Heine übergießt den Berühmten mit all seinem Haß auf die Gesellschaft und zielt dabei gnadenlos auf die empfindlichste Stelle des Opfers, dessen homosexuelle Veranlagung:»In der Tat, er ist mehr ein Mann von Steiß als von Kopf. Der Name Mann überhaupt paßt nicht für ihn, er ist ein Weib, das sich an gleich Weibischem ergötzt.«

Dieser eiskalte Rufmord verbessert Heines Chancen nicht. Kultivierte Kreise sind ihm plötzlich verschlossen, und auch politisch sieht es für Leute mit aggressivem Stil nicht gut aus. Also reist Heine als Korrespondent der »Allgemeinen Zeitung« nach Paris. Bei den Pariser Intellektuellen kommt er mit seinem Esprit gut an. »Er ist ein Kerl wie ein Gott, boshaft wie der Teufel, und dabei gutmütig, was man dagegen sagen mag«, meint Théophile Gautier. In Paris findet der Lyriker seinen wahren Beruf, indem er zum ersten europäischen Journalisten wird.

Ludwig Börne schätzt den Unsteten als höchst gefährlich ein:»Sollte einmal eine politische Revolution eintreten, so würde Heine eine zwar kurze, aber für ihn und die Welt höchst verderbliche Rolle spielen. Er wäre wie alle schwachen Menschen der blutigsten Grausamkeiten fähig.« Gottlob kommt es nicht dazu. Daß die Beurteilung seines Charakters zutrifft, beweisen Heines mörderische Pamphlete. Kurz nach dem Tod seines Exfreundes Börne zieht er beispielsweise mit übelsten Bemerkungen über dessen Freunde, einen Kaufmann und seine Ehefrau, her. Genüßlich kolportiert Heine ein ehemaliges Dreiecksverhältnis, wobei er offen alle Namen nennt:»Es hieß, der junge Gatte habe die Frau nur deshalb geheiratet, um mit Börne in nähere Berührung zu kommen, er habe sich ausbedungen, daß zwischen beiden das frühere Verhältnis unverändert fortwalte.«

Die Indiskretion bringt den öffentlich entwürdigten Ehemann in Rage, er beschimpft den Ehrabschneider auf offener Straße. Heine macht sich darüber lustig und verreist. Der verbitterte Ehemann behauptet, der Ehrabschneider habe aus Angst vor dem Duell das Weite gesucht. Als Heine davon erfährt, kehrt er zurück und fordert nun den Kaufmann zum Duell. Dieser hat den ersten Schuß. Die Kugel streift Heines Hüfte. Heine hebt die Pistole – und feuert in die Luft. Dann greift er an die Hüfte und zieht sein Portemonnaie aus der Tasche. Das Geschoß des Gegners ist sichtbar daran abgeprallt. Heine lacht und ruft:»Das nennt man gut angelegtes Geld!«

Eigentliche Siegerin dieses Duells ist Heines Geliebte Mathilde, mit der er in wilder Ehe lebt. Bevor er kühn in den Kampf zog, heiratete er sie noch. Fünfzehn Jahre später steht der Tod, den er acht Jahre mit Rückenmarkschwindsucht in seiner »Matratzengruft« erwartet hat, auf der Schwelle. Mathilde sorgt sich, ob Gott ihrem Mann die Sünden vergeben wird. Für Heine ein reines Sachproblem: »Er wird mir verzeihen, es ist sein Beruf.«

Ernest Hemingway – Der Mann mit der Macho-Macke

* 21.7.1899 in Oak Park/Illinois,
† 2.7.1961 in Ketchum/Idaho
Ein großes Thema im Werk des amerikanischen Schriftstellers ist die Bewährung in der Konfrontation mit Gewalt und Tod. 1954 erhielt Hemingway den Nobelpreis für Literatur.
Werke: Fiesta, 1926, Tod am Nachmittag, 1932; Die grünen Hügel Afrikas, 1935; Schnee auf dem Kilimandscharo, 1936; Haben und Nichthaben, 1937; Wem die Stunde schlägt, 1940; Der alte Mann und das Meer, 1952

Was geschieht mit einem Jungen, den seine Eltern als Kind in Mädchenkleidung stecken und so photographieren? Wer weiß? Bei Ernest Hemingway löst es aber anscheinend eine lebenslange Krise aus. Bis zum Schluß versucht er zu beweisen, daß er ein

richtiger Mann ist: Auf Fotos posiert er am liebsten in Großwildjäger-Look mit zackigen Schaftstiefeln und Knarre. Das Potenz-Gehabe unterstreicht er mit dem herzhaften Griff zur Whiskey-Flasche und an die Rundungen junger Damen. »Nur Daumenlutscher sorgen sich um die Rettung ihrer Seele«, tönt Hemingway selbstherrlich.

Männlichkeit werde von Hemingway nur deshalb so übereifrig zur Schau gestellt, weil ihm das Selbstvertrauen fehle, »ein ganzer Mann« zu sein, spottet der Schriftsteller Max Eastman. Daher habe er einen Literaturstil entwickelt, »der sich darin gefällt, falsche Haare auf der Brust zu tragen«. Diese peinliche Analyse seines Charakter trifft Hemingway schmerzhaft unter der Gürtellinie. Er geifert, der Kollege wolle ihn als sexuelles Weichei abstempeln. Als er Eastman vier Jahre später zufällig in einem Verlag begegnet, brennt die Schmach immer noch. Hemingway knöpft sich röhrend das Hemd auf und zeigt dem staunenden Kollegen den gorillaartigen Haarpelz auf seiner Brust. Dann reißt er Eastman mit einem Ratsch das Hemd auf und ergötzt sich an der spärlichen Brustbehaarung des Intellektuellen. Der Angegriffene erwacht aus seiner Erstarrung und knallt dem Macho die Faust ins Gesicht. Und nun prügeln die Literaten fröhlich aufeinander ein, bis das Zimmer verwüstet ist.

Was auch die Beweggründe für das Machogehabe sein mögen, eins können ihm seine Gegner nicht absprechen: Hemingways Kraft- und Mutproben weisen ihn als ganzen Kerl aus. Überall dort, wo das Testosteron Männerblut in Wallung bringt, fühlt er sich wohl: Als Torero sticht er gelassen heranstürmende Stiere ab; als Boxer läßt er so lange auf sich einprügeln, bis er blau im Gesicht ist; auf Großwildjagd in Afrika fühlt er sich ebenso zu Hause wie auf hoher See beim Schwertfischfang. Im zweiten Weltkrieg baut er seine Yacht zum privaten U-Boot-Jäger um und kommt der französischen Résistance zur Hilfe. Nie ist Hemingway weit, wenn es knallt oder die Trommel geschlagen wird. Allerdings erwischt es ihn auch fast immer. Beim Boxen haut man Hemingway gleich beim ersten Kampf die Nase platt, beim Football muß er zweimal groggy vom Platz getragen werden. Im Krieg müssen ihm aus dem rechten Bein 227 Stahlsplitter herausoperiert werden. Hemingway bekommt Schüsse in beide Füße, in die Knie und die Hände und sein robuster Kopf wird sechsmal lädiert. Er bricht sich bei einem Sturz sechs Rippen und überlebt drei schwere Verkehrsunfälle und zwei Flugzeugabstürze. Zudem haben ihn nach eigenen Angaben zehn Gehirnerschütterungen ins Bett gebracht.

Wie »Hem« es schafft, trotz seiner eher ungesunden Lebensweise feinsinnige Geschichten wie »Der alte Mann und das Meer« zu schreiben, ist ein Rätsel. »Er sagte, daß es für ihn keine größere Belohnung gäbe als das Schreiben selbst, wenn die Wörter davonflögen; wenn die Hand dem Gedanken folge, und der Gedanke emporschnelle, und die Feder ihm nachjage«, erinnert sich John Huston. Und weil vielen seine Texte gut gefallen, bekommt Hemingway 1954 den Nobelpreis. Da lebt er inzwischen auf seinem stattlichen Besitz in Kuba, unterhält einen Freundeskreis von bizarren Typen: Sportler, Politiker, Jockeys, Stierkämpfer, Filmstars und Starletts – und schmiedet für alle Lebenspläne. Gemeinsam ist ihnen die Liebe zu Suff und Abenteuer. Junge Dichter bitten Hemingway um Unterstützung bei ihren literarischen Problemen, junge Damen um Ratschläge für ihre Liebesaffären. Der 49jährige erdrückt sie dann mit altersschweren Weisheiten und wird darum bald überall »Papa Hemingway« genannt. Cowley erzählt: »Wenn er seine runde Stahlbrille aus Armeebeständen auf der Nase hat, sieht er aus wie ein Gelehrter, der ein griechisches Manuskript studiert. Wenn er grinst, erinnert er an einen mit einer grauen Perücke maskierten Schuljungen.«

Als er das eigene Machogehabe nicht mehr ertragen kann, schießt sich »Papa« auf der Höhe seines Ruhms, einen Unfall vortäuschend, eine Kugel in den Kopf.

Friedrich Hölderlin –
Das Genie im Narrenturm

eig. Johann Christian Friedrich Hölderlin
* 20.3.1770 in Lauffen am Neckar,
† 7.6.1843 in Tübingen
Der Dichter, der schon als Kind den Vater, Stiefvater und vier Geschwister sterben sah, zerbrach an einer durch den Tod beendeten Liebe zu einer Frau. Sechsunddreißig Jahre seines Lebens verbrachte Hölderlin in geistiger Umnachtung.
Werke: Hyperion, 1797-1799; Der Tod des Empedokles, 1826

Friedrichs Vater stirbt, als er zwei Jahre alt, sein geliebter Stiefvater, als er neun ist. Die Mutter, eine gestrenge Pfarrerstochter, hat den Ehrgeiz, aus ihrem Ältesten ebenfalls einen Gottesmann zu machen. Dazu braucht er ein Stipendium, und um dieses zu erhalten, muß er überdurchschnittlich gut sein. In den Schulen, die er besucht, gibt es viel Schläge und wenig zu essen, das Lesen von Romanen wird mit Einzelhaft bestraft. Die Zimmer der Schüler sind unheizbar, »so kalt, daß häufig das Bettuch ins Gesicht hinfror«, und »in den Betten nisteten Mäuse, deren Töne man fortwährend vernahm«. Im Winter stehen die Schüler noch vor Tagesanbruch auf und holen sich zitternd das Waschwasser vom Brunnen.

Als Hölderlin endlich das Magisterexamen an der Universität Tübingen bestanden hat, und die Mutter ihn bereits auf der theologischen Erfolgsleiter in den Karrierehimmel schweben sieht, findet er in höchster Not einen Trick, um dem verhaßten Pfarrerjob zu entgehen. Unter dem Vorwand, die Zeit bis zur Zuweisung einer freien Vikariatsstelle als Hausleher zu nutzen, entkommt er der »Galeere der Theologie«. Ein Studienfreund verschafft ihm einen Hauslehrerjob bei Charlotte von Kalb, der Freundin Schillers. Ihn zu vermitteln war nicht sonderlich schwer, denn Hölderlin ist so schön, daß nicht nur Frauen den Atem anhalten. »Seine regelmäßige Gesichtsbildung..., sein schöner Wuchs, sein sorgfältig reinlicher Anzug und jener unverkennbare Ausdruck des Höheren in seinem ganzen Wesen sind mir immer gegenwärtig geblieben«, erinnert sich ein Freund. »Wenn er vor Tische auf- und abgegangen, sei es gewesen, als schritte Apollo durch den Saal«, schreibt später sein Biograph. Sein gewinnendes Äußeres erleichtert ihm, spontan Freundschaft zu schließen, doch vor Frauen hat er eine natürliche Scheu. In seiner neuen Stellung bei Frau von Kalb passiert Hölderlin zum erstenmal, was sich bei allen folgenden Hauslehrerjobs wiederholen wird: Zunächst bis zur Schwärmerei begeistert, fühlt er sich bald mehr und mehr wie in einer Zwangsjacke, schließlich mißverstanden und einsam.

Zum Glück lebt im Schloß die 23jährige attraktive Gouvernante Wilhelmine Marianne Kirms. Die Einsamen kommen sich näher, so nahe, daß sich die junge Frau plötzlich schwanger fühlt, aber da hat Hölderlin längst den Job aufgegeben und befindet sich in der ersehnten Unistadt Jena. Er hofft hier auf die Förderung durch Schiller, zudem will Hölderlin promovieren, um selbst Vorlesungen halten zu können. Nach bereits drei Monaten verläßt er den Ort der großen Erwartungen Hals über Kopf wieder, weil er sich völlig überfordert fühlt.

Ein Freund vermittelt Hölderlin einen Hauslehrerjob in Frankfurt. Hier verliebt er sich in die vereinsamte Dame des Hauses, denn der Hausherr, der geschäftstüchtige Bankier Gontard, ist oft abwesend. Als Susette ihn erhört, schwebt Hölderlin wie auf Wolken und dichtet an »Diotima«, wie er sie nennt, Hymnen von kristallener Schönheit. Doch eines Tages, als der Hausherr den heimlichen Liebhaber seiner Frau wieder einmal von oben herab behandelt, hält Hölderlins zarte Seele die Anspannung nicht mehr aus und er schreit zurück. Hölderlin wird auf der Stelle gefeuert. Wieder hilft ein Freund, indem er dem Mittellosen Kost und Logis anbietet. Die heimlichen Treffen mit der Geliebten werden zur psychischen Folter, bis Diotima eines Tages weinend die Beziehung beendet.

Nun geht es nach dem alten Muster: Hölderlins Freund Sinclair vermittelt eine neue Hauslehrerstelle, die er nach ein paar Monaten wieder auf-

gibt. Und so geht das weiter. Als Hölderlin eines Tages in Bordeaux die Nachricht vom Tod seiner Geliebten erreicht, verliert er jeden seelischen Halt. Ein Freund, bei dem er nach seiner Frankreichreise eintrifft, erkennt ihn kaum wieder: »Er war leichenbleich, abgemagert... gekleidet wie ein Bettler.« Sinclair verschafft ihm eine Stelle als Hofbibliothekar. Aber Hölderlin wird immer wunderlicher, die Psychiater erklären ihn für unheilbar geisteskrank. Nach zwei Jahren Irrenheilanstalt wird der Dichter entlassen.

Der gutherzige Schreinermeister Zimmer aus Tübingen, der gerade mit Gewinn den »Hyperion« gelesen hatte, nimmt den Sonderling, dessen Lebenserwartung auf drei Jahre prognostiziert wird, in seine Obhut. In einem turmartigen Anbau, mit wunderbarem Blick auf das Neckartal, lebt der arme Poet die letzten 36 Jahre seines Lebens und dichtet die herrlichsten Hymnen der deutschen Sprache. Es sollte lange dauern, bis der Welt klar wurde, welches Genie in aller Stille verschieden war.

E.T.A. Hoffmann –
Der Geist aus der Flasche
eig. Ernst Theodor Wilhelm
* 24.1.1776 in Königsberg,
† 25.6.1822 in Berlin
Das Multitalent Hoffmann war Graphiker, Karikaturist und Dekorationsmaler, Musikdirektor, Kapellmeister,

Musiklehrer, Musikkritiker und Komponist von zwölf Opern, einer Symphonie und zahlreichen kleinen Musikwerken. Weltberühmt wurde er durch seine Dichtungen, die ihn als frappanten Entdecker der Pathologie des Alltags auszeichnen.
Werke: Die Elixiere des Teufels, 1815/16; Nachtstücke, 1816/17; Klein Zaches, 1819; Die Bergwerke zu Falun, 1819; Lebensansichten des Katers Murr nebst fragmentarischer Biographie des Kapellmeisters Johannes Kreisler, 1819-21; Die Serapions-Brüder, 1819-21

Der Vater, ein höherer Justizbeamter in Königsberg, staunt, welchen Wunderknaben der Storch seiner Frau ins Bett gelegt hat. Und einen soliden Brotberuf hat er auch schon für Ernst Theodor im Blick. Der Sohn studiert Jura und wird mit 20 Assessor bei der preußischen Regierung in Posen. Papa ist glücklich – bis ihn die Hiobsbotschaft erreicht: Der Sohn ist ertappt worden, wie er sich mit Karikaturen über seine Vorgesetzten lustig gemacht hat – im humorlosen Preußen nahezu ein Verbrechen. Um Hoffmann die Scherze auszutreiben, wird er nach Plozk, ein Kaff am Anus mundi strafversetzt. Außer der Verurteilung von Hühnerdieben und der Schlichtung von Grenzstreitereien gibt es hier nicht viel zu tun. So macht der feurige Gerichtsrat mit den Ringellocken den Dorfschönheiten den Hof und entwickelt in der üppi-

gen Freizeit sein Kompositionstalent. Aus Verehrung für Mozart ersetzt Hoffmann seinen dritten Vornamen Wilhelm durch »Amadeus«.

Nach zwei Jahren Verbannung kommt Hoffmann ins damals preußische Warschau. Die lockere polnische Lebensart, die bärenstarken Trinksitten und die liebeslustigen Damen befruchten seine Phantasie. Er komponiert die Musik zu Brentanos »Lustige Musikanten« sowie die Oper »Liebe und Eifersucht« nach einem Calderón-Drama. Das Leben ist schön, bis 1806 die französische Armee einmarschiert und die Polen von den Preußen befreit. Nun trifft genau ein, was Hoffmanns Vater immer befürchtet hat: Ohne Job und Vermögen versucht Hoffmann sich als Künstler, wird Dirigent, Bühnenbildner und Dramaturg in Bamberg, hält sich nach der Schließung des Theaters mit Musikunterricht über Wasser, schreibt Artikel für die Leipziger »Allgemeine musikalische Zeitung« und tingelt als musikalischer Leiter einer Schauspieltruppe umher. Mit dreißig schreibt er ins Tagebuch: »Das Alltagsleben ekelt mich jeden Tag mehr an!«

Der Tristesse versucht er durch die Flucht in Gastwirtschaften zu entkommen, wo er seinen Ekel in Billigwein ertränkt. Die Anzahl der geleerten Flaschen malt er gewissenhaft ins Diarium. Häufig trinkt er auf Kredit, denn Geld ist selbst in besten Zeiten knapp. Aus reiner Not verfaßt er den pornographischen Roman »Schwe-

E.T.A. HOFFMANN 153

ster Monika«, was ihm Spaß mach, denn er ist gerade »bis zum Wahnsinn, bis zum höchsten Wahnsinn« in seine Gesangsschülerin Julia Marc verknallt. Geübt durch seinen Erstlingsroman »Die Elixiere des Teufels«, geht Hoffmann die Arbeit schnell von der Hand, aber reich wird er davon nicht. Hoffmann trinkt: Wein, Wein, Wein. Nur bei Bier ist er abstinent, er verachtet es als dumpfes, seelenloses Gebräu, das die Phantasie einschläfert. Im »Zustand des Delilierens« begeistert ihn »eine Übereinkunft der Farben, Töne und Düfte«. Aber nicht nur liebliche Visionen steigen aus dem Weinglas. Nachts, im flackernden Licht der Kerzen, nehmen die erträumten Phantome, die Hoffmanns Romane bevölkern, Gestalt an und kriechen hinter Schränken und Vorhängen auf ihn zu. Dann schreit er vor Angst, bis seine Frau ihm zu Hilfe eilt, ihn tröstet und beruhigt wie ein kleines Kind. Der ständige Suff im Berliner Weinkeller Lutter & Wegner mit seinen Zechkumpanen de la Motte-Fouqué, →Brentano, dem Schauspieler Devrient und dem →Fürsten Pückler zehrt an seinen Nerven. Zudem ist Hoffmann Pücklers Nebenbuhler bei der schönen Helmine. Die Rivalität schlägt sich in Hoffmanns Arbeit nieder, wo er seinen Rivalen in der Novelle »Das öde Haus« als Graf P. auftreten läßt. Darin kommt Pückler, dessen »Sonderbarkeit und Verschwendungssucht die Grenzen errei-

chen, die den Weltmann vom Dandy trennen«, nicht gerade gut weg.

1814 kommt Hoffmann erneut im preußischen Staatsdienst in Berlin unter und zecht nun auf Staatskosten. »Nebenbei« schreibt mit balzacschem Fleiß grotesk-satirische Romane mit ungeheurer Wirkung auf die Weltliteratur. →Victor Hugo, →Poe, →Baudelaire, →Gogol und →Tschechow werden seine Motive des Grauens aufnehmen und weiterspinnen.

Hoffmann selbst wird im Laufe der Jahre mehr und mehr zu einer grotesken Figur. Er verwandelt sich in eine seiner Gestalten. Ständig fürchtet er, verrückt zu werden. Mißtrauisch beobachtet er seine körperlichen Gebrechen und entdeckt immer neue und entsetzliche Krankheiten. Mit 44 sind seine Hände gelähmt, und unaufhaltsam zieht die Lähmung durch den Körper. Glied um Glied stirbt ab. Hoffmann kämpft verzweifelt gegen den schleichenden Tod: »Leben, Leben, nur Leben, um jeden Preis, gleich, unter welchen Umständen es auch ist!« An seinen Stuhl gefesselt sitzt er am Eckfenster seiner Wohnung, um wenigstens das Leben auf der Straße zu sehen, und diktiert die Erlebnisse seiner Frau. So entstehen »Des Vetters Eckfenster« und »Die Genesung«.

Vier Wochen vor seinem Tod versucht ein Arzt, »mit glühenden Zangen zu beiden Seiten des Rückenmarks neues Leben einzubrennen«. Die Operation gelingt nicht. Als Hoffmanns Freund Hitzig nach der Behandlung ins Zimmer tritt, ruft der Patient: »Riechen Sie noch den Bratengeruch? Während sie die glühenden Eisen ansetzten, mußte ich lächeln, weil ich dachte, daß mich der Teufel plombieren läßt, damit ich nicht als Contrebande [Schmuggelpaket] durchschlüpfe.«

Mitten im Diktat von »Der Feind« bricht Hoffmann ab, läßt sich mit dem Gesicht zur Wand drehen und murmelt abschließend: »Es ist jetzt Zeit, ein wenig an Gott zu denken.« Seine letzten Worte.

E.T.A. Hoffmann lebt als Opernfigur in Jacques Offenbachs phantastischer Oper weiter. Der kluge Opernfreund sollte jedoch nach der wunderbaren »Barkarole« das Opernhaus verlassen. Der eigentliche Schluß der Oper – Hoffmann fällt sturztrunken vom Stuhl – ist mißlungen, weil Offenbach darüber zum Friedhof gebracht wurde.

Das Stück »Hoffmanns Erzählungen« erlebte ein ähnlich bizarres Schicksal wie der Autor selbst: 1877 soll die Oper im »Théatre Lyrique« in Paris uraufgeführt werden, aber das Theater macht bankrott. Drei Jahre später soll es in der »Opéra Comique« herauskommen, da stirbt während der Proben der Komponist. Die Uraufführung am 10. April 1881 wird ein totaler Flop. Am 7. Dezember 1881 findet die deutsche Uraufführung im »Wiener Ringtheater« statt. Am zweiten Tag brennt das Theater ab und 700 Besucher kommen in den Flammen um. Operndirektor Lauer, der mit dieser Aufführung den Coup seines Lebens machen wollte, kommt ins Gefängnis. Jahrzehntelang wagt sich keine Bühne mehr an das Unglücksstück. Am 8. Oktober 1908 will es der Intendant der »Wiener Oper« erneut aufführen, setzt es aber sofort ab, als ihn jemand an das Feuer vom 8. Oktober 1881 erinnert. Aber damit schienen die bösen Geister gebannt, heute erfreut sich das Werk weltweiter Bewunderung.

Ödön von Horváth – Ein reinrassiger Österreicher

* 9.12.1901 in Fiume (heute Rijeka),
† 1.6.1938 in Paris
Der österreichische Schriftsteller mit dem ungarischen Paß schrieb ironisch-satirische Volksstücke und scharfe Analysen der kleinbürgerlichen Gesellschaft.
Werke: Der ewige Spießer, 1930; Geschichten aus dem Wienerwald, 1931; Italienische Nacht, 1931; Glaube, Liebe, Hoffnung, 1936; Jugend ohne Gott, 1937; Ein Kind unserer Zeit, 1938

Der Mann mit dem exquisiten Vornamen hat eine esoterische Ader. Skurrile Todesfälle, rätselhafte Erscheinungen, haarsträubender Hokuspokus faszinieren Ödön ebenso wie Gespenster, Wahrsager, Visionen, Hexen, Gesichte, Vampire oder Serienkiller. Sie sind Horváth seit frühester Jugend eine stete Quelle der Inspiration. Ein Freund berichtet: »Horváth arbeitet unter dauernder Mitwirkung einer Gespensterwelt, an die er fest glaubt. Entweder werden nach dem Eintritt der Dämmerung Klinken von einer unsichtbaren Hand niedergedrückt, oder rhythmische Klopftöne funken ein metaphysisches Telegramm an die Fensterscheiben. Und schaut er dann hinaus, neigt sich über den Brunnen auf der Gegenseite der Straße eine weißgekleidete Frauengestalt und singt eine Melodie ohne Worte – kühle Schatten streichen ihm über die Stirne.« Horváth blüht richtig auf: »Heute nacht waren sie wieder da – die Geister!« Vielleicht sind diese Geister auch die treuesten Begleiter des Heimatlosen, der von sich selber sagt: »Wenn man mich fragt, was mein Vaterland ist, antworte ich: Ich bin in Fiume geboren, in Belgrad, Budapest, Preßburg, Wien und München aufgewachsen und habe kein Vaterland. Ich bin eine typische Mischung des alten Österreich-Ungarns: Magyare, Kroate, Deutscher und Tscheche zugleich; mein Land ist Ungarn, meine Muttersprache Deutsch.« Und nach einer kleinen Pause fügt er hinzu: »Nur mit semitisch kann ich leider nicht dienen.«

Horváths Trieb zum Zigeunern verdankt er seinem Vater, einem Diplomaten des k.u.k.-Außenministeriums. Auf die bewegende Kindheit kommt Horváth immer wieder zurück: »Als ich 32 Pfund wog, verließ ich Fiume, trieb mich teils in Venedig und teils auf dem Balkan herum und erlebte allerhand, u.a. die Ermordung S.M. des Königs Alexanders von Serbien samt seiner Ehehälfte. Als ich 1,20 m hoch wurde, zog ich nach Budapest und lebte dort bis 1,21 m, war dort selbst ein eifriger Besucher zahlreicher Kinderspielplätze und fiel durch mein verträumtes und boshaftes Wesen unliebenswert auf.« In der Schule spricht der zwölfjährige zur Gaudi seiner Münchener Mitschüler »ungarisch mit deutschem Akzent«. Später macht er in Wien das Abitur und übersiedelt nach München zum Studium der Theaterwissenschaft. Der nirgendwo Verwurzelte fühlt sich als Kosmopolit: »Ich habe keine Heimat und leide natürlich nicht darunter, sondern freue mich meiner Heimatlosigkeit, denn sie befreit mich von einer unnötigen Sentimentalität«. Diese pragmatische Einstellung läßt Horváth seinem Schaffen gegenüber vermissen. Sein erstes veröffentlichtes Werk, das 1926 in Osnabrück uraufgeführte »Buch der Tänze«, wünscht er bald zum Teufel. Als die Auftragsarbeit fürchterliche Verrisse bekommt, kauft Horváth mit Papas Geld alle Exemplare auf, die er finden kann und vernichtet sie. Sein Haß auf das eigene Werk ist so groß, daß er das Buch in Bibliotheken klaut und im Ofen feuerbestattet.

Nachdem er sich in Paris vom Schock erholt hat, geht Horváth als Autor nach Berlin. Dort lebt er von kleinen Artikeln, mildtätigen Freundinnen und extrem billigen Künstlerfrühstücken, bestehend aus einem Glas Wasser und einer Zigarette. Flüchtigen Bekannten gegenüber, die ihn nach seinem Beruf fragen, gibt er sich als Besitzer einer Sargfabrik, als Staubsaugervertreter oder als Zeppelinpilot aus. Im Verborgenen aber schuftet Horváth wie ein Manager des 21. Jahrhunderts. Hartnäckig schreibt er ein Theaterstück nach dem anderen – und plötzlich geht alles wie von selbst: Der 30jährige bekommt auf Vorschlag Carl Zuckmayers den Kleistpreis. Sein Stück »Geschichten aus dem Wienerwald« mit Peter Lorre, Paul Hörbiger und Hans Moser wird ein Kassenschlager. Doch es mischen sich gehässige Stimmen in den Jubel. »... wertloseste, dürftigste und platteste Tendenzliteratur ... Wir wissen, daß er deutschen Menschen nichts, aber auch gar nichts zu sagen hat«, geifert die Nazipresse. Und das ist erst der Anfang. 1933 durchsucht die Gestapo das Haus von Horváths Eltern, die Hetze des »Völkischen Beobachters« gegen kritische Geister nimmt zu. Als der politische Druck unerträglich wird, flieht Horváth nach Wien und arbeitet unermüdlich weiter. Sein zweiter Roman »Jugend ohne Gott« erscheint in Amsterdam und wird sofort in acht Sprachen übersetzt.

Als Österreich über Nacht von der Landkarte verschwindet, nachdem Hitler es dem »Großdeutschen Reich« eingegliedert hat, verläßt Horváth im März 1938 Hals über Kopf die Donaumetropole. Über Budapest, Prag, Triest, Venedig, Mailand, Zürich reist der Heimatlose nach Amsterdam. Seine ungewisse Zukunft führt Horváth zu einer Wahrsagerin. Die wird beim Blick in seine Zukunft ganz nervös: »Sie müssen sofort nach Paris. In Paris erwartet Sie das größte Abenteuer Ihres Lebens.« Das klingt nicht schlecht. Am 1. Juni trifft Horváth in Paris den amerikanischen Filmregisseur Robert Siodmak, der seinen Roman »Jugend ohne Gott« verfilmen will. Hollywood lockt mit verführerischen Angeboten. Es ist die Chance seines Lebens. Frau Siodmaks Angebot, Horváth wegen des aufziehenden Gewitters mit dem Auto nach Hause zu fahren, lehnt er ab. Horváth fürchtet sich vor Autos genauso wie vor Aufzügen, Metroschächten oder schwarzen Katzen. »Straßen machen mir Angst«, gesteht Horváth einmal Carl Zuckmayer. Da geht er lieber zu Fuß die Avenue Marigny entlang. Eine alte Kastanie wird vom Blitz getroffen, ein Ast bricht ab und stürzt dem Dichter auf den Hinterkopf. Der Schwerverletzte stirbt in einer nahen Klinik. In seiner Manteltasche findet man auf einer Zigarettenschachtel notiert ein Gedicht. Es endet: »Was echt ist, das soll kommen / Obwohl es heut krepiert.«

Zum letzten Geleit erscheinen hoffnungslose deutsche und österreichische Flüchtlinge. »Wenn es nicht so schrecklich klänge, man könnte sagen, unter all diesen gelben und graugrünen Gesichtern, die sich zur Totenfeier versammelt hatten, sah Ödön von Horváth am gesündesten aus«, erinnert sich Carl Zuckmayer. Wie Horváths Tod hat auch sein Begräbnis eine absurde Komponente. »Dort, wo das Grab geschaufelt war, führten die Gleise eines Rangierbahnhofs vorbei, und während die Reden abrollten, hörte man das Rattern verschobener Güterwagen und das Schreien von Bahnarbeitern: ,Où vas-tu, Gaston? – Au Bistro, viens pour un verre!' (Wohin gehst du, Gaston? – Ins Bistro, auf ein Glas!) usw. Wenn er noch am Leben wäre, dachte ich, würde er sich totlachen.«

Victor Hugo – Die Liebesspiele eines Nationaldenkmals

* 26.2.1802 in Besançon,
† 22.5.1885 in Paris
Hugo war – ähnlich wie Goethe – schon zu Lebzeiten eine legendäre Gestalt und ist bis heute einer der populärsten Schriftsteller Frankreichs.
Werke: Oden und Balladen, 1826; Orientalia, 1829; Hernani oder Die kastilische Ehre, 1830; Notre-Dame von Paris 1482, 1831; Die Betrachtungen, 1856; Die Elenden, 1862

Victor ist bei der Geburt so klein und schwach, daß die Eltern kaum an sein Überleben glauben, doch mit der Zeit wird aus dem Spinnewipp ein Energiebündel. Mit 14 schreibt Hugo seine erste Tragödie. Mit 18 bekommt er vom König die Gratifikation für die Ode »Auf den Tod des Herzogs von Berry«. Mit 20 erreicht er, wovon andere Dichter ihr Leben lang träumen: Für seine »Oden« erhält Hugo eine Pension von jährlich 1000 Francs aus der Privatschatulle des Königs. Derart finanziell abgesichert, heiratet er Adèle und gründet mit ihr einen gutbürgerlichen Hausstand. Elf Jahre lang geht das gut. Da entwickelt sich zwischen Hugos Freund und Nachbarn, dem Schriftsteller Saint-Beuve, und Adèle eine zarte Beziehung. Hugo vermutet, daß das fünfte seiner Kinder nicht von ihm stammt. Es kommt zum Krach zwischen den Freunden und zu Szenen zwischen den Ehepartnern. Krank vor Kummer schreibt Hugo eine Jammerarie: »Weh dem, der liebt, ohne geliebt zu werden...« Nach endlosen Quälereien schließen Hugo und Adèle ein Arrangement, nach dem sie nach außen hin die Fassade ihrer Bilderbuchehe aufrechterhalten.

Während Adèle sich das Herz an ihrem Saint-Beuve wärmt, hat Hugo die junge Juliette Drouet entdeckt, die in seinem Stück »Lukrezia Borgia« mitspielt. Am Karnevalssamstag 1833 verbringen sie ihre erste Liebesnacht. Fünfzig Jahre lang werden sie diesen

Tag wie ein Jubiläum feiern. Hugo macht die junge Frau zu seiner Privatsekretärin, die Familie akzeptiert sie als »Tante Juliette«. Sie kommt sich dabei wie eine Aushilfsgattin vor, denn ein gemeinsames Liebesleben mit Hugo findet vor allem dann statt, wenn Adèle mit den Kindern in die Ferien fährt. Noch mehr leidet Juliette unter Hugos ständigen Seitensprüngen. Wo der Erotomane auftaucht, greift er den Dienstmädchen unter die Röcke und lädt Damen von Welt zu Schäferstündchen in dubiose Hotelzimmer ein.

Eines von Hugos amourösen Abenteuern wird zu einem öffentlichen Skandal. Am 5. Juli 1845 wird er mit Léonie d'Aunet, der Ehefrau des Malers Auguste Biard, von einem Polizeikommissar in einem Appartement »in flagranti« erwischt, »in krimineller Unterhaltung«, wie es im Stil der Zeit heißt. Der Ehemann hatte den Tipp gegeben. Hugos Geliebte wird verhaftet und ins Gefängnis gebracht. Hugo selbst beruft sich auf seine Immunität als Pair von Frankreich und entgeht so dem Knast. Am nächsten Tag weiden sich die Zeitungen genüßlich an der Affäre und Paris lacht schadenfroh über den großen Moralisten, der sich als kleiner Ehebrecher herausstellt. Das wahre Opfer des Eklats ist die bloßgestellte Geliebte: Nach dem Gefängnisaufenthalt wird sie, bis das Scheidungsurteil vorliegt, zur Besserung für ein paar Monate in ein Nonnenkloster gesperrt. Léonie,

die als gefallene Frau nun in der Gesellschaft keine Chance mehr hat, wird großherzig von Adèle unterstützt und sogar zu Gesellschaften in ihren Salon geladen.

Hugos Vorliebe für »Verhältnisse zur linken Hand«, wird mit Abkühlen seiner Beziehung zu Juliette immer stärker. Im Allgemeinen beglückt er Hausmädchen und führt über diese Abenteuer genau Buch, sicherheitshalber in kodierter Form, oft auf Spanisch (»Augustine la segunda vez, Augustine la tercera vez«).

Hugo, der Nationalpoet, ist unbestritten Star der literarischen Welt. Egal, was er anpackt, ob als Lyriker, Romanautor, Dramatiker, Redner, Politiker, Anwalt der sozial Schwachen, immer trifft er den Nerv. Seine Romane wie etwa »Der Glöckner von Notre Dame« sind zugleich Vorlagen für packendste Libretti, die große Bühnenerfolge werden – und bis heute geblieben sind. Als 1844 »Les Misérables« erscheint, wird es das erfolgreichste Buch der nächsten zwanzig Jahre – und Hugo dadurch richtig reich, so reich, daß er allein von den Zinsen seines Vermögens leben kann. Sein Verleger erwirbt für die gewaltige Summe von 300.000 Francs für zwölf Jahre die Rechte an dem Buch.

Als Hugo, Sprecher der republikanischen Linken, 1877 einen Staatsstreich des Militärs und der Konservativen befürchtet, vollendet er in Tag- und Nachtarbeit die vor 25 Jahren unterbrochene »Geschichte eines Verbrechers«. Es ist die Auseinandersetzung mit dem Staatsstreich von 1851 und wird zur Kampfschrift gegen den antirepublikanischen Putsch. Das Buch erscheint 14 Tage vor der Wahl. Innerhalb von zwei Tagen werden 70.000 Exemplare verkauft. »Alles für alle« lautet Hugos Wahlspruch. Die Wahl wird zum Triumph: »Zum erstenmal hat die Republik eine republikanische Mehrheit«.

1868, nach dem Tod Adèles, übernimmt Juliette die Rolle der Hausfrau. Während aus ihr ein altes Mütterchen geworden ist, sieht Hugo aus wie das blühende Leben. »Sein Haar ist von schönen, weißen, widerspenstigen Strähnen in der Art der Propheten von Michelangelo durchzogen, und sein Gesicht strahlt eine seltsam, verzückte Sanftmut aus. Ja, eine Verzückung, in der jedoch von Zeit zu Zeit das schwarze Erwachen des Auges eine Färbung annimmt, die... ich weiß nicht welchem Ausdruck böser List entspricht«, notiert →Edmond de Goncourt nach einem Besuch am 17. November 1870. Schön beobachtet, der rüstige Alte ist nach wie vor ein Schürzenjäger.

Im Frühjahr 1871 vergnügt Hugo sich mit Brüsseler Prostituierten und nebenher mit der Frau eines verurteilten Kommunarden, der er in seinem Haus Zuflucht gewährt. Andere Gespielinnen sind die 27jährige Sarah Bernhardt und die 21jährige Judith Gautier. Am 17. Mai 1871 notiert Edmond de Goncourt ein neues Skandälchen: »Hugo ist der Typ des 6ojährigen, der von heftigem Priapismus befallen ist ... Jeden Abend gegen zehn Uhr verließ er das Hotel Rohan, wo er Juliette einschloß, unter dem Vorwand, er gehe seine Enkelkinder hüten.« Statt dessen eilt Hugo in eine Absteige, wo ihn bereits drei Frauen erwarten. »Diese Frauen gehörten den verschiedenste Klassen an, von den erlauchtesten bis zu den allerschmutzigsten. Und durch das Fenster im Erdgeschoß, in dem Zimmer, das Hugo sich ausgesucht hatte, sah das Dienstmädchen von Madame Meurice, wenn sie morgens oder abends im Garten herumstrich, nackte Partien seltsamer Priapfeste. Das scheint Hugo Hauptbeschäftigung während der Belagerung (durch die Deutschen) gewesen zu sein.«

Als Hugo stirbt, begleiten zwei Millionen Menschen seinen Sarg vom Arc de Triomphe bis zu seiner letzten Ruhestätte im Pantheon, wo er zwischen →Rousseau und →Voltaire beigesetzt wird. »Vive Victor Hugo!« schreit die Menge. Die Zeremonie dauert von elf bis fast sieben Uhr am Abend. Die Fans klettern auf Bäume, Schornsteine, Dächer, Laternen, um ihrem Idol ein letztes Mal zuzuwinken. Was am 5. Juni 1885 als Staatstrauertag mit Leichenreden und Totenmesse beginnt, wird abends zum Volksfest und nachts zur Massenorgie. Scharen von Prostituierten und offenherzigen Mädchen geben sich aus Liebe zum Autor des »Satyr« auf

Parkbänken und in Gebüschen kostenlos an aufgekratzte Hugo-Verehrer hin. Nicht nur die katholische Presse ist fassungslos über die Bacchanalien des »Pöbels«. Auch freie Geister wie Edmond de Goncourt rümpfen die Nase: »Diese Kirmes widert mich an ... Seltsam, dieses französische Volk! Es will keinen Gott, keine Religion mehr, doch kaum hat es Christus ›entgöttlicht‹, da ›vergöttlicht‹ es Hugo.«

Alexander von Humboldt – In Halbschuhen auf den Chimborasso

* 14.9.1769 in Berlin,
† 6.5.1859 in Berlin
Dem großen Naturforscher verdankt die westliche Welt wesentliche Erkenntnisse über den südamerikanischen Kontinent. Man nennt ihn auch den »wissenschaftlichen Entdecker Amerikas«.
Werke: Ansichten der Natur, 1808; Kosmos, 1845-1862

Das Klima der Mark Brandenburg macht Alexander von Humboldt zu schaffen. Kaum steigt der Nebel aus den Wiesen um das elterliche Schloß Tegel, rinnt dem schwächlichen Jungen die Nase, und sein Husten schallt unüberhörbar durch die kalten Gänge. Wenn Alexander wegen Grippe das Bett hüten muß, träumt er von sonnenwarmen Ländern, über die

ihm sein Geographielehrer berichtet hat. So ist es kein Wunder, daß ihn nach Abschluß seiner Studien – er studiert in Windeseile Naturwissenschaften, Finanz- und Verwaltungswesen, Volkswirtschaft, alte und neue Sprachen und besucht danach die Bergakademie – das Fernweh packt.

Gerade hat der 26jährige das Manuskript für sein zweibändiges Werk »Über die gereizte Muskel- und Nervenfaser, nebst Vermutungen über den chemischen Prozeß des Lebens in der Tier- und Pflanzenwelt« abgeschlossen, da reift in ihm der Entschluß, endlich die Sonnenseite dieser Welt kennenzulernen. Durch den Tod seiner Mutter ein wahrhaft reicher Mann geworden, will Humboldt sein Wissen und Geld der Erforschung unbekannter Welten widmen, wobei sicher die Sehnsucht nach südlichen Zonen eine nicht unwichtige Rolle spielt. »Ein erträgliches Klima«, meint er, »fängt erst bei den Kanarischen Inseln an.« Damit beginnt ein unglaubliches Forschungsabenteuer. Weil Humboldt nicht nur reich und ein genialer Gelehrter ist, sondern auch ein charmanter Salonlöwe, kennt er Gott und die Welt. Wo er auftaucht, verwandelt sich das langweiligste Diner in eine Märchenwelt. Und obwohl Humboldt sich offen zu seiner Homosexualität bekennt, umschwärmen ihn die Damen. Die geradezu unheimliche Fähigkeit, mit beinahe jedem sofort in persönlichen Kontakt treten zu können, öffnet

Humboldt alle Türen. Um die geknüpften Beziehungen zu pflegen, schreibt er im Jahr zwischen 2500 bis 3000 Briefe. Und weil Egoismus ihm fremd ist, nutzt er seine weltweiten Verbindungen selbstlos auch für andere.

Durch zwei seiner Freunde bekommt Humboldt Zugang zum spanischen Hof. Hier gewährt seine Majestät ihm, die spanischen Besitzungen in Amerika und im indischen Ozean für Beobachtungen, Sammeltätigkeit und Studien besuchen zu dürfen. Kaum an Bord, sind Humboldts psychosomatische Beschwerden wie weggeblasen. Jahrelang durchreist er das unerforschte Südamerika. 2810 km schaukelt er in ausgehöhlten Baumstämmen auf Urwaldströmen umher. Dabei vermißt er die Landschaft, legt Karten an und sammelt mit seinem Begleiter Aimé Bonpland unermüdlich Pflanzen. Dank Humboldts Fähigkeit, selbst mit kriegerischen Ureinwohnern gut Freund zu sein, überleben sie höchst gefährliche Situationen. Aus den Urwaldtälern treibt es ihn in die Hochebenen. Humboldt besteigt den damals als höchsten Berg der Erde angesehenen Berg Chimborasso. Ohne Handschuhe, nur mit Halbschuhen an den Füßen klettert Humboldt auf 5810 m, den höchsten bis dahin von einem Menschen erreichten Punkt der Erde. Die noch fehlenden 500 m bis zum Gipfel sind Humboldt durch eine unüberwindbare Schlucht verwehrt.

Auf der ganzen Reise ist Humboldt nicht ein einziges Mal krank. Mühelos übersteht er die größten Strapazen. Zurück in Europa, läßt er sich in Paris nieder und arbeitet weit über 20 Jahre mit den berühmtesten Fachmännern und besten Künstlern, Malern und Kupferstechern an der Bearbeitung und Herausgabe des amerikanischen Reisewerkes in 30 Bänden. Die Forschungsreisen und die Edition verschlingen sein gesamtes Vermögen. Das ist Humboldt egal. Dank seiner Fähigkeit, Herzen zu erobern, lebt er ohne gesicherte Grundlage genauso unbeschwert wie zuvor: Es ist eine Ehre, den Weltberühmten zu Gast haben zu dürfen. Als Humboldt 1827/28 in Berlin seine Vorlesungen hält, ist er ein richtiger Star. Sein Werk über die naturkundliche Entdeckung Südamerikas ist eine Universalgeschichte der Natur, die vom Stein bis zum Menschenhirn alles umfaßt und so elegant geschrieben, daß es noch heute eine Lust ist, darin zu lesen. Es wird sofort in elf Sprachen übersetzt.

Der vielseitigste und berühmteste Naturforscher des 19. Jahrhunderts, dessen eiserne Gesundheit von ewigem Kränkeln begleitet war, legte erst mit 90 die Feder aus der Hand. Am Morgen des 6. Mai schaute er in den Himmel und sagte: »Wie großartig ist dieses Sonnenlicht. Als ob Himmel und Erde einander zuwinken.«

Joris-Karl Huysmans – Die Bibel der Dekadenz

eig. Georges Charles Huysmans
* 5.2.1848 in Paris,
† 12.5.1907 in Paris
Der französische Schriftsteller flämi-
scher Abstammung schrieb mit sei-
nem berühmtesten Roman »À re-
bours – Gegen den Strich« eine Art
»Bibel« der Dekadenzliteratur des Fin
de siècle.
Werke: Gegen den Strich, 1884; Tief
unten, 1891; Die Kathedrale, 1898

Kaum hat er das Manuskript seines neuen Buches beendet, unkt er: »Es wird der größte Mißerfolg des Jahres werden. Aber wenn schon. Jedenfalls wird es etwas sein, das noch niemand gewagt hat.« Huysmans täuscht sich, »Gegen den Strich« ist sofort in aller Munde und liegt auf jedem Salontisch. Es ist so pervers, daß gutbürgerliche Kritiker es als moralzersetzend verdammen. Die Fans hingegen jubeln über die völlig neue Art Kunstwerk. Zwanzig Jahre später wundert sich Huysmans noch immer: »Es fiel wie ein Meteorit auf den literarischen Rummelplatz.«

Als →Oscar Wildes Leben in seinem Strafprozeß wegen der Affäre mit dem jungen Lord Douglas minutiös nach den Ursachen der homosexuellen Beziehung untersucht wird, fordern ihn die Richter auf, sich über Moral und Unmoral von »Gegen den Strich« zu äußern, weil Wildes Romanfigur Dorian Gray darüber fasziniert sagt: »Es war das seltsamste Buch, das er je gelesen hatte. Ihm war, als zögen alle Laster der Welt, kostbar gekleidet und von feiner Flötenmusik begleitet, in stummem Spiel an ihm vorüber ... Ein Buch voller Gift.« Wilde lehnt es rundum ab, das Werk eines Kollegen moralisch zu beurteilen. Daraufhin stürmt das sensationsgeile Publikum die Buchhandlungen, um zu lesen, was in »Gegen den Strich« so Aufregendes steht und macht die amoralische, morbide, asoziale, perverse Erzählung über den dekadenten Ästheten aus dem französischen Hochadel damit zur Bibel des Fin de siècle.

Nur wenige wissen, daß der Autor des berüchtigten Werkes kein reicher Hedonist, kein Ausbund der verfeinerten Verkommenheit, kein abartiger Lüstling ist, sondern ein biederer subalterner Beamter. Zweiunddreißig lange Jahre verfaßt Huysmans als Kanzlist im französischen Innenministerium staubtrockene Berichte für das Sicherheitsamt. Nach Dienstschluß jedoch blüht er auf. Dann genießt er in den Salons der von ihm bewunderten Literaten das große Leben. →Zola, →Edmond de Goncourt und →Flaubert sind seine Götter. Huysmans ahnt natürlich nicht, daß sich die Verehrten hinter seinem Rücken über seine Beamtenschrullen amüsieren. »Man plaudert im ‚Grenier' über Huysmans, der sich für krank hält. Huysmans fühlt sich von etwas Unsichtbarem umgeben – eine Ahnung, die ihn geradezu ängstigt. Sollte er etwa zufällig das Opfer jenes bösen Geistes sein, den er gerade in seinem Roman beschreibt? Außerdem peinigt Huysmans insgeheim, daß seine Katze, die in seinem Bett zu schlafen pflegte, nicht mehr hinaufspringt, ihren Herrn zu fliehen scheint...«

Eigentlich hat Huysmans eine gelungene Parodie auf den Lebensstil seiner edlen Zeitgenossen geschrieben, die an Übersättigung und Überdruß leiden. Um ihre übersättigten Sinne wachzukitzeln, brauchen sie immer perversere Stimulanzien. So gibt der Held in »Gegen den Strich« aufsehenerregende Diners für Schriftsteller: »In seinem schwarzdrapierten Eßzimmer, das auf den Garten ging, von dem aus man die mit schwarzer Kohle bestreuten Alleen und das kleine, von dunklem Basalt umrandete, mit Tinte gefüllte ... Bassin sah, wurde das Essen auf einem schwarzen Tischtuch aufgetragen ... Während ein verborgenes Orchester Trauermärsche spielte, waren die Gäste von nackten Negerinnen bedient worden, die mit tränenförmigen Perlen übersäte Pantoffeln und Strümpfe aus Silberstoff trugen.« Huysmans schildert nichts anderes als die morbiden Feiern der Belle Epoche. Sein schaurig-schönes Buch wird zum klassischen Roman der Dekadenz.

*Jean Paul im 36. Lebensjahr.
Gemälde von H. Pfenninger.*

Ibn Battuta –
Fernweh nach dem Horizont

eig. Abu Abd Allah Mohammed
* 25.2.1304 in Tanger, † 1377 in Fes
Der arabische Forscher bereiste große
Teile Vorder- und Zentralasiens, Indi-
ens, Chinas, Sumatras und Ostafrikas.
Werke: Das Geschenk der Beobach-
tenden, betreffend die Merkwürdig-
keiten der großen Städte und die
Wunder der Reisen, 14. Jahrhundert

Bereits als Schüler plagt Ibn Battuta
das Fernweh. Wenn er am Hafen
steht und den Wald von Masten und
flatternden Wimpeln sieht, möchte er
am liebsten mit einem der Schiffe in
die sagenhaften Länder des Orients
reisen. Sein vermögender Vater
wünscht jedoch, daß der Sohn einen
soliden Beruf erlernt und läßt Ibn Battuta die Rechte studieren. Mit 22 hat
dieser das Studium abgeschlossen
und begibt sich am 14.6.1325 von
Tanger aus auf die langersehnte Reise. An den heiligen Stätten des Glaubens möchte Ibn Battuta den Segen
des Himmels für seinen Beruf erbit-
ten, so erklärt er die Reise dem Vater.
Doch sein wahrer Beweggrund ist die
Abenteuerlust.

Hoch zu Kamel durchquert Ibn
Battuta Nordafrika, besucht Alexandria, Kairo und Jerusalem und küßt
endlich in Mekka den heiligen Stein
in der Kaaba, dem höchsten moham-
medanischen Heiligtum. Eigentlich
wäre es jetzt Zeit für ihn, in seine ma-
rokkanische Heimatstadt Tanger

zurückzukehren, doch die Abenteuerlust ist stärker. Ibn Battuta lockt das
Zweistromland zwischen Euphrat
und Tigris mit der berühmten Kali-
fenresidenz Bagdad. Wieder sattelt er
die Kamele und zieht los. Der ausge-
bildete Jurist ist unterwegs überall
willkommen, um Recht zu sprechen,
wird als Reisender erster Klasse behandelt und kann sich zudem durch
die Honorare den Lebensunterhalt
verdienen. Außerdem darf sich Ibn
Battuta seit seinem Mekka-Besuch
»Scheich« nennen. Dieser Ehrentitel
öffnet ihm Tür und Tor bei Fürsten
und geistlichen Oberhäuptern. Von
Persien und dem Irak kehrt Ibn Battuta nach Mekka zurück, wird zum
zweiten Mal »Scheich«, durchquert
danach die Arabische Halbinsel,
schaut sich die exotischen Städte des
Jemen an und segelt dann die ostafri-
kanische Küste hinab fast bis hinunter auf die Höhe Madagaskars. Zurück
in Mekka wird Ibn Battuta zum dritten Mal »Scheich« und reist dann
übers Schwarze Meer zum Tatarenkhan an die Wolga. Wenn er unterwegs in christlichen Städten Station
macht, nervt ihn das dauernde Geläu-
te der vielen Kirchenglocken. In By-
zanz wird Ibn Battuta vom Kaiser zu
einer Audienz empfangen. Nach einem Monat hält Ibn Battuta den Lärm
der Kirchenglocken nicht mehr aus
und flieht frosterstarrt, in Wolfspelze
gehüllt, mitten im Winter wieder zum
Tatarenkhan, danach über Samar-
kand bis Afghanistan.

Die Jahre vergehen, aber Ibn Battuta hat keinen Anflug von Heimweh. Im Gegenteil: Unermüdlich treibt es ihn weiter nach Osten. Unterwegs besteht er unglaubliche Abenteuer, wird von wilden Stämmen entführt, soll exekutiert werden, kann in letzter Sekunde flüchten. Bei jeder Station führt Ibn Battuta gewissenhaft Tagebuch, er notiert alles, was ihm exotisch erscheint, von Pflanzenarten bis zu Eßgewohnheiten und ungewöhnliche Lebensstile, wie den der Fakire, die in ihren Händen, Ohren und am Hals eiserne Ringe tragen. »Ja, sie gehen so weit, solche Ringe um ihr Geschlechtsteil schmieden zu lassen, damit sie nicht in Versuchung geraten, einen Beischlaf auszuführen.«

In der indischen Hauptstadt Delhi gefällt es Ibn Battuta so gut, daß er acht Jahre bleibt. Der Weitgereiste bringt es hier zu großem Ansehen und wird Richter am Höchstgericht. Der Sultan überschüttet ihn mit Ehren. Eines Tages bittet der Herrscher den inzwischen 40jährigen, als Gesandter zum Kaiser von China zu reisen. Diese Reise geht an die Grenze von Ibn Battutas Leistungskraft: Er erleidet Schiffbruch, Gefangenschaft, Krankheit, verliert sämtliche Geschenke des indischen Sultans für den Kaiser von China und kommt nur durch ein Wunder mit dem nackten Leben davon. Mit ungeheurer Energie gelingt es ihm, wieder auf die Beine zu kommen. Als Richter auf den Malediven bringt er es erneut zu Anse-

hen und großer Familie: »Ich selbst hatte vier rechtmäßige Ehefrauen, von den Konkubinen ganz abgesehen. Jeden Tag war ich für alle potent und brachte außerdem die ganze Nacht bei der zu, die gerade an der Reihe war.«

Schließlich erreicht Ibn Battuta tatsächlich China. Doch hier herrscht gerade Bürgerkrieg, also reist er zurück und landet nach vierundzwanzig Jahren wieder in der Heimat Marokko. Hier schreibt er sein Buch »Reisen in Asien und Afrika« nieder. Danach treibt es ihn nach Spanien, und dann, als 50jähriger, unternimmt er seine letzte Fahrt zur geheimnisvollen Stadt Timbuktu. 120 000 Kilometer legte Ibn Battuta in seinem Leben auf Reisen zurück und wurde so zum größten Reisenden des Mittelalters. Dies bezeugt bis heute sein herrliches Buch »Reisen ans Ende der Welt«.

Ignatius von Loyola – Die Heulsuse des Heiligen Vaters
eig. Íñigo López de Loyola
* 1491 in Loyola, † 31.7.1556 in Rom
Der Ordensstifter der Jesuiten wurde
1622 heiliggesprochen; sein Feiertag
ist der 31.7.
Werke: Geistliche Übungen, 1548

Vor seiner Wandlung zum Asketen war der junge Ignatius ein ausgelassener Adliger, dessen Person die Gerichtsakten 1515 in Pamplona so beschreiben: »Keck und herausfordernd, in Lederkoller und Panzer, mit Degen und Pistole bewaffnet, das lange Haar unter der kleinen samtenen Rittermütze hervorwallend.« Brutale Schlägereien und Attacken gegen die Keuschheit von Bürgerfrauen haben Ignatius das Gerichtsverfahren eingebracht, dem er sich durch Flucht entzieht. Sein Charakter wird vom Gericht als »hinterlistig, gewalttätig und rachsüchtig« bezeichnet.

Haudegen wie Ignatius sind am besten beim Militär aufgehoben. Und tatsächlich ist er der jüngste unter den kommandierenden Offizieren, als die Franzosen das spanische Pamplona besetzen. Am 21. Mai 1521 eröffnet der französische Kommandant das Feuer auf die Zitadelle, in der sich die Verteidiger verschanzt haben. Bereits die zweite Kanonenkugel zerschmettert Ignatius den Unterschenkel. Die Besatzung kapituliert. Der Verwundete wird zur Pflege auf das Schloß seines Bruders gebracht und von den besten französischen Ärzten behandelt. Die Amputation allerdings läßt sich nur durch eine schmerzhafte Operation vermeiden, und dazu muß der Knochen gebrochen werden. Geduldig läßt Ignatius die Schmerzen über sich ergehen. Als tatsächlich der Heilprozeß beginnt, zeigt sich ein Knochenauswuchs am Knie. Auch ist das Bein durch den operativen Eingriff einige Zentimeter kürzer geworden. Ignatius ist verzweifelt: Ein humpelnder

Offizier gilt als Krüppel und damit als dienstuntauglich. Kurzentschlossen ordnet Ignatius eine zweite Operation an. Das verheilte Fleisch wird erneut bloßgelegt und der hervorstehende Knochen abgesägt – und zwar ohne Narkose. Dann wird das Bein mit Hilfe von Maschinen tagelang gestreckt. Ohne einen Klagelaut läßt Ignatius die entsetzliche Operation über sich ergehen.

Auf dem Krankenlager liest er, in Ermangelung anderer Literatur, zwei Erbauungsbücher: die »Blüte der Heiligen« und »Das Leben Christi« des Karthäusers Ludolf von Sachsen. Plötzlich sieht Ignatius seinen Lebensweg vor sich. Nicht dem König möchte er dienen, sondern Gott. Zu diesem Zweck baut er die militärisch organisierte Priesterbruderschaft der Jesuiten auf, ohne die die europäische Geschichte sicher anders verlaufen wäre. Um sich und seine Mitbrüder im Glauben zu stählen, verfaßt Ignatius das Büchlein »Geistliche Übungen«. Es ist eine Willens- und Konzentrationsschule und ein System erprobter Psychotherapie. »Man soll Loyola nicht denen überlassen, denen er bisher am meisten genützt hat,« meint der linke Philosoph Ludwig Marcuse. Welche Kraft in seinem Büchlein steckt, ermißt man daran, daß Ignatius es durch Ausdauer und Willen geschafft hat, einen Orden aufzubauen, der trotz vielfältiger Verfolgungen immer noch quicklebendig ist.

Der Weg von Ignatius' eigener innerer Läuterung ist allerdings gnadenlos und heute sicher nicht mehr für jeden geeignet. In seinem Tagebuch findet sich das Psychogramm eines fast Gebrochenen, es fließt geradezu über vor Tränen. Besonders während der Messe kommt Ignatius' Taschentuch nicht zur Ruhe. Am 6. Februar notiert er: »Vor der Messe und während derselben Andacht und nicht ohne Tränen.« Am 7. Februar: »Vor der Messe starkes Überströmen von Andacht mit Tränen.« Am 8. Februar: »Erst beträchtliche Andacht im Gebete, dann Tränen von der Vorbereitung auf die Messe und während derselben gleichfalls große Überfülle von Andacht und Tränen, so daß mir die Sprache versagte«, und so weiter.

Die ständige Bereitschaft, den Tränen freien Lauf zu lassen, liegt wohl daran, daß Ignatius sich Körper und Nerven durch permanente Selbstkasteiung ruiniert. Um seinen Willen zu stählen, unterwirft er sein armes Fleisch den grausamsten Martern: Statt zu essen, betet er täglich sieben Stunden, schläft auf den kalten Fliesen, und nachts peitscht er sich dreimal in regelmäßigen Abständen, bis er vor der eigenen Prügel aus dem Fenster springen möchte. Nur die eiserne Disziplin hält ihn am Leben. Ignatius selbst wurde für diese Leistung heilig gesprochen und wird seitdem von Gutgläubigen zum Schutzpatron u.a. gegen Wölfe, Flöhe und Läuse angerufen.

Jean Paul – Die Wiederverzauberung der Welt

eig. Johann Paul Friedrich Richter
* 21.3.1763 in Wunsiedel,
† 14.11.1825 in Bayreuth
»Eine solche Verbindung von Witz, Phantasie und Empfindung möchte auch wohl ungefähr das in der Schriftsteller-Welt sein, was die große Konjunktion dort oben am Planeten-Himmel ist. Einen allmächtigeren Gleichnis-Schöpfer kenne ich gar nicht.« (Georg Christoph Lichtenberg)
Werke: Schulmeisterlein Wuz, 1790/91; Die unsichtbare Loge, 1793; Hesperus, 1795; Quintus Fixlein, 1796; Siebenkäs, 1796/97; Titan, 1800-03; Vorschule der Ästhetik, 1804; Flegeljahre, 1804/05; Levana oder Erziehungslehre, 1807; Selina oder Über die Unsterblichkeit der Seele, 1827

Bereits als Junge zeigt er, was in ihm steckt: Nach dem Vorbild eines wirklichen Hauses baut Johann ein großes Fliegenhaus aus Ton: mit Zimmern, Treppen, Fenstern, Kaminen. Dann fängt er Fliegen und quartiert sie dort ein, um sie glücklich zu machen. Glück ist auch später das Thema seiner kuriosen Romane, in denen die stillvergnügten Helden des Alltags stets den Stein der Weisen finden. Das Vorbild all seiner glücklichen Lebenskünstler ist er selbst.

Als der Junge 16 ist, stirbt sein Vater, der Pfarrer von Schwarzenbach, und die Familie ist plötzlich mittellos. Darüber wird die Mutter depressiv, einer seiner Brüder Alkoholiker und ein anderer bringt sich um. Da Johann ein helles Köpfchen ist, unterstützen ihn Gönner. Bitterarm studiert er Theologie in Leipzig, ein Armutszeugnis erspart ihm die Studiengebühren. Das unerschütterliche Selbstvertrauen hat Jean Paul der Vater mit der Bibel eingebleut: »Siehe die Vögel des Himmels, sie säen nicht, sie ernten nicht, und der Herr ernährt sie doch.« Erst als dem Studenten die Schulden über den Kopf wachsen, beginnt er an dieser Maxime zu zweifeln. Unter falschem Namen und mit Stoppelhaarschnitt zur Tarnung verläßt Jean Paul heimlich die Stadt und tingelt zehn Jahre lang als Hauslehrer reicher Kaufleute und Gutsbesitzer durch die Lande. Die Kinder lieben diesen Lehrer, der jeden Witz goutiert und flink notiert.

Der Lehrberuf bringt einen Hungerlohn, aber auch die Freiheit, auf den Flügeln der Phantasie in schönere Welten davonzuschweben. Was er erfühlt und erträumt, wird zu wundersam-komischen Geschichten. Er schreibt, wo er geht und steht. Eine Schülerin erzählt später, wie Jean Paul in den Wald wandert, sich unter einen Baum legt, in den Himmel starrt und dann ein weißes Blatt Papier hervorzieht und schreibt. 1789 bringt Jean Paul den dritten Band Satiren heraus – ohne Erfolg. Das entmutigt ihn nicht, denn bei seinen Freunden kommt sein Witz gut an.

Vor kurzem hat Jean Paul in der Nachbarstadt Hof mit ein paar jungen Damen eine »erotische Akademie« begründet. Wie die Symposien des Erotikers aussehen, malen sich Nichtzugelassene in grellen Farben aus. Wenn Jean Paul nicht die Kinder unterrichtet oder mit Damen Liebesseminare abhält, arbeitet er wie besessen. Schon die Titel seiner Bücher lassen ahnen, welche Schnurren den Leser erwarten: »Biographische Belustigungen unter der Gehirnschale einer Riesin«, »Blumen-, Frucht- und Dornenstücke oder Ehestand, Tod und Hochzeit des Armenadvokaten F. St. Siebenkäs im Reichsmarktflecken Kuhschnappel« oder »Das Leben des vergnügten Schulmeisterleins Maria Wuz in Auenthal«. Wie sein Schulmeisterlein Wuz, der sich aus Finanznot selbst eine Bibliothek zusammenschreibt, verfaßt Jean Paul 110 Bände mit Buchauszügen für sich selbst. Aber das ist nicht alles: Nebenbei entstehen ganze Reihen von Ideen-Kladden, die er »Bausteine«, »Untersuchungen« oder »Einfälle« betitelt. So verzeichnet er z.B. 80 Intransitiva der Bewegung nach einem Ort, über 100 Transitiva, die einen Schall beschreiben, 184 der Verschlimmerung und über 200 des Strebens. Das »Ideen-Gewimmel« birgt herrliche Gedankensplitter wie: »Der Rezensent ist in der Blüte seiner Jahre, was ich schon daraus sehe, daß er noch keine Früchte zeigt« oder »Auch der Urin gibt einen Regenbogen« oder »Der Mensch ist

170 JEAN PAUL

nie allein – das Selbstbewußtsein macht, daß immer zwei Ichs in einer Stube sind«.

Jean Pauls extremer Fleiß zahlt sich aus. Mit 33 gilt er als meistgelesener Schriftsteller Deutschlands. Trotzdem ist er meistens klamm. Wenn ihm das Wasser wieder mal bis zum Hals steht, lassen Fans ihm einen Notgroschen zukommen, zum Beispiel Wilhelm Ludwig Gleim, ein Poet der alten Schule, der sich über das »Leben des Quintus Fixlein, aus 15 Zettelkästen gezogen« so zerwutzelt, daß er Jean Paul unter dem Pseudonym »Septimus Fixlein« 50 Taler schickt.

Jean Paul macht sich über alles und jeden lustig. Läßt →Goethe seinen ernsten Entwicklungsroman »Wilhelm Meisters Lehr- und Wanderjahre« erscheinen, kontert Jean Paul mit »Flegeljahre«. →Lichtenberg hat seine helle Freude: »Einen allmächtigeren Gleichnis-Schöpfer kenne ich gar nicht.« Die gesamte Weimarer Dichterclique ist entzückt. Sogar der nicht gerade humorige Goethe schickt Jean Pauls Schnurren als »Bettleküre« an Freund Schiller, nicht ohne einen kleinen Schlag auf den Hinterkopf des Jungdichters: »Er braucht nur eine Tasse Kaffee zu trinken und schon kann er dichten!«

Charlotte von Kalb, die Weimarer Dichtermutter, holt den Schnurrenerzähler persönlich nach Weimar. Hier beobachtet der Satiriker genüßlich die Intrigen und baut aus dem Stoff seinen größten Roman: »Titan«. Und

auch in Weimar ist der blonde Charmeur bald der Hahn im Korb. Mehrere vornehme Groupies steigern ihre Verehrung bis zum Verlobungswahn. Er genießt es: »Wir bewohnten dann das Kanapee«. Aber auf mehr läßt Jean Paul sich nicht ein, denn er liebt sie alle, die Dicken und Dünnen, die Schönen und Häßlichen, die Jungen und Alten. Deshalb weiß er auch nicht, welche er heiraten soll.

Nachdem er viele Anträge abgelehnt hat, entscheidet sich Jean Paul für ein junges Mädchen. Oder besser gesagt: die Hofratstochter Karoline Mayer erobert ihn. Bei einer Gesellschaft in Berlin ist die Schöne seine Tischdame und schon zwei Tage später bittet sie ihn, ihr Mann zu werden. Die Flitterwochen sind glücklich, doch dann glüht die junge Frau vor Eifersucht, wegen der vielen Seelenfreundinnen, die den Gatten weiterhin umschwärmen. Das Paar läßt sich 1804 in Bayreuth nieder, und schlagartig verwandelt Jean Paul sich in einen »wohlbeleibten« Biedermann »mit vollem, gutgeordneten Gesicht«. Äußerlich ein Spießer, werden seine Gedanken immer schrulliger, die Bücher immer komischer.

Im Wirtshaus des Ehepaars Rollwenzel mietet Jean Paul sich ein Zimmer mit Blick über das Fichtelgebirge. Zwanzig Jahre zieht er in den Sommermonaten fast täglich mit Büchern, Manuskripten, einem Knotenstock, seinem kleinen weißen Spitz und ein paar Weinflaschen zu seinem Büro hinauf. Bei einer Pfeife und einem Glas Bier liest er seiner kritischen Wirtin seine Geschichten vor, ehe er sie drucken läßt. Im Winter wohnt er in seinem »Olymp« in der Mansarde, wo er seine Kreuzspinne füttert, sein Eichhörnchen streichelt und Mäuse und Laubfrösche zähmt. Jean Paul verläßt nie das Haus, ohne seinem Vogel den Käfig zu öffnen, damit der Piepmatz für das Alleinsein mit Freiheit entschädigt wird. Bevor er sich an die Arbeit macht, stellt er jeden Morgen um neun den Speiseplan für den ganzen Tag zusammen – dann verschwindet er in seine Gedankenwelt.

Jean Pauls geheime Träume sind auch die Träume der anderen, besonders der Damen. Was verwundert, denn wie ein Frauenheld sieht der Mann eigentlich nicht aus. Bereits mit 31 hat er eine gediegene Halbglatze, ist aufgedunsen und seine Hände zittern fahrig. Man ahnt es schon, Jean Pauls trockener, oder besser gesagt feuchter Humor ist unter anderem inspirierenden Getränken zu verdanken, und daher gleicht der Dichter bald einem rundlichen Weingott. Liebestrunkene Frauen lassen sich davon nicht schrecken, reisen ihm nach und werfen sich ihm zu Füßen. Denn der große Zauberer der Sprache spendet vielen Einsamen, Enttäuschten und Suchenden mit seinen anrührenden Worten Trost: »Komm, liebe müde Seele, die du etwas zu vergessen hast ... komm in meinen Abend-

stern und erquicke dich mit seinem kleinen Schimmer.« Wer möchte da nicht gerne folgen?

James Joyce – Ein Genie im Geldborgen

* 2.2.1882 in Dublin,
† 13.1.1941 in Zürich
Der englische Schriftsteller irischer Abstammung hat die moderne Literatur stark beeinflußt, u.a. durch die Weiterentwicklung der Technik der Versprachlichung des Bewußtseins und eine mit vielen Anspielungen arbeitende Sprachform.
Werke: Dubliner, 1914; Ein Portrait des Künstlers als junger Mann, 1914/15; Verbannte, 1918; Ulysses, 1918-1922; Finnegans Wake, 1939

Daß er ein Genie ist, daran hat er nicht den geringsten Zweifel. Das ist allerdings auch das Einzige, woran er nicht zweifelt. Hochgewachsen, mager, schlurft der junge James Joyce kurzsichtig sommers wie winters in Tennisschuhen durch Dublin auf der Suche nach Identität. Der Vater, ein liebenswürdiger Bankrotteur, will etwas Besseres aus seinem Ältesten machen. »Mein Vater hatte eine außergewöhnliche Zuneigung zu mir. Er war der albernste Mensch, den ich gekannt habe, und doch voll beißender Schläue. Er hat bis zum letzten Atemzug an mich gedacht und von mir gesprochen. Ich habe ihn immer gern

172 JAMES JOYCE

gemocht, da ich selbst ein Sünder bin, und sogar seine Fehler geliebt. Hunderte von Seiten und Dutzende von Personen in meinen Büchern verdanke ich ihm... Ich erbte von ihm seine Porträts, eine Weste, eine gute Tenorstimme und eine zügellose und leichtfertige Veranlagung (der allerdings ich ein Gutteil des Talents verdanke, das ich vielleicht habe).« Talent hat James jede Menge, in der Jesuitenschule ist er gar der begabteste Schüler. Er gewinnt Auszeichnungen und Stipendien, die er jedoch sofort in den Bordellen der Stadt verpraßt. Später besucht Joyce die katholische Universität, wo er in entlegenste Wissensgebiete eindringt und in Windeseile Sprachen lernt, u.a. Neugriechisch, Italienisch, Deutsch und Portugiesisch, am Ende werden es mehr als ein Dutzend sein.

Nachdem Joyce einen Essay über Ibsen und eine Handvoll Gedichte veröffentlicht hat, stromert er durch die Kneipen der Stadt und verkündet, ein verkanntes Genie zu sein. Dem berühmten Dichter →William Butler Yeats geht die Attitüde des mageren Jünglings auf die Nerven: »Noch nie habe ich soviel Anmaßung getroffen und so wenig, das sie gerechtfertigt hätte.« Eigenlob macht leider nicht fett, darum beschließt Joyce, Medizin zu studieren – natürlich in Paris, denn in der Heimatstadt sei »man« gegen ihn. Vor Selbstmitleid triefend, inszeniert Joyce dramatische Abschiedsvorstellungen, in denen er geschickt

auf seine Armut hinweist: »Ich gehe allein und freundelos.... Ich bin trotz allem nicht verzweifelt, denn selbst wenn ich scheitern sollte, weiß ich, daß ein solches Scheitern nur wenig beweist. Ich werde mich gegen die Mächte der Welt zu behaupten versuchen. Alle Dinge sind unbeständig, nur nicht der Glaube an die Seele, der alle Dinge verwandelt und ihre Unbeständigkeit mit Licht erfüllt. Und wenn es auch scheint, als würde ich als ein Irrgläubiger aus meinem Lande vertrieben, so habe ich doch niemanden gefunden, der einen Glauben hätte wie ich.« Blablabla.

Yeats Freundin, die berühmte Lady Gregory, gibt dem weinerlichen Sprüchemacher großzügig Geld und ein paar nützliche Adressen mit auf den Weg. Joyce will sich in Paris sein Studium durch Sprachunterricht finanzieren, und so verschaffen ihm die Freunde seiner Mäzenin einen Job bei der Berlitz-School. Doch Joyce geht gar nicht erst hin. Und auch die Universität sieht ihn selten. Dafür ist er Stammgast bei den Dames de plaisir, doch diese Besuche zehren an seinem Geldbeutel. Ständig in Geldnot, schreibt Joyce winselnde Bettelbriefe an seine inzwischen mittellose, sterbenskranke Mutter: »Liebe Mutter, Deine Anweisung über 3 Shilling, 4 Pence vom letzten Dienstag war willkommen, da ich seit 42 Stunden (zweiundvierzig) nichts gegessen hatte. Heute habe ich 20 Stunden nichts gegessen ... Bei äußerster Sparsam-

keit werde ich mit Deiner letzten Anweisung bis Montagmittag auskom-
men ... dann muß ich vermutlich wieder fasten. Ich bedaure das, da Mon-
tag und Dienstag Karnevalstage sind
und ich der Einzige sein werden, der
in Paris hungert.«

Als der einzige Hungernde eines
nachts heimkehrt, hängt an der Tür ein
Telegramm: »Mutter im Sterben
komm nach Hause. Vater.« Joyce
schnorrt sich das Geld für die Heimreise. Nach dem Tod der Mutter verkommt die Familie vollends. Es gibt
Tage, an denen die Kinder nicht einmal
einen Teller Erbsen bekommen, denn
der Vater versäuft alles. Schließlich
werden die letzten Möbel und das Klavier verkauft. Joyce indes streunt mit
anderen Taugenichtsen umher, verhökert seine Bücher im Pfandhaus, um
zu trinken, und leiht sich Geld für Bor-
dellbesuche. In nüchternen Augen-
blicken versucht er, sein Medizinstudium wieder aufzunehmen, aber er
schafft die Chemieprüfung nicht. Daraufhin will er eine Zeitung gründen –
doch er kommt morgens nicht aus dem
Bett. Zur Kompensation trinkt er und
gibt der undankbaren Welt die Schuld
an seiner Misere. An seinem 22. Geburtstag verkündet er bei Kartenspiel
und Bier seinen Brüdern, daß er einen
Roman begonnen habe. Knapp drei
Monate später sind elf Kapitel fertig.
Bis zum Erscheinen des »Portraits des
Künstlers als junger Mann« sollen
noch zwölf Jahre vergehen, aber Joyce
hat zumindest angefangen.

Als seine Finanzen nichts anderes
mehr zulassen, tritt Joyce seine erste
Stelle an und wird Lehrer an einer
Privatschule. Doch am Geld hapert es
weiterhin: Seine Miete zahlt Joyce
nicht, die Leihgebühr für sein Klavier
zahlt er nicht. Als es abgeholt werden
soll, bettelt er theatralisch einen
Freund an: »Lieber Roberts, kommen
Sie morgen um 3.30 Uhr mit 1 Pfund
ins ,Ship'. Mein Klavier ist in Gefahr.
Es ist absurd, daß meine vorzügliche
Stimme darunter leiden sollte.« Der
junge Lehrer, der auf seine Stimme so
stolz ist, ist auch von der eigenen Erscheinung höchst angetan. Ein
Freund überliefert uns ein Porträt des
Künstlers als junger Mann: »... er hat
ein schmales Gesicht (mit brennend
dunkelblauen Augen), das vielleicht
aus einer gewissen Zerstreutheit rot
wird, und ein sprossender Bart verbreitet sich auf einem sehr ausgeprägten Kinn ... Er ist ziemlich schlank
und hält sich sehr gerade, und es
strahlt von ihm eine Art rührender
Hoheit aus.«

Ziellos mäandert Joyce durch die
Stadt, als ihm an einem schönen
Frühlingstag ein Mädchen mit faszi-
nierendem Gang begegnet. Er bändelt
mit ihr an und drängt auf ein Rendez-
vous. Sie versetzt ihn. Er schreibt ihr
einen frustrierten Brief, und am 16.
Juni 1904 gehen sie zum erstenmal
miteinander aus. Entgegen Sitte und
Anstand spaziert Joyce mit Nora
Barnacle in eine menschenverlassene
Gegend, und was hier passiert, ver-

174 JAMES JOYCE

schlägt ihm die Sprache. Ehe Joyce behutsam zur Sache kommen kann, knöpft Nora ihm kurzerhand die Hose auf. Er ist zum erstenmal richtig verliebt. Nachhaltig erschüttert macht er dem armen Zimmermädchen eine wunderliche Liebeserklärung: »Ich liebe dich nicht, und ich werde dich niemals heiraten. Aber wenn ein Stückchen Glück meinen Weg kreuzt, dann will ich es mit dir teilen.« Drei Monate später verläßt Nora mit ihm für immer ihre Heimat. Siebenunddreißig Jahre lang teilt sie mit ihm eine endlose Serie dürftig eingerichteter Zimmer, seine Depressionen, seine wirklichen und eingebildeten Krankheiten, seine Alkoholexzesse und Katerstimmungen, wenn sie ihn aus dem Rinnstein nach Hause zerren muß, und seinen beständigen Geldschmerz. Und nach 27 Jahren, sechs Monate vor der Geburt ihres Enkelkindes, heiratet Joyce Nora doch noch. Inzwischen ist er mit »Ulysses« berühmt geworden, dem Werk, das jenen Junitag verdichtete, als ihn die Muse in Gestalt des verliebten Zimmermädchens küßte. »Ich habe in ihr das Bild der Schönheit der Welt geliebt, das Geheimnis und die Schönheit des Lebens selbst.«

Trotz wachsendem Ruhm bleibt Joyce ein Genie im Geldborgen, das im Laufe seines Lebens rund 750.000 Euro zusammenschnorrte. Kurz vor seinem sechzigsten Geburtstag wurde Joyce fern der Heimat in eidgenössische Erde versenkt. »Was macht er denn da unter der Erde, der Idiot?« fragte seine Tochter, als sie von seinem Tod erfuhr, »wann wird er sich endlich entschließen, wieder herauszukommen? Er beobachtet uns die ganze Zeit.«

Immanuel Kant,
gezeichnet von Friedrich Hagemann,
mit der Bildzeile »Kant rührt Senf an«
(Entstehungszeit unbekannt)

K

Erich Kästner –
Mamas Liebling

* 23.2.1899 in Dresden,
† 29.7.1974 in München
Der Schriftsteller und Journalist
schrieb Lyrik, Feuilletons, Theater-
stücke, Drehbücher und Romane. Bis
heute geliebt und unvergessen ist
Kästner aber in erster Linie für seine
– mehrfach verfilmten – Kinder-
bücher.
Werke: Herz auf Taille, 1928; Emil
und die Detektive, 1928; Ein Mann
gibt Auskunft, 1930; Fabian, 1931;
Das doppelte Lottchen, 1949; Die
Schule der Diktatoren, 1957

Nachdem Mutter Ida ihren Ehemann
mit hartleibiger Strenge aus dem Ehebett verbannt hat, überschüttet sie ihr
»Ein und Alles«, den kleinen Erich,
mit erdrückender Mutterliebe. Der
Junge ist Idas einziger Lebenssinn.
Für ihn rackert sie tagsüber als Frisö-
se und bis spät in die Nacht als Näherin. Das mühsam zusammengesparte
Kleingeld soll dem Kleinen den Aufstieg in ein besseres Leben ermögli-
chen. Unter Kaiser Wilhelm ist der
Besuch einer höheren Schule nicht
kostenlos. Erich weiß, was er ihr verdankt, strengt sich mächtig an und
wird zum »patentierten Musterkna-
ben«. Jahr für Jahr ist er Klassen-
bester.

Kaum hat er das Abitur in der Tasche, wird Kästner zum Militär eingezogen, Kaiser Wilhelm braucht Kano-
nenfutter. Der »Schütze Arsch« wird
auf dem Kasernenhof von einem Sa-
disten auf die Generalslaufbahn vorbereitet. Die Schinderei vergällt Kästner für den Rest des Lebens die Lust
am Kriegspielen: »Er war ein Tier.
Und er spie und schrie. Und Sergeant
Waurich hieß das Vieh.« Doch Waurich bewirkt auch etwas Gutes, denn
weil er den 1,68 kleinen Rekruten für
eine absolute Flasche hält, bleibt
Erich der Besuch des 1. Weltkrieges
erspart.

Dank Mamas Sparstrumpf unter
der Matratze übersiedelt Kästner von
Dresden nach Leipzig, wo er fleißig
Germanistik, Romanistik, Philosophie
und Geschichte studiert und nebenher Glossen, Theaterkritiken und Berichte für die »Neue Leipziger Zeitung« verfaßt. Die Mutter, voll Sorge
um das leibliche Wohl des Studenten,
schickt warme Unterhosen und Ku-
chenpakete. Nachts streunt der Sohnemann durch die Kneipen der Stadt,
vergnügt sich im Theater und trifft
sich mit anderen Intellektuellen im
Café Merkur. Dabei lebt Kästner so
spartanisch, daß er am Ende des ersten Semesters Mama exakt die Hälfte ihrer Studienunterstützung zurück-
geben kann.

1925 schreibt Kästner seine Doktorarbeit über »Friedrich der Große
und die deutsche Literatur«. Einer seiner Prüfer bemerkt voll Bewunderung, wenn doch »alle Germanistik-
Professoren unter uns in der Lage
wären, in fünf Jahren ein ähnlich bril-
lantes Werk zu verfassen«. Um den

ERICH KÄSTNER 177

Uniabschluß zu feiern, fährt die stolze Mutter mit ihrem promovierten Sohn auf Belohnungsreise nach Italien: Kästners erster Trip ins Ausland. Das erweitert den Horizont gewaltig. 1927 geht er nach Berlin, nachdem ihn der Chefredakteur wegen eines satirisches Gedichtes auf Beethovens 100. Todestag rausgeschmissen hat. Berlin in den goldenen Zwanzigern, das ist Lebenselixier für den quirligen kleinen Sachsen. Ein Jahr lang hält sich Kästner mit Artikeln über Wasser, dann erscheint 1928 seine erste Gedichtsammlung »Herz auf Taille« mit der berühmten Pazifistenhymne »Kennst du das Land, wo die Kanonen blühen?« Kurz darauf wird sein Kinderkrimi »Emil und die Detektive« aus dem Stand zum Hit und erobert im Jahr darauf die englischsprachige Welt von Schottland über USA bis Australien: »Not for a long time have we met in a book children so real, real as salt and bread.« Kästner ist über Nacht zum Weltstar geworden – und Mama ist selig.

Voller Selbstbewußtsein, die Taschen voller Geld, stürzt Kästner sich ins Berliner Nacht- und Nacktleben und wird zum erotischen Schneisenschläger. Seine sexuellen Erfolge schildert Kästner der Mama detailgenau in Briefen. Selbst peinliche Erkrankungen wie eine Tripperinfektion, nach deren Abklingen »der rechte Samenstrang« noch ein bißchen gereizt ist, teilt er ihr offenherzig mit. Mamamia. An dieser Mutter-Sohn-Be-

ziehung hätte Dr. Freud seine helle Freude gehabt. Bei jedem Coitus schwebt Idas Geist über Erichs quietschendem Bett und hütet seinen Beischlaf. Die Mama ist dabei eifersüchtig wie eine betrogene Ehefrau, und um sie zu beschwichtigen, behauptet Kästner, es gebe überhaupt keine »leidenschaftlichen Mädchen« mehr. Wenn die Gefahr einer tieferen Bindung droht und es kompliziert wird, verabschiedet der Dichter sich auf Französisch. Will das die Verabschiedete nicht akzeptieren, greint er wie ein kleiner Junge: »Man sollte sich eben doch alles abhacken, was mit Mann zu tun hat. Sonst hört dieser Schlamassel ja doch nicht auf.«

Was Kästner nun auf seiner eisernen Reiseschreibmaschine herunterklappert, wird ein Bestseller. Bei seinen Kinderbüchern wie »Pünktchen und Anton«, »Das doppelte Lottchen« und »Das fliegende Klassenzimmer« merkt man, daß der Erotomane im Herzen ein Kind geblieben ist. In seinem halbbiographischen »Fabian« dagegen läßt Kästner die Sau raus. Als die Nazis sich zusammenrotten, warnt der Antimilitarist in Zeitungsartikeln vor der braunen Gefahr. Kaum an der Macht, zeigen sie dem »Kulturbolschewisten übelster Sorte«, daß er sie trotz allem unterschätzt hat. Zweimal wird Kästner von der Gestapo verhaftet, aber er hat Glück und kommt mit Schreibverbot davon. Seine Bücher jedoch läßt Goebbels, der »Minister für literarische Feuerbestattung«, öffentlich verbrennen. Doch ein Star wie Kästner hat seine Beziehungen. So wirkt er unter Pseudonym als Drehbuchautor an vielen Filmen mit. Warum er in die »innere Emigration« geht und nicht, wie viele seiner Kollegen, flüchtet, begründet er: »Ein Schriftsteller will und muß erfahren, wie die Nation, zu der er gehört, ihr Schicksal in den schweren Zeiten erträgt.« Hinter der gewundenen Begründung steht vermutlich nichts anderes als seine Mutterbindung.

Als der braune Spuk vorbei ist, übersiedelt Kästner ohne eine müde Reichsmark in der Tasche nach München und beginnt dort, wo er zwölf Jahre zuvor aufhören mußte. Mit seinen satirischen Songs und Kabarett-Szenen hofft er, alte Nazis zu Menschen zu machen und ihre Gegner zu ermutigen: »Es gibt nichts Gutes, außer: man tut es.« Erotisch geht Kästner ran wie immer. Als 1951 Mütterchen die Augen für immer zumacht, holt er als Ersatz Luiselotte Enderle ins Haus. Lotte hütet seine Katzenschar und das Haus, wenn er, wie in alten Zeitreisen, seine Songs und Bücher im Café Leopold schreibt und zwischendurch lüsterne Blicke auf hübsche Damen wirft: »Heute sind sehr viele Busenträgerinnen unterwegs. Das freut und erwärmt mein alterndes Herz.«

Wenn er von Abenteuern in fremden Betten heimkehrt, schnüffelt ihm Lotte nach und engagiert zur Beob-achtung einen Privatdetektiv. Trotzdem gelingt es dem Schwerenöter, die Geburt seines Sohnes Thomas drei Jahre lang geheim zu halten. Das hätte eine Story von ihm sein können.

Franz Kafka – Der Prager Stadtneurotiker
* 3.7.1883 in Prag,
† 3.6.1924 in Kierling bei Wien
»Schade, schade um ihn. Er war weit-aus der echteste von den Prager Dichtern. Ein großer und feiner Mensch.«
(Egon Erwin Kisch in einem Brief vom 5. Juni 1924)
Werke: Betrachtung, 1913; Das Urteil, 1913; Die Verwandlung, 1915; Ein Landarzt, 1918; In der Strafkolonie, 1919; Ein Hungerkünstler, 1922; Der Prozeß, 1925; Das Schloß, 1926; Der Verschollene, 1913-1927

Die Angst lastet bereits auf dem Schulkind wie ein böser Geist. In einem Brief schildert Kafka später die sich täglich wiederholende Qual: »Beim Aus-dem-Haus-Treten sagte die Köchin, sie werde dem Lehrer erzählen, wie unartig ich zuhause gewesen bin.« Je näher er zur Schule kommt, desto mehr steigert sich die Angst. »Ich fing an zu bitten, sie schüttelte den Kopf, je mehr ich bat,... ich blieb stehn und bat um Verzeihung, sie zog mich fort, ich drohte ihr mit der Vergeltung durch die Eltern, sie lachte, hier war sie allmächtig, ich

hielt mich an den Geschäftsportalen...
aber sie schleppte mich weiter unter
der Versicherung, auch dieses noch
dem Lehrer zu erzählen...« Obwohl
die Köchin ihre Drohungen nie wahr-
macht, läßt ihn die Angst nicht los.
Andererseits beflügelt ihn die Angst
vor dem Versagen zu ausgezeichneten
Schulleistungen. Die Lehrer schätzen
ihn. Vor der Aufnahmeprüfung ins
Gymnasium jedoch hat Kafka Alpträume. »Oft sah ich im Geist die
schreckliche Versammlung der Professoren...« Die Schule mit ihren
furchteinflößenden Prüfungen bleibt
ihm sein Leben lang ein Horror.

Kafkas Vater, oder besser Überva-
ter, dessen aus allen Nähten platzende
Energie das Prager Galanteriewaren-
unternehmen ständig vergrößert, regiert Kinder, Frau und Angestellte mit
despotischer Strenge. Für ihn sind sie
»Vieh, Hunde« und »bezahlte Feinde«. Seine Erziehungsmethode beschränkt sich auf Befehle. Nach dem
Abitur weiß Kafka nicht, was er werden soll. Er hat sich mit →Darwin,
Haeckel und →Nietzsche beschäftigt.
Soll er Philosophie studieren? Der Vater bekommt einen Tobsuchtsanfall,
also studiert Franz zwei Wochen lang
Chemie und wechselt dann zu Jura. Er
will so schnell wie möglich einen
Brotberuf haben, um vom ungeliebten Elternhaus unabhängig zu werden. Nebenher beginnt er zu schreiben, aber das ist die reinste Qual:
Ständig plagen ihn Selbstzweifel. Da
lernt Kafka eines Tages den gleich-

altrigen Max Brod kennen, der ebenfalls literarische Ambitionen, jedoch
weder Ängste noch starke Selbstzweifel hat. Dem Freund liest der sonst so
Scheue seine literarischen Versuche
vor und erntet uneingeschränktes
Lob. Denn was er schreibt, ist erstklas-
sig, nur weiß es niemand.

Nachdem Kafka sein Jurastudium
beendet hat, kommt er als »Aushilfs-
kraft« bei einer Versicherung unter.
Das gefällt ihm. Ein Jahr später erscheint seine erste Veröffentlichung
in der Zeitschrift »Hyperion«. Peu à
peu wird alles besser. Mit Brod unternimmt er Reisen, er lernt berühmte
Leute wie Franz Werfel oder Rudolf
Steiner kennen. Der Gründer der An-
throposophie ist begeistert von dem
sensiblen Jungdichter mit den abste-
henden Ohren und dem melancholischen Blick. Steiner ist überzeugt: Der
scheue Jüngling, der sich mit Kabbali-
stik und Mystik beschäftigt, besitzt
hellseherische Kräfte.

Ständig von Kopfschmerz und Nervosität geplagt, wird Kafka Vegetarier.
Tagsüber dient er brav als Versicherungsangestellter, nachts aber
schreibt er »mit unglaublicher Ekstase«, oft ohne Essen und Schlafen, seine unheimlichen Geschichten. Da ver-
donnert ihn der Vater dazu, Teilhaber
der Asbestfabrik seines Schwagers
Karl Hermann zu werden. Statt zu
schreiben, soll Kafka in seiner Freizeit
bei Aufbau der Fabrik helfen. Kafka
ist verzweifelt und möchte sich umbringen. Warum wollen sie ihn

quälen, etwas zu tun, was er nicht kann? Er kommt sich vor wie ein zu Unrecht Verurteilter. Sein berühmter Roman »Der Prozeß« begann ursprünglich mit dem Satz: »Jemand mußte Josef K. verleumdet haben, denn ohne daß er etwas Böses getan hätte, war er eines Morgens gefangen.« Später ändert er – Max Brod? – geringfügig um (»... wurde er eines Morgens verhaftet«), doch eigentlich fühlt er sich immer irgendwie gefangen.

Eines Tages lernt Kafka bei Max Brod die junge Berlinerin Felice Bauer kennen: »Blondes, etwas steifes reizloses Haar, starkes Kinn.« In ihren Armen hofft er Trost zu finden. Zweimal ver- und entloben sie sich.

Schließlich stellt der Arzt bei Kafka eine Lungentuberkulose fest. Kafka verlobt sich mit einer anderen Dame, entlobt sich, sucht Gesundung in Sanatorien, verliebt sich erneut, schreibt, schreibt, schreibt, und stirbt mit 41, ohne das die große Welt weiß, welches literarische Genie die Erde verlassen hat. Die Angst vor einem schmerzvollen Tod läßt Kafka seinen Arzt, der ihm eine sanfte Erlösung versprochen hatte, anflehen: »Töten Sie mich, sonst werden Sie mein Mörder.«

Seinem Freund und Bewunderer Max Brod trug Kafka auf, seinen gesamten Nachlaß »restlos und ungelesen zu verbrennen.« Zum Glück hat Max Brod diesen letzten, verrückten Wunsch ignoriert.

Immanuel Kant –
Der Kauz aus Königsberg
* 22.4.1724 in Königsberg,
† 12.2.1804 in Königsberg
Die Philosophie des Professors für Logik und Metaphysik beendete das Zeitalter der Aufklärung und war zugleich Ausgangspunkt für viele neuere philosophische Richtungen.
Werke: Kritik der reinen Vernunft, 1781; Kritik der praktischen Vernunft, 1788; Kritik der Urteilskraft, 1790

Im März 1770 wird Immanuel Kant ordentlicher Professor für Metaphysik und Logik an der Universität Königsberg. Damit ist sein kärgliches Dasein als unterbezahlter Unterbibliothekar und unbezahlter Privatdozent vorbei. Kant kann sich einen eigenen Diener, eine Köchin, den Luxus regelmäßiger Gastfreundschaft leisten und sogar Geld für ein eigenes Haus sparen. Denn Geld gibt er nur für das Allernötigste aus. Kants Tag verläuft nach exaktem Ordnungssystem: Genau um fünf Uhr morgens läßt er sich, nach genau sieben Stunden Schlaf, von seinem Diener Lampe, einem ausgedienten Soldaten, mit dem militärischen Kommando: »Es ist Zeit!« wecken. Zum Frühstück trinkt Kant eine Tasse dünnen Tee. In seinem Arbeitszimmer herrschen genau 24 Grad, daher muß in kühlen Sommern geheizt werden. Bis sieben Uhr bereitet Kant seine Vorlesungen vor, die er sechsmal pro Woche hält: Von acht bis neun Logik, von neun bis zehn Mechanik, von zehn bis elf Theoretische Physik. Seine Vorträge hält Kant aus dem Stegreif. Danach notiert er seine schwerwiegenden Gedanken. Um exakt ein Uhr dampft das Mittagessen auf dem Tisch. Kants Leibgerichte sind Kabeljau, dicke Erbsen, Teltower Rübchen, Göttinger Wurst und Kaviar, den ihm sein Verleger Hartknoch aus Riga schickt. Zu jeder Speise nimmt er reichlich Senf, den er eigenhändig für sich und seine Gäste herstellt. Mit knurrendem Magen erwartet er seine Gäste: mindestens drei – nach der Zahl der Grazien – und nie mehr als neun – nach der Zahl der Musen. Unpünktliche bekommen Kants Zorn zu spüren. Es gibt immer drei Gerichte und eine halbe Flasche Wein pro Nase. Bier hält Kant für schleichendes Gift. Wenn man ihm erzählt, daß jemand in den besten Jahren gestorben sei, sagt er sofort: »Er hat vermutlich Bier getrunken.«

Die Tischgesellschaft, der Männer verschiedener Berufsgruppen angehören, tafelt bis 17 Uhr. Außer philosophischen Fachfragen ist kein Thema tabu. Man macht Witze, klatscht und tratscht, erläutert politische Ereignisse und reißt dem extra ausgeschickten Lampe die frischen Zeitungen aus der Hand. Diese vier Stunden sind Kants Entspannungspause. Begeistert spricht er über Kochkunst und stellt höchstpersönlich den Küchenzettel für den nächsten Tag zusammen. Als Philosoph gruselt es

ihn vor Kirchen und er vermeidet es, auch nur in ihre Nähe zu kommen. Will jemand seiner Gäste ein Tischgebet beginnen, unterbricht er ihn geschickt und bittet, Platz zu nehmen – so kommt niemand zum Beten.

Auch Wanzen bekämpft Kant höchst originell: Die Läden seines einzigen Schlafzimmerfensters müssen Tag und Nacht geschlossen bleiben. Als er einmal ein paar Tage verreisen muß, lüftet Lampe die muffige Bude gründlich durch, vergißt aber, die Läden zu schließen. Als Kant zurückkommt, hat er plötzlich Wanzen im Bett. Die Möglichkeit, daß er sich die Biester unterwegs eingefangen haben könnte, schließt er aus. Nach langem Nachdenken kommt er zum Schluß, daß Wanzen durch Sonnenlicht erzeugt werden. Ergo könne man sie nur durch Dunkelheit fernhalten.

In allen praktischen Dingen hat der große Geist zwei linke Hände. Kant weiß weder, wie man eine Tür ölt, noch wie man eine nachgehende Uhr korrigiert. Dabei ist die Uhr das Instrument, das er am meisten verehrt. Mit der Regelmäßigkeit eines Uhrzeigers kreist das 1,54 m große Männchen mit dem dicken Kopf tagtäglich um die Stadt. Die Leute sagen: »Es kann noch nicht sieben Uhr sein! Der Herr Professor ist ja noch nicht vorbeigekommen.« Kant folgt immer demselben Weg und geht immer allein, damit er beim Gehen nicht sprechen muß, denn er hat Angst, sich dabei zu erkälten.

Nichts ist Kant verhaßter als Unpünktlichkeit. Vielleicht ist der Handelsherr Green nur deshalb sein Freund, weil der den gleichen Tick hat. Eines Tages haben die Pünktlichkeitsfanatiker sich zu einer Ausfahrt verabredet. Green steht um 7.45 Uhr gestiefelt und gespornt im Vorraum. Um 7.50 Uhr setzt er seinen Hut auf. Um 7.58 Uhr nimmt er seinen Spazierstock, eine Minute später tritt er an den Wagen und Punkt 8 fährt er los. Kant hat sich erstmals in seinem Leben verspätet – um zwei Minuten. Green fährt grußlos an dem unzuverlässigen Freund vorbei.

Jahrelang besucht Kant Green fast jeden Nachmittag. Green sitzt meist schnarchend am Fenster und Kant setzt sich wortlos daneben, denkt über ein philosophisches Problem nach und schläft ein. Etwas später erscheint Bankdirektor Ruffmann und schnarcht als dritter im Bunde, bis Greens Teilhaber Motherby auftaucht und alle aus dem Schlaf reißt.

Den Wechsel der Jahreszeiten bekommt der Großdenker nie mit. Freut sich jemand seiner Umgebung über die ersten Veilchen oder die ersten reifen Birnen, meint er achselzuckend: »Das ist doch jedes Jahr genauso.« Jede kleine Veränderung irritiert ihn. Kants Diener Lampe trägt jahraus jahrein immer eine weiße Livrée mit rotem Kragen. Als Lampe eines Morgens in gelber Livrée erscheint, bricht für Kant fast die Welt zusammen. Völlig geschockt befiehlt er, daß der

»häßliche neue Rock« sofort beim Trödler verkauft werden soll, selbst mit Verlust. Aus demselben Grund setzt er nur äußerst widerwillig den Fuß über Königsbergs Stadtgrenze. Reisen unternimmt Kant lieber im Kopf. Dazu liest er mit Vergnügen Reiseberichte aus exotischen Ländern.

Dreimal überlegt Kant, ob er heiraten soll. Als gründlicher Denker wägt er das Für und Wider ab, malt sich die Freuden der Ehe aus und wie sehr ihn Gattin und Kinder von seinen liebgewordenen Gewohnheiten ablenken werden. Bis er alles gründlich durchdacht hat, liegt die »junge, schöne, sanfte Witwe«, die er im Auge hat, bereits im Bett eines andern. Das zweite Mal trifft ihn die »Versuchung« in Gestalt eines jungen Mädchens aus Westfalen, und wieder durchdenkt Kant die Sache gründlich. Ja, er will die Schöne heiraten – aber da ist sie schon abgereist. Die dritte Auserwählte ist eine Königsbergerin. Kant berechnet seine Einnahmen und Ausgaben, überlegt, welche Anschaffungen getätigt werden müssen, erkundigt sich nach Kreditmöglichkeiten und macht Pläne für weitere Einnahmequellen. Es spricht kein finanzieller Grund gegen die Heirat. Kant will also um die Hand der jungen Dame anhalten – da hat sie ihm ein Beamter weggeschnappt. Im Grunde seine Herzens ist Kant froh, seine liebgewonnen Gewohnheiten nicht aufgeben zu müssen. Und da ihn die Liebe durchaus interessiert, versucht Kant, als Kuppelmutter seine alleinstehenden Freunde an die Frau zu bringen.

Daß dieser schrullige Professor vom »Rande der asiatischen Steppe« einer der wichtigsten modernen Denker, ein Revolutionär und unbarmherziger Zerstörer des bisherigen Weltbildes ist, kann man sich kaum vorstellen. Kants Philosophie bildet für die meisten modernen philosophischen Richtungen des Westens den Ausgangspunkt. Als Kant mit fast 80 stirbt, hat er fast ein schlechtes Gewissen, denn es sei »impertinent, so lange zu leben wie ich, weil dadurch jüngere Leute nur erst sehr spät zu Brote kommen«.

Hl. Katharina von Siena – Die magersüchtige Gottesbraut

* um 1347 in Siena,
† 29.4.1380 in Rom
Für die Italiener ist Katharina von Siena »die größte Frau des Christentums«. 1461 wurde sie heilig gesprochen; ihr Tag ist der 30.4.

Der Vater ist von den Freuden der Ehe so begeistert, daß er mit seiner Liebsten 25 Kinder zeugt. Daher kann er nicht verstehen, daß sich seine zwölfjährige Lieblingstochter diesem Vergnügen verweigern will. Kaum bringt er das Gespräch auf hübsche junge Männer, errötet Katharina schamhaft und verläßt das Zimmer. Um ihren Willen zu brechen, läßt der Vater sie die Drecksarbeit im Hause verrichten. Er kann nicht ahnen, daß Katharina bereits als Sechsjährige das Gelübde ewiger Keuschheit abgelegt hat, um mit Leib und Seele nur Jesus zu gehören.

Gelassen nimmt die Jungfrau alle Erniedrigungen hin und tötet radikal jede fleischliche Versuchung ab, indem sie wochenlang nur Wasser trinkt, auf dem nackten Fußboden schläft und unter ihrem Kleid einen Bußgürtel trägt, dessen Stacheln den gesamten Unterleib peinigen. Morgens, mittags und abends prügelt sie sich zusätzlich mit einer Peitsche, um unkeusche Gedanken zu vertreiben, denn hin und wieder gibt ihr der Teufel der Wollust unzüchtige Wünsche ein. Dank dieser eher ungesunden Lebensweise sieht Katharina mit der Zeit wie ein Gespenst aus, und die Eltern machen sich ernstlich Sorgen um sie.

Eines Nachts sieht der Vater im Traum eine weiße Taube über der schlafenden Tochter flattern. Am Morgen ist ihm klar, daß dies der heilige Geist war, der über Katharina schwebt. Sofort läßt er von seinen Verheiratungswünschen ab, und Katharina darf in den Dominikanerorden eintreten. Drei Jahre lang verläßt sie ihre Zelle nur zum Kirchgang und spricht mit niemandem außer ihrem Beichtvater. Ihre Liebe zu Jesus wird so stark, daß dieser sich eines Nachts der Verliebten erbarmt und lichtumflutet vom Himmel herabsteigt, um mit ihr in ihrer Zelle das Brautbett zu teilen. Während dieser Ekstasen tauscht Jesus nicht nur sein Herz mit ihr, er streift ihr als Ehering auch seine Vorhaut über den Ringfinger, die seit seiner Beschneidung im Tempel an einem geheimen Ort gehütet worden war. Dieser außergewöhnliche Ring ziert bis zum heutigen Tag den Ringfingerknochen der Heiligen. Allerdings können ihn nur Erleuchtete sehen, für gewöhnliche Sterbliche ist er unsichtbar.

Durch die Gottesliebe körperlich und seelisch gestärkt, widmet Katharina sich zur Zeit der großen Pest von 1374 aufopfernd der Krankenpflege, was ihr den Ruf einer Heiligen einträgt. Als sie 27 Jahre alt ist, befiehlt ihr Jesus, öffentlich zu predigen und die Sünder zur Umkehr zu bewegen. Katharinas flammenden Worte gehen selbst den Verstocktesten so zu Herzen, daß drei Ordenspriester Tag und Nacht in den Beichtstühlen der Dominikanerkirche hocken müssen, um den Reuigen zu vergeben.

Die Kirchenspaltung mit Papst und Gegenpapst in Rom und Avignon geht Katharina so nah, daß sie bis zum Skelett abmagert. Als die Braut Gottes mit dreiunddreißig Jahren an der Magersucht stirbt, entdeckt man an ihrem Körper die fünf Wundmale Christi. Ihre 381 Briefe, die die lebenslange Analphabetin Berufsschreibern diktierte, gehören heute zum Kanon der klassischen Literatur.

Gottfried Keller – Der Prügelpoet

* 19.7.1819 in Zürich,
† 15.7.1890 in Zürich
»Keller ist, was die Schweizer verlangen, lehrhaft, weitschweifig, er predigt.« (Conrad Ferdinand Meyer)
Werke: Der grüne Heinrich, 1854/55; Die Leute von Seldwyla, 1856; Sieben Legenden, 1872; Martin Salander, 1886

Kaum hat der kurzbeinige Zwerg mit den blitzenden Augen ein paar Gläser intus, wird er aggressiv. Dann brüllt er Unflätigkeiten, schüttet dem auserwählten Opfer das Bierglas ins Gesicht und prügelt auf den Überraschten ein. Jeder noch so nichtige Anlaß kann Ursache eines Gewaltausbruchs sein – kein Wunder, daß der Alkoholiker keine Frau findet. Als Keller 27jährig nach dem ersten Heiratsantrag einen Korb bekommt, lungert er den ganzen Sommer lang in den Wirtshäusern herum auf der Suche nach Opfern, die für seinen Liebeskummer büßen müssen. Befriedigt reibt Keller sich nach jeder Rauferei die Hände: »Gott segne den Wein, der mich veranlaßte, dem widerlichen Ohrfeigengesicht sein Recht angedeihen zu lassen.« Der 36jährige Keller brüstet sich mit dem blauen Auge, das ihm in einer Keilerei nach dem dritten erfolglosen Heiratsantrag sein Gegner verpaßt hat. Als der Schmerz abklingt, begibt Keller sich erneut ins Wirtshaus und verprügelt ein weiteres Opfer, »wegen dessen ich verklagt wurde. In der dritten Nacht zog ich wieder aus, fand aber endlich meinen Meister in einem Hausknecht, der mich mit dem Hausschlüssel bediente, worauf ich endlich in mich ging.« Daß der Wüstling nach durchzechten Nächten am nächsten Tag mit roten Säuferaugen zarte Gedichte schreiben kann, ist kaum vorstellbar. »Augen, meine lieben Fensterlein, gebt mir schon so lange holden Schein, lasset freundlich Bild um Bild herein: Einmal werdet ihr verdunkelt sein. Fallen einst die müden Lider zu, löscht ihr aus, dann hat die Seele ruh; tastend streift sie ab die Wanderschuh, legt sich auch in ihre finstre Truh.«

Die Alkoholsucht, die Keller durch sein Leben begleiten wird, hat nach neuesten medizinischen Erkenntnissen bereits seinen Vater, einen biederen Drechslermeister, früh ins Grab gebracht. Da ist der Junge gerade fünf Jahre alt. Die Mutter erzieht das Kind mit äußerster Sparsamkeit. Als Keller mit 15 von der höheren Schule geschmissen wird, will er Landschaftsmaler werden. Aber statt zu arbeiten, vertrödelt er die Zeit lieber mit anderen Möchtegern-Künstlern im Wirtshaus. Schließlich, als es so nicht mehr weitergeht, fährt Keller nach München, um hier als Genie entdeckt zu werden. Nach zwei weiteren Jahren Farbkleckserei wird ihm klar, daß er kein Talent hat. Frustriert kehrt er zurück an Mutters Herd – und eines Morgens küßt den Taugenichts die

Muse der Poesie: Nun will er Dichter werden. Sechs Jahre lang kämpft er mit Versen und Reimen. Sie klingen zwar nach →Heine, Freiligrath und Herwegh, aber Keller hat endlich etwas zustande gebracht: die Gedichte werden veröffentlicht.

Da in Zürich die literarische Meßlatte mangels eines →Goethe oder Shakespeare nicht so hoch liegt, bewilligen die Zürcher Ratsherren dem Jungdichter ein Reisestipendium zur weiteren Ausbildung. Sieben Jahre lang kann Keller auf Kosten der Züricher Steuerzahler in Heidelbergs Kneipen zechen und an der Uni Vorlesungen des Philosophen Feuerbach hören. Der Mann beeindruckt ihn tief: »Die Welt ist mir unendlich schöner und tiefer geworden... das Leben ist wertvoller... und fordert mich mit aller Macht auf, meine Aufgabe zu erfüllen und mein Bewußtsein zu reinigen.« Das sind keine leeren Worte. Keller geht nach Berlin und schreibt seinen ersten Roman, den »Grünen Heinrich«. Das vierbändige Werk ist so schön erzählt, daß die Züricher Bürger ihm zur Belohnung eine Professur für Literaturgeschichte am Eidgenössischen Polytechnikum anbieten. Keller lehnt mit der Begründung ab, daß ihm die notwendigen Kenntnisse fehlen. Und welches Vorbild würde der ständig besoffene Professor seinen Studenten bieten? Zudem ist ihm der Rummel um berühmte Leute verdächtig: »Ich war von jeher gewöhnt, alle falschen Verhältnisse wie ungezogene Kinder ihre Strümpfe abzustrampeln. Man wird nur schlecht und falsch, wenn man in dergleichen Wirrsal fortlebt.« Daraufhin ernennt ihn Zürich zum Staatsschreiber. Keller nimmt das Amt an und findet nun tatsächlich eine Frau, die ihn heiraten will. Doch das Trinken kann er nicht lassen.

Als Kellers Frau eines Tages in der Zeitung zufällig einen Bericht über eine seiner berüchtigten Wirtshausprügeleien liest, nimmt sie sich, völlig verzweifelt, das Leben. Jetzt wird das Wirtshaus Kellers eigentliches Zuhause. Nacht für Nacht sitzt er hier, wird fetter und fetter, schreibt aber tagsüber mit bewundernswerter Energie seine glasklaren Novellen.

Heinrich von Kleist – Der klassische Pechvogel

eig. Bernd Heinrich Wilhelm von Kleist
* 18.10.1777 in Frankfurt/Oder,
† 21.11.1811 in Wannsee bei Potsdam (heute Berlin)
Das Werk des zu Lebzeiten verkannten Dichters und Dramatikers, das bereits expressionistische Anklänge hat und auf die Moderne vorausweist, wurde erst um 1900 wiederentdeckt.
Werke: Der zerbrochene Krug, 1808; Penthesilea, 1808; Über das Marionettentheater, 1810; Michael Kohlhaas, 1810; Prinz Friedrich von Homburg, 1811

Als Sohn einer preußischen Generalsfamilie tritt der 15jährige Heinrich ins Garderegiment Potsdam ein und reitet als Gefreiter-Korporal begeistert in seine erste Schlacht gegen die Franzosen. Mit zwanzig, als Leutnant, hat Kleist die Nase vom Kriegsspielen voll. Der ganze Rummel um Heldentod für König, Gott und Vaterland hält er in Wirklichkeit für eine perfide Methode moderner Sklaverei. Für einen Intellektuellen wie Kleist, der sich in seiner Freizeit mit Philosophie, Mathematik und Physik beschäftigt und Klarinette spielt, ist der Zwiespalt nicht lange erträglich. Couragiert hängt Kleist den Soldatenrock an den Nagel und beginnt ein Studium.

Der geistiger Hunger des Ex-Soldaten ist gigantisch: Kleist nimmt Lateinunterricht und vertieft sich in Naturwissenschaften und das Modestudium Volkswirtschaft. »Bildung schien mir das einzige Ziel, das des Bestrebens, Wahrheit der einzige Reichtum, der des Besitzes würdig war«, schreibt er seiner Geliebten, der Generalstochter Wilhelmine von Zenge. Und sie will er daran teilnehmen lassen. Hinter einem selbstgezimmerten Katheder hält ihr der Hobbyprofessor stundenlang Vorträge über ehepädagogische Themen, Kulturgeschichte und Physik, damit auch Wilhelmine »edler und besser« werde. Das junge Mädchen weiß nicht recht, ob dieser Bildungsfanatiker ihr Mann fürs Leben sein kann. Spontan, wie es Kleists Art ist, langweilt ihn das Wissenschaftsideal plötzlich: »Bei dem ewigen Beweisen und Folgern verlernt das Herz fast zu fühlen ...« Besonders nachts fühlt er sich einsam, wenn ihm Wilhelmine nackt im Traum erscheint. In einem glühenden Brief bittet er sie: »... – o werde bald, bald mein Weib ...« Die Traumfrau ist zu allem bereit, aber nur mit Trauschein – und ihre Eltern erwarten einen Beamten als Schwiegersohn. Also gibt Kleist das Studium auf und wird Volontär im Wirtschaftsministerium. Nun reist er unter falschem Namen und spioniert im Auftrag der Regierung ausländische Industrieanlagen aus. Das soll sein Lebensinhalt sein? Angewidert gibt Kleist den zweifelhaften Job auf.

Während seiner Reise nach Paris hat Kleist mit dem Drama »Robert Guiskard« begonnen und die erste Fassung der Novelle »Die Verlobung in St. Domingo« fertiggestellt. Nun will er als Schriftsteller seinen »Ruhm an die Sterne heften«. Die treue Wilhelmine hält ihrem preußischen Romeo weiterhin die Stange. So lange, bis er sich für eine neue Idee begeistert: Kleist begutachtet in der Schweiz zum Verkauf stehende Bauernhöfe. Hier will er gemeinsam mit Wilhelmine, der piekfeinen Generalstocher, die Mistgabel schwingen. Das ist zuviel: Sie schickt dem Naturfreak sein Medaillon zurück und sucht sich einen Mann in gesicherter Professorenstellung.

Kleist bezieht ein romantisches Häuschen auf einer Insel in der Aar. An diesem »Ort der Stille« beginnt er nun wirklich zu dichten. Die biederen Verpächter sind baff über seine poetische Technik: »Oft sahen wir ihn stundenlang in einem brauen Umhang auf seiner Insel, mit den Armen fechtend, auf und ab rennen und deklamieren.« Von Selbstzweifeln gequält, seelisch und körperlich krank gibt Kleist das Einsiedlerleben auf: »Der Himmel versagt mir den Ruhm, das größte der Güter der Erde... Ich werde den schönen Tod der Schlachten sterben...« Dem Pechvogel glückt nicht mal der Heldentod. Als er sich in die französische Armee schmuggeln will, wird der Selbstmordkandidat als Spion verhaftet und nach Preußen abgeschoben.

Als der Dichter Christoph Martin Wieland hört, Kleist lebe in Weimar in einem feuchten Loch, lädt er ihn auf sein Gut in Oßmannstedt ein. Dort macht Kleist mit seinen Marotten dem Gastgeber das Leben schwer, indem »z.B. ein einziges Wort eine ganze Reihe von Ideen in seinem Gehirn wie ein Glockenspiel anzuziehen schien und verursachte, daß er nichts weiter von dem, was man ihm sagte, hörte und also auch mit der Antwort zurückblieb«. Noch verrückter ist Kleists Macke, beim Essen greisenhaft »zwischen den Zähnen« zu sich selbst zu murmeln, als ob er allein auf der Welt wäre. Während der Selbstgespräche beschäftigt sich Kleist ununterbrochen mit seinem verpfuschten Leben. Alles, was er anfängt, endet irgendwie schief oder mit einer Katastrophe.

Nach einem Nervenzusammenbruch will Kleist wieder Beamter werden. Bekannte lassen ihre Beziehungen spielen. Kleist bekommt einen Posten, gibt ihn aber gleich wieder auf, weil er inzwischen mit Adam Müller das Kunstjournal »Phöbus« gegründet hat. Vollmundig behaupten die Herausgeber, selbst →Goethe würde ständiger Mitarbeiter werden. Der fällt aus allen Wolken und dementiert schleunigst. Nach ein paar Nummern ist der »Phöbus« pleite und Kleist völlig verzweifelt. Alles, was er anfaßt, wird ein Desaster, dabei ist er fleißig wie ein Bienchen. Goethe führt sogar seinen »Zerbrochenen Krug« in Weimar auf – es wird ein Flop. Seine Erzählungen »Michael Kohlhaas,« »Die Marquise von O« und das »Erdbeben in Chili« erscheinen in Berlin – niemand liest sie.

In einem letzten verzweifelten Versuch gründet Kleist die Boulevardzeitung »Berliner Abendblätter«, ein Revolverblatt, das gepfefferte Nachrichten über Katastrophen und Verbrechen bringt. Sein Freund, der Polizeipräsident Gruner, versorgt Kleist vorweg mit allen Sensationen. Die Zeitung ist der Hit – bis Gruner entlassen wird. Als die Informationsquelle versiegt, geht es mit Kleist und seiner Zeitung bergab: »Es ist mir ganz unmöglich, länger zu leben; meine Seele ist so wund, daß mir, ich möchte fast sagen, wenn ich die Nase aus dem Fenster stecke, das Tageslicht weh tut, das mir darauf schimmert.«

Zusammen mit seiner Geliebten Henriette Vogel steigert Kleist sich in Todesbegeisterung hinein. Sie fahren zu einem Gasthaus am Wannsee, sind »sehr vergnügt« und schlafen sich aus. Am nächsten Tag fallen am Seeufer zwei Schüsse: Kleist hat Henriette durch die linke Brust ins Herz geschossen und dann sich selbst mit einem Schuß in den Mund getötet. Als sein Dichterfreund →Clemens Brentano die Hiobsbotschaft erhält, schreibt er an Achim von Arnim: »Diese Nachricht hat mich wenigstens wie ein Pistolenschuß erschreckt. Der arme gute Kerl ist ... so weit gekommen, weil er keinen herzlichen Menschen gekannt und geliebt [hat], und grenzenlos eitel war.«

August Friedrich von Kotzebue – Der Geheimagent des Zaren

* 3.5.1761 in Weimar,
† 23.3.1819 in Mannheim
Zu Lebzeiten beherrschten Kotzebues Lustspiele die deutschen Bühnen. Der produktive Dichter hinterließ 216 Stücke.
Werke: Die beiden Klingsberg, 1801;
Die deutschen Kleinstädter, 1803

Der Mann mit dem einprägsamen Namen hatte in seinem Leben eigentlich immer Glück. Das beginnt schon damit, daß Kotzebue in Weimar, der Hochburg der deutschen Dichtung, geboren wird. Mit 16 wird er Student

AUGUST FRIEDRICH VON KOTZEBUE 189

in Jena, mit 19 ist er Rechtsanwalt. Sein Charme und seine Fähigkeit, immer im richtigen Moment am richtigen Ort mit den richtigen Leuten auf der richtigen Party zu sein, befördern Kotzebues erstaunliche Karriere. Der preußische Gesandte am russischen Hof verschafft ihm einen Posten als Sekretär bei einem Generalgouverneur. Dieser empfiehlt ihn der Zarin, und so wird er zum Titularrat und schließlich, als er sich in das Herz der Tochter eines Generals getanzt hat, ist er mit 24 Präsident der Provinz Estland und wird in den Adelsstand erhoben.

Kotzebue könnte es sich nun im Lehnstuhl bequem machen und das Leben eines Gutsbesitzers führen, doch er hat eine künstlerische Ader. Statt die langen russischen Winternächte zu durchzechen oder jungen Damen nachzusteigen, sitzt er in jeder freien Minute am Schreibtisch. In Windeseile verfaßt er dickleibige Familiensagas wie »Leiden der Ortenbergischen Familie« und witzige Theaterstücke wie »Die Indianer in England«. Das Glück ist ihm hold: Kritik und Publikum sind entzückt. Diese Gunst verscherzt er sich, als er eine wüste polemische Schrift unter dem Namen des berühmten Freiherrn von Knigge veröffentlicht. Um dem Skandal zu entgehen, flüchtet Kotzebue nach Paris.

Nachdem Gras über die Sache gewachsen ist, kehrt Kotzebue zurück, hängt den Präsidentenjob an den Nagel und zieht sich auf sein Landgut zurück. Hier schreibt er in vier Jahren »Die jüngsten Kinder meiner Laune«, ein fünfbändiges Werk der leichten Muse und mehr als 20 Schauspiele. Diese verbreiten seinen Ruf als Unterhaltungsspezialist der seichten Art durch ganz Deutschland und werden zu wahren Straßenfegern. Wo Kotzebue gespielt wird, gibt es etwas zu Lachen.

Der Kaiser zu Wien beruft ihn als Hoftheaterdichter, doch die Geschmeidigkeit auf dem glatten Wiener Parkett geht Kotzebue bald so auf die Nerven, daß er nach zwei Jahren das Handtuch wirft. Gewitzt wie er ist, hat er bei Antritt der Stelle vertraglich vorgesorgt: Zähneknirschend müssen ihm die Wiener bis an sein Lebensende eine stattliche Pension zahlen. Befreit reist Kotzebue nach Rußland zurück. Da wird er an der Grenze von der russischen Polizei als verdächtiger Schriftsteller verhaftet und nach Sibirien deportiert. Wieder hat er Glück im Unglück: Ein junger Russe hat gerade sein kleines Drama »Der Leibkutscher Peters des Großen« ins Russische übersetzt. Die Handschrift wird dem Zaren zugespielt, der darin blättert und sich plötzlich geschmeichelt fühlt. Das Stück ist ja eine Hymne auf den Herrscher aller Reussen! Der Verhaftete wird sofort zum Zaren gebracht, der ihn mit seiner Huld überschüttet und ihm ein riesiges Gut samt Schloß in Livland schenkt. Außerdem überträgt der Zar ihm die Direktion des deutschen Theaters und macht ihn auf der Stelle zum Hofrat.

Als sein Gönner kurz darauf stirbt, geht Kotzebue zurück nach Deutschland, wo er mit scharfer Feder über →Goethe und die Größen in seiner Umgebung herfällt. Napoleon macht den literarischen Fehden ein Ende, und Kotzebue zieht sich wieder nach Rußland zurück, wird Staatsrat und schließlich russischer Generalkonsul für die preußischen Staaten. Mit 57 hat er erreicht, wovon andere höchstens träumen können. Da hat ein Berater des Zaren die kolossale Idee, den Erfolgsschriftsteller als eine Art Geheimagenten nach Deutschland zu schicken, um durch die Gründung einer Wochenzeitschrift Einfluß auf die deutsche Politik und die Stimmung im Land zu nehmen. Ausgestattet mit fast unbegrenzten finanziellen Mitteln, begibt sich Kotzebue erneut nach Weimar, wo er mit CIA-Methoden durch gezielte Artikel alle liberalen Ideen zu torpedieren versucht und die Forderungen nach Pressefreiheit und Verfassung verhöhnt. Kotzebue wird so unpopulär, daß er nach Mannheim flüchten muß. Hier verläßt ihn das Glück, als am Nachmittag des 23. März 1819 der Theologiestudent Karl Sand zu Besuch kommt und dem Verhaßten mit den Worten: »Hier, du Verräter des Vaterlandes!« einen Dolch ins Herz stößt.

*Karikatur Lichtenbergs,
Georg Heinrich Blumenbach zugeschrieben
(Entstehungszeit unbekannt)*

Louise Labé –
Die verliebte Amazone

* vor 1524 in Parcieux bei Lyon,
† 25.4.1566 in Lyon
Die mit einem Seiler verheiratete
Louise Labé wurde auch die »schöne
Seilerin – la belle Cordière« genannt.
Ihre Gedichte entstanden unter dem
Eindruck Petrarcas und wurden spä-
ter von Rainer Maria Rilke ins Deut-
sche übertragen.
Werke: Elégies, Sonnets, Débat de fo-
lie et d'amour, 1555

Bereits die 14jährige ist so bezaubernd schön, daß sie mit Leichtigkeit
einem großen Renaissancekünstler
für eine Göttin Modell stehen könnte.
Außerdem ist Louise Labé ein Wunderkind, das vielfältige Begabungen
hat. Sie spricht mehrere Sprachen
fließend, besitzt eine verführerische
Stimme, spielt unvergleichlich schön
Laute und singt wie eine Nachtigall.
Wenn Louise ihre Lieder singt,
lauscht die Hautevolée der Stadt Lyon
dem Zauber ihrer Verse, in denen sich
ihre Leidenschaft in glühende Worte
und Weisen wandelt. Sie ist aber
nicht nur wegen ihres künstlerischen
Genies bis weit über die Grenzen der
Stadt hinaus bekannt. Das junge
Mädchen ist eine wahre Amazone mit
einem Faible für militärische Spiele
und Übungen. Sie schießt und reitet
wie der Teufel, so daß sie bald den be-
wundernden Spitznamen »Capitaine
Loys« bekommt.

So kurzentschlossen wie beim
Fechten, Reiten und Schießen ist Louise auch in der Liebe. Als die Armee
des Dauphins in Lyon Station macht,
verliebt sie sich Hals über Kopf in einen schönen Reitersmann. Der
pflückt die schöne Blume und nimmt
sie mit zur Belagerung der Stadt Per-
pignan. Je länger sich die Kämpfe hin-
ziehen, desto stärker lodert Louises
Leidenschaft, während seine immer
mehr abkühlt. Alle Freuden und Qualen dieser Liebe verdichtet Louise
Labé in 24 Sonetten, die sie unsterblich machen werden. »Küß mich noch
einmal, küß mich wieder, küsse mich
ohne Ende. Diesen will ich
schmecken, in dem will ich an deiner
Glut erschrecken, und vier für einen
will ich, Überflüsse will ich dir wiedergeben. Warte, zehn noch glühen-
dere, bis du nun zufrieden? O daß
wir also, kaum mehr unterschieden,
glückströmend ineinander übergehn.
... Im Freunde und in mir selbst ist
Raum bereitet. Laß mich Unsinn reden: Ich halt mich ja so mühsam in
mir ein und lebe nur und komme nur
zur Freude, wenn ich, aus mir ausbre-
chend, mich vergeude.«

Als der Krieger sie schließlich verläßt, weint Louise auf: »Solange meine Augen Tränen geben, dem nachzu-
weinen, was mit dir entschwand... so
lang hat Sterben für mich keinen
Sinn.« Geläutert und durch den
Schmerz schöner denn je, kehrt Louise Labé nach Lyon zurück, wo sie einem ihrer Verehrer, dem Seilfabrikan-
ten Ennemond Perrin das Jawort gibt.

Nun lebt sie ganz für die Dichtung und die Musik. Das edle Stadtpalais ihres reichen Mannes, wo sie eine erlesene Bibliothek mit spanischen, italienischen, lateinischen und französischen Büchern zusammenträgt, wird zum Zentrum von Dichtern, Musikern, Gelehrten und Malern, die ihr Lob singen, sie porträtieren und Gedichte zu ihren Ehren verfassen.

Der Dichter →Rainer Maria Rilke ist von Labés Poesie so hingerissen, daß er jedes ihrer Worte zusammenträgt und wie einen Schatz hütet. Behutsam macht er sich ans Übersetzen und erweckt nach und nach die jahrhundertealten Gedichte aus ihrem Dornröschenschlaf. Ein schöneres Denkmal konnte ihr wohl nicht gesetzt werden.

Selma Lagerlöf – Das Schulfräulein aus der Provinz

* 20.11.1859 auf Mårbacka/Värmland,
† 16.3.1940 auf Mårbacka
Die Bücher der schwedischen Dichterin erreichen bis heute Millionenauflagen. Selma Lagerlöf erhielt 1909 den Nobelpreis und wurde 1914 als erste Frau Mitglied der Schwedischen Akademie.
Werke: Gösta Berling, 1891; Die Wunder des Antichrist, 1897; Die wunderbare Reise des kleinen Nils Holgersson mit den Wildgänsen, 1906/07; Liljecronas Heimat, 1911; Charlotte Löwensköld, 1925

Mit drei bekommt Selma Kinderlähmung, und obwohl sie einen Teil ihrer Kindheit in Sanatorien oder in wärmerem Klima verbringt, schlagen alle Heilversuche fehl. Da sie nicht wie andere Kinder herumtollen kann, sitzt sie häufig bei der Großmutter und lauscht den Erzählungen von Trollen und Waldfrauen, Riesen und Zwergen. Auch ihren Unterricht bekommt sie zu Hause. Die Eltern, kultivierte Gutsbesitzer, nehmen jede Mühe auf sich, um das begabte Kind zu fördern.

Einen Winter verbringt das junge Mädchen in Stockholm. Hier geht sie zum ersten Mal ins Theater, von wo sie verwandelt zurückkehrt: Eine Wunderwelt hat sich ihr aufgetan. Fasziniert beginnt Selma Lagerlöf, Gedichte zu schreiben, die im Lokalblatt erscheinen. Als sie versucht, die Sammlung als Buch herauszubringen, lehnen alle Verleger ab. Das entmutigt sie nicht im geringsten. Das über Generationen in der Pfarrersfamilie weitervererbte Gottvertrauen macht Lagerlöf gegen Rückschläge resistent. Schlimmer ist, daß der Familiensitz nach dem Tod des geliebten Vaters wegen der katastrophalen Finanzlage verkauft werden muß. In einer ihrer Geschichten beschwört sie die Zukunft herauf, indem sie ein verarmtes Mädchen durch einen Erfolgsroman zu Geld kommen läßt, mit dem sie das elterliche Gut zurückkauft, renoviert und dort glücklich stirbt. Das ist ihr Traum. Doch zunächst braucht sie einen Brotberuf.

194 Selma Lagerlöf

Nach dem Abschluß des Lehrerseminars in der Hauptstadt bekommt Selma Lagerlöf ihre erste Stelle, hoch im Norden, Richtung Polarkreis, inmitten tiefer Fichtenwäldern, wo sich Wölfe und Elche gute Nacht sagen. Andere würden hier verkümmern, sie jedoch blüht richtig auf. Die langen dunkeln Winter mit den Festen auf den Schlössern der Gutsbesitzer begeistern die junge Lehrerin ebenso wie die taghellen Sommernächte. Während sie morgens die Kinder unterrichtet, reift in ihr der Plan zu einem großen Epos, in das sie die Geschichten ihrer Großmutter und ihre eigenen Erlebnisse unter Bauern und Gutsbesitzern einarbeiten möchte. Eines Nachts beginnt sie: »Endlich stand der Pfarrer auf der Kanzel... Der Pfarrer war jung, hoch gewachsen, schlank und strahlend schön... hatte die tiefen Augen eines Dichters und das feste, runde Kinn des Feldherren...« Jahrelang schreibt sie an der Geschichte des verrückten Pfarrers »Gösta Berling«. Als sie fertig ist, schickt sie das Manuskript an einen Verlag in der Hauptstadt. Der Lektor traut seinen Augen kaum, das Buch ist ein Wunderwerk, vergleichbar einem Roman von →Tolstoi oder →Dickens. Und das von einer 32jährigen Lehrerin aus der tiefsten Provinz! Kaum liegt »Gösta Berling« in den Buchhandlungen, gewinnt die junge Autorin mit den ersten fünf Kapiteln den literarischen Preis der Zeitschrift »Idun«. In den Feuilletons erscheinen Lobeshymnen auf Buch und Dichterin, der Verlag kommt mit dem Drucken kaum nach. Mit 43 ist Selma Lagerlöf eine Berühmtheit, erhält für vier Jahre ein Reisestipendium, sagt dem Lehrerleben arrividerci und fährt nach Italien. Von dort aus besucht sie ganz Europa und sogar Jerusalem. Weitere Bücher bringen soviel ein, daß sie sich ein kleines Haus kaufen kann, wo sie mit Mutter und Tante lebt und schreibt und schreibt und schreibt.

Eines Tages erscheint ein Herr der Schulbehörde bei ihr und schlägt ihr vor, ein unterhaltsames Geographiebuch für Kinder über Schweden zu verfassen. So unkonventionell denken mausgraue Schulmänner vor 100 Jahren. Während des Gesprächs kommt ihr eine grandiose Idee. Vor vielen Jahren verließ ein zahmer weißer Gänserich den Hof ihrer Eltern und flog mit den Wildgänsen nach Norden. Im Herbst kam er mit seiner Liebsten, einer großen grauen Wildgans und neun gesprenkelten Jungen wieder zurück. »Die wunderbare Reise des kleinen Nils Holgersson mit den Wildgänsen« wird ein Buch, das bis heute weltweit die Kinder erfreut. Es ist lustig, spannend, lehrreich und ein pädagogisches Meisterwerk. Selma Lagerlöf bekommt die Goldmedaille der Schwedischen Akademie, erhält 1909 als erste Frau den Nobelpreis, wird als erste Frau Mitglied der Schwedischen Akademie und bekommt den Ehrendoktor der Universität Uppsala.

Jetzt kann sie ihren Traum wahrmachen: Mit den üppigen Honoraren für ihre weltweit gefeierten Bücher kauft Selma Lagerlöf den Familiensitz Mårbacka zurück, renoviert ihn und betreibt auf 70 Hektar eine florierende Landwirtschaft. Aus dem erzeugten Getreide stellt sie eine Art Müsli her, mit dem Generationen schwedischer Kinder groß und stark werden. Sie selber entschläft sanft – wie sich das für naturnahe Schweden gehört – mit über 80 Jahren auf ihrem Gutshof.

Julian Offray de Lamettrie – Der Mensch als Maschine

auch: La Mettrie

* 25.12.1709 in St.Malo,

† 11.11.1751 in Berlin

Der französische Philosoph und Mediziner ging von einem maschinenähnlichen Aufbau des Menschen aus. Er ist der Begründer der vergleichenden Biologie.

Werke: Der Mensch eine Maschine, 1748

Julian Offray de Lamettrie wird 1709 in St. Malo geboren, studiert Medizin in Paris, wird Leibarzt des Herzogs von Gramont und hat im Feldlager, lebensgefährlich erkrankt, eine Erleuchtung. »Warum«, so fragt er sich, »schwinden die geistigen Kräfte mit Abnahme der körperlichen?« Das Ergebnis seines Nachdenkens ist das Buch »Die Geschichte der Natur der Seele«, worin er vorsichtig Materialismus und Atheismus andeutet. Schon dieses Werk ruft solche Empörung hervor, daß es öffentlich verbrannt wird. Auch Lamettries zweites Buch, eine Spottschrift über die Unfähigkeit der Ärzte, wird vom Henker den Flammen übergeben. Bei Nacht und Nebel flieht Lamettrie nach Holland ins Exil. Von Leiden aus schreibt er Haßtiraden gegen Scharlatane, die sich mit dem Leid ihrer Patienten goldene Nasen verdienen. Als sein Buch »Der Mensch eine Maschine« erscheint, geraten selbst die toleranten Holländer in Rage. Lamettrie flüchtet nach Preußen, wo ihn der liberale Friedrich II. mit offenen Armen aufnimmt. Doch auch hier hat es sich der Aufklärer durch seine bissigen Satiren bald verscherzt. Für seine Zeitgenossen ist er das Muster eines Hedonisten.

Berühmt-berüchtigt ist Lamettrie dafür, daß er konsequent zuende denkt, wo andere Aufklärer entsetzt aufhören. Im Gegensatz zur Kirche ist er begeisterter Lebensbejaher, dem unvoreingenommenes Denken, Liebe und Genuß das Wichtigste im Leben sind: »Genießen wir das Heute! Nur das zählt für unser Leben. Tot sind wir all die Jahre, die wir in der Zukunft leben, einer Zeit, die noch nicht ist; denn sie ist uns ebensowenig verfügbar wie die Vergangenheit, eine Zeit, die nicht mehr ist.« Für Lamettrie besteht das höchste Glück des Menschen im Sinnengenuß. »Wie viele Menschen sind durchaus tugendhaft, brav, keusch, maßvoll und – unglücklich! Ihre Redlichkeit, Klugheit und Bildung stehen außer Zweifel. Aber trotzdem tragen sie schwer an der Langeweile des Alleinseins, an der Starrheit ihres Charakters und an der drückenden Bürde ihrer Humorlosigkeit und trockenen Vernünftigkeit. Sie sind hart und streng, ernst, kalt und unfreundlich, aber auch verläßlich und wahrhaftig. Ihr bedrücktes und griesgrämiges Wesen bewirkt, daß in ihrer Gegenwart Frohsinn und Heiterkeit ersticken.«

Lamettries Gedanken sind originell, seine naturwissenschaftlichen Kenntnisse tiefgründig und sein Stil bezaubernd und voll überraschender Wendungen. Geistesgrößen wie →Voltaire, →Diderot, →Goethe, Lessing und Friedrich der Große verschlingen seine Bücher. Der witzige Arzt stellt mit seinen kühnen Gedanken jede sittlich-politische Ordnung auf den Kopf: »Die wichtigste aller Begnadigungen ist die Befreiung des Menschen vom Schuldgefühl.« Oder: »Mögen die Orgasmen, die dich bei Nacht und Tag in höchster Lust zerschmelzen lassen, auf deine Seele die gleiche wohltuende Wirkung haben wie auf deinen Leib ... Trink, iß, schlafe, schnarche, träume!« Fallen provozierte Leser geifernd über Lamettrie her, freut sich der Autor, denn jeder Skandal erhöht den Absatz seiner Werke im Untergrundbuchhandel.

Aber als sein Werk »Über das Glück« herauskommt, verbrennt selbst der sonst so tolerante Friedrich II. eigenhändig ein paar Exemplare auf dem Scheiterhaufen. Nun weiß Lamettrie, daß auch im liberalen Preußen sein Leben in Gefahr ist: »Ich rechne damit, jeden Augenblick der Wut der Frommen zum Opfer zu fallen.« Drei Wochen später ist Lamettrie tot. Seine Feinde behaupten, er sei nach dem Verschlingen einer riesigen Trüffelpastete an seiner Genußsucht gestorben. Seine Briefe verschwinden, seine Bibliothek wird versteigert und in alle Winde zerstreut, und der Haß seiner Kollegen entlädt sich in bösartigen Artikeln über den Toten. Nur einer stimmt nicht in das Gegeifer ein: König Friedrich. In seinem Nachruf lobt er Lamettrie als »reine Seele«, als ehrlichen, hilfsbereiten, mitfühlenden Menschen und großen Arzt und Forscher. Tatsächlich erkannte de Lamettrie als erster, daß es zwischen Geist und Materie keinen Unterschied gibt.

D. H. Lawrence –
Die Asche eines Zappelphilipps
eig. David Herbert Lawrence
* 11.9.1885 in Eastwood bei Nottingham, † 2.3.1930 in Vence bei Nizza
Das Grundthema in den Werken des englischen Schriftstellers ist u.a. die freie Entfaltung der Persönlichkeit – auch im erotischen Bereich. Das führte dazu, daß einige seiner Bücher erst

Jahre nach Lawrence' Tod veröffentlicht wurden.
Werke: Söhne und Liebhaber, 1913; Liebende Frauen, 1921; Lady Chatterley, 1928; Pornographie und Obszönität, 1929

Als Frieda Weekley den sechs Jahre jüngeren, schmächtigen Lawrence erblickt, tanzen ihre Hormone Hiphop. Die steife Professorengattin erlebt mit dem ehemaligen Schüler ihres Mannes eine Art zweiter Pubertät. Die Riesenenttäuschung ihrer Hochzeitsnacht vor zwölf Jahren, hat sie nie überwunden: Statt Friedas Traum von Liebe wahr zu machen, begann Professor Weekley einfach zu schnarchen. Jetzt holt Frieda mit Lawrence all das nach, was sie versäumt hat, und wird für ihn »die Mutter des Orgasmus und des ungeheuren, lebendigen Fleisches«.

Nach einer Reihe aufregender Nächte überredet Frieda den 26jährigen, mit ihr ein neues Leben zu beginnen. Lawrence, Mann schneller Entschlüsse, ist zu allem bereit. Frieda verläßt Ehemann und ihre drei Kinder und reist mit Lawrence nach Metz, wo Friedas Vater, der Freiherr von Richthofen, vor Entsetzen die Hände über dem Kopf zusammenschlägt. Die Eltern flehen das Paar an, Vernunft anzunehmen, aber vergeblich. Das unerwünschte Liebespaar zieht weiter nach Süddeutschland, Österreich, Italien. Oft wandern sie zu Fuß, weil ihnen für den Zug das Geld

fehlt. Sie leben von milden Freundesgaben und den dürftigen Honoraren seiner Bücher, die in rascher Folge entstehen, denn Lawrence hat das Talent, überall schreiben zu können. Man wird auf den originellen Autor aufmerksam, besonders, als »Der Regenbogen« per Gerichtsbeschluß beschlagnahmt und aufgrund pornographischer Stellen eingestampft wird. Dieser Schock lähmt vorübergehend Lawrence' Arbeitskraft. Die Einkünfte des Paares sind so gering, daß sie sich in die arme Region Cornwall zurückziehen, wo sie ein Haus am Meer mieten. Hier herrschen an einem Tag »alle vier Jahreszeiten«. Der Sturm rüttelt am Fenster und läßt die Manuskripte durchs Zimmer segeln.

Als der erste Weltkrieg ausbricht, sieht Frieda jeden Morgen dem Postboten bang entgegen. Bringt er Lawrence' Einberufungsbefehl? Als tatsächlich ein Schreiben der Militärbehörde eintrifft, muß Lawrence wegen seiner Tuberkulose nicht einrücken. Die Freude ist groß, denn Lawrence hält Krieg und Heldentum für reinste Barbarei: »Meinem Gefühl nach bin ein viel zu erlesenes Wesen, um mich umsonst und aus reinem Vergnügen einer deutschen Kugel anzubieten.« Bei den Patrioten in der Nachbarschaft macht er sich damit verdächtig. Plötzlich erinnern sich die Leute, daß Frieda gebürtige Deutsche ist. Und weil man auf dem Land immer gern weiß, was die lieben Nachbarn so treiben, hört man das seltsa-

me Paar nachts deutsche Lieder singen. Die Angst vor Spionen geht um.
Sicherheitshalber gibt ein hilfsberei-
ter Denunziant der Polizei einen Hinweis. Ab jetzt wird das verdächtige
Paar observiert. In ihrer Abwesenheit
wird das Haus durchsucht, aber Beweise findet man nicht. Das macht die
Nachbarn um so mißtrauischer: Mei-
sterspione hinterlassen keine Spuren.
Die Paranoia treibt üppige Blüten.
Frieda wird beim Wäscheaufhängen
im Garten beobachtet. Das macht
zwar jede Hausfrau, doch sie gibt damit bestimmt Signale für deutsche U-
Boote. Beim Verhör muß Lawrence
über diesen Blödsinn lachen, aber die
Beamten sehen das enger und die Verdächtigen müssen Cornwall verlassen. Bei Londoner Freunden finden
sie Unterschlupf.

Die Ungerechtigkeit bringt Lawrence in maßlose Wut. Wegen seiner
Tbc mußte er den Lehrberuf aufgeben, das Gericht hat durch die Verurteilung seine finanzielle Existenz gefährdet, und jetzt behandelt man ihn
wie einen Landesverräter. Seine Nerven liegen blank. Wegen Nichtigkei-
ten beschimpft er seine Freunde.
Wenn Frieda vermitteln will, reißt er
sie »weiß vor Wut« an den Haaren
und schlägt ihr ins Gesicht. Ist der Anfall vorbei, sinkt Lawrence ihr weinend in die Arme und bittet um Vergebung.

Nach Friedas Scheidung von Weekley heiraten sie und verlassen nach
dem Krieg das verhaßte England.

Rastlos reisen sie umher: Sizilien,
Australien, Mexiko, Europa, Mexiko,
USA, Italien. Im südlichen Klima
hofft Lawrence Linderung für seine
Krankheit zu finden. Sein ungeheurer
Fleiß macht sich nach und nach bezahlt, langsam erfährt er als Autor Anerkennung. Trotzdem kommt es nach
wie vor zu Ehekrisen. Die beiden sind
einfach zu unterschiedlich in sozialer
Klasse und Temperament. Frieda und
sich selbst als ungleiches Paar vor Augen, beginnt Lawrence 1926 in der
Nähe von Florenz mit dem Roman,
der sie nach seinem Tod zur Millionärin und ihn zum weltberühmten
Autor machen wird: »Lady Chatterley's Lover«. Während Lawrence sich
nach und nach die Seele aus dem Leib
hustet, erscheint »Lady Chatterley«
1928 als Privatdruck in Florenz – und
wird in Großbritannien und den USA
sofort verboten. Tausende Exemplare
werden über die Grenze geschmuggelt und die Raubdrucker verdienen
ein Vermögen.

Wenn Lawrence nicht krank im
Bett liegt oder schreibt, versucht er
sich als Maler. Doch mit seinen
Gemälden ergeht es ihm wie mit seinen Büchern: Bei einer Ausstellung in
London werden seine Bilder von der
Polizei konfisziert, ebenso das Manuskript seiner Gedichtsammlung »Pan-
sies«. Die Verbitterung wirft ihn endgültig aufs Krankenlager. Frieda
pflegt ihn, beginnt aber zur Entspannung eine Affäre. Wenig später ist
Lawrence tot und wird in Vence bei

Nizza unter einem Berg Mimosen begraben.

Doch selbst im Grab kommt Lawrence nicht zur Ruhe. Nachdem Frieda ihren Liebhaber geheiratet hat, läßt sie ihn in Mexiko eine Art Mausoleum für den toten Dichter bauen. Als es fertig ist, schickt sie den neuen Mann nach Europa, um Lawrence' sterbliche Überreste ausgraben und verbrennen zu lassen. Die zuständige Behörde schaltet auf stur, erst nach endlosem Papierkrieg setzt die Dichterwitwe ihren Willen durch. Jetzt aber stellt sich das mexikanische Immigrantionsamt quer und will der Dichterasche keine Einreisepapiere ausstellen. Doch Friedas deutscher Durchsetzungskraft sind die Mexikaner nicht gewachsen: endlich kann Frieda ihren neuen Mann mit der Asche des verblichenen Mannes am Bahnhof abholen. Beschwingt fahren sie los. Als nach 30 km irgendwer feststellt, daß der pulverisierte Lawrence nicht mit an Bord ist, rasen sie in Panik zurück: Die Urne steht genau dort, wo sie vergessen wurde.

Unterwegs übernachtet man bei einem befreundeten Maler. Mysteriöserweise bleibt auch diesmal die Asche zurück. Schließlich ist der große Moment gekommen, die Asche des lieben Toten wird mit feierlichem Tamtam eingegruftet. Während Weihrauchschwaden die ergriffenen Gäste umwallen, erhält Frieda den Blumenstrauß einer ehemaligen Rivalin. Auf der Grußkarte steht: »Sobald du tot bist, werde ich meinen Willen durchsetzen und die Asche zerstreuen.« Frieda zögert nicht lange: Sie läßt die Asche mit Sand und Zement mischen und daraus einen tonnenschweren Betonaltar bauen. D.H.L. steht auf der Stirnseite.

Lawrence von Arabien – Der geheimnisvolle Archäologe

eig. Thomas Edward Lawrence
* 15.8.1888 in Tremadoc/Wales,
† 19.5.1935 in Moreton/Dorset
Der Archäologe und Sprachforscher wurde als politischer Agent Englands und Vertrauter Feisals zum Organisator des Araberaufstandes gegen die Türken (1916-18) und der arabischen Unabhängigkeit.
Werk: Die sieben Säulen der Weisheit, 1922

Weil er so klein ist, schließen die Militärbehörden Thomas Edward Lawrence bei Ausbruch des Krieges vom aktiven Dienst aus. Vielleicht setzt dieses Gefühl, unzureichend zu sein, seine geradezu übermenschlichen Energien frei. Als Oxfordstudent hat Lawrence bereits ein Jahr lang Syrien durchwandert, um Kreuzzugsarchitektur zu studieren, und nebenbei perfekt Arabisch gelernt. Das, und seine Fähigkeit mit Waffen, Pferden, Kamelen, Durst und Hunger umzugehen, prädestiniert den Archäologen und Sprachforscher zwei Jahre später,

200 LAWRENCE VON ARABIEN

Leiter einer Mission zu werden, die dank seines Organisationstalents die Welt verändert. Später sagt er: »Die Tagträumer sind gefährliche Menschen, denn sie können ihren Tagtraum mit offenen Augen darstellen, um ihn wahr zu machen. Das tat ich. Ich hatte die Absicht, eine neue Nation zu schaffen, einen verlorengegangenen Einfluß wieder herzustellen, zwanzig Millionen Menschen die Grundlage dafür zu geben, auf der sie den Traumpalast ihres nationalen Denkens bauen könnten.«

Es geht um den Befreiungskampf der Araber vom Joch der Türken. Um die türkische Armee zu zermürben, arbeitet der britische Agent eine neuartige Guerillataktik aus und setzt sie mit Hilfe der Aufständischen erfolgreich um. Durch verwegene Überfälle und tollkühne Militäraktionen gelingt es ihm und seinen Guerillakriegern, die feindlichen Nachschublinien zu unterbrechen und die strategisch wichtige Bahnlinie von Damaskus nach Medina teilweise zu zerstören. »Es erfolgte ein furchtbarer Knall, und die Bahn entschwand den Blicken hinter einer aufschießenden Säule schwarzen Staubs und Rauchs, hundert Fuß hoch und ebenso breit. Man hörte Krachen und Splittern und den schrillen Metallklang zerberstenden Stahls. Eisen- und Holzteile flogen davon, und plötzlich wirbelte schwarz aus der Rauchwolke ein ganzes Lokomotivenrad hoch in die Luft und segelte rauschend über unse-

re Köpfe hinweg ...« Nach vielen gezielten Terrorangriffen dieser Art gelingt es den vereinten arabischen Aufständischen, den wichtigen Hafen Akaba im Süden im Handstreich zu nehmen und Damaskus, die Metropole im Norden, zu erobern. Nach drei Jahren Guerillakrieg ist das Land von der Oberherrschaft der Türken befreit und Lawrence bei Freund und Feind eine Legende.

Nach dem Abenteuerleben in der Wüste braucht es eine Zeit bis sich Lawrence in der zivilisierten Welt des Westens wieder zurechtfindet. Zumal er selbst unter dem Trauma der Kriegsgreuel leidet. Besonders ein entsetzliches Erlebnis macht ihm zu schaffen: Bei einem Kundschaftergang wird der in Landestracht gekleidete Lawrence von türkischen Soldaten verhaftet, jedoch zum Glück nicht erkannt. Die türkische Regierung hat auf den Topterroristen ein stattliches Kopfgeld ausgesetzt. Zu seinem Unglück fällt er einer Gruppe sexueller Gewalttäter in die Hände, Lawrence wird von den Soldaten zusammengeschlagen und vergewaltigt.

Zurück in England, macht sich Lawrence an den zweiten Teil seiner Aufgabe. Um den Lügen und Legenden über den Kampf entgegenzutreten, schreibt er die Geschichte des Partisanenkampfs auf. Es wird ein Jahrhundertbuch, wie nicht nur G. B. Shaw meint: »Zufällig gehörte nun zu seinem Genie auch literarisches Genie. Seine bis zum Wahnsinn getriebene Gewissenhaftigkeit zwang ihn, ein Buch zu schreiben...« Innerhalb eines halben Jahres schreibt Lawrence seine Erlebnisse auf. Da trifft ihn ein Mißgeschick: Beim Umsteigen auf einem englischen Bahnhof am Weihnachtstag 1919 verliert er das ganze Manuskript bis auf die Einleitung. Die Notizen aus der Kriegszeit hat Lawrence nach der Niederschrift vernichtet. Statt zu verzagen, macht er sich kämpferisch einen Monat später erneut an die Arbeit und schreibt in weniger als drei Monaten das ganze Buch noch einmal. »Die sieben Säulen der Weisheit« sind auf Anhieb ein Bestseller, und in David Leans Verfilmung mit Peter O'Toole in der Hauptrolle erobert Lawrence die Welt ein zweites Mal. Der geheimnisumwitterte Agent und Freiheitskämpfer starb 1935 an den Folgen eines Motorradunfalls.

Guglielmo Graf Libri Carrucci della Sommaia – Der Bücherwurm mit den langen Fingern

* 2.1.1803 in Florenz,
† 28.1.1869 in Fiesole
Da Libri Carrucci selber keine Texte verfaßte, sei hier auf das 1922 erschienene Buch »Die großen Bibliophilen« von G.A.E. Bogeng hingewiesen.

Er ist zwar weder Dichter noch Denker, seiner Bibliomanie wegen gebührt ihm dennoch ein Platz in diesem Mu-

seum origineller Büchermenschen.

Der Sproß einer alten toskanischen Adelsfamilie hat Jura und Mathematik so erfolgreich studiert, daß die Universität dem erst 20jährigen einen Lehrstuhl für Mathematik anbietet. 1830 muß Libri Carrucci politischer Wirren wegen aus Italien emigrieren. Er geht nach Paris, wo er von den französischen Akademikern mit offenen Armen empfangen wird. Man verschafft ihm die französische Staatsbürgerschaft, macht ihn zum Professor der Naturwissenschaften, wählt ihn ins Institut de France, und später wird Libri Carrucci sogar in die Ehrenlegion aufgenommen. Mit 37 wird er zum Sekretär einer Kommission ernannt, die den »vollständigen Katalog aller Handschriften in alten und neuen Sprachen, welche in den öffentlichen Bibliotheken aller Departments enthalten sind« erstellen soll. Eine höchst ehrenvolle Aufgabe, die seinen gründlichen bibliographischen Kenntnissen entspricht. Was man allerdings nicht weiß: Libri Carrucci ist nicht nur ein profunder Kenner der Literatur, sondern auch Sklave seiner Bücherleidenschaft. Am 6. Mai 1846 lernt der Direktor der Handschriftenabteilung des Britischen Museums Libri Carrucci kennen und porträtiert ihn so: »Seine äußere Erscheinung erweckt den Eindruck, als hätte er noch nie Seife, Wasser oder eine Bürste gesehen.« Der Arbeitsraum des verlotterten Grafen ist bis oben hin voll mit Manuskripten. Die Fenster sind mit doppelten Vorhängen verhängt, die Hitze eines Kohlenfeuer glost auf dem offenen Rost und verbindet sich so unerträglich mit dem Geruch des aufgehäuften Pergaments, daß der Engländer förmlich nach Luft schnappen muß.»Der Graf bemerkte unser Unwohlsein und öffnete ein Fenster. Aber es war leicht zu erkennen, daß die frische Luft ihm unzuträglich war. Seine Ohren waren mit Watte verstopft, als müßte er sich ständig vor Zugluft schützen. Er ist recht korpulent, seine Züge sind gemütvoll, aber sie gehen sehr in die Breite.« Was niemand ahnt, ist, welch hemmlungslose Leidenschaft den berühmten Stubengelehrten zu dunklen Taten antreibt. Gedeckt durch Amt und klingende Titel und versehen mit amtlichen Beglaubigungen spaziert Libri Carrucci, gehüllt in eine weite Robe, durch die Bibliotheken Frankreichs. Kaum entdeckt er ein besonders wertvolles Buch, juckt es ihn in den Fingern. Ein Griff, und es ist in den geheimen Innentaschen seiner Robe verschwunden. Auf diese Weise pickt sich Libri Carrucci die Rosinen aus Frankreichs Buchbeständen. Um die kostbare Beute zu verkaufen, fertigt er detaillierte Kataloge an. Als man dem Dieb schließlich auf die Schliche kommt, setzt er sich dank einer Warnung mit 18 Bücherkisten, deren Wert auf 25 000 Francs geschätzt wird, nach England ab. In Abwesenheit wird er zu zehn Jahren Gefängnis verurteilt. Von dort übersiedelt Libri

Carrucci, einer der größten Bücherdiebe der Geschichte, nach Italien, wo er 1869 in Armut stirbt.

Georg Christoph Lichtenberg – Ein Freund der fröhlichen Wissenschaft

Pseudonyme: Emanuel Candidus, Conrad Photorin
* 1.7.1742 in Ober-Ramstadt bei Darmstadt, † 24.2.1799 in Göttingen
Der Professor der Physik veröffentlichte ab 1778 den »Göttinger Taschenkalender«, in dem regelmäßig naturwissenschaftliche und philosophische Aufsätze von ihm erschienen. Lichtenbergs »Sudelbücher«, in denen er seine Beobachtungen zu Umwelt und Mitmenschen notierte, wurden zum Lebenswerk und begründeten seinen Ruhm als Meisters des Aphorismus.
Werke: Briefe aus England, 1776-1778; G.C. Lichtenbergs ausführliche Erklärungen der Hogarthischen Kupferstiche, 1784; Über Physiognomik, Wider die Physiognomen, 1778; Bemerkungen vermischten Inhalts, 1800-1806

Mit 23 beschreibt Lichtenberg sein Spiegelbild:»Seine eigene Figur lacht ihn aus.« Tatsächlich ist er nach den Worten eines Bekannten »ein unansehnlicher Mann, klein, höckericht, krumm an Füßen, mit einem sehr dicken Kopf.« Dem dicken Kopf ver-

GEORG CHRISTOPH LICHTENBERG 203

dankt Lichtenberg sogar einen Ehrennamen auf dem Mond (ein Berg dort wurde nach dem berühmten Astronomen benannt).

Gesegnet mit einem hohen IQ, schreibt sich Lichtenberg an der Universität Göttingen ein und studiert Mathematik, Astronomie und Naturgeschichte. Weil ihm vor der Hohlheit seiner Akademikerkollegen graut – »Der Mann hatte so viel Verstand, daß er zu fast nichts mehr zu gebrauchen war« – beschließt Lichtenberg, nebenher etwas Vernünftiges zu tun, indem er Korrektur für eine Druckerei liest und Gelegenheitsgedichte und Buchbesprechungen schreibt. Unaufhörlich schießen ihm kuriose Einfälle durch den Kopf wie: »Eine Schwester ergriff den Schleier, die andere den Hosenschlitz«. Mit 24 beginnt Lichtenberg, seine Ideen festzuhalten: »Die Kaufleute haben ihr Waste book (Sudelbuch, glaube ich, im Deutschen); darin tragen sie von Tag zu Tag alles ein, was sie kaufen und verkaufen, alles untereinander, ohne Ordnung ... Dies verdient nachgeahmt zu werden. Es ist ein Buch, worin ich alles einschreibe, so wie ich es sehe, oder wie es mir meine Gedanken eingeben.« Als neugieriger Leser findet Lichtenberg zu seiner großen Freude immer wieder Sensationelles und vertraut es seiner »Sparbüchse« an, z.B. »Zu Braunschweig wurde in einer Auktion ein Hut für vieles Geld verkauft, der aus dem heimlichsten Haar von Mädchen verfertigt war«.

Aufgrund astronomischer Forschungen hat Lichtenberg in Fachkreisen bald einen klingenden Namen. 1770 ermöglicht eine Einladung König Georgs III., aus der beengenden Kleinstadt in die große Welt zu entfliehen. Gemeinsam blicken sie auf der Sternwarte in Richmond in den Mond. Es ist der »glücklichste Tag meines Lebens«. London fasziniert Lichtenberg: »Ich habe in meinem Leben sehr viel schöne Frauenzimmer gesehen, aber seit ich in England bin, habe ich mehr gesehen, als in meinem ganzen übrigen Leben zusammengenommen.«

Georg III., zugleich Landesherr von Hannover, ernennt Lichtenberg zum Professor der Philosophie mit 200 Talern Jahresgehalt. Lichtenberg hält seine Antrittsvorlesung in Göttingen, zu der die Zocker von nah und fern strömen: »Betrachtungen über einige Methoden, eine gewisse Schwierigkeit in der Berechnung der Wahrscheinlichkeit beym Spiel zu heben.« Der Spaßvogel wird gefeiert, doch in der biederen Kleinstadt fühlt er sich jetzt wie in einer Sardinenbüchse: »Wahrhaftig, mein Herz blutet mir, wenn ich bedenke, daß England noch steht und ich nicht darin sein kann.«

Vier Jahre später wird Lichtenberg erneut nach England eingeladen. Er ist fasziniert von den Bibliotheken, besucht weltläufige Gelehrte, das britische Museum, studiert Hogarths satirische Bildfolgen und begeistert sich an der »Beggar's Opera«, die dort seit

50 Jahren jeden Abend gespielt wird. Rundum glücklich ist der Kleinstadtprofessor nur unter Weltbürgern. Statt der Gedichte der mondsüchtigen Göttinger Hainbündle liest er lieber Shakespeare, →Defoe, Geschichten aus 1001 Nacht, Swift und →Sterne.

Das Leben in Göttingen wird für Lichtenberg immer bitterer. Während sein Ansehen in der Welt als Gelehrter und Publizist wächst, wird seine unkonventionelle Lebensweise von den Kleinstadtgrößen mißbilligt. Seine zu Happenings ausartenden physikalischen Freiluftexperimente wie Drachensteigenlassen bei Gewitter oder krachende Gasballonexplosionen, die Schaulustige von nah und fern anlocken, seine Begeisterung für Wein und seine gefürchtete Zunge machen ihn zum Göttinger Bürger- und Professorenschreck. Die Gesellschaft schneidet ihn. Dafür bekommt er umso mehr Besuch von internationalen Geistesgrößen wie →Goethe, Lavater, dem Weltreisenden Forster oder dem Entdecker des Uranus Herschel. Der Physiker Graf Volta bekommt eine hübsche Kostprobe von Lichtenbergs praktischen Physikexperimenten: »Ich fragte ihn, ob er das leichteste Verfahren kenne, ein Glas ohne Luftpumpe luftleer zu machen. Als er sagte: Nein, nahm ich ein Weinglas, das voll Luft war wie alle leeren Weingläser und goß es voll Wein. Er gesteht nun ein, daß es luftleer sei. Dann zeigte ich ihm das beste Verfahren, die Luft ohne Gewalt wieder zu-zulassen, und trank es aus. Der Versuch mißlingt selten, wenn er gut angestellt wird. Es freute ihn nicht wenig, und er wurde von uns allen mehrmals angestellt.«

Die Freude am Alkohol zehrt an Lichtenbergs Kräften, seine Potenz ist trotzdem erfreulich intakt. Moralapostel giften: »Er macht ein Kind nach dem andern mit gesunden und hübschen Frauenzimmern, und als ihm die Regierung deshalb einen Vorwurf macht, so entschuldigt er sich damit, daß er viel zu häßlich wäre, als daß ihn eine Frau lieben, geschweige denn treu bleiben könnte.«

Lichtenbergs sexuelle Vorlieben sind Stadtgespräch. Der 35jährige nimmt das 12jährige Blumenmädchen Maria Dorothea Stechard ins Haus. Als sie 17jährig stirbt, ist er völlig verzweifelt. Er leidet an Körper und Seele, bekommt rätselhafte Kopfschmerzen, Asthmaanfälle und Schwindelgefühle. Um zu gesunden, verliebt er sich in die 23jährige Erdbeerverkäuferin Margarethe Elisabeth Kellner, seine »Haushälterin«. Als er sich schwerkrank dem Tode nahe fühlt, heiratet er sie, um die acht gemeinsamen Kinder zu legitimieren. Das hindert ihn allerdings nicht, es zugleich mit dem Hausmädchen »Düvel« Dorothea Braunhold zu treiben. Im Sudelbuch notiert Lichtenberg gewissenhaft Ehekrach mit dem Kürzel + und Koitus mit Ø.

Die meiste Zeit wohnt er in seinem Gartenhaus vor der Stadt – mit Blick auf den Friedhof. Hier empfängt er Freunde – und nimmt mit dem Fernrohr Abschied: »Soeben wird →Bürger auf den Friedhof gefahren. Das Schwanken des Sarges, als der Wagen in den Kirchhof hineinrollte, war mir unwiderstehlich, ich weinte laut und dankte Gott für dieses Gefühl.«

Lichtenberg selbst fühlt sich dem Grabe näherkommen: »Es ist alles, alles Krankheit bei mir«, jammert er und notiert akribisch seine Krankheiten von Aftersausen bis Zahnschmerzen. Wie kann ein Mensch, der so gesund lebt wie er, so krank sein? »Des Morgens um 4 stehe ich auf und bin um 5 Uhr... schon im Garten, wo ich eine Schale Bouillon ausesse und eine Stunde nachher den Driburger Brunnen trinke. Um halb 9... gehe ich auf mein Zimmer, lese und gehe umher bis halb 12. Dann fahre ich in die Stadt, esse da, präpariere mich auf mein Kollegium und lese von 4 bis 5 vor. Um 5 fahre ich in der Gegend umher und bin um 7 wieder im Garten, wo ich etwas kalte Schale und Salat esse; lese und spaziere dann wieder und lege mich um 9 oder halb 10 zu Bett.«

Nach Zeugnis eines nahen Bekannten hat Lichtenbergs kerngesunder Lebenswandel allerdings leichte Schlagseite: »Des Morgens stand er spät auf, gleich darauf trank er Kaffee, Spanischbitter und Wein. Zu Mittag ward auch wieder Wein getrunken. Nachmittags wieder Wein und Likör, um sich immer munter zum Schrei-

ben zu erhalten. Des Abends wurden viele Eierspeisen gegessen und die halbe Nacht durch gelesen oder geschrieben. Nie verließ er sein Zimmer oder genoß die frische Luft...«

Am 24. Februar 1799 versammeln sich seine Freunde zum letzten Besuch an Lichtenbergs Sterbebett. Dieser öffnet noch einmal die Augen, lächelt sie maliziös an und sagt spitz: »Glauben Sie ja nicht, daß Sie von mir jetzt sogenannte letzte Worte zu hören bekommen!«

Liselotte von der Pfalz – Die Mutter aller Laster

eig. Elisabeth Charlotte, Herzogin von Orléans
* 27.5.1652 in Heidelberg,
† 8.12.1722 in Saint-Cloud
1671 heiratete die Prinzessin Herzog Philipp I. von Orléans, den Bruder Ludwigs des XIV, an dessen Hof sie auch lebte. Auch in dieser Umgebung bewahrte sie ihr natürliches Wesen, was ihre Briefe bis heute dokumentieren. Liselottes Erbansprüche nach dem Tod ihres Bruders, dem Kurfürsten Karl, waren Auslöser für den Pfälzischen Erbfolgekrieg.
Werke: Briefe, 1643

Elisabeth Charlotte, genannt Liselotte von der Pfalz, hat das Herz auf dem rechten Fleck und nimmt nie ein Blatt vor den Mund. Dabei lebt sie am elegantesten Hof der Welt, am Hof des

Sonnenkönigs Ludwig XIV., wo Heuchelei, Eitelkeit und Hinterlist prächtig-giftige Blüten treiben. Die bodenständige Liselotte sieht auch hier die Dinge nüchtern wie ein Offizier der Heilsarmee, ohne je den moralischen Zeigefinger zu heben. Vielleicht ist sie dadurch ihrem Schwager, dem König, so sympathisch, der sonst von einem Heer von Speichelleckern umgeben ist, die ihm nach dem Mund reden.

Wie aufrichtig Liselotte ist, zeigt ein köstliches Selbstporträt, das sie von sich in einem Brief malt: »Ich bin so viereckig wie ein Würfel, meine Haut ist rötlich mit gelb vermischt; ich fange an, grau zu werden, habe ganz vermischte Haare schon, meine Augen und Stirn sind sehr runzelig, meine Nase ist ebenso schief, als sie gewesen, aber durch die Kinderblattern sehr verunziert, ebenso wie beide Backen; ich habe die Backen platt, große Kinnbacken, die Zähne verschlissen, das Maul auch ein wenig verändert, indem es größer und runzeliger geworden ist. So ist meine schöne Figur bestellt.«

Mit 19 wurde Liselotte aus politischen Gründen mit Philipp I. von Orléans, dem Bruder des Sonnenkönigs, verheiratet. Der König ist eine strahlende Erscheinung: mittelgroß, von kräftiger Statur und mit leuchtendem Blick, der mit seinem Charme jedes Frauenherz zum Schmelzen bringt. Sein Bruder dagegen ist ein parfümierter Gnom, den ein Zeitgenosse so schildert: »Ein kleiner untersetzter Mann, der wie auf Stelzen ging, so hoch waren seine Schuhe, stets herausgeputzt wie eine Frau, über und über voller Ringe, Armbänder, Geschmeide, mit einer ganz nach vorn gebreiteten, schwarzen und gepuderten Perücke und Schleifen überall.« Die effeminierte Erscheinung deutet auf Philipps geschlechtliche Vorlieben hin. Auch Liselotte bemerkt bald, daß ihr Gatte »mehr als auf die Weiber auf die Buben erpicht« ist. Nachdem sie drei Kinder zur Welt gebracht hat, ist Philipp froh, die lästigen ehelichen Pflichten nicht mehr erfüllen zu müssen und zieht aus dem gemeinsamen Schlafzimmer aus. In ihrer bekannten Offenheit schreibt Liselotte nach Hause: »Wenn man wieder Jungfrau werden kann, nachdem man in 19 Jahren nicht bei seinem Mann geschlafen hat, so bin ich es ganz gewiß wieder.«

Die sexuelle Frustration kompensiert Liselotte mit ihrer großen Jagdleidenschaft. Bei Wind und Wetter hetzt sie durch Feld und Wald und bringt Tausende Tiere zur Strecke. Sie ist überzeugt, daß das Jagdvergnügen sie jung und beweglich erhält. Liselottes zweite Leidenschaft ist das Formulieren prägnanter Briefe, die das dekadente Leben ihrer Umgebung in lebendiger Frische schildern. Sie sind an ihre Jugendfreunde und ihre Verwandten jenseits des Rheins gerichtet, die Liselotte nicht vergessen kann. Mehr als dreitausend erhaltene Briefe dokumentieren in ihrer unbefangenen Art das Leben am Hofe, aber auch z.B. die mühsamen Nächte mit ihrem Gatten: »Es war auch gar verdrießlich, bei Monsieur zu schlafen. Er konnte nicht leiden, daß man ihn im Schlafe anrührte. Mußte mich also so sehr auf den Bord legen, daß ich oft wie ein Sack aus dem Bett gefallen bin.«

Liselottes Sohn Philipp II. von Orléans wurde dann eine Art eleganter Gauner, wie er noch heute in Krimis vorkommt: glänzend begabt, bestechend liebenswürdig und absolut skrupellos. Deshalb erfand der gemeine Volkswitz für Liselotte folgende Grabinschrift: »Hier ruht die Mutter aller Laster.«

Li Tai-Bo – Der Müßiggänger vom Bambushain

eig. Li Bo (Li Bai)
* 701 in Zentralasien (?),
† 762 in Taiping/Provinz Anhui
Li Tai-po gilt als der bedeutendste
Dichter der Tangzeit. Aus Verehrung
für den kunstreichen chinesischen
Lyrikers errichteten ihm Freunde der
Poesie einen eigenen Tempel.
Werke: Gesammelte Werke des
Li Tai-po, um 750

Auch dieses Dichters Lebenselixier ist der Wein. Kaum hat Li Tai-Bo ein paar Becher getrunken, überkommt ihn der Geist der Poesie. Dann improvisiert er Verse zur Laute oder schreibt mit dem Pinsel seine unvergänglichen Kunstwerke auf ein Stück Seide:

»Was ist die Welt? Ein Gasthof derzehntausend Wesen. Und was die Zeit? Ein Fremdling, reisend durch Äonen. Und unser Leben ist gleichsam ein Traum – wie lange können wir uns seiner freun?... Nun ruft ein warmer Frühling uns mit Nebelblicken, leiht uns Natur die bunten Zeichen ihrer Schrift. Im Garten, der von Pfirsich duftet und von Pflaumenbäumen, ergeben wir uns heitren Dingen... Glück im Verborgenen, das nimmer enden will. Gespräch von Höchsten macht uns rein und frei. Man legt die Matten aus, wir festen unter Blüten. Die Becher fliegen, bis berauscht wir sind im Mondlicht. Gäb es die schönen Werke nicht, wie würden kund erlesene Gefühle? So soll denn der, dem sein Gedicht mißlingt, zur Strafe drei Gallonen Weines leeren!« Kein Tag ohne den Sorgenbrecher aus der Flasche – kein Tag ohne neue Verse.

Eines Tages ist der Kaiser Hüandsung damit beschäftigt, ein Hofkonzert zu arrangieren. Da ihm die Texte zu den Melodien angestaubt vorkommen, wendet er sich an einen Fürsten, einen Kenner der modernen Poesie. Der sagt: »Majestät, bei mir zu Gast ist der größte Dichter aller Zeiten. Er hat leider einen Fehler. Er trinkt manchmal einen über den Durst. Aber seine Verse sind göttlich.« Der Kaiser befiehlt, den Dichter zu rufen. Doch Li liegt bereits am Vormittag sternhagelvoll in der Schenke. Der Kaiser läßt ihn in den Palast bringen und mit einem kalten Bad und starkem Tee in die Gegenwart zurückholen. Dann trägt er dem Revitalisierten sein Anliegen vor. »Kein Problem«, antwortet Li, bittet um einem Becher Wein, nimmt den Pinsel und schreibt aus dem Stegreif ein Dutzend glänzender Verse. Der Kaiser ist entzückt und möchte, daß der Dichter in der Stadt bleibt und regelmäßig mit den Fürsten und den Damen des Hofes speist, denn ein so origineller Vogel ist selten. Zum Zeichen seiner Huld schenkt der Kaiser Li ein kaiserliches Gewand – für einen Chinesen die höchste Ehrung. Li schleift das Ehrenkleid durch alle Kneipen der Stadt und läßt sich im Suff huldigen. Oder er gibt sich gleich selbst als Kaiser aus und hält rebellische Reden an das Volk. Als der Kaiser – informiert durch seine Geheimpolizei – davon erfährt, lächelt er und verschafft Li einen Lehrstuhl an der Han-Lin-Akademie. Der Professoren-Job läßt sich wunderbar mit dem poetischen Lebensstil des Dichters verbinden. Lis einzige Aufgabe besteht darin, Gedichte zu schreiben – und das macht er ja, seitdem er denken kann. Sehr früh wußte Lis Mutter, daß ihr Sohn etwas Ungewöhnliches werden würde. Denn kurz vor seiner Geburt sieht sie den Planeten Venus in besonders schönem Licht erstrahlen. Also nennt sie den Sohn »Großer Glanz«, und der Name scheint nicht zu trügen. Li ist tatsächlich ein Wunderkind: mit sechs kann er bereits perfekt die kom-

plizierte chinesische Schrift lesen, mit zehn hat er die Werke des Konfuzius studiert und kann die Texte der Klassiker auswendig. Den Kopf voll Wissen und das Herz voll Sehnsucht, zieht sich Li auf der Suche nach dem wahren Wesen der Dinge in die Berge zurück. Hier wird er Schüler eines Eremiten, der mit seltenen Vögeln und wilden Tieren lebt. Nach ein paar Jahren der Meditation wandert Li weiter und entdeckt ein neues Wunder: die Schönheit eines Mädchens, einer Ministertochter. Da Li um sieben Ecken mit dem Kaiserhaus verwandt ist, willigt der Vater ein. Doch von Poesie und Liebe allein kann man nicht leben, und weil der Dichter nie eine Staatsprüfung abgelegt hat, kann Li nicht in den Genuß eines wohldotierten Beamtenpostens kommen. Die Ehe wird ein Desaster und eines Tages läuft die junge Frau davon. Was nun? Der arme Poet läßt sich mit sechs anderen Jungdichtern in einem Bambushain nieder. Hier führen sie ein Hippiedasein mit Trinken, Singen, Tanzen und Mädchenküssen. Die Dichtervereinigung nennt sich treffend »Müßiggänger vom Bambushain«. So lebt Li unbekümmert dahin. Sein Tod kommt ähnlich poetisch: Auf einer Kanalfahrt will Li betrunken den sich im Wasser spiegelnden Mond umarmen – und ertrinkt.

Jack London –
Ein Opfer König Alkohols

eig. John Griffith London
* 12.1.1876 in San Francisco,
† 22.11.1916 in Glen Ellen/Kalifornien
Die Goldgräber- und Südseege-
schichten des Amerikaners prägten
die Abenteuervorstellungen und das
Fernweh von Generationen von Le-
sern.
Werke: Ruf der Wildnis, 1903; Der
Seewolf, 1904; Wolfsblut, 1905; Lock-
ruf des Goldes, 1910; Südseegeschich-
ten, 1911

Jacks Londons Herkunft ist ein Mysterium. Seine Mutter behauptet, ein »wandernder Magier« habe ihn gezeugt. Als London den Zauberer, den selbsternannten Astrologieprofessor William H. Chaney später findet, stellt der klar: »Ihre Mutter war ein Jahr mit mir zusammen. Zu der Zeit war ich impotent... Ich kann nicht Ihr Vater sein.«

Chaney und Jacks Mutter lebten zusammen in einer esoterischen Sekte. Dort beschwor man Geister, trieb Yoga, aß Wurzeln und frönte der freien Liebe. Als Kind hat Jack London immer Hunger: »Mit sieben stahl ich von einem kleinen Mädchen ein Stückchen Fleisch... Mit zehn verkaufte ich Zeitungen auf der Straße, von drei Uhr morgens bis die Schule begann. Nie habe ich ein Spielzeug besessen. Ich hatte keine Kindheit.«

Eines Tages entdeckt Jack in der Volksbücherei die Welt der Phantasie und beginnt ununterbrochen und überall zu lesen. Den tristen Alltag vergißt er darüber. Mit 14 beginnt er mit der Arbeit in Hickmotts Konservenfabrik, wo ein Zehnstundentag Minimum ist. San Francisco ist zu dieser Zeit ein boomender Fischereihafen. Ist die Fangquote gut, muß die Ware in Überstunden verarbeitet werden: überall Blut, Maschinenlärm, Abfälle, Gestank. Manchmal wird 18 bis 20 Stunden am Stück geschuftet, für einen Stundenlohn von zehn Cent. Danach eine halbe Stunde Fußmarsch nach Hause, gegen halb eins sinkt London dann ins Bett, um fünf Stunden später wieder aufzustehen.

Die Plackerei zermürbt London. Gleichaltrige haben die Taschen voller Geld. Soll er Austernpirat werden wie sie? Ein Mann mit Mumm verdient in einer Nacht mehr als in sechs Monaten Fabrikschufterei. London überlegt nicht lange und geht, martialisch bewaffnet, an Bord. Geld verdient London jetzt mit links und eine Freundin hat er auch: Dem früheren Besitzer der Schaluppe »Razzle Dazzl«, auf der er angeheuert hat, hat er Mamie ausgespannt, eine sechzehnjährigen Piratenbraut.

In Heinolds Bar, dem Hauptquartier der Schmuggler und Piraten, erbaut aus dem Wrack eines gestrandeten Walfängers, läßt sich London für seinen Mut und seine Trinkfestigkeit bewundern. Einmal geht er im Vollrausch über Bord, wird aber kurz vor dem Ertrinken von einem Fischkutter gerettet. London wechselt zur Fish Patrol und macht nun seinerseits Jagd auf chinesische Fischräuber. Danach wird er Mitglied einer Straßengang, die Angst und Schrecken verbreitet. Schließlich geht der Siebzehnjährige in sich und wird Matrose bei der christlichen Seefahrt. Die Reise führt ihn bis Japan. Von den exotischen Ländern sieht er nie mehr als den Hafen. Die Matrosen besteigen die Huren, saufen sich in Stimmung und hauen sich die Augen blau. Nach dem dritten Hafen hat London von diesem Ritual die Nase voll. Auch das ist nicht das Leben, das er sich erträumt. Er will Elektrotechniker werden, wird als Kohlenschipper ausgebeutet und beschließt, nie wieder zu arbeiten. In seinem neuen Beruf als Vagabund reist er auf Güterzügen kreuz und quer durch die USA, bettelt gutherzige Mitmenschen an, zittert vor Kälte auf den offenen Waggons, wird von sadistischen Eisenbahnern vom fahrenden Zug geworfen, schläft auf Parkbänken und hört sich die Lebensgeschichten der Gescheiterten an.

Nach einem Monat Knast wegen »Landstreicherei« wird London klar, daß er langsam unter die Räder kommt und besinnt sich. Seine Schwester Eliza, durch Heirat einigermaßen gesichert, schenkt ihm sein erstes Gebiß, denn dem 20jährigen fehlen bereits acht Vorderzähne. Inzwischen ist sein Vater oder Stiefvater John wieder zu Geld gekommen. Finanziell abgesichert, macht Jack die

Aufnahmeprüfung für die Uni, beginnt ein Studium – und gibt nach einem Trimester auf. Wissenschaft ist nicht seine Sache. Er will nicht zehn Jahre über der Lösung eines Problem grübeln, er will es gleich lösen. So kommt er seinem wahren Talent auf die Spur, der Schriftstellerei.

Im Schaffensrausch schreibt London täglich 15 Stunden, aber er durchlebt das Schicksal der meisten Anfänger: Kein Verlag will das wirre Zeug veröffentlichen. Da bricht am Klondike-River in Kanada der Goldrausch aus. Tausende ziehen los, um ihr Glück zu suchen. Zusammen mit seinem Schwager und zwei Tonnen Marschgepäck legt London 2000 Kilometer zurück. Es ist die Hölle: steile Bergpässe, wilde Gebirgsströme, Hunger, Kälte, Erschöpfung. Der Schwager gibt auf, bevor sie das Ziel erreichen. Reich wird London hier auch nicht, sein Leben finanziert er, indem er Lastboote durch die schäumenden Stromschnellen des Miles Canyon steuert. Nach einem Jahr kehrt er völlig abgebrannt zurück, aber sein Hirn ist voller Abenteuer.

Der 24jährige beginnt ein zweites Mal mit der Schriftstellerei und findet für »Wolfsblut« sofort einen Verlag. Das Buch wird ein Riesenerfolg. London weiß jetzt, worauf es ankommt: treffender, kräftiger Ausdruck, intensiver, knapper Stil. Mit Hilfe seiner zweiten Frau und Sekretärin Charmian schreibt London täglich mindestens 1000 Wörter – eine schier übermenschliche Leistung. In 17 Jahren verfaßt er so 50 Bücher, darunter »Lockruf des Goldes«, »Der Seewolf« und »König Alkohol«. London ist jetzt ein Star der Literaturszene und ein gern gesehener Gast bei den Reichen und Schönen.

Um Anregung zu bekommen, lebt London monatelang in den Slums von London, wird Kriegsberichterstatter im Russisch-Japanischen Krieg und segelt mit einem kleinen Küstenkutter durch den Südpazifik. Aber das ist nichts weiter als Tourismus, er erlebt nichts mehr. Was soll er schreiben? »Wenn ich schließlich in der Verzweiflung ein Glas trank, wurde es plötzlich hell in meinem Hirn, und die hundert Zeilen flossen mir in die Feder.« An den abgequälten Werken hat London keine Freude mehr. Also richtet er seine Energien auf die Verwirklichung eines Kindheitstraums, indem er riesige Ländereien kauft und den schloßartigen Landsitz» Wolf House« errichtet. Das erkaufte Glück ist von kurzer Dauer: Sämtliche Schweine gehen ein, sein preisgekrönter Zuchtbulle stürzt und bricht sich das Genick; die Angoraziegenherde stirbt an einer Seuche; Londons Lieblingshengst liegt tot auf der Weide; seine 140.000 Eukalyptusbäume verdorren. Das Unglück seiner Kindheit holt London wieder ein. Und dann läßt unmittelbar, bevor die Londons einziehen ein Brandstifter »Wolf House« in Flammen aufgehen. Verzweifelt versucht London, ge-

gen den inneren und äußeren Zerfall anzukämpfen, doch er hat keine Ideen mehr. Ausgebrannt sitzt er vor der Schreibmaschine und trinkt einen Whiskey nach dem anderen. Der »populärste und höchstbezahlte Schriftsteller der Welt« weiß vor Schulden nicht mehr ein noch aus. Vom Alkohol in die Verzweiflung getrieben begeht der knapp 40jährige Selbstmord. Dreizehn Jahre später wirbt Londons deutscher Verleger mit einem Plakat: »Jack London, der Lieblingsschriftsteller unserer Generation. Gesamtausgabe in ca. 30 Bänden... 1 000 000 (eine Million) Jack-London-Bücher waren am 1. September 1929 in Deutschland verkauft.«

Pierre Louÿs –
Der Sänger der lesbischen Liebe
eig. Pierre-Félix Louis
* 10.12.1870 in Gent,
† 4.6.1925 in Paris
Die Gedichte und Romane des Franzosen sind in poetischer Prosa gehalten und versuchen zumeist, antikem Lebensgefühl nachzuspüren.
Werke: Das Weib und der Hampelmann, 1889; Die Lieder der Bilitis, 1894; Die Abenteuer des Königs Pausol, 1901

Im Tagebuch der Brüder →Goncourt heißt es am 10. Dezember 1870: »Trauriges Ereignis dieses Tages – Geburtstag von Louÿs.« Was hat Edmond de Goncourt zu dieser bedrückenden Aussage veranlaßt? Die Familie des kleinen Pierre, Verwandte des berühmten Dichters →Victor Hugo und von Marschall Juno, dem Helden von Austerlitz, jedenfalls freut sich über die Geburt des Jungen und läßt die Sektkorken knallen.

Pierre entwickelt sich zu einer vielversprechenden Persönlichkeit: intelligent, elegant, von gewinnendem Wesen, großzügig bis zur Verschwendung und sensibel wie ein Komponist der Romantik. Kein Wunder, daß bereits dem neunzehnjährigen Studenten die Herzen zufliegen. Mit wachem Verstand und Gespür für Nuancen durchforscht Louÿs rasch die klassische Philologie und arbeitet sich enzyklopädisches Wissen an. Und da er in Paris, der damaligen Weltkulturhauptstadt lebt, lernt Louÿs bald die wichtigen Dichter der Epoche persönlich kennen. Bereits mit 20 wird er Herausgeber der Zeitschrift »La Conque«. Als kluger Kopf weiß Louÿs, daß er etwas Sensationelles bieten muß, um Erfolg zu haben. Also erscheint in jeder Ausgabe das bis dato unveröffentlichte Gedicht eines gefeierten Poeten, darunter so illustre Zeitgenossen wie Swinburne, Mallarmé und →Verlaine. Die Zeitschrift floriert.

Kurz darauf erbt Louÿs beim Erreichen der Volljährigkeit die damalige Riesensumme von 300.000 Francs. Was will ein junger Mann der Jeunesse doré mehr? Da eröffnet ihm sein

Arzt, daß er nur noch drei Jahre zu leben habe. Nachdem Louÿs die niederschmetternde Nachricht einigermaßen verdaut hat, trinkt er eine Flasche Cognac und beschließt, aus dem Rest seines Lebens ein rauschendes Fest zu machen. Drei Jahre lang säuft, singt, tanzt und hurt die wilde Schar seiner Freunde auf seine Kosten. Die Parties des schönen Sterbenden sind Stadtgespräch. Als die 300.000 Francs verpulvert sind, wird es ruhig um Louÿs. Er legt sich zum Sterben nieder – doch der Tod kommt nicht. Der Arzt hat sich geirrt – aber das Geld ist flöten.

Doch zum Glück war Louÿs trotz Todesnähe nicht untätig. Mit eleganter Feder hat er 150 ätherleichte Gedichte geschrieben, eine Kette funkelnder Bilder, die »Lieder der Bilitis«. Louÿs gibt vor, eine Handschrift der berühmten antiken Dichterin entdeckt und übersetzt zu haben. Die Gedichte preisen in höchsten Tönen die lesbische Liebe: »Ich lehnte meine Wange auf den Bauch eines Mädchens, das sich mit meinen feuchten Haaren gegen die Kälte schützte. Der Geruch von Safrankraut begeisterte meine offenen Lippen. Sie legte ihren Schenkel über meinen Nacken...« Ein Jahr später erscheint der ebenso wollüstige Roman »Aphrodite«, der in Alexandria zu Beginn der christlichen Epoche spielt. Die Hemmungslosigkeit des Buches läßt Lektoren und Verlegern die Haare zu Berge stehen, Dutzende von Verlagen lehnen das

Manuskript ab. Schließlich faßt sich der Herausgeber des »Mercure de France« ein Herz und veröffentlicht die tolle Story im Feuilleton. Ein Schrei der Empörung gellt durchs Land – und die Nummern mit »Aphrodite« gehen weg wie warme Croissants. Als »Aphrodite« danach als Buch erscheint, werden dank dieser unverhofften Werbung in kürzester Zeit 150.000 Stück verkauft. Pierre Louÿs wird dadurch wohlhabender, als er es ein paar Jahre zuvor als Erbe war. Und er wird noch reicher, als die wilde Story in New York als Bühnenstück herauskommt.

Der Bestsellerautor kauft sich eine vor der Welt abgeschlossene Villa, schläft den ganzen Tag und arbeitet, wachgehalten von 80 Zigaretten, die ganze Nacht. Diese geisterhafte Lebensweise macht ihn bleich wie der Tod. Wenn er überraschend in den Salons seiner Freunde Mallarmé, Valéry oder Claude Debussy auftaucht, wirkt der bleiche Mann wie ein Gast aus dem Jenseits. Drei Jahre nach seinem Tod erscheint »Psyche«, eine weitere klassische Romanze.

Martin Luther –
Mit dem Teufel auf Kriegsfuß
* 10.11.1483 in Eisleben,
† 18.2.1546 in Eisleben
Dem Kirchenreformer und Begründer des Protestantismus verdankt die Welt die durchschlagende Bibelüber-

setzung in deutscher Sprache und einige der schönsten Kirchenlieder.
Werke: An den christlichen Adel deutscher Nation, 1520; Die Geistlichen Lieder, 1524-1545; in Sendbrief d. M. Luthers von Dolmetzschen und Fürbit der Heiligenn, 1530

Luthers Eltern sind sparsam bis zum Geiz: »Meine Mutter prügelte mich einmal wegen einer einzigen Nuß, bis mir das Blut kam.« Prügel gelten auch in der Schule als das wirksamste Erziehungsmittel, zudem gibt es den hölzernen Eselskragen, den der Schüler als Zeichen von Dummheit tragen muß. Mit Schaudern erinnert sich Luther an die Hölle der Schuljahre, wo er eines Morgens 15 Mal mit der Rute »verbessert« wurde.

Der Vater, der es mit zähem Fleiß vom Bauern zum Unternehmer gebracht hat, will aus seinem Sohn etwas Besseres machen. Martin soll Jurist werden, um den Familienbetrieb zu verwalten. Doch nach einer Auseinandersetzung mit seinem Vater flieht Luther eines Tages hinter Klostermauern. Das Leben hier ist fast unmenschlich streng, Lachen ist grundsätzlich untersagt. Als Augustinermönch muß Luther schweigen lernen. Sein Tag beginnt um zwei Uhr nachts, die erste Mahlzeit ist das Mittagessen. Luthers Zelle ist klein und ungeheizt, das Lager ein Strohsack mit Wolldecke. Siebenmal in 24 Stunden wird im Chor gebetet. Hier ist Luther zwar dem lieben Gott nahe, aber auch der Teufel ist nicht weit. Gegen den wehrt er sich mit starken Sprüchen: »Lieber Teufel, ich hab in die Hosen geschissen, häng's dir an den Hals und wisch dir das Maul damit ab.« Als er den Satan eines Nachts leibhaftig vor sich sieht, wirft Luther mit dem Tintenfaß nach ihm. Befällt ihn tags eine trübe Stimmung, dann greift Luther zur geliebten Laute und singt sich die Depressionen aus der Seele. Er ist zutiefst überzeugt, daß Musik die beste Medizin gegen depressive Anfechtungen ist.

Seine Blitzkarriere hält Luther für gottgegeben. Mit 37 ist er Professor, Rektor der Studienanstalt, Prior von elf Klöstern, Manager der Klosterfischteiche und Rechtsanwalt. Aber wenn der Teufel im Detail steckt und ihn ständig an der Nase herumführt, dann muß das Prinzip des Bösen an zentraler Stelle greifbar und damit angreifbar sein. Unruhig läßt Luther sein waches Auge kreisen. Eines Tages hat er die Zentrale des Bösen im Visier und dessen Stellvertreter im Fadenkreuz: den Papst in Rom. »Ein hurerisches Leben führt ihr päpstlichen Bischöfe. Im Blut und Schweiß der Armen mästet ihr eure Wollust. Mit Lügen und Trügen raubt ihr jedermann sein Gut...«

Luthers polemische Begabung erkennend und seine Naivität einkalkulierend, stiftet ihn die Landesregierung von Sachsen an, mit einem scharfen Pamphlet den dubiosen Ablaßhandel im benachbarten Branden-burg anzugreifen. Das Geld aus dem Verkauf von Zetteln zur Sündenvergebung fließt in die Tasche der römischen Kurie, die Provision an den jeweiligen Landesherrn. Das Geldgeschäft mit heißer Luft ist zwar auch in Sachsen Brauch, aber der Kurfürst von Brandenburg, gleichzeitig Erzbischof von Mainz, hat mehr Erfolg, denn sein Ablaßhändler ist der berüchtigte Johannes Tetzel, ein Verkaufsgenie, das selbst ins Bodenlose gefallene Aktien an den Mann bringen könnte. Friedrich der Weise, der Kurfürst von Sachsen, schickt seinen geheimen Rat Spalatin zu Luther, um diesen dazu zu bringen, einen Text gegen den Ablaßmißbrauch zu schreiben. Luther hat zunächst Bammel: Als Hochschullehrer der Uni Wittenberg zählt er bereits zum oberen Mittelstand der Kirche, kann durchaus Abt und »damit ein kleiner Feudalherr« werden. Soll er sich diese Chance verbauen? Spalatin beruhigt ihn, der lateinisch abgefaßte Text solle lediglich zur Belebung der theologischen Diskussion dienen. Von höchster Stelle gedeckt, entwirft Luther 95 Thesen und schickt sie an den Erzbischof von Mainz. Der erkennt den politischen Sprengstoff und schickt die Thesen postwendend nach Rom. Zunächst rührt sich nichts. Das Topmanagement der Kurie hält Luthers Thesen zunächst für eine überflüssige Professoren-Zänkerei – doch dann ist der Teufel los. Die Reaktion ist so heftig, daß Luther die Knie weich werden. Die Thesen begeistern das Volk und kursieren in deutscher Übersetzung tausendfach gedruckt im ganzen Reich.

Die Unterschicht feiert Luther als Helden, die alarmierten Kirchenpolitiker versuchen, Luther zum Widerruf zu bewegen. Luther wird es mulmig, schließlich werden zu seiner Zeit Ketzer in der Regel auf dem Scheiterhaufen verbrannt. Als ihm der Kardinal-Legat Cajetan sanft ins Gewissen redet, will Luther sofort zu Kreuze kriechen. Doch der Kurfürst zwingt ihn, standhaft zu bleiben, denn er braucht Luther als Gallionsfigur der moralischen Entrüstung zur Vollendung seiner Intrige. Langsam dämmert Luther seine entsetzliche Lage: »Ich habe Christus und den Papst aufeinandergehetzt und bin so zwischen Tür und Angel geraten.« Zu Luthers Glück geht die Rechnung des Kurfürsten von Sachsen auf. Sein Landesherr macht auf Kosten der katholischen Kirche Millionengewinne, indem er, nach dem Abfall der Protestanten quasi zum »obersten Bischof« seines Landes geworden, den Kirchenbesitz einzieht. Zum Dank für die treuen Dienste bekommt Luther ein prächtiges Kloster nebst Ländereien.

Luther ist inzwischen nicht nur eine internationale Berühmtheit, sondern das Idol der kleinen Leute. Seine grandiose Bibelübersetzung hat sie in die Lage versetzt, nachzulesen, ob ihnen der lateinisch murmelnde Priester ein X für ein U vormacht. Luther hat das Volk von der Vormundschaft der katholischen Kirche befreit, aber wohl

fühlt er sich dabei nicht. Die Bauern sehen sich durch seine Schrift »Von der Freiheit eines Christenmenschen« in ihren sozialen Anliegen bestätigt. Es kommt zum Bauernaufstand gegen die adligen Ausbeuter. Luthers Flugschriften kursieren im Lande, in den Straßen und Kirchen singt man seine Lieder. Das Volk will seine zündende Idee in die Tat umsetzen, aber Luther, ihr geistiger Führer, sitzt längst in seiner Pfründe im Lager des Feindes, auf Seiten von Unrecht und Ordnung. Luther tobt: »Treulose, Meineidige, Ungehorsame, Aufrührerische, Mörder, Räuber, Gotteslästerer, ich meine, daß kein Teufel mehr in der Hölle ist, sie sind alle in die Bauern gefahren. Darum soll man hier zuschmeißen, würgen, stechen, heimlich oder öffentlich, wer da kann und bedenken, daß nichts Giftigeres, Schädlicheres, Teuflischeres sein kann als ein aufrührerischer Mensch, gleich ob man einen tollen Hund totschlagen muß. Solch wunderliche Zeiten sind jetzt, daß ein Fürst den Himmel mit Blutvergießen verdienen kann, besser als andere mit Beten.«

Die Obrigkeit ist mit Luther zufrieden, am Volk jedoch rächt sie sich gnadenlos: Die Freiheitskämpfer des zusammengebrochenen Bauernaufstandes werden geköpft, gehenkt, geviertelt, gerädert, ertränkt, verbrannt. Kindern, Frauen und Greisen werden die Augen ausgestochen, Zungen ausgerissen, Hände abgehackt.

Während das Land in Blut ertrinkt,

kommt Luther die Lust an, die entlaufene Nonne Katharina von Bora zu heiraten – obwohl er von Frauen nicht viel hält: »Männer haben eine breite Brust und schmale Hüften, und darum haben sie auch mehr Verstand als die Weiber. Die haben enge Brüste und breite Hüften und Gesäß, damit sie daheim bleiben sollen, still im Haus sitzen, haushalten, Kinder tragen und erziehen.«

Als Ehemann wird Luther häuslich und genießt die Früchte seiner seltsamen Karriere, die so viel Unglück über seine Zeitgenossen gebracht hat und nachfolgenden Generationen noch mehr bringen wird. Er liebt herzhafte Speise: »Ich esse was mir schmeckt und sterbe wann Gott will«, den Trunk: »Das Saufen ist in unseren Landen eine Art von Pest. Morgen muß ich eine Vorlesung über Noahs Trunkenheit halten. Heute abend werde ich deshalb kräftig trinken, damit ich morgen als Experte über diese üble Sache rede«, und Gesellschaft, die er mit polternden Reden in Stimmung bringt: »Ich hab den Papst mit den bösen Bildern sehr erzürnt. O, wie wird die Sau den Berzel in die Höhe strecken!«

Kurz vor seinem Tod stöhnt der Dicke, dem die deutsche Sprache so viel verdankt: »Wenn ich heimkomme, so will ich mich in einen Sarg legen und den Maden einen feisten Doktor Luther zu essen geben.«

M

Karl Marx als Prometheus.
Zeitgenössische allegorische Darstellung
des Verbots der Rheinischen Zeitung, 1843

Karl Marx –
Eine gescheiterte Existenz

eig. Karl Heinrich Marx
* 5.5.1818 in Trier,
† 14.3.1883 in London
Der Philosoph und Nationalökonom
ist der wichtigste und einflußreichste
Kritiker des Kapitalismus.
Werke: Zur Kritik der Hegelschen
Rechtsphilosophie, 1844; Manifest
der Kommunistischen Partei Deutsch-
lands, 1848; Das Kapital, ab 1850

Geld fasziniert Karl Marx seitdem er
weiß, was das ist, und es wird sein
ganzes Leben bestimmen. Dabei sind
die Voraussetzungen für den jungen
Marx nicht schlecht. Er ist hochbe-
gabt, das ist ein Erbteil seiner väterlichen Vorfahren, die seit 400 Jahren
als Gelehrte bekannt sind. Mütterlicherseits ist Marx mit dem Gründer
des Philips-Konzerns verwandt. Doch
seine gediegene Herkunft ist Marx
eher lästig, er stürzt sich lieber ins
Berliner Studentenleben, wirft das
Geld mit vollen Händen zum Fenster
hinaus, führt das große Wort bei Sauf-
gelagen und schlägt Kommilitonen
Schmisse auf die Backe. Der Vater ist
verzweifelt: »Als wären wir Gold-
männchen, verfügt der Herr Sohn in
einem Jahr gegen alle Abrede über
700 Taler. Und warum?« Die Verzweiflung des Alten ist verständlich.
Ein Stadtrat der Hauptstadt bezieht
jährlich 800 Taler Gehalt.

Noch mehr als der lockere Umgang
mit dem schwerverdienten Geld

grämt den Vater die Verlobung des
Sohnes mit Jenny von Westphalen.
Denn die Dame stammt aus nobler, ja,
allzu nobler Familie. Wie soll der ver-
schwenderische Sohn jemals in der
Lage sein, seine Familie standesgemäß zu ernähren? Die Sorge um
den Sohn bringt den Vater ins Grab.
Nach der Beerdigung beschränkt sich
Marx' Kontakt zur Familie auf Geld-
forderungen. Die Mutter schickt, was
sie kann, doch der Sohn ist, wenn
man seinen Alkoholkonsum noch mit
einbezieht, ein Faß ohne Boden.

Marx promoviert in Jena und steuert nun eine Unikarriere an. Doch das
konservative Professoren Kollegium
hat Bedenken. So kommt Marx stattdessen als Redakteur bei der »Rheinischen Zeitung« unter. Dort propagiert
er die Idee des Kommunismus so enthusiastisch, daß er wenig später auf
der Straße steht. Jetzt hat er weder Job
noch Vermögen, und die treue Braut
geht inzwischen auf die 30 zu. Sei's
drum: Kurzentschlossen heiraten sie
und gründen mit einem anderen Paar
in Paris eine Kommune, in der
Schmalhans Küchenmeister wird.
Zum Glück kann Marx' Freund →
Friedrich Engels, der finanziell nicht
ganz so schwach auf dem Beutel ist,
hier und dort helfen. Wenig später
muß das inzwischen mit einer Tochter gesegnete Paar erneut Stadt und
Land wechseln, weil die Franzosen
den Revoluzzer ausweisen. So geht es
ein paarmal, bis Marx und seine Familie in London im Exil landen.

KARL MARX 219

Jenny Marx, die Geldsorgen höchstens vom Hörensagen kannte, ist verzweifelt. Während sie mit dem Kleinkram des Lebens kämpft, arbeitet Marx nächtelang an seinem epochemachenden Werk, das dem Geheimnis des Geldes auf der Spur ist, und versucht, mit Zeitungsartikeln zu Geld zu kommen. Die inzwischen sechsköpfige Familie haust in einer schäbigen Zweizimmerwohnung. Manchmal muß Marx das Haus hüten, weil seine Kleidung im Pfandhaus ist. Weil er tagsüber studiert und nachts bei trüber Lampe schreibt, hat er ständig Augenentzündungen und häufig Kopfschmerzen, die er mit Zigarrerauchen bekämpft. Zur Beflügelung seiner Ideen trinkt er literweise Wein. Zwischendurch fällt Marx in tiefste Depressionen über seine Geldnot, dann schreibt er Bettelbriefe an seinen Freund, den Fabrikantensohn Friedrich Engels. Und der schickt, was er kann. Jenny Marx macht eine stattliche Erbschaft von Mutter und Onkel – bereits vier Monate später ist der Geldsegen verpulvert. Der gute Onkel vom Philipskonzern versucht, dem Neffen mit ein paar Tausendern aus der Misere zu helfen. Vergebens. Zwei Jahre später bekommt Marx von seiner Mutter und einem verstorbenen Freund zwei Vermögen vererbt. Genau zwölf Monate später hat sich das Geld in noble Garderobe, Wein, Zigarren und Kaviar aufgelöst.

Karl und Jenny leben ständig über ihre Verhältnisse. Je mehr hereinkommt, desto mehr zerfließt zwischen ihren Händen. Marx, der den Geheimnissen des Kapitals nachspürt wie kein zweiter, bleibt im praktischen Umgang mit dem magischen Stoff sein Leben lang ein Versager. Die Ahnungen des guten Vaters haben sich bewahrheitet: Nach bürgerlichen Maßstäben ist Marx eine gescheiterte Existenz geworden. Nur durch Friedrich Engels finanzieller Unterstützung gelingt es Marx, ein Werk zu schaffen, das ihn nach seinem Tode weltberühmt macht: »Das Kapital«. Ein Besucher charakterisiert den großen Kommunisten einmal so: »Vor mir stand die Verkörperung eines demokratischen Diktators.«

Nach dem Tod seiner Frau ist Marx völlig gebrochen. Als die älteste Tochter der Mutter ins Grab folgt, ist Marx nur noch ein Schatten seiner selbst. Depressionen und Krankheiten brechen seinen letzten Lebenswillen. Apathisch dämmert er dem Tod entgegen. Engels erscheint, um sich von seinem Freund für immer zu verabschieden. »Hast du der Nachwelt noch etwas mitzuteilen?«, fragt er sanft. Das versetzt dem Todkranken einen Adrenalinstoß. Er zischt aggressiv wie in kampflustigen Zeiten: »Geh raus, verschwinde! Letzte Worte sind etwas für Narren, die zu Lebzeiten nicht genug gesagt haben!«

William Somerset Maugham –
Der häßliche Griesgram

* 25.1.1874 in Paris,
† 15.12.1965 in Nizza
Der produktive Schriftsteller hinter-
ließ 30 Romane, 30 Theaterstücke,
zehn Essaybände und 200 Kurzge-
schichten, die allesamt großartig
sind.
Werke: Der Menschen Hörigkeit,
1915; Silbermond und Kupfermünze,
1919; Rosie und die Künstler, 1930;
Auf Messers Schneide, 1944

Leicht hat er es nicht. Zwar wird William in eine wohlhabende Familie hineingeboren, aber schon mit acht Jahren verliert er seine Mutter durch Tuberkulose, zwei Jahre später stirbt sein Vater an Krebs. Das war keine schöne Kindheit. Als alter Mann erinnert Maugham sich: »Ich habe mehr gelitten, als ich mich gefreut habe – viel mehr. Wenn ich mein Leben neu leben könnte, würde ich sagen: nie wieder.«

Nach dem Tode seiner Eltern kommt der Junge zu einem Onkel, einem geistlichen Herrn, nach England. Der Wechsel aus dem heiteren Paris in den kalten nebeligen Norden, zu einem Pfarrer von alttestamentarischer Härte, ist ein Schock. Hier, im düsteren Pfarrhaus, gilt Lachen als Sünde, und das wichtigste pädagogische Lehrmittel ist der Rohrstock. Ein gesundes Selbstbewußtsein kann in einer solchen Umgebung nur schwerlich entstehen. Maugham beginnt,

sich selbst zu verachten. Schon wenn er morgens in den Spiegel schaut, könnte er die Wände hochgehen. Sein Gesicht mit dem vorstehenden Unterkiefer erinnert ihn an einen Neandertaler. Außerdem findet er sich zu klein und schwächlich. Statt seines dünnen braunen Haares hätte er lieber wallende blonde Locken, und seine gelbliche Gesichtsfarbe erinnert ihn an die eines Chinesen. Und wenn er den Mund aufmacht, möchte er vor Selbstmitleid im Boden versinken: »Ich hatte dieses Stottern, das mir alles verpfuscht ... Ich bin ausgelacht worden, weil ich stotterte.«

Als ihn der unterkühlte Onkel mit 13 aufs King's Internat nach Canterbury schickt, leidet der Waisenjunge bereits unter ausgeprägten Minderwertigkeitskomplexen. Maugham ist zwar froh, vom gestrengen Herrn Onkel fortzukommen, aber der Aufenthalt im Internat wird schnell zur Tortur. Der Stotterer ist für die anderen Schüler sofort das ideale Mobbingopfer. Noch im hohen Alter erinnert sich Maugham an die Demütigen, die Verhöhnungen, an seine krankhafte Angst, lächerlich gemacht zu werden. Maugham ist so verschüchtert, daß er sich anderen Menschen verschließt. Vereinsamt bringt er die Schule zu Ende.

Der Plan seines Onkels sah vor, daß Maugham in Oxford studieren und ebenfalls Geistlicher werden sollte. Doch der Neffe weigert sich. Er will weg aus England und Medizin studieren. Er geht nach Heidelberg, wo er sich befreit fühlt und aufblüht, und später nach London, wo er seinen Abschluß als Arzt macht. Der Onkel ist zufrieden. Doch plötzlich will der junge Arzt seinen Beruf gar nicht ausüben. Maugham will schreiben. Und weil er inzwischen an beginnender Tuberkulose leidet, packt er die Koffer und fährt ins milde Klima Südfrankreichs.

In der kräuterduftenden Provence schreibt Maugham seine ersten Erzählungen – ohne sonderlichen Erfolg. In Paris, wo er meist die Sommermonate verbringt, versucht er sein erstes Theaterstück: »Lady Frederick«. Es wird auf Anhieb ein Erfolg. Und nun fließt ihm das Glück nur so aus der Feder, alles, was Maugham veröffentlicht, wird zu Geld. »Ich war froh, viel Geld als Dramatiker verdient zu haben. Ich ging vorsichtig damit um, denn ich wollte nicht wieder in die Lage kommen, aus Not etwas tun zu müssen, was ich nicht wirklich wollte.« Trotzdem lebt Maugham bald auf großem Fuße. Er ist der Ansicht, daß ein Künstler repräsentativ wohnen muß, mit Personal, erlesenen Möbeln, wertvollen Gemälden, Kunstobjekten. Außerdem muß er seine große Leidenschaft finanzieren: das Reisen. Mehrmals reist Maugham um die Welt, lebt längere Zeit in den USA, der Südsee und in China. Auch Europa kennt er wie seine Westentasche. Der inzwischen Weltberühmte ist ein Mann von Welt.

Als Gastgeber ist Maugham spendabel wie ein Fürst: Die Feste in seiner Villa Saint-Jean-Cap Ferrat bei Nizza sind legendär. Maugham bekommt Orden und Ehrendoktorhüte verliehen. Aber die Unzufriedenheit nagt an seiner Seele: »Ich bin ein Versager... Das alles gehört mir nur, solange ich lebe... Wenn ich sterbe, wird man es mir wegnehmen – jeden Baum, das ganze Haus und jedes Möbelstück.« Kein Wunder, daß der Griesgram niemanden findet, der ihn liebt. Lady Wellcome, die er 1915 heiratet, verläßt ihn bald. Die Vaterschaft an der gemeinsamen Tochter zieht Maugham in Zweifel. Als es mit ihr zum Rechtsstreit wegen einiger Bilder kommt, giftet er: »Frauen wollen nur nehmen, ohne etwas zu geben.«

Richtig schön war es nicht, aber es währte fast 92 Jahre, das Leben des produktiven Schriftstellers und Dramatikers.

Guy de Maupassant – Der Lüstling im Frack

* 5.8.1850 auf Schloß Miromesnil oder Fécamp, † 6.7.1893 in Passy
Der französische Schriftsteller verfaßte etwa 260 Novellen, die sich durch ihre Objektivität in der Darstellung und eine klare Sprache auszeichnen.
Werke: Fettklößchen, 1880; Mein Onkel Julius, 1883; Miss Harriet, 1883; Die Schwestern Rondoli, 1884; Bel Ami, 1885; Stark wie der Tod, 1889

Im Jesuiteninternat in Yvetot glänzt der Elfjährige vor allem durch Dummheit. Vermutlich liegt das an den Lehrern: »Ich weiß nicht, ob du diesen Stall kennst, dieses triste Kloster, wo Pfaffen, die Heuchelei und Langeweile herrschen und alles einen Soutanengeruch ausströmt, der durch die ganze Stadt zieht«, schreibt Maupassant einem Freund.

Nachts werden die Schüler hier aktiv und brüten die tollsten Streiche aus. Einmal bricht Maupassant mit seinen Freunden in die Speisekammer der Pfaffen ein. Beladen mit Schinken, Brot, Wein und einigen Flaschen Likör steigen sie auf den Dachboden und feiern ein rauschendes Fest. Das Getöse weckt die Pädagogen aus dem klösterlichen Tiefschlaf. Die Nachtschwärmer werden zur Ruhe gebracht und am nächsten Tag zur Ernüchterung an die frische Luft gesetzt.

Maupassant schafft schließlich in Rouen seinen Abschluß, wenn auch mit Hängen und Würgen. Besonders schlecht ist er in Französisch, obwohl er sich bereits fleißig als Versdichter versucht. Langsam zu seiner Berufung findend, besingt er als 18jähriger Student in Caen zwei Geliebte gleichzeitig, was die scheußliche Gedichtproduktion beträchtlich steigert. Das poetische Geturtel wird durch den Deutsch-Französischen Krieg unterbrochen. Maupassant ist begeistert und schreibt seiner Mutter: »Die Preußen rücken in Gewaltmärschen

heran. Kein Zweifel, sie sind verloren.« Die Niederlage ist total – leider nicht die der Preußen. Der feurige Rekrut wird zum aggressiven Pazifisten, der Moltke als einen »begnadeten Massenmörder« entlarvt und dessen Militärpropaganda, der Krieg halte »alle großen und edlen Gefühle in den Menschen am Leben« und bewahre sie davor, in »schlimmsten Materialismus abzugleiten«, als Riesenlüge zerpflückt: »Sich zu Herden von 400.000 Männern zusammenzuschließen, Tag und Nacht ohne Rast marschieren, an nichts denken, nichts studieren, nichts lernen, für niemanden nützlich sein, vor Dreck starren, im Schlamm übernachten, wie die Tiere in ständiger Abgestumpftheit leben, Städte plündern, Dörfer brandschatzen, Völker in den Ruin stürzen, Blutbäder anrichten, ganze Felder mit zermalmtem, in blutigem Schlamm gewälztem Fleisch übersäen, Leichenberge anhäufen, Arme und Beine verlieren, mit zerschmettertem Gehirn am Rand eines Ackers krepieren, während die betagten Eltern und Frau und Kind vor Hunger sterben – das also nennt man ›nicht in den schlimmsten Materialismus abgleiten‹!«

Von seiner Kriegsbegeisterung geheilt, geht Maupassant nach Paris und erhält dank Papas Beziehungen eine Stellung im Marineministerium. Den Wechsel ins Beamtenleben kommentiert ein Bekannter: »Dieser normannische Stier, dessen Leben sich nur darin von dem eines echten Stiers unterscheidet, daß das Decken von einem städtischen Tierarzt überwacht wird, fristet nun sein Dasein unter Beamtenwürmern.« Im Büro dösen halb verkalkte Sesselkleber vor sich hin. Maupassant macht das rasend: »Täglich diese stumpfsinnigen Aktenstücke, mit den gleichen stereotypen Begleitschreiben versehen...« In der Bürokraten-Einöde beginnt Maupassant vor Langeweile Geschichten zu schreiben. Seine Kollegen beäugen diesen unbotmäßigen Fleiß mißtrauisch. Will Maupassant sie in ihrer Karriere überflügeln? Mit zarten Gemeinheiten versuchen sie, ihm den krankhaften Arbeitseifer auszutreiben. Ein abgefangener frecher Brief dient den nägelputzenden Vorgesetzten zum Anlaß, ihn zu entlassen. Die Mutter ist entsetzt: »Mein Sohn! Sie werden noch in der Gosse enden... Noch etwas: Seien Sie um Umgang mit den Damen zurückhaltender.« Tatsächlich stammen die meisten Damenbekanntschaften Maupassants vom Straßenstrich. Das beunruhigt ihn selbst: »...hütet euch vor Mädchen, die man unterwegs aufliest«, predigt er seinen Freunden. »Ich weiß, was es damit auf sich hat, und kann doch nicht von... den Mädchen lassen.«

Maupassants Frauenkonsum ist legendär und erregt Neid und Bewunderung: »Ein toller Kerl! Sechs Frauen in einer Nacht – und alle schwanger.« Er wildert in jedem Revier und besonders im Gehege der feinen Gesellschaft. In den Briefen an seine Mutter bezeichnet er die Damen der Oberschicht schlicht als Huren. Einige sind so besessen von ihm, daß sie vor Geilheit seine Schlafzimmertür eintreten. Amüsiert schreibt →Flaubert über den Sexkonsum seines Schülers an Turgenjew: »Er wird sich noch in Sperma auflösen.«

Flaubert hat den Sohn seiner Freundin unter die Fittiche genommen, was Maupassant durchaus zu schätzen weiß: »Sieben Jahre habe ich mit Flaubert zusammengearbeitet, ohne eine einzige Zeile zu veröffentlichen. Während dieser Zeit hat er mir literarische Grundsätze und einen Begriff von Literatur vermittelt, die ich mir nicht in 40 Jahren Erfahrung hätte erwerben können.«

Im Briefwechsel der beiden spricht Flaubert seinen Schüler mit »Junger Lüstling« an und fragt: »Nun, was macht das kleine Herz? Und das Gemächt? Und das Gehirn?« Flaubert macht ihn mit Autoren wie →Zola, Turgenjew und →Edmond de Goncourt bekannt und bittet befreundete Journalisten, Guy zu fördern. →Zola publiziert 1880 Maupassants erste Erzählung »Fettklößchen« in seinem Band »Soirée de Médan«. Es ist die beste Geschichte im Buch, sie macht Maupassant schlagartig bekannt. Flaubert stirbt einen Monat später im glücklichen Bewußtsein, einen Meister der Feder herangebildet zu haben.

Durch abenteuerliche Bettgeschichten mit Damen höchster Kreise schafft es Maupassant, sich in eine gesicherte Stellung bei den Printmedien hinaufzuvögeln. Den eigenen erotisch-beruflichen Aufstieg vor Augen, beschreibt er den skrupellosen Aufsteiger »Bel Ami«. Der Roman macht ihn nicht nur berühmt, sondern richtig reich. Maupassant badet in Champagner, vernascht zum Frühstück zwei hübsche Mädchen und besitzt mehrere Villen und zwei Segeljachten. Die erste tauft er auf seinen Megaerfolg »Bel Ami«.

Alles, was Maupassant nun schreibt, wird ein Erfolg. Die Götter sind ihm hold – bis auf einen: »Was mich betrifft, so bin ich noch immer unbehaart. Die Ärzte glauben allerdings nicht an Syphilis.« Die Selbstdiagnose klingt wie das Pfeifen im Walde. Maupassants Freunde sind beunruhigt. Nach einem Treffen mit dem 40jährigen Starautor notiert Edmond de Goncourt: »Heute früh war ich ganz betroffen von Maupassants schlechtem Aussehen, seinem abgemagerten Gesicht ... ja selbst sein Blick hat etwas krankhaft Starres. Er scheint mir nicht bestimmt, steinalt zu werden.« 1891 bricht, verursacht durch die Syphilis, Maupassants Geisteskrankheit aus. Er redet irre, bricht zu spontanen Phantasiereisen auf, Wahn und Realität verwirren sich zunehmend. Einen wachen Moment will er benutzen, um sich zu erschießen. Die Waffe ist defekt: es gibt nur einen mörderi-

schen Knall. Maupassant frohlockt: »Sieh her! Ich bin unverwundbar! Gerade habe ich mir mit dem Revolver in die Schläfe geschossen, und ich bin unversehrt. Ich könnte mir die Kehle durchschneiden und kein Blut würde fließen.« Bevor sein Kammerdiener ihm in den Arm fallen kann, setzt Maupassant das Rasiermesser an. »Das Blut schoß ihm über den Kragen auf die Krawatte. Drei Matrosen mußte ich zu Hilfe holen, um ihn zu bändigen, bis endlich der Arzt eintraf, der die Wunde nähte.«

Nach zwei Selbstmordversuchen in einer Nacht resigniert er. Ist er doch so verrückt, wie seriöse Zeitungen seit Monaten behaupten? Jetzt glaubt er es selbst und läßt sich in eine psychiatrische Klinik einweisen. Hier benimmt er sich exzentrisch wie eh und je. Eines Nachts überfällt er die Schlafzimmer der jungen Frauen. Bevor eine Massenhysterie ausbrechen kann, wird Maupassant in eine Zwangsjacke gesteckt.

Am 18. Februar 1893 verkündet Maupassant: »Heute bin ich gestorben.« Fünf Monate später wird er tatsächlich begraben.

Karl May – Vom Knastbruder zum Großschriftsteller
* 25.2.1842 in Hohenstein-Ernstthal,
† 30.3.1912 in Radebeul
Der Schriftsteller gehört zu den
meistgelesenen deutschen Autoren.

*Seit 1952 feiert man ihn mit den
jährlich in Bad Segeberg stattfinden-
den Karl-May-Festspielen.
Werke: Winnetou, 1876-1893; Durch
die Wüste, 1892; Ardistan und
Dschinnistan, 1909*

Karls Mays Vater ist ein armer Weber,
der die sechzehnköpfige Familie mit
Ach und Krach durchbringt. Es gibt
kaum genug zu essen. Karl May erkrankt kurz nach der Geburt und verliert sein Augenlicht. Erst durch kost-
spielige ärztliche Behandlung kann
der Junge nach vier Jahren wieder sehen. Obwohl ihn die Arztkosten an
den Rand des Ruins bringen, ermöglicht der Vater dem aufgeweckten
Kind eine gute Schulbildung. Der Junge dankt es den Eltern, indem er
fleißig lernt. Nach bestandener Prüfung kommt Karl May als Stipendiat
auf das Lehrerseminar in Walden-
burg. Die Familie feiert den Aufstieg
ihres Sorgenkindes. Da wird May be-
schuldigt, einem Kameraden die Uhr
gestohlen zu haben. In Panik läuft er
davon und gerät auf die schiefe Bahn.

Nun bringt er sich mit kleinen Gau-
nereien durch. Dabei verfeinert er
nach und nach seine Technik. Unter
Pseudonym gibt er sich als Polizei-
leutnant aus, schmückt sich mit adeligen Namen, tritt als Advokat oder
Doktor auf oder stellt sich schlicht als
»Mitglied der geheimen Polizei« vor.
Seine Opfer sind autoritätsgläubige
Bürger mit dicker Brieftasche, denen
er vorlügt, er sei auf der Suche nach

Geldfälschern. Der falsche Polizist
läßt sich das Bargeld der Gutgläubigen vorlegen, erkennt es mit sicherem
Blick als »Falschgeld« und beschlagnahmt es im Namen des Gesetzes.
Einmal, als aus einem Krämer nur ein
Zehntalerschein herauszuholen ist,
reißt May sich aus Frust gleich noch
eine vergoldete Uhr unter den Nagel,
die er als »Diebesgut« erkennt. Drei
Wochen später macht er größere Beute: Von 35 vorgelegten Talern steckt er
30 als gefälscht ein und bittet den
mißtrauischen Eigentümer in arro-
gantem Ton, ihn zur nächsten Ge-
richtsamtstelle zu begleiten. Unterwegs verdrückt May sich, laut Proto-
koll, zum Pinkeln in ein Gebüsch und
nimmt die Beine in die Hand. Der Bestohlene ruft einen Passanten zu Hilfe, und zu zweit treiben sie den Dieb
in die Enge. Jetzt zieht May eine Pistole und droht, die redlichen Bürger
über den Haufen zu ballern, falls sie
ihn nicht in Ruhe lassen. Doch der Besitzer der geraubten Taler ist kein Hasenfuß. Erst nachdem May das Geld
wieder rausgerückt hat, läßt er ihn
laufen.

Inzwischen hängt Karl Mays Steckbrief in jedem Ort. Er zieht sich in
eine Waldhöhle zurück, schafft bei
Mondschein ein paar Möbel hin und
taucht für einige Zeit ab. Nachdem etwas Gras über die Räubereien gewachsen ist, klaut May in einem
Wirtshaus einen Satz Billardkugeln
und verhökert sie für fünf Taler an einen Drechslermeister. Einem anderen

Gastwirt entwendet er ein Pferd und verkauft es für 15 Taler an eine Roßmetzgerei. Dann kehrt er zur Falschgeldtrickserei zurück und erleichtert einen Bäckermeister um 28 Taler. Zwei Wochen später verhaftet ihn ein echter Geheimpolizist. Bei der Rekonstruktion eines Tatvorgangs gelingt May die Flucht. Als man ihn nach fünf Monaten wieder einfängt, wird er wegen Diebstahls, Betrugs, Fälschung, Amtsanmaßung und Landstreicherei im Rückfall am 13. April 1870 vom Königlich-Sächsischen Bezirksgericht zu Mittweida zu einer vierjährigen Zuchthausstrafe verurteilt. Alles in allem hat er 106 Taler, zwölf Groschen und drei Pfennige erbeutet. Auf die Frage, wie er zu seinen Untaten gekommen sei, antwortet er dem perplexen Gericht: »Ich habe unausgesetzt den inneren Befehl vernommen, an der menschlichen Gesellschaft Rache zu nehmen, und zwar dadurch Rache, daß ich mich an ihren Gesetzen verging.«

Hinter schwedischen Gardinen hat May reichlich Zeit, seine Phantasie blühen zu lassen. Er beginnt zu schreiben und lenkt dadurch seine kriminelle Energie in bürgerliche Bahnen. Wenig später erwartet ihn vor den Gefängnistoren der Groschenheftverleger Münchmeyer, dem er aus der Haft ein paar Manuskripte geschickt hat. Münchmeyer hat ein Genie entdeckt. Kaum entlassen, erfreut sich May einer stetig wachsenden Fangemeinde, die nach seinen Fortsetzungsromanen verlangt. Mays Erfolgsrezept ist schlicht wie ein Lottosechser: »Schreiben wir nicht wie die Langweiligen, die man nicht liest, sondern schreiben wir wie die Schriftsteller, die es verstehen, Hunderttausende und Millionen Abonnenten zu bekommen! Aber unsere Sujets sollen edel sein, so edel wie unsere Zwecke und Ziele.«

Am berühmtesten werden zwei seiner literarischen Menschenfreunde, die May nun unermüdlich von Band zu Band gegen die Bösewichte dieser Erde kämpfen läßt: Der blauäugige deutsche Supermann Old Shatterhand und sein exotischer Freund Winnetou. Der große Coup gelingt: Die Bücher des ehemaligen Knastbruders erreichen Millionen-Auflagen und machen ihn zum reichen Mann. 25 Millionen Exemplare seiner Werke sollen inzwischen allein in Deutschland verkauft worden sein.

Auf dem Höhepunkt seines Ruhmes reitet May der Hochmutsteufel, öffentlich brüstet er sich: »Ich habe jene Länder wirklich besucht und spreche die Sprachen der betreffenden Länder.« Ein zweiter →Rückert? Außerdem behauptet May, Doktor einer amerikanischen Eliteuni zu sein. Menschen, denen sein Erfolg ein Dorn im Auge ist, beginnen, akribisch in seinem Vorleben zu suchen und stoßen auf Ungereimtheiten. Einer seiner Gegner deckt schließlich Mays Vorstrafen auf. May leugnet und verstrickt sich in Widersprüchen. Der meistgelesene deutsche Schriftsteller entpuppt sich als Ex-Zuchthäusler und Hochstapler. Doch seine Fans erschüttert das nicht.

1912 läßt sich May nach einem Vortrag im eisigen Märzwind feiern und zieht sich dabei eine tödliche Erkältung zu. Seine letzten Tage verbringt er fiebernd in seiner »Villa Shatterhand« in Radebeul bei Dresden und bereitet sich auf die Reise in die ewigen Jagdgründe vor. Da erstrahlt plötzlich sein Gesicht, und Karl May ruft: »Sieg, großer Sieg! Ich sehe alles rosenrot!« – sein letzter Sonnenuntergang in der Prärie.

Mechthild von Magdeburg – Die wollüstige Gottesbraut

* um 1207 in Niedersachsen, † um 1282 in Helfta (heute zu Eisleben) Sie ist neben Hildegard von Bingen die größte deutsche Mystikerin. Die katholische Kirche feiert sie am 15. August.
Werk: Das fließende Licht der Gottheit, 1250-1281/82

Manche zweifeln ein Leben lang – diesem Kind ist schon mit zwölf Jahren klar, daß sie eine Auserwählte ist. Als Mechthild dem Rufe Gottes folgen will, sperren die entsetzten Eltern sie im Haus ein. Nach acht Jahren Arrest ist die Sehnsucht nach Gott so stark, daß Mechthild in der Nacht ihres 20. Geburtstags heimlich das Haus ver-

läßt. Sie irrt von Kloster zu Kloster und erfährt am eigenen Leibe, wie hartherzig es selbst an den Pforten der geistlichen Burgen zugeht. Überall wird das mittellose Mädchen als Streunerin verhöhnt und davongejagt. Die damaligen Klöster sind Adelssitze, wo die unverheirateten Töchter, Schwestern und Witwen hoher Herren ihr Leben verbringen. Obwohl sie Demut gelobt haben, regiert selbst bei den Gottesbräuten der Hochmut. Für ein einfaches gottesfürchtiges Mädchen aus dem Volke gibt es keinen Platz.

Den Dünkel und die Bevormundung durch die patriarchalischen Kirchenbehörden lehnen Teile der geistlichen Frauenbewegung ab und gründen, mißtrauisch beäugt von Kirche, Bürgern und Obrigkeit, Kommunen, in denen Frauen aus allen Schichten gemeinsam ein kontemplatives Leben führen können, ohne für immer hinter Klostermauern verschwinden zu müssen. Ohne Gelübde oder Ordensregeln schließen sich diese »Beginen« unter einer frei gewählten Leiterin zusammen, verrichten Meditationsübungen und arbeiten in karitativen Projekten. Das Revolutionäre bei den Beginen ist, daß sie jederzeit ins Privatleben zurückkehren oder sich verheiraten können. Sie wohnen zusammen in Beginenhöfen, die aus den einzelnen Beginenhäusern, Kirche, Spital und Gästehaus bestehen. Dem modernen Trend folgend, finden viele Frauen ihre neue Heimat in einer solchen freien Gemeinschaft. Als Mechthild am Beginenhof in Magdeburg anklopft, nimmt man sie ohne langes Woher und Warum auf.

Zahllose Visionen bestätigen Mechthild, daß sie auf dem richtigen Weg ist. Jesus selbst erscheint ihr eines Nachts in der Zelle und sagt:»Ich will dir zwei Engel geben: Einen Seraph, der deine Seele erleuchtet, und einen Cherub, der dich beschützt.« Als sie erwacht und sich fragt, wovor sie der Cherub beschützen soll, fallen zwei Teufel über sie her. Der eine flößt ihr unentwegt unkeusche Gedanken ein, der andere erzählt ihr, daß sie besser als ihre Mitschwestern und die ganzen Nonnen Norddeutschlands sei. Der Cherub macht Mechthild klar, daß der Teufel sie mit Stolz aufgebläht hat. Zerknirscht beschließt sie also, alles Minderwertige aus ihrer Seele zu vertreiben. Sie prügelt so lange mit der Geißel auf sich ein, bis jeder unkeusche Gedanke die Flucht ergreift. Den Hochmut besiegt sie durch Hunger und Kälteschock. Diese Therapie härtet sie auch für die Zukunft ab gegen alle Krankheiten des Leibes. Mechthild ißt nur noch homöopathische Mengen und läuft selbst im strengsten Frost in dünner Kutte umher. Jetzt hat sie jede Nacht Visionen, die sie, ermuntert von ihren Mitschwestern, aufschreibt.

Die mystischen Gesichte, Gebete und Gedanken sammelt Mechthild unter dem Titel»Das fließende Licht der Gottheit«. Es wird das mächtigste, ursprünglichste Werk deutscher Frauenmystik, ein Buch von wunderbarer dichterischer Kraft. Mechthild hält darin Zwiesprache mit Jesus, ihrem Sterngemahl:»Wenn ich scheine, mußt du leuchten, wenn ich fließe, mußt du schäumen, wenn du seufzt, ziehst du mein göttliches Herz in dich hinein. Und weinst du nach mir, nehm ich dich sanft in meinen Arm. Doch wenn du mich lieb hast, dann sind wir zwei eins, und wenn wir zwei eins sind, kann nichts mehr uns scheiden, mehr als endloses Glück wohnt zwischen uns beiden. Herr, so harre ich deiner mit Hunger und Durst, gehetzt und mit Lust, bis zur erlösenden Stunde, da aus deinem göttlichen Munde strömt das erlesene Wort, das niemand hört, als die Seele allein, die sich von all der Erde befreit und ihr Ohr legt an deinen göttlichen Mund – ja, sie versteht unsern Liebesbund.«

Gegen Ende ihres Lebens findet Mechthild Zuflucht im Kloster Helfta bei Eisleben, einer Mystikerinnenhochburg. In Verehrung ihrer poetischen Kraft setzt der große Dante Mechthild in seiner »Göttlichen Komödie« ein Denkmal. Kannte er ihre Visionen in einer lateinischen Übersetzung, las er sie in der niederdeutschen Originalfassung – oder erschien ihm die Mystikerin im Traum?

Herman Melville – Das Seemannsgarn des Zollinspektors

* 1.8.1819 in New York,
† 28.9.1891 in New York
Mit »Moby Dick« hat der amerikanische Autor ein großes Werk der Weltliteratur geschaffen.
Werke: Taipi, 1846; Moby Dick, 1851; Israel Potter, 1855; Bartleby der Schreiber, 1856; Der Hochstapler – seine Verkleidungen, 1857

Nach dem Tod des Vaters übernimmt der dreizehnjährige Herman zusammen mit seinem siebzehnjährigen Bruder das Pelzgeschäft, um die Mutter und die sechs Geschwister zu ernähren. Nach fünf mühsamen Jahren sind die Jungunternehmer pleite. Da schlechtbezahlte Gelegenheitsjobs Melville nicht über Wasser halten, verdingt sich der 20jährige als Schiffsjunge auf einem Paketboot zwischen New York und Liverpool. Nach der Rückkehr versucht er sich kurzfristig als Lehrer, doch der Ruf der See ist stärker. Melville heuert auf einem Walfänger an, auf dem allerdings rauhe Sitten herrschen. Das Essen ist besserer Hundefraß, die Behandlung schlechter als in einem Sträflingslager. Nach achtzehn Monaten desertiert er mit einem Kameraden auf den Marquesas-Inseln und versteckt sich bei den Eingeborenen, bis der fluchende Käptn die Suche aufgibt und ohne die Deserteure davonsegelt.

Nach der anfänglichen Freude dämmert es den beiden, daß ihre Flucht ein Sprung von der Pfanne ins Feuer war: Die Taipis halten sie wie Gefangene. Als vier Monate später ein Schiff vor der Insel Anker wirft, stürzen sich Melville und sein Kompagnon ins Meer und bitten um Asyl. Wieder ist es die Flucht aus dem Regen in die Jauche. Die Behandlung an Bord des australischen Walfängers ist noch menschenunwürdiger als auf dem Yankee-Schiff. Die Bedingungen sind so hart, daß ein Teil der Mannschaft, darunter Melville und sein Kamerad, meutert. Wieder geht es schief, die Meuterei wird niedergeschlagen. Dafür kommt Melville in Tahiti zur Strafe ins Gefängnis. Glück im Unglück: Obwohl Meuterern nach den Gesetzen des internationalen Seerechts der Galgen droht, kommt Melville dank der Gnade eines milden Richters mit dem Leben davon.

Nach der Entlassung vagabundiert Melville ein paar Monate herum, heuert erneut auf einem Walfänger an und mustert – diesmal vertragsgemäß – in Hawaii ab. Hier verdient er ein paar Dollar als Kegeljunge und als Kaufmannsgehilfe in Honolulu. Als ein amerikanisches Kriegsschiff Matrosen sucht, heuert Melville an und landet nach vier Jahren und neun Monaten bizarrer Abenteuer in Boston. Von dort reist er nach New York, wo er nun die nächsten 47 Jahre ein betont bürgerliches Leben führt.

Auf See hat Melville nicht nur viel erlebt, das gefahrvolle Leben hat auch seinen Blick geschärft. Ein Freund ermuntert ihn: »Warum schreiben Sie nicht die Südseegeschichten auf, die Sie uns erzählt haben?« Ja, warum nicht? Sein erstes Südseeabenteuer »Typee«, die ausgeschmückten Erlebnisse bei den Taipies, wird auf Anhieb ein toller Publikumserfolg. Ein Jahr darauf folgt »Omu«, Bestseller Nr. 2. Von den Honoraren kauft sich Melville eine Farm und kann nun ganz entspannt schreiben. Sein Erfolgsrezept besteht in der Mischung aus einer spannenden Handlung, knallharten Tatsachen und feinem Humor. Der brutale Schiffsalltag auf amerikanischen Kriegsschiffen wird durch seine Bestseller der Öffentlichkeit so drastisch vor Augen geführt, daß zwei Jahre später die mörderische Prügelstrafe bei der Marine abgeschafft wird.

1851 erscheint Melvilles bedeutendstes Werk: »Moby Dick«, die Geschichte des Kampfes zwischen dem haßzerfressenen Kapitän Ahab und dem weißen Wal. Das Buch macht Melville unsterblich und wird zum Muster aller folgenden Romane und Filme über Meeresungeheuer bis zu Spielbergs »Weißem Hai«.

Doch Melvilles Stern beginnt zu sinken: Er hat keine zündenden Ideen mehr. Seine Versuche, einen Posten als Konsul im Ausland zu finden, schlagen fehl. Das Geld wird knapp, Melville verkauft die Farm und übernimmt, als Schriftsteller beinahe vergessen, eine Stelle als Zollinspektor im Hafen von New York. Hier schnup-

pert er wieder täglich Seeluft, jetzt allerdings als Landratte.

Gustav Meyrink – Der Geisterseher

eig. Gustav Meyer
* 19.1.1868 in Wien,
† 4.12.1932 in Starnberg
Das Werk des österreichischen Schriftstellers und genialen Dickens-Übersetzers ist geprägt von okkulten und antibürgerlichen Motiven.
Werke: Des deutschen Spießers Wunderhorn, 1913; Der Golem, 1915; Das grüne Gesicht, 1916; Der Engel vom westlichen Fenster, 1927

Woher er das Geld hat, eine Bank zu gründen, ist ein Mysterium. Ist Gustav Meyrink tatsächlich ein unehelicher Sohn König Ludwig II. von Bayern? Oder stammt der geheimnisvolle Reichtum aus dem großen Eisenbahnraub in England, der nie aufgeklärt wurde? Naserümpfend beäugt vom Prager Establishment, läuft der 21jährige Banker Meyrink in schrillem Outfit herum, schafft sich einen Zwinger voll weißer Mäuse, überzüchteter Oberklassenköter und einen Zoo exotischer Haustiere an und amüsiert sich über seinen schlechten Ruf. Des Nachts gibt der Bürgerschreck in den Lokalen sein Geld mit vollen Händen aus. Arroganz und Stolz blitzen aus seinem Monokel. Meyrink ist ein Machtmensch, der

GUSTAV MEYRINK 231

das Leben eines Snobs führt, ständig auf der Jagd nach Nervenkitzel und liebeswilligen Törtchen ist – bis er auf die Frau trifft, an der er sich die Zähne ausbeißt. Wo Geld sonst Wunder bewirkt, stößt Meyrink jetzt auf vornehme Distanz. Die Frau ist einfach nicht käuflich. Liebeskrank beschließt der 23jährige Schluß zu machen: »Ich saß ... vor meinem Schreibtisch, steckte den Abschiedsbrief, den ich an meine Mutter geschrieben hatte, in das Kuvert und griff nach meinem Revolver. In diesem Augenblick hörte ich ein Rascheln ... Als ich mich umdrehte, sah ich, daß sich etwas Weißes über die Schwelle ins Zimmer schob ... Ich las: ›Über das Leben nach dem Tode‹.« Der geheimnisvolle Text ist eine Anleitung zum Kontakt mit übersinnlichen Kräften. Meyrink blättert, liest sich fest, sperrt den Revolver weg, verabschiedet sich von seinen Lastern und heiratet.

Meyrinks zweites Leben beginnt, er öffnet sein Bewußtsein für das Übersinnliche. Er hält Zwiesprache mit Außerirdischen, nimmt an schwarzen Messen teil und versucht, durch Konzentrationsübungen die Stofflichkeit des Leibes zu überwinden: »Ich führte beinahe das Leben eines Wahnsinnigen. Lebte nur von Vegetabilien, schlief kaum mehr, ›genoß‹ zweimal täglich je einen in Suppe aufgelösten Eßlöffel voll Gummi arabicum, machte Nacht für Nacht acht Stunden lang Asanaübungen, dabei den Atem anhaltend, bis ich Todesrüt-

teln empfand.« Entgeistert beobachtet seine Frau, wie Meyrink zunehmend in unsichtbare Welten abdriftet. Zur Begleiterin seiner Expeditionen ins Übersinnliche hat Meyrink eine Nichte →Rainer Maria Rilkes erwählt. Die Warnung ihrer Freunde – »sei vorsichtig, er ist ein schwarzer Magier« – schlägt sie in den Wind. Sie verloben sich heimlich, obwohl Meyrink noch verheiratet ist, verzichten aber auf Sex. Die Vereinigung ihrer Astralleiber genügt den Liebenden zum Glücklichsein.

So wie Meyrink früher der Mittelpunkt von Lebemännern und Flittchen war, so ist er nun Guru einer Esoterikergemeinde. Mit Hilfe von Haschisch versetzen sich die Entrückten in Verzückung. Die »gute Gesellschaft« Prags sinnt auf Mittel und Wege, den Verführer ihrer Söhne und Töchter aus der Stadt zu treiben. Gezielt werden Gerüchte über Meyrinks anrüchige Abstammung und die zweifelhafte Herkunft seines Reichtums gestreut. In seiner Ehre gekränkt, fordert er seine Verleumder zum Duell. Zur Zermürbung eines Gegners vergräbt Meyrink, Beschwörungen murmelnd, ein Ei unter einem Hollerstrauch. Der Zauber wirkt. Kurz vor dem Kampf wird der Verfluchte bei einem anderen Duell erschossen. »Als Meyrink das Ei ausgrub, war nur die Schale übriggeblieben. Der Inhalt war nicht verfault, aber völlig verschwunden«, erzählt bewundernd einer seiner Freunde.

Jetzt greifen Meyrinks Feinde zu anderen Waffen. Unter dem Vorwurf krimineller Geldgeschäfte wird er verhaftet. Gekaufte Zeugen und gegnerische Anwälte verschleppen das Verfahren. Die verunsicherten Bankkunden kündigen ihre Konten. Monatelang sitzt Meyrink in Untersuchungshaft. Der Prozeß endet schließlich mit Freispruch, aber Meyrinks Bank ist ruiniert. Den Reichtum verdankte Meyrink seinem Vater, einem adeligen württembergischen Minister, der so seinem unehelichen Sohn ein Erbe verschaffte. Dreizehn Jahre lang hat Meyrink in Saus und Braus gelebt, jetzt ist er pleite.

In einem uralten Alchimielehrbuch findet Meyrink ein Rezept zum Goldmachen. Wochenlang erwärmt er Exkremente und mysteriöse Zutaten. Als er sich zur Kontrolle über die Retorte beugt, explodiert der »Stoff« und fliegt ihm um die Ohren. Von einer »gräßlichen Krankheit befallen, die... erst nach vielen Jahren langsam wich«, hat er von Alchimie die Nase voll.

Aber die schwarze Magie läßt Meyrink nicht mehr los. Nachts im Caféhaus berichtet er aus der Welt der Geister und Dämonen.

Freunde ermuntern Meyrink, die Gruselstorys zu veröffentlichen. Ja, warum nicht? Meyrink ist inzwischen Chefredakteur der humoristischen Zeitschrift »Der liebe Augustin« in Wien. Schreiben ist sein tägliches Geschäft, seine Artikel kommen gut an.

Die unheimliche Prager Altstadt vor Augen, verfaßt er die Geschichte eines Monsters aus Lehm. Ein hellhöriger Verleger bekommt Wind von der Sache: »Ich hörte, daß er an einem Roman schrieb und fuhr zu ihm hin. Er arbeitete hoch oben in einem Baum, in den er ein Holzhäuschen eingebaut hatte und zu dem man auf einer mächtigen Leiter hinaufklettern mußte. Er gab mir die ersten 40 Seiten zu lesen. Ich war so entzückt, daß ich sofort mit ihm über das Buch abschloß.« 1915 kommt »Der Golem« heraus. Innerhalb von zwei Jahren werden 150.000 Exemplare abgesetzt. Meyrinks Name wird weit über Deutschland hinaus bekannt. Doch bald wird sein Stil immer verschrobener, weil er sich zuletzt immer tiefer bis zur Unverständlichkeit in seine okkulte Welt zurückzieht.

»Vivo« steht auf seinem Grabstein: Ich lebe. Freunde des Verstorbenen versicherten, sie hätten Meyrink nach seinem Tod quicklebendig getroffen.

Henry Miller – Der Überlebenskünstler

* 26.12.1891 in New York, † 7.6.1980 in Pacific Palisades/Kalifornien
Der auf den Namen Heinrich Valentin getaufte Schriftsteller lebte in einer deutschstämmigen Brooklyner Gemeinde und sprach bis zum Schuleintritt deutsch. Seine Bücher, die u.a. aufgrund ihrer realistischen Sexua-

*litätsdarstellungen berühmt wurden,
verfaßte er in Englisch.*
*Werke: Wendekreis des Krebses,
1934; Wendekreis des Steinbocks,
1938; Plexus, 1953; Big Sur und die
Orangen des Hieronymus Bosch,
1957; Nexus, 1960*

Die Familie Miller stammt von tüchtigen deutschen Einwanderern ab: »Meine Großväter kamen nach Amerika, um dem Militärdienst zu entfliehen.« Kein Wunder, daß es die Eltern mit Sorge sehen, wie sich ihr Sohn vom Traumtänzer zu einer gescheiterten Existenz entwickelt. Mit 17 haut Henry Miller aus der Schule ab: »Aus den acht Jahren meiner Schulzeit habe ich nichts an Wert für mich davongetragen... mich kann man nichts lehren; ich muß alles selber herausfinden.«

Nachdem Miller das Geld, das ihm sein Vater für sein Universitätsstudium gab, mit einer Geliebten, die seine Mutter hätte sein können, verjubelt hat, jobbt er als Kellner, Plakatkleber und Barmixer. Er geht als Kneipier pleite, ist Personalchef einer Telegraphenfirma, Totengräber, Müllkutscher, führt das Schneidergeschäft seines Vaters an den Rand des Ruins und beschließt mit 43, nie wieder einen Job anzunehmen, um statt dessen Schriftsteller zu werden. Miller läßt auf eigene Kosten seine Gedichte drucken und verkauft sie von Tür zu Tür. Wenn kein Dollar mehr da ist, bettelt er.

Als →Anaïs Nin ihm 1931 zum ersten Mal begegnet, ist Miller 50 Jahre alt und lebt in Paris in einer kleinen Arbeiterwohnung, die er mit einem Freund teilt. Bekommt der eine Damenbesuch, muß der andere verschwinden und im Kino oder auf einer Parkbank übernachten. Anaïs Nin, die Gattin eines Bankers, ist fasziniert von Millers Clochard-Charme: »Er hat kaum etwas anzuziehen, und was er anhat, gehört ihm nicht. Er lebt von einem Tag zum anderen, borgt, bettelt, schmarotzt...« Der alternde Jungdichter ist in Paris an den Wendepunkt seines Schaffens gekommen. Hier schreibt er wie besessen, verarbeitet, was er sieht, hört, fühlt, erlebt, liest →Rimbaud, →Joyce, →Dostojewskiy, →Nietzsche, läßt sich von Huren ihr Leben erzählen und grübelt über sein verpfuschtes Leben nach: »Ich habe alle Schönheiten und Freuden des Lebens verfehlt... Ich bin nie mit einer Frau glücklich gewesen.« Jedenfalls nie für längere Zeit. Als Millers Frau June nach Paris kommt, gibt es sofort Krach zwischen den Eheleuten. Anaïs versucht zu vermitteln. Schließlich leben Miller und seine beiden Ladies in einer Dreierbeziehung, aus der sich nebenbei ein zärtliches Techtelmechtel zwischen June und Anaïs entwickelt.

Mit Anaïs' Hilfe wird der »Wendekreis des Krebes«, Millers erstes Buch, »das zählt«, fertig. Aber statt glücklich zu sein, ist Miller völlig verzweifelt, denn er kann sich nicht vorstellen, daß sich ein Verleger an den brisanten Stoff wagt. Doch weit gefehlt: die Pariser Obelisk Press bringt es heraus. In allen angelsächsischen Ländern jedoch wird das Buch sofort nach Erscheinen verboten. Doch das erhöht den Reiz und damit die Auflage. Die Flüsterpropaganda ist die beste Werbung. Jeder will das skandalumwitterte Buch lesen, und so führen die Buchhändler den Titel unter dem Ladentisch. Der inzwischen 53jährige Miller ist über Nacht eine berühmtberüchtigte Figur. Glücklich jubelt er Anaïs zu: »Das verdanke ich alles dir.«

Hochmotiviert arbeitet Miller Tag und Nacht weiter. Das Haus hallt wider vom Geklapper seiner Schreibmaschine. Ohne ständigen Trubel hält es Miller keine zwei Tage aus. Und wieder leistet die treue Anaïs aufopfernde Dienste. »Wo ständig Leute ein- und ausgehen, schäle ich Kartoffeln, mahle Kaffee, verpacke Bücher, trinke aus beschädigten Tassen und Gläsern, repariere das Grammophon, sitze in Cafés, spreche über Bücher und Filme, Literatur und Literaten, rauche viel...« Sie hofft, daß Miller durch ihren Einfluß langsam zu einem kultivierten Menschen wird. Doch die Zeit vergeht, und sie entdeckt immer Befremdlicheres in seinem Charakter: »Er hat eine Liebe zum Häßlichen. Er liebt Gewöhnlichkeit, Slang, Unterweltlokale, Schmutz, Verkommenheit, den ,bas fond' aller Dinge. Er liebt den Geruch von Kohl, der Armut und der Prostituierten.« Früher gefiel ihr das,

jetzt hat es für sie die Faszination verloren. Miller läßt Haßtiraden los, die Anaïs entsetzen: »Ich möchte die ganze Erde vernichten. Ich gehöre nicht zu ihr ... Zum Teufel damit! Töte, töte, töte!« Nach sieben Jahren beendet Anaïs die Beziehung: »Wir sind füreinander Gespenster geworden.«

Mit Frauen hat Miller sein Leben lang Probleme. Sein Wunschbild ist die Frau als Kind, Jungfrau, Engel, Verführerin, Priesterin, Hure und Prophetin in einer Person. Immer ist Miller auf der Suche nach diesem Wunderwesen, schließt hoffnungsfroh neue Ehen und läßt sich deprimiert wieder scheiden. Die Trennung von seiner ersten Frau Beatrice und der gemeinsamen Tochter ist dramatisch: »... das Kind kam plötzlich zu mir und legte mir die Arme um den Hals, begann mich zärtlich zu küssen, mich Papi, lieber Papi zu nennen ... Trotz aller meiner Anstrengung entrang sich mir ein Aufschluchzen, dann noch eines und noch eines, und mit ihm brach eine Tränenflut hervor ... wir waren elend und entfremdet. Für immer entfremdet.« Nach diesem Abschied hat Miller seine Tochter Barbara Sylvas ein Menschenalter nicht wiedergesehen.

Vier gescheiterte Ehen hat Miller schließlich hinter sich, da trifft er die 27jährige japanische Sängerin Hoki Tokuda. Der 75jährige glaubt sich der Frau seiner Träume nah, also heiraten sie. Und jetzt kommt, was er schon früher ähnlich durchlebt hat. Resigniert seufzt er: »Der alte Mann hatte die ganze Szene vor fast 40 Jahren erprobt. Er hätte es besser wissen müssen. Aber er gehört zu der Sorte Mensch, die niemals aus Erfahrung klug werden.« Während Hoki wochenlang auf seine Kosten umherreist, hockt Miller kreuzunglücklich zuhause. Nächtelang malt er sie, redet mit dem Phantombild in seltsamen Sprachen – auf Japanisch, Choctaw oder Suaheli, wie er meint. Hoki entfernt sich immer weiter von ihm. Anstelle des sinnlos gewordenen Liebesbriefschreibens spielt er Nacht für Nacht Klavier. Auch seine letzte Ehe endet mit der Scheidung.

Miller ist inzwischen weltberühmt, kennt seit Jahren keine finanziellen Nöte mehr. Er ist mit vielen bedeutenden Leuten befreundet, aber er ist nicht zufrieden. Der ganze Rummel um Ruhm und Reichtum hängt ihm zum Hals heraus: »In meinem nächsten Leben möchte ich ein ganz gewöhnlicher Mensch sein, ein Nobody... einer der n i c h t s   t u t. Das ist mein Ideal.«

Molière –
Der Hofnarr des Zeitgeistes
eig. Jean Baptiste Poquelin
* getauft am 15.1.1622 in Paris,
† 17.2.1673 in Paris
Bis heute berühmt ist der französische Schauspieler, Theaterdirektor und Dramatiker für seine Situations-

komödien, die sowohl Mißstände seiner Zeit als auch heute noch virulente menschliche Schwächen thematisieren.
Werke: Amphitryon, 1668; Der Geizige, 1668; Der eingebildete Kranke, 1673; Der Bürger als Edelmann, 1679

Was treibt den jungen Doktor der Rechte aus gutbürgerlichem Hause, seinen zukunftsträchtigen Job als Rechtsanwalt aufzugeben und Schauspieler zu werden? Natürlich die Liebe zur Kunst und die liederliche Beziehung zur Schauspielerin Madeleine Béjars. Molières biederer Vater, der königliche Kammerdiener und Hoftapezierer, rauft sich über den verrückten Sohn die spärlichen Haare. Schauspieler haben damals das Ansehen von Huren, Bettelmusikanten oder Spaßmachern. »Nehmt die Wäsche von der Leine, die Schauspieler kommen«, ist ein geflügeltes Wort. Aber Molière stürzt sich mit Begeisterung in das wacklige Unternehmen, leiht sich Geld und gründet das »Illustre Theater«, eine düstere Vorstadtbühne.

Das, was der Vater prophezeit hat, tritt ein: Schon nach kurzer Zeit geht dem Unternehmen der Atem aus. Showbiz will gelernt sein. Während es dem geschäftüchtigen Vater gelingt, mit den Gläubigern einen Vergleich auszuhandeln, begibt sich Molière mit dem Rest seiner Truppe auf Tingeltour durch die Provinz. Elf Jahre lang ziehen sie mit Kind und Kegel umher. Man nächtigt bei Mutter

236 MOLIÈRE

Grün, in Scheunen und, wenn der Erfolg es hergibt, sogar in Landgasthäusern. Weil ihm die italienischen Stegreifkomödien zu banal erscheinen, beginnt Molière, die Texte zu verbessern und entdeckt dabei sein Talent für die komische Seite des Lebens. Bauern, Landadelige und gelangweilte Kleinbürger in den Marktflecken hinter den sieben Bergen biegen sich vor Lachen über Molières schrille Typen.

Freunde geben Molière schließlich den Tip, beim neuen König Ludwig XIV. vorzusprechen, der ein offenes Portemonnaie für die schönen Künste habe. Molière paukt mit seiner Truppe der Würde des Anlasses entsprechend eine tiefsinnige Tragödie ein. An leichte Kost gewohnt, stöhnen die Schauspieler über die kunstvoll gedrechselten Sätze ihres Dichters und Regisseurs. Am 24. Oktober 1658 bringen sie das erhabene Stück vor Lampenfieber zitternd zur Aufführung vor seiner Majestät. Nach dem zweiten Akt beginnt der König zu gähnen – ein schlechtes Zeichen. Die Schauspieler geraten in Panik und reden hinter der Bühne auf ihren Impresario ein. Nach kurzem Hin und Her willigt Molière ein. Der mäßige Schlußapplaus zeigt ihm, daß die Schauspieler Recht haben. Molière springt also auf die Bühne und ersucht den König, ihm zu seiner Erheiterung einen der harmlosen Scherze vorspielen zu dürfen, mit denen er die einfachen Leute in der Provinz unterhalten hätte. Ehe der König zu Wort

kommen kann, beginnt die Truppe mit ihrem Erfolgsstück, dem »Verliebten Doktor«. König und Hofgesellschaft schütteln sich vor Lachen.

Die Theatertruppe, nun vom König protegiert, zieht triumphal in Paris ein, wo Molière jetzt einen Hit nach dem anderen schreibt. Der Hof und ganz Paris sind süchtig nach seinen Stücken, in denen er die Schwächen von Geizigen, Hypochondern, Heuchlern, Parvenüs oder verliebten Narren mit umwerfendem Witz aufs Korn nimmt. Als der König nach einigen Jahren seinen Biographen Boileau-Despréaux fragt, wen er für den besten Schriftsteller des Zeitalters hält, nennt dieser ohne Zögern Molières Namen. Der König ist baff: »Das hätte ich nicht gedacht.«

Molière ist nicht nur Autor, sondern auch sein eigener bester Schauspieler. Von Jugend an hat er auf der Bühne gespielt, und dort steht er auch in seiner letzten Stunde in einer seiner Glanzrollen: einem Gesunden, der sich für todkrank hält. Am Ende des »Eingebildeten Kranken«, nach dem letzten Vorhang, erleidet Molière einen Blutsturz und bricht zusammen. Die Kollegen tragen ihn in seine Wohnung. Während seine Frau zu einem Arzt läuft, überläßt sie Molière zwei Nonnen, die zufällig im Haus übernachten. Die Nonnen beten Litaneien für den Sterbenskranken, während dieser im Todeskampf ruft: »Du hast es gewollt, George Dandin!« Das sind die letzten Worte des »Hofnarren des

Zeitgeistes«, George Dandin ist die Hauptfigur eines seiner Stücke.

Michel Eyquem de Montaigne – Der Aussteiger

* 28.2.1533 auf Schloß Montaigne/Dordogne,
† 13.9.1592 auf Schloß Montaigne
Das vorurteilsfreie Denken des Schriftstellers und Philosophen, das sich in seinen Reflexionen über Philosophie, Geschichte, Politik und Literatur spiegelt, leitete die Tradition der französischen Moralisten ein.
Werke: Apologie des Raymond Sebon, 1580; Essays, 1580

Mit 38 verwirklicht Montaigne, wovon heute viele Streßgeplagte träumen: Nach sechzehn Jahren hängt er die rote Robe eines Ratsherrn von Bordeaux an den Nagel, verkauft sein Amt, erklärt seine Karriere für beendet und zieht sich auf sein Landschloß zurück. Hier lebt er am Rand des Gartens in seinem Turm fern der Welt, »seit langem der Bürden des Parlaments und der öffentlichen Pflichten müde, in voller Lebenskraft im Schoß der gelehrten Musen, wo er in Ruhe und Sicherheit die Tage verbringen wird, die ihm zu leben bleiben.« So verkündet es die Inschrift an der Wand der Bibliothek seines Elfenbeinturms. →Goethe ehrt Montaigne in seinem Türmerlied: »Zum Sehen geboren, zum Schauen bestellt, dem

Turme geschworen, gefällt mir die Welt. Ich blick in die Ferne, ich seh in der Näh den Mond und die Sterne, den Wald und das Reh. So seh ich in alle die ewige Zier, und wie's mir gefallen, gefall ich auch mir. Ihr glücklichen Augen, was je ihr gesehn, es sei wie es wolle, es war doch so schön!« →Nietzsche ist nicht minder entzückt von dem Vertreter der fröhlichen, unakademischen Wissenschaft: »Daß ein solcher Mensch geschrieben hat, dadurch ist wahrlich die Lust, auf dieser Erde zu leben, vermehrt worden.«

Shakespeare, →Voltaire, →Diderot, Trotzki, John Lennon und Astrid Lindgren sind ebenso begeistert von der Lebensphilosophie des Epikureers, der als letzten Zweck des Daseins das Vergnügen erblickt: »Selbst bei der Tugend ist das Endziel, auf das wir es abgesehen haben, die Wollust. Dieser Wollust sollten wir den Namen des angenehmsten, süßesten und natürlichsten Genusses geben.«

Nun ist es leicht, nach Epikurs Maxime »wirke im Verborgenen« zu leben, wenn einem der als Heringshändler reichgewordene Großvater nicht nur ein Schloß, sondern auch das nötige Kleingeld hinterläßt. Eigentlich heißt der Philosoph Eyquem, aber da de Montaigne vornehmer klingt, nennt er sich nach Opas Schloß und widmet sich nach dem Rückzug ins Private der Selbstschilderung: »Ich studiere mich selbst; das ist meine Metaphysik und Physik.«

Weil Montaigne nicht zur Schwer-

238 MICHEL EYQUEM DE MONTAIGNE

mut, sondern nur zum Grübeln neigt, kriegt er bei der Selbstseziererei nicht das heulende Elend, sondern kommt auf für die damalige Zeit verblüffend moderne Erkenntnisse wie z.b., daß alle Menschen gleich, die Tiere »Brüder und Genossen« und sogar Könige von Gottes Gnaden Wesen sind, die aufs Klo gehen müssen. Neun Jahre vergräbt sich Montaigne in seine geliebten Klassiker Plutarch und Platon, →Epiktet und Epikur, Herodot und Horaz und unternimmt mit diesen Kumpanen des Geistes Streifzüge in die »Gaukelpossen« menschlicher Existenz.

Montaignes Selbsterkundung beginnt jedesmal mit einer Idee, die er bei seinen großen Vorbildern ausborgt. Dieser fügt er ein, zwei weitere Entlehnungen hinzu, bis sein Hirn auf Touren kommt und eigene Gedanken produziert: »Wie meine Träume sich mir darbieten, häufe ich sie an, bald drängen sie sich in Menge heran, bald kommen sie langsam hintereinander hergetrödelt; ich nehme vom Zufall das erste beste Argument, sie sind mir alle gleich gut, und ich halte es nie für unwert, sie vollständig zu erschöpfen.«

Bei dieser sprunghaften Arbeitsmethode entsteht natürlich kein klar komponiertes Werk der Lebensweisheit. Montaignes »Essais« sind ein Flickenteppich »vom Wind der Zufälle bewegt«, eine Collage »aus verschiedenen Lappen zusammengesetzt«, ein »Mischmasch, den ich hier

zusammenschmiere« und der »ein wenig nach fremdem Gut riecht«. Montaigne erzählt Anekdoten, bekennt seine Schwächen, verrät seine Begierden, amüsiert sich über Konventionen: »Wir haben die Damen gelehrt zu erröten, wenn sie das bloß nennen hören, was sie sich nicht scheuen zu tun.« Genau in dieser Unbekümmertheit liegt der Reiz der Gedankenspiele, mit denen Montaigne eine neue literarische Gattung begründet. 2700 Seiten lang macht er sich Gedanken über »Menschenfresser«, den »Müßiggang«, »Kutschen«, »Verse des Vergil«, das »Alter« oder »Wie wir über den selben Gegenstand weinen und lachen«. Währenddessen verwaltet Ehefrau Françoise Gutsbetrieb und Schloß, denn der Elfenbeintürmer kann »kaum Kohl von Salat unterscheiden«. Nach neun Jahren gibt Montaigne den ersten Teil dem Drucker: »Dies ist ein aufrichtiges Buch, Leser! Es warnt dich schon beim Eintritt...« Der 47jährige »rüstige Greis« begibt sich mit großem Gefolge abenteuerhungrig auf die »große Reise«. In Paris legt er seine Essays König Heinrich III. vor, nimmt als alter Haudegen an der Belagerung von La Fère teil, wo sein Freund de Gramont von einer Kugel getötet wird, und reitet dann von Bad zu Bad, wo er Linderung von seinen Nierensteinen sucht, über Süddeutschland und die Schweiz bis Rom, wo ihn Papst Gregor XIII. in Privataudienz empfängt. Zu Pferd geht als echtem

Gascogner der Hochmut mit Montaigne durch: 18 Stunden hielte er sich locker im Sattel.

Als Montaigne in den berühmten Bädern von Lucca planscht, überreicht ihm ein Bote ein Schreiben. Die Ratsherren von Bordeaux haben Montaigne zum Bürgermeister gewählt. Für jemand, der den Wahlspruch »Ich enthalte mich« erkoren hat, eine höchst unerfreuliche Beförderung. Was soll der Mann vom Wald im Dorngestrüpp der großen Welt? Er windet sich, verweist auf sein Nierenleiden und denkt mit Wehmut an seinen Elfenbeinturm. Da erreicht den Zaudernden der Befehl des Königs, den ungeliebten Job unverzüglich anzutreten. Widerwillig fügt sich Montaigne und muß sogar noch eine zweite Amtszeit dienen.

Nach dem Tod Heinrich III. wird der protestantische Bourbone Heinrich von Navarra König. Der Hugenottenführer sagt: »Paris ist eine Messe wert« und wechselt zum Katholizismus. Seit Jahrzehnten toben in Frankreich endlose Religionskriege zwischen Katholiken und Protestanten. Hexenverbrennungen, Hungersnöte und Pestepidemien vergrößern das Elend. Mordend und sengend ziehen Soldaten- und Räuberbanden durchs Land. Daß Montaignes Refugium das Chaos übersteht, grenzt an ein Wunder. Heinrich von Navarra besucht den Weisen wiederholt auf seinem Schloß und bittet ihn um Rat. Später, als König, bietet er Montaigne ein Staatsamt an. Doch Montaigne lehnt ab, weil er nicht »Sklave eines anderen« sein will.

Immer wieder weilt Montaigne in Paris, um die erweiterten Ausgaben der »Essais« herauszubringen. Dort lernt er die 23jährige Marie de Gournay kennen. Die gebildete junge Frau wird seine begeisterte Schülerin, die in seinen letzten Jahren ihn und danach ein halbes Jahrhundert lang sein Werk betreut.

Den Tod fürchtet Montaigne als wahrer Philosoph nicht. »Wer ihn verleugnet nimmt dem Leben die Würze«, meint er und erzählt vom Brauch der alten Ägypter, auf dem Höhepunkt eines Festes ein Menschengerippe hereintragen zu lassen, um die Lebensfreude zu steigern. Lächelnd meint er: »Trink und sei fröhlich, denn wenn du tot bist, siehst du so aus.« Montaignes Idee, ein Lexikon der letzten Worte zu verfassen, konnte er leider nicht mehr verwirklichen. Der Tod war schneller.

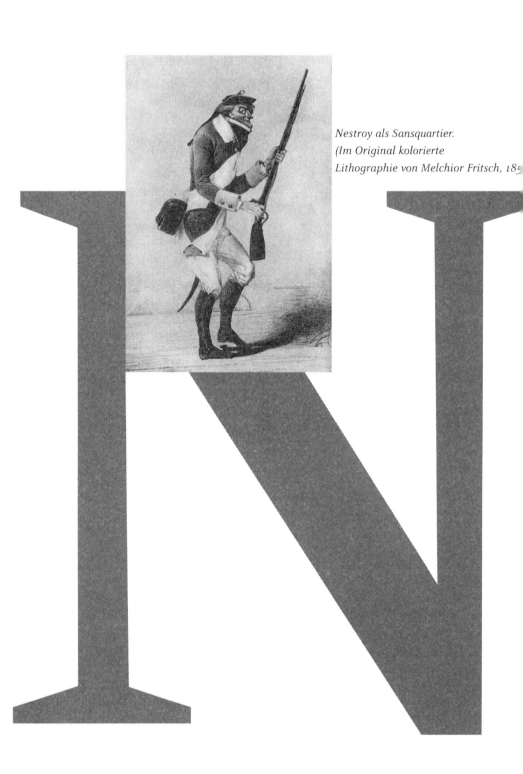

*Nestroy als Sansquartier.
(Im Original kolorierte
Lithographie von Melchior Fritsch, 185*

N

Johann Nepomuk Nestroy – Wien wie es singt und lacht

* 7.12.1801 in Wien,
† 25.5.1862 in Graz
Der Bühnendichter, Schauspieler, Sänger und Meister der Komik gilt als Erneuerer und Vollender des Wiener Volkstheaters.
Werke: Der böse Geist Lumpazivagabundus, 1933; Zu ebener Erde und im ersten Stock, 1835; Die beiden Nachtwandler, 1836; Der Talisman, 1840; Einen Jux will er sich machen, 1842; Judith und Holofernes, 1849

Der Name Nestroy kommt aus dem Polnischen und bedeutet: »Der nichts arbeitet.« Aber das trifft bei Nestroy wirklich nicht zu, denn der ist bis zum Umfallen fleißig. Vielleicht treibt ihn die Angst an, nicht so enden zu wollen wie sein Vater, der es vom angesehenen k. u. k. Hof- und Gerichtsadvokaten zum traurigen Sozialfall brachte. Als Nestroys Vater 1834 an Alterstuberkolose stirbt, besteht die ganze Hinterlassenschaft des ehemals wohlhabenden Juristen aus ein paar Möbeln und einer Handvoll Bücher. Eingedenk dieses traurigen Endes resümiert Nestroy nach der Beerdigung: »Armut ist ohne Zweifel das Schrecklichste. Mir dürft einer zehn Millionen herlegen und sagen, ich soll arm sein dafür, ich nähm sie nicht.«

In die Fußstapfen des Vaters will der 21jährige Nestroy also auf keinen Fall treten. So läßt er sein Jurastudi-um sausen und versucht, als Opernstar reich und berühmt zu werden. Mit seiner schönen Baßstimme hofft Nestroy die Herzen des Publikums zu erobern, was ihm leider nicht wirklich gelingt. Da ihm die verwöhnten Wiener den Erfolg verweigern, geht er zum Deutschen Theater in Amsterdam, aber auch hier ist der Beifall mäßig. So zieht es Nestroy weiter nach Brünn, wo er mit komischen Einlagen aus dem Stegreif ernsten Opern eine heitere Note verpaßt. Das Publikum kugelt sich vor Lachen, nur der Operndirektor ist nicht erbaut, zumal seine Anspielungen oft politischen Touch haben. Als Nestroy das Extemporieren nicht läßt, wird sein Vertrag auf Anweisung der Polizei annulliert. Flugs beschließt Nestroy ins Sprechtheater überzuwechseln.

Der lange Lulatsch mit der windschiefen Figur und den fahrigen Bewegungen ist bereits optisch eine Lachnummer. Er selbst hat zum Lachen in dieser Zeit allerdings kaum einen Grund: Gerade ist seine Frau mit ihrem Liebhaber Graf Batthyany durchgebrannt und hat ihm den gemeinsamen dreijährigen Sohn Gustav zurückgelassen. Nestroy kommentiert trocken: »Die Ehen werden im Himmel geschlossen, darum erfordert dieser Stand auch eine so überirdische Geduld.«

Immer knapp bei Kasse, beschließt Nestroy sein Komikertalent am Grazer Theater zu Geld zu machen. Es klappt: Noch bevor er den Mund auf-

242 JOHANN NEPOMUK NESTROY

macht, geht eine Welle der Heiterkeit durch den Saal. Ermutigt beginnt er Schwänke zu schreiben und findet wieder eine Frau, die sein Künstlerleben begleiten will. Allerdings heiraten will er nach dem ersten Flop nicht mehr. Lächelnd vermerkt er: »An einer fremden Hochzeit hab ich nie was Widerliches gefunden.«

Mit Marie Weiler, seiner lebenslangen Partnerin, zieht Nestroy ein As im Spiel des Lebens. Gemeinsam bekommen sie ein Engagement in Wien, und nach vielen Mühen kommt sein erstes abendfüllendes Stück heraus, in dem er auch die Hauptrolle spielt. Ein Augenzeuge hält Nestroys Auftritt fest: »Sehr lang, etwas ungeschlacht, blatternarbig, rundes Gesicht, lockiges, etwas graues Haar, greller Schauspieler, desto glücklicherer Coupletsänger, fruchtbarer und beliebter Possenreißer, trefflicher Zeichner gemeiner Charaktere, schreit entsetzlich, treibt sich in Kneipen herum, in der Ehe sehr veränderlich, aber jedesmal Pantoffelheld.«

Mit 32 gelingt Nestroy mit dem furiosen Stück »Lumpazivagabundus« über drei Lottogewinner der Durchbruch. Weil er selbst spielsüchtig ist, aber beim Kartenspiel meistens verliert und außerdem vom Weibern nicht lassen kann, läßt Nestroy sich offiziell nur die Hälfte seines Gehaltes auszahlen, den zweiten Teil kassiert er schwarz, damit seine Lebensgefährtin nichts davon erfährt. Nun schreibt er in jeder freien Minute und tritt häufig an manchem Abend sogar in zwei Theatern auf.

Noch immer kann Nestroy die Lust an bösen Bemerkungen über Metternichs Polizeistaat nicht unterdrücken. Daher sitzen in jeder seiner Vorstellungen Spitzel, die über seine staatsfeindlichen Äußerungen Buch führen. Besonderes Ziel seiner Angriffe sind die Zensoren, die immer wieder seine Pointen verstümmeln: »Ein Zensor ist ein menschgewordener Bleistift... ein Krokodil, das an den Ufern des Ideenstromes lagert und den darin schwimmenden Literaten die Köpfe abbeißt.« Bemerkungen wie diese bringen Nestroy mehrtägige Kerkerhaft. Seinem Ruhm schadet das nicht im geringsten. Im Gegenteil: Jedes seiner Stücke wird ein Triumph.

Mit 53 wird Nestroy Theaterdirektor und schafft die erniedrigenden Vertragsbedingungen für Darsteller und Autoren ab. Als er am 25. Mai 1862 stirbt, hat er 83 herrliche Komödien geschrieben und mehr als 900 Bühnenrollen gespielt. →Egon Friedell bezeichnete ihn als den einzigen Philosophen, den Wien je hervorgebracht hat. Allerdings lag Karl Popper zu jener Zeit noch nicht mal in den Windeln und plantschte →Ludwig Wittgenstein im Storchenteich.

Friedrich Nietzsche –
Der trübsinnige Künder
der Lebenslust

* 15.10.1844 in Röcken,
† 25.8.1900 in Weimar
Der Philosoph, der einen Teil seiner
Werke in halb dichterischer Form
verfaßte, war ein Wortführer des eu-
ropäischen Nihilismus.
Werke: Die fröhliche Wissenschaft,
1882; Also sprach Zarathustra, 1883-
1885; Jenseits von Gut und Böse,
1886; Menschliches, Allzumenschli-
ches, 1887; Der Fall Wagner, 1888;
Götzendämmerung oder Wie man
mit dem Hammer philosophiert,
1889; Der Antichrist, 1895; Der Wille
zur Macht, 1901

Besonders die Deutschen kann Nietzsche nicht leiden. Selbst im Kochtopf
glaubt er ihr muffiges Wesen entlarven zu können: »Aber die deutsche
Küche überhaupt – was hat sie nicht
alles auf dem Gewissen! Die Suppe
vor der Mahlzeit...; die ausgekochten
Fleische, die fett und mehlig gemachten Gemüse; die Entartung der Mehl-
speise zum Briefbeschwerer! Rechnet
man gar noch die geradezu viehi-
schen Nachgruß-Bedürfnisse der
Deutschen dazu, so versteht man auch
die Herkunft des deutschen Geistes
aus betrübten Eingeweiden.«
   Als Mitglied der Burschenschaft
Franconia muß er es wissen. Nietzsche, der menschenscheue Student,
säuft in Gesellschaft anderer Burschen auf verqualmten Kommers-

abenden und schlägt linkisch mit
dem Degen auf fechtende Kommilitonen ein. Kein Wunder, daß ihn das
tumbe Treiben seiner Zechgenossen
bald anödet. Er entflieht in die lichten
Gefilde von Musik und Poesie und
gründet mit gleichgesinnten Freunden einen Schöngeisterzirkel, wo er
mit überraschenden Ideen glänzt. Ermutigt zeigt er seinem Professor Friedrich Wilhelm Ritschl das Manuskript, arbeitet es auf dessen Anregung für die Veröffentlichung um –
und gewinnt prompt einen akademischen Preis.
   Seine brillant formulierte Aufsätze
machen den jungen Wissenschaftler
schnell in Fachkreisen bekannt, und
so wird er noch vor Abschluß seines
Studiums Professor in Basel. Was will
er mehr? Wie Faust nach den Sternen
greifen? Über Faust macht sich Niet-
sche eigenartige Gedanken. »Die
Faust-Idee. – Eine kleine Näherin wird
verführt und unglücklich gemacht;
ein großer Gelehrter aller vier Fakultä-
ten ist der Übeltäter. Das kann doch
nicht mit rechten Dingen zugegangen
sein? Nein, gewiß nicht! Ohne Beihil-
fe des leibhaftigen Teufels hätte es der
große Gelehrte nicht zustande gebracht«, spottet er. Aber ist dieser
große Gelehrte nicht er selbst, nur leider ohne den Beistand höllischer
Mächte?
   Nietzsche findet nicht einmal eine
kleine Näherin, und die Bürgerstöchter
der kleinen Universitätsstadt sind weit
über den Kragen hinaus zugeknöpft.

244 FRIEDRICH NIETZSCHE

Daheim in seiner Junggesellenbude grübelt der scheue Intellektuelle frustriert über das Wesen des Weiblichen nach: »Das Weib hat so viel Grund zur Scham; im Weibe ist so viel Pedantisches, Oberflächliches, Schulmeisterliches, Kleinlich-Anmaßendes und Unbescheidenes versteckt..., das im Grunde durch die Furcht vor dem Mann am besten zurückgedrängt und gebändigt wird.«

Aus der Enge der Kleinstadt treibt es Nietzsche in das Haus einer Künstlerfamilie: Richard Wagner und Cosima von Bülow nehmen ihn mit offenen Armen auf. Den 30 Jahre älteren Wagner hat Nietzsche schon als Schüler verehrt. Er schwärmt: »Dazu habe ich einen Menschen gefunden, der wie kein anderer das Bild dessen, was →Schopenhauer »das Genie« nennt, mir offenbart...«

Der Meister inspiriert Nietzsche zu seiner ersten großen Verkündigung. Überschwenglich predigt Nietzsche in der »Geburt der Tragödie« sein neues esoterisches Ideal: »Singend und tanzend äußert sich der Mensch als Mitglied einer höheren Gemeinsamkeit: er hat das Gehen und Sprechen verlernt und ist auf dem Wege, tanzend in die Lüfte emporzufliegen. Aus seinen Gebärden spricht Verzauberung. Wie jetzt die Tiere reden, und die Erde Milch und Honig gibt, so tönt auch aus ihm etwas Übernatürliches: als Gott fühlt er sich, er selbst wandelt jetzt so verzückt und erhoben, wie er die Götter im Traum wandeln sah ...

und zu den Meißelschlägen des dionysischen Weltenkünders tönt der eleusinische Mysterienruf: ,Ihr stürzt nieder, Millionen? Ahnest du den Schöpfer, Welt?'« Wagner schreibt ihm: »Schöneres als Ihr Buch habe ich nichts gelesen.«

Nietzsche ist glücklich, aber leider nicht lange, denn außer einigen Freunden, sind die Kollegen von den Schwärmereien des ordentlichen Professors pikiert. Man hält ihn für einen Spinner. »Geistreiche Schwiemelei«, notiert Nietzsches alter Professor Ritschl in sein Tagebuch. Erledigt. Die eisige Ablehnung seiner Zunftkollegen trifft den Visionär tief: Magenbeschwerden und Kopfschmerzen nehmen zu. Er bekommt Depressionen, fühlt sich einsam, ungeliebt und unverstanden. Zu allem Unglück verläßt Wagner das Haus, das Nietzsche zur zweiten Heimat geworden ist.

Nietzsche wird so trübsinnig, daß ihn Wagner anfleht, sein Leben zu ändern: »Ach, Gott! heiraten Sie eine reiche Frau!« Heiraten! Mit wonnigem Gruseln malt sich Nietzsche die Freuden des Ehelebens aus: »Gesetzt, sie liebte mich, wie lästig würde sie mir auf die Dauer werden! Und gesetzt, sie liebte mich nicht, wie lästig würde sie erst da mir auf die Dauer werden! – Es handelt sich nur um zwei verschiedene Arten des Lästigen – heiraten wir also!« Aber wen? Er hat gerade Manzonis »Die Verlobten« gelesen. Dergestalt zärtlich gestimmt, nähert Nietzsche sich schüchtern einer jungen Holländerin, die er ein paar Tage zuvor kennengelernt hat. Nach einem Spaziergang mit Mathilde Trampedach ist er sich sicher: das ist die Frau seines Lebens. Mutig taucht er die Feder in die Tinte, aber kaum ist die Liebesbotschaft im Kasten, verläßt Nietzsche der Mut. Er reist ab und hofft in sicherer Entfernung auf Amors Beistand. Umsonst, die junge Dame will nicht. Gekränkt diagnostiziert er: »Wenn ein Weib gelehrte Neigungen hat, so ist gewöhnlich etwas an ihrer Geschlechtlichkeit nicht in Ordnung.« Um sich aufzuheitern, folgt er der Einladung seines verehrten Meisters nach Bayreuth. Schon nach ein paar Tagen gehen ihm die Selbstdarstellungskünste des Gefeierten auf den Geist: »Wagner wirkt wie ein fortgesetzter Gebrauch von Alkohol. Er stumpft ab, er verschleimt den Magen. Spezifische Wirkung: Entartung des rhythmischen Gefühls.«

Nietzsches Kopfschmerzen werden unerträglich. Er kündigt seinen Professorenjob. Auf der Flucht vor den endlosen Migräneanfällen reist der 38jährige kreuz und quer durch Europa und lernt in Rom die 21jährige Russin →Lou Salomé kennen. Es ist Frühling, sein Kopfweh ist wie weggeblasen und Nietzsche ist verliebt wie ein junger Kater. Mit Lou besucht er die Stätten glücklicher Vergangenheit, er korrigiert liebevoll ihre Gedankensplitter und ist eines Tages weg

vor Wonne, als er glaubt, sich als Gestalt in einem ihrer Gedichte zu entdecken. Gewitzt durch den Korb, den er von der Holländerin bekommen hat, schickt er seinen Freund Paul Rée als Brautwerber. In seiner erotischen Unerfahrenheit hat er nicht bemerkt, daß auch dieser in die rassige Russin verliebt ist. Der Postillon d'amour umgarnt die Schöne und versucht, sie für das eigene Bett zu gewinnen. Die Freunde verkrachen sich und bekommen beide einen Korb. Frustriert flüchtet Nietzsche nach Genua und von dort wieder rastlos umher. Schließlich landet er in Turin: »Meine Existenz ist eine fürchterliche Last... Beständiger Schmerz, mehrere Stunden des Tages ein der Seekrankheit eng verwandtes Gefühl, eine Halb-Lähmung, wo mir das Reden schwer wird, zur Abwechslung wütende Anfälle...«

Nietzsche entschwindet in die Welt seiner Visionen und wird zum Clown und Messias seiner eigenen Phantasie: »Zuletzt war ich noch →Voltaire und Napoleon, vielleicht auch Richard Wagner... Ich habe aber auch am KREUZE gehangen.« Eines Tages erklärt der einsame Ketzer, der sein Leben lang mit dem lieben Gott auf Kriegsfuß stand, diesen kurzerhand für tot.

Anaïs Nin – Das Doppelleben einer Feministin

* 21.2.1903 in Neuilly-sur-Seine,
† 14.1.1977 in Los Angeles
Die Tagebücher der Psychoanalytike-
rin, die jahrelang auch als Fotomodell
arbeitete, lesen sich – wenn man so
will – wie ein lebenslanger Liebes-
brief an den Vater, der die Familie
verließ, als Anaïs Nin elf Jahre alt
war.
Werk: Die Tagebücher der Anaïs Nin,
1966-1984

Sie ist eine geborene Schriftstellerin: Bereits als Elfjährige beginnt Anaïs Nin ihr seltsames Buch und schreibt es als unendliche Geschichte fort, bis ihr der Tod die Feder aus der Hand nimmt – insgesamt 35.000 Seiten. Dieses Unikum beginnt in französischer Sprache und changiert später ins Englische. Von den Zeilen geht eine sanfte Magie aus. Wer mit dem Lesen beginnt, »wird in den Strom des Lebens hineingezogen«, in einen »nicht abreißenden Dialog zwischen Traum und Wirklichkeit«, wie ihre Bewunderer schreiben.

Schonungslos auf der Suche nach ihrer weiblichen Identität, beobachtet Anaïs Nin sich und ihre Umwelt mit sezierendem Blick. Dafür hat sie viel Zeit, denn ihr Mann, der Banker Hugh Guiler, verwöhnt sie nicht nur, sondern läßt sie leben, wie es ihr gefällt. Nach einigen Jahren befriedigt sie das noble Nichtstuerdasein in Paris nicht mehr. Es kommt ihr vor, als

zerrinne ihr Leben in Sinnlosigkeit, in der lähmenden Wiederholung gesellschaftlicher Riten. Anaïs Nin will intensiv leben, mit allen Sinnen das Dasein auskosten.

Durch einen Kollegen ihres Mannes lernt Anaïs Nin einen amerikanischen Bohemien kennen, einen Dichter, der bei ihr einschlägt »wie eine Bombe«. Die feine Dame beginnt ein Doppelleben: Daheim spielt Anaïs Nin die tugendhafte Bankiersgattin, im Underground, bei →Henry Miller, verwandelt sie sich in eine unersättliche Mänade. Als eines Tages June, Henry Millers berauschend schöne Frau, anreist, wird sie von Sehnsucht nach sexueller Grenzüberschreitung gepackt. Es beginnt eine atemberaubende Ménage à trois. Das nervenaufreibende Leben zwischen verlogener Bürgerlichkeit und tabufreiem Sex zerrt bald an Anaïs Nins Psyche, zumal die 30jährige plötzlich auch ihren 21 Jahre älteren Vater, den spanischen Komponisten Joaquin Nin y Castellanos als Sexualpartner entdeckt. Nach dem flotten Dreier, den lesbischen Liebesspielen mit June und dem Inzest mit Papa völlig aus dem seelischen Gleichgewicht gebracht, sucht Anaïs Nin den Psychoanalytiker René Allendy auf. Doch wie es so geht, wenn man auf der Couch liegt und über Liebe plaudert – bald hat sie auch den Doktor betört, indem sie ihm ihre Brüste zeigt, damit er ihre körperliche Entwicklung einschätzen kann.

Gewissenhaft schreibt Anaïs Nin ihre Eskapaden auf. Als ihrem entsetzten Mann zufällig ein paar Seiten ihres Tagebuches in die Hände fallen, lügt sie sich geschickt heraus, indem sie behauptet, ein avantgardistisches erotisches Buch zu schreiben. Der Mann, entweder ein Naivling oder ein Heiliger, gibt sich mit der Erklärung zufrieden.

Um sich in der literarischen Welt einen Namen zu machen, veröffentlicht Anaïs Nin Erotika mit Titeln wie »Das Haus des Inzests« oder »Das Delta der Venus«. Immer wieder entdeckt sie junge Talente, in die sie sich verliebt und die sie finanziell unterstützt. Schließlich verliebt sie sich in den Naturburschen Rupert Pole, mit dem sie einen Teil des Jahres in den Wäldern Kaliforniens lebt, die restliche Zeit verbringt sie mit ihrem Mann in New York. Keiner der beiden weiß von der Existenz des anderen. Endlich, mit 63, gelingt Anaïs Nin der große Durchbruch als Schriftstellerin, einige Teile ihres Endlosbuches erscheinen und sie wird zu einer Ikone der Frauenbewegung. Nach ihrem Tod verstreut Rupert ihre Asche vom Hubschrauber aus über dem Pazifischen Ozean. In der »Los Angeles Times« erscheint die Todesanzeige mit Rupert Pole als trauerndem Ehemann und in der »New York Times« mit Hugh Guiler als trauerndem Ehemann. Entsprechend gibt es eine Abschiedsfeier von der lieben Toten in beiden Städten. So wird ihr Doppelleben konsequent bis über den Tod hinaus weitergeführt.

Oswald von Wolkenstein, ca. 35jährig

Omar Khayam –
Ein kultivierter Alkoholiker

auch Chajj'am; eig. Giyat o'd-Din Abo'l-Fath 'Omar ebn-e Ebrahim al-Hayyami
* (10.5.?)1048 in Nischapur,
† (4.12.?)1131 in Nischapur
Der persische Dichter, Mathematiker und Astronom dichtete großartige Vierzeiler, überarbeitete und verbesserte astronomische Tabellen, reformierte den muslimischen Kalender und tat auch einiges für die Weiterentwicklung der Algebra.
Werke: diverse Vierzeiler, um 1100

Es besteht kein Zweifel: Omar Khayam ist ein Alkoholiker, allerdings ein sehr kultivierter, der sein Problem in charmanten Versen zu schildern versteht:»Mit meinem Herzen hab Erbarmen, Gott, dem elenden, gefangenen. Verzeihe meinen Füßen, großer Gott, die mich zur Schenke tragen, immer wieder. Verzeihe meiner Hand, die immer wieder neu zum Becher greift: ich kann's nicht hindern.«

Omar Khayams Vater, dessen Berufsbezeichnung – Zeltmacher – er als Beinamen trägt und unter dem er 750 Jahre später weltberühmt werden wird, ermöglicht dem Sohn einen beschaulichen Lebensstil. Religion hält Omar für Mummenschanz und ständig plagen ihn Zweifel am Sinn des Lebens:»Warum ich in die Welt kam, weiß ich nicht. Ich kam so wie der Regen niederrauscht, jedoch woher ich kam, das weiß ich nicht. Ich wehe durch die Welt so wie der Wind mit wilden Wirbeln durch die Wüste weht, – jedoch wohin ich wehe weiß ich nicht.«

Durch die Welt treibt es Omar Khayam tatsächlich, wenn er auf seinen geistigen Höhenflügen den Kosmos durcheilt und Nacht für Nacht mit wachem Blick den Lauf der Gestirne beobachtet. Tagsüber vertieft er sich in die Probleme der höheren Mathematik, denn er arbeitet an seinem Standardwerk über Algebra. Das auf arabisch verfaßte Buch wird eine Sensation und begründet Omar Khayams Ruf, einer der besten Köpfe des Landes zu sein. Wissenschaftszirkel laden ihn zu Vorträgen ein. Omar Khayam lehnt ab, denn zum einen ist ihm das Reisen zu anstrengend, zweitens gehen ihm Karrieregelehrte auf die Nerven, und außerdem glaubt er nicht an den Wert wissenschaftlicher Erkenntnisse:»In manchen Hörsaal bin ich eingetreten, voll Sehnsucht nach der Weisheit Lichtgefunkel. Was ich an klugen Sprüchen auch vernahm – tja, durch dieselbe Tür, durch die ich kam, bin ich hinausgeschritten in das alte Dunkel.«

Statt mit präpotenten Professoren sitzt Omar Khayam lieber mit schachspielenden Freunden und hübschen Mädchen in seinem Rosengarten und versucht, jedem Tag ein Stückchen Glück abzugewinnen.

Da erreicht die Kunde seiner Fähigkeiten den Sultan Malik-Schah. Diesem sind die Kalender seines Riesenreiches zu unpräzise und daher erteilt er Omar Khayam den Auftrag, die Kalenderreform zu übernehmen. Nach vier Jahren akribischer Arbeit liegt der neue Kalender vor. Nun steht Omar Khayam unter dem Schutz des Herrschers. Und das ist gut. Denn längst ist sein unkonventioneller Lebensstil den fundamentalistischen Mullahs ein Dorn im Auge. Die Frömmler gehen ihm wiederum so auf die Nerven, daß er Spottverse gegen sie verfaßt: »Auf leisen Sohlen, um den frommen Seelen kein Ärgernis zu geben, schleichen wir der Schenke zu. Den Turban, das Gebetbuch verkaufen wir für rosenfarbenen Wein. Führt uns der Weg an der Moschee entlang, nur leise, leise, und in weitem Bogen vorüber, damit des Mullahs öde Predigt nicht unser armes Ohr beleidigt.«

Die Gottesmänner rächen sich, indem sie Omar Khayam wegen Gottlosigkeit verdammen und ihm die fürchterlichsten Höllenstrafen prophezeien, falls er nicht von den lockenden Leibern liebesfroher Mädchen und den Wonnen des Weins läßt. Das ist dem Dichter schnuppe. Wann immer er Zeit findet, ergibt er sich den Genüssen, denn für ihn ist klar, daß neben Gesundheit und Freiheit das wichtigste Gut im Leben eines Menschen die Zeit ist, und die gilt es zu nutzen: »Geliebte, komm – die Nacht sinkt schon herab, durch deine Schönheit, deinen Frohsinn verscheuch die

Zweifel, die in meiner Seele dunkeln. Laß heiter uns den vollen Krug erheben und trinken, – bevor die Welt aus unserm Staube lachend Weinkrüge für die Andern macht.« Die heitere Lebensart bekommt dem Dichter gut, er wird 83 Jahre alt.

Omar Khayams kleine Gedichte werden 1858 erstmals durch Edward Fitzgeralds englische Übersetzung im Westen bekannt und sind sofort ein Hit. Die Gelassenheit der Seele, die Freude an der Schönheit der Mädchen, dem Duft des Weins, faszinieren die puritanischen Engländer. Die Verse des alten Persers werden, neben der Bibel, zu einem der meistgedruckten Bücher der Erde. Als die kostbare Original-Handschrift 1912 nach Amerika gebracht werden soll, versinkt sie mit der Titanic in der Ewigkeit des Atlantiks. Der Dichter hätte sicher darüber gelächelt, denn ihm war klar, dass nichts auf dieser Erde Bestand hat. Wer Omar Khayams Verse so elegant ins Deutsche übersetzte, konnte nicht ermittelt werden. Vielleicht war es →Friedrich Rückert.

Oswald von Wolkenstein – Der mit dem einen Auge
* vermutlich um 1377 auf Schloß Schöneck im Pustertal,
† 2.8.1445 in Meran
Der Lyriker verfaßte geistliche Texte, erotische Liebeslieder und schrieb als erster deutschsprachiger Komponist

dreistimmige Sätze.
Werk: Lieder überliefert in Hand-
schriften, 14./15. Jahrhundert

Mit zehn ist Oswalds Kindheit vorbei:
Er wird einem fahrenden Ritter als
Schildknappe auf »Fahrt« mitgege-
ben, bekommt von den Eltern als
symbolische Glücksgaben noch den
»Notpfennig« und das »Heimweh-
brot« mit auf die Reise, und los geht's.
Ein letztes Winkewinke und Oswald
läuft seinem reitenden Erzieher zu
Fuß nach.

Sie ziehen nach Preußen, ins Land
des deutschen Ordens. In Königsberg
sammeln sich Beutegierige aus ganz
Europa, um an einem »Missionie-
rungsfeldzug« gegen die heidnischen
Litauer teilzunehmen. So nennt man
das alljährliche Bauernjagen und Ver-
wüsten friedlicher Dörfer im Baltikum.

Durch eine Lidlähmung ist Oswald
auf dem rechten Auge blind, was er
durch hohe Intelligenz ausgleicht.
Sein feines Ohr und sein vorzügliches
Gedächtnis lassen ihn spielerisch
Sprachen lernen: »Französisch, Mau-
risch, Deutsch, Lateinisch, Slawisch,
Italienisch, Russisch und Griechisch –
zehn Sprachen habe ich benutzt,
wenn's nötig war«. Auf den endlosen
Ritten singt das Heer, wenn die Unterhaltung verstummt. Abends am La-
gerfeuer werden Geschichten erzählt,
man tanzt zur Musik der mitziehen-
den Gaukler. Oswald ist intelligent,
mutig, ausdauernd, lernbegierig und

eine Seele von unendlicher Durchsetzungskraft. Neben dem Ritterhand-
werk lernt er Fiedeln, Trommeln, Flö-
tespielen und beginnt, eigene Lieder
zu dichten. Jahrelang treibt er sich
hauptsächlich in Ost- und Südosteu-
ropa herum, doch die Feldzüge bringen kaum etwas ein. Oswald stiehlt
ein Pferd und ist es sofort wieder los.
Als Kaufmann erlebt er im Schwarzen Meer Schiffbruch; geklammert an
ein Weinfaß sieht er seinen gesamten
Besitz versinken.

Als Oswald wieder zu Hause auftaucht, ist sein Vater gestorben, aber
der ältere Bruder Michael rückt das
Erbe nicht heraus. Da greifen Oswald
und sein jüngerer Bruder zur Selbst-
hilfe. Vom Burgturm seilen sie einen
Diener ab, der ins Zimmer ihrer
Schwägerin einsteigt und eine Kasset-
te mit Bargeld und Juwelen stiehlt. Es
gibt Riesenkrach. Oswald wird von
Michael lebensgefährlich mit dem
Schwert verletzt. Kaum genesen verläßt er wütend die Burg und zieht mit
König Ruprecht auf einen desaströsen
Feldzug nach Italien.

Erst sieben Jahre nach dem Tod des
Vaters teilt Michael das Erbe auf. Jetzt
erhält Oswald eine größere Zahl von
Bauernhöfen und ein Drittel von Burg
Hauenstein. Mit 30 ist er vom Habe-
nichts zum Burgherrn aufgestiegen.
Na ja, nicht ganz, denn zwei Drittel
der Burg gehören dem edlen Martin
Jäger. Selbstbewußt läßt Oswald für
seinen Namenspatron eine Kapelle im
Brixener Dom ausbauen und stiftet

zwei Kaplanstellen zur Erfüllung seines Gelübdes für die Errettung vor dem Seemannsgrab.

Die schöne Tochter von Martin Jäger wird Oswalds große Liebe. Später nennt er sie die »Hausmannin«, nach ihrem Ehemann, dem Brixener Bürger Hans Hausmann. Die Liebesbeziehung ist quälend, also bricht Oswald 1409/10 zur Pilgerfahrt ins Heilige Land auf. »Ach Leid aus Liebe, fern sein, fremd sein, einsam sein – das tut weh. Besser wär im Meer versunken...«

Vier Jahre später ist Oswald auf dem Konstanzer Konzil, wird von König Sigismund in sein Gefolge aufgenommen, sieht Johann Hus auf dem Scheiterhaufen brennen und unternimmt für den König eine Gesandtschaftsreise nach Portugal. Dort beteiligt er sich an der Eroberung der Stadt Ceuta in Marokko, wofür ihn Königin Margarete mit einem Orden auszeichnet. Nebenbei gesagt: der einzige Kriegszug, an dem er teilnimmt, der nicht mit einer Katastrophe endet.

Später wird Oswald von König Sigismund in den Drachenorden aufgenommen, wo er den Vater des berüchtigten Dracula trifft. Eine ungeheure Ehre, denn die Mitgliedszahl ist auf 24 beschränkt. Wieder zurück, schließt Oswald sich dem rebellierenden Tiroler Adelsbund an und kämpft gegen seinen Landesherrn Herzog Friedrich. Mit 38 heiratet er Margarete von Schwangau und bemächtigt sich in einem Handstreich der gesam-

ten Burg Hauenstein. Die wiederholten Klagen der Hausmannin läßt er an sich abprallen. Daraufhin lädt sie ihren alten Lover zu einem Rendezvous. Beschwingt von Frühlingsgefühlen erscheint der 40jährige mit roten Ohren am Treffpunkt und wird von den Leuten der Hausmannin überwältigt und eingekerkert. Als Oswald seinen Anspruch auf Hauenstein nicht aufgibt und die Forderung der Hausmannin auf 4.000 Gulden Schadenersatz ablehnt, wird er gefoltert, daß er wochenlang an Krücken gehen muß. Trotzdem gibt er nicht klein bei.

Als Herzog Friedrich hört, daß der unbeugsamste seiner Gegner gefangen ist, läßt er ihn am 17. Dezember 1421 nach Innsbruck überführen. Nach 15 Monaten Haft wird Oswald gegen eine Bürgschaft von 6.000 Gulden entlassen, um sich mit der »Hausmannin« zu einigen. Aber Oswald denkt gar nicht daran. Darauf kommt er erneut in Gefangenschaft. Der Herzog behandelt die Bürgschaft, als wäre sie ein Schuldschein. Oswalds Bürgen kidnappen daraufhin Parteigänger des Herzogs. König Sigismund droht Herzog Friedrich mit Reichsacht, falls er den Wolkensteiner nicht freiläßt, doch dank seines diplomatischen Geschicks einigt sich der Herzog mit dem König. Im Dezember 1423 wird Oswald aus der Haft entlassen. Die Bürgschaft bleibt beim Herzog, ein wunderbares Druckmittel, um den stets Aufmüpfigen unter Kon-

OSWALD VON WOLKENSTEIN 253

trolle zu halten. Oswald reitet hilfesuchend zu Sigismund nach Bratislawa. Da der ihn nicht empfangen will, heizt Oswald vom Nebenzimmer aus den Ofen so fürchterlich ein, daß der König schweißüberströmt aus seinem Gemach flüchtet und Oswald sein Gesuch anbringen kann. Doch Sigismund lehnt ab, und frustriert reist Oswald nach Tirol und wird erneut verhaftet. Seine Hartnäckigkeit imponiert dem Herzog jedoch so, daß er nun selbst die Sache regelt und den Sohn der verstorbenen Hausmannin durch Vergleich zum Einlenken bringt. Am 1. Mai 1427 ist Oswald alleiniger Herr seiner geliebten Burg Hauenstein. Er jubelt: »Ich blase keine Trübsal mehr, seitdem der Schnee zu taun beginnt ... Die Erdendünste sind erwacht, die Bäche, Flüsse schwellen an ... Das macht mich rundum glücklich. Ich hör die Vöglein groß und klein in meinem Wald um Hauenstein nach Noten Lieder singen. Vom c hinauf bis hoch zum a und frisch hinunter auf das fa mit süßen hellen Stimmen. Ja freut euch, liebe Freunde.«

Aber Oswald sitzt jetzt nicht als Dichter und Komponist hinter dem Ofen. Er nimmt an zwei Feldzügen gegen die Hussiten teil, reist nach Köln, 1432 mit König Sigismund zur Kaiserkrönung nach Italien. In Piacenza läßt er sich – wie König Sigismund – vom berühmten Maler Antonio Pisanello porträtieren. Das Bild schmückt eine seiner Liederhandschriften, in der seine prächtigen Lieder mit Melodien versammelt sind. Als erster deutscher Komponist schreibt er dreistimmige Sätze, wird einer der bedeutendsten Dichter unserer Sprache und unübertroffener Virtuose der Reime. Hört: »Luntzlot, muntzlot, kluntzlot und zysplot, wysplot freundlich sprachen...«.

P

*Fürst Pückler und seine minderjährige
äthiopische Nicht-Sklavin Machbuba in einer Karikatur
von Alexander von Ungern-Sternberg (um 1840)*

Mungo Park –
Der Lockruf der grünen Hölle

* 10.9. 1771 in Fowlshiels (bei Selkirk), † Jan. 1806 wahrscheinlich im Niger ertrunken
Die lebendigen Reiseberichte des schottischen Arztes und Afrikafahrers sind bis heute Perlen der abenteuerlichen Reise- und Entdeckungsliteratur.
Werk: Reisen ins Innere Afrikas, 1799 u. 1815

Vier Expeditionen der »African Association« ins unbekannte innere Afrika sind bereits gescheitert, da fällt das Auge der hohen Herren auf den erst 22jährigen Arzt Mungo Park. Der hat zwar außer einer Seereise als Schiffschirurg nach Sumatra noch wenig Expeditionserfahrung, aber der Schotte imponiert durch sein forsches Auftreten. Daß sein Vorgänger von Eingeborenen ermordet wurde, schreckt den Sohn eines armen Pächters nicht: »Ich hoffte, daß mich meine Jugend und feste Gesundheit vor dem Klima schützen würde. Die Gesellschaft versprach eine ansehnliche Besoldung... Sollte ich auf meiner Reise umkommen, dachte ich, so sterben eben meine Erwartungen und Hoffnungen mit mir.«

Derart abgeklärt und sorgfältig vorbereitet reist Park an die Küste des unerforschten Kontinents, wo er in einer englischen Handelsstation die Mandingosprache erlernt. Dann zieht er mit einigen gemieteten Eingeborenen los, um den gewaltigen Strom zu erkunden, der nach der Auffassung mancher Gelehrter in den Tschadsee oder in den Nil münden soll. Am Ufer des Nigers soll die geheimnisumwobene Handelsmetropole Timbuktu liegen, die noch kein Weißer je gesehen hat. Und das hat auch gute Gründe, denn an Abenteuern hat es auf dieser Reise keinen Mangel: hungrige Löwen umkreisen die Karawane, Diebe stehlen, was sie in die Hände bekommen, Krokodile schnappen nach schwimmenden Eseln, despotische Häuptlinge erpressen Geschenke von den Forschungsreisenden. Trotzdem kommt Park dem Niger immer näher.

Da bricht ein Krieg zwischen zwei Königreichen aus. Park will nach Norden in maurisches Hoheitsgebiet ausweichen. Ein ihm wohlgesonnener Negerkönig rät dringend ab, die Mauren seien unberechenbar. Mungo Park schlägt den Rat in den Wind, und die Katastrophe nimmt ihren Lauf: Ali, der Maurenkönig, nimmt den verrückten Reisenden gefangen. Vier Monate schwebt Park in Ungewißheit über sein Schicksal: Soll er versklavt oder umgebracht werden? Da gelingt ihm halbverhungert die Flucht mit nichts als einem Pferd und einem Taschenkompaß. Drei Wochen später erreicht er als erster Europäer den Niger. Obwohl er weder Tauschwaren, Geld noch Sprachkenntnisse hat, versucht Park trotzdem Timbuktu zu erreichen. Sein Pferd bricht vor Erschöpfung zusammen, die Regenzeit setzt ein, seine Kleider zerfallen auf dem Leibe. Park ist am Ende seiner Kräfte und wird krank. Doch jetzt hat er Glück im Unglück: Hilfsbereite Schwarze verteidigen ihn gegen Diebe und Mörder, und im Haus eines menschenfreundlichen schwarzen Sklavenhändlers findet er sieben Monate Zuflucht. Dort wird er gesundgepflegt und mit einer Sklavenkarawane zurück an den Ausgangspunkt seines Abenteuers, an die Küste gebracht. Als er nach zweieinhalb Jahren wieder in London eintrifft, ist Park der Held des Jahres. Die Gesellschaft reißt sich um ihn, doch er ist von so stolzer Zurückhaltung, daß ihm eine seiner Gastgeberinnen vorwirft: »Er benimmt sich wie ein Negerkönig.«

Sein exzellent geschriebener Reisebericht »Reisen ins Innere Afrikas« wird bei Erscheinen ein Bestseller. Park ist ein gemachter Mann und läßt sich mit Frau und Kind als Arzt in Schottland nieder. Doch das bürgerliche Leben ödet ihn bald an, und so ist er sofort Feuer und Flamme, als die Afrikanische Gesellschaft ihm eine zweite Forschungsreise vorschlägt. Diesmal will Park den Niger bis zur Mündung erkunden. Man unterstellt ihm 36 altgediente englische Afrikasoldaten. Außerdem gehören zur Expedition vier Schiffszimmerleute, ein Zeichner, Parks Schwager sowie schwarze Träger mit einem erfahrenen eingeborenen Karawanenführer. Doch als Expeditionsleiter ist Park eine Niete, er versteht weder etwas von Organisation noch von Menschenführung. Statt das Ende der Regenzeit abzuwarten, zieht er tollkühn los. Diebe stehlen Ausrüstung und Lebensmittel, Hyänen reißen entkräftete Esel, Soldaten sterben am Fieber, ertrinken in den reißenden Flüssen, werden von Löwen gefressen oder von Wegelagerern erschlagen. Nach sieben Monaten leben außer Mungo Park nur noch vier Europäer des Forschungsteams. Bevor sie den Niger abwärtsfahren, übergibt Park einem Boten seine Tagebuchaufzeichnungen und den letzten Brief an seine Frau. Seitdem sind Mungo Park und seine Begleiter verschollen.

Blaise Pascal –
Der glückliche Kranke
* 19.6.1623 in Clermont-Ferrand,
† 19.8.1662 in Paris
An dem Religionsphilosophen Pascal kommt man auch heute in Mathematik und Physik nicht vorbei. Pascal ist die internationale Maßeinheit für Druck, und zur Erinnerung: 1 Pascal = 1 Newton/m2.
Werke: Die Provinciales, 1656/57; Schriften über die Gnade, 1656-58; Über den Geist der Geometrie, um 1657; Gedanken von Herrn Pascal über die Religion und über einige andere Gegenstände, die nach seinem Tode unter seinen Papieren gefunden wurden, 1669

Spätestens als der zwölfjährige Blaise ganz allein, ohne Buch und Hilfe eines Lehrers, mit etwas Kohle, mit der er auf die Fliesen seines Zimmers Figuren malt, einen großen Teil der Sätze Euklids entdeckt, ist dem Vater klar, daß der Junge ein Genie ist. Der alte Pascal hängt seinen Job als Präsident der Finanzverwaltung von Clermont an den Nagel und zieht nach Paris, um sich ganz der Erziehung seines Wunderkindes zu widmen. Die Entscheidung stellt sich als richtig heraus: Mit 16 verfaßt Blaise eine Abhandlung über Kegelschnitte, die die Fachgelehrten in Staunen versetzen; mit 19 erfindet er eine Rechenmaschine, mit der man komplizierte arithmetische Berechnungen machen kann, ohne die Lösungsregeln zu beherrschen; mit 23 überrascht er die Welt der Wissenschaft mit sensationellen Erkenntnissen zur Höhenmessung des Luftdrucks, die bis heute seinen Namen tragen.

Doch je komplizierter die Mathematik, desto transzendenter wird sie. In der Nacht zum 24. November 1654 erkennt Pascal, daß Wissenschaft für uns im höheren Sinne wertlos ist, daß die wahre Aufgabe des Geistes in der Hingabe zu Gott besteht. Er zieht sich in die Stille des Klosters Port-Royal zurück, um sein Genie in den Dienst der Religion zu stellen. Hier versucht Pascal, ein gottgefälliges Leben zu führen. Abgeschieden von der Welt entwickelt Pascal ein gewaltiges philosophisches Gedankengebäude mit glasklaren Schußfolgerungen, die er mit großer sprachlicher Schönheit zu Papier bringt: »Alle Körper, das Firmament, die Sterne, die Erde und die Naturreiche zählen nicht so viel wie der kleinste der Geister, denn er weiß von alldem und von sich selbst, und der Körper von nichts. Und alle Körper und alle Geister zusammen und alle ihre Werke zählen nicht so viel wie die geringste Regung der Liebe; denn die Liebe gehört einer unvergleichlich erhabeneren Ordnung an.«

Diese kraftvollen Einsichten kommen aus einem geschwächten Körper. Ständig leidet Pascal unter Koliken, Kopfschmerzen, Schlaflosigkeit und Zahnfleischentzündung. Obwohl von seinen Mitbrüdern liebevoll umhegt, verzichtet Pascal auf jede Bequemlichkeit, kümmert sich um alle Bedürfnisse selbst und ist trotzdem die Heiterkeit in Person. Er nimmt sogar noch einen kranken Armen zu sich, um diesen zu pflegen. Pascal preist Gott für seine Krankheiten, denn »Krankheit«, sagt er, »ist der einzige eines Christen würdige Zustand«. Der fröhliche Philosoph hat förmlich Angst, wieder gesund zu werden. Auf den Flügeln seines Geistes gelangt er in Höhen, die Normalsterblichen verschlossen sind.

Nach Pascals Tod veröffentlicht seine Schwester Gilberte die nachgelassenen Fragmente eines geplanten Werkes. Diese »Gedanken über die Religion« sind eines der schönsten Werke der Weltliteratur. »Das Herz hat seine Logik, die die Logik nicht kennt«, sagt der größte französische Philosoph, aber auch: »Je mehr ich die Menschen betrachte, desto mehr liebe ich meinen Hund.«

Hl. Patrick – Der Bildungspolitiker mit dem Kleeblatt

* um 385, † um 460
Apostel und Schutzheiliger Irlands und Schottlands. Sein Tag ist der 17. März.

Patrick stammt aus feiner schottischer Familie. Als der 16jährige am Meer spazierengeht, taucht plötzlich ein Schiff mit wilden Kerlen auf, die ihn kidnappen und nach Irland bringen. Die Piraten brauchen nämlich Hirten für ihr Vieh, und die rauben sie sich einfach zusammen. Nach sechs Jahren gelingt Patrick die Flucht. Wieder in der Heimat, erscheint ihm im Traum ein Engel, der ihn auffordert, nach Irland zurückzukehren, um die Barbaren zu zivilisierten Menschen zu machen. Sofort reist Patrick nach Gallien und Italien, um Theologie zu studieren, denn er weiß, daß er nur mit der Waffe des Kreuzes gegen die irischen Pigheads siegen kann, die hemmungslos huren, saufen und – wenn der Whiskey knapp wird – sogar das Blut ihrer erschlagenen Feinde trinken. Mit 47 Jahren hat Patrick so viel studiert, daß er sich seiner Aufgabe gewachsen fühlt. Man sieht: Der Schotte ist ein akribischer Planer.

432 nach Christus landet Patrick mit 24 Mitstreitern auf der grünen Insel. Hymnen singend ziehen sie von Burg zu Burg, von Dorf zu Dorf und predigen den Wilden die wahre Lehre. Die heidnischen Priester sind von der Konkurrenz natürlich überhaupt nicht erbaut. Einmal stellt sich ein grimmiger Druide dem frommen Missionar in den Weg und behauptet, selbst ein Gott zu sein. Um das zu beweisen, hebt er sich vor den Augen des staunenden Publikums in die Lüfte. Doch solchen faulen Zauber als Hokuspokus zu entlarven ist eine Kleinigkeit für den Streiter Gottes: Patrick schlägt einfach das Kreuzzeichen. Sofort fällt der Druide aus allen Wolken und bricht sich das Genick. Daraufhin läßt sich ein Teil der Götzenanhänger taufen.

Die Zahl der bekehrten Iren bleibt relativ klein. Daher betet Patrick inbrünstig, daß Gott das Tor zum Fegefeuer öffne. Und um seinen treuen Streiter nicht zu blamieren, öffnet Gott die Vorhölle, in die der Missionar die Ungläubigen nun in Scharen schickt. Die wenigen, die zurückkommen, sind von den gräßlichen Dingen, die sie gesehen haben, so geschockt, daß sie sofort das Christentum annehmen. Im Gegenzug baut Patrick nun für jeden Tag im Kalender eine neue Kirche, insgesamt 365 Stück.

Doch die Druiden sind nach wie vor verstockt und ziehen die Sache mit Jesus und Co. in Zweifel. Aber wenn ihn ein Götzenpriester wegen der komplizierten Sache mit der Drei-einigkeit in die Enge treiben will, zieht Patrick ein Kleeblatt aus der Kutte und fragt: »Ist dies eine, oder sind das drei Pflanzen?« Seit dieser Zeit ist das Kleeblatt das Logo der grünen Insel.

Voller Wut auf Patricks Erfolge als Missionar gießen die Druiden ihm sogar Gift in den Wein. Als Patrick den Becher segnet, schwimmt das Gift oben und fließt von selbst ab. Gelassen trinkt Patrick den Wein vor den Augen der verblüfften Meuchelmörder aus.

Die Klosterschulen, die Patrick gründet, sind bald so berühmt, daß aus ganz Europa Schüler herbeiströmen, um hier christliche Weisheit zu studieren und in alle Welt, besonders aber zu den metsaufenden Germanen zu tragen. Am 17. März jedes Jahres feiern die Iren auf der Insel, in Amerika, Australien und anderswo den erfolgreichen Gottesmann mit frommen Liedern und viel Whiskey.

Samuel Pepys –
Der Ordnungsfanatiker mit dem poetischen Stil

* 23.2.1633 in London,
† 26.5.1703 in Clapham
Durch seine genauen Aufzeichnungen übermittelt der englische Beamte den folgenden Generationen ein lebendiges und unterhaltsames Bild seine Zeit.
Werke: Memoiren des Samuel Pepys,
1659-1669

Zum Jahreswechsel 1659/60 beginnt Samuel Pepys sein geheimes Tagebuch, das er sicherheitshalber in einer von ihm eigens dazu erfundenen Kurzschrift führt. Er kann nicht ahnen, daß seine akribischen Aufzeichnungen aus den Jahren 1660 bis 1669 jahrhundertelang Leser ergötzen werden. Egal, wo man das Buch aufschlägt, jede Eintragung ist eine Köstlichkeit: »26.3.1665. Heute vor sieben Jahren habe ich mit Gottes Hilfe meine Gallenstein-Operation überstanden. Erfreue mich der allerbesten Gesundheit und möchte nur wissen, ob es an der neuen Hasenpfote liegt, die ich als Talisman gegen Darmwinde trage, oder daran, daß ich seither den Rücken kühl halte; wenn ich nämlich nachts sehr lange auf dem Rücken liege, ist mein Urin am nächsten Morgen heiß. Vielleicht liegt es auch an der Terpentin-Tablette, die ich jeden Morgen nehme.«

Wie schafft es der penible Beamte mit dem Ordnungstick, ein Mann, der seine Bücher der Größe nach sortiert, Listen und Tabellen über kleinste Nebensächlichkeiten anlegt und über jeden Haushaltspenny ordentlich Buch führt, so herrlich zu schreiben? Vielleicht gibt ihm das Tagebuch das Gefühl, das tägliche Chaos des Lebens systematisch zu ordnen und in den Griff zu bekommen.

Es gibt nichts, was Pepys nicht dem Tagebuch anvertrauen würde. Politische Schachzüge im Amt genauso wie die Annahme von Schmiergeldern,

Theaterkritiken ebenso wie das Lob seiner Vorgesetzten, Überlegungen zur Wohnungsverschönerung wie auch skurrile Stammtischgespräche: »26.7.1664. Hatte anderthalb Dutzend Flaschen Wein dorthin schaffen lassen. Sehr lustige Gesellschaft, ich brachte die Rede darauf, daß ich keine Kinder bekomme, woraufhin man mir unter viel Gelächter zehn Ratschläge gab:» 1. Drücke deine Frau nicht zu heftig und nicht zu oft. 2. Iß keine späten Mahlzeiten. 3. Trinke Salbeisaft. 4. Trinke Rotwein und iß Toast. 5. Trage kühle holländische Unterhosen. 6. Halte den Magen warm und den Rücken kalt. 7. Auf meine Frage, ob man es lieber abends oder morgens tun solle, wurde mir geantwortet, am wichtigsten sei es, daß beide Lust hätten. 8. Die Frau solle sich nicht zu fest schnüren. 9. Ich sollte starkes Gewürzbier mit Zucker trinken. 10. Mrs. Ward riet mir, die Stellung zu ändern oder wenigstens mit dem Kopf tiefer als mit den Beinen zu liegen.«

Auch der Ehezoff kommt nicht zu kurz:» 19.12.64. Als sie mir eine freche Antwort gab, schlug ich sie ins Gesicht; sie hatte über dem linken Auge eine große Beule und schrie fürchterlich. Trotzdem hatte sie noch die Kraft, mich zu beißen und zu kratzen ...«

Handgreiflichkeiten dieser Art gehören zum Alltag, wobei nicht immer Pepys Frau das Opfer ist. Besonders, als sie ihn bei einem seiner vielen Seitensprünge mit einem Dienstmädchen ertappt, sinkt Pepys das Herz in die Hose:» 15.10.1668. Nach dem Abendessen ließ ich mich von Deb kämmen, und daraus entstand der größte Kummer, der mir je auf dieser Welt zugestoßen ist. Denn plötzlich kam meine Frau herein, als ich gerade das Mädchen in den Armen hielt und eine Hand unter ihrem Rock hatte; tatsächlich war ich gerade an einer zentralen Stelle...« Wochenlang macht seine Frau ihm nachts das Ehebett zu Hölle, bis er mit den Nerven völlig am Ende ist. Dabei braucht Pepys dringend seinen Schlaf, denn als Puritaner beginnt sein Arbeitstag im Sommer oft schon um vier Uhr morgens.

Neben seiner verantwortungsvollen Tätigkeit als leitender Beamter des Flottenamtes hat Pepys unstillbaren Bildungshunger. Er hat nicht nur den Ehrgeiz, Wohlstand und Ansehen zu erlangen, er möchte darüber hinaus als gebildeter Mann von Welt gelten. Daher spielt er Laute, Viola, Flageolett, singt und komponiert, liest die Klassiker und ist Stammgast der verschiedenen Theater. Zu seinem Leidwesen gibt er dafür oft zu viel Geld aus – wie auch für Frauen. Durch ein kompliziertes Gelübdesystem versucht Pepys, den Versuchungen des Teufels zu widerstehen. Für den Leser der Tagebücher bilden diese moralischen Verrenkungen ein stets wiederkehrendes Vergnügen: »23.1.1665. Mit Mrs. Bagwell in ein Cabaret, wo ich mit ihr schon einmal gewesen bin; nach dem Essen gab sie mir alles, was ich wollte. Dann in mein Büro, wo ich mit großer Genugtuung ein Gelübde entwarf, einen Monat lang von den Frauen zu lassen...« Das köstliche Tagebuch sollte auf dem Nachttisch jedes Literaturfreundes liegen.

Johann Heinrich Pestalozzi – Der berühmte Versager

* 12.1.1746 in Zürich,
† 17.2.1827 in Brugg
Der Pädagoge und Sozialreformer gilt als Begründer der modernen Volksschule.
Werke: Lienhard und Gertrud, 1781-1787; Meine Nachforschungen über den Gang der Natur in der Entwicklung des Menschengeschlechts, 1797

Von so einem würde man niemals einen Gebrauchtwagen kaufen, aber Kinder werden ihm anvertraut. Pestalozzi, der Begründer der modernen Volksschule, hat von Erziehung so viel Ahnung wie von den anderen Bereichen, in denen er versucht, sein Glück zu machen. Als alter Mann entschuldigt er seine vielen Mißerfolge mit dem frühen Tod des Vaters. Der wahre Grund seines Versagens ist Petalozzis Faulheit, sich in lästige Dinge gründlich einzuarbeiten.

Nach einem abgebrochenen Jurastudium und mit nichts als leeren Taschen dämmert Petalozzi mit 21, daß es für ihn schwierig werden wird, die Hand von Anna Schulheß, einzige Tocher einer betuchten Zürcher Kaufmannsfamilie, zu bekommen. Da kommt ihm bei der Lektüre von →Rousseau eine Idee, wie er auf einen Schlag alle Sorgen los wird: als Bauer. Der gutmütige Besitzer eines Musterbetriebes nimmt den Naivling als Landwirtschaftslehrling auf und Pestalozzi schickt euphorische Erfolgsmeldungen an seine Braut. Doch neun Monate später tut ihm plötzlich der Rücken weh, die Arbeit ist zu anstrengend. Also wirft Pestalozzi die Sense ins Korn. Mit einem Sack geborgter Schweizer Franken, die er mit zartem Hinweis auf seine kapitalkräftigen Schwiegereltern in spe ergattert hat, will er Großbauer werden. In Kürze hat er 18 Hektar Land von 60 verschiedenen Besitzern zusammengekauft und einen Bauernhof gemietet. Während seine alte Mutter putzt und kocht, spielt Pestalozzi den Edellandwirt und genießt das Idyll.

Jetzt, wo er eigenen Grund und Boden besitzt, werden die harten Schwiegereltern in spe weich: Anna und er dürfen heiraten, und eine anständige Mitgift gibt es noch dazu. Doch die Ausgaben sind größer als geplant. Pestalozzi, Künder unkonventioneller Landwirtschaftsmethoden, wird zum Gespött seiner erfahrenen Nachbarn, selbst seine Landarbeiter machen sich über ihn lustig. Als der Bankier, der ihm 15.000 Gulden Kredit gewährt hat, nach dem Rechten

262 JOHANN HEINRICH PESTALOZZI

sieht, neigt sich das rousseausche Abenteuer dem Ende. Nach einer sorgfältigen Betriebsprüfung steigt der Bankier aus dem windigen Geschäft aus.

Pestalozzi ist pleite, hat aber bereits die rettende Idee, wie er wieder zu Geld kommt: Er will sich der Vereinfachung des Volksunterrichts und der häuslichen Bildung widmen und nimmt dazu Zöglinge ins Haus. Die schuften als unbezahlte Arbeitskräfte in seiner Weberei und Spinnerei. Pestalozzis Idee besagt, daß sogar »kleinere Kinder bei geringer Arbeit ihren Unterhalt selbst verdienen können«. Um den Gewinn des Ausbeuterunternehmens zu vergrößern, sucht Pestalozzi Menschenfreunde, die die Pflegekosten für seine 40 jugendlichen Arbeitskräfte übernehmen. Zudem füttert er die Kinder nur mit Kartoffeln, Rüben und anderen »allergemeinsten Speisen«. Arbeit und karge Kost würden die Kinder zur »frohen Heiterkeit ihres Gemüts und zu einem einmalig frappierend gesunden Wuchs führen«.

Nach sechs Jahren ist das Sklavereiprojekt zuende: Die ausgebeuteten Kinder beschweren sich bei ihren Eltern, daß sie mit knurrendem Magen den ganzen Tag hart arbeiten müßten. Die empörten Eltern holen die Kinder scharenweise aus Pestalozzis Arbeitslager ab. Gläubiger stürmen das Haus, Pestalozzis Bruder veruntreut die letzten Gelder, die Mitgift der Ehefrau ist durchgebracht, und das Vertrauen sei-

ner Freunde hat Pestalozzi ebenfalls verloren.

Aber schon dräut eine neue Idee: Pestalozzi will Schriftsteller werden. Verworren und geschwätzig schüttet er seinen Haß über herkömmliche Erziehungsmethoden aus. Seine von Rousseau inspirierte These lautet: Die Natur regelt alles selbst. Die Richtigkeit dieser Theorie beweist er an seinem eigenen Sohn: »Ich habe einen Knaben von 11 1/2 Jahren; er kann keine zwei Zeilen aus einem Buch auswendig, er kann weder schreiben noch lesen. Ich hoffe bei Gott, diese Unwissenheit werde das Fundament seiner vorzüglichen Ausbildung sein.« Gott sei Dank wird das Kind heimlich von seiner Mutter unterrichtet.

Pestalozzis verrückte Ideen fließen nun ungebremst aus seinem Gänsekiel. Der Lektor seines Romans »Lienhard und Gertrud« ist von dem Schwulst und den Legionen von Rechtschreibfehlern überfordert. Vier Monate quält er sich durch den dickleibigen Erguß des pädagogischen Schwaflers: »Das Dings ist mühsamer als ich glaubte.« Doch der Einsatz lohnt sich. Das Hohelied auf die resolute Mutter am Herd – ein neuartiger Tränendrüsendrücker für die niederen Stände – wird ein Renner. Der Erfolg macht den verwahrlosten Spinner – »er ist ein häßlicher Mann mit blatternarbigem Gesicht, ungepflegtem Bart, schwankendem, stoßweisen Gang« beschreibt ihn ein Bekannter – zu einer interessanten

Persönlichkeit: Berühmte Leute bestaunen das Naturtalent, alte Freunde lassen sich wieder blicken. Da schiebt Pestalozzi gleich einen zweiten Aufguß seines Kitschromans hinterher. Doch der wird ein Flop.

Die französische Revolution bricht aus, 1792 wird Pestalozzi, als Freund der Unterdrückten, französischer Ehrenbürger und spekuliert auf einen Posten als Erziehungsminister. Ein Freund ist skeptisch: »Zur Besorgung würde ich Pestalozzi nicht einmal meinen Hühnerstall anvertrauen«. Die pragmatischen Revolutionäre wollen Pestalozzi nicht. Dieser verkriecht sich gekränkt hinter seinen Schreibtisch und saugt sich immer neue wunderliche Theorien aus den Fingern.

Endlich, mit 56 Jahren, gelingt Pestalozzi der Coup seines Lebens. Er entwickelt jene Erziehungslehre, die bis heute nachwirkt: Rousseau adé, die neue Devise heißt: Disziplin! Pestalozzi gründet ein neues pädagogisches Unternehmen in Iferten. Von 6 Uhr früh bis 9 Uhr abends bestimmt ein strenger Abrichtungsplan den Tagesablauf der Zöglinge. Die preußische Regierung ist entzückt. »Die Kinder wurden in Schlachtordnung aufgestellt. Sie marschierten auf und nieder und sangen feuervolle Lieder, so richtig, so taktmäßig, daß man auch diese Methode als die zweckmäßigste Bildung des Gehörs ansehen kann.« Nun ist der Versager international anerkannt. Vor weiteren Katastrophen schützt ihn das nicht, wieder bricht das Unternehmen wegen Mißwirtschaft, innerer Querelen und Organisationsschwäche zusammen. Pestalozzi schreibt seinen »Schwanengesang« und stirbt aus Kummer über eine gehässige Kritik an Gallenbeschwerden.

Petronius – Der Lifestyle-Experte des alten Rom
eig. Gaius (oder Titus)
Petronius, gen. Arbiter elegantiae (d. h. Autorität in Fragen des erlesenen Geschmacks)
† 66 n. Chr.
Der Meister der Kunst feinsten Lebensgenusses lebte am Hofe Neros.
Werke: Satyricon, um 50 n.Chr.

Der Lebemann entzückt mit seinem kultivierten Way of life nicht nur die Nichtstuer der Luxusklasse. Sogar nüchterne Chronisten wie der Historiker Tacitus geraten in Erinnerung an ihn fast ins Schwärmen: »Bei ihm verging der Tag mit Schlaf, die Nacht unter Geschäften und Zerstreuungen des Lebens; und wie andere durch Fleiß, so hatte er sich durch Müßiggang einen Namen gemacht, wobei er nicht als Schlemmer und Prasser galt wie die meisten, die ihre Habe durchbringen, sondern als Mann von kultiviertem Aufwand. Auch was er tat und sprach, wurde, je lockerer es war und ein gewisses Sichgehenlassen zur

Schau trug, um so bereitwilliger als Ausdruck eines natürlichen Wesens aufgefaßt.«

Die enormen Mittel für solch poetischen Lebensstil hat Petronius allerdings nicht ererbt oder ergaunert, sondern hart erarbeitet. Mit Energie, Fleiß und Mut hat er es zum Gouverneur der reichen Provinz Bithynien in Kleinasien gebracht. Wer diesen Posten hat, braucht keine Existenzsorgen mehr zu haben. Später erlangt er die höchste amtliche Würde, die der römische Kaiser zu vergeben hat: Er wird Konsul und steht auch im Senat seinen Mann.

Als Petronius nach Ablauf seiner Amtszeit »wieder dem Lasterleben bzw. der Kopie eines Lasterlebens« verfällt, wie es Tacitus ausdrückt, holt ihn der kunstbegeisterte Kaiser in seine Tafelrunde. Bald kann der Monarch nicht mehr auf das erlesene Urteil des neuen Zechgenossen verzichten. Egal ob es um Fragen der Kochkunst, des musikalischen Stils, der Haute Couture, der Komposition von erlesenen Düften und Versen oder um den Liebreiz von Beischläferinnen oder Lustknaben geht: stets ist das Urteil des »arbiter elegantiae«, des Meisters des erlesenen Geschmacks, ausschlaggebend.

Das Lotterleben in den allerhöchsten Kreisen im Kaiserpalast wie die Regionen der niederen Minne unter Huren und Strichjungen regt Petronius zu einem Schelmenroman in 20 Büchern an, wovon leider nur weni-

ges erhalten ist. Das wenige aber genügt, um ihn neben Catull als Dichterfürsten des alten Rom zu feiern. Hören Sie: »Welch eine Nacht! Ihr Götter und Göttinnen! Wie Rosen war das Bett! Da hingen wir zusammen im Feuer und wollten in Wonnen zerrinnen. Und aus den Lippen flossen dort und hier, verirrend sich, unsere Seelen in unsre Seelen. – Lebt wohl, ihr Sorgen! Wollt ihr mich noch quälen? Ich hab in diesen entzückenden Sekunden, wie man mit Wonne sterben kann, empfunden.«

Mit Wonne sterben, das ist Petronius nicht vergönnt. Ein Neider besticht einen Sklaven, um ihn beim Herrscher anzuschwärzen. Nero läßt seinen »arbiter elegantiae« unter Hausarrest stellen, um den Fall persönlich zu untersuchen. Die Ungewißheit zerrt an den Nerven des ehemaligen Günstlings, denn er kennt die Unberechenbarkeit Neros. Petronius lädt zum Abschied seine Freunde ein, tafelt mit ihnen erlesen, öffnet sich die Pulsadern, spricht heiter mit ihnen über die schönen Dinge des Lebens, trinkt, plaudert über die Unsterblichkeit der Seele und läßt sich fröhliche Lieder vortragen. Dann überläßt er sich dem Schlaf, um schlafend ins Jenseits hinüberzugleiten. Seine herrlichen »Satyrica«, vorzüglich von Wilhelm Ehlers und Konrad Müller ins Deutsche übersetzt, sind bis heute ein Genuß – modern, frech, empfindsam, die Lachmuskeln reizend, genau wie die Filmfassung von Fellini.

Papst Pius II. – Das Multitalent auf dem Heiligen Stuhl

eig. Enea Silvio Piccolomini
* 18.10.1405 in Corsignano (Pienza
bei Siena), † 15.8.1464 in Ancona
Der Theologe, Humanist, Diplomat,
Dichter, Politiker, Literaturkritiker,
Pädagoge, Philosoph, Enzyklopädist
und Redner regierte – zur Krönung
seiner Laufbahn – die letzten sechs
Jahre seines Lebens als Papst die
Christenheit.
Werke: Zwei Bücher. Berichte des
Enea Silvio Piccolomini aus Siena
über das feierliche Konzil von Basel,
um 1440; Eurialus und Lukretia,
1444; Aufzeichnungen der Denkwür-
digkeiten seiner Zeit, um 1460;
Geschichte Österreichs, 1584

Enea Silvio Piccolomini, Sohn einer verarmten Adelsfamilie, die weder über Besitz noch Beziehungen verfügt, hat eigentlich keine Karrierechancen. Doch zielstrebig nutzt er seine Begabung als Dichter und Jurist und steigt langsam vom Sekretär eines Kardinals zum Berater des Papstes auf. Seine Reden auf dem Reichstag zu Frankfurt sind so zündend, daß ihn Kaiser Friedrich III. zum Dichter krönt und zum kaiserlichen Rat macht. Jetzt übernimmt der Lorbeerbekränzte die Schlüsselstellung als Diplomat zwischen Kaiser und Papst, wobei ihm Fähigkeiten zugute kommen, die Piccolomini auch im Privatleben gut gebrauchen kann.

Der inzwischen 38jährige Enea Sil-

vio muß seinem Vater nämlich mitteilen, daß dieser Großvater geworden ist. Daß der Sohn, obzwar Geistlicher, den Pfad der Tugend verlassen hat, kann der Vater noch verkraften, aber er hat Zweifel, ob die Mutter des Kindes ihm tatsächlich einen echten Enkel geschenkt hat. Enea Silvio Piccolomini greift zur Feder, um einen für seine Eleganz noch heute berühmten Brief zu schreiben: »Du sagst, es schmerze Dich mein Vergehen, weil ich meinen Sohn in sündigem Umgang zeugte? Du hast doch keinen Sohn aus Stein oder Eisen gezeugt, warst doch selber aus Fleisch und Blut. Du weißt, was Du für ein Hahn warst, und auch ich bin kein Verschnittener und gehöre weder unter die Eiskalten noch unter die Heuchler ...«

Und nun führt Piccolomini Beweise dafür an, daß das Kind von ihm ist: »Es kam eine Engländerin in meinen Gasthof und wohnte im selben Stockwerk wie ich. Sie konnte ausgezeichnet Italienisch und begrüßte mich mit toskanischen Worten. Mich freute die gute Laune der Frau ... Ich entbrannte und sagte ihr viele Schmeicheleien. Sie aber wies meine Worte ab und ließ mich drei Tage lang schmachten. Sie hatte ein fünfjähriges Töchterchen mit und fürchtete, daß die Kleine etwas merken würde. Es wurde Abend, und am anderen Tag wollte sie abreisen. Ich bitte sie, bei Nacht den Riegel an ihrer Türe offen zu lassen. Sie schlägt es ab und gibt nicht die geringste Hoffnung. Ich dränge. Sie antwortet immer dasselbe. Man geht schlafen.« Doch ein Draufgänger aus altem toskanischen Adel gibt nicht so leicht auf. Piccolomini überlegt und kommt zum Schluß, daß die Dame mit ihm ein süßes Spiel treibt. Kurzentschlossen geht er nachts zum Zimmer der Begehrten. »Die Tür ist geschlossen, aber nicht verriegelt. Ich öffne, trete ein, bemächtige mich des Weibes. Und so wurde mein Sohn gezeugt.«

Nach diesem beredten Brief ist der Großvater bereit, das Kind als Enkel anzuerkennen und bei sich im Haus aufwachsen zu lassen. Piccolomini kann sich in Ruhe seiner Karriere widmen, wird 1449 Bischof von Siena, 1456 dann Kardinal und schlußendlich noch ein Weilchen Papst.

August Graf von Platen-Hallermünde – Liebesarien eines Päderasten

* 24.10.1796 in Ansbach,
† 5.12.1835 in Syracus
Der virtuose Dichter hat laut Hubert Fichte »zum ersten Mal in der Literatur die Geschichte der Empfindungen eines normalen Homosexuellen entworfen«.
Werke: Das Grab im Busento, 1820; Sonette aus Venedig, 1825; Polenlieder, 1831/32

Mit zehn wird der Junge in ein Kadettenkorps gesteckt. Mit zwölf, als er

sich zum ersten Mal in einen Kameraden verliebt, wird August bewußt, daß er anders ist als die anderen Knaben: »Wir waren einander alles. Wir genossen einige Monate lang das reinste, höchste Glück, das die Freundschaft zu gewähren imstande ist. Nur war unser Bund zu schwärmerisch, zu sehr der Liebe gleich«, schreibt er später in sein Tagebuch. Dem 15jährigen Pagen am Hof zu München wird klar, daß er auch noch in anderer Hinsicht anders ist als andere Menschen. Während seine Kameraden in der Freizeit mit Zimmermädchen anbandeln, Trinkritualen frönen und bei Mutproben ihre Männlichkeit beweisen, dringt er tief in die Welt der Poesie ein. Augusts Vater, ein nüchterner Oberforstmeister, hat mit Lyrik nicht viel im Sinn. Den Funken der Dichtkunst verdankt der Junge seiner Mutter. Sie liest ihm französische Literatur und die revolutionären Werke →Rousseaus vor.

Mit 16 beginnt August sein Tagebuch. Je länger er daran schreibt, desto mehr hält er es für den wichtigsten Teil seines Werkes: »Ich habe nie etwas Gutes gemacht, doch wenn je etwas Ersprießliches aus meiner Feder floß oder fließen wird, so sind es diese Diarien...« Dem Tagebuch vertraut er seine Hilflosigkeit und Verzweiflung an, wenn er wieder einmal unglücklich verliebt ist. Denn im Horoskop hat Platen eine denkbar schlechte Venus: Er verliebt sich stets in Hetero-Männer. Der junge blonde

AUGUST GRAF VON PLATEN-HALLERMÜNDE 267

französische Page verhält sich seinen Avancen gegenüber genauso zugeknöpft wie danach der elegante junge Offizier oder später der französische Graf, den er mit Gedichten umschmachtet: »Du liebst und schweigst – o hätt ich auch geschwiegen und meine Blicke nur an dich verschwendet! O hätt ich nie ein Wort dir zu gewendet, so müßt ich keinen Kränkungen erliegen! Doch diese Liebe möcht ich nie besiegen, und weh dem Tag, an dem sie frostig endet! Sie ward aus jenen Räumen uns gesendet, wo selig Engel sich an Engel schmiegen!« Als sein umschwärmter Engel in den Krieg gegen Napoleon ziehen muß, ist Platen glücklich, an seiner Seite in die Schlacht reiten zu dürfen. Doch das gemeinsame Lagerleben bringt sie keinen Schritt näher. Platen schmachtet und analysiert selbstquälerisch seine »abartigen« Gefühle. Homosexualität gilt zu seiner Zeit als Verbrechen. Warum hat ihn Gott gestraft? Warum kann er nicht lieben wie jeder normale Mann?

So schwebt Platen wie auf Wolken, als er der jungen Französin Euphrasie de Boisséson begegnet und plötzlich meint, Liebe zu spüren. Doch Euphrasie liebt lieber zupackende Husarenoffiziere als gefühlvolle schwule Poeten. Nach dem mißglückten Ausflug in die Welt des Weiblichen versucht Platen, im Tagebuch seiner »unglücklichen« Veranlagung auf den Grund zu kommen. Schließlich aber nimmt der 19jährige sein Anderssein als gottge-

geben hin und bittet den Allmächtigen um nichts weniger als die Vermittlung bei seinem Geliebten: »O diesmal noch vernimm mein Flehen, hör mich, Vater, auf des Himmels Thron, wieder laß mich jene Züge sehen, wieder hören jener Stimme Ton.« Das hatte vor ihm nur die berühmte griechische Dichterin Sappho gewagt. 1818 in Würzburg, wo Platen nun Sprachen und Literatur studiert, trifft es ihn wie der Blitz, als er Eduard Schmidtlein begegnet. Über die große Liebe schreibt er 300 Seiten im Tagebuch und verfaßt mehr als 100 Gedichte: »Wenn ich aufstehe des Morgens, so hat mich dein Bild erweckt, wenn ich mich schlafen lege, so wiegt mich dein Bild in Träume. Wenn ich alle meine Sinne vor dir zuschließe, du lebst noch im dunklen Bewußtsein. Wenn du mein wärst, welche Reihe von glücklichen Winterabenden! Ich würde dich die südlichen Sprachen lehren, dein schöner Geist erfaßte sie leicht... Ich komme aus einem Konzert zurück; o wäre ich nie dort gewesen. Ich sah dich; ja, mein Gewand berührte das deine; aber du sahst mich nicht. Du hast mich nicht betrachtet. Mit welcher Gleichgültigkeit, mit welcher Verächtlichkeit flogen deine Blicke an mir vorbei!« So schreibt er am 10. Dezember 1818 und küßt zwei getrocknete Rosen, die Eduard ihm vor Monaten geschenkt hat. Sollte der Umschwärmte ihn nicht erhören, will Platen sich in der Neujahrsnacht die Pulsadern öffnen.

Seine Wunschvorstellungen verdichtet er in wunderbaren Versen: »Süße Melancholie mäßigt den Liebesbrand, züchtiger Rose gleich mitten im Nelkenstrauß, Lächeln verrät das Maß inniger Zärtlichkeit, Küsse fallen wie Honigtau.« Es bleibt beim Wunschdenken. Eduard geht als eingefleischtem Hetero das schwule Gesäusel auf die Klammer und er schickt die literarischen Annäherungsversuche entrüstet mit der Bemerkung zurück, er müsse Platen »wegen seiner abscheulichen Gelüste verachten«. Um seinen Liebeskummer zu vergessen, stürzt sich der Verschmähte in die Arbeit. Täglich hört er sechs Kollegien, unternimmt botanische Exkursionen, liest nebenher 107 Bücher, dringt tief in die Versbaukunst ein und wird ein Meister der Metrik. »Seiner inbrünstigen Sehnsucht nach einem Echo seines Herzens verdanken wir die schönsten deutschen Sonette. Seine Verse leuchten wie weißer Marmor«, meint Klabund. Und »nebenher« lernt Platen fast alle indoeuropäischen Sprachen von Portugiesisch bis Persisch und sogar Türkisch.

Ein solches Genie bleibt nicht verborgen. König Ludwig I. von Bayern macht ihn zum Mitglied der Bayerischen Akademie, und der Verleger Cotta fördert ihn. Platens Balladen werden gefeiert. Seine Komödien sind Renner auf den deutschen Bühnen. Mit 30 gestatten ihm seine Einkünfte, in Italien ein sinnenfreudiges Leben zu führen: »Warm und hell dämmert in Rom die Winternacht: Knabe, komm! wandle mit mir, und Arm in Arm schmiege die bräunliche Wang' an deines Busenfreunds blondes Haar!« Wenn er nicht Knaben küßt oder dichtet, wandert Platen auf die Berge, schwimmt mit dem Dichter Kopisch, dem Entdecker der Blauen Grotte von Capri, um die Wette und reitet, von Dieben und Räubern bedroht, durch Sizilien und Kalabrien.

Platens Tod ist tragisch wie sein Leben: Er stirbt aus Angst vor der Cholera – an einer Überdosis von Medikamenten, die er gegen die Seuche eingenommen hat.

Edgar Allan Poe – Porträt eines Hungerkünstlers

* 19.1.1809 in Boston,
† 7.10.1849 in Baltimore
Poe war als Erfinder des Detektiv-Romans Wegbereiter der modernen Kriminalliteratur.
Werke: Der Graf von Omelette, 1832; Der Bericht des Arthur Gordon Pym aus Nantucket, 1838; Der Doppelmord in der Rue Morgue, 1841; Die Maske des Roten Todes, 1842; Die Grube und das Pendel, 1843; Das verräterische Herz, 1843; Der entwendete Brief, 1844; Der Rabe, 1845

Bereits als 17jähriger Student entdeckt Poe den Alkohol. Ein Studienkollege erinnert sich: »Er konnte nie mehr als ein Glas trinken, aber dieses eine Glas genügte, um seine ganze nervöse Natur in stärkste Erregung zu versetzen, eine Erregung, die aus begeisternden und faszinierenden Worten hervorbrach, welche alle Zuhörer wie Sirenenklänge verzauberten.«

Das Trinken bringt Poe zwar in Stimmung, führt zugleich aber zu Konflikten mit seinem Pflegevater, der ihn als zweijähriges Waisenkind adoptiert hat. Der kinderlose Großkaufmann Allan aus Richmond will Edgar zum Erben seines Vermögens machen. Aber das ausschweifende Leben des Studenten mißfällt ihm, besonders, als der Junge bereits ein Jahr später die Staatsuniversität von Virginia verlassen und der alte Herr seine vielen Schulden bezahlen muß. Nach einem handfesten Krach steckt er den Jungen zur Disziplinierung in die Militärakademie von West Point. Der hier herrschende dumpfe Kasernenhofton, das stumpfsinnige Exerzieren, das Verbot, Gedichte oder Romane zu lesen, all das enerviert Poe so sehr, daß er desertiert. Der enttäuschte Pflegevater sieht bei seinem Zögling Hopfen und Malz verloren und überläßt ihn seinem Schicksal. Jetzt steuern Großmutter und Tante väterlicherseits das Notwendigste bei, aber das reicht gerade für den anregenden Alkohol.

Als ein einflußreicher Mann durch Poes phantasievolle Erzählung »Das Manuskript in der Flasche« auf ihn aufmerksam wird und zu sich einlädt,

schreibt der arme Poet: »Leider kann ich nicht kommen, und zwar wegen des äußerst traurigen Zustandes meiner Kleidung.« Er bittet den Mann, ihm Geld für ein besseres Outfit zu leihen. Und dieser wird zum Gönner, kauft dem Dichter einen anständigen Anzug, bewirtet ihn täglich an seiner Mittagstafel und verschafft ihm sogar einen Job als Redakteur. Doch das geringe Gehalt reicht hinten und vorne nicht, und verzweifelt trinkt Poe weiter.

Um auf andere Gedanken zu kommen, heiratet der 27jährige seine vierzehnjährige Kusine. Eine grandiose Idee, nur glücklicher macht ihn die Ehe nicht. Sein Chef versucht, Poe ins Gewissen zu reden: »Wenn Sie sich entschließen könnten, bei mir oder in einem anderen Privathaus Quartier zu nehmen, wo es keinen Alkohol gibt, gäbe es Hoffnung für Sie.« Der Ratschlag ist gut. Doch jeder Versuch Poes, dem Alkohol zu entkommen, schwört bei ihm Angstzustände und Nervenkrisen herauf. Und prompt greift Poe wieder zur Flasche. Und wie es der Teufel will: der Stoff regt seine Phantasie zu wunderbaren Geschichten an, z.B. zum ersten Krimi der Literaturgeschichte »Der Mord in der Rue Morgue«.

Poes Gedicht »Der Rabe« erregt großes Aufsehen, seine Aussichten als Dichter werden immer besser. Da erleidet seine Frau einen Blutsturz, der den sensiblen Poe wieder in eine Krise stürzt. Als er kurz darauf mit seinen aggressiven Kritiken Kollegen gegen sich aufbringt, verliert Poe den Rückhalt seiner Redaktion. Völlig verarmt flüchtet er aus New York aufs Land, wo seine Frau im tiefsten Elend stirbt. Poe überlebt einen Selbstmordversuch, bricht jedoch zwei Jahre später in einer Kneipe im Delirium zusammen. Vier Tage später stirbt er im Krankenhaus mit den Worten: »Gott helfe meiner armen Seele.«

Marcel Proust – Auf der Suche nach dem gestrigen Tag

* 10.7.1871 in Paris,
† 18.11.1922 in Paris
Prousts Romanwerk »Auf der Suche nach der verlorenen Zeit« ist nach Dietrich Schwanitz, die »tiefgründigste Tauchexpedition in die Wasser der Erinnerung in der gesamten Weltliteratur«.
Werke: Tage der Freuden, 1896; Jean Santeuil, um 1900; Auf der Suche nach der verlorenen Zeit, 1913-1927; Pastiches und vermischte Schriften, 1919

Bereits als Kind ist Marcel ein Eigenbrötler. Wenn etwas nicht nach seinem Willen geht, bekommt er Wutanfälle und heult und schreit wie ein Wechselbalg, bis ihm die ratlosen Eltern seinen Willen lassen. Prousts Vater, ein Rechtsanwalt, gehört zum Glück nicht zu den armen Leuten und kann dem empfindsamen Söhnchen

ein Leben für die Literatur finanzieren, nachdem ein kurzes Intermezzo als Beamter im Unterrichtsministerium gescheitert ist.

Literatur schön und gut, aber Proust hat nicht nur Angst vor dem weißen Papier, sondern er ist auch extrem träge. Nachdem ihm der Anfang seines ersten Werkes leicht von der Hand gegangen ist, wird es von Zeile zu Zeile mühsamer. »Nach ein paar einleitenden Seiten legte ich die Feder unmutig wieder aus der Hand und weinte vor Wut bei dem Gedanken, ich würde nie Talent haben, sei eben nicht begabt.« Welch Fehlurteil. Seine Sätze sind ein Wunder an Präzision, doch er muß sich jedes Wort abquälen. Und dann diese ungeheure Antriebs- und Kraftlosigkeit!

Der schon früh an chronischem Asthma erkrankte Proust sieht aus wie ein Wesen aus der Schattenwelt. »Er wirkte wie ein Mensch, der nicht in frischer Luft und im Tageslicht lebt; wie ein Eremit, der lange seine hohle Eiche nicht mehr verlassen hat«, gruselt sich ein Bekannter. Für einen anderen »schien er stets aus einem Alptraum hervorzutreten«.

Weil Proust immer friert, trägt er auch im heißesten Sommer Schal und Mantel. Je älter er wird, desto weiter zieht er sich aus der Gesellschaft zurück. »Ich gehe überhaupt nicht mehr aus, verlasse gegen elf Uhr abends das Bett, falls ich überhaupt aufstehe.« Durch die anstrengende Asthma-Erkrankung reagiert Prousts geschwächter Körper überempfindlich auf Streß, Lärm und Kälte. Um die Großstadtgeräusche fernzuhalten, sind die Wände seiner Wohnung mit dicken Korkplatten isoliert, die Fenster seines Zimmers werden niemals geöffnet, dicke Vorhänge verhindern das Eindringen des Tageslichts. Wenn Proust Freunde sehen will, empfängt er sie zu nachtschlafender Zeit.

Proust wird immer einsamer, verbringt seine Tage kurzatmig im Bett, vermeidet jede überflüssige Bewegung und ißt immer weniger. »Ich esse nicht einmal alle 24 Stunden mehr (nicht regelmäßig, aber häufig), so wie ich erst mit 24 Stunden angefangen habe, nur noch 48 Stunden, und dabei jedes Mal nur die Hälfte von dem, was ich vorher zu mir nahm.« Je weniger Proust zu sich nimmt, desto mehr schreibt er. Tausende Seiten seiner Werke schöpft er aus der Erinnerung. Und Erinnerung ist sein kostbarstes Gut, weil er, wie er einmal seiner Haushälterin gesteht, »gar keine Phantasie« besitzt.

Um Vergangenem auf die Spur zu kommen, dringt Proust in die tiefsten Winkel seines Gedächtnisses ein. Dort holt er Dinge hervor, die er nicht mehr erleben kann. So schmeckt er dem Geruch des Meeres nach, ruft sich das Wispern des Windes in den Zweigen zurück, das Knistern der Butter in der Pfanne, riecht die Apfelblüte. Auf diese skurrile Weise verbringt er als moderner Einsiedler inmitten der brausenden Großstadt Pa-

ris seine Tage. Und weil er fest überzeugt ist, daß »Verlangen die Dinge zum Blühen bringt, während der Besitz sie verwelken läßt«, geht ihm eigentlich nichts ab. Ärgern tut er sich nur über Probleme mit der Veröffentlichung seiner Werke. Gottlob ist Proust finanziell so unabhängig, daß er, nachdem alle Verlage eines seiner Werke abgelehnt haben, einen Privatdruck finanzieren kann. Begeisterte Rezensionen erscheinen, und plötzlich stehen die Verleger Schlange. Und nachdem Proust den renommierten Prix Goncourt erhalten hat, ist klar, daß er zu den bedeutendsten französischen Literaten gehört.

Durch das ständige Liegen wird er immer matter. Schließlich ist sein Kreislauf so schwach, dass seine Haushälterin Céleste die Ärzte zu Hilfe ruft. Genau diejenigen aller seiner Zeitgenossen, die er am wenigsten sehen will. Tage zuvor hat er Céleste schwören lassen, daß sie eine lebensverlängernde Spritze verhindern wird. Jetzt stehen die »Leichenfledderer« mit weiser Miene um sein Bett und drücken dem zitternden Proust die verhaßte Spritze ins Fleisch. Während Céleste das Bett glattstreicht, umklammert er mit angstgeweiteten Augen ihren Arm und flüstert seine letzten Worte: »Ach, Céleste. Warum haben Sie das erlaubt?«

Hermann Fürst von Pückler-Muskau – Der Parkomane

* 30.10.1785 auf Schloß Muskau/Oberlausitz, † 4.2.1871 auf Schloß Branitz bei Cottbus
Die Parkanlagen des Fürsten waren schon zu seinen Lebzeiten berühmt und sind auch heute noch sehenswert.
Werke: Briefe eines Verstorbenen, 1830/31; Andeutungen über Landschaftsgärtnerei, 1834

Mit 25 Jahren erbt Pückler einen Besitz von rund 600 Quadratkilometern in der Gegend von Cottbus. Dazu gehören das Städtchen Muskau, 45 Dörfer, Eisenwerke, Glashütten und eine Brauerei, die Bier bis Berlin und Leipzig liefert. Es ist die größte Standesherrschaft in Deutschland. So kann sich der junge Dandy exklusive Hobbys leisten: Rassepferde, teure Wagen, mondäne Reisen, Luxusfrauen, Mode nach dem letzten Schrei und schwelgerische Tafelfreuden. Um Eindruck auf die High Society zu machen, läßt Pückler sich in einer von vier Hirschen gezogenen Kutsche in Berlin Unter den Linden bewundern. Bereits dieser extravagante Lebensstil verschlingt ein Vermögen, doch als Pückler schließlich durch →Goethe seine wahre Leidenschaft, die Landschaftsgärtnerei, entdeckt, wird es richtig teuer.

In Muskau legt Pückler seinen ersten Park nach englischem Vorbild an und verschuldet sich damit total. Den drohenden Konkurs versucht er durch die Heirat einer schwerreichen Frau abzuwenden. Doch welche soll er nehmen? Pückler ist ständig verliebt, hat Abenteuer mit Küchenmädchen und Damen von Stand, ist flatterhaft und muß manches Duell mit eifersüchtigen Liebhabern und Ehemännern ausfechten. Sein suchender Blick fällt auf Adelheid, die Enkelin des preußischen Staatskanzlers Fürst Hardenberg. Die 20jährige lebt mit ihrer Mutter, der geschiedenen Reichsgräfin Lucie von Pappenheim, und deren schöner Pflegetochter Helmine (wahrscheinlich Lucies Tochter aus einem Seitensprung) in Berlin.

Vorsichtig sondiert Pückler Adelheids finanziellen Hintergrund. Sollte sie genug mit in die Ehe bringen, hofft er durch die Heirat nicht nur Adelheids Vermögen, sondern auch Helmine zu gewinnen, in die er bis über beiden Ohren verliebt ist. Doch Adelheids Mitgift ist zu klein, also wendet sich Pückler der Mutter der beiden Schönen zu. Lucie ist zwar neun Jahre älter als er, aber dafür besitzt sie ein stattliches Vermögen. Außerdem hofft Pückler, daß die verehrte Helmine mit ihrer »Pflegemutter« nach Muskau zieht, und er auch ihr näher kommen könnte. Der verwegene Plan geht auf – fast. Lucie ist mit der Heirat einverstanden, doch Helmine bleibt in Berlin. Trotzdem hat Pückler mit Lucie nicht nur ein Vermögen gewonnen, sondern einen

Joker im Spiel des Lebens gezogen. Seine Frau wird seine beste Ratgeberin.

Gemeinsam bauen die Pücklers verschwenderisch an ihrem Paradies weiter. Der berühmte Architekt Schinkel wird beauftragt, Pläne für den romantischen Umbau des Schlosses zu entwerfen. Seine Erfahrungen bei der Parkgestaltung verarbeitet Pückler in seinem Standardwerk »Andeutungen über Landschaftsgärtnerei«. Sein Gartenbaufieber hält so lange an, bis auch Lucies enormes Vermögen durchgebracht ist. Als selbst ihr Schmuck verkauft werden muß, hat sie eine grandiose Idee. Sie schlägt Pückler vor, sich scheiden zu lassen, damit er eine andere reiche Erbin heiraten kann. Man könne dann zu dritt leben und das phantastische Werk mit frischem Schwung und frischem Geld fortsetzen. Pückler – ein Mann ohne Vorurteile – ist begeistert und setzt die Idee in die Tat um.

Sofort nach der Scheidung reist Pückler nach England zur Brautschau. Täglich berichtet er seiner Exfrau von unterwegs in brillant formulierten Briefen über seine Versuche, ans große Geld zu kommen. Die Briefe sind eine einzigartige Mischung aus Naturbeschreibung, Satire, Sittenschilderung, Reiseführer und Liebesbrief: »Ach, meine Schnuckie, hättest Du nur 150 000 Taler, ich heiratete Dich gleich wieder.«

Drei Jahre fährt Pückler von Schloß zu Schloß, streicht von Party zu Party und versucht, sich einer betuchten jungen Lady ins Herz zu tanzen. Aber die reichen Engländer sind mißtrauisch gegenüber dem Charmeur vom Kontinent, und niemand will dem »Glücksjäger«, wie er inzwischen genannt wird, seine Tochter geben. Deprimiert muß »Prince Pickle« (so bezeichnet ihn →Charles Dickens) – die Schulden sind durch sein standesgemäßes Auftreten bei den reichen Briten ins Unermeßliche gestiegen – die Heimreise antreten. Trotzdem erweist sich die Reise als Gewinn. Mit Hilfe des Freundes Varnhagen von Ense hat Lucie Pücklers Briefe lektoriert und für den Druck vorbereitet. Die pikanten Stellen haben sie einfach gestrichen. Das anonym erscheinende Werk mit dem Titel »Briefe eines Verstorbenen« macht Pückler zum meistgelesenen deutschen Autor des 19. Jahrhunderts und zum Millionär. Ermutigt veröffentlicht er die vor Jahren verfaßten »Andeutungen über Landschaftsgärtnerei« und »Tutti-frutti« in vier Bänden.

Pückler, nun wieder gut bei Kasse, reist nach Malta, Griechenland und Nordafrika. Als Sultan kostümiert reitet er hoch zu Kamel von Pascha zu Emir und schließt Freundschaft mit dem ägyptischen Sultan Mehemet Ali.

Während der Reise wird Pücklers Karawane immer größer. Unterwegs gibt es arabische Sklavenmärkte, und dort werden Schönheiten wie aus Tausend-und-einer-Nacht angeboten.

Für Pückler und seine Untergebenen ist es das Paradies auf Erden. Jeder der kühlen Preußen legt sich einen kleinen Harem zu. In Ägypten kauft Pückler die 15jährige äthiopische Prinzessin Machbuba, »die Goldene«, in die er sich unsterblich verliebt. Auf dem Rückweg verabschiedet er sich in der Türkei nach und nach von seinen Haremsdamen, nur von Machbuba will er sich nicht trennen. Vorsichtig versucht er, Lucie in Briefen auf ein Leben zu dritt vorzubereiten. Lucie reist ihm nach Budapest entgegen. Im Hotel Gellert kommt es zum Krach. Sie, die seine vielen Seitensprünge bisher klaglos ertragen hat, ist nicht bereit, Pückler in Muskau mit einer 15jährigen Schwarzen zu teilen. Empört reist sie nach Berlin.

Pückler zieht betrübt mit Machbuba ins Muskauer Schloß. Er weiß nicht ein noch aus. Er braucht Lucie als Seelenfreundin, und er liebt Machbuba mit Haut und Haaren. Seine flehenden Bitten, zurückzukehren, beantwortet Lucie ablehnend. Um sie umzustimmen, reist Pückler nach Berlin. Umsonst. Als er zurückkehrt, ist Machbuba an einer Lungenkrankheit gestorben und begraben. Erschüttert läßt er eine lebensgroße Statue von ihr anfertigen und stellt sie im Park auf. Das Gesicht der kleinen Prinzessin ist nach ihrer Totenmaske modelliert. Nun ist Lucie bereit, zurückzukehren und weiter am Park mitzubauen. Die Honorare für seine Reiseabenteuer mit dem Titel »Semilasso in Afrika« fließen, wenn auch spärlicher als bei den »Briefen eines Verstorbenen«.

Doch eines Tages holen die immensen Schulden Hermann und Lucie aus ihren Träumen zurück. Die Herrschaft Muskau muß verkauft werden. Dank eines fürstlichen Verkaufspreises ist Pückler nach Abzug aller Schulden wieder ein reicher Mann.

Das geschiedene Paar zieht – weiterhin in Liebe vereint – auf das Schloß Branitz bei Cottbus. Pückler hatte vor 30 Jahren dem Verwalter angeordnet, die »alte Bude« abzureißen, was dieser gottlob einfach ignoriert hatte. Mit Hilfe Gottfried Sempers wird aus dem finsteren Kasten ein architektonisches Schmuckstück. Und nun zeigt der 60jährige sein Genie. Mit all seiner gärtnerischen Erfahrung und sicherem künstlerischen Gefühl entwirft er rund um das Schloß das Wunderwerk eines Landschaftsgartens.

Als Pückler stirbt, läßt er seinen Körper in Salzsäure auflösen. Mit Ausnahme seines Herzens. Das wird in einer verschlossenen Silberkapsel nachts bei Fackelschein über einen Schloßteich gerudert und in einer Pyramide versenkt. »In 150 Jahren erst wird sich mein Park zu seiner vollen Pracht entfalten«, hatte Pückler gesagt. Das war nicht übertrieben. Schloß Branitz ist eine Reise wert.

Alexander Sergejewitsch Puschkin – Der Zwerg mit dem Affengesicht

* 26.5.1799 in Moskau,
† 23.1.1837 in St. Petersburg
Der einer alten Adelsfamilie entstammende Dichter gilt als der Schöpfer der russischen Literatursprache.
Werke: Eugen Onegin, 1825-1833; Boris Godunov, 1831; Die Erzählungen des verstorbenen Ivan Petrovic Belkin, 1831; Mozart und Salieri, 1832; Ägyptische Nächte, 1837; Der steinerne Gast, 1840

Er selbst bezeichnet sich als »Zwerg mit Affengesicht« und ist über sein Aussehen unglücklich; aber die Damen fliegen auf ihn. Puschkins Urgroßvater Ibrahim Hannibal, der Leibmohr Zar Peters des Großen, hat ihm nicht nur sein dekoratives Kraushaar, sondern auch unwiderstehliche dunkle Augen vererbt, aus denen die heiße Sonne Abessiniens leuchtet. Wenn Puschkin mit seiner samtweichen Negerstimme Gedichte vorträgt, erfaßt ein namenloses Sehnen das Herz seiner Zuhörerinnen nach dem Magier des Wortes, der mit der Sprache spielt wie ein Virtuose auf dem Klavier.

Als Schöpfer der russischen Literatursprache kann man Puschkin ohne weiteres mit →Luther oder Dante vergleichen. Sein geniales Konzept ist überzeugend einfach: Aus dem Kirchenslawisch übernimmt er, was in der Umgangssprache lebendig ist;

durch die Märchen und Erzählungen seiner alten Kinderfrau lernt er die Kunst des bildhaften Ausdrucks der Volksdichtung; und als Muster für den eleganten Satzbau dient ihm das Französische, das er wie seine Muttersprache beherrscht.

Mit ungeheurer dichterischer Kraft erzählt Puschkin Ereignisse aus der Vergangenheit wie die blutrünstige Geschichte des Zaren Boris Godunow, die später durch Mussorgsky zur Oper wird, und das Psychodrama »Eugen Onegin«, das Tschaikowsky zum Bühnenerfolg macht. Auch der Welterfolg des Films »Amadeus« basiert auf Puschkins Künstlerkrimi »Mozart und Salieri«. Mehrfach verdichtet er in seinen Geschichten dramatische Duellszenen, worin er die Borniertheit gehobener Standesdünkel anprangert. In seiner Erzählung »Der Schuß« erscheint der Erzähler beim Duell mit einer Mütze voll Kirschen. Während sein Kontrahent auf ihn zielt und feuert, ißt er mit provozierender Gelassenheit die Kirschen, spuckt die Kerne aus und verzichtet auf seinen Schuß, nachdem der Gegner ihn verfehlt hat.

Meistens ist die Eifersucht das auslösende Moment solcher Auseinandersetzungen. Puschkin, der russische Don Juan des 19. Jahrhunderts, könnte selbst genügend betrogenen Ehemännern der Anlaß sein, zur Waffe zu greifen. Doch er hat Glück – bis ein eleganter französischer Adliger in seinem Haus erscheint und sich in seine Schwägerin Katka verliebt. Puschkin glüht vor Eifersucht, weil er mit Katka, deren Schwester Asja und seiner Frau in einer Art »Ménage à quatre« lebt. Als der Fremde die Schwägerin heiratet und nun als Familienmitglied Puschkins Frau umschwärmt, sieht der Dichter rot und fordert den Schwager zum Duell. Die Lose werden gezogen: der Schwager darf als erster schießen und trifft den Dichter mit einem Bauchschuß. Der tödlich Verwundete sammelt seine letzten Kräfte und schießt. Die Kugel prallt an einem Metallknopf der Offiziersuniform des Schwagers ab. Zwei Tage später stirbt Puschkin auf der Höhe seines Ruhms mit den Worten: »Das Atmen fällt mir schwer. Irgend etwas drückt mich nieder.«

*Arthur Rimbaud (r.)
mit Paul Verlaine in London
Zeichnung von Félix Regamey (1872)*

François Rabelais –
Der gelehrte Nimmersatt

* um 1494 in La Devinière,
† 9.4.1553 in Paris
Berühmt ist der Schriftsteller bis heu-
te für seine märchenhafte Satire über
die Abenteuer zweier verfressener
Riesen.
Werk: Gargantua und Pantagruel,
1532-1564

In einem seiner Bücher sagt er: »Appetit kommt beim Essen.« Das ist nicht nur ein wunderbares geflügeltes Wort, es ist die Quintessenz seines Wesens. François Rabelais ist schlichtweg unmäßig. Kaum hat er von irgendetwas »genascht«, will er mehr und mehr. Sein Vater, Besitzer eines Weingutes, gibt den 14jährigen zur Ausbildung in ein Franziskanerkloster. Hier kommt sich der bildungshungrige Junge wie ein auf Kerkerkost gesetzter Gefangener bei Barbaren vor, denn von Bildung halten die frommen Patres wenig. Kaum durchblickt der junge Mönch den reglementierten Stumpfsinn der Klosterbrüder, tritt er in Kontakt mit kultivierten Männern wie den Brüdern du Bellay und verschafft sich heimlich Bücher. Nacht für Nacht verschlingt er nun bei Kerzenschein die Schriften des Erasmus von Rotterdam, die griechischen Klassiker und auch sehr weltliche Werke. Das Studium beflügelt Rabelais' Geist und nährt seinen gallischen Mutterwitz. Die Verwandlung bleibt seinen Oberen nicht verborgen.

Sie spionieren ihm nach, veranstalten in seiner Zelle eine Razzia und finden verbotene Geisteswerke.

Rabelais entzieht sich der Bestrafung durch Flucht. Einflußreiche Freunde schützen ihn vor weiterer Verfolgung durch Intervention beim Papst. Dieser hebt Rabelais' Zugehörigkeit zum Franziskaner-Orden auf und erlaubt ihm, in ein Chorherrenstift einzutreten. Das Angenehme: der Chorherren-Job ist mit einer Pfründe verbunden. Nun kann Rabelais nach Herzenslust studieren und frißt sich, man kann es nicht anders ausdrücken, durch die reiche Chorherrenbibliothek. Dadurch wird er zu einer Art wandelndem Lexikon. Neben den damals bei Akademikern allgemein bekannten Sprachen Griechisch, Latein, Hebräisch, Französisch und Spanisch lernt Rabelais Englisch und Deutsch, Holländisch, Dänisch, Arabisch, Baskisch und mehrere französische Dialekte. Der Mann mit der Riesennase, den Wulstlippen, den Kräusellocken und den großen wachen Augen verschlingt zudem alle grundlegenden Werke über Theologie, Mathematik, Astronomie, Rechtswissenschaft, Landvermessung und ist ein ausgezeichneter Musiker, Maler und Dichter. Man fragt sich, wann er schläft.

Nachdem Rabelais alle wichtigen Werke des Chorherrenstiftes durchgeackert hat, packt er eines Tages seine Siebensachen und verläßt im Gewand eines Weltgeistlichen, ohne seine

Oberen zu informieren, das Stift. Denn während der rastlosen Suche nach Bildung hat er seinen wahren Beruf entdeckt: er möchte Arzt werden. In zwei Jahren ist er mit dem Studium fertig und wird Krankenhausarzt in Lyon. Nebenher schreibt er medizinische Fachbücher und seinen großen satirischen Roman »Gargantua und Pantagruel«, der seinen Namen unsterblich machen wird. Das Werk kommt über die Menschheit wie ein Naturereignis. Niemand vor ihm hat so bissig die Kirche verspottet. Rabelais ist eine Art satirischer Menschenfresser, der heuchlerische Pfaffen, fachidiotische Gelehrte, korrupte Beamte und kurpfuschende Mediziner verschlingt. Kaum auf dem Markt, ist das Buch ein Skandal wie →Darwins »Entstehung der Arten«. Zum Glück ist Rabelais inzwischen Leibarzt von Kardinal du Bellay, denn das schützt ihn vor Verfolgung. Und als Papst Paul III. und König Franz I. ihre schützende Hand über ihn halten, können ihn weder Katholiken noch Protestanten samt »Gargantua und Pantagruel« auf dem Scheiterhaufen verbrennen, was sie gerne möchten.

Den Humorlosen ist das Buch ein Dorn im Auge, Menschen mit dem Herzen auf dem rechten Fleck aber lachen Tränen über die Abenteuer der wilden Riesen. Auflage um Auflage erscheint. In Übersetzungen wird die tolle Story europaweit bekannt und erfreut bis heute die Leser. Die Lust

des Dichters an Verrücktheiten geht so weit, daß er sich auf dem Sterbebett einen Domino anzieht, weil in der heiligen Schrift steht: Beati qui moriuntur in domino.* Mit dem Satz: »Laß den Vorhang herunter, die Kömodie ist zu Ende« schließt das satirische Genie der Lutherzeit für immer die boshaft lachenden Augen.

* Unübersetzbares Wortspiel: Glücklich, die im Herrn sterben. Domino hat in diesem Fall die Bedeutung von Herr, aber auch die des Kapuzenmantels der italienischen Geistlichen. Ab dem 18. Jahrhundert ist der Domino der schwarzseidene Maskenmantel im Karneval von Venedig.

Wilhelm Reich – Der Sexprofessor
* 24.3.1897 in Dobrzcynica (Galizien), † 3.11.1957 in Lewisburg, USA
Das Werk des Psychoanalytikers und Freud-Schülers ist disparat, weshalb man in Fachkreisen den »frühen« und den »späten« Reich unterscheidet. Der »links von Freud« arbeitende Reich eröffnete Sexualberatungsstellen in Deutschland und mußte später ins Exil fliehen. Hier befaßte er sich mit einer Maschine zur Akkumulation von Lebensenergie, aber auch mit Außerirdischen Flugobjekten (UFOs). Werke: Der triebhafte Charakter, 1925; Sexualerregung und Sexualbefriedigung, 1929; Die sexuelle Revolution, 1930; Der sexuelle Kampf der

Jugend, 1932; Die Massenpsychologie des Faschismus, 1933

Eine erste wichtige Entdeckung macht Wilhelm im Alter von viereinhalb. Er bemerkt, daß die Amme seines Bruders im Genitalbereich anders aussieht als er, und versucht mit ihr das Doktorspiel. Die zweite macht er als Zwölfjähriger, als er seine Mutter mit seinem Hauslehrer im Bett entdeckt. Als er das seinem Vater erzählt, bringt sich seine Mutter um. Der Vater, ein assimilierter jüdischer Gutsbesitzer, hat sie solange geschlagen und gequält, bis sie Gift nimmt. Daraufhin will sich der Haustyrann völlig verstört selbst erschießen. Nur die Sorge um die beiden Söhne hält ihn ab. Erst nachdem der Vater eine hohe Lebensversicherung abgeschlossen hat, begeht er Selbstmord auf Raten: beim Fischfang. Immer wieder bleibt er so lange im eiskalten Wasser, bis er sich an den Folgen einer Lungenentzündung zu Tode hustet. Die verwaisten Söhne versuchen sich als Gutsbesitzer und warten auf die Lebensversicherung, die niemals kommt. Kaum hat Wilhelm Reich von der Landwirtschaft den Anflug einer Ahnung, muß er als österreichischer Leutnant in den ersten Weltkrieg reiten. Nach der Niederlage gehören Reichs Gutshof und die gesamte Bukowina zum Imperium des roten Zaren. Arm wie eine Synagogenmaus geht er nach Wien, wo er sich von mildtätigen Gaben ernährt, Bücher schnorrt und studiert,

bis die Augen schmerzen. Bereits nach acht Semestern promoviert Reich, und seine intensive Beschäftigung mit den Krankheitsursachen hat ihm immer klarer gemacht, daß die meisten psychosomatischen Ursprungs sind. Reich hält die gesamte moderne Menschheit für krank. Um zu helfen, richtet er Beratungsstellen für Sexualprobleme ein. Sein Mentor →Sigmund Freud schreibt leicht ironisch an →Lou Andreas-Salomé: »Wir haben hier einen Doktor Reich, einen braven, aber impetuösen jungen Steckenpferdreiter, der jetzt im genitalen Orgasmus das Gegenmittel jeder Neurose erklärt.«

Jugendliche huschen in Reichs Praxis, um sich Verhütungsmittel zu besorgen. Moralisch entrüstete Kollegen geifern: »Er will, daß wir aus den Turnhallen unserer Vereine Bordelle machen.« Reich kontert: »Die meisten Psychoanalytiker waren genital gestört, und deshalb haßten sie die Genitalität.«

Als Wien nationalsozialistisch wird, flüchtet Reich nach Skandinavien. Während in Österreich seine Bücher brennen, erforscht er in Norwegen sexuelle Reaktionen, wird als »jüdischer Pornograph« beschimpft und zum Verrückten erklärt. Eine Hetzkampagne zwingt ihn zur erneuten Emigration. In den USA erteilt ihm eine Universität einen Lehrauftrag. Doch auch hier lauern bereits die Moralapostel. Eines Nachts umstellt die Polizei sein Haus und verhaftet ihn im Ehebett. Es geht zu wie im Wildwestfilm. Der Sheriff verbietet Reich, seinen Anwalt anzurufen. Seine Frau erfährt nicht, wohin er gebracht wird. Er weiß nicht, warum er verhaftet ist. Die erste Nacht in Untersuchungshaft verbringt Reich auf ausgebreiteten Zeitungen. Als er sein Recht durch Hungerstreik erzwingen will, läßt ihn der Sheriff frei. Inzwischen hat eine Hausdurchsuchung stattgefunden, aber es wurde nichts Verdächtiges entdeckt. Diese illegale Polizeiaktion beunruhigt Reich nicht sonderlich. Ähnliches hat er bereits mehrmals in Europa erlebt.

1942 kauft Reich in Maine eine abgelegene alte Farm mit über 100 Hektar Land. Dort will er das Forschungszentrum »Orgonon« zur Heilung und Befreiung der Menschheit errichten. Die schöne Vision bleibt in den Anfängen stecken. Statt Geldgeber aufzutreiben, versinkt Reich immer tiefer in seine Gedankenwelten, grübelt über klimaverändernde Instrumente, macht Erfindungen, die das Wetter beeinflussen und läßt es selbst in der Wüste Arizonas regnen. Durch TV-Berichte wird der »Regenmacher« landesweit bekannt.

Eines Tages bastelt Reich einen großen Kasten »ohne Drähte, Knöpfe und Motor« zusammen. Diese geheimnisvolle Kiste löst eine Katastrophe aus. Ein vorwitziger Zeitungsredakteur behauptet, es handle sich um ein »revolutionäres Gerät zur Potenzsteigerung«. Ein Richter leitet Ermitt-

lungen wegen Verdachts auf »Kurpfuscherei und Betrug« ein. Reich schüttelt fassungslos den Kopf und kommt nicht zur Gerichtsverhandlung. Ihm erscheint die Anklage als schwachsinnig. Sein Nichterscheinen bewirkt eine zweite Anklage wegen »Mißachtung des Gerichts«. Was hat der Verdächtige zu verbergen? Der Richter ordnet an, den geheimnisvollen Kasten und Reichs »sittenwidrige Schriften« zu vernichten. Reich kann es kaum fassen: Solche Nazimethoden im freiesten Land der Welt hält er für ausgeschlossen, – bis FBI-Beamte den »Potenzkasten« und Geräte zerhacken und Reich und seine Mitarbeiter auffordern, die Bibliothek des Forschungszentrums kistenweise auf den LKW zu schaffen. Die Bücher werden verbrannt. Das Ergebnis jahrzehntelanger Forschung ist vernichtet. Jetzt wird Reich persönlich zur Rechenschaft gezogen und wegen »Mißachtung des Gerichts« zu zwei Jahren Zuchthaus verurteilt. Eines Morgens, nach siebeneinhalb Monaten Haft, findet ein Wärter den Sechzigjährigen tot auf seiner Pritsche.

Zehn Jahre später wird Reichs revolutionäres Werk wiederentdeckt und »Die Funktion des Orgasmus« zu einer der heiligen Schriften der Studentenbewegung von 1968. Ein Freund sagte über Reich: »Er fühlte sich Hunderte von Jahren seiner Zeit voraus...

Er glaubte, daß seine Entdeckungen ihn an die Seite von Galileo Galilei und Giordano Bruno stellten, und er akzeptierte seine sehr realen Verfolgungen als unvermeidliches Schicksal eines jeden großen Entdeckers.«

Rainer Maria Rilke –
Ein Leben im Elfenbeinturm

eig. René Maria Rilke
* 4.12.1875 in Prag,
† 29.12.1926 in Val Mont/Montreux
Rilke war der einflußreichste deutschsprachige Lyriker der ersten Hälfte des 20. Jahrhunderts. Wie kaum ein anderer Dichter erweiterte er die die lyrischen Ausdrucksmöglichkeiten der deutschen Sprache. Werke: Das Buch der Bilder, 1902; Die Weise von Liebe und Tod des Cornetts Christoph Rilke, 1904; Das Stunden-Buch, 1905; Die Aufzeichnungen des Malte Laurids Brigge, 1919; Duineser Elegien, 1923; Briefe an einen jungen Dichter, 1929

Die Mutter drückt dem Leben ihres Sohnes einen Stempel auf, von dem Rainer Maria sich nie mehr erholen wird. Die ersten fünf Jahre wird er als Mädchen erzogen, was der Vater, ein beim Militär gescheiterter Bahninspektor, mit sehr gemischten Gefühlen sieht. Daher schickt er den zehnjährigen Junge vom tschechischen Prag aus nach Österreich in eine Art Kadettenanstalt, wo ein Mann aus ihm gemacht werden soll. Rainer Maria, bisher ohne Kontakt zu Gleichaltrigen aufgewachsen, verzweifelt in der Anstalt, die 500 Jungen beherbergt. Der Kasernenhofton, die Männlichkeitsrituale, der Kadavergehorsam peinigen Rainer Marias empfindsame Seele. Diese Zeit wird für ihn zu einer »überlebensgroßen Erfahrung der Einsamkeit«. Daß Rilke die »Strafanstalt« nach fünf Jahren verlassen darf, liegt an seinem schlechten Gesundheitszustand. Seine Vorgesetzten halten ihn schlicht für eine Niete, die dem hehren Dienst für Kaiser, Gott und Vaterland nicht gewachsen ist.

Nach einem Jahr »Kränklichkeit und Ratlosigkeit« schickt der enttäuschte Vater den Jungen auf eine Handelsakademie. Doch auch hier versagt er. Nun versuchen seine Eltern es mit Privatunterricht, und plötzlich geht alles wie von selbst: Der junge Mann schafft das Abitur mit ausgezeichnetem Erfolg und studiert Kunst- und Literaturgeschichte. Da lernt der 21jährige die 14 Jahre ältere Schriftstellerin →Lou Andreas-Salomé kennen, die neben ihrem Gatten, den sie nie in ihr Bett ließ, schon eine ganze Reihe von Verehrern verschlissen hat, unter anderem →Friedrich Nietzsche. Denn sie lebt absolut egoistisch, ohne Rücksicht auf die Grenzen und die Interessen anderer. Als gnadenlose Emanze meint sie: »Alle Liebe ist auf Tragik angelegt. Nur stirbt die glückliche an Übersättigung, die unglückliche an Hunger.«

Die Femme fatale ist von Rilke wie

RAINER MARIA RILKE 283

elektrisiert. Mit sicherem Blick für Qualität erkennt sie seine überragende Begabung und erwählt ihn zu ihrem ständigen Begleiter. Zwei Reisen führen das seltsame Paar nach Rußland. Inspiriert von der Beziehung entsteht Rilkes erstes großes Werk, in dem er den Helden nach einem Liebesabenteuer mit einer balkanesischen Schloßherrin in der Schlacht den Heldentod sterben läßt. Es ist die berühmte »Weise von Liebe und Tod des Cornetts Christoph Rilke«. Die in einer Herbstnacht entstandene Romanze trifft den Ton der Zeit, erlebt Auflage um Auflage, macht den Dichter berühmt und wird später über eine Million mal verkauft. Ist es der Schwanengesang auf die Beziehung?

Rilke jedenfalls trennt sich kurz darauf von seiner alternden Geliebten und heiratet die junge Bildhauerin Clara Westhoff. Doch er ist anscheinend nicht für das häusliche Glück geschaffen. Nach etwas mehr als einem Jahr geben die beiden den Eheversuch auf. Er ist sich sicher: »Ein Miteinander zweier Menschen ist eine Unmöglichkeit und ... eine Beschränkung, welche einen Teil oder beide Teile ihrer vollsten Freiheit und Entwicklung beraubt.«

Nach der Trennung von Frau und Tochter reist Rilke von Land zu Land, von Stadt zu Stadt durch ganz Europa. Wo der inzwischen Berühmte auftaucht, öffnen sich ihm Frauenherzen und die Geldbörsen gelangweilter reicher Leute, die dem vazierenden Dichter ihre Landvillen, Stadtpalais' und Schlösser zur Verfügung stellen. Hier führt Rilke das Leben, wie es sich normal arbeitende Menschen von einem Dichter vorstellen: er wandelt nachmittags, mit feinen Damen tiefsinnige Gespräche über den Sinn des Lebens führend, durch Parkalleen, dichtet anschließend seine formvollendeten Werke und liest abends den andächtig lauschenden Kunstfreunden seine Neuschöpfungen am Kamin vor. Trotzdem geht ihm das Luxusleben manchmal derart auf das Gemüt, daß er sich nach einem stinknormalen Job wie »Universitätslehrer« sehnt, denn Dichten ist ein harter Beruf. Während er auf die poetische Inspiration wartet, könnte Rilke vor Ungeduld die Wände hochgehen. Wenn sie dann urplötzlich über ihn kommt, beginnt sein schwächlicher Körper zu erzittern. »Es wurde mir daneben, in einem Ansturm des Geistes, den ich körperlich kaum ertrug, so ungeheuer und unaufhaltsam war er – noch ein ganzes Buch Sonette geschenkt.« Für Robert Musil ist Rilke der größte Lyriker, »den die Deutschen seit dem Mittelalter besessen haben«.

Peter Rühmkorf sagt schlicht: »Ich schätze ihn hoch, aber ich kann ihn nicht leiden.« Und wie poetisch drückt sich der Poet auf dem Sterbebett einer Freundin gegenüber aus? »Helfen Sie mir zu meinem Tod, ich will nicht den Tod der Ärzte, ich will meine Freiheit haben. Das Leben kann mir nichts mehr geben. Ich war auf allen Höhen... Vergessen Sie nie, Liebe, das Leben ist eine Herrlichkeit.«

Arthur Rimbaud – Der Mann mit den Windsohlen

* 20.10.1854 in Charleville (Arden-nen), † 10.11.1891 in Marseille
Der französische Dichter schrieb Schlüsseltexte der Moderne, die ihre Kraft bis heute nicht eingebüßt ha-ben.
Werke: Briefe des Sehenden, 1871; Eine Zeit in der Hölle, 1873; Das trunkene Schiff, 1883; Illuminatio-nen, 1886

Rimbauds Vater ist ein Luftikus, der als Hauptmann von Garnison zu Gar-nison zieht. Zuhause kreuzt er nur auf, um aus Mangel an anderer Gele-genheit mit seiner hartgesichtigen Frau zu schlafen. Die kurzen Besuche enden stets mit handfestem Ehekrieg. Nach der Geburt seiner Schwester Isa-belle sieht der sechsjährige Arthur sei-nen Vater zum letzten Mal. Die Mut-ter, eine herrschsüchtige, geizige, hochmütige, wohlhabende Bauern-tochter, übernimmt das Regiment über ihre vier Kinder. Nur vor dem Pfarrer beugt sie den Nacken, denn Frömmelei ist ihr Lebenselixier. Ihre Liebe aber gilt dem Friedhof und bei Begräbnissen blüht sie richtig auf. Die Vorfreude auf den Himmel geht so weit, daß sie sich von den Totengrä-bern probeweise in ihre Gruft versen-ken läßt, um die Süße des Todes zu kosten. Statt Liebe gibt es bei Mutter Rimbaud harte Strafen, und so zieht sich Arthur in sich selbst zurück und dichtet: »Du wirst Dichter sein! In meine Glieder gleitet dann unsagbar sanfte Wärme...«

Mit 15 wird Rimbaud in die Rheto-rik-Klasse aufgenommen. Sein Freund und Lehrer Izambard erinnert sich an den ersten Auftritt des neuen Schülers: »Ein wenig geziert, folgsam und sanft, mit sauberen Fingernägeln, fleckenlosen Heften, erstaunlich kor-rekten Arbeiten, idealen Klassenno-ten.« An Selbstbewußtsein mangelt es dem Fünfzehnjährigen nicht. Er schickt ein Gedicht an den Herausge-ber des »Parnass« mit der Drohung: »Vielleicht werde ich in einem Jahr in Paris sein.« Rimbaud erhält keine Antwort, aber in seiner Schule wird er mit Lorbeeren überhäuft. Doch hier fühlt er sich eingeengt und Rimbaud will frei sein, die Welt revolutionieren und den Sturz des Kaiserreichs miter-leben.

Als Mutter und Schwestern auf ei-nem Spaziergang sind, flüchtet Rim-baud Ende August 1870 Richtung Pa-ris. Unterwegs wird er ohne Zugticket erwischt und verhaftet. Aus dem Knast schreibt er einen verzweifelten Brief an Izambard. Sein Lehrer rettet ihn, doch bereits am 7. Oktober flüch-tet Rimbaud erneut. Wieder rettet ihn der treue Izambard. Rimbaud weigert sich, ins Gymnasium zurückzukehren

ARTHUR RIMBAUD 285

und treibt sich mit Homosexuellen herum. Seinem Freund Delahaye stehen die Haare zu Berge: »Er hatte Riesenfreude zu erzählen, daß er den schlimmsten Lastern huldigte.«

Rimbaud streunt umher, schläft unter Brücken, wird von Soldaten vergewaltigt. Dieser Schock ist so gewaltig, daß er über die »Schändung« drei Gedichte verfaßt: »Zwischen den Unbekannten hingestreckt, ohne Alter, ohne Gefühl... Ich wär beinah daran gestorben.« Nach der Krise entdeckt er durch die Schriften einiger Esoteriker und →Baudelaires »Blumen des Bösen« seinen wahren Beruf: er möchte »Seher« werden. Rimbaud liest nun alles, was er über Magie und Hokuspokus auftreiben kann. Izambart faßt sich an den Kopf, jetzt dreht der Junge völlig durch.

Ein Freund rät Rimbaud, seine Gedichte an →Verlaine zu schicken. Daß der Berühmte ihn nach Paris einlädt, erscheint dem »Seher« selbstverständlich. Zwischen dem häßlichen Verlaine und dem hübschen Rimbaud entwickelt sich sofort eine Liebesbeziehung. Das ungleiche Paar schmachtet sich an, prügelt aufeinander ein und versöhnt sich wieder: »Laß uns einander lieben in Christus.« Sie saufen Absinth bis an den Rand des Deliriums und erweitern ihr Bewußtsein im Haschischrausch. Verlaine wird völlig abhängig von seinem »lieben Kleinen«: »Er öffnete mir den Himmel mit seinen Küssen und seinen Umarmungen! Aber es war ein düste-

rer Himmel, in dem ich dennoch für immer geblieben wäre, selbst arm, taub, stumm und blind. Seine Liebkosungen wurden mir zum Bedürfnis.«

Der ewig ruhelose Rimbaud zieht mit Verlaine durch Paris. Sie reisen nach Belgien und England. In London beginnt Rimbaud, inspiriert von der irren Beziehung, sein berühmtes Buch »Eine Zeit in der Hölle«. Düstere Bilder von archaischer Kraft jagen einander: »Ach! die Lungen brennen, die Schläfen pochen! die Nacht rollt in meinen Augen, bei dieser Sonne!« Das ist die Stimme eines Mystikers, heidnisch, wild, kompromißlos.

Einmal fällt Rimbaud mit dem Messer über Verlaine her und sticht mit sadistischer Lust auf ihn ein. Die Wahnsinnsbeziehung währt bis zum 7. Juli 1873, als der völlig verzweifelte Verlaine seinen »Höllengefährten«, der ihn verlassen will, zu erschießen versucht. Zwei Kugeln treffen die Wand, die dritte verletzt Rimbauds Handgelenk. Verlaine kommt ins Gefängnis, Rimbaud kehrt auf den Bauernhof seiner Mutter zurück und beendet die »Zeit in der Hölle«. Er läßt das Buch in Brüssel auf eigene Kosten drucken und zieht mit einem Freund durch England. Hier schreibt er die »Erleuchtungen«, wird Hauslehrer in Stuttgart, wandert zu Fuß nach Italien, besucht Spanien und lernt Sprachen: Spanisch, Arabisch, Italienisch, Deutsch.

Im Alter von 19, wenn andere gerade ihre ersten dichterischen Versuche unternehmen, hört Rimbaud, einer der größten Lyriker der Welt, auf zu schreiben. Sein poetisches Werk ist in vier Jahren entstanden. Der »Mann mit den Windsohlen« wie ihn Verlaine nennt, tritt in die niederländische Kolonialarmee ein, reist nach Java, desertiert sofort und kehrt nach Frankreich zurück. Er arbeitet in Ägypten auf einer Plantage, kratzt in Luxor »Rimbaud« in eine Säule, schließt sich Piraten an, die gestrandete Schiffe ausrauben und wird Bauaufseher in Zypern. Später ist er Kaffee-Exporteur in Aden, Waffenschmuggler und Sklavenhändler in Somalia. Rimbaud möchte reich werden, hat aber als Händler kein Geschick und wird ständig übers Ohr gehauen. Mit 33 hat er graues Haar vom trostlosen Leben fernab der Zivilisation. Er lebt mit einer jungen Äthiopierin zusammen und später mit einer Dienerin aus dem »häßlichsten Stamm« der Gegend.

Eine nicht ausgeheilte Syphilis macht Rimbaud das Leben schwer. Mit 37 bekommt er eine Entzündung im Knie. Als die Schmerzen unerträglich werden, verkauft er alles, was er besitzt, und wird von Trägern im tropischen Regen zur Küste gebracht. Zum Glück fährt am gleichen Tag ein Schiff nach Aden. Der englische Arzt im europäischen Krankenhaus will das Bein sofort amputieren, doch Rimbaud hofft auf ein Wunder und lehnt ab. Vor Schmerzen kann er weder schlafen noch essen. Das rechte Knie ist »riesen-

groß angeschwollen wie ein dicker Kürbis«. Ein Schiff bringt Rimbaud nach Marseille, wo ihm sofort das Bein amputiert wird. Er halluziniert unter dem Einfluß von Schlafmitteln, Fieber und Mohn: »Ich bin ein toter Mann, verkrüppelt für mein ganzes Leben.« Langsam breitet sich die Lähmung über den ganzen Körper aus. Sechs Monate später ist Rimbaud tot.

Jean-Jacques Rousseau – Der menschenscheue Selbstdarsteller

* 28.6.1712 in Genf, † 2.7.1778 in Ermenonville bei Paris
Der von Rousseau formulierte Gesellschaftsvertrag beeinflußte alle demokratischen Verfassungen seit der Französischen Revolution.
Werke: Abhandlung, die im Jahre 1750 von der Akademie in Dijon preisgekrönt wurde, über die von dieser Akademie gestellte Frage: »Hat die Wiederherstellung der Wissenschaften und der Künste zur Verfeinerung der Sitten beigetragen?«, 1750; Abhandlung über den Ursprung, 1754; Über den Gesellschaftsvertrag, 1762; Emil oder Über die Erziehung, 1762; Rousseau urteilt über Jean-Jacques, 1780 bzw. 1782; Die Träumereien eines einsamen Spaziergängers, 1782

Die Mutter stirbt bei seiner Geburt. Der Vater, ein ruheloser Uhrmacher, der auf seinen Wanderungen bis nach Konstantinopel kam, unterrichtet den Jungen. Mit sechs kann er perfekt lesen. Vater und Sohn schlagen sich mit gegenseitigem Vorlesen die Nächte um die Ohren. Als der Junge zehn ist, findet das Bildungs-Idyll ein jähes Ende. Der Vater prügelt einem Offizier die Nase blutig und flüchtet vor dem drohenden Prozeß. Der Onkel steckt den Jungen als Bürolehrling in ein Notariat. Dort stellt er sich so dumm an, daß man ihn zu einem Graveur gibt, aber anstatt zu arbeiten, verdrückt Rousseau sich mit Büchern, bis ihn der Meister überrascht und die Bücher verbrennt. Als die Prügelpädagogik massiver wird, flüchtet der Sechzehnjährige. Er vagabundiert umher und schlägt sich als Taschenspieler und Hauslehrer durch, belügt dabei seine Wohltäter und verleumdet Unschuldige. Von sexuellen Phantasie getrieben, streicht Rousseau durch dunkle Alleen, »wo ich mich Frauen und Mädchen in jenem Zustand zeigen konnte, in dem ich gerne bei ihnen gewesen wäre«. Das Gefühl ist »unbeschreiblich«. Eines Tages wird der Exhibitionist von einer Schar mit Besen bewaffneter Frauen gestellt. In höchster Not rettet ihn ein Geschlechtsgenosse.

Rousseau landet bei Madame de Warens, einer vermögenden Witwe, die sich um gescheiterte Existenzen kümmert. Hier lernt er Geschäftsbriefe zu schreiben, Kräuter zu sortieren und Chemikalien zu destillieren. Aber eigentlich will Madame einen Priester aus ihm machen, doch dazu ist Rousseau zu faul. Freude hat er nur an der Musik, also läßt »Mama« seinen Gesang ausbilden. Rousseau lernt Flöte, Violoncello, Orgel und Dirigieren. Und auch das Verhältnis zu »Mama« intensiviert sich, als die dreizehn Jahre Ältere ihn eines Nachts in ihr Bett holt. Sein erster Koitus bereitet Rousseau noch ein schlechtes Gewissen: »Mir war, als hätte ich Blutschande begangen.« Aber dann läßt der Schock nach und so dringt Rousseau des Nachts in die Geheimnisse der Liebe ein und studiert tagsüber Locke, Leibniz und →Voltaire, büffelt Mathematik, Botanik, Geschichte und Geographie. Offenbar bringt der Sex mit »Mama« sein Hirn in Schwung.

Rousseau ist glücklich und glaubt, Mutter, Frau und Beruf in einem gefunden zu haben. Doch als er von einer längeren Reise zurückkehrt, wird ihm die Süße der wilden Ehe zur Hölle.

»Mama« stellt ihm einen großen Blonden vor und erklärt, dass man die Wonnen der Liebe nun zu dritt teilen werde. Entsetzt flieht er den Ort der Sünde.

1742 kommt er in Paris an, hält sich mit Musikunterricht über Wasser und findet sogar einen Verleger für sein erstes Opus »Abhandlung über die moderne Musik«. Ein Herzog verschafft Rousseau die Chance, ein musikalisches Festspiel aus der Feder zweier Stars zum Singspiel umzuarbeiten. Voltaire und Rameau haben keine Lust, sich mit der Neufassung fürs breite Publikum abzuquälen. »Die Feste Ramiros« wird ein Erfolg – aber Rousseaus Name wird nirgends erwähnt. Der Ärger wirft ihn ins Bett: »Sechs Wochen lang war ich nicht in der Lage, das Haus zu verlassen«.

Gesundet streunt Rousseau durch die Salons, um in der großen Welt Karriere zu machen. Er schmeichelt, heuchelt und drückt gefühlvollen reichen Damen mit rührseligen Geschichten über seine Jugend auf die Tränendrüsen. Bald ist er in den Künstlercafés und der Musikszene eine bekannte Figur. Er freundet sich mit →Diderot an und verliebt sich in das junge Zimmermädchen Thérèse Lavasseur. Sie kann kaum Lesen und Schreiben, sich nicht die Reihenfolge der Monate merken, Geld nicht zusammenzählen, und wie sein Name richtig buchstabiert wird, lernt sie nie. Rousseau stört das nicht, denn im Bett ist sie eine Wucht. Ein paar Monate später ist die Geliebte schwanger, und der werdende Vater gerät in Panik: »Wie könnte ich eine Familie ernähren.«

Weil er sich zu fein ist, einen »untergeordneten Posten anzunehmen«, beschließt Rousseau, das Kind ins Findelhaus zu geben. Die junge Mutter sträubt sich. »Nur nach undenklichen Mühen« gelingt es ihm, sie zu dem »einzigen Mittel« zu überreden, das ihre »Ehre« rettet. Fünfmal rettet er auf diese Weise Thérèses Ehre. Die

Brutalität kompensiert der Gefühlsmensch in »Emile«, dem »Naturevangelium der Erziehung«. Dort predigt er: »Wer die Pflichten eines Vater nicht erfüllen kann, hat nicht das Recht, es zu werden.« Lästiger Fürsorgepflichten ledig, macht Rousseau beruflich einen steilen Aufstieg. Als er sein Singspiel »Der Dorfprophet« aufführt, ist selbst König Ludwig XIV. entzückt. Die von Rousseaus Rustikalsound begeisterte Kulturschickeria drückt ihre Bewunderung durch finanzielle Zuwendungen aus.

Der Sonnenkönig lädt Rousseau zur Audienz ein; der Posten eines Hofkomponisten ist zum Greifen nah. Rousseau hat eine schlaflose Nacht und am Morgen weiche Knie. Aus Furcht, daß ihn seine schwache Blase im Stich läßt, bleibt Rousseau sicherheitshalber im Bett: Majestät ist indigniert, die einzigartige Chance vertan.

Nach dem verpatzten Einstieg in die ersehnte große Welt wird Rousseau zum Kulturverächter. Er zieht sich in die Natur zurück. Dort spielt er den selbstgenügsamen Eremiten. Und damit man ihn dabei ja nicht übersieht, hüllt er sich in ein orientalisches Theaterkostüm mit wallendem Kaftan und bäriger Kosakenmütze. Als Waldschrat gestylt, läßt er sich von gelangweilten reichen Städtern bewundern. Rousseau verkündet, von seiner Hände Arbeit leben zu wollen und kopiert Noten: ein Werbegag, der ihn populär macht und wunderbaren Geldfluß bewirkt. Reiche Städter reisen unter dem Vorwand an, sich von ihm Noten kopieren zu lassen.

Gönner nutzt der Eremitendarsteller schamlos aus, und durch Verleumdungen macht er sich selbst geduldigste Freunde zu Feinden. D'Alembert, der ihm die Mitarbeit an der französischen Enzyklopädie ermöglicht, stöhnt: »Rousseau ist eine wilde Bestie, die man nur mit Stock und hinter Gittern berühren darf.« Und Voltaire, der ihm in den Zeiten von Not und Verfolgung half, meint resignierend: »Ich halte ihn für einen der unglücklichsten Menschen, weil er einer der bösartigsten ist.« Friedrich der Große findet, daß Rousseau seinen Beruf verfehlt hat: »Er war ohne Zweifel dazu geboren ein großer Klosterbruder zu werden, ein Pater der Wüste, berühmt durch seine Sittenstrenge und Selbstquälereien, ein Säulenheiliger. Er würde Wunder getan haben, wäre ein Heiliger geworden und hätte das ungeheure Märtyrerverzeichnis vergrößert. Aber jetzt wird man ihn nur als einen komischen Philosophen ansehen, der nach 2000 Jahren die Sekte des →Diogenes erneuert.«

Kurz vor seinem Tod rächt sich Thérèse am Rabenvater ihrer Kinder, indem sie den Kranken, der im Nebenzimmer mit gespitzten Ohren lauscht, lautstark mit einem Diener betrügt.

Friedrich Rückert – Der Sprachexperte mit der Reimeritis

* 16.5.1788 in Schweinfurt,
† 31.1.1866 in Neuses/Coburg
Durch sein außergewöhnliches Sprachgefühl und Übersetzertalent erschloß der Professor für orientalischen Sprachen der deutschsprachigen Welt die persisch-arabische Dichtung.
Werke: Liebesfrühling, 1823; Weisheit des Brahmanen, 1836-39; Kindertotenlieder, 1872

Auch das ist verrückt: Sprachen lernt er so schnell wie andere Leute Gedichte. Aber nicht nur die »einfachen« wie Englisch, Russisch, Griechisch usw. Nein, genauso leicht lernt er Tatarisch, Kurdisch, Lettisch, Albanisch, Hebräisch, Aramäisch, Maltesisch und und und. Insgesamt um die 50 verschiedene Sprachen. Wie leicht es Rückert fällt, zeigt ein verbürgtes Beispiel.

Eines Tages wendet sich ein evangelisches Seminar an den berühmten Experten mit der Bitte, zwei Missionaren für ihren Einsatz in Südindien das dortige Tamulisch beizubringen. Rückert schaut erstmal auf der Landkarte nach, wo das bewußte Land überhaupt liegt, recherchiert, was es an Fachbüchern gibt, und sagt schriftlich zu. Allerdings mit der Bitte um etwas Aufschub: Er verstehe bis jetzt (im Juni) kein Wort Tamulisch, aber im Oktober werde er es fließend beherrschen. Es klingt nach Hochstapelei, ist aber die pure Wahrheit. In wenigen Wochen lernt Rückert die ihm bis dahin unbekannte Sprache und kann die Missionare so vorbereiten, daß diese den tamulischen Heiden das Evangelium predigen können.

Seltsamerweise kommt das Sprachgenie nur mit der Mundart seiner eigenen Heimat, dem Fränkischen, nicht zurecht. Vielleicht hat er eine Aversion gegen die Gegend. Schon der Name seiner Geburtsstadt ist ihm verhaßt. Warum heißt sie ausgerechnet Schweinfurt und nicht Mainfurt oder noch besser Weinfurt?

Kaum hat der Advokatensohn Rückert das Gymnasium abgeschlossen, studiert er in Würzburg und Heidelberg und unterrichtet danach an der Uni Jena Altphilologie. Das Lehrerleben ist eigentlich nicht das, was er sich erträumt hat. Die dumpfen Studenten gehen ihm genauso auf den Geist wie die biederen Kleinstadtprofessoren. Rückert legt eine schöpferische Pause ein, besucht Freunde, nistet sich bei wohlsituierten Verwandten ein und kehrt, wenn er abgebrannt ist, zu seinen Eltern heim. Der Vater blickt sorgenvoll auf den großgewordenen Sohnemann – der mißt inzwischen stolze zwei Meter – und legt ihm nahe, sich die Brötchen selbst zu verdienen.

Nun arbeitet Rückert als Redakteur in Stuttgart beim »Morgenblatt für gebildete Stände«. Nach zwei Jahren Artikelschreiben geht ihm die seichte Tintenkleckserei genauso auf den Geist wie die bierblöden Verbindungsstudenten. Er wirft die Feder hin und reist nach Rom. Auf dem Rückweg in Wien macht er die Bekanntschaft seines Lebens in der Gestalt des Orientalisten Hammer-Purgstall. Der Mann eröffnet ihm die Wunder der unerforschten orientalischen Literatur. Endlich hat Rückert seine Aufgabe gefunden, denn außer seinem Sprachtalent besitzt er die Gabe, schöne Gedanken mühelos in Verse fassen zu können. Das Reimen fällt ihm so leicht wie das Sprachenlernen. Die Reimeritis verfolgt ihn bis in den Schlaf, und manchmal fragt er sich: »Mußt du denn immer dichten?« Aber Rückert kann nicht anders: »Ich denke nie, ohne zu dichten, und dichte nie, ohne zu denken.« Diese Fähigkeit erweist sich jedoch in Verbindung mit seinem Sprachtalent als der Hit. Denn das gebildete Publikum giert nach dem geheimnisvollen Orient. Ob seine »Koran«-Übersetzung, »Die Weisheit des Brahmanen« oder »Hamasa, die ältesten arabischen Volkslieder«, alles verkauft sich stapelweise. Und der Bienenfleiß macht sich bezahlt.

Mit 38 beruft man Rückert auf den Lehrstuhl für Orientalistik in Erlangen. Dort bleibt er 15 Jahre, heiratet die Tochter seines Vermieters, zeugt zehn Kinder und verbringt die Sommer auf dem Landgut seines reichen Schwiegervaters. Danach folgt er einem Ruf an die Universität Berlin. Nicht, weil der Landromantiker die

Großstadt liebt, sondern weil er mit dem Rektor einen super Vertrag aushandelt, wonach Rückert nur im Wintersemester Vorlesungen halten muß. Das restliche halbe Jahr hat er frei und kann die Zeit auf dem geliebten Landgut bei Coburg verbringen. Wenn Rückert nicht Sprachen lernt oder unbekannte orientalische Dichtungen übersetzt, reimt er unablässig eigene Gedichte und läßt Gedichtsammlung auf Gedichtsammlung erscheinen. Das macht ihn zum Auflagenmillionär und erlaubt ihm, seinen Berliner Unijob zugunsten des Landlebens aufzugeben.

Rückert war jedoch längst nicht der Weltmeister der Polyglotten. Der 1930 in Berlin verstorbene Legationsrat Krebs beherrschte 240 Sprachen in Wort und Schrift. Und in Brasilien beherrschte der Minenarbeiter José Catombo perfekt 42 tote und lebende Sprachen. Davon konnte er allerdings nur eine schreiben.

*George Sand mit Zigarre.
Karikatur aus dem
Journal des Ridicules (1839)*

Leopold Ritter von Sacher-Masoch – Der Namensspender des Masochismus

* 27.1.1836 in Lemberg,
† 9.3.1895 in Lindheim/Hessen
Neben der pessimistischen Darstellung des Familienlebens kennzeichnet die Romane des Schriftstellers die Neigung zum Masochismus. Seine Novellen beschreiben das polnisch-jüdische Bauern- und Kleinbürgerleben.
Werke: Venus im Pelz, 1869

Obwohl Sacher-Masoch inzwischen auf die Dreißig zugeht, ist er erotisch nicht über den ersten Kuß hinausgekommen. Er hat beschlossen, »nur ein einziges Mal zu lieben« und diese Frau dann auch zu heiraten. Der Fleischwerdung seiner Träume begegnet er 1861. Die Gattin eines Arztes mit zwei Kindern verliebt sich auch in ihn. Nach der Anschmachtungsphase verlangt Sacher-Masoch, daß sie sich scheiden läßt, um ganz ihm zu gehören. Zögernd willigt sie ein. An dieser Frau erprobt Sacher-Masoch behutsam die Grenzen unkonventioneller Erotik, indem er einen angeblichen Grafen bei ihr einführt. Lüstern erregt beobachtet Sacher-Masoch die von ihm inszenierten Dreiecksgeschichte. Nach dem Seitensprung verläßt Sacher-Masoch die Geliebte: »Fortan glaubte ich nicht mehr an die Treue einer Frau.«

Ab jetzt will er sich »lieber von einem dämonischen Weibe zugrunde richten lassen«, als mit einer tugendhaften Frau »geistig zu versumpfen«. Sein Idealtyp ist »das Weib mit dem Tigerkörper, welches grausam durch die Lust und lüstern durch die Grausamkeit wird«. Sein neues Lustobjekt ist eine schriftstellernde Baronin, die sich von ihm Förderung erhofft. Nachdem sie sich an seine sexuelle Wunderlichkeiten gewöhnt hat, zwingt er sie zu einem sonderbaren Vertrag: »Herr von Sacher-Masoch verpflichtet sich, der Sklave von Baronin Fanny von Pistor zu sein« und so oft wie möglich »Pelze zu tragen, besonders, wenn sie grausam ist...« Nach Vertragsunterzeichnung reist das seltsame Liebespaar nach Italien. Er wohnt, gekleidet in die Livree eines Bedienten, getrennt von ihr in ungeheizten Dienstbotenkammern. Zitternd vor Eifersucht wartet er in Vorzimmern auf Fanny, die in den feinen Salons nach einem Lover für sich und einem Peiniger für ihn sucht. Dieser findet sich schließlich, und die Affäre ist zuende. Die extravaganten Abenteuer mit Fanny verarbeitet Sacher-Masoch in seinem berühmten Roman »Venus im Pelz«, der fast der Plan zu der Beziehung zu seiner späteren Frau sein könnte.

Aurora Angelica Rümelin tritt kurz nach der Italienreise in Sacher-Masochs Leben. Die 26jährige Tochter einer Kioskbesitzerin erwartet von dieser Beziehung sozialen Aufstieg. Gehorsam übernimmt sie als »Wanda« die Rolle, die ihr Herr und Meister diktiert. Allerdings besteht sie auf der Eheschließung, was Sacher-Masoch besonders pikant findet: »Das ist das Wunderbare, mit seiner eigenen, anständigen, braven Frau zu genießen, was man sonst nur bei leichtsinnigen Weibern und Dirnen suchen muß.« Wanda träumt von einer gutbürgerlichen Ehe; die Freunde ihres Mannes – vergammelte Literaten, Lesbierinnen, Halbweltdamen – sind ihr nicht geheuer. Damit sie in diese Galerie paßt, muß Wanda sogar im Hochsommer Pelzjacken tragen.

Um sie enger an sich zu ketten, schließt Sacher-Masoch mit Wanda einen Sondervertrag. Darin nötigt er sie zu haarsträubenden Forderungen an ihn: »Mein Sklave!... Die größte Grausamkeit ist mir gestattet, und wenn ich Sie verstümmle.« Er behauptet, er brauche ihre Grausamkeit als Schreibstimulanz, andernfalls gingen ihm die Ideen aus. Sacher-Masoch entwirft ein Horrorszenario ihres wirtschaftlichen Ruins, falls sie ihm nicht gäbe, wonach er verlangt. »Von nun an verging kaum ein Tag, an dem ich meinen Mann nicht peitschte...«

Nun folgt der dritte Akt des Ehedramas. Die Suche nach dem idealen Dritten im Bunde dauert ein Jahrzehnt. Wanda widersetzt sich, prompt hat er Schreibblockaden und die Familie gerät ins Geldnot. Endlich findet Sacher-Masoch den langersehnten Hausfreund, einen ungarischen Studenten. Als Wanda sich weigert, droht Sacher-Masoch, sie zu verlassen. Nun

gehorcht sie, läßt sich aber eine schriftliche Willenserklärung ihres Mannes geben. Endlich kommt es zum Rendezvous. Sacher-Masoch bedient seine Frau und ihren Liebhaber, wird windelweich geprügelt und aus dem Zimmer geschickt. Dann versperrt Wanda die Tür. »Ich außer mir ... Die Idee, daß ich sie nicht hindern kann, schrecklich; ich bin mehr starr, vernichtet, als aufgeregt. Lösche Licht aus, lege Polster zur Tür, knie nieder und schaue durchs Schlüsselloch.« Dieser Peepshow folgen noch einige, bis die Erniedrigte die Peitsche fortwirft und mit einem Bekannten ihres Gatten durchbrennt. Es kommt zum häßlichen Scheidungsprozeß. Wanda wird schuldig gesprochen.

Sacher-Masoch flüchtet sich in eine beschauliche zweite Ehe. In Paris glänzt er noch einmal zu seinem 50sten Geburtstag. In den Salons lauscht die Gesellschaft atemlos, wenn der »Turgenjew Kleinrußlands« Geschichten über peitscheschwingende Gräfinnen, weltfremde Talmudgelehrte, Räuber und Sektierer am Fuß der Karpaten erzählt. →Victor Hugo, →Zola und →Edmond de Goncourt gehören zu seinen Bewunderern. Danach verblaßt sein Ruhm. Seine 150 Bände Romane, Erzählungen und Dramen werden vergessen. Nur sein Name überlebt und wird durch Richard von Krafft-Ebing zum Inbegriff der Perversion »Masochismus«, wogegen sich der Namensspender verzweifelt, aber erfolglos wehrt.

Donatien-Alphonse-François Marquis de Sade – Der literarische Triebtäter

* 2.6.1740 in Paris,
† 2.12.1814 in Charenton
→ Flaubert schätzte die psychologischen Analysen des französischen Schriftstellers. Andere Zeitgenossen lehnten die Werke de Sades vehement ab.
Werke: Die Hundertzwanzig Tage von Sodom oder Die Schule der Ausschweifung, 1785; Die Philosophie im Boudoir, 1795; Die neue Justine oder Das Unglück der Tugend. Die Geschichte ihrer Schwester Juliette, 1797; Die Verbrechen der Liebe, heroische und tragische Erzählungen; eingeleitet mit einem Essay über die Romane, 1800

Der perverse Zwilling des Masochismus verdankt seinen Namen dem Marquis de Sade. Mütterlicherseits ist de Sade mit dem König verwandt, sein Vater stammt aus uraltem provenzalischen Adel. Nach dem Besuch des Jesuiteninternats wird der 17jährige Kornett und zieht in den Siebenjährigen Krieg gegen die Preußen. Bereits die erste Schlacht bei Rossbach endet mit einer Katastrophe: Die halbe französische Armee stirbt den Heldentod auf dem Schlachtfeld. In panischer Flucht ziehen versprengte Truppenteile durchs Land, plündern, rauben, vergewaltigen. Der junge Offizier de Sade ist in seinem Element, er spielt, säuft und hurt. Ein Vertrauter des Vaters informiert diesen: »Wehe den deutschen Mädchen! Ich werde versuchen, ihn an weiteren Dummheiten zu hindern.«

Zurück in Paris stürzt sich de Sade ins dolce vita, ist Stammgast bei den Prostituierten, verspielt Unsummen, hat jede Menge Duelle. In Paris ist man einiges gewohnt, doch de Sade stürzt sich auf die Frauen, als ob er täglich zwei Viagra schluckt. Um ihn zu bändigen, fädelt der Vater die Ehe mit der reichen Renée-Pélagie de Montreil ein. Doch ohne Erfolg – bereits in den Flitterwochen richtet de Sade geheime Absteigen ein, in denen Schauspielerinnen und Tänzerinnen seine perversen Wünsche erfüllen. Die Polizei beginnt, ihn wegen ungesetzlicher Exzesse zu beschatten. Ein halbes Jahr nach der Hochzeit wird der Sittenstrolch verhaftet. Die im dritten Monat schwangere Renée-Pélagie erleidet vor Aufregung eine Fehlgeburt.

Kaum aus der Haft entlassen, verliebt sich de Sade in die 18jährige Schauspielerin Colette, Mätresse zweier schwerreicher Aristokraten. Für sie verpfändet der Lüstling ganze Güter, reist mit ihr auf sein Stammschloß La Coste und arrangiert Theateraufführungen im eigenen Theatersaal. Colette verläßt ihn, als de Sade ihr Luxusleben nicht mehr finanzieren kann. Krank vor Liebeskummer stürzt er sich in sexuelle Orgien mit so höllischen Praktiken, daß es selbst die abgebrühten Swingerkreise der

Hautevolée gruselt. Am Ostersonntag 1768 kommt es zum Skandal, als die junge Arbeitslose Rose Keller schreiend mit zerrissenen Kleidern gefunden wird. Sie berichtet, der vornehme Herr habe sie ins Haus gelockt, vergewaltigt und sechs mal bis aufs Blut gepeitscht. Die um die Familienehre besorgte Schwiegermutter handelt rasch; ihr Anwalt soll die Geschändete mit ein paar Goldstücken bewegen, die Anzeige zurückzuziehen. Rose läßt sich ihr Schweigen mit umgerechnet 8.500 Euro erkaufen, aber es ist rausgeschmissenes Geld, denn die Straftat ist bereits aktenkundig. Jetzt schaltet sich der König ein. Um Schlimmeres zu verhüten, schützt er »seinen Cousin« vor dem Zorn des Gerichts und verhängt Festungshaft.

De Sade flüchtet von dort und feiert mit seiner blutjungen, eben aus der Klosterschule zurückgekehrten Schwägerin Anne-Prospère rauschende Liebesfeste. Diese Feste verschlingen sein gesamtes Geld. Heimlich fährt de Sade mit seinem Leibdiener nach Aix-en-Provence, um ganze Dörfer und Liegenschaften versilbern. Er verspricht Anne-Prospère, sofort zurückzukehren, doch der Gelegenheit zu einer kleinen perversen Orgie vor Ort kann er nicht widerstehen. Für ein »Vormittagsvergnügen« versammelt de Sade vier junge Prostituierte, die – gegen hohes Honorar – bereit sind, mit ihm eine Prügelorgie durchzuziehen. Um die Mädchen in Schwung zu bringen, verabreicht de

Sade stimulierende Sexdragees. Zwei der Mädchen bekommen daraufhin Vergiftungserscheinungen – der Arzt drängt sie, Anzeige zu erstatten. De Sade und sein Diener flüchten und werden in Abwesenheit zum Tode verurteilt, de Sade durchs Schwert, der Diener durch Hängen.

In Begleitung Anne-Prospères setzt sich de Sade nach Italien ab. Durch die Defloration seiner Schwägerin – nach damaligem Recht ein inzestuöses Verbrechen – zieht sich de Sade den Haß seiner Schwiegermutter zu. De Sade kehrt heimlich nach Paris zurück und wird nach einem weiteren Skandal mit kleinen Mädchen verhaftet und ins Gefängnis eingeliefert. Jetzt will ihn die Schwiegermutter für wahnsinnig erklären lassen. Auf der Fahrt zur Verhandlung glückt de Sade zunächst die Flucht, dann wird er erneut verhaftet.

Lebendig begraben hinter meterdicken Mauern bilden Briefe ab jetzt de Sades einziges Kommunikationsmittel zur Außenwelt. Darin beklagt er sich über sein ungerechtes Schicksal: »Man kann Böses über die Regierung, über den König, über die Religion sagen: das macht alles nichts. Aber eine Hure beleidigen... dafür sperrt man einen Edelmann 12 oder 15 Jahre lang ein.«

De Sades sexuelle Phantasien wachsen ins Unermeßliche. Er selbst wird immer fetter und verfällt in Depressionen. Eines Tages entdeckt er seine Rettung: Das Niederschreiben seiner ungeheuerlichen Sehnsüchte wird ihm zur Selbsttherapie. Als Autor erschafft er sich ein schrecklich-schönes Paradies und bevölkert es mit Tausenden von Wunschgestalten. In 29 Jahren hinter Gittern verfaßt er über dreißig Theaterstücke, eine Fülle von Prosatexten, Tagebücher und unzählige Briefe – ein einmaliges Werk, das bis heute die Gemüter erregt.

Antoine de Saint-Exupéry – Der Überflieger im Wolken-kuckucksheim

* 29.6.1900 in Lyon, † 31.7.1944 (über dem Mittelmeer verschollen)
Das schmale Hauptwerk des französischen Schriftstellers,»Der kleine Prinz«, findet noch heute immer neue Freunde in der ganzen Welt. Die Amerikaner verliehen Saint-Exupéry posthum den Ehrennamen»Joseph Conrad der Lüfte«.
Werke: Südkurier, 1929; Nachtflug, 1931; Wind, Sand und Sterne, 1939; Flug nach Arras, 1942; Der kleine Prinz, 1943; Die Stadt in der Wüste, 1948

So beginnen Liebeskömodien à la Hollywood: Während die junge Witwe Consuelo Suncin in den Revolutionswirren Argentiniens auf ein Gespräch mit dem Präsidenten wartet, macht sie ein Freund bei einer Party mit einem riesigen Mann bekannt: »Er ist ein Flieger. Er wird Ihnen Bu-

enos Aires von oben zeigen und auch die Sterne.« Der Flieger Antoine de Saint-Exupéry ist so groß, daß sie den Kopf heben muß, um ihm in die Augen zu sehen. Der Fremde bittet die schöne Witwe und ihre Freunde, mit zum Flugfeld zu kommen. Dort nötigt er sie in sein Flugzeug und los geht's. Unterwegs erzählt Saint-Exupéry Gruselgeschichten über Notlandungen und Flugzeugabstürze und läßt die Maschine im Sturzflug auf den Rio de la Plata zurasen. Die Dame vergeht vor Angst. Da legt er seine Hand auf ihr Knie und hält ihr die Wange vor die Lippen: »Würden Sie mich küssen?« Als sie nicht will, stellt er den Motor ab und droht: »Küssen Sie mich, oder ich lasse die Maschine abstürzen.« Die Dame läßt sich nicht erpressen: »Das ist mir egal, ich bin sowieso todtraurig, weil ich gerade meinen Mann verloren habe.« Nun versucht Saint-Exupéry es auf die sentimentale Tour: »Ich weiß, sie küssen mich nicht, weil ich zu häßlich bin.« Er startet den Motor und läßt ein paar Krokodilstränen auf sein Hemd tropfen. Da taut ihr Herz auf, und sie küssen sich minutenlang im herumschaukelnden Flugzeug. Dann macht er ihr einen Heiratsantrag und sie sagt ja.

Beschwingt von Liebe rennen die beiden Hand in Hand durch den Kugelhagel auf den Straßen der Hauptstadt. In einem kleinen gemieteten Haus wollen sie für ihre Liebe und ihre Kunst leben. Denn die junge Frau ist Malerin und Bildhauerin. Er ist im Hauptberuf Chef der Luftpostgesellschaft Aeroposta, schreibt aber nebenher Abenteuergeschichten. Sein erster Roman ist wohlwollend aufgenommen worden, nun hat er das Konzept für einen zweiten im Kopf. Da Saint-Exupéry aber statt zu schreiben lieber Wein trinkt und mit ihr herumturtelt, bringt Consuelo ihn auf erpresserische Art an die Arbeit: Abends schließt sie ihn in sein Büro ein und läßt ihn nur gegen einen Tribut von fünf oder sechs fertigen Manuskriptseiten in ihr Bett.

Die Beziehung wäre harmonisch, wenn nicht argentinische Diplomaten der Jungverliebten vorwerfen würden, ihre wilde Ehe würde dem Andenken ihres verstorbenen Mannes, dem berühmten Dichter Carrillo, schaden. Als sie daher auf die Legitimation ihrer Beziehung vor dem Traualtar drängt, erweist sich Saint-Ex als Hasenfuß. Was wird seine Mama zu der Mittelamerikanerin sagen – zweifache Witwe, Künstlerin, aus einer dubiosen Adelsfamilie mit noch dubioseren Titeln und Maya-Ahnen? Als das seltsame Paar endlich auf Schloß Agay bei Cannes heiratet, zerreißt sich der südfranzösische Landadel wie erwartet das Maul.

Saint-Exupérys zweites Buch über seine Flugabenteuer bringt ihm den Prix Femina ein, er wird Kultautor der Pariser Kunstszene. Für die Ehe ist das eine Belastung. Abend für Abend verbringt er auf Partys und in Intel-lektuellenrunden. Wenn er nachts nach Hause kommt, sind seine Taschentücher von Lippenstift verschmiert, Liebesbriefe seiner Verehrerinnen versteckt Saint-Exupéry zwischen seiner schmutzigen Wäsche. Die Ehe, die so übermütig begann, wird zum Martyrium aus Krächen, Geldsorgen, Seitensprüngen, Tränen.

Während Consuelo melancholische Bilder malt und auf ihn wartet, überlebt er tollkühne Flüge von Paris nach Saigon mit einer Notlandung in der Wüste und einen Absturz in Guatemala, bei dem er sich jede Menge Knochen bricht. Sieben Jahre nach der Hochzeit leben die Eheleute praktisch getrennt, ohne jedoch aufeinander verzichten zu können. Hin und wieder taucht Saint-Exupéry in ihrer Wohnung auf, um sich von ihr trösten zu lassen. Gegenbesuche verbietet er ihr.

Als Saint-Exupéry 1943 für Frankreich in den Krieg zieht, packt ihn die Reue über sein brutales Verhalten. Er verspricht Consuelo, ihr die Fortsetzung des »Kleinen Prinzen«, seines weltberühmten Werkes, das inzwischen in über 120 Sprachen erschienen ist, zu widmen. Doch dazu kommt es nicht mehr. Am 31. Juli 1944 wird er vermutlich bei einem Aufklärungsflug über dem Mittelmeer abgeschossen und gilt seither als verschollen.

George Sand –
Ein weiblicher Casanova

eig. Armandine-Aurore-Lucile Dupin,
verehelicht Dudevant
* 1.7.1804 in Paris, † 8.6.1876 auf
Schloß Nohant (bei Lachâtre in
Berry)
Die französische Schriftstellerin ist
die Autorin des ersten Emanzipati-
ons-Romans.
Werke: Indiana, 1832; Lelia, 1833;
Consuélo, 1843; Das Teufelsmoor,
1846; Geschichte meines Lebens,
1854/55

Als sie vier Jahre alt ist, stirbt der Vater. Ein Jahr darauf verläßt ihre Mutter das Familienschloß. Noch fast zwanzig Jahre später leidet Aurore unter dem Trauma des Verlassenseins. Von der nun alleinerziehenden Großmutter wird die Enkelin »mein Sohn« genannt. Das Kind ersetzt ihr den verstorbenen Sohn. Als die Großmutter erkrankt, führt Aurore achtzehn Monate lang ein wunderbar freies Leben wie kaum ein anderes Mädchen ihrer Zeit. Durch den Tod der Großmutter erbt die 17jährige das 400 Hektar große Gut Nohant samt Schloß und ein Palais in Paris. Neun Monate später heiratet die junge Gutsherrin den mittellosen Baron Casimir Dudevant. Und weitere neun Monate später bekommt sie ihr erstes Kind: »Das war der schönste Augenblick meines Lebens, als ich, nach einer Stunde tiefen Schlafes, die auf die furchtbaren Schmerzen dieser

Krise folgte, beim Erwachen das kleine Wesen erblickte.«

Mit dem Kind ist Aurore glücklich, mit dem Ehemann ganz und gar nicht. Der säuft, schlägt sie und schläft mit den Dienstmädchen. Sie legt sich einen 19jährigen Geliebten zu, der heimlich durchs Fenster steigt, wenn der Gatte seinen Rausch ausschläft. Kurz darauf geht Aurore mit ihrem Liebhaber Jules Sandeau nach Paris. Ihren Sohn und die kleine Tochter läßt sie in der Obhut von Hauslehrer und Dienstmädchen zurück.

In einer kleinen Mansardenwohnung schreibt das Liebespaar unter dem Pseudonym J. Sand gemeinsam den Roman »Rose et Blanche«, der von der Kritik wohlwollend aufgenommen wird. Innerhalb von zwei Monaten verfaßt Aurore allein die verschlüsselte Geschichte ihrer Ehe – der erste Emanzipationsroman. »Ich wurde von einem klaren feurigen Gefühl geleitet – und dieses Gefühl war Abscheu vor dem dummen, brutalen Sklaventum.« »Indiana« wird unter ihrem Pseudonym George Sand auf Anhieb ein Bestseller. Nur sechs Monate später wirft Aurore ihr nächstes Werk auf den Markt, so daß ihr faulenzender Geliebter eifersüchtig auf ihren Erfolg wird. Sie verläßt ihn und sitzt acht Stunden täglich am Schreibtisch.

Rasch und intensiv, wie sie ihre Romane durchlebt und abschließt, sind auch ihre Romanzen. Einer ihrer Freunde, der Komponist Chopin, bemerkt über George Sands Liebesleben: »Sie fängt ihren Schmetterling, zähmt ihn, indem sie ihn mit Blumen und Honig füttert. Das ist die Zeit der Liebe. Wenn er sich zu wehren beginnt, durchbohrt sie ihn mit ihrer Nadel. Das ist die Zeit der Verabschiedung, bei der sie die Initiative ergreift. Dann seziert sie ihn, konserviert ihn und tut ihn in ihre Sammlung von Romanhelden.« Da sie rund 180 Bände veröffentlicht hat, kann die Zahl ihrer Liebhaber nicht klein gewesen sein. Als der Schriftsteller Théophile Gautier miterlebt, wie sie um ein Uhr nachts einen Roman beendet und sogleich den nächsten beginnt, fühlt er sich geradezu »angewidert«.

Alfred de Musset, einer ihrer Saisonliebhaber, ist fassungslos, wie spielerisch George Sand das Objekt ihrer Begierde wechselt. Sie hat ihm »für die Nacht ein Stelldichein bewilligt, und langsam führte ich mein Glas an meine Lippen, wobei ich sie anschaute«. Seine Gabel fällt zu Boden. Er bückt sich, hebt das Tischtuch hoch und sucht sie. »Da bemerkte ich unter dem Tisch den Fuß meiner Geliebten auf dem eines jungen Mannes neben ihr; ihre Beine waren gekreuzt und ineinandergeschlungen, und von Zeit zu Zeit preßten sie sie sanft gegeneinander ... Ich war wie vor den Kopf geschlagen ... als hätte mich ein Keulenschlag betäubt.«

Nun, gesellschaftliche oder moralische Konventionen sind George Sand egal, und die Natur macht es ihr leicht damit. »Sie ist eine ausgezeichnete Schönheit. Wie der Genius, der sich in ihren Werken ausspricht, ist ihr Gesicht eher schön als interessant zu nennen« schwärmt →Heinrich Heine, einer ihrer vielen Liebhaber. Mindestens ebensoviele Zeitgenossen finden sie abscheulich. →Charles Baudelaire geifert: »Sie ist dumm, sie ist plump, sie ist geschwätzig; ihre moralischen Begriffe sind von der gleichen Tiefe wie die der Hausmeister und ausgehaltenen Mädchen. Daß sich einige Männer in diese Kloake vernarren konnten, ist wohl ein Beweis für den Tiefstand der Männer unseres Jahrhunderts.«

George Sand wird entweder vehement abgelehnt oder enthusiastisch gefeiert. Das fordert die »Milchkuh mit dem schönen Stil« (→Friedrich Nietzsche) durch ihre provokante Lebensart heraus. Wie keine andere Frau revoltiert sie gegen die Unterdrückung in der Ehe, setzt sich für die Aufhebung der Klassenunterschiede und gerechte Besitzverteilung ein, und leidenschaftlich kämpft sie um das Recht, frei lieben zu dürfen und setzt diese Forderung konsequent im eigenen Bett um. Die ungeheure Energie und den Mut, ihr Liebesleben kompromißlos zu gestalten, verdankt sie wahrscheinlich König August dem Starken, dem berühmtesten ihrer Vorfahren, und »dem größten Wüstling seiner Zeit... denn er hatte... einige Hundert Bastarde.«

George Sand raucht Pfeife und Zigarre, kleidet sich wie ein Mann, ist Republikanerin und sieht in der körperlichen Liebe »die achtbarste und heiligste Sache der Schöpfung, das göttliche Geheimnis, das ernsteste Lebensgeschehen im Leben des Alls.« Nach ihrem Begräbnis schreibt →Flaubert an Turgenjew: »... ich habe geweint wie ein Kind... Man muß sie so kennen, wie ich sie gekannt habe, um zu wissen, welch ungeheuer weibliches Gefühl in diesem bedeutenden Menschen war, und welche ungeheure Zärtlichkeit sich in diesem Genius befand... Stets wird sie eine der Größen und eine einzigartige Zierde Frankreichs sein.«

Jean-Paul Sartre – Der Egomane mit den Froschaugen

* 21.6.1905 in Paris,
† 15.4.1980 in Paris
Der Philosoph und Schriftsteller ist der wichtigste Vertreter des französischen Existenzialismus.
Werke: Der Ekel, 1938; Die Fliegen, 1943; Die Wege der Freiheit, 1945-1949; Die respektvolle Dirne, 1946; Was ist Literatur, 1947; Die schmutzigen Hände, 1948; Nekrassow, 1955; Die Wörter, 1964

Auf einen Satz gebracht, lautet Sartres Philosophie: »Der Mensch ist nichts anderes als das, was er aus sich macht.« Das ist das Thema seiner Theaterstücke und Bücher. Allerdings ist es für jemanden, der aus wohlhabendem Elternhaus kommt und die Elitehochschule École Normale Supérieure besucht hat, relativ leicht, nach diesem Motto zu leben. Freiheit ist Sartre das höchste aller Güter. Deshalb ist er allen Institutionen suspekt – besonders der katholischen Kirche. Denn der Großneffe Albert Schweitzers ist sich ganz sicher, daß der liebe Gott ein Hirngespinst geschäftstüchtiger Priester ist.

Sartre liebt es, Widerspruch zu erregen und sich in Gefahr zu begeben. Nachdem er aus der deutschen Kriegsgefangenschaft heimgekehrt ist, schließt er sich der französischen Widerstandsbewegung an. Kaum ist der Krieg zuende, gibt Sartre seinen Lehrerberuf auf, um als freier Schriftsteller aufklärerisch wirken zu können. Mit seinen Essays ruft der Existenzialist Haß und Bewunderung hervor. Scharen zorniger junger Männer und freiheitsdürstender Mädchen lassen sich von seinen Ideen infizieren, tragen lange Haare, praktizieren die freie Liebe und philosophieren zum Entsetzen ihrer Eltern nächtelang in den Bars und Kellern des Pariser Universitätsviertels über den Sinn des Lebens, statt brav ihr Studium zu beenden.

Pausenlos sorgt Sartre für neue Schlagzeilen. Als 1948 der kriminelle und homosexuelle Dramatiker Jean Genet zu lebenslanger Haft ver-

302 JEAN-PAUL SARTRE

urteilt wird, geißelt Sartre das »mittelalterliche Strafgerichtswesen« so lange, bis Genet frei ist. 1952, als alle Welt auf ideologisches »Tauwetter« hofft, verherrlicht Sartre plötzlich den extremen Stalinismus. Vier Jahre später tritt er aus der kommunistischen Partei aus und die Roten sind sauer auf ihn. Kurz darauf schicken ihm Konservative Morddrohungen ins Haus, weil er die französischen Soldaten während des Algerienkrieges zur Gehorsamsverweigerung aufruft. Und als er 1964 den Nobelpreis für Literatur erhält, nimmt er ihn nicht an.

Sartre ist ein unbequemer Zeitgenosse. Das bekommt auch Hollywoods Starregisseur John Huston zu spüren, als er den inzwischen Weltberühmten als Drehbuchautor für einen Film über →Sigmund Freud engagiert. Nachdem Sartre ein für damalige Verhältnisse ungeheures Honorar von 25.000 Dollar verlangt und kassiert hat, macht er sich an die Arbeit. Da ihm das Schreiben leichtfällt, wird das Drehbuch 300 Seiten lang. Das bedeutet, der Film würde über fünf Stunden dauern. Sartre sieht darin kein Problem. War doch auch sein Vorwort für ein Buch von Genet länger als das Buch selbst. John Huston lädt Sartre zum Kürzen des Drehbuchs nach Irland ein. Endlich steht der Erwartete in der Tür: »Ein faßartiger kleiner Mann, und so häßlich wie ein menschliches Wesen sein kann. Sein Gesicht war aufgedunsen und blatternarbig, er hatte gelbe Zähne und Froschaugen. Er trug einen grauen Anzug, schwarze Schuhe, Krawatte und Weste. Er sah immer gleich aus... wahrscheinlich schlief er sogar in diesem Anzug.«

Die freundliche Einladung zum Arbeitsurlaub wird Huston schnell bereuen, denn Sartre stellt sich als absoluter Egomane heraus. »Man wartete auf sein Atemholen, um seinen Monolog unterbrechen zu können, aber er holte keinen Atem.« Der Redefluß ist unaufhaltsam. Zudem sind die Zuhörer gepeinigt, weil er mit dem charmanten Selbstbewußtsein des Franzosen kein Wort einer anderen Sprache beherrscht. Obwohl alle Anwesenden fließend französisch sprechen, sind sie vom stundenlangen Wortschwall wie gelähmt. »Von Zeit zu Zeit mußte ich vor Verzweiflung den Raum verlassen«, erinnert sich John Huston, doch »das Dröhnen seiner Stimme verfolgte mich bis über Hörweite hinaus, und wenn ich zurückkehrte, schien es, als hätte er meine Abwesenheit nicht einmal bemerkt.« Endlich stimmt der anstrengende Gast einer Kürzung des Drehbuchs zu und reist ab. Ein paar Monate später bekommt John Huston die zweite Fassung – und ist entsetzt: sie ist noch umfangreicher als die erste.

Arthur Schopenhauer –
Der manische Hypochonder

* 22.2.1788 in Danzig,
† 21.9.1860 in Frankfurt am Main
Der stilistisch brillante Philosoph ist
der Hauptvertreter des Pessimismus.
Werke: Ueber die vierfache Wurzel
des Satzes vom zureichenden Grun-
de, 1813; Die Welt als Wille und Vor-
stellung, 1819; Parerga und Paralipo-
mena, 1851

»Wenn es ein Junge wird, soll er Arthur heißen!« sagt sein Vater, der Bankier und Handelsherr, zu seiner siebzehnjährigen Gattin. »Arthur ist ein hübscher Name und in allen Sprachen der Welt unverändert. Für die internationalen Beziehungen unseres Handelshauses ist das ein Vorteil.« Um noch eins draufzusetzen, fährt er mit seiner schwangeren Frau nach England, damit sein Erbe in London zur Welt kommt, der Wirtschaftszentrale der Welt. Aber der Londoner Winter macht die werdende Mutter depressiv und man reist zurück nach Danzig, wo der Junge geboren wird.

Arthur ist ein recht aufgewecktes Bürschchen und sein Hirn arbeitet mit der Präzision einer Maschine. So lernt er alles sofort und gründlich. Mit neun schickt ihn der Vater zu einem Geschäftsfreund nach Le Havre, mit elf Jahren kommt der Junge zurück und kann perfekt Französisch. Nun nimmt ihn der Vater auf Geschäftsreisen mit, damit Arthur im »Buch der Welt« liest. Mühelos lernt

er sieben Sprachen, in denen er sich vollendet unterhalten kann; von den vielen anderen, die er versteht, gar nicht zu reden.

Latein lernt Schopenhauer erst mit 19, dafür aber in sechs Monaten. Sein Vater ist im Jahr zuvor gestorben, und damit ist der junge Mann nicht nur Erbe eines stattlichen Vermögens, sondern auch Herr seiner selbst. Er muß nicht mehr Kaufmann werden, sondern kann tun, was ihm beliebt. Schopenhauers Doktorarbeit mit dem mysteriösen Titel »Ueber die vierfache Wurzel des Satzes vom zureichenden Grunde« erregt Aufsehen. Eine glänzende Karriere als Gelehrter liegt vor ihm. Doch bereits der junge Schopenhauer ist ein Griesgram, für ihn steht nach intensivem Nachdenken fest: »Das Leben ist eine mißliche Sache.«

Ständig quält Schopenhauer die Furcht vor Krankheiten, Katastrophen, Dieben und Ungeziefer. In Berlin bildet er sich ein, an Auszehrung zu leiden. Aus Neapel flüchtet er aus Angst vor den Blattern. In Verona ängstigt er sich fast zu Tode, weil er glaubt, sich mit vergiftetem Schnupftabak infiziert zu haben. Nachts schläft Schopenhauer nur mit einem Degen an seiner Seite und einer geladenen Pistole unter dem Kopfkissen. Weil er immer nur denkt, erscheinen ihm Frauen als überflüssige, zeitraubende Wesen, die mit ihrem Geschnatter jedes ernsthafte Gespräch stören. Der einzige Mann, der wirk-

304 ARTHUR SCHOPENHAUER

lich nicht ohne Frauen leben kann, ist Schopenhauers Ansicht nach der Frauenarzt.

Wenn er in Weimar bei seiner Mutter zu Gast ist, nörgelt Schopenhauer ununterbrochen herum. Für seine Mutter, eine heitere, gesellige Dame, die als Schriftstellerin großen Erfolg hat, sind die Tage mit ihrem Sohn die reinste Qual. Sie sieht ihn am liebsten, wenn er abreist: »Du bist nur auf Tage bei mir zum Besuch gewesen und jedesmal gab es heftige Szenen um nichts und wieder nichts, und jedesmal atmete ich erst frei, wenn du weg warst, weil deine Gegenwart, deine Klagen über unvermeidliche Dinge, deine finsteren Gesichter, deine bizarren Urteile wie Orakelsprüche von dir ausgesprochen werden, ohne daß man etwas dagegen einwenden durfte.«

Schopenhauers Ansichten sind tatsächlich anstrengend. So ist für ihn ein Mensch zum Beispiel erst dann ein Mensch, wenn er Latein spricht. Kein Wunder, daß der arrogante Herr sich hin und wieder einsam fühlt. In diesen Stunden streichelt er seinen Pudel und nörgelt am Dienstpersonal herum. Sobald er wieder Energie hat, stürzt er sich in die Arbeit. Für Schopenhauer ist alles eine Willensfrage, mit dem, der Mensch alles erreichen kann. Also nennt er sein Hauptwerk »Die Welt als Wille und Vorstellung«.

Die Schönheit, Klarheit und Plastik seiner Sprache macht ihn zu einem der besten deutschen Stilisten. Selbst-

bewußt schreibt der 30jährige seinem Verleger Brockhaus: »Mein Werk ist ein neues philosophisches System: aber neu im ganzen Sinn des Wortes: nicht neue Darstellung des schon Vorhandenen: sondern eine im höchsten Grad zusammenhängende Gedankenreihe, die bisher noch nie in irgendeines Menschen Kopf gekommen. Das Buch, in welchem ich das schwere Geschäft, sie anderen verständlich mitzuteilen, ausgeführt habe, wird, meiner festen Überzeugung nach, eines von denen sein, welche nachher die Quelle und der Anlaß von hundert anderen Büchern werden...« Was hier so arrogant klingt, ist mehr als wahr. Die genialen Gedankengänge sind jedoch so unerhört neu, daß sie zunächst niemand versteht. Die Fachkollegen lassen die zwei dicken Bände einfach links liegen – was Schopenhauer tief kränkt. Erst im letzten Drittel des 19. Jahrhunderts wird sein Werk Furore machen, aber da haben den Autor längst die Würmer gefressen.

Auch als Hochschullehrer in Berlin hat Schopenhauer keinen Erfolg. Selbstbewußt hält er seine Vorlesungen zu exakt denselben Stunden wie der berühmte Hegel. Während sich in Hegels Hörsaal die Studenten drängen, steht der junge Schopenhauer vor leeren Bänken. Er fühlt sich verkannt, kündigt den Unijob und zieht nach Frankfurt. Hier lebt er als Privatgelehrter von seinem Kapital. Ängstlich darauf bedacht, sein Vermögen zu vergrößern, wird er sehr sparsam und verbraucht nur einen Teil seiner Zinsen. Wertsachen versteckt Schopenhauer in der Wohnung so gut, daß sie nach seinem Tod trotz einer lateinisch verfaßten Suchanleitung kaum zu finden sind. Kontoauszüge verbirgt er zwischen alten Briefen und Notenheften, sein Rechnungsbuch führt er in Englisch, besonders wichtige Geschäftsnotizen verfaßt er in Latein und Griechisch.

Seltsamerweise hat der manische Hypochonder keine Angst vorm Sterben. Als er 1860 eine Lungenentzündung bekommt, sagt er ruhig: »Dies ist der Tod.«

Christian Schubart –
Der schwäbische Bürgerschreck

* 24.3.1739 in Obersontheim/Württemberg, † 10.10.1791 in Stuttgart
Der dem Sturm und Drang nahestehende Schubart schrieb vor allem politische Lyrik. Sein Lied »Die Forelle« mit der Musik von Franz Schubert ist bis heute ein Welterfolg.
Werke: Todesgesänge, 1767; Neujahrsschilde in Versen, 1775; Schubartiana, 1775; Gedichte aus dem Kerker, 1785; Sämtliche Gedichte, 2 Bde., 1785/86

Wenn Schubart auftaucht, verwandelt sich die muffigste Gesellschaft in ein lachendes Fest. Er erzählt den atemlos Lauschenden den Inhalt aufregender neuer Romane, kann die schönsten Gedichte auswendig, unterhält mit brühwarmen Klatschgeschichten aus der großen Welt, oder er spielt virtuos die allerneuesten Hits auf dem Klavier. Und wenn Schubart erst ein paar Gläschen intus hat, kommt seine satirische Ader zum Vorschein, daß sich alles vor Lachen krümmt.

Ein solcher Bonviant hält sich natürlich nicht an die engen Grenzen der biederen schwäbischen Moral. Schon während seines Theologiestudiums bewundern die Kommilitonen den Bruder Lustig um seine Trinkfestigkeit. Aber das ist nicht der einzige Grund, denn Schubart ist ein heller Kopf. So gern er nachts Kameraden unter den Tisch säuft, so fleißig sitzt er morgens wieder über den Büchern – und er weiß, wie gut er ist. Da er nach chinesischem Horoskop im Zeichen der Ziege geboren ist, führt er sich entsprechend exzentrisch auf. Schubarts Kleidung ist immer nach dem letzten Schrei, und großzügig lädt er seine Kumpane ein, denn Sparsamkeit hält er für die Tugend des Spießers. Es dauert nicht lange, bis Schubart die Unistadt Erlangen auf der Flucht vor seinen Gläubigern bei Nacht und Nebel verlassen muß.

Völlig abgebrannt und mit geschwollener Leber kommt Schubart bei seinem Vater in Ludwigsburg an, wo er Musikdirektor und Organist wird. In der Gesellschaft der feinen Hofdamen ist Schubart der Hahn im Korb – von Jungfrauen geliebt, von Damen umschwärmt und von

Ehemännern gehaßt. Die Biedermänner des Städtchens machen Front gegen ihn. Zu ihnen gesellt sich auch Schubarts Schwiegervater, der die Seitensprünge und legendären Orgien des Lebemanns verabscheut. Nachdem sie dem Bürgerschreck eine Reihe von Verfehlungen nachweisen können, landet er wegen unsittlichen Lebenswandels im Gefängnis. Als er nach der Entlassung mit einem satirischen Liedchen einen einflußreichen Höfling und mit einer Parodie auf die Litanei die frommen Gemüter gegen sich aufbringt, verliert Schubart seinen Direktorenjob und wird des Landes verwiesen. Nun tingelt er als Reisekünstler umher. Weil immer wieder sein Temperament mit ihm durchgeht, muß er die Orte seiner Erfolge fluchtartig verlassen, um gehörnten Ehemännern und geifernden Geistlichen zu entkommen.

Schubart beschließt, Journalist zu werden und verfaßt die »Deutsche Chronik«, in der er mutig Mißstände aufdeckt. Als er den Menschenhandel seines Landesherrn anprangert – der Herzog verleiht seine Soldaten gegen Geld an die Engländer für ihren Kampf gegen die amerikanischen Unabhängigkeitskämpfer – wird er am 22.1.1777 verhaftet und ohne Prozeß in den feuchten Kerker der Festung Hohenasperg gesperrt. Die Einzelhaft zermürbt ihn. Die ersten 377 Tage verbringt Schubart völlig ohne Kontakt zur Außenwelt, aber auch als diese strengste Haftform gelockert wird,

darf er jahrelang keinen Besuch oder Post empfangen. Schubart darf weder lesen, schreiben noch musizieren. In seiner Verzweiflung dichtet er Lieder: »Gefangner Mann, ein armer Mann! .... Es gähnt mich an die Einsamkeit, ich wälze mich auf Nesseln, und selbst mein Beten wird entweiht vom Klirren meiner Fesseln...«

Nach einem Jahr Einzelhaft – inzwischen hat Schubart Rheuma und chronische Erkältung – bekommt er ein trockenes Zimmer. Zwei Jahre später gestattet ihm der Herzog erstmals wieder, den Gottesdienst zu besuchen. Nach vier Jahren darf er erstmals seiner Frau schreiben, die vergeblich ein Gnadengesuch nach dem anderen stellt und schließlich nur noch darum bittet, ihn wenigstens besuchen zu dürfen, was ihr nach neun Jahren gestattet wird. Erst nach über zehn Jahren kommt Schubart auf Intervention des Königs von Preußen frei. Schubart ist gebrochen, er erhält eine Stelle als Direktor der Hofmusik und des Stuttgarter Theaters. Doch seine Gesundheit ist so angeschlagen, daß er vier Jahre später stirbt.

Walter Scott –
Der romantische Highlander
* 15.8.1771 in Edinburgh,
† 21.9.1832 auf Schloß Abbotsford
Der schottische Schriftsteller ist der
Erfinder des historischen Romans.
1819 wurde Scott zum Ritter

geschlagen.
Werke: Waverley oder Es ist sechzig
Jahre her, 1814; Der Altertümler,
1816; Rob Roy, 1818; Die Braut von
Lammermoor, 1819; Ivanhoe, 1820;
Die Verlobten, 1825; Anna von Geier-
stein, 1829

Als Walter 18 Monate alt ist, be-
kommt er einen heftigen, dreitägigen
Fieberanfall. Am vierten Tag ist die
Krise überstanden, doch von dieser
Zeit an ist sein rechtes Bein gelähmt.
Scotts Gedächtnis ist so phänomenal,
daß er sich noch als Erwachsener genau an den Verlauf der Krankheit erinnert: an die Felle der extra für ihn
geschlachteten Lämmer, die seinen
Körper warm halten sollten, an den
Landsitz des Großvaters, wo er sich
wieder erholte, an die Märchen und
Lieder, die ihm die Mägde vortrugen.
Genauso detailliert erinnert er sich an
die Shakespeare-Stücke »Was ihr
wollt« und »Wie es euch gefällt«, in
die man den Fünfjährigen mitnimmt.

Da Scott seines Beines wegen nicht
an den Spielen der Gleichaltrigen teilnehmen kann, sucht er Abenteuer auf
andere Weise. Er verschlingt die
wilden Sagen seiner schottischen Heimat, Geschichtswerke und Romane.
Um die Dichtungen im Original zu lesen, lernt er von sich aus in Windeseile Französisch und Italienisch. Dank
seines Gedächtnisses studiert er in
kürzester Zeit Rechtswissenschaften
und wird mit 21 Anwalt.

Jeder, der Scott kennt, weiß, daß er
eine große Karriere vor sich hat. Doch
dieser will mehr, als sich die biederen
Bürger Edinburghs vorstellen können. Jede Minute seiner Freizeit reitet
er, stets mit einem Geschichtsbuch in
der Satteltasche, durch die mythen-
umwobenen Highlands auf der Suche
nach Feen und Gnomen, den
Schlachtfeldern der Vorzeit, zerfalle-
nen Burgen sagenhafter Helden, den
Gräbern berühmter Barden, Tanzplät-
zen der Hexen und verwunschenen
Seen der Nixen. Scott lauscht dem
Singen des Windes, dem Gewisper
der Flüsse, atmet die Kräuterdüfte der
Berge und läßt sich an den Feuern der
Hirten die uralten Volksballaden vor-
singen. Auf diese Weise entsteht in
seinem Gedächtnis ein Schatz von
historischem Wissen, Gespür für die
Poesie seiner Heimat und die gewaltige Bilderwelt der wildromantischen
Landschaft. Als er 1799 höchster Ge-
richtsbeamter seines Distriktes wird,
hat er Zeit, aus diesem Wissensschatz
phantastische Werke zu formen.
Denn die Romane hat er bei der Rückkehr aus den Highlands immer fix
und fertig im Kopf: »Sie kosten mich
nichts als die Mühe des Niederschrei-
bens.«

Tatendurstig steht Scott jeden Morgen um fünf Uhr auf und schreibt ununterbrochen bis zur Gerichtssitzung.
Die letzten beiden Bände seines Erst-
lings »Waverley« entstehen in drei
Wochen. Kaum ist das Werk auf dem
Markt, ist es ein Bestseller und findet
sofort Nachahmer in England,

Deutschland, Frankreich und Amerika. Mit seiner fast wissenschaftlich genauen Schilderung der historischen Tatsachen, der exakt beschriebenen Umwelt, der tiefgründigen Zeichnung der Charaktere und der spannenden Handlung hat Scott unbewußt einen neuen Romantyp erfunden. Seine historischen Romane regen bis heute die Phantasie von Filmregisseuren und -produzenten an.

Als Scott nach seinem großen Erfolg durch den Bankrott seines Verlegers selbst in finanzielle Schwierigkeiten gerät, lehnt der stolze Schotte einen Vergleich mit seinen Gläubigern ab. Er schreibt auf Teufel komm raus und hat bis 1828 ein Drittel der Schulden durch Bucherträge bezahlt. In rascher Folge entstehen 27 Romane, von denen »Ivanhoe« bis heute ein Bestseller ist. Das von Scott erschaffene neue literarische Genre regt Autoren in aller Welt an, so James Fenimore Cooper mit »Der letzte Mohikaner«, →Victor Hugo mit dem »Glöckner von Notre Dame«, →Alexandre Dumas mit »Die drei Musketiere« und →Tolstoi mit »Krieg und Frieden«.

Mit 61 muß Scott, ermattet von der vielen Arbeit, die Schreibfeder aus der Hand legen. Kurz vor seiner Abreise ins Jenseits teilt er den Hinterbliebenden mit: »Ich habe nichts geschrieben, das ich auf meinem Totenbett gestrichen haben möchte.« Erst fünfzehn Jahre nach seinem Tod haben seine Erben alle Schulden aus den Honoraren seiner Bücher abgezahlt.

Augustin-Eugène Scribe – Der Erfinder der Schreibfabrik

* 24.12.1791 in Paris,
† 20.2.1861 in Paris
Der französische Dramatiker schuf bis zu seinem Tode rund 350 Bühnenwerke.

Werke: Die weiße Dame, 1825; Robert der Teufel, 1831; Die Hugenotten, 1836; Das Glas Wasser, 1840

Kaum ist seine Mutter im Grab, bricht Scribe sofort sein Jurastudium ab. Das kleine ererbte Vermögen soll ihm als Basis für die Erfüllung eines langgehegten Wunschtraum dienen: Scribe möchte als Dichter die Pariser Bühnen erobern. Mit glühender Feder verfaßt der 20jährige seine erste Komödie »Die Derwische«, und hat das sprichwörtliche Anfängerglück: Ein Impressario führt sie sofort auf. Aber damit ist die Glückssträhne sofort wieder zu Ende, denn niemand findet das Stück komisch, und so verschwindet es sang- und klanglos in der Rumpelkammer der Theatergeschichte.

Doch Scribe ist jung und glaubt an seinen guten Stern. Mit Ameisenfleiß verfaßt er innerhalb von drei Jahren sechs weitere Stücke – und wieder kommen nichts als Buhrufe und Verrisse heraus. Nach sieben Niederlagen hätten die meisten Jungdichter das

Handtuch geworfen und sich einen sicheren Job als Beamter oder Redakteur gesucht. Nicht so Scribe. Vertrauend auf den Rest seines kleinen Vermögens und auf die Muse der Dichtkunst, schreibt er seine achte Komödie und schafft damit endlich den Durchbruch. Seine Vaudevillekomödie »Eine Nacht der Nationalgarde«, die er gemeinsam mit einem erfahrenen Co-Autor gedichtet hat, wird die Sensation der Saison und macht Scribe zum gefeierter Dramatiker.

Jedes seiner folgenden Stücke wird erfolgreich. Als sein Co-Autor durch den Erfolg zum Direktor des Théatre de la Madame aufsteigt, bietet er Scribe einen vorteilhaften Vertrag als Hausdichter an. Allerdings muß Scribe dafür auch geradezu Übermenschliches leisten, denn das verwöhnte Großstadtpublikum verlangt ständig nach neuen Sensationen. Als sich seine Arbeitszeit bis zu sechzehn Stunden am Tag ausdehnt, kommt dem jungen Dichter eines Nachts eine Idee, wie er die Produktion steigern kann, ohne seine Gesundheit zu ruinieren. Er richtet eine Schreibwerkstatt ein und teilt die Arbeit an den Stücken auf. Nun entstehen die Bühnenwerke wie am Fließband. Je nach Begabung entwerfen einige Mitarbeiter die Grundideen, andere entwickeln daraus das Szenario, eine dritte Gruppe schreibt Dialoge, die Lyriker-Abteilung sorgt für Liedtexte, und Witzerfinder zerbrechen sich den Kopf, wie sie durch neue Gags das Publikum immer wieder zum Lachen bringen. Und jede Sparte untersteht einem erfahrenen Abteilungsleiter. Scribe nimmt im Grunde das Drehbuch-Konzept Hollywoods vorweg. Manchmal sind bis zu zwanzig Autoren in seinem Studio beschäftigt, und so entsteht in rasendem Tempo eine Boulevardkomödie nach der anderen.

Scribes neue Erfindung, die Intrigienkomödie, trifft den Nerv der aufstrebenden Mittelklasse: Immer steht das Geld im Mittelpunkt des Ränkespiels, und die Tugend des Offiziers, des armen Künstlers, des ehrbaren Kleinunternehmers bildet den ehrbaren Gegensatz zu Geburtsdünkel und Reichtum. 1840 gelingt ihm der große Wurf mit »Das Glas Wasser«, das bis heute gespielt wird. Opernkomponisten werden aufmerksam. Jetzt produziert seine Stückefabrik auch effektvolle Opernlibretti für Stars wie Guiseppe Verdi und Giacomo Meyerbeer. Als seine Lustspiele an allen europäischen Theatern auf die Bühne kommen, nimmt ihn die Académie Française als Mitglied auf. Nun ist Scribe nicht nur reich und berühmt, sondern auch hochgeachtet. Die Literaturwissenschaftler bezeichnen seine Werke jedoch häufig als unpoetisch und seicht, was Scribe kränkt. Er will doch nichts anderes, als seine Mitmenschen unterhalten. Daß dies das Schwerste überhaupt ist, weiß nur, wer es jemals versucht hat. Bei seiner Aufnahme in die Akademie sagt Scribe deshalb: »Die Bühne hat

nicht die Aufgabe, das Leben nachzu-
ahmen oder wiederzugeben«.

Johann Gottfried Seume –
Der Philosoph auf Schusters
Rappen

*29.1.1763 in Poserna bei Weißen-
fels, † 13.6.1810 in Teplitz/Böhmen
Das Werk des Schriftstellers ist vor
allem durch die Darstellung sozialer
und wirtschaftlicher Verhältnisse kul-
turhistorisch bedeutsam.
Werke: Spaziergang nach Syrakus im
Jahre 1802, 1803; Apokryphen, 1811;
Mein Leben, 1813

Nachdem sein Vater, ein Fronbauer,
gestorben ist, nimmt sich der Graf
von Hohenthal-Knauthain des intelligenten Jungen Johann Gottfried an,
bringt ihn auf die berühmte Nikolai-
schule in Leipzig und danach auf die
Universität. Seume soll Pfarrer werden, doch Theologie liegt ihm nicht.
Seine Welt sind die antiken Klassiker.
Er verläßt Leipzig, um in Metz die
berühmte Artillerieschule zu besuchen, will sich aber vorher noch Paris
anschauen.

Auf seiner Wanderung fällt Seume
hessischen Werbeoffizieren in die
Hände. Trotz heftigen Protestes kidnappen sie den wandernden Studenten. Nach einer Nacht im Kerker
nimmt Seume die Versklavung mit
philosophischem Gleichmut: »Man
zerriß mir meine akademische In-

skription als das einzige Instrument
meiner Legitimierung. Am Ende är-
gerte ich mich weiter nicht; leben
muß man überall, wo so viele durch-
kommen, wirst du es auch.«

In Ketten gelegt, wird er als Kriegs-
sklave vom hessischen Landgrafen an
England verkauft und nach Nordamerika verschifft. Die Überfahrt ist
fürchterlich: »Die Bettkasten waren
für sechs Mann. Wenn viere darin lagen, waren sie voll; und die beiden
letzten mußten hineingezwängt werden. Es war für den Einzelnen gänzlich unmöglich, sich umzuwenden,
und ebenso unmöglich, auf dem
Rücken zu liegen. Wenn wir so auf einer Seite gehörig geschwitzt hatten,
rief der rechte Flügelmann: ‚Umge-
wendet!' und es wurde umgeschich-
tet.« Das Essen ist grauenhaft: vier,
fünf Jahre alter Speck, Würmer im
Brot, die als Schmalz mitgegessen
werden, das schwer geschwefelte
Wasser ist von fingerlangen Fasern
durchzogen und nur trinkbar, wenn
es durch ein Tuch gefiltert wird. Dabei muß man sich wegen des Jauche-
gestanks die Nase zuhalten. Stürme
treiben die Kriegsflotte bis fast nach
Grönland. »Wir froren tief im Sommer, daß wir bei Tag und Nacht zitter-
ten. Alles ging schlecht.« Die Überfahrt, normalerweise eine Sache von
vier Wochen, dauert fünfeinhalb Monate.

Endlich erreichen sie Halifax. Seume kämpft nun in roter Uniform als
Leihengländer gegen die freiheitslie-

JOHANN GOTTFRIED SEUME 311

benden Amerikaner. Oder richtiger, er soll gegen die Amerikaner kämpfen, denn außer Biwakleben und Exerzieren passiert nicht viel. In der Freizeit liest Seume Homer, Vergil, Plutarch und schreibt Lieder und Gedichte. Dadurch fällt er einem Baron Münchhausen auf, der den Philosophen wegen dieser ungewöhnlichen Talente in den exklusiven Kreis der Offiziere einführt. Zum Dank widmet ihm Seume ein Gedicht, dessen Anfang leicht abgewandelt zum Sprichwort wird: »Wo man singet, laß dich ruhig nieder, ohne Furcht, was man im Lande glaubt, wo man singet, wird kein Mensch geraubt: Bösewichter haben keine Lieder.« Das Lied ist schön, doch inhaltlich leider nicht korrekt.

Kaum wieder zurück in Bremen, stehen am Kai bereits die hessischen Werbeoffiziere, um Seume erneut einzukassieren. Seume, ein trefflicher Läufer, fliegt wie ein Pfeil davon. Jetzt beginnt die Menschenjagd. Seume rettet sich nach Oldenburg, wo er von preußischen Werbeoffizieren gekidnappt und nach Emden gebracht wird. Zweimal entflieht er, zweimal wird er wieder eingefangen. Das Kriegsgericht verurteilt Seume zu zwölfmaligem Spießrutenlauf – was einem Todesurteil entspricht. Der Kaufmann Bauermann kauft Seume frei und verbürgt sich mit 80 Talern für ihn. Seume flüchtet nach Leipzig, zahlt Bauermann das Geld aus seiner Übersetzung eines englischen Romans zurück und widmet sich den Wissenschaften.

In Leipzig ist Seume bei seinem Freund Göschen als Lektor für die Ausgabe der Klopstockgedichte verantwortlich. Und nun, den gemeinen Häschern anscheinend entkommen, kann Seume ein Hobby entwickeln, das ihm zur Lebenseinstellung werden wird. Er beginnt zu wandern, und das Wandern wird für Seume eine im wahrsten Sinne des Wortes demokratische Tätigkeit: »Sowie man im Wagen sitzt, hat man sich sogleich einige Grade von der ursprünglichen Humanität entfernt.« Um als wahrer Philosoph mit gutem Beispiel voranzugehen, legt er auf Schusters Rappen enorme Strecken zurück. Auf diese Weise kommt er bis Rußland, Finnland, Schweden, Dänemark. Leute, die hoch zu Roß sitzen, hält Seume für arrogante Ausbeuter: »Wenn ein Deutscher zu sogenannter Würde oder auch nur zu Geld kommt, bläht er sich dick, blickt breit, spricht grob, setzt sich aufs große Pferd, reitet Fußwege und peitscht den Gehenden.«

1801/1802 macht sich Seume zu einem »Spaziergang nach Syrakus« auf, durch den er zum »berühmtesten Wanderer« (Goethe) werden wird. Er stirbt nur wenige Jahre später, krank, verbittert durch die politischen Verhältnisse, in Armut.

Sl. Heinrich Seuse –
Der Minnesänger Gottes

latinisiert: Henricus Suso
* 21.3.1295 (?) in Konstanz (?),
† 25.1.1366 in Ulm
Der Mystiker verfaßte eines der be-
liebtesten mittelalterlichen Andachts-
bücher und die erste geistliche Selbst-
biografie in deutscher Sprache.
Werke: Das Büchlein der Wahrheit,
um 1327; Büchlein der ewigen Weis-
heit, um 1328

Der Schüler aus dem stolzen aleman-
nischen Rittergeschlecht der Herren
von Berg ist die Demut in Person. Die
Oberen des Dominikanerordens
schicken den begabten Novizen zum
Studium nach Köln, wo Heinrich als
Leuchte der Wissenschaft glänzt. Ein
solch begabter junger Mann soll Doktor werden. Doch Seuse bittet, ihn von
dieser Auszeichnung zu verschonen,
denn alles äußere Gepränge erscheint
ihm hohl und nichtig. Statt Kirchenkarriere zu machen, geht er nach Erfurt, um bei dem berühmten Mystiker
→Meister Eckhard zu studieren. Die
Predigten des religiösen Genies ent-
flammen Seuse. Er legt den Adelsna-
men seiner Vorfahren ab und zieht als
Prediger durch Deutschland, die
Schweiz und Belgien. Seine Seelsor-
gerarbeit hat Riesenerfolg, ruft aber
auch Neid hervor. Verleumder dichten Seuse Kirchenraub, Betrug, Gift-
mord, Schwängerung unschuldiger
Mädchen und Ketzerei an. Das kränkt
den, der nur Gutes tut, zutiefst.

Um sich seelisch zu stärken, mar-
tert Seuse seinen Körper. Mit einem
eisernen Griffel ritzt er den Namen
Jesu so tief in seine Brust, daß das
Blut auf den Zellenboden spritzt. Jahrelang lebt er von Wasser, Brot und
Rüben und magert bis zum Skelett
ab. Eines Tages überkommt ihn die
Gier nach Fleisch, also schlingt er
mehrere Schnitzel in sich hinein. Die
Folgen sind schrecklich. Nach dem
Essen wächst eine Höllengestalt vor
Seuse aus dem Boden und spricht:
»Da mir mehr nicht erlaubt ist, will
ich deinen Leib mit diesem Bohrer
peinigen, daß es dir ebenso weh tut,
wie deine Lust, Fleisch zu essen, groß
war.« Der Höllengeist macht sich an
die Arbeit, und sofort schwellen die
Kinnbacken und das Zahnfleisch des
Sünders so entsetzlich an, daß er
nicht mehr den Mund öffnen kann.
Drei Tage saugt er nichts als Wasser
durch die Zähne.

Damit er diesem Dämon niemals
wieder begegnen muß, erdenkt sich
Seuse Instrumente zur täglichen
Geißelung und Läuterung. Er näht
sich eine Lederhose, in die er den
Schmied 150 Nägel schlagen läßt. Tag
und Nacht trägt er das Foltergerät auf
der bloßen Haut unter der Kutte. Damit er nachts nicht im Halbschlaf die
Marterhose auszieht, bindet er sich
vor dem Schlafengehen genagelte
Handschuhe an. Doch auch das reicht
ihm nicht zur Selbstkasteiung. Acht
Jahre lang trägt er ein nägelbeschla-
genes Kreuz auf dem nackten

Rücken, »dem gekreuzigten Herrn zum Lobe«, wie er in seiner Autobiographie schreibt. Und eines Tages wird seine Selbstquälerei belohnt. Als seine »Natur und seine Adern erkaltet und verwüstet waren«, erscheint Seuse in einer Vision am Pfingsttage ein himmlisches Gesicht und verkündigt ihm, daß der Buße genug sei. Da wirft er »alle Werkzeuge der Abtötung in einen Fluß« und macht sich mit Feuereifer an sein geistliches Werk. Für Seuse ist die Seele die Braut Gottes, nach dem sie voll Inbrunst verlangt. Er findet Worte, die ihn tatsächlich zum Minnesänger Gottes machen, wie er voll Ehrfurcht genannt wird. »Wer gibt mir«, ruft der große Mystiker, »des Himmels Breite zu Pergament, des Meeres Tiefe zu Tinte, Laub und Gras zu Federn, damit ich voll ausschreibe mein Herzleid?«

George Bernard Shaw – Ein eingefleischter Vegetarier

* 26.7.1856 in Dublin, † 2.11.1950 in Ayot St. Lawrence (London)
Für seine sozialkritischen Stücke erhielt der Schriftsteller und Journalist 1925 den Nobelpreis.
Werke: Helden, 1894; Candida, 1895; Frau Warrens Gewerbe, 1898; Man kann nie wissen, 1899; Caesar und Cleopatra, 1901; John Bulls andere Insel, 1904; Zurück zu Methusalem, 1922; Die heilige Johanna, 1923

Shaws Vater, ein »gesunder Alkoholiker«, macht der Familie das Leben so schwer, daß die Mutter ihn verläßt und mit den beiden kleinen Töchtern nach London geht. Shaw bleibt in der Obhut eines geistlichen Onkels in Dublin und wächst »in milder Anarchie« auf. Die Shaw-Family ist ein Clan skurriler Originale, und der genetische Wirrwar englisch-puritanischer und sanguinisch-irischer Vorfahren prägt Shaws bizarren Charakter.

Schulisch sind Shaws Leistungen schwach, also wird er mit fünfzehn Lehrling in einem Realitätenbüro. Mit 20 flüchtet er nach London zu seiner Mutter, wo er sich mit Gelegenheitsjobs über Wasser hält, um Schriftsteller zu werden. Shaw schreibt jeden Tag genau fünf Seiten, dann hört er auf, selbst wenn er mitten im Satz steckt. Danach sitzt er im Lesesaal des British Museum, seinem »Arbeitszimmer«, und liest sich durch die Werke der Weltliteratur. Bildung ist Shaws einziger Besitz, und so sieht er auch aus: Neben dem Loch im Portemonnaie hat er Löcher in den Schuhen und Löcher im Hosenboden. Für den strengen Gegner von Alkohol und Nikotin ist Erfolg das Resultat von 14stündiger Tagesarbeit, sieben Mal in der Woche, sowie vegetarischer Ernährung: »Ein Mann meiner geistigen Potenz ißt keine Leichen!«

In den Augen der Verleger, denen er seine fünf Romane anbietet, ist der hochgewachsene, rauschebärtige Rothaarige ein Spinner mit nervtötender Arroganz: »Obwohl ich keinen Universitätsabschluß besitze, bin ich weitaus gebildeter als die meisten Universitätsprofessoren. Ich bin einer der gebildetsten Menschen der Welt.« Doch niemand will Shaws Werke drucken.

Mit 29 macht man ihn dank seiner starken Sprüche zum Musikkritiker beim »Star«. Als er über den Londoner Ärztechor schreibt: »Man hätte sie an ihre Schweigepflicht erinnern sollen«, wird er schlagartig bekannt. Als Kritiker ist der Menschenfreund Shaw gnadenlos, selbst Dichterfürsten der Vergangenheit werden erbarmungslos niedergemacht: »Mit der einzigen Ausnahme Homers gibt es keinen hervorragenden Schriftsteller, den ich so von Herzen geringschätze wie Shakespeare, wenn ich meinen Geist mit seinem vergleiche. Es würde mir allen Ernstes Erleichterung schaffen, ihn auszugraben und mit Steinen zu bewerfen.«

Der quirlige Gemüseesser begeistert sich für den Sozialismus und hält als unbezahlter Agitationsredner rebellische Vorträge. Mit seiner demagogischen Begabung zettelt Shaw Saalschlachten an und zielt bei Rededuellen mit treffenden Pointen unter die Gürtellinie des Gegners. Das Polittheater begeistert ihn ebenso, wie ihn die Theaterabende als Kritiker langweilen.

Eines Abends kommt Shaw die prickelnde Idee, selbst als Bühnenau-

tor zu brillieren. Wie es seine Art ist, macht er sich mit puritanischem Arbeitseifer ans Werk, und so entsteht Stück um Stück. Seine originellen Grundideen, transportiert durch flüssige Dialoge und aufgelockert durch satirischen Wortwitz, machen seine Stücke zu Bühnenerfolgen. Den Durchbruch schafft Shaw 1898 mit »Frau Warrens Gewerbe«. Die Bordellkomödie erobert England, Irland, New York, Wien und Berlin. Moralinsaure Verrisse konservativer Kritiker werden von der Begeisterung des Publikums hinweggefegt. Angeregt durch die Frauenrechtsbewegung veröffentlicht Shaw einen »Wegweiser für die intelligente Frau zum Sozialismus und Kapitalismus«, wenngleich für ihn privat Frauen kaum mehr als Dekorationsgegenstände sind.

Während seiner Flitterwochen widmet sich der 40jährige Shaw mehr seinem Werk über Wagner als den harmonischen Kurven seiner Braut, denn er fürchtet sich vor Intimität. Trotzdem bekommt er ständig Liebesbriefe. Ellen Terry schreibt ihm: »Sie haben den bedeutendsten Geist der Welt und ich den schönsten Körper: Wir müßten zusammen das vollkommenste Kind zeugen.« Amüsiert antwortet Shaw: »Und wenn das Kind nun meinen Körper und Ihren Geist erbt. Was dann?«

Trotzdem will Shaw das Zentralproblem der weiblichen Mitmenschen nicht aus dem Kopf: Sind Frauen nicht bewußt zur Dummheit erzogen worden? Schafft nicht erst die Sprache soziale und geschlechtsspezifische Unterschiede? Um das zu beweisen, verfaßt er das lehrhaft-unterhaltsame Theaterstück »Pygmalion«, worin der kauzige Sprachforscher Prof. Higgins deutlich Shaws Züge trägt. Das sozialkritische Stück wird ein Riesenerfolg und 44 Jahre später nochmals ein Megahit, als zwei Autoren der leichten Muse es mit Songs und Tänzen unter dem Titel »My Fair Lady« auf die Musicalbühne bringen.

Diesen Triumph erlebt Shaw nicht mehr, bereits vier Jahre zuvor wurde er eingeäschert. Als glühender Kämpfer für die Idee der Feuerbestattung hat Shaw einen Teil seines Vermögens in Krematoriumsaktien angelegt. Begeistert hat er dem Lodern seiner Schwester und seiner Mutter zugesehen und sieht der Feuerbestattung seiner Frau mit pyromanischer Freude entgegen. Aber dann ist er doch enttäuscht: »Man kann nicht mehr sehen, wie der Körper verbrannt wird. Es ist heutzutage eine sehr wenig befriedigende Zeremonie.«

Kurz bevor er selbst ins flammende Nirwana eingeht, verabschiedet sich der vierundneunzigjährige Nobelpreisträger von seiner Krankenpflegerin: »Schwester, Sie wollen mich am Leben erhalten als eine alte Sehenswürdigkeit. Aber ich bin fertig, aus, ich sterbe.«

George Simenon – Der erfolgreichste Schürzenjäger des 20. Jahrhunderts

eig. George Sim
* 13.2.1903 in Lüttich,
† 4.9.1989 in Lausanne
→Henry Miller schrieb über den schaffenswütigen Belgier: »Man muß bis zu Lope de Vega zurückgehen, um ein vergleichbares Phänomen zu finden.«
Werke: Maigret und der Verrückte, 1932; Die Glocken von Bicêtre, 1963; Als ich alt war – Tagebücher 1960-63, 1970

Auf die Anfrage eines Autorenlexikons antwortet Simenon: »Geboren in Liège. Mit 16 Reporter bei der Lièger ‚Gazette'. Mit 17 Veröffentlichung meines ersten Romans. Mit 20 Heirat; Umzug nach Paris. Von 20 bis 30 Veröffentlichung von rund 200 Romanen unter 16 Pseudonymen, und Reisen durch ganz Europa, hauptsächlich in einem kleinen Boot. Mit 30 an Bord seiner Yacht ‚Ostrogot' schreibt er seine ersten Detektivgeschichten und erfindet dem den Ermittler Maigret. Zwei Jahre lang schreibt er jeden Monat einen Roman für diese Serie. Mit 33 Aufgabe der Krimi-Romane. Nun ist er fähig, persönlichere Werke zu schreiben. Das ist alles«. Hinter dieser Notiz verbirgt sich der erfolgreichste Autor des 20. Jahrhunderts. Seit →Lope de Vega gibt es in der Literatur kein vergleichbares Phänomen. Der Rowohlt Verlag bewirbt seinen Autor

316 GEORGE SIMENON

mit Superlativen:»Mehr als 570 Millionen verkaufte Bücher in 40 Ländern und 56 Sprachen, mehr als 1000 Kurzgeschichten, 187 Groschenromane, 76 Maigret-Romane, 130 Romane ohne Maigret...«

Wenn Simenon in schöpferische Ekstase gerät, schreibt er 80 bis 100 Seiten pro Tag. Das ist so rätselhaft, so unheimlich, daß manche Simenons Existenz bezweifeln. Verbirgt sich hinter seinem Namen eine Schreibfabrik à la →Scribe, die pausenlos Texte auf den Markt wirft? Doch je mehr der Rätselhafte von sich preisgibt, desto unbegreifbarer wird der »Balzac ohne Längen«, wie Kollegen ihn nennen.

Simenon geht um zehn zu Bett und steht um sechs Uhr auf. Hochkonzentriert schreibt er zwei Stunden. Das ist die Zeit, die er für ein Kapitel braucht. Völlig durchgeschwitzt, muß er sich danach umziehen. Fastenkuren hat der Gourmet nicht nötig: Bei jedem Roman nimmt er fünf Kilo ab. Auf diese Weise entsteht ein Buch anfangs in elf Tagen, später schafft er es in sieben. Simenon stimuliert sich mit Weißwein, Bordeaux, schwarzem Tee und Kaffee. Wenn das Manuskript fertig ist, »belohnt« er sich mit einer Flasche Champagner oder einem Bordellbesuch.

Jedesmal hat Simenon »schrecklich Angst« vor dem weißen Papier. Seinen »nackten Stil« hat er als Reporter gelernt. Simenon erzählt, aber er beschreibt nicht. Exakt wie seine Romane plant er sein Budget:»Bei soundso-

vielen Zeilen pro Jahr... hatte ich Anspruch auf ein Auto. Nach soundsoviel konnte ich mir einen Chauffeur leisten, der meine Artikel ablieferte. Von soundsoviel an kam die Yacht dran, nach der ich verrückt war... In zwei Jahren hatte ich mein Auto und meinen Chauffeur. Im dritten bekam ich meine Yacht.« Mit diesem Finanzkonzept wird Simenon Multimillionär.

»Mit achtzehn war meine Lehrzeit beendet«, behauptet er, aber »man nimmt seine Kindheit mit sich«. Außer der Kindheit nimmt der 20jährige Simenon auch seine Frau Régine mit nach Paris. Während er im Maigret-Look (Regenmantel, Filzhut, Pfeife) seinen Verleger und auf einen Seitensprung das Bordell besucht, malt »Tigy«, wie er sie nennt, ihre Bilder.

Während der ersten Ferien des Paares in der Normandie lernen sie Henriette Liberge, genannt »Boule« kennen und nehmen sie mit nach Paris als Mädchen für alles. Besonders für Simenon. Denn hinter Tigys Rücken ist sie seit den ersten Tagen seine Geliebte. Tigy malt, Boule putzt, Georges schreibt. Nebenher hat Simenon eine Affäre mit Josefine Baker, und auch sonst packt er herzhaft zu. So zahlreich wie seine Romane sind seine Romanzen. Auch an seinen Wohnsitzen hält es Simenon nicht lange. 33 mal zieht er um, mietet Schlösser in Frankreich, Farmen in den USA, Stadthäuser irgendwo, wo es ihm gerade gefällt.

Eines Tages schnitzt Simenon für seinen zweijährigen Sohn Marc ein Stück Holz. Das Messer gleitet ab und verletzt ihn an der Brust. Als der Arzt das Röntgenbild anschaut, sagt er ernst: »Sie haben Angina pectoris« – und noch zwei Jahre zu leben. Aber nur, wenn er sich schont: keinen Alkohol, keine Pfeife, keinen Sex mehr. Der Hypochonder nimmt es gelassen, er hat ja immer gewußt, daß er nicht alt wird. Sieben Jahre später lebt Simenon immer noch. Zwei Kardiologen versichern ihm, er sei bester Gesundheit. Simenon tänzelt nach Hause, fällt über Boule her und feiert »seine Auferstehung«. In diesem Moment kommt Tigy herein und keift: »Du wirst mir den Gefallen tun, dieses Mädchen sofort vor die Tür zu setzen!« – »Nein!« – Nun erfährt Tigy, daß ihr Mann seit neunzehn Jahren ein Verhältnis mit Boule hat und sie außerdem mit Hunderten anderer Frauen betrogen hat. Das Paar beschließt, nach außen hin weiter Mann und Frau zu spielen. Simenon reist durch Afrika, rund um die Welt, und die Schreibmaschine, die Ehefrau, Sohn Marc und Boule sind immer dabei. Simenon fühlt sich überall sofort zu Hause.

In Kanada beschäftigt Simenon die zweisprachige Sekretärin Denyse, eine 25jährige mannhafte Trinkerin mit dem gewissen Funkeln im Auge. Gleich bei ihrem ersten Treffen fallen Georges und Denyse miteinander ins Bett. Die Beziehung ist sehr modern, manchmal kommt es sogar zum flotten Dreier mit einer Prostituierten. Denyse kennt keine Hemmungen und Simenon sowieso nicht. Nun nomadisiert er mit drei Frauen.

Denyse wird Mutter, trinkt mehr und mehr, wird zunehmend depressiv. Als Kammerzofe stellt sie die Italienerin Teresa Sburelin an, eine der elf Angestellten des Haushalts. Simenon nimmt Witterung auf: Eines Morgens »ergriff mich heftiges Verlangen nach ihr. Ich hob ihr den Rock hoch, ohne das sie sich rührte und protestierte«. Nun hat er hinter Denyses Rücken ein süßes Geheimnis. Teresa wird Simenon bis zum Tod begleiten. 1977 protzt er bei einer Podiumsdiskussion mit Federico Fellini: »Wissen Sie, Fellini, ich glaube, daß ich in meinem Leben ein größerer Casanova gewesen bin als Sie: Ich habe ausgerechnet, daß ich 10.000 Frauen gehabt habe.« Er war eben ein Mann der Superlative.

Mary Wollstonecraft Shelley – Frankensteins Mutter

* 30.8.1797 in Somers Town/London, † 1.2.1851 in London
Die Tochter des Schriftstellers William Godwin und der ersten englischen Frauenrechtlerin Mary Wollstonecraft Godwin erschrieb sich bereits als junge Frau einen Platz im Kanon der Weltliteratur.
Werke: Frankenstein oder Der moderne Prometheus, 1818

Mary wächst als Halbwaise auf. Die Mutter, eine bekennende Feministin, ist zehn Tage nach der Geburt des Kindes gestorben. Der Vater, ein berühmter Schriftsteller, hat wieder geheiratet, und leider ist die Stiefmutter in etwa so, wie man sich eine Stiefmutter im 18. Jahrhundert vorstellt. Für Mary, die zwar viel liest, aber keine formale Bildung erhält, gibt es in diesem Elternhaus nicht viel, was sie hält.

Mit 15 lernt Mary bei ihrem Vater den feurigen Percy Shelley kennen, einen adligen Jungdichter, der als das Enfant terrible der modernen Literatur gilt. Doch anstatt Vermögen und Kontakte seiner Familie zu nutzen, rebelliert der Erstgeborene gegen alles und jedes: von der verklemmten Pädagogik bis zur religiösen Heuchelei. Shelley predigt freie Liebe und Besitzlosigkeit. Als der Oxford-Student sein Pamphlet »Die Notwendigkeit des Atheismus« veröffentlicht, wird er von der Uni geschmissen und vom Vater enterbt. Daraufhin brennt er mit der 16jährigen Harriet, Tochter eines Kaffeehausbesitzers, durch und gründet mit Freundin und Freunden eine Kommune. Als Kinder kommen, heiratet er Harriet, um ihre Ehre zu schützen.

Das ist Shelleys Lebenssituation, als er Mary kennen lernt. Ein paar Tage später ist sie bis über beide Ohren in ihn verliebt – und er weiß plötzlich, warum er die Institution Ehe haßt. Kurzentschlossen brennt er zum zweiten Mal mit einer 16jährigen durch, diesmal auf den Kontinent. Dieses Abenteuer verzeihen ihm nicht einmal seine besten Freunde, und seine zurückgelassene Ehefrau ist verzweifelt. Schließlich kehrt das Liebespaar nach England zurück. Um Harriet zu trösten, schlägt Shelley ihr eine harmonische Dreierbeziehung mit Mary vor. Daraufhin ertränkt sich Harriet im Fluß. Als die Hintergründe des Selbstmordes ruchbar werden, wird Shelley das Sorgerecht für seine Kinder aberkannt. Seine Gläubiger, aufgerüttelt von dem Skandal, drohen mit Prozessen. Zum Glück hinterläßt ihm sein Großvater eine kleine Pension.

Um Mary und ihre inzwischen geborenen Kinder vor der sozialen Ächtung zu bewahren, heiratet Shelley sie. Im Mai 1816 reist die Künstlerfamilie in Begleitung von Marys jüngerer Schwester an den Genfer See, wo Shelley eine Villa mietet. Kurz darauf erscheint Lord Byron, der Liebhaber der Schwester. Nacht für Nacht lesen sie sich Gespenstergeschichten vor, das Haus vibriert von Schwarzer Romantik. Die vier sehen Geister, hören unheimliche Geräusche, die Atmosphäre ist elektrisch geladen. Gewitterfronten ziehen über die Alpen, Blitze jagen über den See. Der Donner grollt und unaufhörlich strömt der Regen. In einer dieser unheimlichen Nächte rezitiert Lord Byron ein Coleridge-Gedicht, worin der grauenerregende Busen der Hexe Geraldine beschrieben wird. Plötzlich schlägt sich

Shelley die Hände vor den Kopf und stürzt schreiend hinaus. Als er seine Sinne wieder beisammen hat, erklärt er, auf einmal hätten ihn aus den Brustwarzen seiner Frau Augen angestarrt. Die Gruselstimmung nutzend, schlägt Byron vor, jeder von ihnen solle eine Gespenstergeschichte schreiben. Man entwickelt eifrig Themen, doch am Morgen strahlt die Sonne und die beiden Dichter unternehmen eine Bergtour. Die 19jährige Mary ist die Einzige, die tatsächlich anfängt. Ihr Thema inspiriert sie so, daß bereits im März 1818 die dreibändige Ausgabe ihres Romans erscheint. Mit »Frankenstein« hat sie etwas völlig Neues geschaffen, das Buch wird ein ungeheurer Erfolg.

Doch das Schicksal meint es nicht gut mit dieser Familie, deren offizielles Zustandekommen einer Toten zu verdanken ist. Der erstgeborene Sohn stirbt; Mary und Shelley verlassen England und gehen 1818 nach Italien, wo sie in verschiedenen Städten, vor allem aber in Pisa leben. Im selben Jahr stirbt das kleine Töchterchen Clara, im Sommer darauf Söhnchen William nach einer plötzlichen Erkrankung. Mary Wollstonecraft Shelley verfällt in eine tiefe Depression. Da ertrinkt Shelley im Juli 1822 bei einer Bootsfahrt im Golf von Livorno. Mary bleibt noch einige Monate in Italien, aber kehrt dann zurück nach England, mit dem festen Vorsatz, nicht wieder zu heiraten, sondern als Schriftstellerin zu arbeiten und für ihr einziges überlebendes Kind Percy zu sorgen.

1823 erobert die Bühnenfassung ihres »Frankensteins« die Theater, und die 25jährige wird reich. Aber an ihren ersten Bucherfolg kann die Autorin Mary Wollstonecraft Shelley nie mehr anknüpfen. Trotzdem arbeitet sie ununterbrochen, veröffentlicht Kurzgeschichten, Reiseberichte, Biographien und widmet sich schließlich der Edition der Werke ihres Mannes, die 1838 in einer reich kommentierten Ausgabe erscheinen. Zudem schafft sie es mit zäher Durchsetzungskraft, daß ihr Sohn Percy die ansehnlichen Güter und den Adelstitel des Shelley-Clans erbt. Als Mary Wollstonecraft Shelley am 21. Februar 1851 stirbt, ist ihr unsterbliches Monster ein Weltstar, das die Phantasie von Filmregisseuren und Musicalautoren beflügelt.

Joseph Smith – Der Prophet der Vielweiberei

** 23.12.1805 in Sharon/Vermont,
† 27.6.1844 in Carthage/Illinois
Smith ist Begründer der Church of Jesus Christ of Latter-Day Saints, der Kirche der Mormonen, die heute nach eigenen Angaben rund 10 Millionen Mitglieder in 150 Ländern hat. Werke: Das Buch Mormon. Ein Bericht auf Tafeln geschrieben von der Hand Mormons nach den Tafeln von Nephi, 1830*

320 JOSEPH SMITH

Mit 17 bekommt Joseph Smith Besuch von einem Engel. Das überrascht ihn nicht, denn seit jeher ist der Junge mit Übersinnlichem in Kontakt. So spürt er z.B. mittels magischer Rituale verborgene Schätze auf. Der Engel zeigt ihm das Versteck von goldenen Platten und überreicht Smith eine Brille, deren Gläser aus den zwei magischen Steinen Urim und Thummim bestehen. Dann löst der Außerirdische sich in Luft auf und überläßt Smith den Job, die Hieroglyphen auf den Goldplatten zu entziffern. Leicht gesagt: Der junge Esoteriker fühlt sich von der Aufgabe zunächst überfordert. Doch kaum hat Joseph die magische Brille aufgesetzt, erweist sich diese als Decodierinstrument, welches den unverständlichen Text mühelos auf Englisch erscheinen läßt.

Während Smith die Texte studiert, fällt ihm fast der Kitt aus der Brille: Dort steht Schwarz auf Gold die Urgeschichte der amerikanischen Indianer. Diese sind die Nachkommen des alten Hebräers Lehi, der mit seinen Söhnen nach Amerika auswanderte. Und es kommt immer besser: Die Auswanderer nannten sich bereits Christen, bevor Christus überhaupt geboren wurde! Im Jahre 320 n. Chr. kam es für die Enkel der Auswanderer ganz dick, weil sie alle Gottesfurcht verloren und fröhlich drauflossündigten. Gott schickte einen seiner Streiter, der die Sünder besiegte. Dafür schämten sie sich so sehr, daß sie knallrot wurden. Ihre Nachkom-

men wurden Rothäute oder Indianer genannt. Achtzig Jahre später wurde der Stamm des Gottesstreiters wiederum von den Lamaniten wegen ihrer Laster gänzlich ausgerottet. Moroni, der letzte Überlebende und Sohn des Helden Mormons, schrieb die Geschichte der Auswanderer auf, vergrub die Goldplatten nebst der Codierbrille, und so wuchs Gras über die Sache, bis 1422 Jahre später ein Engel den jungen Okkultisten Smith auf die Spur brachte.

Nachdem Smith den Text ins Englische übersetzt hat, läßt er »Das Buch Mormon« drucken und verteilt es an wundergläubige Mitmenschen, mit denen er am 1. Juni 1830 in Fayette im Staat New York eine eigene Kirche gründet. Für kritische Theologen ist das Buch ein Potpourri aus lokalen Indianerlegenden, dem Manuskript eines Fantasyromans eines Presbyterianerpredigers und Fragmenten der Autobiographie des »Übersetzers«. Doch das stört die Anhänger des neuen Propheten nicht. Ihre Zahl wächst rasant; das liegt einerseits an Smiths charismatischer Persönlichkeit, andererseits an seinem theologischen Konzept: Gott selbst wird materiell gedacht. Die Seelen der Menschen haben eine Vorexistenz, und daher ist es verdienstvoll, ihnen durch Zeugung von Kindern irdische Leiber zu verschaffen. Um möglichst viele Kinder zu zeugen, braucht man folglich viele fromme gebärfreudige Schwestern. Das ist die dogmatische Begründung für die Vielweiberei, die in der neuen Sekte betrieben wird.

Im eher prüden Amerika ist dieses körperfreudige Konzept für viele Bürger ein Schocker, liberalere Geister halten es für die Befreiung von der Knechtschaft der Monogamie. Smith geht als Religionsgründer selbst mit gutem Beispiel voran, indem er sich einen Harem von 50 liebeslustigen Frauen zulegt. Das ruft bei Monogamisten Abscheu und Empörung hervor. Und so werden die »Mormonen«, wie sie von Andersgläubigen genannt werden, kaum haben sie sich irgendwo niedergelassen, aus der Gemeinde verdrängt.

Auch abtrünnige Kirchenmitglieder machen Smith das Leben schwer. Als sie ihn in ihrer Zeitung als perversen Erotomanen attackieren, dringt Smith mit seinem Bruder in ihre Druckerei ein und zerstört die Druckpressen. Dafür werden sie vom Sheriff verhaftet. In der Stadt köchelt der Haß. Der aufgeputschte Mob stürmt das Gefängnis, erschießt die beiden Inhaftierten, schlägt die Kirche kurz und klein und treibt die Sektenmitglieder aus der Stadt.

Die Vertriebenen gründen 1847 unter dem neuen geistlichen Oberhaupt Brigham Young fernab der Zivilisation, inmitten einer Salzwüste eine Stadt, die sie das Neue Jerusalem nennen. Mit bewundernswerter Energie schaffen die Mormonen ein blühendes Gemeinwesen, das bis heute existiert: Salt Lake City.

Baruch de Spinoza –
Der unbeugsame Eigenbrötler

eig. Bento d'Espiñoza
* 24.11.1632 in Amsterdam,
† 21.2.1677 in Den Haag
Besonders die deutschen Kollegen wurden vom Werk des niederländischen Philosophen stark beeinflußt.
Werke: Theologisch-politischer Traktat, 1670; Ethik, nach geometrischer Methode dargelegt, 1677; Politischer Traktat, 1677

Die Eltern Spinoza sind fromme Juden, die ihres Glaubens wegen aus Portugal ins liberale Holland geflüchtet sind. Eines Tages erkennen sie: Ihr Sohn muß ein Genie sein. Mühelos löst das Kind schwierigste mathematische Aufgaben und redet vernünftiger als die meisten Erwachsenen. Um seine Begabung optimal zu fördern, greift der Vater tief in den Sparstrumpf und läßt den Sohn von den besten Lehrern Amsterdams ausbilden. Die glauben fast an Hexerei: Kaum haben sie dem Jungen die Grundbegriffe einer Wissenschaft beigebracht, denkt dieser in Windeseile so konsequent und logisch weiter, daß sie ihn kaum noch verstehen können. Statt altbewährten Denkmustern zu folgen, verläßt Spinoza die vorgegebenen Bahnen und denkt völlig Neues wie: »Ein Vertrag zwischen Völkern besteht, solange seine Ursache besteht: die Furcht vor Schande oder die Hoffnung auf Gewinn.« Das widerspricht jeglicher althergebrachter Moral.

322 BARUCH DE SPINOZA

Die besorgten Häupter der Gemeinde nehmen die junge Intelligenzbestie ins Gebet. Sie versuchen, Spinoza mit Drohungen und Schmeicheleien auf den rechten Weg zurückzubringen. Als er trotzdem ketzerisch wie bisher weiterdenkt – »Das Einzelwesen nennt gut, was seine Selbsterhaltung fördert; es nennt böse, was sie hindert« – versuchen sie es mit Bestechung. Ihr Angebot lautet auf 1000 Gulden Jahresgehalt, falls Spinoza dem Glauben seiner Väter treu bliebe. Der hustet ihnen was und behauptet frech, die Bibel sei nichts weiter als Menschenwerk und die Gebote des Ritus völlig vernunftwidrig. Eltern und Rabbiner sind verzweifelt.

Als der Skandal sich herumspricht, ermannt sich ein Gemeindemitglied und will den Ketzer aus dem Weg schaffen. Aber das Attentat mißlingt. Jetzt steht der gute Ruf der Gemeinde auf dem Spiel, was sich nachteilig auf die Geschäfte auswirken könnte. Der eilig zusammengerufene jüdische Gemeinderat beschließt zum Entsetzen der Eltern, den 23jährigen Spinoza zu exkommunizieren. Vor versammelter Gemeinde wird über den Sünder der große Bannfluch verhängt, der mit der Formel schließt: »Er sei verflucht bei Tag und bei Nacht! Er sei verflucht, wenn er schläft und sei verflucht, wenn er aufsteht! Er sei verflucht bei seinem Ausgang und sei verflucht bei seinem Eingang! Der Herr wolle ihm nie verzeihen! Er wird seinen Grimm und Eifer gegen diesen Menschen lodern lassen, der mit allen Flüchen beladen ist, die im Buche des Gesetzes geschrieben sind. Er wird seinen Namen unter dem Himmel vertilgen.« So behandeln die Fanatiker einen jungen Mann, dessen ganze Schuld darin besteht, ein eigenständiges geistiges, weltabgewandtes Leben zu führen.

Spinoza verliert über dem Gezeter der Rabbiner nicht einen Moment die Gelassenheit. Er zieht sich noch mehr zurück und lebt völlig uneigennützig und bedürfnislos für seine Studien. Geld verdient Spinoza als Brillenschleifer, was seine frommen Feinde noch mehr in Rage bringt. Sie bewirken beim Magistrat der Stadt Amsterdam seine Verbannung. Spinoza packt seine Bücher und sein Werkzeug zusammen und zieht in das Landhaus eines Freundes, wechselt danach noch zweimal die Stadt und läßt sich dann in Den Haag nieder.

Beim Brillengläserschleifen dringt Spinoza zwangsläufig immer tiefer in die Geheimnisse der Optik ein. Um sein Wissen zu erweitern, tritt er in Kontakt mit mehreren Physikern und Naturforschern. Die sind entzückt über seine Forschungsergebnisse und machen den Namen des jungen Genies in Insiderkreisen bekannt.

Als Spinoza die Grundzüge der Philosophie seines bewunderten Lehrers Descartes veröffentlicht, wird man über Fachkreise hinaus auf ihn aufmerksam. Der Kurfürst von der Pfalz bietet ihm eine Professur in Heidelberg an – unter Zusicherung voller Lehrfreiheit. Doch der Eigenbrötler kann sich ein gebundenes Leben als öffentlich bediensteter Uni-Beamter nicht vorstellen und lehnt ab. Seine Begründung: Er wisse nicht, wie weit sich diese Lehrfreiheit erstrecken werde. Als echter Philosoph lebt er lieber, ohne jemandes Herr, Knecht oder auch nur Ehemann zu sein und verdient sich seinen Lebensunterhalt weiterhin als Optiker.

Der feine Glasstaub, den er ständig einatmet, macht Spinoza lungenkrank. So verläßt er bereits mit 45 diese Welt. Die Schriften des Philosophen hatten ungeheuren Einfluß auf →Goethe, denn dieser »fand in ihm sich selber«.

Anne Louise Germaine Baronne de Staël-Holstein – Eine gefürchtete Emanze

genannt Madame de Staël
* 22.4.1766 in Paris,
† 14.7.1817 in Paris
Als Autorin eines der ersten Werke über die Befreiung der Frau und ihr Recht auf außereheliche Beziehungen ging Germaine de Staël selbst mit gutem Beispiel voran: Ihre fünf Kinder stammten von vier verschiedenen Vätern.
Werke: Über die Literatur in ihren Beziehungen zu den gesellschaftlichen Institutionen, 1800; Delphine, 1802; Über Deutschland, 1810

Schon Germaines Mutter ist ziemlich überspannt: Aus Angst, lebendig beerdigt zu werden, verfaßt sie die Schrift »Über voreilige Begräbnisse«. Dazu gibt sie ihrem Mann, dem berühmten französischen Finanzminister Necker, genaueste Anweisungen für die Zeit nach ihrem Tode. Wunschgemäß läßt er sie einbalsamieren und dann in einem Alkoholbecken schwimmen. Die Mumie kann man durch ein Glasfenster betrachten.

Aber auch vor ihrem Verscheiden war Germaines Mutter ziemlich exzentrisch. Kaum kann Germaine die ersten Wörter sprechen, soll ein Wunderkind aus ihr werden. Statt mit Puppen zu spielen, muß sie lateinische und englische Vokabeln und Bibelzitate büffeln. Wenn sich die gebildete Welt zum Jour fixe in Mutters Salon trifft, lauscht Germaine mit kerzengeradem Rücken den gelehrten Gesprächen. Mit dreizehn ist das Mädchen ein magersüchtiges Wrack und die Ärzte verordnen ihr Studierverbot und die Trennung von der verrückten Mutter. Eine kluge Entscheidung, denn die Kur schlägt an, und aus dem Bildungsmonster wird ein charmantes Mädchen, das als eine der besten Partien Europas von Bewerbern umschwärmt wird. Acht Jahre lang läßt Germaine den schwedischen Baron von Staël-Holstein schmachten, bis sie ihn schließlich erhört. Es ist eine Vernunftehe: er hat den Titel, sie das Kapital.

Als emanzipierte Frau hält Germaine ihn nach ein paar unterkühlten Nächten auf Distanz und befriedigt ihre Gelüste mit feurigen Liebhabern. Ihr üppiger Busen, ihre lüsternen Lippen, das verführerische Glitzern in ihren Augen macht die Männer verrückt. Eifersuchtsanfälle des Gatten tut Germaine als Psychoterror ab.

Während ihrer Schwangerschaften ist Germaine ebenso rastlos wie sonst auch. Nach ein paar Stunden Schlaf schreibt sie, während sie frisiert wird, frühstückt und Besucher empfängt. Mit 21 veröffentlicht sie ihr erstes Werk »Briefe über J.J. Rousseaus Briefe und Charakter« – das originelle Buch macht sie sofort bekannt.

1789 bricht die von Germaine de Staël begrüßte französische Revolution aus, aber die Umwälzung der Gesellschaft gerät außer Kontrolle. Schreckensbleich erfährt sie, daß einer ihrer Freunde aus dem Fenster geworfen und zu Tode getrampelt wurde. Als sie versucht, verhafteten Freunden zu helfen, wird sie selbst eingesperrt. In höchster Not wird Germaine de Staël von einflußreichen Bekannten gerettet. Aber diese Erfahrung verfolgt sie bis in die Träume: »Ich sah die Mörder aus den Gefängnissen zurückkehren. Ihre Arme waren nackt und mit Blut beschmiert und sie stießen gräßliche Schreie aus.«

Madame de Staël flüchtet in die Schweiz, baut eine Hilfsorganisation auf, läßt gefälschte Pässe nach Frankreich und Flüchtlinge über die Grenze schmuggeln. Von jedem in ihrem Umfeld verlangt sie 100-prozentigen Einsatz. Freunde und Diener stöhnen: »Jedermanns Leben muß zur Gänze, in jeder Stunde, in jeder Minute, jahrelang, zu ihrer Verfügung stehen.« Die Devise der Powerfrau ist eindeutig: »Man muß in seinem Leben zwischen Langeweile und Leiden die Wahl treffen.«

Die Gier nach Neuem treibt Germaine de Staël ständig in neue erotische Abenteuer. Eines ihrer berühmten Werke heißt entsprechend: »Über den Einfluß der Leidenschaften auf das Glück von Individuen und Nationen«. Ihr Männerverschleiß ist Legende, aber wehe ein Lover versucht, ihr zuvorzukommen, dann zeigt sie ihr schauspielerisches Können: »Germaine.... warf sich mit entsetzlichem Geschrei zu Boden und versuchte sich mit dem Taschentuch zu erdrosseln.« Solche Adrenalinstöße braucht sie, um in Schwung zu bleiben.

De Staëls innere Rastlosigkeit treibt sie ständig auf Reisen. In Deutschland ist sie entsetzt über die Herren der Schöpfung: »Es gibt nichts Plumperes, nichts Rauchgeschwängerteres im moralischen wie im physischen Sinn, als die deutschen Männer.« Doch mit der Zeit gefällt ihr das Barbarenland, dem sie eines ihrer Hauptwerke »Über Deutschland« widmet. Auf der Reise nach Weimar übt sie auf der Mundharmonika deutsche Volkslieder. Während Germaine de Staël vor Schwärmerei fast vergeht, halten Schiller und → Goethe sie für völlig gaga. Zudem macht sie sich ständig Notizen, und so fürchtet Goethe, in ihrem Buch als Hanswurst porträtiert zu werden.

Aus Deutschland nimmt Madame nicht nur lebendige Erinnerungen, sondern auch ein exotisches Souvenir mit, den Skakespeare-Übersetzer A.W. Schlegel: offiziell als Hauslehrer ihres Sohnes, insgeheim als Liebhaber. Schlegel muß einen Vertrag aufsetzen, in dem er sich ihr mit Haut und Haar verkauft: »Verfügen Sie über meine Person und mein Leben, befehlen und verbieten Sie ... Ich bin stolz darauf, Ihr Eigentum zu sein.« Mit dem exklusiven Sklaven an der Kette reist Germaine de Staël durch Europa, wobei man sie in Deutschland für eine überspannte Pariserin, in der Schweiz für eine Revolutionärin und in Frankreich für eine Reaktionärin hält.

Das aufregende Leben zwischen Liebe und Literatur, Depression und Dauerstreß zehrt Madame aus. Sie leidet unter Schlaflosigkeit und Nervosität und nimmt zur Entspannung Opium. Durch Drogenmißbrauch völlig zerrüttet, erleidet Germaine de Staël mit 51 einen Gehirnschlag – wenig später ist sie tot.

Stendhal –
Der Poet der Kanzleisprache

eig. Marie Henri Beyle
* 23.1.1783 in Grenoble;
† 23.3.1842 in Paris
Der zu Lebzeiten wenig erfolgreiche Schriftsteller gilt heute als einer der einflußreichsten französischen Autoren des 19. Jahrhunderts.
Werke: Über die Liebe, 1822; Rot und Schwarz, 1830; Das Leben des Henry Brulard, 1835/36; Die Kartause von Parma, 1839

Stendhals erstes Werk, das er bereits unter Pseudonym veröffentlicht – »Rom, Neapel und Florenz im Jahre 1817« – läßt → Goethe aufhorchen: »Er zieht an, stößt ab, interessiert und ärgert, und so kann man ihn nicht loswerden. Man liest das Buch immer wieder mit neuem Vergnügen und möchte es stellenweise auswendig lernen.«

Was Goethe irritiert, ist der Stil der unterkühlten Präzision, unter deren spröder Oberfläche jedoch suggestive Energie brodelt. Den in leuchtenden Farben fabulierenden Kollegen → Balzac irritiert der Ton der »Kanzleisprache«. Geduldig erklärt Stendhal dem berühmten Kollegen seine Arbeitsmethode: »Als ich an der ‚Kartause von Parma‘ schrieb, las ich jeden Morgen zwei oder drei Seiten im bürgerlichen Gesetzbuch, um den rechten Ton zu treffen und immer natürlich zu sein. Denn ich will nicht durch Sprachkünsteleien die Seele des Lesers betören. Ich versuche, das, was in meinem Herzen vorgeht, wahr und eindeutig zu schildern.« Die Genauigkeit von Stendhals Darstellung ist tatsächlich bestechend. Mit einfachsten Sätzen zaubert er eindringliche Beschreibungen.

Bereits der 23jährige versteht sein Handwerk, er reist als napoleonischer Kriegskommissar durch Norddeutschland und hält die exotischen deutschen Sitten fest: »Bei der Ankunft im Gasthof wird einem Milchkaffee mit Butterbrot angeboten, zwei sehr dünne Scheiben Schwarzbrot mit Butter dazwischen. Die braven Deutschen essen vier bis fünf Butterbrote, trinken zwei große Glas Bier und zuletzt einen Schnaps. Diese Lebensweise kann den heftigsten Menschen phlegmatisch machen. Mir raubt sie alles Denken.« Auch die deutschen Betten empfindet der kultivierte Franzose als Zumutung: »Man stelle sich als Matratze ein Federbett vor, in dem man versinkt. Von der Mitte der Bettlänge erhebt sich ein Haufen Federkissen, die einen zum Sitzen nötigen, so gern man sich ausstrecken möchte. Obendrauf liegt ein Bettuch, das an den Seiten nicht eingesteckt ist; statt einer Decke ein riesiger Federsack ohne Überzug. Da unter dieser Art der Decke jedermann schwitzt, hat man die Annehmlichkeit der Gemeinschaft mit allen Reisenden, die unter der gleichen Decke schon geschwitzt haben.«

Doch Stendhal findet auch einiges, was ihn an Deutschland fasziniert, z.B. der Altertumsforscher → Johann Joachim Winckelmann. In seiner Verehrung für den großen Deutschen wählt Marie Henri Beyle nach dessen Geburtsort Stendal sein Pseudonym.

Von Deutschland zieht der kleine Dicke mit dem kugelrunden Kopf als Offizier mit Napoleons großer Armee nach Rußland, erlebt Schnee, Hunger, Kälte und das Massensterben der Pferde und Soldaten. Als einer von weniger überlebt er. Nach dem Sturz Napoleons zieht Stendhal nach Mailand. Hier genießt er die italienische Lebenskunst und vertieft sich in Musik, bildende Kunst, Literatur, Philosophie und die Kultur der Renaissance. Und hier erlebt Stendhal seine große Liebe, die Tragödie seines Lebens.

Métilde Dombrowska ist keine einfache Geliebte. Sie begehrt Stendhal mit solcher Leidenschaft, daß er sich für sie ihn lebensgefährliche und lächerliche Situationen begibt. Er besucht sie auf dem Land, muß sich aber im Keller versteckt halten. Die Dame versorgt ihn mit Essen und steigt in den glühend heißen Nächten auf einer Leiter zu ihrem geliebten Gefangenen ins Verlies hinab. Aber ihre Eifersucht ist unberechenbar: »Ja, Sie sind schlecht, und Sie haben mich nur körperlich geliebt, Sie, der Sie hundert Geliebte gehabt haben, haben Sie das Recht mich so zu quälen, wie Sie es getan haben?... Können Sie nicht acht Tage warten, bis ich mich töte?« Diese nervenaufreibende Liebesbeziehung erschüttert Stendhal so, daß er zur Selbsttherapie daraus ein großartiges Buch formt. Es beginnt mit den Worten: »Ich suche Klarheit über diese Leidenschaft zu gewinnen, deren echte Entfaltung stets eine gewisse Schönheit hat.« 1822 kommt »Über die Liebe« in Paris in einer Auflage von 1100 Exemplaren heraus – und verschwindet im Ramsch. Bis auf den Roman »Le Rouge et le Noir« ergeht es allen Büchern Stendhals so, trotz Goethes Lob und Balzacs Bewunderung.

1840 hatte Stendhal zu Silvester seine ganz persönliche Wunschliste für das neue Jahr aufgestellt. Die sieben köstlichen Seite beginnen mit dem »Artikel 1: Gott verleiht mir folgende Vorrechte: Nie ernstliche Schmerzen bis ins hohe Alter; dann kein Schmerz, sondern Tod im Bett durch Schlagfluß während des Schlafs ohne jeden seelischen oder körperlichen Schmerz. Jedes Jahr nicht mehr als drei Tage Unpäßlichkeit. Der Körper und seine Ausscheidungen geruchlos. ... Artikel 3 »Die Mentula (lat. männliches Glied) hart und beweglich wie der Zeigefinger, und das nach Belieben... Aber Lust durch die Mentula nur zweimal wöchentlich... Artikel 4: Wenn der Privilegierte einen Ring am Finger trägt und diesen Ring berührt und dabei eine Frau ansieht, so verliebt sie sich leidenschaftlich in ihn...« So geht es bis Artikel 23: »Zehnmal jedes Jahr kann der Privilegierte überallhin, wo er nur will, versetzt werden, und zwar mit einer Geschwindigkeit von hundert Meilen in der Stunde. Während der Reise schläft er.«

Am 23. März 1842 erliegt der erfolglose Poet auf der Straße einem Schlaganfall. Gegen Ende des Jahrhunderts erfüllt sich dann Stendhals Vorausage, wonach man ihn erst in 50 Jahren verstehen werde.

Laurence Sterne – Der verrückte Pfarrer von Sutton-on-the-Forest

* 24.11.1713 in Clonmel/Irland;
† 18.3.1768 in London
Das originale Werk des englischen Schriftstellers läßt sich zwischen Aufklärung und Empfindsamkeit einordnen.
Werke: Leben und Meinungen des Herrn Tristram Shandy, 1759-1767; Eine empfindsame Reise durch Frankreich und Italien. Von Mr. Yorick, 1768

Laurence Sterne wird 1713 in der irischen Grafschaft Tipperary geboren. Sein Vater Roger entstammt einem einflußreichen Clan aus Yorkshire im nördlichen England. Roger Sterne verdient sich seinen Unterhalt als Offizier der britischen Armee, schwingt in Flandern im spanischen Erbfolgekrieg den Degen und zieht mit seiner Truppe von Garnison zu Garnison. Als eine Art englischer Schwejk ist er

328 LAURENCE STERNE

so unschuldig, daß er niemandem
mißtraut, konstatiert der Sohn über
seinen »freundlichen, liebenswürdigen« Vater. »Man hätte ihn zehnmal
am Tag übers Ohr hauen können,
wenn es neunmal noch nicht gereicht
hätte.«

Vater Roger steckt den zehnjährigen Sohn in ein Internat nahe der
Verwandtschaft und segelt nach Gi-
braltar. Hier wird er im Streit um eine
Gans vom Degen eines Captains an
die Wand gespießt. Die Wunde heilt
so schlecht, daß er 1731 in Jamaika
vor Fieber verrückt wird und sein Leben aushaucht.

Dank der Unterstützung des wohlhabenden Cousins Richard kann Sterne in Cambridge Theologie studieren.
1740 besucht er mit dem Magisterhut
seinen lieben Onkel Jaques in York.
Der Domherr verschafft dem zum
Geistlichen gemauserten Neffen die
Pfarrei von Sutton-on-the-Forest und
eine Pfründe in York. Jetzt kann der
27jährige den lieben Gott einen guten
Mann sein lassen. Durch die Ehe mit
der »kratzbürstigen« Pastorentochter
Elizabeth erhält Sterne als weitere
Pfründe die Pfarrei Stillington. Dergestalt versorgt, zeigt Sterne auf Land-
partys, welch lustiger Vogel unter
dem Talar steckt und beglückt zudem
reihenweise hübsche Beichtkinder,
wie sein Diener Greedwood genüßlich
aus dem Nähkästchen plaudert. Sogar
vor Onkel Jaques' süßer Geliebten Sarah Benson schreckt der schlimme
Finger nicht zurück. Im »Schlupfwin-

kel des Königreichs« läßt es sich gut
wildern.

Als Pfarrer beglückt Sterne seine
Gemeinde mit Predigten, die er so ge-
fühlvoll vorträgt, daß seine Schäfchen
sich »in Tränen auflösten«. Als Autor
zeigt er seine humorige Seite: »Hör,
mein Lieber, hast du auch daran gedacht, die Uhr aufzuziehen?« fragt Tri-
stam Shandys Mutter nachts ihren
Gatten exakt in dem Moment, als sich
Samen- und Eizelle vereinigen. Mit
diesem Stoßseufzer beim Coitus inter-
ruptus beginnt die katastrophenreiche
Lebensgeschichte des Helden »von
ihm selbst erzählt«. Sternes bizarre
Einfälle, seine Lust am Fabulieren,
bringen die Story im Schneckentempo
voran. Ununterbrochen kommt er von
Hölzchen auf Stöckchen, erfindet Vor-
geschichten, verschachtelt Episoden,
spickt die Chronik mit schmutzigen
Anspielungen, läßt einfach Satzenden
im Nichts verrinnen und verheddert
sich so verrückt in der Chronologie,
daß es eine Freude ist. Je mehr der
Bauch der Mutter schwillt, desto üppiger wuchert die Phantasie des Autors.
Die durch die Unterbrechung der Zeugung deformierten Lebensgeister bewirken ein Desaster nach dem anderen. Erst im 3. Band der rund 1600
Seiten langen Geschichte in 22 Bänden wird Tristram mit Hilfe von Dr.
Slops neuartiger Geburtszange in die
Welt hinausgezogen. Dabei wird ihm
das Näschen zerquetscht. Im 4. Band
tauft man ihn durch ein Versehen auf
den traurigsten aller Namen: Tristram

– »der in Leid Gezeugte«. In Band 5 wird er durch ein herabsausendes Schiebefenster seiner Vorhaut beraubt und so fort. Tristrams zartfühlender Onkel Toby erleidet einen ähnlich folgenschweren Unfall, indem er durch Zwangskastration quasi zur Frau verwandelt und aus Scham darüber zum Hobby-Hysteriker wird. Diese Gespinste beschreibt Pfarrer Sterne, angeregt durch seinen Schnurren dichtenden Freund John Hall-Stevenson, 1758 während einer langwierigen Krankheit seiner Frau.

Hinter jeder von Sternes verschrobenen Romanfiguren lugt immer ein bißchen der verrückte Pfarrer Sterne hervor, eine Art Kobold, der daher auch seinen Zeitgenossen suspekt ist: Man kann ihn einfach nicht einordnen. Der berühmte Dr. Johnson hält ihn für einen »lüsternen Windbeutel«, Richardson für »ekelerregend« und Thackery für einen »Gefühlshochstapler«: »Er pflegte fortwährend in seinem Arbeitszimmer zu schluchzen, und als er feststellte, daß seine Tränen ansteckend wirkten und ihm große Popularität brachten, schlug er aus diesem Talent Kapital, nutzte sie aus und weinte bei jeder Gelegenheit.« → Lichtenberg dagegen ist fasziniert vom Ideenfeuerwerk seines Bruders im Geiste: »Man fand in Sternes Nachlaß eine Menge flüchtiger Bemerkungen; sie wurden sogar trivial genannt; aber das waren Einfälle, die ihren Wert erst durch die Stelle erhielten...«

Jedenfalls spuken Sternes Figuren Tristram Shandy, Onkel Toby und Yorick bis heute zur Freude aller Literaturbegeisterten quicklebendig durch den Bücherwald. Ihr Schöpfer selbst sei ein höchst zwielichtiges Wesen, »ein unzuverläßiger, schwer faßbarer und wenig anziehender Mensch«, orakelt sein Biograph David Thomson. Die lesende Welt scheint das nicht zu stören, denn kaum sind die ersten beiden Bände von »Tristram Shandy« erschienen, ist Sterne in London ein Star: Die Frauen sind verrückt nach dem Pfarrer mit dem Satyrlächeln. Und Dr. Johnson bemerkt kopfschüttelnd, daß der Charmeur »auf drei Monate im Voraus eingeladen ist«. Er unterhält mit seinen Schnurren Lords, läßt bei Bischöfen seine theologischen Weisheiten verströmen, küßt Verehrerinnen und läßt sich ununterbrochen feiern. Statt mit »Mein Schatz, wie wär's denn mit uns beiden?«, locken offenherzige Mädchen potentielle Freier nun mit »Sir, darf ich Euch die Uhr aufziehen?« Shootingstar Sterne frohlockt: »Die eine Hälfte der Stadt beschimpft wüst mein Buch, die andere lobt es in den Himmel – das Beste ist, daß sie es beschimpfen und kaufen.«

Quasi über Nacht rich and famous, zieht Sterne 1762 mit seiner »nervtötenden« Elizabeth und der ebenfalls lungenleidenden Tochter Lydia aus dem nebelnassen Norden nach Frankreich. In Paris, der Hauptstadt des Esprits, feiert ihn →Denis Diderot.

Die Salondamen reißen sich um den charmanten Schalk. Danach tourt er durchs bronchienfreundliche Südfrankreich, schickt seine anstrengenden Damen heim und vergnügt sich zwei Monate mit einer scharfen Französin in Paris. Diese Liebesnächte rauben Sterne buchstäblich den Atem, und er muß sich dringend seiner Gesundheit widmen. In England kurt er in den Bädern Scarborough, Harrogate und Bath. Das hilft zwar seiner röchelnden Brust nicht auf die Sprünge, dafür findet Sterne stets Ladys, die ihn in ihr warmes Bett stecken und zum Schwitzen bringen. Nebenher schreibt er ununterbrochen an seiner unendlichen Geschichte weiter, die immer mehr in die Irrgärten der Phantasie abdriftet.

Aus dem Süden bringt Sterne das herrliche 130-Seiten-Büchlein »A Sentimental Journey« mit. Und noch zärtlicher wird er in seinen Briefen an seine letzte Geliebte Elizabeth Draper, die 22jährige Ehefrau eines Mitglieds der Ostindien-Kompanie, die er kurz vor ihrer Rückfahrt nach Indien kennen- und lieben lernt. Als sie absegelt, bricht es ihm das Herz: »Noch einmal adieu, Eliza!... Glück, Ruhe und Gesundheit sollen dich begleiten! Mögest du bald in Frieden und Wohlstand zurückkehren, um meine Nacht zu erhellen. Ich bin und werde der Letzte sein, der den Verlust beweint, und der Erste, der deine Rückkehr beglückwünscht und feiert. Laß es dir gut gehen«. Sternes letzter Brief an

Eliza vom 3. April 1767. Ein Jahr später ist er tot und wird in London begraben.

Doch nun kommt ein Nachspiel, als wäre es eine Passage aus Sternes Endlosschnurre: Kaum nämlich liegt der Dichter im Sarg, wird er von Grabräubern wieder ausgebuddelt und sein Leichnam als Studienobjekt an die Anatomie der Universität Cambridge verkauft – dorthin, wo er 36 Jahre zuvor sein Studium begann. Und sollte diese Anekdote nicht wahr sein, so ist sie jedenfalls hübsch erfunden.

Bram Stoker – Der Ruhm ist die Sonne der Toten

eig. Abraham Stoker
* 8.11.1847 in Dublin,
† 20.4.1912 in London
Stoker ist einer der erfolgreichsten Horrorautoren des viktorianischen Zeitalters. Sein Roman »Dracula« gehört zur Weltliteratur.
Werk: Dracula, 1897

Bis zu seinem achten Lebensjahr ist der kleine Bram fast immer krank. Aus eigener Kraft kann er weder stehen noch gehen. Seine Eltern sind verzweifelt, denn ein Kind, das ständig an der Schwelle des Todes steht, ist teuer. Diese Erfahrung, einer unsichtbaren bösen Kraft hilflos ausgeliefert zu sein, begleitet Bram Stoker sein ganzes Leben. Auch als er später zu einem kräftigen, rothaarigen Riesen herangewachsen ist, der begeistert Fußball spielt, erinnert er sich in Alpträumen immer wieder an das Grauen, das er durchleben mußte.

Stoker studiert Geschichte, Literatur und nebenher Philosophie und Mathematik, dann wird er 20jährig Staatsbeamter. Dieser Job inspiriert auch sein erstes Buch, einen unsäglichen Schinken mit dem inspirierten Titel »Die Pflichten der Bediensteten an den Magistratsgerichten in Irland«. Doch das Beamtendasein befriedigt Stoker nicht. Er wird Mitglied eines okkulten Geheimbundes, dem illustre Größen wie der Dichter →William Butler Yeats, der Gespensterguru Algernon Blackwood und der Obersatanist Aleister Crowley angehören. Bei den Geheimsitzungen übt man sich in schwarzer Magie und experimentiert mit esoterischem Hokuspokus. Im Dunstkreis dieser Gesellschaft halten sich natürlich auch überspannte junge Damen auf. Eine davon ist eine Exfreundin des berühmten →Oscar Wilde. Florence Balcombe ist schön wie eine Eisblume und kalt wie die Nachtseite des Mondes. Zu seinem Unglück heiratet Stoker diese Dame, denn er kann weder mit ihr noch ohne sie leben.

Nach zehn Jahren in der Tintenburg entflieht der Freizeitokkultist der »amtlichen Verblödungsmaschinerie« und flüchtet sich in die Welt der schönen Künste. Stoker gibt erfolglos mehrere Zeitschriften heraus und schreibt nebenher unbezahlte Theaterkritiken. So lernt er den berühmtesten Shakespeardarsteller seiner Zeit kennen – eine Freundschaft auf den ersten Blick. Henry Irving holt den erfolglosen Schreiberling als Manager und Leiter seines Lyceum Theatres nach London. Zunächst ist das Theater eine Sensation – dann wird es grabesstill um die Bühne. Eine unsichtbare böse Macht scheint sich Stoker in den Weg zu stellen. Und obwohl urplötzlich die Zuschauer ausbleiben, »treibt er seinen Einsatz bis zur persönlichen Verarmung«. Andererseits ermöglicht Stoker das Theater den Eintritt in die Londoner High Society. Er verkehrt mit Schriftstellern wie Wilkie Collins, Conan Doyle und Oscar Wilde.

Nachts, neben seiner Arbeit als Manager, schreibt Stoker Schauerromane mit schrulligen Titeln wie »Das Geheimnis des schwimmenden Sarges«. Und schließlich findet er ein Thema, das ihn nicht mehr losläßt. Sieben Jahre lang arbeitet Stoker an einem Schauerroman über ein Monster, das er selbst in seiner Kindheit gefühlt zu haben meint, ein Wesen, das seine Opfer nach und nach aussaugt. Ein spannender Stoff, aber wieder hat Stoker Pech: »Dracula« wird erst nach seinem Tod ein Erfolg – allerdings einer, der bis heute unvermindert anhält. Mehr als 400 Filme wurden über Stokers Untoten gedreht, der wie der Geist aus der Flasche nicht mehr in seine Gruft zurückzukriegen ist. Stokers Romanfigur basiert auf Vampirmythen Transylvaniens und auf der Gestalt des historischen Fürsten Vlad Tzepesch, den der Volksmund den »Pfähler« oder »Dracula«, also kleiner Drache oder Sohn des Drachen, nennt. (»Dracul« bedeutet im Rumänischen auch Teufel) Und die Geschichte dieses »echten« Dracula ist kaum weniger gruselig als die von Stokers Vampirs:

Kaum ist der 25jährige Fürst Vlad Tzepesch an der Macht, will er Ordnung schaffen – und jeder, der diese heilige Ordnung stören könnte, wird kaltgestellt. Das Osterfest naht und Tzepesch lädt die Herren des Hochadels zur Versöhnungsfeier ein. Nachdem in der Kirche der Friedenskuß gewechselt ist, zieht die edle Gesellschaft in den Rittersaal zum Ostermahl. Auf dem Höhepunkt des Festes erscheint die Leibgarde des Fürsten, verhaftet die 500 Wojewoden und Bojaren und ihre Gemahlinnen und pfählt sie in der strahlenden Sonne des Ostermontags vor den Augen des Volkes. Ihre Ländereien zieht der Fürst ein und verleiht sie gegen Ableistung von Kriegsdienst an Kleinadelige und freie Bauern. Mit diesem Gewaltakt ist Dracula auf einen Schlag alle mächtigen Störenfriede los.

Jetzt wendet sich der Ordnungsfanatiker anderen unproduktiven Gruppen seines Fürstentums zu und lädt die Armen zu einem Liebesmahl ein. Nachdem alle satt sind und ihm für seinen Edelmut danken, fragt Dracula: »Wünscht ihr nicht, immer sorgenfrei zu sein und niemals Mangel zu leiden?« Als die Bettler freudig bejahen, verkündet er: »Ich will nicht, daß jemand im Fürstentum arm ist. Schaffen wir die Armut ab, indem wir die Armen abschaffen.« Damit läßt er die Türen verriegeln und das Gebäude niederbrennen. Niemand entkommt den Flammen.

Auch Diebstahl beeinträchtigt die Wirtschaft des Landes. Vor allem die Zigeuner stehen im Ruf, Meister dieser Kunst zu sein. Also handelt der Fürst rasch und effektiv: »Eines Tages kamen 300 Zigeuner in sein Land. Er wählte die drei Vornehmsten aus und ließ sie schlachten und braten. Diese mußten die anderen essen. Während der Mahlzeit sprach er: ,So muß einer den andern von euch essen, bis keiner mehr übrig ist. Es sei denn, ihr kämpft mit uns gegen die Türken.'« Die Zigeuner danken auf Knien für seine Gnade. Dank dieser Zero-Tolerance-Politik geht die Zahl der Delikte im Lande zurück. Zum sichtbaren Beweis für »Law and Order« steht ein goldener Becher – unbewacht – auf dem Rand des Brunnens der Residenzstadt.

Eines Tages fallen Dracula in einer Schlacht 20.000 Türken in die Hände. Er läßt einen ganzen Wald anspitzen und die Unglücklichen pfählen. Schaudernd sieht der zur Rache anmarschierte Sultan die Gerippe seiner Krieger in den Bäumen klappern und Vögel in ihrem Unterleib nisten. Da Fürst Dracula in offener Feldschlacht nicht zu besiegen ist, beauftragt Mechmet II. einen Killer. Der Mordanschlag gelingt zur Jahreswende 1476/77. Draculas Kopf wird in Honig präpariert zur Hohen Pforte nach Istanbul gesandt, dort auf einem Pfahl gespießt öffentlich ausgestellt. Ein makabres Ende für den berüchtigten »Pfähler«, der in den acht Jahren seiner Herrschaft an die 100.000 Menschen umbringen ließ. Fürst Vlad Tzepesch lebte von 1431 – 1476/77.

August Strindberg – Ein flatterhafter Unglücksrabe

* 22.1.1849 in Stockholm;
† 14.5.1912 in Stockholm
Der sozialkritische Dichter und Dramatiker gilt als Wegbereiter des modernen Theaters.
Werke: Meister Olof, 1872; Das rote Zimmer, 1879; Heiraten, 1884/86; Der Sohn einer Magd, 1886-1909; Der Vater, 1887; Die gotischen Zimmer, 1904

Der Typ ist der geborene Selbstmordkandidat: Eben noch hat er vergnügt →Bellman-Lieder gesungen, da stürzt er im nächsten Moment in ein Stimmungstief und möchte aus dem Fenster springen. So geht es Strindberg seit seinem achten Lebensjahr – besonders, wenn sein Tun nicht auf der Stelle Erfolg hat. Während seines Medizinstudiums besorgt sich Strindberg ein Fläschchen Blausäure, seine

Lebensversicherung. Denn so paradox es auch klingt, der Reiz, jederzeit alle Probleme hinter sich lassen zu können, gibt ihm die Kraft zum Überleben. Alles andere gibt er bei der geringsten Schwierigkeit auf: sein Studium, seine Stellen als Hauslehrer, seine Freundschaften.

Nachdem Strindberg Schillers Räuber in die Hand gefallen sind, wird er von der Theaterleidenschaft erfaßt: »Hier wurde Aufruhr gepredigt; Aufruhr gegen Gesetze, Gesellschaft, Sitten, Religion... Dies war das Anarchistenprogramm.« Strindberg wird Schauspieler, aber sein Talent ist so trostlos, daß ihm der Regisseur empfiehlt, lieber Statist zu bleiben. Sofort will er sich umbringen. Aber statt seiner Blausäure schluckt er Opium und wacht fix und fertig wieder auf. Jetzt dämmert ihm seine wahre Berufung: das Drama! Sofort schreibt er das Versstück »In Rom«, das umgehend produziert wird und ihm ein königliches Stipendium für die Universität Uppsala einbringt. Hier sonnt sich Strindberg in künftigem Dichterruhm und säuft so viel, daß er durch alle Prüfungen fällt. – Jetzt will er als Maler reich werden, aber nach ein paar Klecksereien wechselt er zum Journalismus, gründet ein Versicherungsjournal und wird Reporter und Telegraphist.

Strindberg verliert jeden Job. 1874 wird er Hilfsbibliothekar in der königlichen Bücherei, aber auch das währt nicht lange. Jetzt will er als

334 AUGUST STRINDBERG

Romanautor Weltruhm erlangen. Dazu haust er wie die Fleischwerdung von Spitzwegs armem Poeten in der Dachkammer. Wenn es regnet, hängt er alte Tintenfässer unter die Löcher in der Decke. Beim Schein der blakenden Petroleumlampe schreibt Strindberg an seinem Roman »Das rote Zimmer«. Er ist so arm, daß ihn Freunde mit Milch und Brot bei Kräften halten und ihm Holz zum Heizen bringen.

Zum Glück wird der arme Dichter von den Musen geküßt, wenngleich er sich im Alltag eher mit der Rolle des Zölibateurs begnügen muß. Das liegt, wie Strindberg meint, an seiner Armut – und der Käuflichkeit der Frauen. Da begegnet ihm die Schauspielerin Siri von Essén. Leider ist die Traumfrau mit dem Gardeoffizier Baron von Wrangel verheiratet. Sofort will sich Strindberg aus Liebeskummer umbringen und springt ins Meer. Es ist Herbst. Schlotternd kriecht er zurück an Land und hofft, sich in nassen Kleidern eine Lungenentzündung zu holen. Zwar stirbt er nicht, aber sein Selbstmordtheater hat den ersehnten Erfolg. Siri läßt sich scheiden und heiratet den verrückten Dichter. Bereits die Flitterwochen werden für sie zur Hölle, denn Strindberg mißbraucht seine Frau für seine bizarren Sado-Maso-Trips.

Strindberg erster Roman macht ihn in Schweden berühmt, allerdings reichen die Honorare nicht zum Leben. Ununterbrochen arbeitet sein Hirn, denn jetzt schreibt er ein Drama nach dem anderen. Die Bühnenschocker begeistern die Progressiven, aber die bürgerliche Presse verspottet ihn als Geisteskranken und Jugendverderber.

Rastlos reist Strindberg mit seiner wachsenden Familie umher. 24mal wechselt er die Wohnung. In den Inszenierungen seiner Stücke spielt Siri die Hauptrollen. Der manisch eifersüchtige Strindberg belauert sie, öffnet ihre Briefe, will wissen, wann, wohin und mit wem sie unterwegs war. Wie besessen überwacht er sogar ihren Schlaf. Einmal bildet er sich ein, Siri bei einem erotischen Traum mit einem Liebhaber zu erwischen, und es gibt fürchterlichen Krach. Siri erzählt hinterher ihren Freunden: »Das Schlimmste ist, es ist wahr: Ich hab so was geträumt.«

Strindberg hält Frauen für »Halbaffen, niedere Lebewesen... die zur Zeit der Menstruation dreizehnmal im Jahr verrückt, während der Schwangerschaft vollkommen wahnsinnig und für den Rest ihres Lebens für ihr Tun nicht verantwortlich sind.« Sein eigenes Handeln dagegen scheint ihm in diesem Lichte normal, dabei ist Strindberg sogar auf Siris Haustiere eifersüchtig. Einmal setzt er seiner Frau den Revolver auf die Brust. Sie schreit: »Schieß doch!« Strindberg aber drückt nicht ab, sondern bittet Siri, ihn zu töten. Auf einem Stück Papier will er erklären, es wäre Selbstmord gewesen. Die Sze-

AUGUST STRINDBERG 335

nen dieser Ehe verarbeitet Strindberg völlig skrupellos in einem autobiographischen Roman: »Ein Schriftsteller muß wie ein Vampir seinen Freunden, seinen Nächsten, sein eigenes Blut aussaugen.« Strindberg saugt und saugt, bis Siri sich scheiden läßt.

Mit 40 Jahren will Strindberg sein Leben völlig neu beginnen und als Naturforscher ins Weltengefüge eingreifen. Die Frau, behauptet er nun in erlauchtem Kreis, sei eine Fehlkonstruktion der Natur: »Es ist der Mann, der die Eier legt, und das Weib ist das Vogelnest! Sie kann ersetzt werden, abgeschafft werden! Es gilt nur, eine konstante Temperatur von 37° zu halten und einen passenden Nährboden zu schaffen. Und der Mann ist emanzipiert!«

Schnaps wird Strindbergs bester Freund. Sobald er nüchtern ist, liebäugelt er mit Selbstmord. Oder soll er lieber Leuchtturmwärter werden? Stattdessen versucht er, in Berlin mit selbstgemalten Bildern reich zu werden. Aber wie alle seine Luftschlösser löst sich auch dieses auf. Dafür findet Strindberg die junge österreichische Journalistin Freda Uhl. Deren Eltern versuchen mit allen Mitteln, sie vor dem Chaoten zu retten, aber vergeblich. Bereits nach drei Jahren hält Freda seinen Psychoterror nicht mehr aus.

Strindberg lebt jetzt völlig pleite in Paris. Von Gläubigern verfolgt, versucht er mittels schwarzer Magie, zu Geld zu kommen. In seinem Hotel-

zimmer bastelt er ein Alchimie-Labor zusammen. Doch wieder ist ihm kein Erfolg beschieden. Seine Lebensangst treibt ihn durch Österreich und Deutschland zurück nach Schweden. Mit 48 strandet er in Lund. Er sieht aus wie ein Greis »mit angstverzerrtem Runzelgesicht«. Freunde kümmern sich um ihn wie um ein Kind.

Als es Strindberg wieder besser geht, heiratet er zum dritten Mal. Zunehmend leidet er an Verfolgungswahn und fühlt sich von finsteren Mächten bedroht. »Eines Tages war August wieder verschwunden«, erzählt seine Schwägerin. Sie suchen Haus und Garten ab – ein Zimmer ist verschlossen. Sie fürchten, daß sich Strindberg diesmal wirklich umgebracht hat und lassen die Tür aufbrechen. Da liegt er im schwarzen Anzug steif auf dem Bett. Auf die Schreckensschreie seiner Verwandten antwortet er mit hohler Stimme: »Ich bin gestorben.« Er behauptet, Männer hätten die Wand durchbrochen und ihn ermordet. Sechzehn Jahre später stirbt Strindberg wirklich. In seiner letzten Wohnung stehen vor allen Spiegeln Blumen, damit er sein verwüstetes Gesicht nicht mehr sehen muß. Inzwischen dämmert es einigen fortschrittlichen Köpfen, daß der bedeutendste Dichter der schwedischen Moderne jämmerlich zugrunde geht. Als sie 1912 anregen, ihn mit dem Nobelpreis zu ehren, antwortet der Krebskranke: »Der Anti-Nobelpreis ist der einzige, den ich akzeptieren würde.« Drei Wochen später wird er von 30.000 Bewunderern zu Grabe getragen.

Hl. Symeon Stylites – Der Vater der Säulenheiligen

* um 390 n. Chr., † um 459 n. Chr. Als Säulenheilige (Styliten) bezeichnete Mönche verbrachten ihr Leben stehend auf der Spitze einer Säule und strebten damit die Verwirklichung dreier asketischer Ideale an: das Verweilen an einem Ort, das Unbehaustsein und das Stehen vor Gott.

Der fromme Ehrgeiz dieses Jungen würde ihn heute zweifellos ins Buch der Rekorde bringen. Bei Symeon geht es im Alter von 13 los, beim Schafehüten überkommt ihn plötzlich der Heilige Geist. Sofort läßt er Schafe Schafe sein und tritt ins Kloster ein. Zum Befremden des Abtes erweist Symeon sich als päpstlicher als der Papst: Wenn die Mitbrüder nur alle zwei Tage etwas essen, überbietet Symeon sie, indem er nur einmal pro Woche an einem Kanten Brot knabbert.

Um den kerngesunden Leib zu kasteien, umwickelt er die nackten Lenden unter der Kutte mit einem Hanfseil. Durch das ständige Scheuern entzündet sich die Wunde, und nach und nach wächst das Seil ins Fleisch ein. Mit fieberglänzenden Augen erbaut sich der fromme Masochist an den

Schmerzen, bis die Wunde derart eitert, daß der Schmerzgürtel herausoperiert werden muß. Jetzt legt ihm der Abt nahe, das Kloster zu verlassen, denn der Streber geht den Brüdern bereits heftig auf den Geist.

Symeon baut sich im Gebirge ein Mauergeviert ohne Dach und läßt sich mit einer Kette an einen Stein schmieden. Je mehr die Sonne brennt, desto wärmer wird ihm ums Herz. Prasselt der Regen auf ihn herab, klingt es für Symeon wie Harfenmusik, umjaulen Stürme den Berg, hört er die Engel singen. Damit er sich nicht zu glücklich fühlt, setzt er sich 20 Wanzen in die Kutte, die sich an seinem mageren Leib laben. Erst als der Bischof von Antiochia ihm befiehlt, sich von der Wand zu lösen, läßt Symeon einen Schlosser kommen und die Eisenringe durchfeilen.

Aber was jetzt? Wie kann Symeon seine Gottesbegeisterung noch steigern? Intensives Nachdenken bringt die Idee: Symeon läßt sich mit zehn Broten und einem Krug Wasser einmauern, um 40 Tage zu fasten. Als sein geistlicher Betreuer nach Ablauf des Fastenmarathons die Mauer durchbricht, liegt der Rekordasket reglos am Boden. Brot und Krug sind unberührt. Nach einigen Wiederbelebungsversuchen kommt Symeon zu sich und nach dem Verspeisen einer heiligen Hostie auch wieder auf die Beine. Jetzt ist der Gottesfürchtige eine Sensation. In Scharen strömt das Volk auf den Berg, um ihn zu sehen.

Jeder will ihn berühren, lüsterne Frauen schneiden ihm heimlich einen Kuttenzipfel oder eine Locke ab, und manche wollen sogar einen Kuß von ihm.

Entnervt flüchtet Symeon auf eine 25 Meter hohe Säule. Um es nicht zu bequem zu haben, verengt er die Fläche so, daß er darauf weder liegen noch sitzen kann. Er schläft sogar im Stehen, wobei er sich den Luxus erlaubt, an einer Stange zu lehnen. Einmal pro Woche vertilgt Symeon eine Handvoll in Wasser eingeweichte Linsen. Auf diese Weise wird er zur Touristenattraktion. Sogar Iren und Inder reisen an, um den Wundermann zu bestaunen. Täglich umlagern Tausende seine Säule.

Als er gegen Ende seines Lebens ein Eitergeschwür am Fuß bekommt, steht der Heilige hinfort nur noch auf einem Bein. Selbst der Tod vermag nicht, ihn vom Sockel zu stürzen. Nachdem er sich drei Tage lang gar nicht gerührt hat, erkennen seine Schüler, daß der Standfeste unbemerkt von ihnen gegangen ist.

Plakat für einen Vortragsabend Mark Twains (ca. 1868)

Hl. Teresa von Avila – Von beängstigender Lebenskraft

auch Teresa de Jesús, eig. Teresa de Cepeda y Ahumada
* 28.3.1515 in Avila, † 4.10.1582 in Alba de Tormes
Teresa von Avila gilt als die größte spanische Mystikerin. Ihre Werke gehören zu den Klassikern der spanischen Literatur. Die katholische Kirche feiert sie am 15. Oktober.
Werke: Briefe der glorreichen Mutter, der heiligen Theresia von Jesus, um 1580; Der Weg zur Vollkommenheit, 1583; Die innere Burg, 1588; Buch ihres Lebens, 1588

Diese Frau besitzt nicht nur ungewöhnliche Lebenskraft und einen IQ von über 140, sondern auch glühende Phantasie und die Gabe, diese in mächtige Worte zu fassen. Ihr gefeiertes Buch »Die innere Burg« begeistert Tausende anderer Frauen und veranlaßt sie, sich Teresas Reformideen anzuschließen. Überall in Spanien entstehen – mißtrauisch beäugt von Klerus, Bürgern und Adel – Frauenkommunen, die kompromißlos Teresas Reformkonzept in die Tat umsetzen.

Aber die außergewöhnliche Energie dieser Frau offenbart sich nicht nur während ihres Lebens, sondern sie wirkt über ihren Tod hinaus fort. Unmittelbar nach Teresas Ableben treibt ein seit Jahren abgestorbener Baum vor ihrem Sterbezimmer neue Blätter und Blüten. Es ist, als ob Teresas Seele eine neue Heimstatt gefunden hätte. Ein intensiver Duft nach Lilien, Jasmin und Veilchen durchdringt das ganze Anwesen.

Nicht weit von diesem Baum entfernt wird die Verstorbene in einem schlichten Holzsarg begraben. Als zwei Jahre später das Grab geöffnet wird, ist das Holz des Sarges verfault, und die Kleider der Toten sind vermodert. Ihr Leib selbst ist zwar moosbedeckt, aber das Fleisch weich, glänzend weiß, duftend und elastisch wie bei einer Lebenden. Ihre Anhänger sind entzückt: Die Erleuchtete triumphiert noch im Tod über die Vergänglichkeit.

Begeistert trennt man der Toten die linke Hand ab, um diese in ihre Geburtsstadt Ávila zu bringen. Das weckt die Begierde von anderen Gläubigen. Nun will das Kloster Alba auch ein Stück der Verehrten haben, und also wird ihr Grab erneut geöffnet. Die Verblichene ist frisch wie zuvor, man schneidet ihr den linken Arm ab. Zwei Jahre später wird die Tote erneut in ihrer Ruhe gestört. Der Leib ist immer noch unbefleckt wie Milch und strömt einen himmlischen Duft aus. Teresas Fleisch ist so geschmeidig, als würde sie nur schlafen. In den folgenden 18 Jahren wird die Tote mehrmals umgebettet, und dabei schneidet man pietätvoll jedes mal ein Stück ihres kostbaren Körpers ab. Die Reliquien werden von geschäftstüchtigen Spezialisten in kleinste Details zerlegt und weit über die Landesgrenzen hinaus vermarktet. Da der Wert der Leichenteile mit der Nachfrage steigt, wird der Leichnam mehr und mehr verstümmelt.

Die Gier läßt schließlich eine arme Laienschwester zum Messer greifen. Eines Nachts öffnet sie den Brustkorb der Verblichenen, schneidet das Herz heraus und versteckt es in ihrer Zelle. Die frischen Blutstropfen und die himmlischen Düfte, die das Herz verströmt, führen auf die Spur der Leichenfledderin. Sie wird mit lebenslänglichem Kerker bestraft. Das Herz selbst ist ein Kleinod. Einst hatte Gott Teresa durch einen Engel das Herz mit feuriger Pfeilspitze durchbohren lassen. Rings um die Wunde sind die Versengungen des göttlichen Feuers noch deutlich zu erkennen.

1616 muß die Tote wegen der großen Nachfrage auf eine Rippe, ihren rechten Fuß und mehrere Fleischstücke verzichten. 1750 wird das Grab erneut geöffnet. Teresas Leib ist – abgesehen von den vielen Amputationen – immer noch eine Augenweide. Ein letztes Mal bestätigt sich das Wunder der körperlichen Frische bei der Öffnung des Schreins am 14. Oktober 1760. Danach wurde die Totenruhe der berühmten Mystikerin nicht mehr gestört.

Dylan Thomas – Der Blutsbruder der Whiskeyflasche

eig. Dylan Marlais Thomas
* 20.10.1914 in Swansea,
† 9.11.1953 in New York
Igor Strawinsky hielt den Barden aus
Wales für den größten lebenden
Dichter, und der amerikanische Rock-
poet Robert Zimmermann nannte
sich nach seinem verehrten Vorbild
Bob Dylan.
Werke: Porträt des Künstlers als jun-
ger Hund, 1940; Tode und Tore, 1946;
Unter dem Milchwald, 1953; Am
frühen Morgen, 1957; Ausgewählte
Gedichte, 1967

Bereits mit zehn will Dylan Dichter werden. Und seine Mutter ist stolz auf ihr goldlockiges Engelchen: »Er schrieb ein überaus interessantes Gedicht über die Spüle in der Küche, und dann ein anderes über eine Zwiebel.« Behütet wächst der Wunderknabe im Lehrerhaushalt auf – bei jedem Lüftchen wird er von Mama in dicke Pullover verpackt. Sobald ein paar Regenwolken am Himmel erscheinen, darf er nicht vors Haus. Vor lauter Langeweile liest Dylan den ganzen Tag und entwickelt so ein besonderes Sprachgefühl.

Mit 17 kann der junge Poet zwar nicht mal ein Spiegelei braten, dafür aber hat er bereits gelbe Finger vom Kettenrauchen. Seitdem er die Schule verlassen hat, lungert Dylan Thomas durch die Kneipen, spielt den verkannten Dichter und bastelt an der eigenen Legende: Ein Genie muß arm, krank und unverstanden sein – und jung sterben wie → Lord Byron oder Percy Shelley. Daher behauptet Thomas, er habe Tuberkulose und nur noch vier Jahre zu leben. Seinen Mitmenschen geht der arrogante Sprücheklopfer auf die Nerven, und beim Provinzkäseblatt, wo er als Reporter unterkommt, fällt Dylan Thomas vor allem durch miserable Beiträge auf. Sein Chefredakteur bekommt Magenweh, wenn Thomas abends mit Whiskeyfahne seine Texte liefert: »Er war der schlechteste Journalist aller Zeiten ... verhörte sich bei den Namen der Selbstmörder und kam mit falschen Informationen vom Leichenschmaus.« Eines Tages reicht's – sein Chef setzt ihn an die frische Luft.

Thomas versucht, mit einer ersten öffentlichen Lesung auf sich aufmerksam zu machen. Der seriöse literarische Zirkel seiner walisischen Heimatstadt Swansea fördert junge Talente. Wochenlang bereitet Dylan Thomas sich vor, vor Lampenfieber zitternd betritt er das Podium. »Am Anfang herrschte entsetzliche Stille. Die Augen der alten Jungfern wurden glasig. Ich setzte ein paar Pointen und schloss mit den Worten: Es lebe die Paarung.« Der Titel seines Vortrags hieß: »Die Pornographie in der Literatur des 19. Jahrhunderts.« Nach diesem Debüt verläßt Thomas fluchtartig die Heimat.

Mit einer Matratze unter dem Arm nistet er sich in London bei Freunden ein. Das Geld, das die Mutter schickt, ist bereits zwei Nächte später versoffen. Gelegenheitsartikel und Rezensionen bringen hin und wieder ein paar Pfund ein. Wenn Thomas seinen Kater ausgeschlafen hat, konzentriert er seine Energie und formuliert seine Verse. Sein erster Gedichtband erscheint, und ein enthusiastischer Kritiker erkennt die Qualität: »Ich muß seine ‚Achtzehn Gedichte' ausdrücklich für die größte Hoffnung unserer Dichtkunst erklären. Dieses Buch sollten Sie lesen!« Vor Freude lädt Dylan den ganzen Pub ein. Doch bereits ein paar Wochen später ist der Enthusiasmus weg: Lediglich 250 Exemplare sind verkauft worden.

In einem Künstlerpub lernt Thomas die Tänzerin Caitlin Macnamara kennen. »Dylan sagte mir gleich am ersten Abend, als wir uns kennen lernten, daß er mich liebe.« Caitlin stammt aus schwierigen Familienverhältnissen. »Ihr Vater ließ die Familie sitzen, ein älterer Hausfreund deflorierte sie, und die Fotografin Nora Summers, mit der ihre Mutter in lesbischer Verbundenheit lebt«, erscheint ihr als »üble Vaterfigur.« Als Tänzerin kommt Caitlin nicht recht voran, sie fühlt sich wie ein »rosa Pudding aus unentschlossenem Fleisch«.

Nach dem chinesischen Horoskop sind Dylan Thomas und Caitlin Macnamara beide Tiger. Da das chinesische Horoskop in Großbritannien noch nicht bekannt ist, wissen sie das leider nicht: Denn zwei Tiger unter einem Dach bedeutet Zoff. Schon die Hochzeit steht unter keinem guten Stern. Zweimal muß die Trauung verschoben werden, weil die Brautleute das Ersparte für das Fest vertrunken haben. Wenn es bei Dylan und Caitlin Krach gibt, und es gibt selten keinen Krach, fliegen die Fetzen – besonders wenn die Whiskeyflasche wieder mal leer ist. Dann prügeln sie unbarmherzig mit Fäusten aufeinander ein. Meistens gewinnt Caitlin, und Dylan flüchtet mit blutiger Nase in den Pub, wo er seinen Kummer ins Bier weint. Wenn Caitlin ihrerseits nach einer Geburt oder Abtreibung aus dem Krankenhaus zurückkommt, ist die Wohnung verwüstet, und Lippenstiftflecken finden sich an den Kissen. Völlig blau erscheint Dylan, begleitet von versoffenen Kumpanen, erst Tage später wieder zu Hause.

Nach zehn Ehejahren sind zwar zwei Kinder da, aber das ist der einzige Zugewinn des Paares, obwohl Thomas inzwischen bei Hörfunk, Film und Fernsehen ausgezeichnet verdient. Sein geniales Hörspiel »Unter dem Milchwald« wird sogar in Deutschland gefeiert. Doch da macht das Finanzamt plötzlich eine erfreuliche Entdeckung: Thomas hat noch nie einen Penny Steuern bezahlt. Zur Strafe muß er neunzig Prozent seiner Einnahmen an den Fiskus abführen. Thomas' Jugendtraum vom kargen Dichterleben holt ihn wieder ein.

Wer Dylan Thomas erlebt, wenn er öffentlich seinen Ruf als kaputtes Genie pflegt, ist verwirrt. Wie kann der Penner mit der Säufernase, der im Pub mit blutunterlaufenen Augen schmutzige Witze erzählt, der Autor so feinfühliger Gedichte sein? Bei der Arbeit ist der Alkoholiker ein Wunder an Konzentration und Nüchternheit. Oft ist er erst mit der 200. Fassung eines Gedichtes zufrieden. »Ich schreibe im Zwei-Zeilen-Tempo pro Stunde.«

Thomas' seltsam-schöne Schöpfungen verschaffen dem 35jährigen mit Hilfe des amerikanischen Literaturprofessors John M. Brinnin eine Einladung in die USA. Die Lesereise wird eine Sensation. Fortan fühlt sich Thomas im Waliser Laugharne wie in einer Sardinenbüchse. Allerdings hat er auch noch einen anderen Grund dazu: In New York wartet Sarah, seine »erste ernsthafte Liebesaffäre«. Drei weitere Male zieht Thomas über den Atlantik. Er verdient Tausende von Dollar, schickt davon aber keinen Cent nach Hause. Caitlin wütet: Wie soll sie die drei Kinder ernähren, wie seine Rechnungen bezahlen?

New York reißt sich um den wilden Dichter. Er trinkt mit Literaten, feiert in den Irish Pubs und kauft sich jeden Tag ein neues Hemd. Eines abends beim Smalltalk, gerät Thomas in Panik: »Ich habe gerade eine weiße Maus gesehen.« Keiner der Anwesenden sonst hat was bemerkt. Jahrelang hat Thomas damit kokettiert, vor 40 zu sterben – jetzt schnürt ihm die

Angst den Atem ab. Ein paar Nächte später treibt ihn der Durst aus dem New Yorker Chelsea Hotel in einen Pub. Als er 90 Minuten später zurückkehrt, lallt er:»Ich habe 18 Whiskey getrunken. Ich glaube, das war mein Rekord.« Zwar waren es nur vier oder fünf, doch die waren zuviel. Nach vier Tagen Koma stirbt er an Leberzirrhose. Sein Ziel – den früherromantischen Dichtertod – hat der Poet erreicht. Während der 39jährige im Krankhaus verdämmert, trifft ein Abschiedsbrief seiner Frau ein, in dem sie ihn ermuntert:»Fühl Dich bitte so frei wie ein Stück Scheiße.«

Henry D. Thoreau – Der erste Grüne

eig. Henry David Thoreau
* 12.7.1817 in Concord/Mass.,
† 6.5.1862 in Concord
Der Philosoph und Schriftsteller inspirierte die amerikanische Studentenbewegung der 60er Jahre und politische Führer wie Mahatma Gandhi und Martin Luther King.
Werke: Über die Pflicht zum Ungehorsam gegen den Staat, 1849; Walden oder Leben in den Wäldern, 1854

Eines Tages hat Thoreau das Leben in der Zivilisation satt. Alles, was er bisher versucht hat, befriedigt ihn nicht, obwohl seine Startbedingungen für den Lebenskampf als Harvard-Absolvent gar nicht so schlecht sind. Durch Vermittlung der Schwester bekommt Thoreau einen Lehrerposten. Die Eltern atmen auf, denn jetzt scheint die Zukunft ihres Sorgenkindes gesichert. Doch Thoreau mißbilligt die Prügelpädagogik seiner Kollegen. Als ihn eines Tages der Direktor des Gymnasiums rügt, weil er seine Schüler nicht »körperlich züchtigt«, lost der Menschenfreund vor den Augen seines Chef ein halbes Dutzend Schüler aus, läßt sie vortreten, gibt jedem einen symbolischen Klaps mit dem Lineal – und kündigt.

Auf der Suche nach dem Sinn des Lebens beginnt Thoreau am 22. Oktober 1837 ein Tagebuch mit den Worten:»Um allein zu sein, ist es notwendig, der Gegenwart zu entfliehen. Ich meide mich selbst… Ich suche eine Dachkammer auf.« Wenn er nicht in der Dachkammer grübelt, besucht er seinen väterlichen Freund Ralph Waldo Emerson, für den Thoreau bald zur Verkörperung seines Ideals des »amerikanischen Gelehrten« wird. Dergestalt seelisch aufgebaut, kommt Thoreau die Idee, wie er ein sinnvolles Leben führen kann. Er gründet mit seinem älteren Bruder eine Privatschule, die sehr erfolgreich wird. Drei Jahre später stirbt der Bruder und Thoreau fällt in tiefe Depressionen – die Schule wird wieder geschlossen.

Emerson lädt den Deprimierten ein, in seiner Villa zu wohnen. Hier schneidet Thoreau den Rasen, putzt das Silberbesteck und vergräbt sich in seine Gedankenwelt. Ein Angebot von esoterischen Freunden, mit ihnen eine Landkommune zu gründen, lehnt der Einzelgänger ab. Zugleich tritt er aus der Kirche aus, mit der Begründung: »Ich will keiner Vereinigung angehören, der ich nicht aus freiem Entschluß beigetreten bin.«

Emerson vermittelt Thoreau eine Hauslehrerstelle nahe der Pressehochburg New York, in der Hoffnung, daß sein Schützling eine Stelle als Journalist findet. Doch Hektik und Elend der Metropole machen Thoreau depressiv: »Die Schweine auf der Straße sind hier noch der respektabelste Teil der Bevölkerung.« Frustriert kehrt er nach Hause zurück, arbeitet in der Bleistiftfabrik seines Vaters und hilft beim Neubau der Familienvilla, bis er sich wieder langweilt.

Plötzlich hat Thoreau die Erleuchtung. »Ich möchte bald fort und am See leben, wo ich nur den Wind im Schilf flüstern höre. Es wird von Erfolg sein, wenn ich mein Selbst hier zurücklasse. Freunde fragen mich, was ich dort machen will. Ist es nicht Beschäftigung genug, den Lauf der Jahreszeiten zu verfolgen?«. Emerson stellt ihm ein Grundstück zur Verfügung und der Aussteiger zieht mit seiner Werkzeugkiste in den Wald, baut sich eine Hütte und führt ein Leben wie Franz von Assisi. Vögel setzen sich auf seine Hand, Schlangen ringeln sich an seinen Beinen hoch, Fische lassen sich von ihm aus dem Wasser nehmen, Biber von ihm streicheln. Thoreau ist glücklich »wie der erste Mensch im Paradies«. So wird er zum Ökologie-Pionier und bedeutendsten amerikanischen Naturdichter, denn wunderbar ist seine Gabe, in die Charakterologie von Naturgeschöpfen einzudringen: »Daneben fließt burgunderartig ein Bach auf eisenrotem Sand im dunklen Moor, Moorwein.« Thoreau verfaßt ein Buch über sein »Leben in den Wäldern«. Es wird ein Mißerfolg, und so schreibt er nur noch für die Schublade.

Als Thoreau sich weigert, ein paar Dollar Steuern zu zahlen, bricht eines Tages die Zivilisation über den Aussteiger herein. Der Steuereinnehmer läßt ihn verhaften und einsperren. Thoreaus Weigerung ist ein Protest gegen die US-Verfassung, die die Sklaverei billigt: »Sklaven sind keine US-Bürger, sondern dingliches Eigentum«. Zutiefst empört über die Ungerechtigkeit verfaßt Thoreau den Essay »Über die Pflicht zum Ungehorsam gegen den Staat«. Das knapp 100 Seiten starke Büchlein erweist sich 60 Jahre später als reinstes Dynamit. Es inspiriert Mahatma Gandhi zu seinem gewaltlosen Freiheitskampf, die Kämpfer der französischen Résistance im Zweiten Weltkrieg, Martin Luther King und Millionen freiheitsliebende Menschen in aller Welt. Damit hat Thoreau, wie F.L. Patte sagte, »für die Unabhängigkeit des amerikanischen Denkens mehr geleistet als jeder andere Schriftsteller.« Sein letztes Werk ist, nachdem er aktiv gegen die Sklaverei gekämpft, Fluchthilfe geleistet und in theoretischen Schriften die Doppelmoral der US-Regierung angegriffen hat, ein Essay über John Brown. Thoreau hatte den radikalen Kämpfer gegen die Sklaverei 1857 kennen gelernt. Am 2. Dezember 1859 ließ die US-Regierung John Brown hängen. Erschüttert schreibt Thoreau »Die letzten Tage des John Brown« und stirbt drei Tage später. Seine wichtigste Botschaft heißt: »Darf der Bürger auch nur für einen Augenblick und im geringsten Grad sein Gewissen dem Gesetzgeber überlassen? Wozu hat denn jeder Mensch ein Gewissen?«

J.R.R. Tolkien – Der Hobbit aus Oxford

eig. John Ronald Reuel Tolkien
* 3.1.1892 in Bloemfontein/Südafrika,
† 2.9.1973 in Bournemouth
Der Professor für germanische Philologie unterrichtete von 1925 bis 1959 in Oxford. Mit seinem »Herrn der Ringe« schuf er ein seit Jahrzehnten erfolgreiches Fantasy-Epos.
Werke: Der kleine Hobbit, 1937; Der Herr der Ringe, 1954/55

Als Junge erfindet Tolkien die Sprache »Animalisch« und dichtet darin Limericks: »Dar fys ma vel gom co palt 'Hoc...«. Er entwickelt Alphabete und formt daraus klingende Wörter. Als Student fällt ihm eines Tages das finnische Nationalepos Kalevala in die Hand, und er ist fasziniert von den herrlichen Heldenliedern. »Diese mythologischen Balladen sind voll von jenem höchst ursprünglichen Unterholz, das in der europäische Literatur insgesamt über viele Jahrhunderte hin immer mehr beschnitten und verdrängt wurde... Ich wünschte, wir hätten noch mehr davon – etwas in der gleichen Art, das uns Engländern angehörte.« Ein aufregender Gedanke. Kann man im Atomzeitalter noch Mythen schaffen? Tolkien wird es gelingen, und zwar wird der Mythos so gewaltig, daß manche vermuten, Tolkien selbst sei einer der Sagenhaften, die sich hin und wieder in menschlicher Gestalt zeigen, und die – wie der Hobbit Frodo, Hauptfigur einer seiner Romane – Pelz auf den Füßen haben. Tolkien sagt es sogar selbst: »Ich bin es in allem bis auf die Größe. Ich liebe Gärten, Bäume und Ackerland ohne Maschinen; ich rauche Pfeife, esse gern gutbürgerlich (nichts aus dem Kühlschrank); ich trage gern – ein Wagnis in dieser öden Zeit – dekorative Westen. Ich mag Pilze (vom Felde), habe einen sehr einfachen Humor; ich gehe spät zu Bett und stehe (wenn möglich) spät auf. Ich reise nicht viel.«

Im bürgerlichen Leben, wo Tolkien tagsüber als Unilehrer sein Geld verdient, ist er eine graue Maus. Dort ist er so bienenfleißig, daß er es sogar bis zum Oxford-Professor schafft, wo er als Gelehrter tief in die Welt der nordischen Mythen eindringt. Wenn Tolkien Geschichten von Riesen, Zauberern, Hexen, Zwergen und Feen in uralten Sprachen liest – er beherrscht das alte Finnisch wie Altenglisch, Altisländisch und Walisisch – fühlt er sich zu Hause. Er begeistert sich für Gotisch und Altgriechisch und dringt so immer tiefer zum Urgrund der Sprache.

Als Engländer hat Tolkien Sinn für skurrilen Humor: So legt der 40jährige Herr Professor bei einer Silvesterfeier ein isländisches Schaffell um (seinen Kaminvorleger), bemalt sein Gesicht mit weißer Farbe und erscheint den Gästen als Eisbär. Ein andermal kostümiert er sich als angelsächsischen Krieger mit Streitaxt und jagt mit Kriegsgeschrei einen verdatterten Nachbarn durch die Straße. Wenn Tolkien gut drauf ist, reicht er entsetzten Kassiererinnen mit einer Handvoll Kleingeld sein Gebiß hin. Alljährlich zu Weihnachten ist Tolkiens Phantasie besonders vital. Dann schreibt er mit verstellter Handschrift als Weihnachtsmann einen Brief an seine Kinder. Darin berichtet er über die Ereignisse am Nordpol, seine Mitbewohner, die Polarbären, den Schneemann, seinen Gärtner, Schnee-Elfen und die Kobolde, die in der Höhle unter dem Haus wohnen. Dazu fertigt Tolkien Porträts der Geschilderten an und entwirft, damit alles echt wirkt, eine eigene Briefmarke. Der Brief wird mit dem Vermerk »Eilzustellung durch Gnomen, sehr dringend!« zugestellt. In den ersten Jah-

ren legt er ihn auf den Kaminsims. Später, als die älteren Söhne Zweifel an der Echtheit beschleicht, gewinnt Tolkien den Briefträger zum Verbündeten.

Eines Tages kritzelt Tolkien auf ein Blatt: »In einem Loch im Boden, da lebte ein Hobbit« – und dieser kleine Gnom Bilbo Baggins läßt ihn nicht mehr los. Nacht für Nacht schreibt Tolkien weiter an seinem mythischen Epos und liest seinen Kindern daraus vor. Und die verlangen begeistert nach mehr. Eines Tages kommt eine Lektorin wegen seiner Ausgabe des »Beowulf« zu Tolkien. Sie hört zufällig, wie er den Kindern vorliest, ist fasziniert und schlägt vor, die Erzählung als Kinderbuch zu veröffentlichen. Der Verleger ist der Ansicht, daß die besten Sachverständigen für Kinderbücher Kinder sind, und bittet seinen 10jährigen Sohn um ein Gutachten. Der Junge schreibt: »Dieses Buch ... ist gut und müßte allen Kindern zwischen fünf und neun Jahren gefallen.« Kaum auf dem Markt, ist »Der kleine Hobbit« ein Bestseller, und Publikum und Verlag gieren nach der Fortsetzung. »Der Herr der Ringe« erscheint 18 Jahre später und wird ein Welterfolg. Tolkien hat damit geschaffen, wonach er sich ein Leben lang sehnte: einen Mythos, der den modernen Durchschnittsleser begeistert. Inzwischen sind weit über 50 Millionen Exemplare davon verkauft.

Leo Tolstoi –
Aus dem Leben eines Heiligen

eig. Leo Nikolajewitsch Tolstoi
* 9.9.1828 in Jasnaja Poljana,
† 20.11.1910 in Astapowo
Tolstoi ist einer der großen realisti-
schen Erzähler des 19. Jahrhunderts;
für Thomas Mann war »die erzähleri-
sche Macht [seines] Werks ohneglei-
chen«.
Werke: Die Kosaken, 1863; Krieg und
Frieden, 1868/69; Anna Karenina,
1875-77; Der Tod des Iwan Iljitsch,
1886; Die Kreutzersonate, 1891

Neunzehnjährig erbt Graf Tolstoi, der Typ mit den Segelohren, den Riesenbesitz Jasnaja Poljana und stürzt sich »ins Leben«. Er verspielt ganze Wälder, badet mit Kurtisanen in Champagner, treibt Freunde zu Duellen an, säuft, hurt, verführt Ehefrauen. Wenn er sich nach einer Woche Lotterleben morgens im Spiegel entdeckt, bekommt er einen Schock: »Ich bin häßlich, unordentlich ... reizbar, lästig für andere, unbescheiden, intolerant, unkeusch, unbeständig, auf dumme Weise eitel und leidenschaftlich wie alle Charakterlosen.« Eigentlich will Tolstoi ein guter Mensch sein. Er entwirft einen moralischen Lebensplan und arbeitet sich intensiv in Medizin, Musik, Rechtswissenschaft, Mathematik, Agrarwissenschaft und orientalische Sprachen ein. Aber die Gier nach Frauen treibt ihn immer wieder ins Nachtleben hinaus.

Aus seinem unbeständigen Leben rettet ihn der Krimkrieg, an dem Tolstoi als Offizier und Kriegsberichterstatter teilnimmt. Seine packenden Reportagen machen den 28jährigen in ganz Rußland bekannt. Tolstoi ist glücklich, endlich hat er eine Aufgabe gefunden: »In bin berauscht von meinem moralischen Fortschritt.« Durchglüht vom neuen Lebensgefühl will Tolstoi auch andere daran teilnehmen lassen. Als Mann der Tat reist er kreuz und quer durch Westeuropa, um die Methoden moderner Pädagogik zu erforschen. Wieder zurück in der Heimat trägt er → Rousseaus Bild in einem Medaillon neben dem Heiligenbild auf der Brust und nagelt das Porträt seines zweiten Hausgottes → Schopenhauer mit dessen eigenhändiger Unterschrift über den Schreibtisch.

Derart moralisch unterstützt beginnt Tolstoi sein menschheitsbeglückendes Werk, indem er die Kinder seiner Leibeigenen in einer Schule einsperrt und antiautoritär unterrichtet. Sie sollen »zwanglos und unverklemmt« aufwachsen, und Tolstoi, der allmächtige Gutsherr, geht mit gutem Beispiel voran. Vom »natürlichen Lustprinzip« stimuliert, verfällt er dem animalischen Charme der Bäuerin Valeria Arseniev. Die »größte erotische Offenbarung« seines Lebens ist zwar verheiratet, doch als Verehrer der Triebkräfte der Natur beschleichen Tolstoi keine moralischen Zweifel. Kurz darauf führt er

348 Leo Tolstoi

seine 17jährige Braut Sophia Behrs heim und läßt sie zur Einstimmung seine Tagebücher lesen. Die junge Gräfin ist erschüttert, welchem Untier sie sich mit Leib und Leben verschrieben hat, besonders, als sie erkennt, wer sich hinter Tolstois Naturgöttin verbirgt: »Sie ist hier, ein paar Meter von mir entfernt. Das macht mich verrückt ... Ich kann ihr jeden Augenblick begegnen!«

Sophia wird Tolstois Mädchen für alles. Die junge Frau stammt von tüchtigen deutschen Kaufleuten ab und macht Jasnaja Poljana mit ihrem Organisationstalent zu einem prosperierenden Musterbetrieb. Von Tolstoi ist seit 1851 beinahe jedes Jahr ein Buch erschienen, nun macht er sich mit Sophias Hilfe an sein größtes Werk. Innerhalb von sechs Jahren diktiert er ihr »Krieg und Frieden«. Nach dem letzten Schliff ist er sich sicher: »Ich sage es ohne jede falsche Bescheidenheit – das ist ein Werk wie die Ilias.« Das Buch wird ein Bestseller. Fünf Jahre später erscheint Tolstois zweites Meisterwerk »Anna Karenina«. Und als kurz darauf seine Werke in allen wichtigen Sprachen des Westens erscheinen, rollt der Rubel. Tolstoi hat erreicht, wovon jeder Dichter träumt, doch mit dem Ruhm beschleichen den 50jährigen Zweifel an der Sinnhaftigkeit dieses Lebens. Wo ist Gott?

In Moskau, wohin sich Tolstoi immer einen Teil des Jahres in die Welt der feinen Gesellschaft flüchtet, lernt er bei einer Volkszählung in den Slums die Armut der Großstadt kennen. Vor Rührung bricht er auf offener Straße in Tränen aus: »So kann man nicht leben.« Zurück auf seinem Gut, erfährt er, daß es im ganzen Dorf nur drei Spaten gibt und ein armes, uraltes Mütterchen sich die Kartoffeln mit einem Holzscheit ausbuddeln muß. »Recht so«, nickt der Graf, »dann werden sich die Bauern wenigstens an Christenliebe im Leihen gewöhnen.« Als bei einer Feuersbrunst 21 Bauernhäuser abbrennen, spendet Tolstoi, »der einzige Christ nach Christum«, den Brandopfern Holz aus seinen unermeßlichen Wäldern. Das ist alles.

Zu Tolstois Ehrenrettung muß gesagt werden, daß er selbst spürt, daß zwischen seinen Idealen und der Wirklichkeit ein Abgrund klafft. Um das zu ändern, zieht er sich mit einer Kiste mystischer Werke zurück und grübelt. Seine tiefschürfenden Gedanken kreisen um Gott. Eines Nachts hat Tolstoi die Erleuchtung: Das Christentum ist eine Organisation der Mächtigen zur Ausbeutung der Armen geworden. Warum soll er nicht seine eigene Religion gründen? Der 54jährige distanziert sich öffentlich von seinem bisherigen Leben und Werk, predigt die Abschaffung des Privateigentums, streicht die zehn Gebote auf fünf zusammen, beschwört die Menschheit, die Sünde der Zivilisation aufzugeben und wieder naturgemäß als Bauern zu leben. Sein »Tolstoiismus« basiert auf dem Satz: »Leistet dem Bösen keinen

Widerstand« (Matt. 5,39). Tolstois Gutshof wird zum Mekka seiner Jünger. Um diesen mit gutem Beispiel voranzugehen, überschreibt er seinen gesamten Besitz seiner Frau und ist damit – zumindest auf dem Papier – so arm wie eine russische Kirchenmaus. Seine Frau ist verzweifelt, denn während der Erleuchtete ausreitet und Gott sucht, liegt nun die Gesamtverantwortung bei ihr: »Er lebt, wo und wie es ihm behagt, wobei er nichts für die Familie tut und doch aus allem Nutzen zieht ... Und dann der Ruhm, der unersättliche Ruhm, um dessentwillen er alles tut.«

Tolstoi trägt nun Prophetenlook mit wehender Mähne und Strubbelbart. Seine Hüte haben weder Form noch Farbe, enge Hose sind dem »Herrn Heiligen« zu unkeusch, ebenso zu kurze Bauernkittel. Stundenlang läuft er in selbstgeschusterten Stiefeln über die frisch gemisteten Felder und setzt sich nach Natur duftend an den Eßtisch. Niemand hält seinen Gestank aus, zumal er als waschechter Asket nichts mehr von Hygiene hält. Wenn er in der Stadt zu tun hat, trägt er den Schafspelz nach außen, damit man seine Armut erkennt. Eines Tages predigt er entflammt über die Sünde Sex: Selbst Eheleute sollten der Unkeuschheit entsagen. Sophia, die ihm 16 Schwangerschaften verdankt, versteht die Welt nicht mehr, wenn er seinen ergriffen lauschenden Jüngern verkündet: »Der Mensch muß Erdbeben ertragen, furchtbare Epidemien und alle Qualen der Seele. Aber seine schlimmste Tragödie war, ist und bleibt für alle Zeiten – die Tragödie des Schlafzimmers.«

In wachen Momenten kommen Tolstoi wieder Zweifel an seiner Mission, dann schreibt er heimlich an seinem Buch »Memoiren eines Verrückten«. Doch seine esoterische Saat ist längst aufgegangen und wuchert üppig. Bereits zu Lebzeiten wird er wie ein Heiliger, wie ein Gott verehrt: »Aus China, Indien, Amerika, von überall spannen sich lebendige, vibrierende Fäden zu ihm hin. Seine Seele gehört der gesamten Menschheit an. Warum sollte die Natur für ihn nicht eine Ausnahme machen und Tolstoi physische Unsterblichkeit verleihen?«

Der Amtskirche wird der komische Heilige so suspekt, daß sie den 72jährigen exkommuniziert. Die Geheimpolizei beginnt, wegen anarchistischer Umtriebe gegen ihn zu ermitteln. Tolstois radikale Schriften werden von Anhängern im Ausland gedruckt und nach Rußland geschmuggelt. Auch seiner Frau wird er immer unheimlicher, permanent kommt es zu Ehekrach, Tränen, Geschrei: »Er ist ein Tier, ein Mörder! Ich kann seinen Anblick nicht mehr ertragen!«

Am 28. Oktober 1910 wacht Tolstoi nachts plötzlich auf und beobachtet Sophia, wie sie heimlich die Schubladen seines Schreibtischs durchstö-

350 GEORG TRAKL

bert. Er weiß, was sie sucht: Sein letztes Testament. Darin vermacht er den Bauern von Jasnaja Poljana den größten Teil seines Landbesitzes. Tolstoi fleht Sophia an, ihn nicht zu bestehlen; sie versucht ihn zur Herausgabe des Testaments zu bewegen. Tolstoi weigert sich, und sie schlägt wütend die Tür hinter sich zu. Tolstoi zieht sich an und schleicht auf Zehenspitzen um zwei Uhr nachts aus dem Haus. Mit 22 Rubel in der Tasche reist er ohne Ziel im Eisenbahnwagen 3. Klasse davon – seine Tochter Alexandra fährt ihm nach. Auf einer kleinen Station bricht er mit Lungenentzündung zusammen. Innerhalb weniger Stunden geht die Nachricht um die Welt: »Tolstoi liegt im Dienstzimmer auf dem Bahnhof Astapowo im Sterben.« Neugierige, Reporter, Fotografen, ein Filmteam reisen an, um Abschied zu nehmen. Nur seiner Frau verweigert Tolstoi ein letztes Lebewohl. Als sie mit Gewalt in den Raum eindringt, stößt ihre Tochter Alexandra sie brutal zurück. Die Szene wird von einem Kameramann für alle Zeit festgehalten.

Georg Trakl –
Der Virtuose der Melancholie
* 3.2.1887 in Salzburg,
† 4.11.1914 in Krakau
Trakl ist einer der bedeutendsten deutschsprachigen Lyriker des Frühexpressionismus.

Werke: Gedichte, 1914; Sebastian im Traum, 1914

Die Schule ödet Trakl an. Mit dreizehn bleibt er sitzen und läßt ab da verstockt den Unterricht über sich ergehen. Ein Klassenkamerad erinnert sich: »In der Schulbank saß er gewöhnlich unbewegt wie eine Statue, brütend, die Nase mit den geblähten Nüstern auf die Hand gestützt. Das war eine ganz charakteristische Haltung von ihm.« Die provokante Haltung läßt jeden Motivationsversuch der Lehrer abprallen. Statt staubtrockener Schulbücher liest Trakl lieber die packenden Romane → Dostojewskis, →Nietzsches »Zarathustra« oder →Baudelaires morbide Gedichte. Er haßt Spießbürger wie seine Lehrer und seinen Vater, den tüchtigen Geschäftsmann, der es in Salzburg zu etwas gebracht hat.

Die Familie wohnt in einem edlen Haus mit großem Garten, Dienstpersonal und Gouvernante. So einem könnte es doch gut gehen, aber Trakl erscheint seine Kindheit rückblickend »erfüllt von Krankheit, Schrecken und Finsternis«. Wenn ihm bei Föhnsturm der Kopf dröhnt und die Melancholie ihn aufs Bett wirft, verdichten sich seine düsteren Stimmungen zu Versen von schwermütiger Schönheit. Bereits die Titel seiner Gedichte zeugen von nicht gerade heiterer Lebensart des Jungdichters: »Menschliches Elend«, »Verfall«, »Nähe des Todes«, »Trübsinn«, »Grauen«, »Traum

des Bösen«. Daß so einer sich ungeliebt fühlt, überrascht nicht. Trost findet Trakl allein am mütterlichen Busen einer Prostituierten im Bordell,
das der Schüler wöchentlich besucht.
Hier im Schoß der Sünde blüht er auf:
»Die Nacht ist schwarz. Gespenstisch
bläht der Föhn des wandelnden Knaben weißes Schlafgewand und leise
greift in seinen Mund die Hand der
Toten. Sonja lächelt sanft und schön.«
Um die Gefühlsskala des eigenen
Lebens zu erweitern, nimmt Trakl
Drogen. Die Schule wird ihm völlig
egal, und als er 18jährig ein zweites
Mal nicht versetzt wird, beginnt er
eine Apothekerlehre. Hier findet er,
was seine süchtige Seele sucht: Opium, Morphium, Kokain. Ständig high,
fällt nun hin und wieder ein Licht-
strahl in sein düsteres Gemüt. Die
praktische Arbeit gefällt ihm, der
Lehrherr ist zufrieden. Das Stadtthea-
ter führt »Totentag. Ein Stimmungs-
bild in 1 Akt« und »Fata Morgana«
von ihm auf. Das Lokalblatt druckt
eine Prosaarbeit und ein Gedicht von
Trakl ab. Man beginnt, ihn als Dichter
ernst zu nehmen.

Da passiert etwas Ungeheuerliches:
Trakl verliebt sich in seine fünf Jahre
jüngere Schwester Margarete. Im Dro-
genrausch genießen sie verbotene Lü-
ste, haben ständig entsetzliche Angst
vor Entdeckung und schämen sich ihrer Gefühle. Der religiös erzogene
Trakl leidet unter gräßlichen Schuld-
gefühlen und beschreibt in »Blut-
schuld« die Seelenqual der Lieben-

den: »Es dräut die Nacht am Lager unserer Küsse. Es flüstert wo: Wer
nimmt von euch die Schuld? Noch be-
bend von verruchter Wollust Süße
wir beten: Verzeih uns, Maria, in deiner Huld! ... Doch lauter rauscht der
Brunnen der Sirenen und dunkler
ragt die Sphinx vor unsrer Schuld,
daß unsre Herzen sündiger wieder tönen, wir schluchzen: Verzeih uns, Maria, in deiner Huld!«

Bald konsumiert das Mädchen
mehr Drogen als Trakl selbst, und als
er nach Abschluß der Lehre zum
Pharmazie-Studium nach Wien geht,
zieht sie mit. So leben Bruder und
Schwester weiter wie Mann und Frau,
zwischen Himmel und Hölle. Da lernt
die 20jährige Margarete einen jungen
Mann kennen und heiratet ihn. Trakl
ist am Boden zerstört und flüchtet in
die Weinhäuser. Bereits ab mit Mittag
trinkt er mit Freunden bis zum
Abend ein Glas nach dem anderen,
manchmal sind es zweieinhalb Liter.
Trotzdem schafft er die Prüfungen
und wird Magister der Pharmazie.

Nach dem Militärdienst gelingt es
Trakl nicht, im Berufsleben Fuß zu
fassen: Der Drogenkonsum hat ihn
ruiniert. Trotzdem schreibt er form-
vollendete Gedichte. Bewunderer unterstützen ihn, wo sie können, doch
Trakl sehnt nur noch den Tag herbei,
»an dem diese Seele in diesem armseligen, von Schwermut verpesteten
Körper nicht mehr wird wohnen wollen«. Anderthalb Jahre später erleidet
der 27jährige Militärapotheker an der

352 B. TRAVEN

Front einen Nervenzusammenbruch und stirbt an einer Überdosis Kokain im Garnisonsspital in Krakau.

B. Traven –
der weltberühmte Unbekannte

Andere Pseudonyme: Ret Marut, Richard Maurhut, Traven Torsvan, Hal Croves
* 1882 (?) in Deutschland (?), † 26.3.1969 in Mexiko City
Die wahre Identität dieses Schriftstellers ist bis heute ungeklärt. Anzunehmen ist, daß er, ähnlich seinen Romanhelden, ein wechselvolles Leben führte. Als Autor galt Travens unbedingte Sympathie den Erniedrigten und Entrechteten der Welt.
Werke: Das Totenschiff, 1926; Der Schatz der Sierra Madre, 1927; Die Baumwollpflücker, 1950; Die Brücke im Dschungel, 1967

Obwohl Travens Bücher in Millionenauflage und in 24 Sprachen erscheinen, weiß nicht einmal sein Verleger, wer sich hinter dem Pseudonym B. Traven verbirgt. Wer ist der Mann, der sowohl die sozialen Mißstände in Deutschland mit analytischem Blick durchleuchtet, die Leiden rechtloser Seeleute schildert, als wäre er auf Seelenverkäufern sein halbes Leben lang um die Welt gefahren, als auch das Elend ausgebeuteter Indios kennt? Ist er ein Deutscher, der während der Räterepublik zum Tode verurteilt wurde

und sich über die Grenze retten konnte? Ein Däne mit dubioser Vergangenheit? Ein nach Mexiko desertierter amerikanischer Matrose? 1928 setzt die Zeitschrift »Life« 5000 Dollar aus, auf das Lüften des Geheimnisses um B. Travens Identität. Hobbydetektive machen sich auf die Suche, Sprachwissenschaftler versuchen, dem Autor über Textanalysen auf die Spur zu kommen. Umsonst. Durch Mittelsmänner sickert lediglich durch, B. Traven sei Landarbeiter, Seemann, Baumwollpflücker und Cowboy gewesen und habe jahrelang in der Wildnis bei Indianern gelebt. Das heizt die Neugier noch mehr an.

Eines Tages möchte Hollywood eins von B. Travens berühmten Abenteuerbüchern, »Der Schatz der Sierra Madre«, verfilmen. Warner Brothers nimmt wegen der Rechte Kontakt mit dem Verlag auf, und dieser leitet die Briefe weiter an den Autor. Zum Erstaunen aller antwortet B. Traven auf die Drehbuchkonzepte des Starregisseurs John Huston. Es entwickelt sich ein intensiver Briefwechsel, in dem der geheimnisvolle Autor viel über sich erzählt: »Mein ganzes Geheimnis besteht darin, daß ich Interviewer und Sensationsjournalisten hasse, die nichts von dem Buch gelesen haben, über das sie reden. Es gibt keine größere Freude und Befriedigung für mich, unerkannt Leute zu treffen oder öffentlich spazieren zugehen.«

Der zweite Weltkrieg unterbricht den Kontakt. Fünf Jahre später schreibt Huston das Drehbuch und schickt eine Kopie an den Unbekannten. Der schickt Korrekturvorschläge und vereinbart ein Arbeitstreffen im Hotel Bamer in Mexico City. Huston reist hin, aber niemand erwartet ihn. Nach fast einer Woche des Wartens steht eines Morgens im Morgengrauen ein Mann am Fußende des Bettes und drückt Huston eine Visitenkarte in die Hand: Hal Croves. Übersetzter. Acapulco und San Antonio. Dann übergibt er einen Brief B. Travens, der angeblich krank sei: Huston solle alle Details mit Croves besprechen. Sie beginnen, am Drehbuch zu feilen. Huston ist sich sicher: Sein Partner ist B. Traven. Das Drehbuch steht, bei den Dreharbeiten soll Croves ebenfalls dabei sein. Hier bekommt Huston wieder Zweifel, daß Croves der Autor ist.

1948 will es eine mexikanische Zeitschrift genau wissen und schickt zwei Reporter auf Spurensuche. Croves betreibt inzwischen einen kleinen Laden bei Acapulco. Die Reporter observieren ihn, und als er den Laden verläßt, brechen sie ein und durchsuchen seine Schubladen. Sie finden mehrere Manuskripte mit zwei verschiedenen Namen: Croves muß der gesuchte Autor sein.

1969, einen Monat nach Croves' Tode, bekennt seine Witwe, daß Croves der deutsche Schriftsteller Ret Marut u n d der weltberühmte Abenteuerautor B. Traven sei. Doch Huston hat weiterhin Zweifel. Er vermutet hinter dem geheimnisvollen Namen

ein Team von zwei oder mehreren Autoren, denn das Copyright der Bücher lautet auf den Namen »R.E. Lujan«.

Anton Tschechow – Die Tragik im Kleinkram des Lebens

* 29.1.1860 in Taganrog,
† 15.7.1904 in Badenweiler
Der »subtilste Analytiker menschlicher Beziehungen« (Virginia Woolf)
schrieb seine Werke in der
Tradition des kritischen Realismus,
war aber zugleich inspiriert vom
europäischen Impressionismus und
Symbolismus.
Werke: Eine Langweilige Geschichte,
1889; Das Duell, 1891; Die Möwe,
1896; Onkel Wanja, 1899; Drei
Schwestern, 1899/1900; Der Kirsch-
garten, 1904

Dieser Dichter ist ein Workaholic, Arbeit ist sein Leben. Und wenn er keine Energie mehr zum Schreiben hat, arbeitet er als Arzt und umgekehrt. »Arbeiten muß man, arbeiten, alles andere hole der Teufel« – das ist Tschechows Motto, und das wird ihn umbringen.

Bereits als kleiner Junge muß Tschechow im Kolonialwarengeschäft seines Vaters schuften. Dort gibt es wenig zu lachen und viel Prügel. »Als Kind habe ich keine Kindheit gehabt. Jeden Morgen beim Aufwachen war mein erster Gedanke: ‚Werde ich heute Prügel bekommen oder nicht?'« Der fanatisch religiöse Vater tyrannisiert die ganze Familie. Anton schafft kaum die Schule, weil er ständig vom Vater im Geschäft auf Trab gehalten wird, und nach der Arbeit muß er im Kirchenchor mitsingen, wo die Proben manchmal bis spät in die Nacht dauern: »Wir haben uns gefühlt wie Sträflinge.«

Gottlob macht eines Tages das marode Geschäft pleite, und der Vater sucht das Weite. Als die Mutter mit den kleineren Kindern dem geflüchteten Gatten nachreist, bleibt der Gymnasiast Tschechow allein zurück. Das ist sein Glück. Mit Nachhilfestunden hält er sich finanziell über Wasser und wird durch Disziplin und Fleiß ein guter Schüler. Drei Jahre später hat er den Abschluss und reist nach Moskau zum Medizinstudium. Hier hat sich inzwischen der Rest der Familie versammelt. Zu zehnt haust man in einem feuchten Keller im verkommensten Teil der Stadt und lebt von Kohlsuppe und Wodka. Beherzt nimmt Tschechow sein Leben und das seiner verwahrlosten Angehörigen in die Hand. Rastlos arbeitet er nach der Uni bis tief in die Nacht, um Geld durch Zeitungsveröffentlichungen zu verdienen. Tschechows Kurzgeschichten haben bald solchen Erfolg, daß die Familie nicht nur in eine bessere Wohnung ziehen, sondern sogar regelmäßig in die Sommerfrische fahren kann. Der Erfolg gibt ihm Selbstvertrauen: »Ich werde reich.

Das ist sicher wie das Amen in der Kirche.«

Als Arzt ist Tschechow schon in aller Herrgottsfrühe auf den Beinen, um in den entlegensten Dörfern nach seinen Patienten zu sehen. Die Armen behandelt er für Gotteslohn und kauft ihnen noch Medikamente. Seine Arbeit als Mediziner schärft seinen Blick für die Abgründe der Psyche, die Tragik im Kleinkram des Lebens und den Horror des Alltags. Seinem Bruder versichert er: »Du wirst keine einzige Krankheit finden, von der ich nichts verstehe.« – Nur seine eigene nimmt er auf die leichte Schulter. »Wenn der Blutauswurf, den ich vor drei Jahren gehabt habe, das Symptom einer beginnenden Schwindsucht gewesen wäre, so würde ich längst in der anderen Welt sein...«, redet Tschechow sich ein. Abgesehen davon geht es ihm blendend, denn ganz Rußland lacht über seine urkomischen Geschichten. Mit den üppigen Honoraren macht er den Traum seines Lebens wahr und kauft ein »213 Hektar großes Gut« mit Park und Herrenhaus: Aus dem Enkel eines Leibeigenen ist ein Gutsherr geworden. Trotz des Aufstiegs vergißt Tschechow nie, wo er herkommt. Mit aufopfernder Nächstenliebe hilft er armen Mitmenschen, organisiert bei Hungersnot und Epidemien Hilfe und ruft in Briefen zu Spenden für Katastrophenopfer auf. Sein Herrenhaus ist der Treffpunkt kulturbegeisterter Freunde und Bekannter, die er großzügig einlädt und wochenlang bewirtet. Einerseits liebt Tschechow es, den Gutsherrn zu spielen, andererseits raubt ihm der ständige Trubel die Arbeitszeit, um das Urlaubsleben seiner Gäste zu finanzieren. »Ich kann nicht ohne Gäste leben. Wenn ich allein bin ... habe ich Angst, als wäre ich in einem leichten Kahn inmitten des Ozeans.«

Tschechow läßt sich eine Hütte am Ende des Obstgartens bauen und zieht sich hierhin zum Schreiben zurück. Doch das ständige Highlife strengt ihn immer mehr an: »Ob es körperliches Alter oder Lebensmüdigkeit ist, weiß ich nicht: Ich habe keine große Lust mehr zu leben.« Sterben will er allerdings auch nicht. Tschechow hat die typischen Symptome der Überarbeitung: »Meine Seele ist gleichsam in einem gefrorenen Traum erstarrt.«

Obwohl seine Tuberkulose immer schlimmer wird, geht Tschechow nicht zum Arzt: »Alles was mit meinem physischen Zustand zu tun hat, flößt mir eine Art Widerwillen ein. Ich will nicht gepflegt werden. Ich werde Mineralwasser trinken und Chinin einnehmen, aber ich werde nicht zulassen, daß man mich untersucht.«

Langsam wird Tschechow klar, daß er sein Leben ändern muß. Er erwirbt eine Villa auf der Krim und gibt seinen Arztberuf auf. Plötzlich will er die wenigen Jahre, die ihm noch bleiben, in vollen Zügen genießen. Für Amouren hatte er in seinem arbeitsreichen

Leben bisher keine Zeit. Jetzt verliebt sich der Berühmte in eine junge Schauspielerin, aber nach der Heirat nehmen seine Kräfte zusehends ab. Zum Schreiben fehlt Tschechow buchstäblich der Atem, obwohl man ihn ständig um Texte bittet. Verzweifelt stöhnt er auf: »Ich schreibe sechs bis sieben Zeilen am Tag, mehr kann ich nicht, und wenn du mich totschlägst.« Trotz Ehefrau fühlt er sich entsetzlich einsam.

Als es Tschechow schlechter geht, reist er zur Kur nach Badenweiler. Der Lungenspezialist, der ihn untersucht, hebt resignierend die Hände und verläßt das Zimmer. Einen Monat später ruft der todkranke Tschechow zum ersten Mal in seinem Leben nach einem Arzt. Er richtet sich im Bett auf und sagt gefaßt: »Ich sterbe.« Als der Arzt nach einer Sauerstoffflasche ruft, winkt Tschechow ab: »Jetzt ist doch alles umsonst.« Statt dessen läßt der Arzt eine Champagnerflasche kommen, und Tschechow lächelt glücklich: »Ich habe so lange keinen Champagner mehr getrunken.« Er trinkt das Glas aus, dreht sich um und stirbt.

Eine Woche später fährt Tschechows Leichnam in einem Zug im Moskauer Bahnhof ein. »Waggon zum Transport frischer Austern« steht auf der Tür. Tschechows Freund Maxim Gorki ist außer sich: »In diesem Waggon sehe ich gerade die Niedrigkeit des russischen Lebens, seine Kulturlosigkeit, die Tschechow zu seinen Lebzeiten so empörten ...«

Mark Twain –
Der König der Klatschspalten
eig. Samuel Langhorne Clemens
* 30.11.1835 in Florida/Montana,
† 21.4.1910 in Redding/Connecticut
Der Vertreter des amerikanischen
Realismus schuf mit seinen Roma-
nen unsterbliche Werke der Weltlite-
ratur und war zugleich ein Meister
des Aphorismus.
Werke: Tom Sawyers Abenteuer,
1876; Leben auf dem Mississippi,
1883; Huckleberry Finns Abenteuer,
1884; Ein Yankee aus Connecticut an
König Artus' Hof, 1889; Die Eine-Mil-
lion-Pfund-Note, 1893

Die Pointen dieses international erfolgreichen Witzbolds sind von unüber-
bietbarer Knappheit: »Bildung ist das,
was übrig bleibt, wenn der letzte
Dollar weg ist.« Oder: »Freundlichkeit
ist eine Sprache, die Taube hören und
Blinde lesen können.« Twain ist der geborene Humorist. Schon der erste Satz
seiner Autobiographie beginnt mit einem Witz: »Ich wurde in einem ver-
schwindend kleinen Dorf geboren. Das
Dorf zählte 100 Einwohner, und ich
habe die Bevölkerungszahl um ein Prozent erhöht. Es gibt kein Zeugnis
dafür, daß ein anderer das fertigge-
bracht hat – nicht einmal Shakespeare.«
    Samuel Langhorne Clemens alias
Mark Twain ist das fünfte Kind eines
Farmers und Händlers. Bald nach seiner Geburt ziehen die Eltern in das
fünfmal größere Hannibal am Mis-

souri. Weil die Geschäfte des Vaters
schlecht gehen, muß seine Mutter
ihre gesamte Erbschaft verkaufen:
drei Sklaven. Als Twain zwölf ist,
stirbt der Vater. Der Junge muß die
Schule verlassen und wird Drucker.
1857 erwirbt Twain das Patent als
Mississippi-Lotse. Ein Lotse muß die
1200 Meilen lange Strecke im Kopf
haben und die sich ständig verän-
dernden Riffe und Untiefen kennen
bzw. ahnen. Vier Jahre lang befährt
Twain den Riesenstrom und trifft
eine Unmenge verrückter Typen, hört
Tausende Geschichten und erlebt
zahlreiche Abenteuer. Der Ruf der
Lotsen auf den Flußschiffen für freie
Fahrt heißt: »Mark Twain«. Er ertönt,
wenn das Lot bis zur Zwei-Faden-Mar-
ke eintaucht. Ein geniales Pseudonym
für einen fabulierenden Lotsen.
    Als 1861 der amerikanische Bür-
gerkrieg ausbricht, wird Twain vom
Patriotismus erfaßt, aber bereits nach
ein paar Tagen desertiert er: »Es ist
eine undenkbare Vorstellung, Fremde
zu töten … ,denen man unter anderen
Umständen helfen würde, wenn sie in
Not wären, und die einem ebenfalls
helfen würden …«
    Twain flüchtet in den fernen We-
sten und hofft auf sein Glück als Sil-
bergräber in Nevada. Hier lernt er die
Glücksritter, Spekulanten, Huren,
Trapper und Grenzer kennen: ein un-
erschöpflicher Schatz für seine späteren Erzählungen. Nur Silber findet er
nicht. Also macht Twain das, was er
kann, und wird Redakteur der Zei-

tung des Goldgräberstädtchens Virginia City. Drei Jahre später ist er Journalist in San Francisco und unternimmt zwei große Reisen nach Hawaii und ans Mittelmeer. Sein respektloser Reisebericht »Die Arglosen im Ausland«, worin er sich mit spitzer Feder über Kultur und Bräuche der Europäer lustig macht, trifft genau den Geschmack der kernigen Amerikaner: »Soweit ich es beurteilen kann, hat Italien seit fünfzehnhundert Jahren all seine Kräfte, all seine Geldmittel und all seinen Fleiß darauf verwendet, ein gigantisches Aufgebot wundervoller Kirchenbauten zu errichten und dabei die Hälfte seiner Bürger verhungern lassen.«

Mark Twain spart auch nicht mit witzigen Weisheiten: »Wenn du etwas taugst, dann bleibe im Lande und nähre dich redlich. Wenn du aber nichts taugst, dann zieh in die Fremde, denn da mußt du arbeiten, ob du willst oder nicht. Du wirst somit ein Segen für deine Freunde, da du aufhörst, ihnen lästig zu fallen – wenn auch die Leute, zu denen du gehst, darunter zu leiden haben.« Dieses Buch macht die Marke »Mark Twain« in den USA zum Begriff. In kurzer Zeit sind 150.000 Exemplare verkauft und Mark Twain ist ein wohlhabender Mann.

Mark Twain will jetzt heiraten, doch die Erwählte gibt ihm einen Korb. Einen optimistischen Amerikaner kann das jedoch nicht abschrecken, Twain macht ihr solange

Anträge, bis Olivia den letzten Widerstand aufgibt. Nun muß nur noch die zweite Hürde überwunden werden: Olivias frommer, schwerreicher Vater, der Minenbesitzer und Kohlengroßhändler Langdon, läßt den dubiosen Unterhaltungskünstler von einem Privatdetektiv observieren: »Bereits zum Frühstück verschlingt er ein Beefsteak, spült es mit Unmengen Kaffee herunter und raucht danach eine Zigarre. Die erste von 30 am Tag. Er trinkt Schnaps, flucht gotteslästerlich, spielt nächtelang Billard und hat sich bisher nur in der Welt herumgetrieben.«

Mark Twain gelobt, ein braver Puritaner zu werden. Er wird trocken und kasteit sich mit Nikotinentzug. Erst vor dem Schlafengehen saugt er gierig an der einzigen Zigarre. Nach einer Woche kaut er Fingernägel und läuft nervös durch die Stadt auf der Suche nach größeren Zigarren. Vor Entzug zitternd läßt er Zigarren in Sondergröße für sich anfertigen. Alle paar Tage bittet er um größere Modelle. »Nach einem Monat war meine Zigarre so riesenhaft geworden, daß ich sie als Krückstock verwenden konnte.« Eines Nachts gibt Twain den Selbstbetrug auf und qualmt fürderhin hemmungslos wie zuvor.

Schließlich darf die Braut den domestizierten »Cowboy« heiraten. Twain ist der »glücklichste Mann der Welt«. Drei Töchter werden geboren, und die Familie zieht – mit finanzieller Unterstützung des Schwiegervaters – nach Connecticut in eine edle Villa, die zum Treffpunkt der kulturellen Ostküstenelite wird. Twain qualmt wie ein Schlotbaron und unterhält die Gäste mit Schnurren aus seiner Jugend. Olivia ermuntert ihn, die exotischen Mississippi-Geschichten aufzuschreiben. »Tom Sawyer« macht ihn weltberühmt. Nach ein paar Jahren erscheint die Fortsetzung »Huckleberry Finn«. Einige Generationen später schreibt → Hemingway, daß die ganze moderne amerikanische Literatur von diesem Buch abstamme, T.S. Eliot setzt den Außenseiter Huckleberry, der in der amerikanischen Business-Welt den Müßiggänger verkörpert, mit literarischen Archetypen wie Odysseus, Schwejk, Don Quijote und Faust gleich.

Die Dollars strömen. Mark Twain wird zum König der amerikanischen Klatschspalten, raucht 25 Zigarren am Tag, spielt nächtelang Billard, arbeitet am liebsten im Bett und empfängt dort auch seine Besucher. Doch statt zufrieden die wundersame Geldvermehrung auf seinem Konto zu genießen, will er das Kapital sinnvoll anlegen. Wie viele reiche Leute, die nichts von Geld verstehen, steckt er es in einen Haufen überflüssiger Erfindungen wie Dampfflaschenaufzüge, spiralförmige Hutnadeln, Bremsen für Eisenbahnen oder Spezialhosenknöpfe. Außerdem hat er einen geradezu zwanghaften Hang zu spinnigen Daniel Düsentriebs, deren kuriose Projekte er unterstützt. So wird er

Mitinhaber und Finanzier Dutzender unverwertbarer Patente. Mit dem grenzenlosen Optimismus des Westernpioniers gründet Twain seinen eigenen Verlag, und als Krönung seines Wagemuts investiert er hunderttausende Dollar in eine neuartige Setzmaschine, die den Buchdruck revolutionieren soll und von der er sich einen Jahresumsatz von 55 Millionen Dollar erhofft. Twains beinahe sektiererischer Glaube an den Fortschritt moderner Technik beschert ihm einen grandiosen Flop. Als zudem sein Verlag bankrott macht, ist der Bestsellerautor ruiniert. Andere würden jetzt Konkurs anmelden, doch ein Moralist wie Twain konzentriert alle verbliebenen Kräfte, um seine Gläubiger nicht mit in den Ruin zu reißen. Der 60jährige Weltstar bricht zu fünf Lesereisen rund um den Globus auf und hat nach vier Jahren die ungeheure Schuldenlast abbezahlt.

Auch in Twains Privatleben jagt eine Katastrophe die andere: Drei seiner Töchter und seine geliebte Frau sterben. Außerdem verbittert ihn die Doppelmoral der US-Regierung. Der glühende Demokrat greift doppelzüngige Politiker an und deckt politische und soziale Mißstände auf, z.B. daß seit 1865 rund 5000 Menschen in den USA gelyncht wurden. In seinem Pamphlet »Die Vereinigten Lynchstaaten« prangert Twain die Verbrechen an und versucht, die Öffentlichkeit wachzurütteln. Auch ist ihm bald klar, daß im »freiesten Land der Welt«

Finanzhaie sich auf Kosten ganzer Völker bereichern, wie z.B. im sogenannten »Kongo-Freistaat«, einer Kolonie, die der belgische König Leopold im Stile eines mittelalterlichen Feudalfürsten als Privatbesitz beherrscht: Alle Ernteerträge und Schätze des Riesengebietes betrachtet er als sein Eigentum. Mit Hilfe der amerikanischen Bankiers Morgan, Rockefeller und Ryan wird das Land systematisch ausgebeutet, innerhalb weniger Jahre sterben rund fünf Millionen Eingeborene an den brutalen Bereicherungsmethoden. Wenn zum Beispiel die Bewohner eines Gebietes nicht eine festgelegte Menge Gummi oder Bodenschätze abliefern, schlägt man ihnen die Hände ab, kastriert sie, steckt ihre Dörfer in Brand, foltert und ermordet die Bevölkerung. Empört deckt Twain die Machenschaften der amerikanischen Wirtschaftsimperialisten auf und schlägt vor, die US-Fahne zu ändern: »Wir nehmen einfach unsere Flagge, übermalen die weißen Streifen schwarz und ersetzen die Sterne durch einen Totenkopf mit gekreuzten Knochen.«

Der Humorist Twain wird zum Zyniker: »Die Güte Gottes erlaubte es, daß wir in unserem Land drei unschätzbare Reichtümer haben: die Freiheit der Rede, die Freiheit des Gewissens – und die Klugheit, diese Freiheiten niemals anzuwenden.« Welch weiser Satz.

Voltaire in Ferney.
Zeichnung von Jean Huber
(Entstehungszeit unbekannt)

Lope de Vega – Der Weltmeister der Dramatiker

eig. Lope Félix de Vega Carpio
* 25.11. oder 2.12.1562 in Madrid,
† 27.8.1635 in Madrid
Der spanische Schriftsteller schrieb
rund 1500 Werke, von denen etwa
ein Drittel erhalten ist.
Werke: Arkadien, 1598; Die kluge
Närrin, 1617; Die Erschaffung der
Welt und der Sündenfall des Men-
schen, um 1620; Die Schlechtverhei-
ratete, 1621; Dorothea, 1632; Der
beste Richter, der König, 1635; Die
Dumme für andere und die Kluge für
sich selbst, 1635; Die Keckheiten der
Belisa, 1637

Der junge Adelige hat den Teufel im Leib. Wo er auftaucht, geht es sofort zu wie im Actionfilm. Obwohl Lope de Vega eigentlich Priester werden will, sitzt ihm der Degen so locker wie Zorro, und mit seinem feurigen Blick entflammt er ein Mädchenherz nach dem anderen. Kein Wunder, daß ihm der Erzbischof von Salamanca nahe legt, die Priesterkutte an den Nagel zu hängen und lieber Soldat zu werden. Gehängt, getan.

Das Landsknechtsleben gefällt Lope de Vega. Doch während die Kameraden in ihrer Freizeit den lieben Gott einen guten Mann sein lassen, küßt den stolzen Krieger plötzlich die Muse der Dichtung. Der Drang, seine schöpferischen Kräfte zu formen, wird so stark, daß er in Windeseile auf einer Trommel als Unterlage ei-

nen ganzen Schäferroman nieder-schreibt. Ein Dichter ist geboren.

Lope de Vegas Ideen wuchern wie tropische Pflanzen, was ihn allerdings nicht daran hindert, weiterhin den wilden Mann zu spielen und ein Mädchen zu entführen. Kurz darauf wird er verhaftet und wegen Kidnapping eingekerkert. Tollkühn wie er ist, gelingt ihm mit einem Freund die Flucht nach Lissabon. Hier entzieht er sich dem Zugriff der Justiz, indem er bei der königlichen Kriegsmarine anheuert. Die riesige spanische Armada segelt ein paar Tage später Richtung England. Lope de Vega lacht sich ins Fäustchen, doch er weiß nicht, was auf ihn zukommt: Zunächst bricht ein Sturm über die 160 Kriegsschiffe herein, dann geraten sie im Ärmelkanal in eine lähmende Windstille. Der Admiral der englisch-holländischen Flotte, die nur aus 80 Seglern besteht, nutzt die Unbeweglichkeit des Gegners und läßt acht Brander auf die Spanier zutreiben. Das Chaos ist perfekt, als die spanischen Segler Feuer fangen. Was nicht im Meer versinkt, wird geentert. Der Rest der Flotte ergreift die Flucht – und gerät bei den Orkney-Inseln in einen furchtbaren Orkan. Von der stolzen Flotte kehren nur 85 Schiffe in die Heimat zurück.

Lope de Vega hat für den Rest seines Lebens genug von der christlichen Seefahrt. Er geht nach Madrid und heiratet die schöne Doña Isabel, die er Monate zuvor entführt hatte, und zeigt nun, was in ihm steckt: Er dichtet mit derartigem Fleiß und Feuer, daß er heute ins Buch der Rekorde käme: Hundert und aberhundert Tragödien und Komödien strömen aus seiner rasenden Feder. Alle drei Tage beendet Lope de Vega ein neues Bühnenstück, insgesamt 1500 Stücke – allerdings muß man dazu wissen, daß er bereits seit seinem vierten Lebensjahr schreibt. Das Publikum ist süchtig nach seinen Stücken. Nebenher entstehen 500 Fronleichnamsspiele, mehrere Epen, drei Romane und 3000 Gedichte. Die Nation vergöttert ihn. Wie kann ein Mensch so fleißig sein, wann schläft er, wieso hat er noch Zeit für Liebschaften, theologische Erörterungen und Duelle? Lope de Vega dichtet, wie andere Leute atmen. Voller Bewunderung nennt man ihn das »monstruo de la naturaleza«, das Ungeheuer der Natur.

Nach dem Tode seiner zweiten Frau tritt Lope de Vega in den Johanniterorden ein, wird Priester und Doktor der Theologie. Während seiner letzten Lebensjahre kasteit er seinen Körper so extrem mit Fastenkuren, Schlafentzug, Kältemarathons und Selbstgeißelungen, daß der Zorro a.D. daran stirbt.

Paul Verlaine – Der Anbeter der grünen Fee

* 30.3.1844 in Metz,
† 8.1.1896 in Paris
Verlaine gehört zu den bedeutendsten Dichtern des Symbolismus.
Werke: Galante Feste, 1869; Das gute Lied, 1870; Lieder ohne Worte, 1874; Weisheit, 1881; Einst und Jüngst, 1885; Meine Gefängnisse, 1893

Wenn die »grüne Stunde« heraufdämmert, wird Verlaine kribbelig, dann zieht es ihn magisch in eine Künstlerkneipe, wo sich die anderen Anbeter der »grünen Fee« versammeln. Die Süchtigen, allen voran berühmt-berüchtigte Künstler wie →Baudelaire, Toulouse-Lautrec und Erik Satie, beginnen ihr Ritual, indem sie den giftgrünen Likör in ihr Absinthglas füllen und kaltes Wasser über einen Löffel mit einem Zuckerwürfel laufen lassen. So wird das Teufelszeug erst trinkbar. Absinth löst eine langanhaltende, berauschende Störung der Sinne aus. Sobald Verlaine ein paar Gläser intus hat, schwebt er auf schönen Gefühlen davon und vergißt seinen öden Job als Verwaltungsbeamter.

Nachdem Verlaine mit 22 seine ersten Gedichte veröffentlicht und dafür Lorbeeren geerntet hat, möchte er lieber heute als morgen dem tristen Büroalltag in der Kommunalverwaltung entfliehen. Doch der Sohn eines gestrengen Hauptmanns und einer übermächtigen Mutter traut sich das nicht, sondern träumt stattdessen von Ruhm und unerreichbaren Frauen: »Oft kommt mir dieser sonderbare, eindringliche Traum von einer unbekannten Frau, die mich so liebt, wie ich sie liebe, und die von Mal zu Mal nie ganz dieselbe, doch dennoch nie ganz eine andre ist, und die mich liebt und mich versteht.«

Verlaine fühlt sich schnell mißverstanden und ist auch schnell gekränkt. Der 25jährige leidet unter seinem schmächtigen Körperbau, unter der leuchtenden Halbglatze und seinem spitzen Fuchsgesicht. Wenn er in einem zärtlichen Anfall jungen Männern an die Wäsche geht, setzt es manchmal Hiebe. Spott über die mißlungene Anmache läßt Verlaine in Rage geraten, und nicht selten kommt der junge Dichter mit blutiger Nase und blauem Auge heim.

Mit der Veröffentlichung seines zweiten Lyrikbandes »Fêtes galantes« wird Verlaine zum Star der Saison. Die Damen der Gesellschaft reißen sich um den Poeten mit der einzigartig musikalischen Sprache. Nun wird er von Salon zu Salon gereicht, und seine Mutter ist überglücklich. Das Glück läßt sich noch steigern, als Verlaine kurz darauf die 16jährige Mathilde, ein Mädchen aus begüterter Familie, heiratet. Verlaines Mutter wähnt sich endlich sorgenfrei, doch sie hat die Rechnung ohne die grüne Fee gemacht.

Eines Tages wird Verlaine wegen ständiger Trunkenheit aus dem Dienst entlassen. Die Schwiegereltern sind skandalisiert – doch ihm ist das schnuppe. Mit seinem ererbten kleinen Vermögen und Mathildes Mitgift wird Verlaine Berufspoet, und das heißt: er sitzt jetzt bereits mittags in den Künstlerkneipen, baut mit anderen Poeten und Künstlern Luftschlösser und huldigt der grünen Fee. Wenn Verlaine nachts heimtorkelt, würgt er seine schwangere Frau, zertrümmert Hochzeitsgeschenke und legt sogar Feuer. Morgens, nach dem Abklingen des Katers, fleht er die verweinte Mathilde auf Knien um Vergebung an. Und sie vergibt. Nachdem Verlaine im Bett gefrühstückt hat, begibt er sich an den Schreibtisch und arbeitet. Mathilde ist glücklich. Drei Tage lang ist alles gut, dann plötzlich vernimmt Verlaine wieder den Lockruf der grünen Fee, und der Horror beginnt von neuem.

Eines Tages legt ihm Mathilde den Brief eines Unbekannten auf das Frühstückstablett. →Arthur Rimbaud schickt dem Berühmten ein paar Gedichte zur Beurteilung. Verlaine liest und springt wie elektrisiert aus dem Bett. Er glaubt zu träumen: Der 16jährige ist ein Genie. Verlaine liest wieder und wieder. Rimbaud trifft den Ton der klassischen griechischen Poesie mit »nachtwandlerischer Sicherheit in bisher nicht gehörter Modernität«. Er liest die Gedichte seiner literaturbegeisterten Schwiegermutter vor, rezitiert sie in den Kneipen für seine Freunde. Am nächsten Tag

364 PAUL VERLAINE

lädt Verlaine den Jungdichter nach Paris ein: »Ich wittere den Werwolf in Ihnen.... kommen Sie, teure, große Seele, man ruft Sie, man erwartet Sie.«

Rimbaud reißt von zu Hause aus und nimmt den Zug nach Paris. Statt eines engelsgleichen sensiblen Lyrikers steht plötzlich ein abgerissener Bauernlümmel mit Hippiefrisur in der feinen Villa des Schwiegervaters. Verlaines angeheiratete Verwandtschaft ist entsetzt. Rimbauds Tischmanieren sind eine Katastrophe, seine Konversation besteht aus Zoten – doch Verlaine ist wie verhext. Sein Sohn wird geboren, doch Verlaine treibt sich mit Rimbaud in der Stadt herum und stellt ihn stolz überall vor. Bald sind die beiden ein stadtbekanntes homosexuelles Paar. Als Verlaine mit seinem Geliebten zum Essen bei einem Journalisten eingeladen ist, begrüßt dieser ihn vor allen Gästen als »Mademoiselle Rimbaud«. Madame Verlaine weint sich indes die Augen aus – die Ehe ist ruiniert.

Das Dichterpaar zieht durch Paris, raucht Haschisch und trinkt Absinth. In Rimbauds Zimmerchen kommt es zu Orgien und Prügeleien, denn berauscht bekommt Rimbaud Sadismusanfälle. Dann prügelt er auf seinen mageren Liebhaber ein und brüllt: »Ich stamme von Skandinaviern ab. Meine Vorfahren schlitzten ihre Seiten auf und tranken ihr eigenes Blut. Ich werde meinen Körper mit Wunden bedecken, mich über und über tätowie-

ren, denn ich will so häßlich sein wie ein Mongole ... Ich werde auf der Straße brüllen, ich will vor Wut rasend werden!« Rimbaud sticht auf den winselnden Verlaine ein, demütigt ihn öffentlich und schreit durchs Café: »Daß er sich an meinem Rücken befriedigt, geht ja noch an. Aber nun soll ich mich auch noch an seinem bedienen! Nein, nein, er ist wirklich zu schmutzig und hat eine zu scheußliche Haut.« Doch Verlaine betet ihn an.

Im Sommer 1872 verlassen Verlaine und Rimbaud Paris und reisen über Brüssel nach England, wo sie völlig abgerissen von Sprachunterricht, Opium, Alkohol und der Unterstützung von Verlaines Mutter leben. Als sie sich gegenseitig nicht mehr ertragen, kehren sie vorübergehend zu ihren Familien zurück, können aber trotz aller Aggression nicht voneinander lassen – bis Verlaine nach einem läppischen Streit Rimbaud ohne einen Penny in London sitzen läßt. In Brüssel vergeht Verlaine vor Selbstmitleid und schreibt widerlich winselnde Briefe an Mathilde, seine Mutter und Rimbaud, er würde sich erschießen, wenn sie nicht kämen, um ihn zu retten. Der Brief an Mathilde kommt nicht an, da ihn ihr Vater unterschlägt. Madame Verlaine und Rimbaud jedoch eilen nach Brüssel, aber Verlaine hat seine Selbstmordabsichten inzwischen aufgegeben. Nun will er lieber mit Rimbaud in London ein neues Leben beginnen. Doch Rimbaud ekelt sich vor dem versoffenen, labilen Freund. Als er sich weigert, feuert Verlaine zweimal seinen Revolver auf ihn ab und verletzt ihn – es ist das Ende der Beziehung. Verlaine wandert ins Gefängnis.

Das Gefängnis bedeutet für Verlaine zugleich Entziehungskur. Wegen guter Führung nach zwei Jahren vorzeitig entlassen, hofft er – obwohl die Ehe in der Zwischenzeit geschieden wurde –, sich mit Mathilde wieder auszusöhnen. Als Verlaines Ex-Schwiegervater ihm das Betreten des Hauses verweigert, tritt er als Novize in ein Trappistenkloster ein, doch bei den Schweigemönchen hält er es nicht lange aus. Verlaine kehrt nach Paris zurück, findet als Knastbruder keine Arbeit, säuft, lauert Mathilde auf, schlägt sie, droht, sie zu ermorden, falls sie nicht zu ihm zurückkehrt, wird erneut inhaftiert, verkommt zum Clochard, rappelt sich mit Hilfe von Freunden wieder auf, schreibt religiöse Gedichte, wird wiederholt ins Krankenhaus eingeliefert, wo die Ärzte sich rührend um den berühmten Penner sorgen.

Verlaines Gedichte rufen Bewunderung hervor. Als eine Art Bohème-König hält er in seiner Stammkneipe Hof und lebt in einer Ménage à trois mit zwei Prostituierten. Nebenher teilt er das Bett mit einem jungen Lover. Hin und wieder flüchtet er auf Lesereise nach Holland, Belgien, England und durch Frankreich. Mit 51 stirbt Verlaine an Leberzirrhose und Gehirnerweichung – ein Opfer der grünen Fee.

Der Dichter François Coppée hält die Totenrede: »Wir verneigen uns vor dem Sarg eines Kindes..., das nach einem Kummer erneut die noch tränenfeuchten Augen öffnet...« Die Worte bringen Alphonse Daudet in Rage: »Das ist ein starkes Stück! Ein Mann, der seine Liebhaber mit Messerstichen traktierte, der in einem Anfall von wildem, tierischen Priapismus seine Kleider zu Boden warf und sich splitternackt an die Verfolgung eines Hirten aus den Ardennen machte!«

Jules Verne – Ein Held der Arbeit

* 8.2.1828 in Nantes,
† 24.3.1905 in Amiens
Die Bücher des Begründers des Science-Fiction-Genres sind bis heute eine unerschöpfliche Fundgrube für Film- und Fernsehproduktionen.
Werke: Fünf Wochen im Ballon, 1863; Von der Erde zum Mond, 1865; 20.000 Meilen unter dem Meer, 1870; Die Reise um die Erde in 80 Tagen, 1872

Die Eltern sind außer sich vor Sorge, als sie eines Morgens das Bett des 11jährigen Jules leer finden. Der Vater, ein angesehener Notar, läßt durch die Polizei überall nach dem Verschollenen forschen. Wenig später teilt ihm die Hafenbehörde von Nantes

366 JULES VERNE

mit, daß ein der Beschreibung entsprechender Junge gesehen worden sei, als er an Bord eines Indienfahrers stieg. Der Vater eilt zum Hafen und folgt mit einem Schnellboot dem auslaufenden Hochseesegler. Tatsächlich ist der Ausreißer an Bord; Jules hat sich kurzerhand als Schiffsjunge anheuern lassen, um die große Welt kennen zu lernen. Nachdem ihn der Vater glücklich in die Arme geschlossen und ihm dann eine Ohrfeige gegeben hat, sagt der Junge: »Von jetzt an werde ich nur noch im Traum reisen«.

Seit der versuchten Weltreise folgt Jules Verne brav den Wünschen seiner Eltern. Er schließt die Schule ab und geht zum Jurastudium nach Paris. Da ihn der Paragraphendschungel bald langweilt, beginnt Verne Theaterstücke zu schreiben, die jedoch niemand aufführen will. Bei einer Abendgesellschaft lernt er eine 26jährige Witwe kennen, in die er sich so heiß verliebt, daß er sie trotz ihrer zwei Kinder vom Fleck weg heiratet. Über Nacht mit einer Familie versehen, hat Verne seine liebe Not mit dem Geldverdienen.

Mit Papas Studiengeld versucht Verne, durch Börsenspekulationen reich zu werden. Als das nicht klappt, schreibt er seinen ersten Roman »Fünf Wochen im Ballon«. Das Manuskript unterm Arm begibt er sich kühn zu Hetzel, Frankreichs bedeutendstem Verleger, in dessen Verlag die Werke von →Victor Hugo, →Emile Zola und anderer literarischer

Heroen erscheinen. Der Verleger blättert kritisch im Manuskript, blickt dann den Jungdichter über die Brille an und sagt: »So nehme ich ihr Buch nicht. Wenn Sie aber zu Änderungen bereit sind, können wir darüber reden.« Verne ist nicht eitel und ändert den Text unverdrossen so lange um, bis der Verleger zufrieden ist. Als das Buch schließlich erscheint, wird es ein sensationeller Erfolg, der Hetzel zu einem in seiner Art einmaligen Vertrag veranlaßt. Er bietet dem 35jährigen Verne ein jährliches Garantiehonorar von (damals) stattlichen 20.000 Francs, wenn ihm der Autor dafür zwei Romane pro anno liefere. Zwei Stunden später ist der Zwanzigjahresvertrag unterschrieben.

Hetzel hat die Arbeitskraft seines neuen Autors richtig eingeschätzt. Jeden Morgen um fünf steht Jules Verne auf und arbeitet mit nur kleinen Unterbrechungen bis acht Uhr abends. Durch diese durch nichts zu erschütternde Disziplin entsteht Werk um Werk. Der Autor ist ein totaler Workaholic: »Bei mir ist Arbeiten eine vitale Funktion. Wenn ich nicht arbeite, fühle ich kein Leben mehr in mir«, bekennt er einmal. So entsteht nicht nur Vernes Gesamtwerk von 98 Bänden, sondern auch ein sattes Vermögen, denn jedes seiner Bücher wird ein Bestseller und findet in der ganzen Welt begeisterte Leser.

François Villon –
Der Freund dunkler Existenzen

eig. François de Montcorbier
* 1431 in Paris,
† wahrscheinlich 1463 in Paris
Villons lasterhafte Lieder und Balla-
den, die zu den schönsten der Weltli-
teratur gehören, sind mündlich und
durch mehrere Handschriften über-
liefert. Sie inspirieren bis heute Lie-
dermacher und Dichter auch außer-
halb Frankreichs.
Werke: Ballade der Gehenkten, 1463;
Das große und das kleine Testament,
1489

Eigentlich hätte François etwas Besseres werden sollen. Sein Pflegevater,
der Kaplan de Villon, scheut jedenfalls weder Geld noch Mühe, dem
Halbwaisen eine gediegene Bildung
zu geben. Der Junge ist aufgeweckt
und erwirbt mit 21 den Magistertitel
an der Pariser Sorbonne, bereits damals eine Eliteuniversität. Stolz beginnt der Geistliche die Karriere seines Mündels einzufädeln, da springt
eines Abends das Schicksal in Gestalt
des heruntergekommenen Priesters
Philipp dem Jungakademiker in den
Weg. François Villon hat nämlich
dem Priester eine Geliebte ausgespannt. Wüst schimpfend schlägt der
Geistliche mit dem Knüppel auf den
Rivalen ein. Der Angegriffene zieht
den Dolch, sticht zu, und die Seele des
Geistlichen verschwindet in der Hölle.
Villon verläßt die Stadt Hals über
Kopf und kehrt erst zurück, nachdem

ihm die Behörden auf Vermittlung
einflußreicher Freunde einen Frei-
brief ausstellen. Er lebt nun unter Po-
lizeiaufsicht, verkehrt aber wie eh
und je in den finsteren Spelunken der
Stadt, wo die Prostituierten auf dem
Tisch tanzen und die Messer locker
sitzen. Hier liebt man den feinen
Herrn, wenn er seine packenden
Chansons singt, in denen es unsterbliche Verse gibt wie: »Wo ist der
Schnee vom letzten Jahr?« oder »Nur
wer im Wohlstand lebt, lebt angenehm«.

In dieser lockeren Atmosphäre ist
auch die Verbrecherwelt zu Hause.
Der stets blanke Dichter glaubt, für
immer seine Geldsorgen loswerden
zu können, als dunkle Ehrenmänner
ihm vorschlagen, mit ihnen gemeinsam die Kasse der theologischen Fakultät zu knacken. Es glückt tatsächlich, 500 Goldtaler zu erbeuten, doch
bereits kurze Zeit später hat die Polizei einige Täter festgenommen. Die
geben auf der Folterbank die Namen
der Komplizen preis. Villon flüchtet
aus der Stadt und irrt als Landstrei-
cher durch die Provinz. Hier hat er
das Glück, einer liebestollen Äbtissin,
aber auch das Pech, einer berüchtigten Verbrecherorganisation in die
Arme zu fallen. Nach einigen Erfol-
gen wird er nach einem Raubmord
mit einem Spießgesellen erwischt
und eingekerkert. Jetzt geht es um
Kopf und Kragen. Doch Villon hat er
das Glück, daß ein neuer Herrscher
auf den Thron kommt, der zur Jubel-

368 VOLTAIRE

feier alle Verbrecher der Städte, durch die er bei der Huldigungsreise kommt, amnestiert.

Villon darf nach Paris zurückkehren, steht hier aber sofort wieder mit einem Bein im Grab, als es bei einer Schlägerei mit Studenten mehrere Tote gibt. Der Dichter wird verhaftet, gefoltert und zum Tod durch den Strang verurteilt. Mit Galgenhumor dichtet er in der Zelle: »Ich bin Franzose, was mir gar nicht paßt, geboren zu Paris, das jetzt tief unten liegt. Ich hänge nämlich meterlang an einem Ulmenast und spür am Hals, wie schwer mein Hintern wiegt.«

Wieder hat Villon Glück im Unglück. Die Todesstrafe wird in eine zehnjährige Verbannung aus Paris umgewandelt. Er verläßt die Stadt – und seine Spur verliert sich im Nirgendwo.

Voltaire – Der Sonnenkönig des gallischen Witzes

eig. François-Marie Arouet
* 21.11.1694 in Paris,
† 30.5.1778 in Paris
Dank Voltaires großem Œuvre und seinem starken politischen Einfluß als Aufklärer nennt man das 18. Jahrhundert auch »das Jahrhundert Voltaires«.
Werke: Die Liga oder Heinrich der Große, 1723; Der Tod Caesars, 1733; Briefe über die englische Nation, 1733; Merope, 1743; Das Jahrhundert Ludwigs des XIV, 1751; Die Jungfrau von Orléans, 1762

Mit 22 kommt Voltaire zum ersten Mal ins Gefängnis – ohne Prozeß und Urteil. Und was noch schlimmer ist: Er weiß nicht, ob er jemals wieder herauskommt. Verzweifelt schreibt er dem einflußreichen Herzog von Sully und bittet um Hilfe, denn er sei unschuldig – was nicht so ganz stimmt. Unter einem strengeren Regenten als Herzog Philipp von Orléans, der anstelle des minderjährigen Königs Ludwig XV. regiert, wäre Voltaire für seine Schmähschrift gefoltert und zum Tode verurteilt worden. Er hat Glück gehabt. Im Gefängnis beginnt er, ein Epos auf den toleranten König Heinrich IV. das er Herzog Philipp widmen will. Was Voltaire nicht ahnt: Dieses Buch wird die Basis seines zukünftigen Reichtums.

Als er nach 11 Monaten Haft wieder frei atmen kann, will sich der Dichter erst einmal einen Namen machen. Und weil ihm François-Marie Arouet nicht vornehm genug klingt, erfindet er das adelige Pseudonym de Voltaire. Keck läßt er den klingenden Namen auf die Ausgabe seiner ersten erfolgreichen Tragödie »Ödipus« drucken. Der Chevalier de Rohan, Sohn einer mächtigen Familie, fühlt sich dadurch provoziert. Er rempelt Voltaire öffentlich in der Oper an: »Monsieur de Voltaire, Monsieur Arouet – wie heißen sie überhaupt?« Der Angepöbelte erwidert: »Ich schleppe keinen großen Namen hinter mir her; aber ich mache dem Namen Ehre, den ich trage.« Der Verteidigungsangriff bewirkt eine Kette schicksalhafter Ereignisse. Kurz darauf wird Voltaire von einer Schar Diener Rohans überfallen. Sie prügeln mit Knüppeln auf den mageren Dichter ein, angefeuert von den Rufen ihres Chefs: »Schlagt nicht auf den Kopf! Aus dem kann noch etwas Gutes herauskommen!« Wütend fordert Voltaire Rohan zum Duell. Rohan ist nicht bereit, die Forderung eines bürgerlichen Schreiberlings anzunehmen. Die Polizei beendet das Hickhack, indem sie Voltaire wieder ins Gefängnis steckt. Als er kleinlaut verspricht, freiwillig ins Exil zu gehen, läßt man ihn laufen.

Wenig später ist Voltaire in London, der damals modernsten und freiesten Stadt der Welt. Tief gekränkt beschließt er, seinen Geist zu Geld zu machen, um durchs große Geld ein großer Herr zu werden. Das gelingt ihm mit Unterstützung der Queen, der er kurzentschlossen seine vor elf Jahren im Gefängnis begonnene »Henriade« widmet. Die Queen ist geschmeichelt. Eine bessere Werbung gibt es nicht. Alle Mitglieder des Hofes und des Hochadels wollen das Buch haben, koste es, was es wolle. Und es kostet viel. So viel, daß der Autor über Nacht ein reicher Mann ist. Umgerechnet 375.000 Euro hat Voltaire im Reisegepäck, als er im Jahr darauf nach Frankreich zurückkehrt.

Fürs Geldmachen hat Voltaire einen ebenso großen Spürsinn wie für die aktuellen Themen der Zeit. Kurz nach der Rückkehr erklärt ihm ein Mathematiker die Reform der Staatslotterie. Plötzlich wird Voltaire klar, daß ein sicherer Gewinn für den herausspringt, der sämtliche Lose auf einen Schlag aufkauft. Er hat zwar nicht so viel Bargeld, aber er findet mühelos ein paar Spekulanten, die sich beteiligen. Der Generalkontrolleur ist entsetzt, als ihm alle Lose auf einmal zur Einlösung vorgelegt werden, und verweigert die Auszahlung. Doch es geht um die Glaubwürdigkeit der Staatslotterie, und schließlich wird die Summe ausgezahlt. Voltaire erhält den Löwenanteil vom Reingewinn – nach heutigem Wert rund 1,3 Millionen Euro. Er streicht die Beute ein und flüchtet vor der Rache des Finanzministers.

Ganz Paris ist von dem Geniestreich begeistert. Couragiert kehrt Voltaire zurück und stürzt sich als Held des Tages ins Gesellschaftsleben. In den freien Stunden verfaßt er Dramen, Operntexte, Gedichte und Essays. Von Mitternacht bis zum Morgengrauen glänzt er in den Salons feiner Damen. Doch das hektische Leben zehrt ihn aus: Nachts für die Damen und tagsüber für den Beruf zu wachen, behagt seinem schwächlichen Körper gar nicht. Zur Gesundung trinkt Voltaire literweise Kaffee und stopft pausenlos Pillen in sich hinein. Seine Freunde bemerkten besorgt, daß er »häßlich wie der Tod und mager wie die Sünde« aussieht. Mit 38 ist er physisch so erschöpft, daß er bereits den Sensenmann winken sieht. Da bringt ihn die geheime Warnung auf die Beine, ein Haftbefehl wegen staatsgefährdender Umtriebe sei gegen ihn erlassen worden. Voltaire packt die Koffer und flüchtet zu einer Freundin aufs Land. Ihr Schloss Cirey liegt nahe der Grenze. Im Notfall kann er sich ins liberale Holland absetzen.

→Emilie Marquise du Châtelet ist zärtlich, gelehrt und voll Esprit. Sie reitet und fechtet wie ein Husar und beherrscht mehrere Sprachen perfekt. Es wird eine wunderbare Beziehung, wenn auch die energiegeladene Dame ihren müden Lover sexuell überfordert. Trotzdem leben sie 15 Jahre zusammen: Sie machen physikalische Experimente, arbeiten über Newton und Leibniz, richten das Schloß ein, legen Gärten an. Emilies Ehemann, der Marschall, hat gegen die poetische Liaison nichts einzuwenden. Er ist sowieso nie da. Als Voltaire eines Tages gegen Emilies Willen König Friedrich II. von Preußen besucht, nimmt sie sich gekränkt einen zehn Jahre jüngeren Geliebten. Als Voltaire zurückkehrt, ertappt er sie in flagranti. Es kommt zum Krach, Voltaire und der neue Hausfreund Saint-Lambert wollen sich prügeln, da sorgt Emilie mit einem Machtwort für den Hausfrieden. Nun lebt man zu dritt in leidlicher Harmonie.

Doch das Abenteuer hat Folgen. Madame ist schwanger. Man lädt sogleich den Herrn Gemahl ein, der kurz darauf erscheint und eine Reihe angenehmer Tage mit seiner Frau und ihren Freunden verbringt. Emilie zeigt sich sehr liebenswürdig, und der Gatte weiß es zu schätzen. Kurz nach seiner Abreise teilt der Hausherr den Gästen seiner Frau mit, daß er ein Kind erwarte. Die Rokokokomödie ist gelungen. Als das Baby zur Welt kommt, schreibt der Philosoph und hypothetische Vater lächelnd in sein Tagebuch: »Wir werden das Kind in Madames gemischte Werke einreihen.« Ein paar Tage später stirbt die 43jährige am Kindbettfieber.

Voltaire ist völlig verzweifelt. Vereinsamt folgt er der Einladung Friedrichs II. in sein Schloß Sansoussi. Zunächst ist er vom rauhen preußischen Charme begeistert, doch bald bekommt die schwärmerische Freundschaft einen Knacks. Die Herzensfreunde setzen Spione aufeinander an und beginnen sich zu hassen. Verbittert verläßt Voltaire das ungastliche Potsdam.

Mit den goldenen Früchten seiner finsteren Geldgeschäfte schafft Voltaire sich mit den Herrschaften Ferney und Tournay ein Fürstentum am Genfer See an – für alle Fälle in Grenznähe. Nun besitzt er »1200 Untertanen, herrliche Villen und Schlösser, Gemäldegalerien und Bibliotheken«.

Mit 83 Jahren und »83 Krankheiten« wagt Voltaire sich nach 27 Jahren noch einmal nach Paris. Die Stadt ist aus dem Häuschen, jeder will den Weltberühmten sehen. Drei Monate später ist Voltaire tot. Weil der Erzbischof von Paris dem Ketzer das Begräbnis verweigert, lassen die Neffen ihren Onkel in der Nacht vom 30. zum 31. Mai 1778 ausweiden und einbalsamieren. Der präparierte Leichnam wird mit Hausrock und Nachtmütze bekleidet in eine Kutsche gesetzt. Als Schlafender maskiert, passiert Voltaire die Stadtgrenze, um in der Champagne bei den großherzigen Mönchen der Abtei Scellières beigesetzt zu werden. 1791 besann sich seine Heimatstadt eines Besseren und ließ Voltaires Gebeine ins Panthéon bringen.

Johann Heinrich Voß – Das Haupt der empfindsamen Brüder

* 20.2.1751 in Sommersdorf bei Waren (Mecklenburg),
† 29.3.1826 in Heidelberg
Der Schriftsteller und Übersetzer eröffnete durch seine Nachdichtungen griechischer und römischer Werke eine neue Sicht auf die Antike.
Werke: Der Winterabend, 1777; Auf dem Weg nach Wandsbek, 1778; Der siebzigste Geburtstag, 1780; Luise, zwischen 1782 und 1794; Übersetzung von Odyssee (1781) und Ilias (1793) von Homer

Warum reagiert der Mann so überempfindlich auf Kritik? Vielleicht fühlt Johann Heinrich Voß sich als Sohn eines armen Lehrers und Enkel eines Leibeigenen unsicher in der Welt des gutbürgerlichen Mittelstandes, in die er durch Fleiß und Glück aufgestiegen ist. Nachdem es ihm mit Mühe gelungen ist, sich als Hauslehrer bei einem Gutsbesitzer finanziell über Wasser zu halten, büffelt er Tag und Nacht und dringt so in die Wunderwelt der antiken Dichtkunst ein. Beim Übersetzen dämmert ihm plötzlich, daß er Sprachkraft besitzt. Ermutigt beginnt der 20jährige eigene Gedichte zu schreiben und schickt sie an den Göttinger »Musenalmanach« – und siehe da, Boie, der Herausgeber, lädt den Jungdichter ein. Die beiden verstehen sich auf Anhieb, und Boie macht Voß mit anderen Literaten bekannt, die sich unter seiner Leitung gegenseitig ihre Gedichte vorlesen und beurteilen.

Am 12. September 1772 wandert die Dichterschar zum Dörfchen Wehnde. Bei einem kleinen Eichengrund küßt sie die Muse so inniglich, daß sie sich in die Arme fallen und begeistert den heiligen Bund ewiger Freundschaft beschwören. Die empfindsamen Brüder umkränzen ihre Hüte mit Eichenlaub, fassen sich bei den Händen, umtanzen den dicksten der Bäume und rufen Mond und Sterne zu Zeugen an. Voß wird per Los zum Vorsitzenden der Esoteriker gewählt. Die vom »Hainbund« gebilligten Gedichte werden in ein schwarzes Buch eingetragen. Schutzpatron der Dichterlinge ist der berühmte Klopstock, dessen 50. Geburtstag sie feierlich begehen. Am Kopfende der Tafel steht ein freier Lehnstuhl für den Verehrten, auf dem seine sämtlichen Werke liegen, und darunter Wielands zerfetzte »Idris«. Klopstock wird mit vielen Flaschen Wein gefeiert, Wieland aber zur Hölle verdammt und »Idris« mitsamt Wielands Porträt verbrannt.

Kurz darauf übergibt Boie Voß die Leitung des »Musenalmanachs«, seine Schwester zur Frau und empfiehlt ihn überall als aufgehenden Stern der deutschen Literatur. Doch den meisten seiner Fachkollegen ist Voß' Korinthenkackerei unerträglich. Der elegante →Lichtenberg attestiert ihm »gänzlichen Mangel an Geschmack und Gefühl von Konvenienz« und fühlt sich durch die »elende, schulfüchselnde Rechthaberei« seiner Schriften angeekelt. Menzel erkennt in Voß den »seltsamsten aller literarischen Pedanten«. Für →Heinrich Heine ist er »nach Lessing, der größte Bürger in der deutschen Literatur« und Eichendorff hält ihn für den »ungraziösesten aller deutschen Dichter«.

Der Anteil verschrobener Verse in Voß' Werk ist tatsächlich beträchtlich. Vor allem seine Nachdichtungen antiker Dichter wimmeln von grässlichen Verbalverrenkungen – so daß sie fast Parodien auf mißlungene Übersetzungen sein könnten, wie diese Textprobe (nach Horaz) zeigt: »Warum so frech harmloser Fremdling angeblast,

du gegen Wolf ein träger Hund?« Die unfreiwillige Komik rührt von Voß' gnadenloser Pedanterie her, das Original möglichst wortgetreu im Deutschen wiedergeben zu wollen. Er glaubt nicht an Lichtenbergs Erkenntnis, wonach »jede wortwörtliche Übersetzung eine schlechte« ist.

Leute die es wagen, ihm gute Ratschläge zu geben, überschüttet Voß mit Schimpfkanonaden. Sie gehören für ihn ganz einfach zum »Gewimmel dumpfbrütender Molche, Kröten und Blindschleichen« zum »Nachtbund« einer großen Verschwörung, die ihm, dem Pionier, der mit 30 durch seine Übersetzung der »Odyssee« von Homer über Nacht berühmt wurde, den Erfolg nicht gönnen. Diese Nachdichtung des Urklassikers hat tatsächlich Schwung und bietet für die damaligen Verhältnisse etwas völlig Neues. Denn konsequent pingelig wie Voß ist, ahmt er Homers grandiose Wortschöpfungen im Deutschen nach, oft mit verblüffendem Erfolg. Denn »rosenfingrige Eos« klingt nicht nur schön, sondern trifft auch den Kern des Originals. Wenn Achill und Hector in Deutschland so volkstümlich sind wie Siegfried und Hagen, und Zeus und Hera bekannter als Wotan oder Freya, dann ist es Voß' Verdienst.

Dank seiner Homernachdichtung überall bekannt, wird der Altertumsforscher und Übersetzer Rektor und mit 55 sogar Professor in Heidelberg. Ungeachtet aller Schmähungen (als »selbsterfundenes Rotwelsch« bezeichnete Schlegel seine ambitionierten Übertragungen) gibt Voß auch jetzt keine Ruhe. Noch gegen Ende seines Lebens, mit über siebzig Jahren, übersetzt er – unterstützt von seinen Söhnen Heinrich und Abraham – die Schauspiele Shakespeares, ein neunbändiges Werk.

W

»Oscar Wilde bei der Arbeit«.
Karikatur von Aubrey Beardsley (1898)

Walther von der Vogelweide – Der zartbesaitete Unterhaltungskünstler

* um 1170, † um 1230 wahrscheinlich in Würzburg
Die Lieder des bedeutendsten mittelhochdeutschen Lyrikers thematisieren ein breites Spektrum an Themen, von Liebe und Moral über Religion bis hin zur Politik.
Werke: überliefert sind etwa 90 Lieder und über 140 Sprüche, um 1200

Kaum beherrscht Walther sein Handwerk, fällt er mit Spottversen über seinen Lehrmeister, den Hofdichter und -komponisten Reinmar den Alten her. Dieser wehrt sich nach Kräften. Amüsiert verfolgt die Wiener Hofgesellschaft die immer heftiger werdende Kunstfehde, doch als der Newcomer den Bogen überspannt und mokant auf das Alter der von seinem Lehrer hochverehrten Herzoginwitwe Helene anspielt, ist das Ende des Hahnenkampfes nah. Die Verse haben es in sich: »Werde ich in ihrem Dienst ein altes Haus, zählt sie auch schon nicht mehr zu den Frischen. Merkt sie erst, mir gehn die Haare aus, wird sie sich bald einen Knaben fischen. Gut, dann sei ihm noch ein letzter Rat vererbt: Daß er ihr das alte Fell mit Weidenruten gerbt.« So fetzig wie dieses freche Sprüchlein fällt auch der Zorn des empörten Herzogs aus. Kurzerhand kündigt er den Dienstvertrag des aufmüpfigen Unterhaltungskünstlers. Immerhin bietet er Walther eine Bleibe fernab der Residenz im Wald.

Die Kolonisten-Einöde im Kierlinger Forst bei Klosterneuburg schmeckt Walther gar nicht. Er, der wahrscheinlich aus dem Waldviertel stammt und in der Nähe des Klosters Zwettl aufgewachsen ist, hat bereits genügend triste Tage in einer nebligen Blasenkatharrgegend verlebt – das reicht fürs Leben. Mit einem launigen Spruch versucht der Gefeuerte, die Verbannung abzuwenden: »Herzog von Österreich, weis' mich nicht von hinnen. Was soll ein Mann von Welt im Wald beginnen?«

Doch der Herzog bleibt hart und der arbeitslose Minnekünstler muß sich nach einem anderen Arbeitgeber umsehen. Damit beginnen Geldschmerz und Heimatlosigkeit, die Walther fast sein ganzes Leben lang begleiten werden, denn die Zukunftsaussichten eines stellungslosen Hofdichters sind nicht gerade rosig. Es herrscht gerade für zehn Jahre Bürgerkrieg im deutschen Reich. Walther schlägt sich auf die Seite der Südstaatler und nimmt bei deren Führer, dem Staufer König Philipp von Schwaben, einen Posten als Feiertagspoet und Propagandalyriker an. Doch die Beziehung trübt sich mit der Zeit: Walther fühlt sich wieder einmal unterbezahlt, wechselt skrupellos das Lager und kommt beim Landgrafen Hermann von Thüringen auf der Wartburg unter. Aus sicherer Entfernung fällt Walther mit Lästersongs über seinen ehemaligen Brötchengeber her: »König Philippus, mancher, der dir nahe steht, behauptet, deine Taschen seien von Natur aus zugenäht.« Jeder ehemalige Arbeitgeber wird mit Sprüchen dieser Art verunglimpft. Als Kaiser Otto IV. sich als ebenso knauserig wie seine Vorgänger erweist, schimpft der Minnesänger: »Ich hatt' Herrn Ottos Wort, er möcht' mein' Dienst nicht missen. Reich machen wollt' er mich und hat mich angeschissen.«

Völlig skrupellos wechselt Walther Parteien und Freunde, sobald irgendwo ein winziger Vorteil lockt. Bei der ständigen Jagd nach dem großen Geld wird der Hofdichter nicht jünger, und auch sein Ruf wird nicht besser, so daß der als politisch unzuverlässig Geltende kaum noch Dienstherren findet. Walther geht auf die 50 zu und es gibt weder Pensionsversicherung noch Urheberrecht, und Vermögen besitzt er auch nicht. Wovon soll er im Alter leben? Da erscheint aus Süditalien eine neue Hoffnung: Der Neffe von König Philipp, Kaiser Friedrich II., zieht nach Norden, um dem nun überall akzeptierten Kaiser Otto IV. die Macht zu entreißen. Es droht ein neuer Bürgerkrieg. Sofort ist Opportunist Walther zum nochmaligen Parteiwechsel bereit, denn er wittert seine letzte Chance. Es geht nicht mehr um Kunst, es geht um die nackte Existenz. Flugs verfaßt er einen rührseligen Bittgesang an den politischen Aufsteiger aus dem Mezzogiorno:

»Schutzherr von Rom, zeig mir Erbarmen, wo man mich bei so reicher Kunst läßt so verarmen. Und säße gern am eignen Herd im Warmen...« Doch die ersehnte Pfründe läßt auf sich warten, das Büro des Kaisers läßt den unsicheren Kantonisten zappeln. Erst als Walther mit ein paar zündenden Propagandasongs demütig Ergebenheit gegenüber dem neuen Herrn des deutschen Reiches erwiesen hat, wird all sein Sehnen und Hoffen Wirklichkeit.

Walthers Freude ist übergroß. Seine Dankeshymne klingt wie der Erlösungsschrei eines vor dem Ertrinken Geretteten: »Ich hab mein Lehen, gottnochmal, ich hab mein Lehen! Jetzt brauch ich nicht mehr reichen Knickern um den Bart zu gehen. Der gute König hat geruht, mich auszustatten. Oh, meine Sommerfrische, du, mein warmes Winternest. Wie jedermann sich davon imponieren läßt: Auf einmal bin ich nicht mehr dieser graue Trauerschatten. Mein Los war dies: Ich war zu lange blank. Daß ich vor Mißgunst manchmal aus dem Rachen stank. Heut kann ich wieder atmen, Friederich sei Dank.«

Nach alter Überlieferung (erstmals zu Beginn des 14. Jahrhunderts bezeugt) liegt Walther im Kreuzgang des Würzburger Kollegiat-Stiftes Neumünster begraben. Die Zitate stammen aus den schönen Übersetzungen von Peter Rühmkorf. Der Autor lüpft dankend den Hut.

Oscar Wilde –
Ein Popstar von
anno dunnemals

*eig. Oscar Fingal.O'Flahertie Wills
Wilde
* 16.10.1854 in Dublin,
† 30.11.1900 in Paris
Der Schriftsteller mit dem extravaganten Lebensstil war der bedeutendste Vertreter des Ästhetizismus in
England.
Werke: Das Gespenst von Canterville,
1887; Das Bildnis des Dorian Gray,
1890/91; Lady Windermeres Fächer,
1892; Eine Frau ohne Bedeutung,
1893; Salome, 1893; Ein idealer Gatte,
1895; Ernst sein ist alles, 1895*

Vor seiner Verurteilung war der
»schöne Oscar« ein Liebling der Götter. Sein Aufstieg beginnt im Alter
von 32, als er Herausgeber eines Life-
style-Magazins für Frauen wird. Er
verpaßt der altbackenen Klatsch-
postille den modernen Titel »Wo-
man's World« und ein hippes Design.
Als Fachmann für den äußeren
Schein weiß er, daß es nicht so wichtig ist, was in seinem Blatt steht, sondern wer sich dort in Szene setzt. So
gewinnt er als Autorinnen adelige
Klatschtanten und Künstlerinnen der
Schickeria. Als kühler Rechner kalku-
liert Wilde ein, daß etwas vom Gla-
mour der großen Welt auch auf ihn
abstrahlen und sein gesellschaftliches
Ansehen heben wird.

Um als Charmeur nicht übersehen
zu werden, stolziert Wilde im Dandy-
kostüm umher und geht auf Vortrags-
reise nach New York. Die konservativen Yankees sind baff: »Bei seinem ersten Vortrag trug Wilde Kniehosen
aus schwarzem Samt, Seidenstrümpfe, Schnallenschuhe, ein Frackjackett
mit weißer Weste...« Sein schrilles
Outfit ist die Sensation. Als er eine
Woche später in Boston seinen Vortrag über »Das schöne Haus« hält,
wollen ihn die Studenten der Har-
vard-University veräppeln: Rund 50
erscheinen als Wilde-Double in seinem Geckenkostüm, jeder mit
Perücke und riesiger Sonnenblume in
der Hand. Wilde hat jedoch vorher
Wind von der Aktion bekommen und
erscheint an diesem Abend im maus-
grauen Pastorenlook. Er hat den Studenten die Schau gestohlen und die
Lacher auf seiner Seite.

Die USA-Reise ist ein voller Erfolg:
»Die Gesellschaft reißt mich in
Stücke... ich winke mit behandschuh-
ter Hand und Elfenbeinstock, man jubelt... In den Pausen gibt es Schampus
und zwei Sekretäre helfen mir. Der
eine schreibt mein Autogramm und
beantwortet Hunderte von Briefen...
Der andere, dessen Haar braun ist,
schickt Locken seines eigenen Haares
an die jungen Damen, die mich darum bitten; er wird zusehends kahl.«

Zurück in England steigt Wilde
zum Modezar auf. »Lila ist unausste-
hlich«, behauptet er, und die Londoner
Gesellschaft verbannt die Farbe.
»Hunde sind so drollig, daß ich sie
langweilig finde.« Seine Bekannten

schaffen ihre Vierbeiner ab. Karikaturisten lassen Wilde als Pomadehengst durch die satirischen Blätter galoppieren, er stolziert als Pfau durch Komödien und schmettert als Großmaul sein Eigenlob von der Bühne. Ihn freut das, denn der Medienrummel macht ihn populär.

Wildes Eitelkeit und Genialitätssucht geht so weit, daß er jeden Abend mindestens eine Stunde beim Friseur hockt. Er frohlockt: »Die Gesellschaft will verblüfft werden, und meine Nero-Frisur hat sie verblüfft.« Das mopartige Haarkunstwerk bringt den alternden Jüngling wieder in die geliebten Klatschspalten. Als Wilde die tägliche Prozedur lästig wird, erscheint er einfach ungelockt. Und wieder hat er die Aufmerksamkeit seiner Umgebung. Eine junge Lady ist enttäuscht: »Ach, wo sind denn Ihre Locken?« Wilde lächelt: »Oh, ich trage sie nie nach Schluß der Saison.« Sie ist verblüfft: »Aber... Ihre Locken sind doch echt!?« Worauf Wilde amüsiert erwidert: »Nein, nein! Die liegen in einer Hutschachtel aufbewahrt. Wenn Sie das nächste Mal kommen, werde ich sie anlegen.«

Sorge macht der Stilikone seine korpulente, etwas linkische Figur. Die Neigung zur Speckschwarte hat natürliche Ursachen: Wilde ist ein mannhafter Trinker und kann den Verlockungen des Fleisches in Form von Braten und Würsten nicht widerstehen. Die schwellenden Fettpölsterchen versucht er geschickt zu verbergen. Eines Tages schreibt er verstört einem Freund: »Eine etwas peinliche, für alle sichtbare Tatsache muß jetzt enthüllt werden... Ich bin ausgesprochen dicker... gut vier Zentimeter.«

Für seinen Kult um die eigene Person gibt Wilde mehr aus, als er hat. Er kauft schöne Dinge wie Porzellan, Bilder, Möbel, Tapeten und gibt dafür eine Menge Geld aus. »Ich werde von Ausgaben überwältigt«, jammert er. Da hat der 30jährige die kluge Idee, eine reiche Frau zu heiraten: Constance Lloyd hat von ihrem Großvater eine hübsche Erbschaft zu erwarten. Wilde ist hoffnungslos verliebt in seine »ernste, schlanke, veilchenäugige kleine Artemis.« Doch der Glückspilz hat Künstlerpech – nach der Hochzeit lebt der reiche Großvater der Braut wieder richtig auf. Der Geldsegen läßt auf sich warten, daher beginnt Wilde seine Ideen literarisch zu verwerten. In rascher Folge erscheinen seine ersten Erzählungen und Romane. Eitel flunkert er André Gide vor, »Das Bildnis des Dorian Grey« aufgrund einer Wette in ein paar Tagen geschrieben zu haben. Ein Lügenmärchen. Es dauerte ein halbes Jahr.

Nun wird der Vortragskünstler Wilde auch als Autor bekannt und berühmt, denn seine Theaterstücke reißen die kühle Londoner High Society buchstäblich aus den Sesseln. Als Wilde mit grüner Nelke im Knopfloch erscheint, feiert man ihn mit Standing Ovations. Er verneigt sich ein klein wenig nach allen Seiten:

»Ich freue mich, Ladies and Gentlemen, daß Sie sich gut unterhalten haben! Ich kann dasselbe von mir sagen.«

Seit »Lady Windermeres Fächer« ist Wilde der »Löwe der Londoner Gesellschaft« – alle Türen stehen ihm offen. Während er mit Fleiß, Geschick und Glück zum einzigartigen Star aufsteigt, versucht er durch Exzesse die Unbeschwertheit seiner Jugend heraufzubeschwören. Wilde beginnt ein Doppelleben. Auf der Suche nach Abwechslung und immer raffinierteren Lüsten verirrt er sich in ein Labyrinth homosexueller Leidenschaften. Schließlich trifft Wilde den 20jährigen Lord Alfred Douglas und ist wie verhext: »Ich wußte, daß ich jemandem begegnet war, dessen Persönlichkeit schon so faszinierend war, daß sie, wenn ich es zuließe, mein ganzes Wesen aufsaugen würde, meine ganze Seele, ja, selbst meine Kunst.«

Die Liebe beflügelt Wilde zu ungeheuren Leistungen. Sie trägt ihn in euphorische Höhen und in die Folterkammern der Einsamkeit. Als der Vater seines Geliebten für Wilde in dessen Club eine offene Karte mit der Beleidigung »Sodomit« – Homosexueller – hinterläßt, sieht der Gedemütigte rot. Wildes Reaktion ist fatal. Ohne Kapital für einen Prozeß zu besitzen (er hat trotz seiner Riesenerfolge 6000 Pfund Schulden), verklagt Wilde den Vater, nachdem er seinem Rechtsanwalt das Ehrenwort gegeben hat, die Anschuldigung sei reine Verleumdung. Mit seinem großspurigen Verhalten vor Gericht bringt Wilde die Öffentlichkeit gegen sich auf, und mit seiner Presseschelte die Journalisten. Lord Douglas' Vater wird freigesprochen und Wilde verhaftet. Wildes homosexuelles Intimleben ist aufgedeckt und er und Alfred Taylor, der einzige seiner Freunde, der nicht gegen ihn ausgesagt hat, werden Opfer eines unbarmherzigen Mobbings. Bei der Urteilsverkündung sagt der Richter: »Es ist der schlimmste Prozeß, den ich je geführt habe. Daß Sie, Taylor, eine Art männlichen Bordells geführt haben, darüber besteht kein Zweifel, und daß Sie, Wilde, der Mittelpunkt eines Kreises ausgedehnter Korruption der abscheulichsten Art unter jungen Männern waren, steht ebenso zweifellos fest.«

Wilde wird zu zwei Jahren Zuchthaus mit Zwangsarbeit verurteilt. Über Nacht ist der gefeierte Autor zum Geächteten geworden. Sein Besitz wird versteigert, seine Theaterstücke werden abgesetzt, seine Bücher aus dem Handel gezogen, seine beiden Söhne seiner Verantwortung entzogen und unter fremdem Namen erzogen. Im Gefängnis sorgen Einzelhaft, ein Bretterbett, das zu permanenter Schlaflosigkeit führt, schlechte Ernährung und anstrengendste Zwangsarbeit für den seelischen, geistigen und körperlichen Ruin des Häftlings. Als Wilde zwei Jahre später entlassen wird, ist er ein Wrack.

In einem Pariser Hotel stirbt Wilde drei Jahre später, völlig verarmt, an Mittelohrentzündung, jedoch nicht, ohne den behandelnden Arzt mit einem abschließenden Bonmot zu erfreuen:»Ich sterbe, wie ich gelebt habe – über meine Verhältnisse.«

Herzog Wilhelm IX. von Aquitanien – Der verrückte Troubadour

Guilhem de Peitieu oder frz. Guillaume IX d'Aquitaine
* 22.10.1071 in Poitiers,
† 10.2.1126 in Poitiers
Wilhelm IX. von Aquitanien gilt als der früheste altprovenzalische Troubadour. Er besaß mit seinem Reich in Westfrankreich mehr Land und Macht als der französische König, dessen Vasall er war.
Werke: überliefert sind sechs Lieder, vier Kanzonen und ein Abschiedsgedicht

Der Mann ist ein Ereignis. Wenn Wilhelm IX. in den Krieg zieht, ziert seinen Schild das Porträt seiner gerade aktuellen Geliebten. Als ihn Freunde nach dem Grund dafür fragen, lacht er:»Ich wünsche auch in der Schlacht neben mir zu haben, was ich im Bett neben mir habe.denn auf dem Kissen kenn ich jedes Spiel und spiel es gut ... Bei meiner Liebsten lieg ich nie des Nachts, ohne daß sie mich herbeigewünscht am andern Tag.«

Nachdem Wilhelm bereits als 15jähriger das Herzogtum Aquitanien und die Grafschaft Poitou geerbt hat, muß er berufsbedingt häufig in den Krieg ziehen. Seine riesigen Ländereien reichen von der Loire bis zu dem Pyrenäen, damit besitzt er mehr Land als der König von Frankreich. Ständig gibt es Streit mit Nachbarn oder abtrünnigen Vasallen, oder Wilhelm versucht, wenn die Gelegenheit günstig ist, einem schwachen Nachbarn ein Stück Land abzuzwacken, beispielsweise seinem auf dem 1. Kreuzzug weilenden Schwager Raimon IV. von Saint-Gilles die Grafschaft Toulouse. Und das, obwohl der Besitz eines wegen Kreuzzug abwesenden Ritters unter dem Schutz der Kirche steht.

Als Wilhelm hört, daß die Kreuzritter Jerusalem erobert haben, nagt an ihm der Neid, denn auch er möchte als Held des Heiligen Landes bewundert werden. 1101 zieht er mit 30.000 Berittenen und Scharen kreuzzugsbegeisterter Frauen Richtung Palästina. Unterwegs vereinigt er sein Heer mit dem des Herzogs von Bayern. Das tollkühne Unternehmen endet mit einer Katastrophe. Fast das gesamte Heer wird von den Moslems aufgerieben. Wilhelm entkommt im letzten Moment mit ein paar Getreuen. Nach kurzem Besuch in Jerusalem kehrt Wilhelm nach Aquitanien zurück und besetzt 1113 erneut Toulouse, das sich gegen ihn erhoben hatte.

Der ständige Kleinkrieg mit der Kirche wird noch verstärkt durch Wilhelms vitales Liebesleben. Es macht ihm höllischen Spaß, die Bischöfe seines Landes mit antiklerikalen Attacken auf die Palme zu bringen. Seine Gemahlin Filipa von Toulouse vergeht vor Liebeskummer, weil Wilhelm sich im viertürmigen Anbau seines Schlosses die »Maubergeonne« als Gespielin hält, die Frau eines benachbarten Vizegrafen. Als der kahlköpfige Bischof von Angoulême ihn ermahnt, seine Mätresse davonzujagen, antwortet Wilhelm: »Das soll geschehen, sobald du deine Haare zurechtgekämmt hast.«

Ein andermal brütet Wilhelm die Idee aus, ein Hurenkloster in Niort zu errichten und dieses mit namentlich bekannten Damen zu bevölkern. Die entnervten Bischöfe exkommunizieren den lockeren Vogel schließlich, aber als Wilhelm verspricht, einen Kreuzzug gegen die Mauren auf der anderen Seite der Pyrenäen zu unternehmen, hebt der Papst die Kirchenstrafe wieder auf.

Wilhelm ist berühmt und berüchtigt für seine Verschwendungssucht, seine Scherze auf Kosten anderer und seine Gottlosigkeit, andererseits ist er ein hochgebildeter Kavalier. Das verwirrt jeden, der ihn kennenlernt. Die Lebensbeschreibung in der ältesten Handschrift mit Troubadour-Liedern berichtet: Wilhelm von Aquitanien »war einer der höfisch gebildetsten Menschen überhaupt und einer der größten Frauenbetrüger, ein mutiger Waffenheld und ungezügelt im Min-

nedienst. Er verstand ausgezeichnet zu dichten und seine Kompositionen vorzutragen. Lange Zeit wanderte er umher, um den Frauen den Kopf zu verdrehen...«

Seine ambivalenten Charaktereigenschaften machen Wilhelm zu einem faszinierenden Menschen. Er ist geistreich und banal, großmäulig und gesittet, feinsinnig und draufgängerisch, selbstbewußt und kleinlaut. Und er ist ein fabelhafter Dichter. Bei den Gelagen mit seinen Zechkumpane übernimmt er die Rolle des Spaßmachers, in Gesellschaft mit den Damen zeigt er sich als sensibler Künstler. Das Wort »Trobador«, wie es auf okzitanisch heißt, kommt von »trobar«, finden, erfinden. Der Trobador ist der Erfinder von Gedichten und Melodien. Wilhelm ist der erste bekannte Troubadour überhaupt – und was für einer. Virtuos zieht er alle Register. Eines von seinen erhaltenen Liedern ist so herrlich verrückt, daß es eine Sünde wäre, es nicht in diesem Lexikon (leicht gekürzt) zu veröffentlichen:

»Ich mach ein Lied, dann nick ich ein und räkel mich im Sonnenschein. Bösartig können Frauen sein; ich sag euch wie: die lohnen eines Ritters Glut mit Felonie ... Allein zog durchs Auvergner Land, durchs Limousin ich, unerkannt und traf Herrn Garins Frau, Herrn Bernarts auch. Sie grüßen mich im Namen des Sankt Leonhard, wie's dort der Brauch. Und eine sprach gleich ihr Latein: ‚Herr Pilger,

Gott soll mit euch sein; solch Mann wie Ihr nimmt für sich ein. Ich will ganz offen sein: heut ziehn fast nur Idioten durch die Welt.' Hört, was ich ihr zur Antwort gab. Nicht oh noch ah, da fiel nichts ab, kein Wörtlein über Schwert, noch Scheide oder Pilgerstab; rein nichts als das ‚Babariol, babariums, babarias.' Frau Agnes zu Frau Ermessén: ‚Gesucht – gefunden! Schwester, den nehmen wir ins Haus, denn er ist schön, bei Gott – und stumm! Durch ihn spricht, was uns Spaß macht, sich nicht herum.' Sie führten, unterm Mantel gut versteckt, mich in die Wohnung. Prächtig wurde ich umhegt. Am warmen Ofen hingestreckt, ging es mir gut, und hitzig wurd ich durch die Kohlenglut. Kapaune gab es, fett und zart; ich aß gleich drei, kam gut in Fahrt. Kein Koch war da, wir drei apart, die Krüge voller Wein, recht gut gewürzt, sie haben nicht gespart. ‚Was ist, wenn sich der Kerl verstellt? Dann weiß es morgen alle Welt. Rasch, hol den Kater, wenn der kratzt, dann sehn wir, ob er stumm ist oder schlotternd schwatzt.' Sie nahm das Teufelsbiest an ihre Brust, gesträubten Fells, mit Krallen messerscharf. Die Augen sprühten böse Lust. Bei Gott, mir zitterte das Herz wie Espenlaub. Das war kein Scherz. Kaum daß der Schmaus vorüber war, hieß es: ‚Los, zieht dich aus!' Und ruckzuck saß das Biest mir im Genick. Sie packten es am Schwanz und zerrten's wild mir bis zum Hintern und zurück. Trotz Angst und Qual, ich stöhnte nicht ein einziges Mal. ‚Lass gut sein, Schwester', sprach Frau Ermessén, ‚der ist vollkommen stumm. Schnell, mach das Bad, hinein ins Gaudium!' – Ich ritt sie gut und sehr vital wohl hundertachtundachtzig Mal. Danach war's reine Qual. Fast riß mein Zaumzeug ab. Nach diesem Ritt war ich zwei Jahre schwach.«

Johann Joachim Winckelmann – Der Erfinder des Gipsgriechen

* 9.12. 1717 in Stendal;
† 8.6.1768 in Triest

Winckelmann ist der Begründer der wissenschaftlichen Archäologie; sein Werk hat die gesamte europäische Kunst nachhaltig beeinflußt.
Werke: Gedancken über die Nachahmung der griechischen Werke in der Mahlerey und Bildhauer-Kunst, 1755; Sendschreiben von den herkulanischen Entdeckungen, 1762; Anmerkungen über die Baukunst der alten Tempel zu Girgenti in Sizilien, 1762; Geschichte der Kunst des Alterthums, 1764; Monumenti antichi inediti, 1767

Solche Schüler braucht das Land. Jungs wie Johann Joachim hätten die Deutschen im Ranking der Pisa-Studie ganz nach oben katapultiert, vor Finnland, jawohl! Eigeninitiative, Ehrgeiz und Wissensdurst – koste es, was es wolle, das war unser Winckelmann! Dabei hätte sich der arme

JOHANN JOACHIM WINCKELMANN 383

Schustersohn aus der Altmark niemals träumen lassen, daß er es jemals bis zum Freund und Bibliothekar eines leibhaftigen Kardinals bringen würde. Bar jeglicher Mittel besucht er die schlechtesten Schulen, kärgliche Stipendien sorgen für das Nötigste. Winckelmann kämpft mit Hunger und Lehrern, die selbst weder Latein noch Griechisch können und bringt sich alles selbst bei. Dank seines Fleißes wird er Hilfsarbeiter bei einem Grafen, der ihn für die Katalogisierung seiner Bibliothek braucht. Und hier in Dresden schult er in der großartigen Galerie seinen Sinn für die bildende Kunst.

In Winckelmann wächst der Wunsch nach Rom zu reisen, um die phantastischen antiken Werke an Ort und Stelle zu sehen. Glühend vor Begeisterung schreibt er den Essay »Gedanken über die Nachahmung der griechischen Werke in Malerei und Bildhauerkunst«. Es ist der Coup seines Lebens, denn die stilistisch glänzende Schrift trifft den Nerv der Zeit. Der päpstliche Nuntius Archinto verschafft Winckelmann ein Stipendium für Rom, allerdings muß dieser dafür seinem protestantischen Irrglauben abschwören und katholisch werden. Nach fünfjährigem Ringen läßt Winckelmann den Glauben seiner Väter sausen und reist in die Ewige Stadt. Obwohl er nie die niederen Weihen empfängt, kostümiert er sich – sicher ist sicher – als katholischer Weltgeistlicher. In Rom erfindet

Winckelmann den »Gipsgriechen« der edlen Einfalt und stillen Größe, den seine schwärmerischen teutonischen Anhänger begeistert aufnehmen. Er definiert damit zugleich das Schönheitsideal der deutschen Klassik.

Die antike Welt fasziniert Winckelmann so stark, daß er ihr nicht nur den Großteil seines professionellen Schaffens widmet, nein, er geht noch darüber hinaus. In uneigennützigen Selbstversuchen will Winckelmann das Wesen des Altertums erkennen. Überliefert ist dazu folgende Begebenheit: Eines Tages betritt →Casanova etwas früher als sonst die Bibliothek seines Freundes, wo dieser gewöhnlich antike Texte entziffert. Doch diesmal ist Winckelmann nicht allein: Ein junger Bursche verläßt fluchtartig, sich die Hosen hochziehend, durch die Hintertür den Raum. Der überraschte Winckelmann kommt lachend auf Casanova zu und sagt: »Sie wissen, daß ich nicht nur alles andere als ein Knabenliebhaber bin, sondern auch mein ganzes Leben lang erklärt habe, ich könne nicht begreifen, wie diese Neigung dem Menschengeschlecht so verlockend habe erscheinen können. Nun werden Sie mich für einen Heuchler halten.« Casanova ist perplex ob dieser skurrilen Erklärung. Doch Winckelmann erläutert weiter, daß er als Verehrer der antiken Kultur auf das Phänomen Knabenliebe der antiken Kaiser, Könige, und Feldherren stieß, das die Philosophen und

Dichter in höchsten Tönen besangen. Vielleicht war diese abartige Veranlagung die Quelle der überragenden künstlerischen Leistungen antiker Geister? Um das Rätselhafte zu erforschen, beschließt er, seine Theorie höchstpersönlich in die Tat umzusetzen. »Ich arbeite nun schon seit drei oder vier Jahren an der Sache und wähle mir dazu die hübschesten Burschen von Rom aus. Aber es nützt nichts; sooft ich mich ans Werk mache, ,non arrivo' [es gelingt mir nicht]. Zu meiner Bestürzung finde ich immer, daß eine Frau in jeder Hinsicht vorzuziehen ist.« Zum Glück lebt der Probe-Homosexuelle im freizügigen Rom, wo man nach gut katholischer Art jede Sünde verzeiht.

Das Experiment mit der Knabenliebe endet für Winckelmann tragisch. In Triest nimmt er den hübschen Arcangeli mit auf sein Zimmer und zeigt ihm – statt seiner Briefmarkensammlung – einige antike Goldmünzen. Arcangelis Augen blitzen vor Gier, er zieht ein Messer und tötet den Liebhaber der schönen Knaben und Künste.

Ludwig Wittgenstein – Der Musterknabe der Bescheidenheit
* 26.4.1889 in Wien,
† 29.4.1951 in Cambridge
Über den Philosophen, dessen Schaffen von großer Bedeutung für die moderne Sprachwissenschaft ist,

wurden bis heute über 2000 Arbeiten verfaßt. Wittgenstein selbst hat zu Lebzeiten nur knapp 200 Seiten veröffentlicht.
Werke: Tractatus logico-philosophicus, 1921; Philosophische Untersuchungen, 1953; Remarks on the foundation of mathematics, 1956

Klarheit, Reinheit, Durchsichtigkeit – das ist sein höchstes Ziel. Im barocken Wien, wo die freundliche Unverbindlichkeit zur Tugend erhoben, jedes Ja ein Jein ist und Verträge durch Gummiparagraphen flexibel werden, wirkt Wittgenstein mit seiner erbarmungslosen Konsequenz wie ein Puritaner von alttestamentarischer Härte. Sein Haß auf alles Diffuse treibt sonderbare Blüten – von der Marotte, nasse Teeblätter zum Staubwischen zu verwenden bis zum Verzicht auf sein millionenschweres Erbe.

Bereits als Gymnasiast fällt Ludwig durch fast fanatische Korrektheit auf. Immer wie aus dem Ei gepellt, spricht er auffällig korrektes Hochdeutsch, und das klingt, als seien seine Sätze nach dem Grammatiklehrbuch gedrechselt. Seine 14jährigen Mitschüler müssen ihn siezen und er spricht sie beispielsweise als »Herr Franzi« an. Den Klassenkameraden kommt er vor wie »aus einer fremden Welt herabgeschneit«.

Wittgensteins Vater, Herr eines millionenschweren Eisen- und Stahlimperiums, läßt den Sohn in Berlin Maschinenbau studieren, denn der

Junge soll später den Konzern übernehmen. Doch nach zwei Jahren geht Wittgenstein nach England, arbeitet an einem Forschungsprogramm, konstruiert Drachen und Ballone und beschäftigt sich mit der Entwicklung von Antriebsmotoren. Schon als Knabe hat er aus Draht und Zündhölzern eine funktionstüchtige Nähmaschine zusammengebastelt – jetzt erfindet er einen neuartigen Düsenpropeller. Bei der Beschäftigung mit Konstruktionsplänen merkt Wittgenstein, daß es im Grunde die Höhenflüge des Geistes sind, die ihn faszinieren. »Zu dieser Zeit... ergriff ihn plötzlich die Philosophie... Es war eine der Wandlungen, deren er noch mehrere in seinem Leben durchmachen sollte«, schreibt seine Schwester Hermine.

Weil ihm das eigene Denken unheimlich vorkommt, sucht der 23jährige Rat bei seinem Professor Bertrand Russel, dem Star der neuen Logik: »Denken Sie, daß ich ein völliger Idiot bin?« »Warum wollen Sie das wissen?« »Weil ich, wenn ich einer bin, Pilot werde, wenn nicht Philosoph.« Russell bittet ihn zur Klärung der Frage um einen philosophischen Essay. Wenig später bleibt ihm die Spucke weg. Für ihn ist Wittgenstein »das vollendetste Beispiel eines Genies der traditionellen Auffassung nach, das mir je begegnet ist: leidenschaftlich, tief, intensiv und beherrschend«.

Gerade sein Genie behindert Wittgensteins Uni-Karriere. Als Muster eines Philosophen hält er es für überflüssig, sich in seiner Dissertation um akademischen Firlefanz wie Vorwort, Fußnoten, Quellenangaben etc. zu kümmern. Das pingelige Professorenkollegium weist die geniale Arbeit zurück. Erst 15 Jahre später klappt es unter Umgehung sämtlicher Vorschriften doch noch. Nachdem der mittlerweile Berühmte die andächtig lauschende Oxforder Professorenschar mit seinen Geistesblitzen erleuchtet hat, machen die ihn begeistert auf der Stelle zum Ehrendoktor.

Wittgensteins geniales Werk »Tractatus logico-philosophicus«, das zunächst einfach »Der Satz« heißen sollte, ist unter ungewöhnlichen Bedingungen entstanden. Zum Teil in ländlicher Idylle, zum Teil im Höllenlärm des ersten Weltkrieges. Gegen Kriegsende ist aus Wittgensteins tiefsinnigen Notizen ein gewichtiges Werk von 100 Seiten geworden. Dem Freund Bertrand Russell schreibt der kühne Denker: »Ich glaube, ich habe unsere Probleme endgültig gelöst.« Was bleibt nach einer solchen Leistung noch zu tun?

Seit dem Tod seines Vaters ist Wittgenstein ein steinreicher Mann. 1914 verfügt er über ein Einkommen von rund 300.000 Kronen (über 300.000 Euro). Was soll ein Asket mit so viel Geld? Er spendet ein Drittel an mittellose Künstler wie →Rilke, Kokoschka u.a. Der kranke →Georg Trakl soll davon 20.000 erhalten – und erleidet vor Freude einen Nervenzusammenbruch. Geld ist ein gefährlicher Stoff. Um sein Leben unbeschwerter zu gestalten, schenkt Wittgenstein die ererbten Millionen seinen Geschwistern. Schwester Hermine ist betroffen: »Ich hätte lieber einen glücklichen Menschen zum Bruder, als einen unglücklichen Heiligen.«

Nachdem es mit dem ersehnten Heldentod im 1. Weltkrieg nicht geklappt hat, will Wittgenstein mit 30 einen soliden Brotberuf erlernen. Elf Monate später ist er Volksschullehrer. Im kargen Bergdorf Trattenbach eröffnet der komische Kauz in Flanellhosen, mit Südwester auf dem Kopf seinen Schülern faszinierende Horizonte. In klaren Nächten erklärt Wittgenstein ihnen den Sternenhimmel, besucht mit ihnen Bergwerke und Museen und bezahlt die Reisekosten für arme Schüler von seinem mageren Gehalt. Trotzdem macht ihn sein unausgeglichenes Temperament zu einem schlechten Pädagogen. Wenn er depressiv ist, hagelt es Ohrfeigen. Nachdem ein Schüler ohnmächtig zusammengebrochen ist, ist Wittgenstein klar, daß er wieder einmal seinen Beruf verfehlt hat.

Wittgenstein wird für ein halbes Jahr Gärtner im Kloster der Barmherzigen Brüder in Wien. Im Herbst stürzt er sich in ein neues Abenteuer und baut gemeinsam mit seinem Freund Engelmann eine Villa für seine Schwester. Wie immer duldet er keine Kompromisse: Alle Metallteile und Heizkörper bleiben unlackiert, nackte Glüh-

birnen, düster glänzende Steinböden, keine Teppiche und vorhanglose Fenster sorgen für moderne Gemütlichkeit. Reinheit total. Der inzwischen berühmte Wittgenstein wird von Wiener Philosophie-Dozenten zu Diskussionen eingeladen: Aber der Kauz liest ihnen lieber Gedichte vor.

Was nun? Soll er heiraten, um ein normaler Mensch zu werden? Wittgenstein verliebt sich in eine junge Baslerin, macht ihr einen linkischen Heiratsantrag und bekommt einen Korb. Frustriert kehrt er nach England zurück. Der Ökonom Keynes trifft ihn unterwegs: »Gott ist angekommen. Ich traf ihn im Fünf-Uhr-Fünfzehn-Zug.«

Wittgenstein wird britischer Staatsbürger und Professor in Cambridge. Seine Anhänger verehren ihn wie einen Propheten. Zum Arbeiten zieht er sich an einen norwegischen Fjord zurück, wo er sich noch zu Millionärszeiten ein Blockhaus hat bauen lassen. Wer ihn besuchen will, muß ein Boot benutzen. Wittgenstein liebt die Einsamkeit, aber andererseits braucht der Eigenbrötler Gesellschaft. Manchmal steht er plötzlich mit Rucksack und Wanderschuhen im Wohnzimmer eines Freundes, sucht eine Schallplatte aus, legt sie auf und beginnt am Geschwindigkeitsregler zu drehen. Sein absolutes Gehör erlaubt keine Abweichungen. Diese ständigen Einmischungen ins Leben anderer, sein gnadenloser Perfektionismus, gehen auch den geduldigsten seiner Freunde mächtig auf die Nerven. »An einem Punkt entfuhr mir der Ausruf: ›Was ist denn los? Wollen Sie etwa vollkommen sein?‹ Da richtete er sich auf und sagte stolz: ›Natürlich will ich vollkommen sein.‹«

1947 gibt der ewig zweifelnde Wittgenstein »die absurde Stellung eines Philosophieprofessors« auf. Für ihn »ist es eine Art Lebendig-Begrabensein«. Wieder bricht er alle Brücken hinter sich ab und zieht an die sturmgepeitschte Westküste Irlands in eine Hütte »von jeder Zivilisation weit entfernt«. Auch hier, wie bereits sein ganzes Leben lang, quälen Wittgenstein Selbstmordgedanken. Zwei Jahre später winkt die Erlösung: »Ich war keineswegs erschrocken, als ich erfuhr, daß ich Krebs habe, aber ich war's, als ich erfuhr, daß man dagegen etwas unternehmen könne, denn ich hatte nicht den Wunsch, weiterzuleben.« Drei Tage nach seinem 62. Geburtstag holt ihn der Tod. Seine Anhänger in aller Welt tröstet der Sprachphilosoph mit den letzten Worten: »Tell them it was wonderful.«

Virginia Woolf –
Ein selbstmörderisches Leben
geb. Adeline Virginia Stephen
* 25.1.1882 in London, † 28.3.1941
im River Ouse bei Lewes/Sussex
Obwohl Virginia Woolf nie in der
Emanzipationsbewegung aktiv war,
beschäftigen sich einige ihrer Bücher

mit dem Thema der Unterdrückung
der Frau. Dies und ihr ungewöhnlicher Lebensweg machen sie bis heute
zu einer Ikone des Feminismus.
Werke: Die Fahrt hinaus, 1915; Jacobs
Raum, 1922; Mrs. Dalloway, 1925; Die
Fahrt zum Leuchtturm, 1927; Orlando, 1928; Ein Zimmer für sich allein,
1929

Bis zum Alter von drei Jahren spricht Virginia kein Wort. Die Eltern machen sich Sorgen, weil in der Familie einige Fälle von Geisteskrankheit vorgekommen sind. Doch dann plötzlich redet sie wie ein Buch, holt mit Riesenschritten alles nach und gibt mit neun die kleine Zeitung »Hyde Park Gate News« heraus.

Obwohl im noblen Salon ihrer Eltern die intellektuelle Elite Englands sitzt, hat das Haus für die Heranwachsende etwas Bedrohliches. Das liegt nicht nur an den düsteren Räumen mit den schwarzen Möbeln. Die Konventionen des viktorianischen Patriarchats schnüren Geist und Körper der Frau ein, die muffigen Gesellschaftsrituale machen sie zur Sklavin des Mannes. Bis 1880 ist es einer verheirateten Frau in England verboten, eigenen Besitz zu haben, bis 1919 darf sie nicht wählen. Schulbildung für Mädchen ist verpönt, Unibesuch ausgeschlossen.

Virginia und ihre Schwester Vanessa werden von den Eltern unterrichtet. Leslie Stephen, der Vater, ein angesehener Journalist und Historiker,

388 VIRGINA WOOLF

spielt Mathematiklehrer – mit dem Erfolg, daß Virginia ihr Leben lang beim Rechnen die Finger zu Hilfe nehmen muß.

Den größten Teil ihrer Bildung erwirbt sich Virginia durch Lesen, Zuhören, Beobachten. Als sie 13 ist, stirbt ihre heitere Mutter an den Folgen einer Grippe. Nun ist »das fröhliche, abwechslungsreiche Familienleben für immer zu Ende. Statt dessen senkte sich eine düstere Wolke auf uns herab«. Der Vater schließt sich in sein Zimmer ein, weint, stöhnt und verwandelt sich in einen Grantelgreis. Die ältere Stiefschwester übernimmt die Organisation des Haushalts. Jeden Mittwochabend muß sie das Haushaltsbuch vorlegen und die Ausgaben rechtfertigen. Wenn sie 11 Pfund übersteigen, bekommt der Vater einen Wutanfall. Sein Gesicht wird puterrot, er heult: »Ich bin ruiniert!« und inszeniert ein Drama des Selbstmitleids und der Verzweiflung. Stöhnend füllt das Opfer der »Verschwendungssucht« mit gespielt zitternder Hand den Scheck aus.

Noch schlimmer ist Virginias Angst vor dem großen Halbbruder Gerald, der die Sechsjährige sexuell mißbraucht, während sie das Entsetzliche im gegenüberhängenden Spiegel verfolgt. Jahrelang vergewaltigt er das Kind, lange bevor der andere Halbbruder, George, zur Heranwachsenden ins Bett steigt. Vanessa erleidet dasselbe, verkraftet es aber besser. Nachdem die Halbbrüder das Haus

verlassen haben und der Vater gestorben ist, kommt es zur ersten Krise. Die 21jährige Virginia hört Stimmen, weigert sich zu essen und magert ab, sie bekommt rasende Kopfschmerzen, Herzbeschwerden, Alpträume. Eines Tages stürzt sie sich aus dem Fenster – zum Glück liegt das Zimmer nicht in allzu großer Höhe. Der Wahnsinn dauert den ganzen Sommer, bis die Geschwister im Herbst 1904 das Elternhaus aufgeben.

Virginia zieht mit Vanessa und ihren Brüdern Thoby und Adrian nach Bloomsbury, dem aufblühenden Künstlerviertel Londons. Die viktorianische Verwandtschaft ist geschockt, denn die neue Lebensweise der Geschwister grenzt an Anarchie. Durch Thoby und Adrian verkehrt in der Wohnung bald eine illustre Intellektuellen- und Künstlerclique, der später legendäre »Bloomsbury-Kreis«. Die Schwestern sind die einzigen Frauen in dieser Herrenrunde, und Virginia ist fasziniert: »Die Gesellschaft von Homosexuellen hat viele Vorteile – wenn man eine Frau ist. Sie ist ungekünstelt, sie ist ehrlich« und macht locker.

Die berückend schönen Schwestern werden umschwärmt und begehrt – für so früh mißbrauchte und gebrochene Frauen ist auch das eine Bürde –, die wilden Bloomsbury-Feste arten zu Orgien aus. Einmal vögelt Vanessa vor aller Augen mit dem später weltberühmten Nationalökonomen John Maynard Keynes im Salon.

Wie Bacchantinnen erscheinen die Schwestern halbnackt beim Nachimpressionistenball – ein Schocker für die gehobenen Damen. Für Vanessa und Virginia muß alles kraß, unmoralisch und grenzüberschreitend sein. Nachdem die Schwester verheiratet ist, treibt es Virginia mit ihrem Schwager Clive Bell, ihrem homosexuellen Kollegen Lytton Strachey und später in der lesbischen Variante mit Vita Sackville-West. Es gibt keine Tabus mehr, aber das exzessive Leben kostet immense Kräfte.

Virginia hat jahrelang davon geträumt Schriftstellerin zu werden und ihren Stil in Briefen und Tagebüchern geschult. Erste Erfolge verzeichnete sie bereits mit der Veröffentlichung ihrer Artikel in der Frauenbeilage des »Guardian«. Jetzt quält sie sich Tag und Nacht mit ihrem ersten Roman »Voyage out« ab. Er wird und wird nicht fertig. Die Angst vor dem Versagen macht Virginia verrückt. Ein Nervenarzt schickt sie in ein Sanatorium, doch die brutalen Therapiemethoden machen sie noch depressiver: »Ich habe das Gefühl, aus dem Fenster springen zu müssen.« Ihrer Schwester sagt sie: »29 sein und unverheiratet – ein Versager – kinderlos – dazu geisteskrank und kein Schriftsteller.«

Virginia sehnt sich nach einem Halt im Leben. Da wirbt der alte Freund Leonard Woolf um sie. Sie ist hin- und hergerissen: »Ich bin fast in Dich verliebt und möchte, daß Du immer bei mir wärest.... und dann bin

ich wieder scheu und reserviert. Ich glaube manchmal, daß ich alles haben könnte, wenn ich Dich heiratete – und dann – ist es die sexuelle Seite der Sache, die dazwischentritt? Ich sage Dir mit brutaler Offenheit, daß Du mich körperlich nicht anziehst ... als Du mich neulich küßtest ... fühlte ich mich mehr als ein Stein.«

Woolf heiratet seine frigide Herzenskönigin trotzdem, gibt ihretwegen seine glänzende Karriere als leitender Kolonialbeamter in Ceylon auf und ermutigt Virginia beim Schreiben. Nach jahrelanger Arbeit ist »Voyage out« endlich druckreif. Statt befreit zu sein, wird Virginia von Selbstzweifel und Versagensangst geplagt, verweigert das Essen, hört wieder Stimmen und unternimmt einen Selbstmordversuch mit Schlaftabletten. Als das Buch auf den Markt kommt, sind die Kritiker begeistert. Virginia erholt sich langsam und beginnt den neuen Roman »Night and Day«. Das »Times Literary Supplement« bestellt bei ihr Beiträge. Das ermutigt Virginia ebenso, wie sie jede Ablehnung eines ihrer Texte sofort in Verzweiflung stürzt.

Um sich von der Abhängigkeit von Redakteuren und Verlegern zu befreien, kaufen die Woolfs eine Druckerpresse und gründen die Hogarth-Press. Zwei Monate brauchen sie, um die erste 34-Seiten-Broschüre mit zwei eigenen Erzählungen herzustellen. Das Abenteuer läßt Virginia die Depressionen vergessen. Leonard, der

Sparweltmeister, fungiert als Geschäftsführer und macht mit seinem Pennyspalter-Konzept die Hogarth-Press von Beginn an profitabel. Neben Virginias Werken erscheint eine russische Serie mit Werken von Gorki, → Tolstoi, → Tschechow und → Dostojewski. Mit der Zeit wird die Autorenliste der Hogarth-Press ein Renommierkatalog der zeitgenössischen Literatur: Robert Graves, Gertrude Stein, Vita Sackville-West, H.G. Wells. Doch durch Leonards Sparfimmel kommt es auch zu schmerzhaften Fehlentscheidungen: → Sarte, Auden, Saul Bellow und → Joyce lehnt er ab.

Als die Verlagsarbeit Routine wird, kehren Virginias Depressionen wieder. Die hysterische Kritikangst nimmt trotz wachsender Erfolge zu: »Am Rande jeder Seelenangst hockt ein aufmerksamer Beobachter, der mit dem Finger zeigt«, notiert sie einmal. Je älter Virginia wird, desto stärker ist ihre Überzeugung, daß die Wurzeln ihrer Depressionen Resultat der Unterdrückung, Ausbeutung und sexuellen Versklavung der Frau sind. Virginia engagiert sich in der Frauenbewegung, fordert Lohn für die Hausarbeit der Frau und das Recht auf »Ein Zimmer für sich allein«. Das Buch wird ein Riesenerfolg. In sechs Monaten werden 22 000 Exemplare verkauft.

Als die Deutsche Luftwaffe 1940/41 London in Schutt und Asche legt, besorgen sich die Woolfs einige Kanister Benzin. Im Fall einer Invasion wollen sie sich verbrennen. Wieder verschlimmert sich Virginias Seelenzustand. Am 28. März 1941 geht sie mit Mantel und Spazierstock von ihrem Landhaus zum Fluß Ouse und beschwert ihre Taschen mit Steinen. Gegen Mittag findet Leonard ihren Abschiedsbrief: »Liebster, ich spüre genau, daß ich wieder wahnsinnig werde. Ich glaube, daß wir eine solche schreckliche Zeit nicht noch einmal durchmachen können. Und diesmal werde ich nicht wieder gesund werden. Ich höre Stimmen, und ich kann mich nicht konzentrieren .... Du hast mir das größtmögliche Glück geschenkt. Du bist mir alles gewesen, was einem einer sein kann .... Ich glaube nicht, daß zwei Menschen glücklicher hätten sein können, als wir gewesen sind.« Zwei Wochen später entdecken Kinder Virginia Woolfs Leiche am Ufer.

William Butler Yeats – Der Geist des Nobelpreisträgers
* 13.6.1865 in Dublin, † 28.1.1939
in Cap Martin/Frankreich
Der große Dichter Irlands fand seine Themen im Mythos und in den keltischen Sagen. Er selbst bezeichnete sich als einen der letzten Romantiker.
Werke: Die Gräfin Cathleen, 1892; Das beßre Land, 1894; Die schattigen Wasser, 1900; Cathleen Ni Houlihan, 1902; Die Sanduhr, 1903; Deidre, 1906; Der Kater und der Mond, 1924; Cuchulains Tod, 1939

Kaum hat Yeats die 22jährige skandalumwitterte Schönheit gesehen, ist er wie verhext. »Ich hätte nie geglaubt, so große Schönheit bei einer lebenden Frau zu sehen... Eine Haut wie Apfelblüten... und dabei eine Gestalt so groß, daß sie einer göttlichen Rasse anzugehören schien«. Yeats ist völlig verknallt in die exzentrische Lady aus der Oberklasse, die sich mit den Rebellen verbrüdert und ständig unterwegs ist, um flammende Reden für die Freiheit zu halten. Und da Maud Gonne auch als Schauspielerin glänzen möchte, schreibt Yeats für sie das Theaterstück »Gräfin Cathleen«, worin sie Irland verkörpert. Doch was er auch unternimmt, um sie in sein Bett zu schmeicheln: Die Dame ist kalt wie ein Kühlschrank im Winter. Zwar genießt sie seine Verehrung – ihn aber hält sie sich standhaft vom Leibe.

Eines Tages faßt sich Yeats ein Herz und macht Maud einen Heiratsantrag. Er nimmt ihre Hand und spricht mit solcher Leidenschaft, daß ihr kaltes Herz zu tauen beginnt – doch da entzieht sie ihm plötzlich die Hand: »Ich habe einen Abscheu und eine große Angst vor körperlicher Liebe.« Jahrelang läßt sie ihn schmachten. Mit wundem Herzen schreibt Yeats Nacht für Nacht Gedichte an sie wie ein Minnesänger an seine unerreichbare Geliebte. Wenn er vor Liebessehnsucht die Wände hochgehen könnte, läuft er aus dem Haus und schreit seinen Schmerz den Sternen zu. Da antwortet ihm der Wind: »Eh

die Achse nicht bricht, die den Sternkreis hält und keine Hand in die Tiefe warf die Banner von Ost und West und der Gürtel des Lichts sich abschält, liegst du nie Brust an Brust mit deiner Liebsten im Schlaf.« Maud verfolgt ihn bis in seine Träume, und die sexuelle Frustration macht Yeats fast wahnsinnig. Alle seine Freunde haben eine Geliebte und gehen nebenher zu Prostituierten. Aber selbst wenn er es ihnen gleichtun wollte, er kann es nicht: »Nein, ich liebe die schönste Frau der Welt.«

Nach sieben Jahren Frust lernt Yeats bei einem literarischen Diner eine Frau von großer Schönheit kennen. Er hat gerade mit seinem Theaterstück »Das beßre Land« Erfolg gehabt und steht im Mittelpunkt der Gesellschaft. Die Lady fasziniert ihn, hat aber einen kleinen Fehler: Olivia Shakespear ist verheiratet. Dennoch treffen sie sich immer öfter und eines Tages auch ihre Lippen. Aber Yeats hat Pech, denn auch diese Dame ist nicht gerade einfach. Als sie endlich, endlich die Hüllen fallen läßt, um sich ihm mit Haut und Haar hinzugeben, da ist Yeats »vor nervöser Erregung impotent«. Enttäuscht verläßt ihn die Dame. Eine Woche später kommt es zu einem neuen Versuch – wieder ist Yeats unpäßlich. Er wundert sich, daß sie ihn überhaupt noch ansieht. Doch Olivia glaubt an das chinesische Sprichwort, daß es keine Sache gibt, die man nicht beim dritten Anlauf erreicht. Und tatsächlich: Es klappt!

Nun erlebt das Paar »viele Tage voll Glück« – bis Olivia eines Tages merkt, daß Yeats in ihr eigentlich eine andere liebt. »,Du hast jemanden im Herzen', sagte sie. Das war der Bruch zwischen uns ...«

Nacht für Nacht erscheint ihm Maud im Traum. Sieben Jahre berührt Yeats keine andere Frau. Da lernt er Lady Gregory kennen, eine Geistesverwandte, der er bequem sein Herz ausschütten kann. Er wohnt auf ihrem Landsitz. Gemeinsam sammeln sie Märchen und Sagen bei Bauern und Fischern, und Yeats gründet mit ihr das irische Nationaltheater. Wenn er nun zu Märchenerzählern wandert, begegnen ihm plötzlich zaubrische Wesen im Wald. Er weiß: »... die ganze Natur ist erfüllt von unsichtbaren Wesen ... einige sind häßlich oder verwachsen, andere boshaft oder närrisch, viele aber derart schön, wie wir es noch nie gesehen haben, und diese Schönen sind nicht weit, wenn wir an stillen, freundlichen Plätzen spazieren gehen.« Inspiriert schreibt Yeats Erzählungen und Theaterstücke – und muß nun dank seiner Gönnerin keine Angst mehr haben zu verhungern.

Yeats verzehrt sich immer noch nach Maud, bis er eines Tages ihre Tochter Iseult trifft. Der 52jährige sieht sie, macht ihr einen Heiratsantrag – und bekommt wieder einen Korb. Im gleichen Jahr heiratet Yeats eine andere Dame, zeugt zwei Kinder, wird Senator des neuen irischen Staates, erhält für seine herrlichen Gedichte den Nobelpreis und stirbt in Südfrankreich, als er an seinem letzten Theaterstück »Cuchulains Tod« arbeitet. In weiser Voraussicht hat er seinen eigenen Grabspruch gedichtet, der mit den Worten endet: »Kalt blicke du auf Leben, Tod, Reiter, reit zu!«

Nun liegt der Gute zwar im Grab, aber in manchen Nächten erscheint er noch. Als Yeats im Renvyle House in Connemara lebte, hatte er in seiner Okkultismusphase den Geist beschworen, der in seinem Zimmer wohnte. Das Haus gilt inzwischen als das spukreichste Haus Irlands. Spökenkieker erblicken dort auch hin und wieder Yeats' Geist. Damit ist er der erste Nobelpreisträger, der nach seinem Tod als Gespenst wiedergekehrt ist.

Emile Zola grüßt Balzac.
Karikatur aus dem Jahre 1878

Ludwig Lazarus Zamenhof – oder Die Sprache des Friedens

* 15.12.1859 in Bialystok,
† 14.04.1917 in Warschau
Der polnische Augenarzt entwickelte die Kunstsprache Esperanto. Sie hat sechzehn grammatikalische Grundregeln und einen Wortschatz von etwa 80000 Wörtern.
Werke: Lingvo internacia, 1887; Universala Vortaro, 1894; Fundamenta Krestomatio, 1903; Fundamento de Esperanto, 1905

Als junger Mann ist Ludwig Zamenhof entsetzt über nationale und rassistische Konflikte in seiner Heimat, die unter Deutschland, Österreich und Rußland aufgeteilt ist. »In Bialystok lebten die Nachfahren von vier Nationen: von Russen, Polen, Deutschen und Juden. Die verschiedenen Minderheiten hatten ihre eigene Sprache, und ihre Beziehungen waren, gelinde gesagt, unfreundlich. Bei jedem Schritt zeigte sich, daß die Verschiedenartigkeit der Sprache, wenn nicht der einzige, so doch bestimmt der Hauptgrund dafür war, daß sich die große menschliche Familie in feindliche Gruppen aufspaltete.«

Zamenhofs Vater, ein fein gebildeter Studienrat, weckt im Sohn die Liebe zur Philologie. So lernt der aufgeweckte Junge mühelos neun Sprachen: Russisch, Litauisch, Polnisch, Deutsch, Französisch, Englisch, Lateinisch, Hebräisch und Griechisch. Doch das Sprachgenie möchte nicht

wie sein Vater Lehrer, sondern Augenarzt werden. Während er dickleibige medizinische Fachbücher durchbüffelt, läßt ihn der Gedanke an die babylonische Sprachverwirrung nicht mehr los. Für ihn ist diese die Wurzeln allen Übels. Er ist sich sicher: Xenophobie und Fremdenhass müssten aufhören, wenn sich die Menschen besser verstünden. Ein Großteil kriegerischer Konflikte sind das Resultat sprachlicher Mißverständnisse. Wenn es eine einfache, klare und leicht erlernbare Sprache gäbe, wäre die Menschheit auf dem Weg zu Frieden und Völkerverständigung einen großen Schritt weiter.

Statt weiter über das Phänomen der globalen Kommunikation nachzugrübeln, macht sich der 19jährige an die Arbeit. Sein völkerverbindendes Medium hat nur sechzehn Regeln und verzichtet auf Ausnahmen. Vielen Wörtern können Vor- und Nachsilben beigefügt werden, die einen unverwechselbaren Sinn ergeben. Nach acht Jahren gewaltiger Gedankenarbeit legt Zamenhof 1887 sein Werk – ein 40 Seiten dünnes Heftchen – in russischer Sprache mit dem schlichten Titel »Eine internationale Sprache« unter dem Pseudonym Dr. Esperanto vor. Als → Leo Tolstoi die geniale Sprachschöpfung in die Hand bekommt, ist er von der Logik und Einfachheit hingerissen: »Es ist so leicht, daß ich, als ich ... eine Grammatik, ein Wörterbuch und einige in der neuen Sprache geschriebene Artikel bekam, nach zwei Stunden die Sprache, wenn auch nicht schreiben, so doch fließend lesen konnte.«

Noch im Erscheinungsjahr wird das Werk ins Polnische, Französische und Deutsche übersetzt und herausgegeben. Experimente in Großbritannien, Finnland und Ungarn ergeben, daß die neue Universalsprache vier- bis sechsmal schneller erlernbar ist als eine europäische Nationalsprache. 1905 treffen 600 Anhänger der neuen Sprache, die inzwischen den Namen Esperanto trägt, zu einem Kongreß in Nordfrankreich zusammen. 1907 gibt es bereits 639 Vereine zur Pflege der Universalsprache, die 34 Zeitschriften herausgeben. Berühmte Dichter wie Leo Tolstoi, Maxim Gorki und Romain Rolland werden begeisterte Protagonisten, und der Sprachschöpfer selbst übersetzt beflügelt vom Erfolg seiner Schöpfung einige Werke der Weltliteratur und die gesamte Bibel in das neue Medium. 1956 gibt es in London bereits eine stattliche Bibliothek von 30.000 Bänden.

Den Schöpfer der Universalsprache hingegen ereilt ein häufiges Erfinderschicksal: Dr. Zamenhof stirbt mit 57, durch sein finanzielles Engagement für die Verbreitung des Esperato völlig verarmt, in Warschau.

Bekannte Kunst- oder Plansprachen, die aber alle bei weitem nie die Bedeutung des Esperanto erreichten, sind Volapük (1880), Idiom Neutral (1902), Latino sine Flexione (1903),

Ido (1907), Occidental (1922), Novial (1928) und Interlingua (1951).

Emile Zola –
Der Auflagenkönig

eig. Édouard Charles Antoine Zola
* 2.4.1840 in Paris,
† 29.9.1902 in Paris
Strindberg schrieb über den wichtigsten Vertreter des Naturalismus in der europäischen Literatur:»Man liest indessen, und das ist das Symptomatische, am liebsten Zola, denn man ist überzeugt, daß das, was er schreibt, wahr ist.«
Werke: Das Glück der Familie Rougon, 1870; Die Beute, 1871; Der Totschläger, 1877; Nana, 1879/80; Germinal, 1885; Das Werk, 1886; Die Bestie im Menschen, 1890; Das Geld, 1891; Der Zusammenbruch, 1892; Doktor Pascal, 1893

Die Mutter ist verzweifelt: Unter größten Opfern hat sie ihren Sohn Emile aufs teure Gymnasium geschickt, und nun fällt er zweimal beim Abitur durch. Der Versager hat furchtbare Gewissensbisse:»Was aus mir werden wird, darüber bin ich mir noch nicht schlüssig, aber sollte ich die literarische Laufbahn einschlagen, habe ich vor, die Devise ›Alles oder Nichts!‹ zum Wahlspruch zu machen.« Frei nach diesem Motto haust Zola nun in einer ungeheizten Dachkammer in Paris und nährt sich von

Brotstückchen, die er mit Knoblauch abreibt und in Öl tunkt. Um sein Brot zu verdienen, arbeitet er tagsüber als Packer in einem Verlagshaus. Nachts schreibt er verbissen an seinem ersten Werk »Contes à Ninon«. Da Zola weiß, daß jeder Erfolg hart erkämpft werden muß, verzagt er nicht, als ein Verlag nach dem anderen sein Buch ablehnt. Endlich findet er einen Verleger, und sein Erstling wird bei der Kritik nicht ungünstig aufgenommen.

Das ermutigt Zola zu einem kühnen Plan: Er sucht einen Verleger, der ihn für sechs Jahre für die Summe von 30.000 Francs »kauft«, um die Geschichte einer Familie in zehn Bänden schreiben zu können. Zola hat Glück: Der Verleger Charpentier erbittet sich zwei Tage Bedenkzeit, dann unterzeichnet er den Vertrag. Für beide Vertragspartner wird es der Coup ihres Lebens. Statt 10 werden es 20 Bände, aber darunter erscheinen einige wie »Nana« in über 100 Auflagen.

Finanziell gesichert stürzt sich der 30jährige Zola an das Monumentalwerk »Die Rougon-Macquart«. Er teilt den Tag mit bürokratischer Strenge ein und verfaßt tagtäglich die gleiche Seitenzahl. Ein Buch folgt dem anderen, als ob eine ganze Schreibwerkstatt unter seinem Namen werkeln würde. Mit seiner Spürnase für die großen Themen der Zeit folgt Zola dem Geruch des Elends und entdeckt eine Welt schauriger Faszination, in die bisher kein Autor vor ihm eingedrungen ist. Die Höllenfinsternis

stinkt nach Tabaksqualm, Körperflüssigkeiten und Schnapsleichen. »Der Totschläger« macht Zola zum berühmt-berüchtigten Schriftsteller Frankreichs. Eine Auflage jagt die andere. In drei Jahren wird das infernalische Werk 91mal nachgedruckt, obwohl der Autor wegen seines »stinkenden Stils« von der bürgerlichen Kritik zerrissen, von linken Intellektuellen wegen »Verunglimpfung der Arbeiterschaft« zermalmt wird. Zola freut das, denn jeder Verriß wirkt seiner Meinung nach verkaufsfördernd.

Freunde erkennen Zolas Gespür für die großen Themen der Zeit neidlos an: »Seine Nase ist eine besondere Nase, eine Nase, die fragt, lobt, verurteilt... eine Nase, in der die ganze Physiognomie ihres Meisters enthalten ist; eine richtige Jagdhundnase...«

Mit 37 ist Zola ein gemachter Mann. Der Auflagenkönig kauft sich ein schloßähnliches Anwesen »in einem reizvollen Winkel am Ufer der Seine«, das nach jedem Megabestseller zur Erinnerung an den Triumph durch einen stattlichen Turm erweitert wird. So kann der Besucher schon aus weiter Ferne den wachsenden Erfolg des Autors bewundern, der sich hier in Stein verwandelt hat. Der Schulversager ist stolz, reich, berühmt, verehrt. Aber über seiner Arbeit hat er das wahre Leben vergessen: »Die Arbeit begleitet mich überall hin, falls ich mich davonstehle; sie kommt mit mir wieder nach Hause, um mit von meinem Teller zu Abend zu essen, sie bettet sich mit auf mein Kopfkissen.« Was Zola auch unternimmt – sein Kampf für Gerechtigkeit, sein soziales Engagement – nie mehr gelingt es ihm, dem schrecklichen Geist Arbeit, den er heraufbeschworen hat, zu entkommen. Die Fron währt bis zum 28. September 1902. An diesem Tag beschließt das Schicksal, dem Workaholic Ruhe zu gönnen. Eben ist Zola in seiner Stadtwohnung angekommen, um in Paris den Winter zu verbringen. Die seit Monaten unbenutzten Räume sind feucht, daher entfacht der Diener im Schlafzimmer ein Kaminfeuer. In der Nacht wird Zolas Frau wach; ihr ist sterbenselend. Sie geht ins Badezimmer, wo sie sich mehrmals erbricht. Als sie zurückkehrt, ist Zola ebenfalls wach. Auch ihm ist schlecht. Er verläßt das Bett und sinkt zu Boden. Seine Frau will mit der Nachttischglocke Hilfe herbeiklingeln, doch ihr schwinden die Kräfte. Morgens um neun brechen die beunruhigten Dienstboten ins Schlafzimmer ein. Der Meister der düsteren Feder liegt tot auf dem Bettvorleger, seine Frau bewußtlos auf dem seidenbezogenen Kissen. Der Tod war durch den Kamin eingedrungen. Weil der Abzug nicht funktionierte, hatten die halb verbrannten Kohlen Kohlenoxyd freigesetzt, geruchloses, selbst für die feinste Nase nicht wahrnehmbares Giftgas. Bis heute ungeklärt ist, ob der rechtsextreme und antisemitische Ofensetzer Henri Buronfosse den Ofen manipulierte, um Zola, den engagierten Verteidiger des jüdischen Hauptmanns Alfred Dreyfus, auszuschalten.

Abbildungsnachweis

Abb. 1: satirische Zeichnung Andersen-Büste aus: Erling Nielsen, Andersen (rowohlts monographie 5), Reinbek 1958, S. 120

Abb. 2: Selbstbildnis von Charles Baudelaire aus: Pascal Pia, Baudelaire (rowohlts monographie 7), Reinbek 1958, S. 119

Abb. 3: Karikatur Giacomo Casanova (?) aus: J. Rives Childs, Casanova (rowohlts monographie 48), Reinbek 1960, S. 35

Abb. 4 : Karikatur Charles Darwin als Affe aus: Gordon R. Taylor, Das Wissen vom Leben, München/ Zürich 1963, S. 161

Abb. 5: Selbstbildnis (Karikatur) von Friedrich Engels aus: Helmut Hirsch, Engels (rowohlts monographie 142), Reinbek 1968, S. 26

Abb. 6: Karikatur Gustave Flaubert aus: Jean de la Varende, Flaubert (rowohlts monographie 20), Reinbek 1958, S. 86

Abb. 7: Selbstbildnis (Karikatur) Franz Grillparzer aus: Gerhard Scheit, Grillparzer (rowohlts monographie 396), Reinbek 1989, S. 58

Abb. 8: Selbstbildnis E.T.A. Hoffmann

aus: Gabrielle Wittkop-Ménardeau, E.T.A. Hoffmann (rowohlts monographie 113), Reinbek 1966, S. 65 / Rowohlt-Archiv Reinbek bei Hamburg

Abb. 8a: Gemälde Jean Paul von H. Pfenninger aus: Hanns-Josef Ortheil, Jean Paul (rowohlts monographie 329), Reinbek 1984, S. 90

Abb. 9: Zeichnung Immanuel Kant aus: Uwe Schultz, Kant (rowohlts monographie 101), Reinbek 1965, S. 27

Abb. 10: Karikatur Lichtenberg aus: Wolfgang Promies, Lichtenberg (rowohlts monographie 90), Reinbek 1964, S. 9

Abb. 11: Karikatur Karl Marx aus: Werner Blumenberg, Marx (rowohlts monographie 76), Reinbek 1962, S. 47

Abb. 12: Karikatur Johann Nestroy, aus: Otto Basil, Nestroy (rowohlts monographie 132), Reinbek 1967, S. 40

Abb. 13: Oswald von Wolkenstein, aus: Oswald von Wolkenstein, Frölich geschray so well wir machen, München 1975, S. 25

Abb. 14: Karikatur Fürst Pückler, aus: Heinz Ohff, Der grüne Fürst, München 1991, S. 228

Abb. 15: Zeichnung Arthur Rimbaud, aus: Yves Bonnefoy, Rimbaud (rowohlts monographie 65), Reinbek 1962, S. 101

Abb. 15a: Karikatur George Sand, aus: Renate Wiggershaus, George Sand (rowohlts monographie 309), Reinbek 1982, S. 70

Abb. 16: Plakat Mark Twain, aus: Thomas Ayck, Mark Twain (rowohlts monographie 211), Reinbek 1974, S. 53

Abb. 17: Zeichnung Voltaire, aus: Georg Holmsten, Voltaire (rowohlts monographie 173), Reinbek 1971, S. 136

Abb. 18: Zeichnung Oscar Wilde, aus: Peter Funke, Oscar Wilde (rowohlts monographie 148), Reinbek 1969, S.120

Abb. 19: Karikatur Emile Zola, aus: Marc Bernard, Zola (rowohlts monographie 24), Reinbek 1959, S. 35

Folgende Dichter findet man in diesem Lexikon:

Petrus Abalard 14
Peter Altenberg 16
Hans Christian Andersen 19
Lou Andreas-Salomé 21
Apuleius 23
Aristoteles 24
H. C. Artmann 26

Honoré de Balzac 30
Charles Baudelaire 32
Pierre Augustin Caron de Beaumarchais 34
Simone de Beauvoir 36
Brendan Behan 39
Aphra Behn 40
Carl Michael Bellman 42
Georges Brassens 44
Bertolt Brecht 46
Clemens Brentano 48
Giordano Bruno 50
Gautama Buddha 51
Georg Büchner 53
Gottfried August Bürger 55
Robert Burns 56
Robert Burton 58
Lord Byron 60

Johann Calvin 64
Luís Vaz de Camões 65
Lewis Carroll 67
Giacomo Casanova 68
Paul Celan 71
Miguel de Cervantes Saavedra 73
Jean-François Champollion 74
Émilie du Châtelet 76

Alvise Cornaro 78
Hedwig Courths-Mahler 79

Gabriele D'Annunzio 83
Charles Robert Darwin 85
Daniel Defoe 87
Fred Denger 89
Charles Dickens 92
Denis Diderot 94
Diogenes 96
Fjodor M. Dostojewski 97
Alexandre Dumas 100

Johann Peter Eckermann 103
Meister Eckhart 104
Albert Einstein 106
Friedrich Engels 108
Epiktet 111
Firdausi 114
Gustave Flaubert 115
Sigmund Freud 118
Egon Friedell 120

Johann Wolfgang von Goethe 123
Nikolai Wassiljewitsch Gogol 126
Die Brüder Goncourt 128
Iwan Alexandrowitsch Gontscharow 130
Joseph Ferndinand Gould 132
Christian Dietrich Grabbe 134
Franz Grillparzer 135
Giovanni Guareschi 137

Jaroslav Hašek 141
Gerhart Hauptmann 142
Heinrich Heine 144
Ernest Hemingway 148
Friedrich Hölderlin 150
E.T.A. Hoffmann 151

Ödön von Horváth 154
Victor Hugo 157
Alexander von Humboldt 160
Joris-Karl Huysmans 162

Ibn Battuta 165
Ignatius von Loyola 166

Jean Paul 168
James Joyce 171

Erich Kästner 176
Franz Kafka 178
Immanuel Kant 180
Hl. Katharina von Siena 183
Gottfried Keller 184
Heinrich von Kleist 186
August Friedrich von Kotzebue 188

Louise Labé 192
Selma Lagerlöf 193
Julian Offray de Lamettrie 195
D. H. Lawrence 196
Lawrence von Arabien 199
Guglielmo Graf Libri Carrucci
   della Sommaia 201
Georg Christoph Lichtenberg 202
Liselotte von der Pfalz 205
Li Tai-Bo 207
Jack London 209
Pierre Louÿs 211
Martin Luther 213

Karl Marx 218
William Somerset Maugham 220
Guy de Maupassant 221
Karl May 224
Mechthild von Magdeburg 227
Herman Melville 229

Gustav Meyrink 230
Henry Miller 232
Molière 235
Montaigne 237

Johann Nepomuk Nestroy 241
Friedrich Nietzsche 243
Anaïs Nin 246

Omar Khayam 249
Oswald von Wolkenstein 250

Mungo Park 255
Blaise Pascal 256
Hl. Patrick 258
Samuel Pepys 259
Johann Heinrich Pestalozzi 261
Petronius 263
Papst Pius II. 265
August Graf von Platen-
   Hallermünde 266
Edgar Allan Poe 268
Marcel Proust 270
Hermann Fürst von Pückler-
   Muskau 272
Alexander Sergejewitsch
   Puschkin 275

François Rabelais 278
Wilhelm Reich 279
Rainer Maria Rilke 282
Arthur Rimbaud 284
Jean-Jacques Rousseau 286
Friedrich Rückert 289

Leopold Ritter von Sacher-
   Masoch 293
Marquis de Sade 295
Antoine de Saint-Exupéry 297

George Sand 299
Jean-Paul Sartre 301
Arthur Schopenhauer 303
Christian Schubart 305
Walter Scott 306
Augustin-Eugène Scribe 308
Johann Gottfried Seume 310
Sl Heinrich Seuse 312
George Bernard Shaw 313
George Simenon 315
Mary Wollstonecraft Shelley 317
Joseph Smith 319
Baruch de Spinoza 321
Madame de Staël 323
Stendhal 325
Laurence Sterne 327
Bram Stoker 330
August Strindberg 333
Hl. Symeon Stylites 336

Hl. Teresa von Avila 339
Dylan Thomas 340
Henry D. Thoreau 343
J.R.R. Tolkien 345
Leo Tolstoi 347
Georg Trakl 350
B. Traven 352
Anton Tschechow 353
Mark Twain 356

Lope de Vega 361
Paul Verlaine 362
Jules Verne 365
François Villon 367
Voltaire 368
Johann Heinrich Voß 371
Walther von der Vogelweide 375

Oscar Wilde 377

Herzog Wilhelm IX.
   von Aquitanien 380
Johann Joachim Winckelmann 382
Ludwig Wittgenstein 384
Virginia Woolf 387

William Butler Yeats 390

Ludwig Lazarus Zamenhof 394
Emile Zola 395

Die erfolgreichen Eichborn-Lexika im Taschenbuch:

Wolf-Ulrich Cropp
Das andere Fremdwörter-Lexikon
Serie Piper 3160

Rolf Degen
Lexikon der Psycho-Irrtümer
Serie Piper 3409

Katja Doubek
Das intime Lexikon
Serie Piper 3280

Katja Doubek
Lexikon merkwürdiger Todesarten
Serie Piper 3408

Karen Duve, Thies Völker
Lexikon der berühmten Tiere
Serie Piper 2684

Christian Eichler
Lexikon der Fußballmythen
Serie Piper 3397

Werner Fuld
Das Lexikon der Fälschungen
Serie Piper 3011

Werner Fuld
Lexikon der letzten Worte
Serie Piper 3656

Walter Gerlach
Das neue Lexikon des Aberglaubens
Serie Piper 2796

Wolfgang Hars
**Nichts ist unmöglich!
Lexikon der Werbesprüche**
Serie Piper 3010

Walter Krämer, Götz Trenkler
Lexikon der populären Irrtümer
Serie Piper 2446

Walter Krämer, Götz Trenkler, Denis Krämer
Das neue Lexikon der populären Irrtümer
Serie Piper 2797

Walter Krämer, Götz Trenkler
Das Beste aus dem Lexikon der populären Irrtümer
Serie Piper 3279

Walter Krämer, Wolfgang Sauer
Lexikon der populären Sprachirrtümer
Serie Piper 3657 (März 2003)

Dirk Maxeiner, Michael Miersch
Lexikon der Öko-Irrtümer
Serie Piper 2873

Michael Miersch
Das bizarre Sexualleben der Tiere
Serie Piper 3009

Charles Panati
Populäres Lexikon religiöser Bräuche und Gegenstände
Serie Piper 2795

Udo Pollmer, Susanne Warmuth
Lexikon der populären Ernährungsirrtümer
Serie Piper 3410

Matthew Richardson
Das populäre Lexikon der ersten Male
Serie Piper 3388

Klaus Waller
Lexikon der klassischen Irrtümer
Serie Piper 3278

Robert Anton Wilson, Miriam Joan Hill
Das Lexikon der Verschwörungstheorien
Serie Piper 3389

High-Society entsetzt:
Graeter packt aus!

Michael Graeter
Lexikon des Klatsches
Liebe, Laster und Skandale –
von Boris bis Verona
424 Seiten · geb. mit SU
€ 22,90 (D) · sFr 39,90
ISBN 3-8218-5561-4

Unterhaltsames über Boris, Geheimes von Verona, Tragisches zu Soraya: Seit über 30 Jahren ist Michael Graeter die unumstrittene Nummer 1 unter Deutschlands Gesellschaftsreportern. In seinem Telefonbuch stehen mehr als 3000 Namen aus Wirtschaft, Politik, Sport, Kultur und High-Society. Jetzt erzählt er erstmals, was er weiß – und er weiß alles …

Kaiserstraße 66
60329 Frankfurt
Telefon: 069 / 25 60 03-0
Fax: 069 / 25 60 03-30
www.eichborn.de

Wir schicken Ihnen gern ein Verlagsverzeichnis.